아동심리치료학개론 2

이정숙 · 안동현 · 권용실 · 김갑숙 · 김선영 · 김은경 · 김현수
두정일 · 문보경 · 박랑규 · 박성옥 · 안윤영 · 이명희 · 장미경
전순영 · 정윤주 · 최진아 · 최희아 공저

학지사

| 발간사 |

　2001년에 한양대학교 일반대학원 아동심리치료학과가 처음 신설되었습니다. 오래전부터 아동·청소년의 병리적·심리적 문제와 이러한 문제를 직접적 또는 보조적으로 치료할 수 있는 심리치료 및 상담에 높은 관심을 가지고 있었습니다. 보다 전문적이고 학문적인 치료사 배출을 도모하기 위해 학과를 신설하게 되었습니다. 이후 더욱 실질적이고 실용적인 훈련체계와 자격의 관리를 위해서 2005년에 한국아동심리치료학회를 발족하게 되었습니다.

　약 10여 년 동안 한국아동심리치료학회는 아동심리치료분야 전문가의 저변 확대와 학문적 연구 강화를 위해서 다양한 학회 행사를 진행해 왔으며, 한국아동심리치료학회지를 발간해 오고 있습니다. 또한 여러 전문 분야의 선생님들과 함께 아동심리치료사 과정 입문서인 『아동심리치료학개론』을 출간하였습니다. 그러나 아동심리치료분야의 깊이와 전문성을 책 한 권으로 담아내는 것이 매우 어려워 다시 한 번 공동집필로 『아동심리치료학개론2』를 출간하게 되었습니다.

　물론, 아동의 병리적·심리적 문제를 책으로만 이해한다는 것은 아주 위험한 일입니다. 가장 먼저 인간 존엄성에 대한 믿음과 인간에 대한 사랑의 실천이 우선되어야 합니다. 더불어 안전한 환경에서의 충분한 실습과 임상경험이 절대적으로 필요합니다. 또 다양한 연구결과들을 살펴보고, 끊임없이 슈퍼비전과 자기분석을 통한 자기통찰이 요구됩니다. 마지막으로 따뜻하지만 명확한 윤리의식을 가져야 합니다.

　이러한 과정을 끊임없이 밟고 노력을 반복해야만 진정한 아동심리치료사가 될 수 있을 것이라 생각됩니다. 아동심리치료사들은 아동·청소년·가족의 문제와 어려움을 다룬다는 점에서는 치료사이지만, 끊임없이 내면을 다듬어야 한다는 점에서는 수련생입니다.

이 책이 아동심리치료사 선생님들의 학문적 토대가 될 수 있기를 기대합니다. 바쁜 시간 중에 이렇게 함께 집필을 해 주신 안동현, 박랑규, 김현수, 권용실, 김갑숙, 김선영, 김은경, 두정일, 문보경, 박성옥, 이명희, 안윤영, 전순영, 장미경, 정윤주, 최진아, 최희아 선생님들께 다시 한 번 감사의 말씀을 드립니다. 더불어 학지사 김진환 사장님을 비롯한 편집부 직원분들께도 감사드립니다.

2016년 9월

이정숙

| 머리말 |

　『아동심리치료학개론』이 2011년에 출간된 이후 벌써 수년이 지났습니다. 아동심리
치료학과가 한양대학교 대학원에 협동과정으로 개설되고 곧이어 한국아동심리치료학
회가 발족하여 새로운 분야로 등장하였습니다. 이 과정에서 이 분야에 대한 개론서가
필요해서 책을 구상하게 되었습니다. 이때부터 1, 2권으로 나누어 순차적으로 책을 출
간하기로 계획하였는데, 이런저런 이유로 2권 발간이 예상보다 많이 늦어지게 되었습
니다. 1권은 아동심리치료의 소개를 비롯하여 아동발달, 정신병리, 심리검사 및 평가,
상담윤리와 함께 각 심리치료-놀이치료, 발달놀이치료-테라플레이놀이치료, 인지행
동치료, 가족치료, 사이코드라마, 부모교육 및 상담을 포함하였습니다. 이번 2권에는
앞에서 다루지 못했던 심리치료의 이론 및 성격이론, 대뇌발달/유전/생물학적 기전에
대한 이해, 생태학적 이해, 연구방법론에 대한 내용을 추가하였습니다. 이와 함께 여
러 심리치료를 시행하기 이전의 진단 및 역동에 대한 이해와 치료계획의 수립을 포함
시키고, 그다음으로 다루지 못했던 여러 심리치료(미술치료, 음악치료, 무용동작치료, 게
임놀이치료, 모래놀이치료, 소시오드라마, 인지행동치료, 약물치료 및 기숙치료)를 소개하였
습니다. 마지막으로 슈퍼비전을 어떻게 주고받을 것인가 하는 수련에 관련한 장을 담
았습니다.
　앞으로 많은 분이 노력하고 협력해서 개론서 1, 2권에서 다룬 주제들을 포함하여 아
동심리치료에서 필요한 내용들에 대해 보다 심도 있는 저술들이 후속으로 이어질 수
있기를 기대합니다. 이 책이 나오기까지 많은 분이 애써 주셨지만, 특히 한국아동심리
치료학회장이신 이정숙 교수께서 가장 든든한 후원자 역할을 하셨습니다. 그리고 1권

에 이어 이번에도 함께 해 주신 박랑규 교수님, 장미경 교수님을 비롯하여 바쁜 와중에 각 장의 집필을 흔쾌히 수락하고 완성해 주신 각 집필자분들께도 감사드립니다. 이번에도 출간을 위해 애써 주신 학지사 김진환 사장님과 편집부 직원들께도 감사드립니다. 하지만 무엇보다도 이 책이 발달 및 심리행동적 문제로 인하여 어려움을 겪는 아동과 그 가족들을 위해 일하는 아동심리치료 전공 학생과 전문가들에게 유용하게 활용되고, 그럼으로써 더 많은 아동과 가족들이 행복해질 것을 기대합니다.

2016년 9월
행당동 연구실에서
저자 대표 안동현

| 차 례 |

제 *1* 장

성격심리학

최진아

인간의 마음과 행동을 이해하는 데 있어서 각 개인의 성격특성을 이해하는 것이 중요하므로, 그동안 성격과 관련된 다양한 이론적 관점들이 제시되어 왔다.

이에 이 장에서는 성격이란 무엇인지, 성격심리학이 어떻게 발전되어 왔는지를 살펴보고, 성격을 설명하는 주요 이론적 관점을 살펴보고자 한다. 여기에는 특질-성향적 관점, 정신역동적-동기적 관점, 현상학적 관점, 사회인지적 관점 등이 있다. 특질이론은 성격이 안정적인 일반화된 특질에 의해 결정된다는 관점의 이론으로 올포트(Allport)의 특질이론, 캐텔(Cattell)의 16성격이론을 다루었고, 유형론으로는 아이젱크(Eysenck)의 생물학적 유형론과 5요인 모델을 다루었다. 정신역동적-동기적 관점에서는 프로이트(Freud)의 정신분석이론, 융(Jung)의 분석심리학, 아들러(Adler)의 개인심리학, 신 프로이트(Freud) 학파, 에릭슨(Erikson)의 심리사회적 이론, 머레이(Murray)의 동기이론을 살펴보았다. 현상학적 관점으로는 매슬로(Maslow)의 욕구위계론, 로저스(Rogers)의 인간중심이론을 살펴보았다. 사회인지적 관점에서는 켈리(Kelly), 로터(Rotter), 미셸(Mischel), 반두라(Bandura)의 이론을 제시하였다. 이러한 다양한 이론적 관점의 특징을 이해하고 비교해 봄으로써 인간 성격에 대한 이해가 증진될 것으로 생각된다.

제1장
성격심리학

1. 성격의 정의와 이론적 관점

1) 성격의 정의

성격은 심리학에서뿐 아니라 우리의 일상생활에서 흔히 사용하는 용어다. 우리는 스스로가 어떤 사람인가를 생각할 때 자신의 성격에 대해 탐색하고 돌아보게 된다. 또한 타인과의 관계 속에서 타인을 이해하고 적응적인 상호작용을 하기 위해 상대방의 성격을 헤아려 보기도 한다. 이렇듯 성격이라는 용어는 우리의 일상과 근접해 있는 것으로 학자들의 관심대상이 되어 왔다. 그동안 성격이 어떻게 정의되어 왔는지, 성격심리학이 어떻게 발전되어 왔는지를 살펴봄으로써 성격에 대한 이해의 폭을 확장시키고, 연구자 자신의 이론을 전개시키는 데 기초를 마련할 수 있을 것이다.

성격을 영어로 나타낼 때는 'personality' 또는 'character'라고 사용되고 있는데 'personality'의 어원은 라틴어인 'persona'다. 이는 '가면'이라는 뜻으로, 극 중에 등장하는 연기자의 역할과 모습, 표면적인 행동이라는 의미를 담고 있어 한 개인의 사회적 역할 등을 의미한다. 'character'는 그리스어인 'karater'가 그 어원인데, 이는 '새긴다, 각인한다'의 뜻이다(김세곤, 현정환, 2008). 즉, 고정적이고 기초적인 구조개념으로서의 불변적 특성을 강조하는 것이다. 이 둘의 용어는 성격을 일컬을 때 혼용되고 있다.

성격에 대한 정의는 학자들마다 그 강조점이 다르지만, 일반적으로 '한 개인의 독특성'이라는 점을 근거로 사용하여 왔다. 이는 고전적 정의라고 볼 수 있는 올포트(Allport)

의 정의에서 제시되었다.

올포트는 1937년에 『Personality: A Psychological Interpretation』에서 성격을 "환경에 대한 개인의 독특한 행동과 사고를 결정하는 개인 내 심리신체적 체계들의 역동적 조직"이라고 정의하였다. 이러한 정의는 개인의 독특성 또는 개인차를 가정하고 있고, 이를 기반으로 한 역동적 조직을 강조한 것이다. 구체적으로 정의를 살펴보면, '역동적 조직'이란 성격이 끊임없이 변화하고 성장하는 하나의 체계임을 의미한다. 또한 '심리신체적 체계'라 함은 성격이 정신과 신체의 체계로 구성되어 있어 이들이 함께 작용한다는 점을 의미한다. '결정하는'이라는 것은 성격이 구체적인 행동과 사고를 활성화하고 인도한다는 것이고, '독특한 행동과 사고'라는 것은 한 개인의 특유한 것, 독특한 것이라는 점을 의미한다. 이와 같이 올포트는 성격이 일정한 구조와 체계를 갖추고 있으며, 계속 변화하고 발달하며 적응해 나가는 개인의 독특한 것이라는 점을 강조하였다.

또한 퍼빈(Pervin, 1996)은 포괄적이고 구체적으로 성격을 정의하였는데, "성격이란 개인의 생활에 방향과 자기양식(응집성)을 부여하는 인지 · 정서 및 행동의 복합체다. 성격은 신체처럼 구조와 과정으로 구성되어 있고, 천성과 양육 모두에 의해 영향을 받는다. 또한 성격에는 현재, 미래에 대한 해석뿐 아니라 과거에 대한 기억까지 포괄하는 과거의 영향이 포함되어 있다."라고 함으로써 더 통합되고 광범위한 입장에서 성격을 정의하였다.

이 외에도 다양한 정의가 있으나, 앞의 대표적인 정의를 기초로 하여 요약해 보면 다섯 가지 요소로 볼 수 있다(민경환, 2002).

첫째, 성격은 내적 속성이다. 성격은 직접 관찰될 수 없고, 외적 현상을 관찰함으로써 간접적으로 측정될 수 있다. 겉으로 드러난 행동, 사고와 감정에 이르기까지 다양한 방식으로 표현된 것을 보고 성격을 측정하게 된다. 여러 연구자는 성격검사를 통해 피검자의 성격특성을 추론하게 된다.

둘째, 성격은 정신신체적 체계들(인지, 감정, 행동)의 통합과정이다. 오늘날 많은 연구자는 막연한 통합과정으로서의 성격이 아닌 인지, 감정, 행동이 통합되는 양식이 어떠한지에 대해 관심을 갖고 있다.

셋째, 개인은 고유한 성격을 갖고 있다. 성격은 개인의 독특성을 가정한다. 성격연구는 개인차가 있다는 점에서 출발한 것으로 개인의 성격은 고유성을 갖는다는 점을 강조한다.

넷째, 성격에는 일관성이 있다. 일관성은 시간에 따른 일관성과 상이한 상황에서도 일관되게 나타나는 상황에 따른 일관성을 포함한다. 일관성의 개념에는 성격이 완전히 불변하는 것이 아니라 변화하기도 하지만 그 변화의 배후에는 연속성이 내재하고 있다는 입장과 상황이 다르더라도 반응하는 개인의 행동은 일관성 있다는 점이 포함되어 있다.

다섯째, 성격은 역동적이다. 성격은 내적·외적 역동성을 지닌다. 내적 역동은 주로 프로이트(Freud)의 정신역동이론에서 제시하고 있고, 외적 역동은 상황과의 관계에서 표출되는 역동성이다.

2) 성격심리학의 이론적 관점

인간본성에 대한 의문과 더불어 개인차와 그 원인에 대한 연구는 고대 그리스 철학자로부터 현대에 이르기까지 다양한 관점에서 이루어져 왔다. BC 400년경에 히포크라테스(Hippocrates)는 당시의 생물학적 지식에 기반을 둔 성격의 차이를 제안하였고, 히포크라테스의 제안을 근거로 갈렌(Galen)은 인간 체액과 일치되는 기질을 네 가지로 제시하였다.

중세기에는 어떤 직접적이고 창의적인 연구보다는 여러 문학작품에서 인간의 성격들이 묘사되는 수준이었다. 1900년대 초 프로이트가 강력하고 포괄적인 정신역동적 성격이론을 제시한 것을 필두로 하여 융(Jung), 아들러(Adler), 자아심리학자, 행동주의이론가, 인본주의이론가, 사회인지이론가 등이 성격의 구조와 과정을 연구대상으로 삼았다. 현대에는 상이한 성격의 측면을 연구하고, 상이한 분석수준에서 연구하는 이론가들의 통찰을 통합하고 건설적으로 종합하려는 다양한 징후들이 나타나고 있다(Mischel, Shoda, & Smith, 2006).

지금까지의 성격심리학 이론들은 크게 5~6가지 관점 내지는 수준으로 나눌 수 있는데(노안영, 강영신, 2003; Mischel, Shoda, & Smith, 2006), 미셸, 쇼다, 그리고 스미스(Mischel,

Shoda, & Smith, 2006)에 의한 여섯 가지 수준을 제시하면 다음과 같다.

첫째, 특질-성향적 수준이다. 특질-성향적 수준이란 성격에 대해 개인을 일관되고 안정되게 특징짓는 심리적 특질로 보는 관점과 개인의 행동성향들을 몇 가지로 요약하고 이를 유형화하여 제시하는 관점을 일컫는다. 이는 '개인으로서 나는 어떤 사람인가?' '나는 대체로 다른 사람과 어떤 점이 다른가?'와 같은 질문에 대한 답변에서 주로 볼 수 있는 내용으로, 우리는 보통 개인의 특성과 관련된 용어 중 하나를 사용하여 답하게 된다. 이 특질-성향적 관점의 연구자로는 올포트, 캐텔(Cattell), 아이젱크(Eysenck) 및 5요인 모델 이론 등이 포함된다.

둘째, 정신역동적-동기적 수준이다. 성격을 설명하는 데 있어서 갈등, 방어기제, 동기 등을 상정한다. 이는 '나의 두려움과 불안을 어떻게 설명할 수 있을 것인가?' '내 행동을 조종하는 또는 내 행동의 기저에 있는 실제 동기는 무엇인가?'와 같은 질문에 대한 답변과 관련된다. 프로이트의 정신분석이론이 대표적이고, 융, 아들러 등 신정신분석학파의 이론이 포함된다. 동기적 수준으로는 머레이(Murray)의 이론이 있다.

셋째, 현상학적 수준이다. 이는 인본주의적 관점이라고 할 수 있다. 인간이 자신만의 개인적인 방식, 주관적인 방식으로 세상을 인식한다는 입장으로서 개인의 주관적 경험, 느낌 등에 초점을 맞춘다. 개인의 성격을 이해하려면 그의 주관적 경험의 본질을 알아야 한다는 점을 강조하고, 자아실현을 향해 나아가는 인간의 경향성에 대해서도 중시한다. 이는 '나는 정말로 누구인가?' '나는 스스로를 어떻게 바라보고 있는가?' 등과 같은 질문에 대한 답변과 관련된다. 현상학적 관점의 연구자로는 매슬로(Maslow), 로저스(Rogers)가 대표적이다.

넷째, 행동주의적-조건형성 수준이다. 정신내적 동기나 갈등, 주관적 해석, 경험과 같은 관찰불가능한 것에 대해서는 무시하는 입장이다. 관찰가능하고 측정가능한 행동 및 행동의 변화에 초점을 둔다. 이는 '감정과 두려움 등을 포함하는 중요한 행동양식은 어떻게 학습되는가?' '내 행동과 느낌이 어떻게 새로운 학습경험에 의해 수정될 수 있는가?' 등의 질문에 대한 답변과 관련된다. 따라서 특정 행동양식의 출현과 강도를 조절하는 것으로 생각되는 상황과 조건에서 발생하는 특정 행동양식을 분석하는 데 관심을 둔다. 스키너(Skinner), 반두라(Bandura) 등이 여기 속한다. 현대심리학에서는 반두라를 인지적 관점의 연구자로 분류한다.

다섯째, 사회인지적 수준이다. 이는 개인이 세상과 자기를 해석하고, 자기조절과 통제를 할 때 어떤 방식으로 사회적 지식이 사용되는지에 대한 개인차를 검토한다. 즉, 개인의 독특하고 의미 있는 경험, 사회적 행동양식의 결정요인으로서 인지적 측면과 정서적 측면을 모두 포함하는 개인의 사고방식, 정보처리 방식에 초점을 둔다. 이는 '내가 나 자신과 사회에 대해 알고 생각하고 느끼는 것이 어떻게 나의 행동에 영향을 주고, 어떻게 그렇게 되는가?'와 같은 질문에 대한 답변과 관련된다. 켈리(Kelly)의 개인적 구성 개념이론이 대표적이고, 로터(Rotter), 미셸, 반두라의 이론이 포함된다.

여섯째, 생물학적 수준이다. 이는 성격에 있어서 생물학적 특징, 유전적인 결정요인의 역할, 인류가 발달해 오면서 진화해 온 것 등에 대한 내용을 검토한다. '내 성격 중에서 어느 정도가 부모님으로부터 물려받았는가?' '내 성격 중 어느 정도가 나의 기본적인 생물학적 소인에 의한 것인가?'와 같은 질문의 답변과 관련된다.

이와 같이 인간의 성격을 설명하고자 하는 다양한 이론적 관점들을 여섯 가지 수준에서 보았다. 생물학적 수준은 다음 기회에 논하기로 하고, 이 장에서는 이를 제외한 특질-성향적 관점, 정신역동적-동기적 관점, 현상학적 관점, 사회인지적 관점에서 성격 이론을 세부적으로 살펴보고자 한다. 행동주의적-조건형성 관점은 사회인지적 관점에서 비교하여 다루었다.

2. 특질-성향적 관점

1) 특질이론

사물의 분류, 명명과 같은 방식으로 인간의 성격을 범주화하려는 접근방식을 특질접근(trait approach)이라고 하는데, 이는 인간의 심리적 속성을 밝히고 비교하기 위해 특정 용어로 사람들을 명명하고 측정하며 분류하고자 하는 것이다(Mischel, 1986).

특질이론은 성격이 근본적으로 안정적인 일반화된 특질들(traits)에 의해 결정된다는 입장을 취한다. 특질의 정도에 따라 개인의 성격이 어떠한지를 설명하려는 것이다. 특질이론에 근거한 여러 연구자들은 개인특질에 대한, 그리고 그 처리과정에 대한 연구를 통해 성격을 설명하고자 한다. 특질이론은 올포트가 처음 제시한 이래로 캐텔, 아이젱크 등이 제안하였다.

(1) 올포트의 특질이론

올포트에 있어서 특질은 핵심개념이다. 그는 성격의 개인차에 대한 설명을 하기 위해 '특질'의 개념을 제안하고, 성격의 기본적인 구성요소로서의 특질을 강조하였다. 올포트는 특질을 "다양한 여러 상이한 자극 혹은 상황들에 대해 유사한 방식으로 행동하려는 경향 또는 사전 성향"이라고 정의하였다. 이는 특질이 비교적 일반적이고 지속적이라는 점을 보여 준다. 즉, 특질은 다양한 자극들에 대한 반응들을 결합하여 행동에서 매우 광범위한 일관성을 산출해 내는 것이다(Mischel, Shoda, & Smith, 2006). 올포트는 일반화된 행동의 경향성이 내재되어 있다는 점을 근거로 성격연구에 있어서 개인에 대한 반복적인 행동관찰, 사례기록, 전기 등을 통해 특질을 발견해 낼 수 있다고 보았고 개인을 심층적으로 연구하는 개별사례연구법을 제시하였다.

■ 올포트의 특질에 대한 구분

올포트는 연구 초기에 특질을 공통특질과 개인특질로 구분하였는데, 공통특질은 개인이 한 문화의 구성원으로서 유사한 진화를 거쳤고, 경험을 공유했으며, 공통의 사회문화적 영향을 받았기 때문에 형성된 특질이다. 개인특질은 개인의 특유한 적응행동을 이끌고, 방향 지으며, 동기화시키는 신경정신적인 단위를 의미한다.

이후에 올포트는 공통특질을 단순한 특질로 명명하고, 개인특질을 개인 성향(personal disposition)으로 명명하였으며, 이를 주 특질(cardinal traits), 중심 특질(central traits), 이차적 특질(secondary traits)의 세 유형으로 구분하였다.

주 특질이란 자신의 생활 전반에 아주 광범위하게 반영되는 개인의 두드러지고 포괄적인 성향 또는 매우 일반화된 성향을 말한다. 따라서 거의 모든 행동에 대해 가장 포괄적으로 영향력을 행사하는 성향이다. 올포트는 극히 소수의 사람만이 주 특질을 지닌다고 보았다. 주 특질은 강렬한 정열을 수반하므로 유명한 사람 중에 이 특질을 지닌 사람이 많은데, 강한 지배욕, 예술에 대한 집착 등은 이 특질을 반영한다(안범희, 2009). 이와 비교할 때 중심 특질은 주 특질보다는 덜 확산적이고, 더 제한된 범위의 상황에서 영향력이 있지만 여전히 상당히 일반화된 특질이다. 올포트는 사람이 약 5~10개의 중심 특질을 보유한다고 보았다. 예컨대, 누군가에 대해 정직하다거나 꼼꼼하다고 언급하는 것이 이에 속하겠다. 끝으로 이차적 특질은 두드러지지 않고, 중심 특질보다도 덜 일반적인, 더 특수하고 제한된 특성을 갖고 있는 경우다. 이차적 특질 역시 개인의 일부를 이루는 특질로서 주로 개인의 기호와 관련된다.

■ 고유자아

올포트는 성격의 다양한 요소를 통합하고 일관성 있게 만들기 위해 '고유자아(proprium)'라는 개념을 고안하였다(안범희, 2009). 그는 고유자아를 "우리가 자신을 중요하고 친밀하게 중심적으로 느끼는 자아, 즉 인식된 자아"라고 하였다. 인간에게 있어서 고유자아의 발달은 출생부터 청소년기까지 7단계로 제시된다.

1단계는 신체적 자아다. 15개월쯤 되면 영아는 자신의 신체와 환경에서의 대상을 구분할 수 있게 된다. 신체적 자아를 인식하게 되는 것이다. 2단계는 자아정체감이다. 2세부터 발달하는데, 자신이 남과 구분되는 독립적인 존재이고, 시간이 지나도 자신이 같은 사람으로 유지된다는 것을 알게 된다. 특히 자신의 이름을 알고, 사용하는 것과 같은 언어사용이 이를 촉진한다. 3단계는 자아존중감의 단계다. 2세경부터 자신이 스스로 무언가를 해 보려 하고, 탐색하려 하며 그 성취에 대해 자랑스러워하는 등의 자아존중감을 느낀다. 이 시기에 부모는 아이의 탐색 욕구를 제지하지 않는 것이 필요하다. 만일 좌절 시, 자아존중감의 형성이 위협받고 분노로 대체된다. 4단계는 자아의 확장단계다. 4~6세의 시기로서 자기중심성이 작용된다. 소유욕이 증가하고 자신의 세계에 속한 것들, 자신과 관계되는 물건과 사건에 관심을 둔다. 5단계는 자아상의 단계다. 자아의 확장이 일어나는 시기와 동시에 진행되는데, 이 단계는 자신에 대해 실제적이고 이상화된 이미지를 나타내는 시기다. 자아상은 부모와의 상호작용에 의해 발달한다. 6단계는 합리적 적응자로서의 자아단계다. 초등학교의 시기에 해당되는데, 자신이 문제에 대처하는 데 있어서 이성적 능력이 있음을 알고, 사용하게 된다. 7단계는 고유자아추구의 단계다. 마지막 단계로서 청소년기에 해당한다. 이제 삶의 목표를 선택하고 자아고양을 추구하고자 한다. 장기적 목표, 삶의 목적의식과 방향을 갖게 되는 것이다.

(2) 캐텔의 16성격요인

특질이론가의 한 사람인 캐텔(Cattell, 1965)은 성격을 "개인이 어떤 환경에 주어졌을 때 무엇을 할 것인가를 말해 주는 것"이라고 하면서 상황이 성격특질과 결합하여 행동에 영향을 준다는 입장을 갖고 있었다. 그는 통계적 기법인 요인분석을 통해 성격의 구조와 특질을 밝히고자 하였다. 그의 연구 기본단위였던 특질은 정신구조이고 행동의 규칙성 또는 일관성을 설명하는 근본적 구성개념이다. 또한 행동의 객관적 관찰에서 추론되는 가설적 또는 상상적 구성개념이다. 따라서 개인의 행동을 예언하는 데 매우 중요하다.

캐텔은 특질을 세 가지 방식으로 구분하였다.

첫째, 모든 사람이 소유하고 있는 공통특질(common trait)과 특정 개인에게만 일어나는 독특한 특질(unique trait)로 분류하였다.

둘째, 표면특질(surface trait)과 원천특질(source trait)로 구분하였다. 표면특질은 몇 가지 외현적인 또는 명시적인 특성 요소들로 구성되어 있는 것으로, 단일한 근원에 의해 결정되지 않는 것들이다. 이에 안정성과 지속성이 부족하다. 반면, 원천특질은 행동을 야기하는 기저의 변인으로서 안정적이고 영속적인 단일 성격요인이다. 캐텔은 연구와 평가의 기본적인 목표는 원천특질을 확인하는 것이어야 한다고 생각하였다. 이에 생활기록법, 자기평정질문지법, 검사법을 통해 데이터를 수집하고, 요인분석을 통해 인간성격의 기본적 요인으로서 16가지의 원천특질을 확인하였다. 이러한 원천특질을 성격요인이라고 보고, 이를 자기보고형 질문지를 통해 측정하는 16PF(Sixteen Personality Factor) 검사를 제작하였다. 16가지 성격요인으로는 내성적인-사교적인, 지능이 낮은-지능이 높은, 안정적인·자아가 강한-정서적인·신경증적인, 복종적인-지배적인, 심각한-낙천적인, 편의적인-양심적인, 소심한-모험적인, 완고한-부드러운, 신뢰하는-의심

많은, 실제적인-상상적인, 솔직한-약삭빠른, 자기확신적인-걱정하는, 보수적인-실험적인, 집단의존적인-자족적인, 충동적인-통제적인, 이완된-긴장한 등이다. 한편, 원천특질은 출처에 따라 구분된다. 먼저 환경조건을 반영하는, 즉 사회적·물리적 환경으로부터 영향을 받은 환경조형특질(environmental model trait)과 생물학적 조건인 체질적 요인들을 반영하는 체질특질(constitutional trait)로 구분된다.

셋째, 특질들이 표현되는 방식에 따라 유목들로 묶었는데, 그것은 능력특질(ability traits), 기질특질(temperament traits), 역동적 특질(dynamic traits)이다. 능력특질은 목표달성에 있어서의 효율성에 관련된 특성으로서 지능이 대표적이다. 다음으로 기질특질은 개인행동방식, 에너지, 정서적 반응성에 관한 특징이다. 예를 들면, 사교적인지, 대담한지, 초조한지 등을 일컫는다. 역동적 특질은 개인이 어떤 목표를 향해 나아가는 데 '활용되는 것'과 관련된 특징으로 행동의 추진력인 동기, 흥미 등이 이에 속한다.

2) 유형론

성격을 유형으로 나누고자 하는 관점을 유형론이라고 한다. 이는 고대 그리스의 히포크라테스로 거슬러 올라간다. 히포크라테스는 엠페도클레스(Empedocles)가 주창하였던 우주 4원소론에 대응하는 인간의 네 가지 체액인 혈액, 흑담즙, 황담즙, 점액을 제시하여 성격을 구분하였다. 이후 갈렌은 히포크라테스의 체액론을 근거로 네 가지 체액에 일치하는 기질로서 다혈질(혈액), 우울질(흑담즙), 담즙질(황담즙), 점액질(점액)을 제시하였다.

한편 크레치머(Kretschmer)는 자신의 임상경험을 바탕으로 하여 신체유형에 따라 성격이 다르다는 점을 제시하였다. 그와 같은 맥락에서 셸던(Sheldon)은 체형의 발생학적 요인을 근간으로 하여 신체유형에 따른 체질론을 제안하였다. 그는 신체유형을 외배엽형(ectomorphic type), 중배엽형(mesomorphic type), 내배엽형(endomorphic type)의 세 가지로 가정하고 이를 두뇌긴장형, 신체긴장형, 내장긴장형의 체질로 분류하였다. 이들의 성격적 특징을 보면 쇠약체격인 외배엽형은 억제적·지적·내향적이며 자의식적 기질을 갖는 유형으로 두뇌긴장형이다. 근육체격인 중배엽형은 힘이 넘치고, 경쟁적·공격적이고 대범한 기질을 갖는 유형으로 신체긴장형이다. 비만체격인 내배엽형은 사교적이고 온화하고 애정적이고 차분한 기질을 갖는 유형으로 내장긴장형이다. 셀던의 연구는 아이젱크, 캐텔, 5요인 모델의 기초가 되었다.

(1) 아이젱크의 생물학적 유형론

아이젱크는 성격에 생물학적 기반이 존재한다고 보았다. 예를 들면, 어떤 사람들은 각성수준의 유전적 차이로 인해 다른 사람들에 비해 더 쉽게 조건형성된다. 특히 내향적인 사람들이 기초 각성수준이 높으므로 사소한 일에도 쉽게 과도한 긴장상태를 야기하기 쉽다는 것이다. 이러한 입장에서 아이젱크는 성격을 위계로 보았는데, 가장 말단에는 특정한 반응들, 즉 관찰가능한 행동들이 있고, 다음 단계에는 습관적인 반응과 같은 유사한 상황에서 특징적으로 나타나는 행동군이 있으며, 다음 단계에는 보다 보편적인 특질이, 그리고 가장 상단에는 보편적 차원 또는 유형이 있다고 보았다.

아이젱크는 보편적 차원을 내향성-외향성, 정서적 안정성-신경증으로 제시하였고, 후에 세 번째 유형인 충동 통제-정신증을 제시하였다(Eysenck, 1982). 또한 이를 측정하기 위한 객관적 검사인 EPQ(Eysenck Personality Questionnaire)를 개발하였다(Eysenck & Eysenck, 1975).

내향성-외향성 차원에서 내향성은 조용하고 반성적이며, 충동적 결정을 하지 않고 계획하고 실행하는 등의 정돈된 삶을 선호한다. 이들은 생물학적 차이도 보이는데, 내향성은 사건들에 의해 쉽게 각성되므로 사회적 금지사항들에 민감하고 쉽게 학습한다. 이들의 행동은 더 억제되어 있다. 반면, 외향성은 사교적이고 파티를 좋아하며, 친구가 많다. 흥미진진한 것을 즐기며 때로는 위험을 추구하기도 한다.

정서적 안정성-신경증 차원에서 정서적 안정성은 안정적이고, 조용하며, 근심 걱정이 없고, 침착한 특징들을 가진 경우다. 이에 반해, 신경증은 변덕스럽고, 성미가 급하고, 불안하며, 침착하지 못한 경향의 특징들을 가진 경우다. 충동 통제-정신증 차원에서 정신증은 공격적이고 차갑다. 또한 자기중심성, 비정함, 비사회성, 비관습성으로 특징지어진다(Eysenck, 1990).

(2) 5요인 모델

여러 연구자들이 다수의 다양한 특질을 제시하고 있는 반면, 또 다른 연구자들은 성격 특성의 기본적이고 보편적인 것을 찾기 위해 노력을 기울였다. 피스케(Fiske)는 1949년 5요인 모델을 제시한 바 있고, 터프스와 크리스털(Tupes & Christal, 1961)은 외향성, 우호성, 성실성, 정서적 안정성 대 정신증, 문화 등의 5요인 모델을 제시하였다(노안영, 강영신, 2003에서 재인용).

한편 골드버그(Goldberg, 1981)는 자신의 연구를 포함한 다른 연구자들의 것을 재검토하여 일관되게 나타나는 5요인을 제시하였고, 이를 Big five라고 명명하였다. 여기서 Big이란 각각의 요인에 특정한 특성에 포함되는 많은 특성이 있음을 의미한다.

Big Five 요인(5요인)은 신경증(Neuroticism: N), 외향성(Extroversion: E), 개방성(Openness: O), 동조성 또는 우호성(Agreeableness: A), 성실성(Conscientiousness: C)이다. 각 요인의 특징에 대해 살펴보면(Costa & McCrae, 1992), 신경증과 외향성의 특징은 아이젱크의 것과 유사하다. 개방성은 자신의 경험을 주도적으로 추구하고 평가하는지를 측정하는 요인으로서 점수가 높으면 호기심, 흥미의 영역이 광범위하다. 또한 창의적이고 독창적이며 상상력이 풍부하다. 반면, 개방성 점수가 낮으면 관습적이고 흥미의 영역이 제한되어 있으며 예술적이지 않다. 우호성은 사고, 감정, 행동을 동정심부터 적대감까지 연속선상에 놓고 그 위치에 따라 측정하는데, 높은 점수는 마음이 여리고 도움을 잘 주며 관대한 특성을 나타낸다. 낮은 점수는 냉소적이고 무례하며 비협조적이고 앙심을 품는 등의 특성을 나타낸다. 끝으로 성실성은 목표지향적인 행동을 조직·유지하고, 목표지향적인 행동에 동기를 부여하는 정도에 따라 측정하는데, 높은 점수는 체계적이고 정돈되어 있으며 근면함 등을 나타내고, 낮은 점수는 목적이 없고 믿을 수 없고 게으르며 부주의함 등의 특성을 나타낸다.

5요인 모델은 세 가지 측면에서 지지를 받았다. 첫째, 특성이라는 용어의 광범위한 상황에 대해 요인분석을 한 것, 둘째, 특성에 대한 질문지와 다른 질문지와의 관계에 대해 평가를 한 것, 셋째, 성격의 유전적 요인에 대해 분석을 한 것 등이다(Digman, 1990).

3. 정신역동적-동기적 관점

1) 프로이트의 정신분석이론

프로이트는 당시 시대의 학문적 주류인 물리학과 생물학을 기반으로 하여 인간의 성격을 설명하였다. 당대의 생물학에서 다윈(Darwin)의 진화론은 인간을 대상으로 한 연구가 가능하다는 입장을 지지해 주었고, 인간의 마음에 대해 연구할 수 있는 기초를 형성해 주었다. 특히 물리학에서의 에너지 보존의 법칙은 인간도 다른 물질과 마찬가지로 물리적 법칙을 따르는 에너지의 체계라고 여기게 하였으며, 이는 인간의 동기는 무의식적 에너지원에 의해 지배된다는 생각을 갖도록 하였다. 이러한 견지에서 프로이트는 인간을 하나의 유기체로서 복잡한 에너지의 체계라고 보았다. 프로이트는 인간 성격의 구조, 불안, 방어기제 등에 대해 제시하였고, 더 나아가 인간의 발달을 심리성적 발달로 설명하였다.

(1) 성격의 구조

프로이트는 인간을 하나의 유기체로서 복잡한 에너지의 체계라고 보았다. 이를 바탕으로 초기에는 무의식(unconscious), 전의식(preconscious), 의식(conscious)으로 구성된 지형학적 모델로서의 성격을 제시하였다. 무의식은 우리가 인식하지 못하는 마음의 일부로서 욕구, 추동, 태도, 동기 등과 같은 환상이 존재하고, 전의식은 쉽게 사용하지는 않지만 어느 정도의 노력에 의해 회복될 수 있는 사고와 재료들이다. 의식은 사람들이 생각하고, 느끼고, 행동하는 것에 영향을 준다(Thompson & Rudolph, 2000).

무의식의 개념은 프로이트의 이론에서 특히 중요하다. 원래 무의식은 프로이트가 발견한 것이 아니었다. 19세기부터 인간본성에 대한 연구와 소설 등에서 내적인 것에 대한 기술로서 무의식적인 부분이 언급되어 왔다. 프로이트는 '무의식'이라는 용어에 실체적인 지위를 부여했다고 하겠다(Jacobs, 2007). 프로이트는 의식적인 마음에 받아들여질 수 없는 것들이 억압되고 유지되는 장소로서의 무의식, 의식과정보다 더 유동적이고 논리적이지 않고 모순이 허용되는 것으로서의 무의식을 제시하였다. 그러나 무의식의 개념이 성격을 충분히 표현하기 어렵다고 생각했던 프로이트는 이후에 인간의 성격에 대한 구조적 모델을 제안하였다. 프로이트는 인간 성격의 구조를 원초아(id), 자아(ego), 초자아(super-ego)로 작용하는 '심리적 에너지'로 생각하였다.

■ 원초아

원초아는 인간의 가장 원초적인 부분으로서 태어나면서 갖는 본능적 욕구의 지배를 받는다. 본능적 욕구는 강력한 것으로, 이것이 방출되지 못하거나 표현되지 못하고 좌절되면, 억압되어 무의식의 창고에 점점 쌓이게 된다. 그리고 강력하게 인간행동에 영향을 준다. 또한 원초아는 이성이나 논리의 지배를 받지 않는 쾌락의 원리에 따르며 본능적 욕구에 충실하고자 한다. 프로이트는 인간의 종 보존과 쾌락을 주는 중요한 본능적 욕구로서 성욕을 제시하였다.

■ 자아

자아는 원초아의 일부에서 부분적으로 형성되지만, 외부세계와 관련되고 외부세계에 반응하는 것이다. 다시 말하자면, 자아도 쾌락을 추구하기는 하나 외부세계, 즉 현실을 고려하여 쾌락을 추구하게 된다.

자아는 '현실검증(reality-testing)'과 관련되고 현실원리에 의해 지배된다. 현실원리란 욕구를 만족시키고 싶으나, 현실상황을 검토하여 현실과 타협하면서 에너지의 방출을 유보시키는 것을 의미한다. 이에 자아는 심리과정을 통합하고 결합하려는 시도를 하며, 상당한 정도의 조직화가 일어나게 한다(Jacobs, 2007). 이러한 자아의 역할이 제대로 이루어지지 않으면, 무의식 속의 욕구가 인간행동에 큰 영향을 주어 신경증이 생겨나기도 한다. 이에 대해 프로이트(1933)는 "원초아와 자아의 관계는 말과 기수의 관계로 비유할 수 있다. 말은 운동력을, 기수는 목표를 설정하고 이 강력한 동물의 운동을 인도해 나가는 특권을 갖고 있다. 그러나 자아와 원초아의 관계가 언제나 이렇게 이상적인 것은 아니며, 오히려 말이 원하는 대로 기수가 끌려가는 상황이 자주 일어나기도 한다."라고 비유하였다(Crain, 1983에서 재인용).

■ 초자아

초자아는 성격의 도덕적 · 비판적 측면을 의미한다. 아동은 오이디푸스 콤플렉스 (Oedipus complex) 및 콤플렉스의 해소를 경험하게 되면서 아버지 또는 어머니를 동일시 한다. 이는 부모로부터의 선, 도덕적 · 사회적 판단을 아동 마음으로 내사하는 수준이 되는 것이다. 부모의 행동은 사회가 갖는 전통적 가치와 이상이 반영된 것으로 부모의 초자아를 반영한 것이다. 따라서 이를 동일시한 아동의 초자아 속에는 사회가 갖는 전통적 가치와 이상이 자리 잡고 발현된다.

(2) 불안

프로이트의 성격구조에서 원초아, 자아, 초자아는 항상 역동적인 갈등의 상황에 있다. 역동적인 갈등이란 기본적인 욕구로 인한 내적 긴장을 해소하려고 끊임없이 요구하는 원초아의 충동과 현실적으로 원초아의 요구를 들어줄 수 없으므로 이를 저지 또는 조정해야 하는 자아의 역할, 사회적 · 도덕적 판단과 양심에 의해 행동해야 하는 초자아 간의 충돌을 말한다. 이러한 갈등으로 인해 불안이 야기된다.

프로이트는 세 가지 불안을 제시하였다. 첫째, 현실적 불안이다. 이는 자아가 현실을 지각하여 두려움을 느끼는 불안으로 실제적인 위험에서 우리를 보호하는 데 기여한다 (노안영, 2005). 둘째, 신경증적 불안이다. 이는 자아와 원초아의 갈등에서 비롯된 불안이다. 원초아의 강력한 힘에 의해 표출된 행동이 현실에서 어떻게 받아들여질지, 혹은 처벌받지 않을지에 대한 무의식적인 두려움이다. 따라서 자아는 원초아의 충동이 의식으로 분출되어 나오는 위협에 대해 불안을 느끼게 된다. 셋째, 도덕적 불안이다. 이는 원초아와 초자아의 갈등에서 비롯된 것으로 원초아가 표현되는 데 있어서 이것이 자신의 양심이나 도덕적 기준에 위배되었을 때 느끼는 불안이다. 도덕적 불안 역시 개인 내부의 힘의 균형에 대한 위협으로부터 나타나는 것이다. 이와 같이 불안의 야기는 성격의 구조와 관련되어 이해될 수 있다.

(3) 방어기제

원초아, 자아, 초자아의 갈등상황에서 야기된 불안은 자아를 위협한다. 자아는 위협의 상황, 즉 불안의 상황에서 원초아, 초자아와의 갈등을 감소시키려는 부단한 노력을 하게 된다. 이러한 노력은 방어기제를 사용함으로써 표면적으로 드러난다. 인간은 갈등에서 비롯된 불안으로부터 자기 자신을 보호하기 위한 노력의 일환으로서 방어기제를 사용하게 된다. 방어기제로는 억압, 투사, 반동형성, 취소, 격리, 부인 등 다양하게 나타나는데, 개인에 따라 주로 사용되는 방어기제가 있다.

억압(repression)이란 무의식의 기제로서, 의식의 세계에서 갖는 생각, 느낌을 무의식의 어느 부분으로 억눌러 버리는 것을 의미한다. 무의식으로 침잠해 버림으로써 생각과 감정은 차단된다. 이에 마음속에 있었던 어떤 사실을 잊어버리게 하는 과정이 발생된다.

투사(projection)는 미성숙한 방어기제의 하나로서 본인 스스로의 느낌이나 특성을 외부세계의 다른 어떤 사람이나 사물의 속성으로 돌리는 것이다. 이는 불안을 느끼는 사람이 그 원인이 자기 내부에 있다고 생각하면 견딜 수 없기에 그것을 타인에게 떠넘김으로써 불안을 해소하고자 하는 시도로서 나타낸다.

반동형성(reaction formation)은 자아를 위협한다고 생각되는 자신의 욕구나 부정적 감정을 반대감정으로 대체하고 정반대의 행동을 하는 것을 말한다. 마음속 깊이 있는 무의식과는 정반대의 행동이나 말을 하는 방어기제다.

취소(undoing)는 속죄 내지는 보상 행위를 통해 무의식의 충동이나 행동을 희석시키려는 시도로 무의식적으로 일어나는 방어기제다. 격리(isolation)는 부끄럽거나 고통스러운 정서를 특정 기억에서 분리 · 고립시키는 방어기제로서 기억에서 정서가 배제되게 한다. 부인(denial)은 생각에 거리를 두거나 거부하는 것이라고 하겠다(Jacobs, 2007).

(4) 발달단계

프로이트는 개인의 성격이 5단계의 심리성적 단계를 거쳐 발달한다고 하였다. 심리성적 발달에서 리비도가 중요한 역할을 하는데, 리비도는 '성적 추동의 에너지'로서 쾌락을 주는 것이다. 원초아는 이를 충족하려고 애를 쓴다. 인간이 발달하면서 리비도의 집중이 신체의 어느 부분에 이루어지느냐에 따라 5단계, 즉 구강기, 항문기, 남근기, 잠복기, 생식기로 구분되고 이와 관련된 경험은 인간 성격에 결정적인 영향을 준다.

■ 구강기

구강기(oral stage)는 출생 후 약 1.5세까지로 리비도가 입술 주위에 집중되어 있다. 이 시기에 성 활동은 젖 먹기와 분리될 수 없다. 영아는 젖을 빨고, 먹고, 깨무는 행위를 통하여 긴장의 해소와 쾌락을 경험하는 등 구강기적 욕구를 만족시킨다. 젖가슴은 영아에게 있어서 욕구충족의 대상이 되는 것이다. 만일 욕구가 충족되지 않았거나 지나치게 몰두한다면 고착이 발생하게 되고, 이는 성장 후의 성격에 영향을 미치게 된다. 구강기적 만족이 지나치면 성인이 되어서도 지나치게 낙관적이거나 의존적인 성격을 갖고, 구강기적 만족이 부족하면 구강공격적 행동으로서 지나친 비관론과 공격성을 보이는 경향을 갖는다.

■ 항문기

항문기(anal stage)는 1.5~3세 정도의 시기로서 리비도가 항문에 집중됨으로써 유아의 성적 관심의 초점이 항문이 된다. 항문과 관련된 행동인 배설이 중요해진다. 유아는 생물학적으로 성숙하게 되고 배설과 관련된 방광 근육과 대장 괄약근을 조절하게 됨으로써 대소변 통제를 할 수 있는 능력이 생긴다. 배설하는 것은 유아에게 쾌락과 즐거움이지만, 그 배설물을 보유하고 쾌락을 지연하는 것 역시 성적인 자극을 발생시킨다.

이 시기에 부모는 대소변 통제를 위한 훈련을 시도하게 되는데, 만일 이 시기에 고착이 발생하면 이는 이후의 성격특성에 영향을 준다. 부모의 배변훈련 과정에서 부모의 요구를 거절하여 적당한 시간과 장소에 배변하지 않고 맞서는 경우 이는 자기 자신을 더럽히고 물건을 낭비하며 어지럽히는 '항문기 좌절 성격'으로 나타난다. 반면, 배변훈련 과정에서 겪은 좌절에 반응하는 다른 방법으로서 지나치게 보유하면서 유지하게 되면 고집이 세거나 인색한 수전노와 같은 특징의 성격을 발달시킨다.

■ 남근기

남근기(phallic stage)는 3~5세의 시기로서 리비도가 성기에 집중된다. 남아는 이 시기에 이성의 부모, 즉 어머니를 성적인 애정의 대상으로 생각하고 접근하려는 욕망을 갖게 되고, 경쟁자인 동성의 부모에 대해서는 적대적인 태도를 보이는 오이디푸스 콤플렉스를 경험한다. 이에 자신보다 훨씬 강한 대상인 아버지가 자신의 금지된 성과 공격적 소망에 대해 알게 되면, 그에 대해 보복과 벌을 줄 것이라고 여겨지므로 불안과 공포를 경험한다. 이는 신체, 특히 성기를 상하게 하는 형태의 벌에 대한 불안인 거세불안 (castration anxiety)으로 나타난다. 한편, 어머니에 대한 성적 갈망은 현실에서는 불가능한 것이라고 생각되어 아버지와의 우호적인 관계를 유지하는 아동은 오이디푸스적 소망을 포기하고 억압한다. 이에 아버지에 대한 동일시의 감정을 갖게 되고, 동일시의 과정은 남아가 적절한 남성의 역할을 습득하는 것을 돕고, 아버지의 도덕률과 가치를 내면화하게 함으로써 초자아의 발달을 가져온다(이숙 외, 2004).

한편, 여아는 엘렉트라 콤플렉스(Electra complex)를 경험한다. 여아는 이 시기가 되면, 자신이 남근이 없다는 사실을 발견하면서 남근선망의 태도를 갖게 된다. 동시에 남근을 빼앗았다고 생각되는 어머니에 대한 적개심을 갖고, 남근을 소유한 아버지를 소유하고 싶은 욕구를 발전시키게 된다. 오이디푸스 콤플렉스와 마찬가지로, 이러한 어머니에 대한 적개심과 아버지에 대한 동경은 나이가 들면서 서서히 변화하여 어머니에 대한 동일시 행동으로 나타난다(민경환, 2002).

이 단계에 고착된 사람의 경우 '남근형 성격'을 보이는데, 남성의 경우 무모하고 잘난 체하고, 자신의 남성성을 과시하고 증명해 보이려는 행동을 한다. 여성의 경우 성적관계에서 순진하게 보이면서도 남자를 유혹하는 등 성적 방종에 빠지는 행동을 하게 된다.

■ 잠복기

잠복기(latency stage)는 6~7세경부터 10대 초반의 시기다. 이 시기에는 비교적 성적으로 고요한 상태를 거친다. 성적 관심과 욕구가 무의식 속에 억압되어 성적 추동이 나타나지 않는 시기다. 또한 새로운 성감대가 출현하지도 않는다. 그러나 성적 에너지가 사라진 것이 아니므로 승화를 통해 다양한 지적 탐색, 운동, 사회활동 등이 나타난다.

■ 생식기

생식기(genital stage)는 사춘기의 시기로서 성적 에너지가 다시 분출되어 나오는 시기다. 이성에 대한 새로운 관심과 성적 만족의 추구가 있게 된다. 생식기 초기에는 동성애적 성향을 갖게 되지만, 차차 에너지의 대상이 이성으로 바뀌면서 남녀 간 연애행동이 나타난다. 생식기형 성격의 소유자는 심리성적 발달과정에서 직면한 다양한 어려움을 헤쳐 나가고, 성적 에너지를 사회적 · 문화적으로 건설적이고 유용한 형태로 승화시키는 것을 배운 사람이다. 이에 타인과 협력적이고 친밀한 관계를 맺게 된다.

2) 융의 분석심리학

융은 초기에 프로이트의 정신분석에 심취했었으나, 이후 프로이트와 결별하고 자신만의 이론인 '분석심리학'을 발달시켰다. 융은 마음의 구조를 의식, 개인 무의식, 집단 무의식의 세 가지 요소로 설명하였다.

(1) 마음의 구조

■ 의식

의식의 중심에는 '자아' 또는 '나'가 있다. 자아를 통해 우리는 지각하고 판단하고 기억한다. 자아는 의식된 마음을 통솔하여 외부세계와 관계를 맺고 이에 적응하게 한다. 동시에 무의식의 내면세계와 통하여 그들과 관계 맺고 적응하는 기능을 한다.

그러면 자아는 어떻게 형성되는가? 인간은 태어나면서 무의식 상태에 있다. 갓난아기는 인식의 주체가 되지 못하고 무의식적 형태, 잠재력의 상태인 무의식에 있는 것이다. 무의식은 바다와 같아서 생명의 씨앗을 품고 있다. 그 무의식에서 '자아'가 싹트고 성장한다(이부영, 2002). 자라면서 아이는 신체와의 동일성이 생겨나고, 사회의 구성원으로서 적절히 사회화되면서 자아의식이 강화되고 영역이 넓혀진다. 또한 자신의 무의식을 의식화함으로써 그 영역을 확대해 가고 전체 정신인 자기에게 접근해 간다. 따라서 자아에는 개인적 내용 외에 다른 집단적 내용이 들어 있다.

융은 의식에 있는 개인의 특수한 선천적 성향을 심리학적 유형이라고 하였다. 그는 이와 관련하여 개인이 지향하는 태도와 세상을 경험하고 대처하는 기능을 제시하였다. 먼저 태도는 자아가 갖는 정신적 에너지의 방향을 일컫는다. 자아가 외부대상에 지향하는 방향이 수동적인가, 능동적인가에 따라 내향성(introversion)과 외향성(extraversion)의 태도를 형성한다. 내향성은 의식을 자신의 내적 주관적 세계로 향하게 하는 성격태도이고, 외향성은 자신의 의식을 외적 세계 및 타인에게로 향하게 하는 성격태도다. 어느 것이 지배적인가에 따라 개인이 지향하는 태도가 결정된다.

세상을 경험하고 대처하는 기능으로는 사고(thinking), 감정(feeling), 감각(sensing), 직관(intuiting)이 있다. 사고는 관념적이고 지적인 기능이고, 감정은 주체의 입장에서 사물의 가치를 평가하는 것이다. 이때 주관적인 경험, 감정들을 체험한다. 감각은 감각기관을 통하여 세상을 아는 것이다. 직관은 무의식적 과정, 잠재적 내용에 대한 지각이다. 융은 이러한 기능 중에 어떠한 것을 우선적으로 사용하는가에 따라 성격이 달라진다고 본다. 융은 태도와 기능을 조합하여 여덟 가지 심리적 유형을 제시하였다.

■ **개인 무의식과 집단 무의식**

무의식이란 '의식되지 않은 것'인데, 이는 우리의 전체 생활에 의식되지 않고 모르는 채로 중요한 영향을 주고 있다. 프로이트는 무의식을 원시적 충동과 갈등의 저장소로 간주하였으나, 융은 무의식에는 억압된 성적 충동뿐 아니라 그 밖의 여러 다른 충동과 심리적 요소가 있고, 또한 단순히 잊어버린 것들이나 자극이 약해 의식까지 미치지 못하는 내용들이 있다고 보았다. 또한 무의식은 자율성을 지닌 창조적 조정능력을 갖는다. 이에 그 자체의 자율적인 의지에 의해 의식을 자극하여 무의식을 깨닫도록 하는 능력을 가지고 있다.

무의식은 개인 무의식(the personal unconscious)과 집단 무의식(the collective unconscious)으로 구분될 수 있는데, 개인 무의식은 개인이 살아오면서 이루어진 것으로서 개인적 생활 속에서 억압된 것, 잊어버린 것 등의 과거 경험들로 구성된 무의식의 층을 말한다. 개인 무의식은 의식에 근접해 있어서 쉽게 의식화될 수 있고, 개인 무의식의 자료는 과거의 경험에 기인한다.

개인 무의식과 달리 태어날 때부터 갖추어져 있는 인간 고유의 원초적이고 보편적인 조건인 원형들로 구성된 무의식의 층을 집단 무의식이라고 하였다. 집단 무의식은 인류의 태곳적부터 끝없이 반복되어 경험되는 일정한 인간적 체험의 조건들을 갖추고 있고,

수많은 신화적 상징으로 표현되고 경험되며, 모든 의식된 마음에 활력을 주고 그 기능을 조절하여 의식과 무의식이 통일된 전체 정신을 실현시킬 수 있는 원동력을 가지고 있다(이부영, 1999). 따라서 융은 무의식이 자율성을 지닌 창조적 조정능력을 갖추고 있으며 마음을 성숙케 하는 창조의 샘이라고 보았다.

■ 원형

집단 무의식을 구성하고 있는 내용은 인류 역사를 통해 물려받은 유전적 소인으로서 근원적 이미지, 즉 원형(archetypes)이다. 원형은 커다란 정서적 요소를 내포하는 보편적인 관념이면서, 형태를 가진 이미지이고 심상이다. 신, 악마, 영웅, 대지, 요정, 현자 등 사람들이 삶을 영위하면서 형성해 온 수많은 원초적 이미지가 원형이다. 때문에 원형은 수없이 많고 꿈, 예술, 신화 등을 통한 상징으로 표현된다. 대표적인 원형인 페르소나, 그림자, 아니마와 아니무스, 자기에 대해 살펴보면 다음과 같다.

• 페르소나

자아가 외부세계와 관계를 맺고 적응해 가는 과정에서 형성되는 행동양식, 일종의 기능 콤플렉스를 페르소나(persona)라고 한다. 페르소나는 고대 그리스의 가면극에서 쓰는 탈을 의미하는데, 배우가 가면을 쓰면 그 가면의 역할을 해야 하듯이 인간도 사회 속에서 주어진 공적인 역할로서의 가면을 쓰고 살아간다는 것을 보여 주는 것이다. 우리가 사용하는 사회적 호칭은 모두 페르소나를 대변한다고 하겠다. 페르소나는 '사회적 역할'로서 사회집단이 개인에게 기대하고 요구하는 것에 맞추어 살아가면서 생겨난다(이부영, 2002).

• 그림자

그림자는 자아로부터 배척되어 무의식에 억압된 어둡고 사악한 측면의 원형이다. 그래서 그림자는 자아와 비슷하면서도 대조되는 것, 자아가 가장 싫어하는 열등한 성격이다(이부영, 2002). 그림자는 자아가 모르는 무의식의 일부분이면서 의식에 가장 가까이 있는 것이다. 인간은 무의식의 의식화를 통해 그림자의 비굴하고 야비한 측면에 대면한다. 이러한 의식화를 통해 자기를 깨닫고 성숙해 가면 비로소 자기실현으로 나아가는 것이다.

한편 열등한 그림자 속에 창조와 성숙의 씨앗이 있다. 대부분의 그림자는 상대 악적 위치에 있어 그것이 의식화되어 의식에 동화될 때 그것을 분화하여 창조적 기능으로 바꾸게 된다. 따라서 그림자의 의식화를 통해 우리 정신의 어둡고 밝은 면을 모두 다루게 된다(이부영, 1999).

• 아니마와 아니무스

사람이 외적 인격인 페르소나를 가지고 외부세계와 관계를 맺는 것처럼 우리 내면에도 그와 대조되는 태도, 자세, 성향이 생기는데, 이것이 내적 인격이다. 아니마와 아니무스가 바로 이 내적 인격을 말하는데, 아니마는 남성의 무의식에 있는 여성적 인격이고, 아니무스는 여성의 무의식에 있는 남성적 인격을 의미한다. 사회의 요구 속에서 살아가면서 남성은 자신의 페르소나에 대응하는 아니마를, 여성은 자신의 페르소나에 대응하는 아니무스를 갖고 있는 것이다.

아니마와 아니무스는 의식에서 억압된 것만으로 형성된 것이 아니라 인간의 원초적 조건인 원형으로 이미 그렇게 되어 있는 것을 핵으로 하여 이루어진다. 태초로부터 인류가 남성과 여성에 대해 상상하고 체험한 모든 것에서 우러나온 원형의 조건을 토대로 하는, 시대와 사회를 초월한 인류 공통의 보편성을 지닌다(이부영, 2001). 따라서 인간은 자신의 신체적 성에 머물러 있지 말고, 남성은 여성적 요소를, 여성은 남성적 요소를 살펴서 의식에 통합해야 한다.

• 자기

자기는 의식과 무의식을 모두 포함하는 것으로서의 정신현상 전체를 의미한다. 자기는 전체 인격인 동시에 전체 인격의 중심이고 원형이다(이부영, 2002). 인간은 태어나면서부터 무의식 속에 전체 인격이 되려는 내적 충동이 있다. 즉, 자기는 하나의 원형으로서 태어날 때 이미 갖추어진 인간 본연의 원초적 조건이다. 자기의 원형은 다양한 상징 속에서 모습을 드러내면서 각자 정신의 전체를 실현하도록 촉구한다.

무의식을 의식화하고자 하는 자아의 적극적 자세는 무의식의 조절자인 자기원형을 활성화시키고, 의식이 넓혀지면 자아에서 자기로 다가가며 자기를 실현하게 되는 것이다. 자기는 전체로서 의식과 무의식의 조화와 통합을 위해 노력하는 원형이다.

융은 자기의 개념과 더불어 자기실현, 즉 개성화를 중요시하였다. 자기실현은 '자기가 되는 것'으로 이 세상에 태어날 때 가지고 나온 자신의 모든 정신을 남김없이 발휘하고 통합하는 것이다. 자기실현의 과정은 자기인식의 과정, 즉 무의식의 내용들을 인식하는 것, 의식화하는 것이다. 우리는 끊임없는 무의식의 의식화를 통해 자기실현, 즉 개성화를 향해 나아가는 것이다.

3) 아들러의 개인심리학

아들러는 1902년부터 프로이트의 비엔나 모임에 참여하여 프로이트와 교류하면서 정신분석학회에서 중추적 역할을 맡았으나 탈퇴하였고, 1912년에 '개인심리학회'를 창설하였다. 개인심리학(Individual psychology)은 인간을 전체적으로 보아야 한다는 입장으로 '개인의 분리 불가능성(indivisibility)' '나누지 못하는(in-divide)' '전인(全人)'이라는 어원의 라틴어에서 온 것이다(김춘경, 2006). 개인을 통합체로서 보는 입장을 가진 아들러는 전체로서의 인간은 어떤 목표의 달성을 위해 노력하는 창조적인 존재라고 보았다.

아들러의 중요한 개념으로는 열등감과 이를 극복하려는 투쟁으로서의 우월성의 추구, 생활양식, 허구적 최종목적론, 가족구도와 출생순위 등이 있다.

(1) 열등감과 우월성의 추구

인간의 창조적인 힘은 유아가 세상에 태어나면서부터 성격형성에 작용한다. 유아는 외부자극을 수동적으로 받아들이지 않고 외부자극에 능동적으로 반응한다. 유아는 사회적 경험을 축척해 가면서 그로 인한 사회적 결과를 해석하는 존재다. 그 과정에서 다른 사람과 자신을 비교하여 자신을 평가하고 해석한다. 자신에 대해 부정적인 평가와 해석을 하게 되면 위축되고 무력감을 형성하는데, 그 과정에서 열등감을 경험하게 된다. 이때 인간은 그 열등감을 보상하기 위해 열심히 노력하게 된다. 이를 통해 자기완성을 향해 나아갈 수 있는 존재이기도 하다. 따라서 열등감은 자기완성을 위한 필수 요인으로 긍정적인 측면을 갖고 있다.

한편, 열등감의 극복 노력을 통한 자기완성의 노력을 '우월성의 추구'라고 하는데, 이는 자아존중감, 자기완성, 자기실현의 추구를 의미한다. 우월성의 추구란 부족한 것은 보충하고, 낮은 것은 높이고, 미완성의 것은 완성하고, 무능한 것은 유능한 것으로 만드는 경향성이다. 인간은 결국 자기완성, 자아실현을 향해 나아가는 목표를 갖고 있다 (노안영 외, 2011). 개인이 열등감을 극복하고 자기완성을 향해 노력하고 나아가게 된다면 그 사람은 건설적이고 긍정적인 생활양식을 갖게 된다. 반면, 열등감에서 벗어나지 못하고 열등감이 개인을 지배하게 되면 그의 삶은 열등감 콤플렉스에 빠져 버리게 된다. 아들러는 열등감 콤플렉스를 "주어진 문제 해결 시, 사회에 유용한 방식으로 해결하기에 충분히 강하지 않은 사람의 특성"이라고 하였다.

(2) 생활양식

■ 생활양식의 형성

생활양식은 한 인간의 삶의 목적, 자아개념, 가치, 태도 등 그 인간의 특성을 설명하는 개념이다. 생활양식은 어린 시절에 개인이 경험을 조직하고 이해하고 예언하고 통제하기 위해 발달시켜 온 자신의 인지조직도 또는 신화집(Mosak, 1989)이다. 개인의 창조물인 생활양식은 환경에 대한 독특한 지각과 해석으로부터 형성되는 것이다. 생활양식에 따라 추구하는 우월의 목표가 있게 되고, 그것을 달성하는 자신만의 독특한 방법이 있으며, 세상과 자신에 대한 태도와 견해 등이 있다.

아들러는 인간이란 어린 시절 실제이든 상상이든 누구나 열등감을 경험한다고 보았고, 어떤 방법으로든 그것을 보상하고 극복하려는 노력을 하게 되는 존재라고 보았다. 그와 같은 우월성의 추구, 목표의 추구에 있어서 각자의 독특한 방법을 사용하게 되는데, 그 과정에서 생겨나는 것이 생활양식이다. 이에 생활양식의 발달에 있어서 중요한 것이 바로 열등감과 보상이고, 이것이 생활양식의 근본을 결정한다.

생활양식은 4~5세경에 그 틀이 형성되고 이후에는 거의 변하지 않는다. 살아가면서 계속 자신의 생활양식을 새로운 방식으로 나타내는 것을 배우기는 하지만, 이것은 단순히 어릴 때 정착된 기본구조의 확대일 뿐이다(노안영, 강영신, 2003). 따라서 한번 형성된 생활양식은 지속적으로 개인의 생각, 느낌, 행동 등의 기반이 된다. 그러므로 한 개인의 성격을 이해하는 데 있어서 그의 생활양식을 파악하고 이해하는 것은 매우 중요하다.

생활양식의 형성에서 중요한 요인은 가족분위기(family atmosphere), 가족구도(family constellation)다. 가족분위기는 부모의 태도와 가치관에 의해 형성되는 분위기를 말하고, 가족구도는 가족구성원들 간의 사회심리적인 배치를 말한다. 가족이 부모를 중심으로 어떠한 가족구도를 형성하는지는 가족구성원의 성격, 감정적인 유대감, 출생순위, 나이, 성, 가족의 크기 또는 자녀의 수 등에 따라 달라진다.

가족마다 실제 생활에서 차이는 있으나 출생순위는 개인을 이해하는 데 있어서 중요한 보편적인 성격적 특징을 만든다. 출생순위에 따라 각자의 심리적 환경은 차이가 있다. 특히 형제간의 경쟁이라는 요소는 가족 내 권력다툼, 그리고 실패와 성공, 기대와 실망 등을 경험하게 하고, 이러한 경험을 통해 형성된 열등감은 가족 내의 위치로 나타나고 아동의 생활양식 설정에 영향을 주게 된다. 출생순위에 따른 심리적 위치 외에도 가족의 상황과 환경에 따라 아동은 심리사회적으로 영향을 받는다. 예컨대, 가족의 경제적 상황, 자녀의 성비 구성, 사회문화적 풍토 등은 부모를 중심으로 하는 가족구도에 영향을 주고 자녀의 성격형성에 영향을 주게 된다.

■ 생활양식의 분류

생활양식은 사회적 관심과 활동수준의 높고 낮음에 따라 네 가지 유형으로 구분된다. 아들러는 생활양식의 구분을 성격유형 분류로 보기도 하였다.

사회적 관심(social interest)이라는 용어는 아들러에 의해서 공동체감(Gemeinschaftsgefühl)으로 제시되었던 개념으로서 미국으로 전파되면서 번역과정에서 사용되었다(김춘경, 2006). 사회적 관심은 큰 공동체, 나아가 인류와 자기 자신을 동일시하는 자연발생적인 능력을 의미한다. 사회적 관심은 다른 사람에 대한 공감이고, 개인의 이익보다는 사회발전을 위해 다른 사람과 협력하는 것이다. 아들러는 사회적 관심의 발달 여부가 정신건강의 척도라고 보았다. 건강한 아동은 학교나 가정에서 어려움 없이 지내고 소속되며 협력한다. 어려운 문제에 직면 시, 이를 이겨 나갈 충분한 용기를 갖고 있다. 또한 그가 속한 집단에 기여함으로써 집단은 유익함을 제공받게 된다.

한편, 활동수준(degree of activity)이란 인생문제를 다루는 데 있어서 개인이 보여 주는 에너지의 양을 의미한다(Sharf, 2000). 활동수준은 어릴 때 형성되는데, 무기력하고 우유부단한 낮은 활동수준에서부터 왕성하게 활동하는 높은 활동수준까지 다양하다. 활동수준이 건설적으로 되는지 또는 파괴적으로 되는지의 여부는 사회적 관심과 결합될 때다(노안영, 강영신, 2003).

아들러는 사회적 관심과 활동수준을 기준으로 생활양식을 네 가지 유형으로 나누었다. 이는 지배형(ruling type), 기생형(getting type), 회피형(avoiding type), 사회적 유용형(socially useful type)이다.

지배형의 사람은 사회적 관심이 부족하나 활동성은 높은 편으로, 상대방에게 지배와 복종을 강요하는 독재형의 생활양식으로서 타인에 대한 배려나 유익은 고려하지 않고 공격적이며, 자신의 지위를 획득하고 유지하기 위해 열심히 노력한다. 기생형의 사람은 사회적 관심과 활동수준이 모두 낮으며, 노력 없이 타인의 것을 얻으려 하고, 의존적이어서 기생관계를 유지한다. 회피형의 사람 역시 사회적 관심과 활동수준이 모두 낮으며, 소극적이고 부정적인 태도를 갖고 있어 삶에서의 도전을 피하고, 삶의 문제를 회피함으로써 실패의 두려움에서 벗어나고자 한다. 이와 같이 지배형, 기생형, 회피형은 사회적 관심이 낮고 바람직하지 않은 생활양식 유형이다. 반면, 사회적 유용형의 사람은 사회적 관심과 활동수준이 모두 높고, 자신의 목표를 적극적으로 추구하고 삶의 문제를 해결해 나간다. 그 과정에서 사회적 관심을 가지고, 자신과 타인의 욕구를 충족하고 타인과 협력하며, 사회에 기여하고자 한다.

4) 신 프로이트 학파

신 프로이트 학파의 학자들은 프로이트의 정신분석이론을 계승하면서 생물학적 요인보다 사회적 요인을 더욱 강조하였다. 대표적으로는 호나이(Horney), 프롬(Fromm), 설리번(Sullivan) 등이 있다.

(1) 호나이

호나이는 여성에 대한 교육의 기회가 제한되었던 시대에 그 시대를 대표했던 엄격한
권위주의자인 아버지 밑에서 부당함과 거절을 경험하며 성장하였다. 여성 정신분석이
론가로서 여성의 남근선망에 대한 프로이트의 견해에 대립하면서 프로이트와 결별한
이후 지속적으로 가부장적인 정신분석적 입장에 대해 투쟁하였다. 그녀는 남성에게만
치우친 이론에 반하여 여성의 입장에서 여성의 정체성을 정립하고자 하는 여성심리학
적 태도를 취하면서 자신의 입장을 발전시켜 나갔다.

호나이의 이론은 인간의 성격형성에 있어서 생물학적 충동보다 개인이 처한 환경과
사회 상황이 중요하고, 사회적 요인들이 신경증과 성격장애의 주요 원인이 된다는 점을
강조하고 있다. 호나이의 주요 개념으로는 기본적 불안(basic anxiety)이 있다.

호나이는 기본적 불안을 "적대적 세계에서 자기도 모르게 증가하면서 모든 측면에 파
고드는 고독과 무력감"으로 정의하였다. 타인과 효과적으로 관계를 맺으려고 하나 적대
적 세계 또는 환경에 처하게 되면 아동들은 발달에 대한 위협을 느낀다. 예를 들면, 부모
와의 관계에서 주어지는 거부, 무시, 적의, 과잉보호, 처벌 등은 아동이 전체로서 환경을
위험하고, 부당하며, 위협적인 것으로 지각하게 하고 두려움과 불안을 느끼게 한다.

이러한 기본적 불안에 대처하기 위한 전략으로 네 가지 자아보호기제를 사용하게 된
다. 첫 번째 자아보호기제는 애정과 사랑의 확보다. 아동은 타인으로부터 애정과 사랑
을 확보함으로써 기본적 불안으로부터 자신을 보호한다. 이와 같은 애정과 사랑의 확보
를 위해 타인이 원하는 것을 하거나, 잘 보이려고 하거나 위협하는 등의 방법을 사용한
다. 두 번째는 복종이다. 아동은 타인에게 순응하고 복종함으로써 불안에 대처한다. 이
에 타인에게 반감을 사는 행위는 피하고, 자신의 욕구나 감정은 억압한다. 세 번째는 힘
의 성취다. 성공하고 우월성을 확보함으로써 기본적 불안을 해결하는 것이다. 성취는
자신의 무력감을 보상하고 안전을 준다. 네 번째는 철회다. 철회는 신체적 · 심리적으로
타인과 관계를 맺지 않고 독립적이 되려고 시도하는 것으로, 이를 통해 기본적 불안으
로부터 자신을 보호한다.

한편, 호나이는 기본적 불안에 대처하는 데 있어서 비합리적이고 방어적인 태도를 신경증적 욕구(neurotic needs)라고 하였다. 신경증을 가진 사람의 경우 이러한 욕구가 매우 강렬하고, 비현실적이며, 무분별하게 내재되어 있는데, 이는 타인을 향하는 것(moving toward other people), 타인에 대항하는 것(moving against other people), 타인으로부터 회피하는 것(moving away from other people)의 영역에서 나타난다. 타인을 향하는 경우는 애정과 인정에 대해 강력하고 지속적인 욕구를 갖고 있고, 타인을 향한 욕구를 반영하는 태도와 행동을 보이는 순응형 성격, 타인에 대항하는 경우는 적대적인 성향을 갖고 있어 타인과 맞서고 대립되는 행동을 하는 공격형 성격, 타인으로부터 회피하는 경우는 사람들과 정서적 거리를 유지하려 하고, 멀어지려는 행동을 하는 고립형 성격을 갖는다.

(2) 프롬

프롬은 성격의 발달에 있어서 다른 사람들과의 관계, 즉 사회적 영향력이 중요하다는 점을 강조하였다. 특히 『자유로부터의 도피』(2012)에서 인간이 자유를 성취함으로써 보다 많은 고독과 고립을 느끼게 되고, 보다 적은 자유를 가질수록 많은 소속과 안전감을 느낀다고 주장하였다. 자유의 부정적 측면에서 벗어나기 위해 세 가지 정신적 기제를 사용하는데, 여기에는 자신 이외의 권위와 힘에 복종함으로써 도피하려는 권위주의(authoritarianism), 타인 혹은 외부세계를 제거함으로써 자유의 문제를 해결하려는 파괴성(destructiveness), 자신의 원래 모습을 포기하고 사회나 문화에 지배되고 동조됨으로써 고독을 느끼지 않으려는 자동적 동조(automaton conformity)가 있다.

한편, 사람들과 관계를 맺는 방식에 따라 인간을 다섯 가지 지향, 즉 다섯 가지 성격유형으로 분류하였다. 이는 적절하지 않은 방식으로 관계를 맺는 비생산적인 성격유형과 자신의 잠재력을 최대한 발휘하는 이상적 상태의 생산적인 성격유형으로 나눌 수 있다. 비생산적 성격유형에는 수용(receptive), 착취(exploitative), 축적(hoarding), 판매(marketing) 지향이 속하고, 생산적 성격유형에는 생산(productive) 지향이 속한다.

수용 지향은 사랑, 지식, 만족 등 자신이 원하는 것을 외부의 타인으로부터 수동적으로 받기만 하려는 태도를 갖기 때문에 외부의 지원이 없다면 아주 작은 일도 할 수 없다고 느낀다. 착취 지향은 타인이 가진 가치 있는 것을 빼앗아 가지려는 태도를 갖는다. 이때 타인으로부터 빼앗은 것은 그냥 주어지는 것보다 더 가치 있는 것이 된다. 축적 지향은 자신이 저장하고 있을 때 안전을 느끼게 되므로 모으는 것에 최고의 가치를 두게 되고 가능한 한 모으고, 지키려고 한다. 판매 지향은 자신을 상품으로 간주하는 태도로서 자신을 얼마나 잘 파는가가 개인의 성공과 실패를 결정한다고 본다. 이에 개인의 성격은 일종의 팔리는 상품이므로 웃음, 우호성 등의 품질로 잘 포장하는 것을 중요시한다.

비생산적인 성격에 반해 생산 지향은 자신과 타인을 있는 그대로 존중하고 자신의 창의성을 바탕으로 자율적 생산성을 지향하는 태도를 갖는다. 이러한 개인의 지향은 개인이 살고 있는 사회의 특성과 밀접한 관계를 갖는다.

(3) 설리번

설리번은 자신의 이론을 대인관계이론으로 지칭하여 인간의 행동을 대인관계로 파악하고자 하였고, 성격 자체도 대인관계적인 것으로 보았다. 건전한 성격은 건전한 대인관계에서 파생되고, 대인관계에서 자신의 성격이 드러나게 되며, 심리치료조차도 환자와 치료자 간의 대인관계가 성공적 치료에 결정적 요인이라고 믿었다.

설리번의 주요 개념인 불안, 경험양식, 성격발달을 살펴보면 다음과 같다. 그는 인간이 생리적 욕구, 사회 · 심리적 안전의 욕구를 갖는다고 보았다. 이러한 욕구로 인해 긴장이 야기되었다가 해소되고 성취되는데, 이것이 성격의 기반이 된다는 점을 제시하였다. 특히 안전을 성취하는 데 있어서 아동은 어머니의 행동과 태도에 의존한다. 예컨대, 어머니가 아동의 생리적 욕구를 만족시키면서 어떤 감정이었는가에 따라 아동은 그 감정을 안전에 대한 위협으로 여기기도 한다. 그 경우, 아동은 불안을 경험한다. 즉, 인간의 불안에 대한 설리번의 입장은 불안이 항상 대인관계에 기인한다는 것이다. 부적절한 사회적 관계에서 야기되는 불안은 더 나아가 개인의 자기가치감과 유능감을 위협하고 손상시킨다.

한편, 설리번은 성격에 있어서 경험을 강조한다. 경험을 욕구와 불안의 긴장 경험, 에너지 변형 경험으로 구분하고, 이를 세 가지 양식으로 제시하였다. 경험의 세 가지 양식인 원형적(prototaxic), 병렬적(parataxic), 통합적(syntaxic) 양식은 개인이 세계를 경험하고, 다른 사람들과 관계하는 인지 또는 사고의 수준이다(노안영, 강영신, 2003).

원형적 경험양식은 생후 초기의 원초적 경험으로서 미분화되고 비언어적인 경험을 일컫는다. 유기체의 순간적인 상태의 불연속적인 계열이며 개인의 마음속에 흐르는 감각, 영상, 느낌과 같은 것이다. 원형적 경험양식은 시공간적 구별이 없고, 무선적이며 비조직적이고 순간적이다.

병렬적 경험양식은 자아나 타인에 대한 무의식적 파악을 뜻하는 것으로, 사물끼리의 연관성과 인과관계를 논리적으로 연결시키지 못한다. 즉, 사물을 나란히 놓지만 서로 간의 관련성을 제대로 인식하지 못하는 배열을 의미한다. 병렬적 경험양식을 통해 유아는 자신과 자신이 아닌 것을 구별하기 시작하며 초보적 단계에서의 의사소통을 위해 언어를 사용한다.

통합적 경험양식은 조화로운 방식으로 연결되도록 사물들을 배열하는 것을 의미하며, 현실의 통합적 경험이란 물리적 · 공간적 인과관계를 이해하는 능력, 결과에 대한 지식으로부터 그 원인을 예언할 수 있는 능력을 가정한다. 통합적 사고를 통해 논리적 관계를 학습하고 비논리적인 것에 대한 자신의 지각을 검증할 수 있게 된다.

대인관계를 중시한 설리번은 개인의 대인관계에 의해 인간의 성격이 형성된다는 점을 강조한다. 따라서 성장과정에서 대인관계의 양상이 달라지면, 성격도 변화할 수 있다고 보았다. 그러나 성격발달의 토대는 유아기에서 청소년 초기에 형성되고 이 시기에 성격의 광범위하고 보편적인 틀이 이루어진다고 하였다. 성격의 발달을 자아의 진화로 생각하였고, 이 과정을 유아기, 아동기, 소년기, 청소년 전기, 청소년 중기, 청소년 후기, 성인기로 제시하였다.

5) 에릭슨의 심리사회적 이론

프로이트 이후의 자아심리학자들은 프로이트의 이론을 비판하였는데, 특히 원초아를 중요시하여 자아를 원초아의 파생물로 여긴 점에 대해 비판하였다. 이들은 자아는 원초아와 독립적으로 발달하고, 심리적 갈등과는 상관없이 독립된 기능, 즉 사고, 지각, 학습 등을 갖고 있다는 점을 강조하였는데, 대표적인 초기 연구자가 에릭슨(Erikson)이다.

에릭슨은 자아기능의 확장과 성숙에 의해 결정되는 심리사회적 발달이론을 제안하였다. 자아가 인간행동과 기능의 기초가 되고, 아동의 자아형성에 있어서 사회적·역사적 환경이 중요하다고 강조하였다. 또한 발달이 평생에 걸쳐 이루어지는 과정이므로 발달을 아동기에 국한시키지 않았고 노년기까지로 확장시켰다. 에릭슨의 심리사회적 발달단계는 각 단계마다 적응적 방식 대 부적응적 방식이 있고, 위기가 있으며, 각 단계마다 성취해야 할 발달과업이 있다. 발달과업의 성취는 다음 단계의 긍정적 발달의 토대가 된다. 에릭슨의 발달단계를 살펴보면 다음과 같다.

(1) 기본적 신뢰감 대 불신감

출생 후 1년 이내의 시기로, 프로이트의 구강기에 해당되는 단계다. 적응 대 부적응 방식의 특성은 신뢰감 대 불신감(basic trust vs. mistrust)이다. 이 단계에서 아동은 돌봄을 제공하는 어머니에게 전적으로 의존하게 되는데, 이때 어머니의 충분한 사랑과 애정적인 반응을 통해 세상에 대한 예언성, 지속성, 동일성의 기대를 배운다. 이는 자아정체감의 기초가 되고, 기본적 신뢰감은 자기 자신에 대한 만족감 및 안정성, 타인에 대한 신뢰로 확장되어 간다. 아동의 성장에는 신뢰감과 불신감의 경험이 모두 필요하며, 신뢰감과 불신감 간에 적당한 비율을 유지하는 것이 요구된다.

(2) 자율성 대 수치심

2~3세 시기로, 프로이트의 항문기에 해당하는 단계다. 적응 대 부적응 방식의 특성은 자율성 대 수치심(autonomy vs. shame and doubt)이다. 이 단계에서 아동은 신체적·정신적 능력의 발달로 인해 스스로 할 수 있는 능력이 생겨나고 자신의 능력에 대해 자부심을 갖게 된다. 스스로 더 많은 것을 해 보려고 하는 자율성이 생겨난다. 한편, 이 시기에 사회의 기대와 압력이 주어지는데, 대표적인 것이 배변훈련이다. 배변훈련의 과정에서 부모의 훈련과 강요, 압력이 있게 되고, 이러한 상황에서 자신의 의지가 허용되지 않을 때, 자신이 타인의 눈에 좋게 보이지 않는다는 것을 느끼면 수치심을 경험한다.

(3) 주도성 대 죄의식

3~5세 시기로, 프로이트의 오이디푸스 콤플렉스에 해당하는 단계다. 적응 대 부적응 방식의 특성은 주도성 대 죄의식(initiative vs. guilt)이다. 이 단계에서 아동의 운동능력과 정신적 능력은 상당히 발달한다. 스스로 많은 일을 할 수 있게 되고 자신이 주도적으로 계획을 세우며, 목표를 설정하고 달성하고자 노력하는 주도성이 생긴다. 이때 부모가 아동의 주도적 행동에 어떻게 반응을 하는가는 이 단계의 발달에 영향을 준다. 만일 부모의 금지, 처벌이 과하여 아동이 자신의 계획과 희망이 나쁜 것이고 이루어질 수 없는 것이라는 것을 느끼면 죄의식을 발달시키게 된다.

(4) 근면성 대 열등감

학교에 입학하여 대략 11세까지의 시기로, 프로이트의 잠복기와 유사한 단계다. 적응 대 부적응의 특성은 근면성 대 열등감(industry vs. inferiority)이다. 이 단계에서 아동은 학교라는 새로운 세계를 접하게 되고 가족으로부터 벗어나게 된다. 신체적으로는 더욱 정교한 발달이 이루어짐으로써 다양한 체육활동이나 작업을 할 수 있게 된다. 인지적 조작능력도 발달함에 따라 꾸준하고 지속적으로 학습활동을 전개하게 되고, 이는 근면을 유지하는 자아능력을 발달시키게 된다. 반면, 이 단계에서 자신의 노력이 적절치 못한 것으로 평가되거나 비난을 받게 되면 자신에 대한 열등감을 발달시킨다.

(5) 자아정체감 대 역할혼미

12~18세까지의 청소년기로서, 적응 대 부적응 방식의 특성은 자아정체감 대 역할혼미(identity vs. role confusion)다. 청소년기는 신체적·정서적으로 큰 변화를 경험하게 되고 성적 충동을 갖게 되는 단계다. 개인적 변화뿐 아니라 다른 사람들의 시선, 기대, 사회에서의 자신의 미래 등에 대해서도 고민하게 되면서 자신의 정체성에 대한 의문을 갖고 심사숙고하게 된다. 이 과정에서 청소년은 여러 가지 다른 역할이나 이데올로기 등을 탐색하고 시험해 보아야 하기 때문에 심리적 유예기간이라고 한다. 이 단계는 인생에서 큰 위기다. 이를 극복하고 자아정체감을 형성한 청소년은 자신감을 가지고 다가오는 성인기를 준비하게 된다. 그러나 정체감을 형성하는 데 실패하고 역할혼

미를 경험하는 청소년은 앞으로 어떻게 살아가며 어디를 향해 나아가야 하는지에 대한 확신이 없어진다. 그 결과, 교육 및 직업 면에서 낙오될 수 있고, 부정적 정체감을 추구하게 될 수 있다.

(6) 친밀감 대 고립감

성인 초기로서, 적응 대 부적응 방식의 특성은 친밀감 대 고립감(intimacy vs. isolation)이다. 이 단계에서는 성인으로서 부모로부터 독립하게 되고, 책임 있고 성숙한 사람으로 기능하게 된다. 개인은 직업이라는 사회적 책임을 갖게 되고 타인과의 친밀한 관계를 기반으로 하는 우정 및 이성과의 관계를 발달시켜 나간다. 진정한 친밀감은 이전 단계에서의 적절한 자아정체감을 기반으로 한다. 즉, 자신의 정체감을 유지하면서 타인과의 관계를 통한 정체감 융합이 이루어져야 한다. 반면, 친밀감이 형성되지 못하면 고립감에 빠지게 된다. 그렇게 되면 타인과의 가까운 접촉을 피하고 타인이 자신의 자아를 위협한다고 생각하기 때문에 타인을 거부하거나 공격하게 되므로 혼자 있는 것을 더 즐긴다.

(7) 생산성 대 침체감

중년기로서, 적응 대 부적응 방식의 특성은 생산성 대 침체감(generativity vs. stagnation)이다. 이 단계는 이전 단계에서의 두 사람 관계에서 더욱 확장되어 다음 세대를 기르는데 관심을 갖는다. 생산성은 자신의 자녀를 낳고 기르는 것뿐 아니라 직장이나 조직을 이끌고, 다음 세대에게 영향을 미치고자 하는 욕구의 만족을 포함한다. 생산성이 결여되면 침체감, 권태, 대인관계 악화 등의 상태에 이르고, 때로는 친밀감의 단계로 퇴행하여 어린애처럼 행동하는 등의 심리적 문제를 가질 수 있다.

(8) 자아통합 대 절망감

노년기로서, 적응 대 부적응 방식의 특성은 자아통합 대 절망감(ego integrity vs. despair)이다. 이 단계는 쇠퇴의 시기로서 신체적·사회적 상실을 경험하게 되는데, 이에 대처하고 적응해야 하는 시기다. 이 시기에 자신의 전체적인 삶을 바라보는 시각이 어떠한

가는 적응에 영향을 준다. 삶을 되돌아보면서 가치가 있었는지에 대해 평가하고 그 결과 충족감과 만족감을 느끼게 된다면 자아통합을 하게 된다. 반면, 지나온 삶에 대해 낙담하고 후회와 좌절감을 느끼게 된다면 절망의 상태에 놓이게 된다. 따라서 노년기에는 자아통합을 이루려는 노력과 이를 돕는 가족, 사회의 조력이 요구된다.

6) 머레이의 동기이론

머레이는 생화학적·의학적 배경을 바탕으로 하여 인간 성격에 대해 체계적이고 역동적인 개념을 제안하였다. 그는 1938년에 『성격탐색(Explorations in Personality)』이라는 저서를 통해 사람들의 행동방향에 영향을 주는 동기적 개념으로서의 개인적 욕구(needs)와 압력(press)이라는 개념을 제안하였고, 인간의 성격은 개인 자신의 욕구와 다른 사람의 압력 간의 타협화라고 하였다(김재진, 1982). 이는 인간의 신체적 요인뿐 아니라 환경적 요인, 그중에서도 사회문화적 결정요인인 집단의 압력이 성격발달에 큰 역할을 한다는 점을 강조한 것이다. 이를 바탕으로 성격의 체계를 개인적 욕구와 환경적 압력의 상호작용을 통해 나타나는 행동인 주제(thema)의 개념으로 설명한다(노안영, 강영신, 2003).

(1) 욕구와 압력

욕구는 추동에 해당하는 개념으로, 현재의 불만스러운 상황을 바꿀 수 있도록 지적능력과 지각능력을 조직하고 방향을 부여하는 뇌의 생리화학적 힘을 의미한다. 욕구는 유기체를 압력에 직면하게 하거나 피하게 하는 것이고, 어떤 종류의 압력에 주의하고 반응하도록 함으로써 표현되는 것이다. 머레이는 인간의 욕구를 20가지로 제시하였는데, 여기에는 지배, 성취, 공격, 양육 등이 포함된다. 욕구에 대응되는 것으로서의 압력은 개인이 특정 목표에 도달하려고 노력하는 데에 도움을 주거나 또는 해를 끼치는 환경적 특성이나 속성이다. 주위의 사건이나 사물 등의 외부환경이 개인에게 특정한 방식으로 행동하도록 압력을 가하게 되므로, 압력은 행동의 효과적이거나 중대한 결정요인이다. 개인과 환경의 관계는 욕구-압력 합치성(need-press congruence)의 정도에 의해 결정된다. 만일 사회적 상호작용이 많이 이루어지는 환경이라면 외향적인 사람의 욕구와는 합치되나 내향적인 사람의 욕구와는 합치되지 않는다.

(2) 주제

머레이는 인간행동에 대한 욕구와 압력의 관계성과 관련되어 '주제' 개념을 제시하였다. 주제는 욕구와 압력이 결합 · 융화 · 상호작용하여 형성된다. 주제는 초기 아동기 경험을 통해 형성되어 성격을 결정짓는 데 강력한 영향력을 가진다.

주제의 개념은 머레이와 모건(Morgan)이 개발한 투사검사인 주제통각검사(Thematic Apperception Test: TAT)의 이론적 근거가 되었고, 개별 욕구의 측정뿐 아니라 임상장면 전 영역에서 널리 사용되고 있다. 이에 TAT를 통해 얻어진 피검사자의 이야기는 욕구와 압력의 개념으로 해석되고, 욕구와 압력의 상호작용을 통해 단순주제 및 복합주제를 이끌어 낸다. 이때 복합주제는 피검사자의 기능양식, 성격역동을 평가하는 근거가 된다.

(3) 성격발달

머레이는 프로이트의 발달단계를 근거로 모든 사람이 다섯 단계의 발달과정을 지나며 각 단계에서의 콤플렉스를 경험한다고 하였다. 각 단계의 특징은 사회의 요구에 의해 필연적으로 종결되는 즐거움의 종류라고 보았다(Murray, 1938). 각 단계는 이후의 발달을 지배할 무의식적 콤플렉스의 형태로 성격에 남게 된다. 만일 개인이 어떤 단계에 대해 명백하게 고착되면 이 콤플렉스가 문제가 된다.

첫 번째 발달단계는 폐소(claustral)단계로서 자궁 안에서와 같은 안전한 상태를 유지하려는 단계다. 두 번째는 구강(oral)단계로서 영양을 얻기 위해 젖을 빠는 감각적 즐거움의 단계다. 세 번째는 항문(anal)단계로서 배변하는 즐거움의 단계, 네 번째는 요도(unethral)단계로서 배뇨의 즐거움, 다섯 번째는 거세(casration)단계로서 생식기에서 오는 즐거움을 갖는 단계다. 폐소단계에서는 폐소콤플렉스, 구강단계에서는 구강콤플렉스, 항문단계에서는 항문콤플렉스, 요도단계에서는 요도콤플렉스, 거세단계에서는 거세콤플렉스를 가질 수 있으며, 콤플렉스는 고착 여부에 의해 성격에 영향을 준다.

4. 현상학적 관점

심리학에서의 현상학적 관점은 철학에서의 것과 다른 의미를 갖는다. 철학에서의 현상학은 절대적인 진리를 발견하기 위한 방법론이고, 심리학에서의 현상학적 관점은 세계와 자신에 대해 개인들이 갖고 있는 관점, 주관적인 생활체험, 감정, 개인적으로 지니고 있는 개념들을 탐구하고 강조하는 입장을 취하는 것이다. 지금 일어나고 있는 경험에 대한 주관적인 해석, 자기실현의 성향, 과거보다 현재와 미래를 중시하는 것 등을 바탕으로 하고 있고, 인간존중의 정신을 강조하는 인본주의적 심리학과 호환되어 사용된다. 대표적인 인물은 매슬로와 로저스, 켈리(Kelly) 등이다. 후에 켈리는 인지적 관점의 성격심리학자로 분류된다.

1) 매슬로의 욕구위계론

매슬로는 인간을 자율적인 존재로 보았고 인간의 주관적 가치를 강조하였으며, 존재론적 입장에서 이해하려는 실존주의적 관점을 갖고 있었다(김은아, 2011). 인간을 성선설에 입각하여 보았고, 자유롭고 창조적인 존재이며, 성장과 자아실현 역량을 가지고 있다고 믿었다. 때문에 그는 결정론적 입장의 정신분석, 기계론적 입장의 행동주의로는 인간의 본성을 제대로 설명할 수 없다고 비판하였다.

이러한 견지에서 인간은 개인의 선천적이고 긍정적인 가능성을 개발하고 성취시키려는 경향(Bruno, 1977), 즉 자아실현의 욕구를 갖는다는 것이 매슬로 이론의 핵심이다. 자아실현은 정신적 · 육체적으로 건강한 사람으로서 자신이 가진 잠재가능성을 최대로 실현시킨 상태를 의미한다(김은아, 2011). 그는 인간의 욕구가 위계적으로 구조화되어 있다는 욕구위계를 제시하였다.

5단계의 욕구위계를 보면, 1~4단계는 기본적 욕구다. 그중에서도 1~2단계는 생존을 위해 필요한 것이므로 생존의 욕구다. 1단계는 가장 하위에 있는 욕구로서 생리적 욕구다. 음식, 물, 공기, 수면 등의 욕구인데, 이는 유기체의 생물학적 생존과 유지에 관련되기 때문에 이 단계에서의 욕구가 충족되지 못하면 더 높은 단계로 나아갈 수 없다. 2단계는 안전의 욕구다. 생리적 욕구가 충족되면 우리는 환경 속에서의 보호, 의지, 그리고 안전감을 유지하고자 한다. 안전감은 환경에서의 확실성, 질서, 예측가능성이 보장되어야 느끼는 것이다. 만일 조직과 질서가 전혀 없이 완전한 허용과 자유가 주어진다면 안전의 욕구가 위협받게 되고 근심과 불안전감을 느끼게 된다.

3~4단계는 사회적 관계 속에서 충족되는 것으로 사회적 욕구에 속한다. 3단계는 소속과 애정의 욕구다. 타인과 애정을 나누고자 하고, 소속감을 주는 집단에 소속되고자 하는 욕구다. 인간은 안전의 욕구가 충족되면, 자신이 속한 사회에 소속되고 인정받고자 한다. 4단계는 존중의 욕구다. 이는 '자기 자신에 대한 스스로의 존중'과 '타인으로부터의 존중'으로 구분된다. 자아존중을 이루려면 개인적 유능감, 자신감, 숙달감, 성취감, 독립심 등이 필요하다. 다음으로 5단계는 자아실현의 욕구다. 이 단계는 개인적 성장과 잠재력의 실현을 추구하는 단계다. 또한 자기가 되고, 자기가 실현되며, 잠재력을 발휘하는 단계다. 이와 같이 매슬로는 인간의 자아실현을 위한 경향성과 욕구의 위계를 강조하였다.

2) 로저스의 인간중심이론

로저스는 현상학적 관점을 심리학에 도입함으로써 정신분석이나 행동주의에서 간과하였던 개인의 현상학적 체험을 강조하였다. 개인의 현실은 그의 주관적 체험 세계인 현상학적 장 속에 존재한다고 보았다. 삶 속에서 개인이 사건을 보고 해석하는 방식은 행동에 결정적인 영향을 주게 되고, 그 체험의 주체인 개인 자신만이 자기의 실체가 무엇인지에 대해 자각할 수 있는 큰 잠재력을 지니게 된다. 이는 로저스의 인간본성을 존중하는 관점에 있어서 기본적인 전제가 된다. 그는 인간 유기체가 분화, 자기책임감, 협동과 성숙의 방향으로 나아가는 선천적 경향성을 갖고 있다는 것을 신뢰하였다. 로저스의 이론에서 중요한 개념으로는 유기체의 실현경향성, 자아, 긍정적 존중에 대한 욕구와 가치의 조건화 등이 있다.

(1) 유기체의 실현경향성

로저스는 현상학적 관점을 토대로 하여 조직화된 전체로서 기능하는 유기체를 제시한다. 유기체가 어떤 순간에 자각하는 현상학적 장은 결국 의식적인 경험들과 무의식적인 경험들이 모두 포함된 전체로 구성된 것이다. 그 유기체는 다른 창조질서와 마찬가지로 자신을 유지하고, 잠재력을 건설적인 방향으로 성취하려는 기본적이면서 선천적인 경향성을 지니고 있다(Thorne, 2007). 이를 '실현경향성(the actualizing tendency)'이라고 하는데, 로저스가 제시한 단 하나의 인간의 기본적 동기다.

실현경향성이 자아의 유지와 고양에 적극적일 때, 이를 자아실현이라고 한다. 자아실현은 한 개인이 보다 큰 자율성을 확보하고 자기충족을 도모할 수 있게 한다. 자아실현은 개인의 경험을 확장시키고 풍부하게 하며 창조성을 높이고 효율적 성장을 도모하게 한다(안범희, 2009). 자아실현의 경향성은 모든 생리적·심리적 욕구를 포함하는 유기체의 실현경향성의 일부분이다. 따라서 인간은 타고난 잠재력의 실현인 자아실현을 향해 나아가는 기본 경향성을 갖는 것이다.

(2) 자아

로저스의 핵심개념은 '자아(self)'다. '자아'는 현상학적 장에서 '나'로 지각되는 부분을 의미하는 것으로 조직화되고 일관성 있는 지각패턴으로 나타난다. 자아의 획득과 발달은 경험에 의한다. 어린 시절 유아는 성장하고 발전하면서 그의 경험들을 변별하고 그 자신의 존재와 기능의 일부분으로서의 경험을 '소유'하기 시작한다. 다른 경험들은 환경 내에 있는 다른 사람이나 대상들에게 귀속시킨다. 자신의 존재와 기능에 대한 자각이 발달함에 따라 개인은 환경 내에서 자기 자신의 존재 및 기능에 대한 경험으로 이루어지는 자아감(sense of self)을 획득하게 되는데, 이것이 자아개념이다(Cosini, 1992).

자아감은 상황이 바뀜에 따라 끊임없이 형성되는 과정에 있다. 이에 로저스는 자아를 고정된 실체가 아닌 '나(I)'/'나를(me)'이라는 특성에 대한 지각, 그리고 타인, 인생의 다양한 측면과 '나'/'나를'과의 관계에 대한 지각 등 이 두 가지 지각으로 구성된 개념적 형태라고 하였다(Rogers, 1959). 그러나 전술한 바와 같이 자아는 조직적이고 일관된 지각패턴을 나타내므로 통합되고 조직화된 특성을 갖고 유지된다.

한편, 자아개념은 현재의 존재에 대한 지각인 '나', 즉 '현실적 자아(actual self)'뿐만 아니라 되고 싶어 하는 존재를 표상하는 '이상적 자아(ideal self)'도 포함한다. 현실적 자아와 이상적 자아의 심한 불일치는 부적응을 초래한다. 또한 자아와 유기체 경험 간의 일치가 높으면 적응의 가능성이 높아진다. 로저스는 자아를 실현하는 사람을 '충분히 기능하는 인간(fully functioning person)'이라는 용어로 묘사하였다. 충분히 기능하는 인간이란 자신의 잠재력을 인식하고 능력과 자질을 발휘하여 자신에 대해 이해하고, 경험을 풍부하게 하는 방향으로 이동해 가는 사람이다.

(3) 긍정적 존중에 대한 욕구와 가치의 조건화

생후 초기 유아는 자아실현을 위해 무엇이 자신에게 옳고 그른지를 평가할 수 있는 선천적인 능력인 '유기체적 평가과정'을 갖고 행동을 통제한다. 이로 인해 자신이 경험하는 것을 현실인 것처럼 인식하면서 내적 갈등을 하지 않는다. 스스로의 실현경향성에 맞추어 가치를 부여하기 때문이다. 그러나 유아가 성장하면서 타인과 관계를 맺게 되고 양육과 보호를 요구하는 자아에 대한 개념이 생기게 된다. 자아에 대한 인식이 발달하면서 새롭고 보편적인 욕구가 나타나는데, 그것이 긍정적 존중에 대한 욕구다(Rogers, 1959).

긍정적 존중에 대한 욕구(the need for positive regard)는 타인으로부터 오는 긍정적 관심과 인정인데, 아이는 이 욕구를 만족시키는 데 관심을 갖게 된다. 만일 양육자를 포함한 주변 환경이 일관성 있는 보살핌을 제공하고, 아이의 유기체적 실현경향성을 수용해 준다면 아이는 갈등 없이 자신의 경향성을 추구하게 될 것이다. 반면, 양육자를 포함한 의미 있는 타인이 선택적으로만 또는 조건에 부합할 때만 긍정적 존중을 제공한다면 아이는 혼란과 불안을 경험하고 긍정적 존중에 대한 욕구를 채우는 데 관심을 갖고 지속적으로 매달리게 될 것이다. 이를 가치의 조건화(condition of worth)라고 한다. 아이는 타인으로부터 사랑받고 존중받을 만한 것, 타인으로부터 가치가 있다고 여겨지는, 조건에 부합되는 방식으로 생각하고 느끼며 행동을 하게 된다. 이에 타인의 기준과 가치가 아이에게 내면화되고, 유기체로서의 아이의 욕구와 내적 경험은 거의 또는 전혀 무시된다. 그리하여 긍정적 존중에 대한 욕구로 인해 형성된 가치의 조건화로 인해 지각된 자기(perceived self)와 유기체의 실제 경험 간에는 커다란 격차가 생기게 된다. 로저스는 이를 '자기와 경험 간의 불일치'라고 하였다. 이러한 불일치는 불안과 혼란스러움 등의 심리적 부적응을 야기한다.

로저스의 이론은 성격발달단계에 대한 이론이라기보다는 자아실현을 위한 자아와 경험 간의 일치를 촉진하는 환경을 강조하는 관점이다. 이에 아이가 자아실현을 위한 조화로운 상태에서 자유스럽게 성장했는지, 아니면 아이가 방어적이 되거나 부조화 상태에서 기능하였는지가 중요하다(노안영, 강영신, 2003).

5. 사회인지적 관점

전통적인 행동주의적 관점은 자극이 행동을 통제한다는 입장을 취한다. 파블로프(Pavlov)의 고전적 조건형성과 스키너의 조작적 조건형성이 대표적이다. 행동주의는 인간을 조건형성의 산물이라고 봄으로써 개인의 특성, 동기 등을 배제하고, 오직 인간의 행동을 지배하는 조건과 과정에 초점을 둔다. 연구의 대상은 관찰가능한 행동이고, 그 행동은 환경적 요인에 대한 반응이라는 것이다. 이는 기본적으로 인간행동이 '자극-반응'의 패러다임 속에 있다는 관점이다.

고전적 조건형성에서는 유기체가 조건형성의 과정에서 수동적이라는 점을 전제로 하였으나 스키너의 조작적 조건형성에서는 '조작적' 특징을 강조하고 있다. '조작적'이라는 용어에는 인간의 사회적 행동이 선행사건에 의해 통제되는 수동적인 것이 아니라, 자발적으로 나타난다는 점을 내포하고 있다. 즉, 조작행동은 제시되는 자극이 없이 방출되는 반응이다. 예를 들면, 어린아이들도 머리를 돌리거나 대상을 응시하는 등의 자발적 행동을 많이 하게 되고, 그러한 조작을 통해 환경을 조작하고 변화시키며, 환경에 의해 변화하기도 한다(Mischel, Shoda, & Smith, 2006).

또한 조작행동은 행동 후에 일어나는 결과에 의존해서 나타나는 조건형성된 행동을 말한다. 스키너는 이렇게 행동의 결과에 의해 특별한 행동이 조성되고 유지되도록 하는 과정을 조작적 조건형성이라고 하였다. 조작적 조건형성은 행동과 그 결과의 연합을 통해 조작행동을 형성하는 절차다(노안영, 강영신, 2003). 조작행동은 환경적 후속결과가 어떠했는지에 의존하기 때문에, 결과를 어떻게 해 주느냐에 따라 행동의 증가와 감소가 나타난다. 어떤 행동에 뒤따르는 결과가 그 행동의 빈도를 증가시켜 주는 것을 강화라고 하는데, 이는 정적 강화와 부적 강화로 분류된다. 어떤 행동에 뒤따르는 결과가 그 행동의 빈도를 감소시키는 것은 벌이라고 한다. 한편, 정적 강화는 바람직한 행동에 대해 그 결과로서 긍정적인 반응을 해 주는 것으로 칭찬이나 상 등이 속한다. 부적 강화는 아동이 바람직한 행동을 할 때 아동이 싫어하는 것을 제거해 주는 방법이다. 싫어하는 자극을 제거하는 것은 그 행동을 증가시키는 방법이 된다. 행동주의에 입각한 학습의 원리는 조건형성, 조건형성 과정에서의 강화를 핵심으로 하였다.

이러한 행동주의적 관점을 기초로 하나, 행동주의를 넘어서 행동에 대한 인지과정의 중요성을 강조하는 관점이 사회인지적 관점이다. 이는 성격의 인지적 측면, 즉 인지적 표상, 인지적 요구 등을 강조한다. 사회인지적 관점에는 켈리, 로터, 미셸, 반두라 등이 속한다.

1) 켈리의 개인적 구성개념

켈리는 1955년에 『개인적 구성개념의 심리학(The Psychology of Personal Constructs)』이라는 저서에서 개인적 구성개념이론(personal construct theory)을 제시하였다. 개인의 성격형성에 있어서 인지과정, 해석적 입장을 강조하고 있는데, 특히 현상학적 이론과는 다르게 주관적 체험 자체만이 아닌 체험을 결정하는 구조를 동시에 강조함으로써 더 체계적인 이론을 제시하였다. 켈리의 이론은 구성적 대안주의(constructive alternativism)와 인간을 과학자로 규정하는 '과학자로서의 인간'이라는 철학적 가정과 전제를 기반으로 하며, 특징은 다음과 같다.

(1) 구성적 대안주의와 개인적 구성개념

구성적 대안주의는 객관적 사실이나 절대적 진리란 존재하지 않고, 세계는 자신이 해석하는 방식으로 존재한다는 입장이다. 따라서 각자 사물, 현상, 세계를 다르게 보고 제각기 다르게 인식하기 때문에 그것을 구성하고 있는 수많은 대안들이 있으며, 그 다양한 구성적 대안 중에 어떤 대안을 선택하느냐에 따라 세계는 달라진다는 것이다.

이러한 입장에서 켈리는 인간의 현실지각은 언제나 해석에 의하여 변화되는 것이며 객관적 세계라든가 절대적 진리 같은 것은 인간이 만들어 낸 허구에 지나지 않는다고 보았다. 따라서 어떤 사람에게 실재는 그 사람이 실재라고 구성하는 바로 그것이다. 어떤 사상은 여러 가지 방식과 내용으로 생각하고 해석될 수 있는 것이다(박병석, 1984).

구성적 대안주의를 기초로 하여 켈리는 개인이 자신의 환경 내에 있는 다른 사람과 사물을 지각하고 해석하는 양식이 무엇인지에 대해 주로 관심을 두었고, 개인이 자신의 인생에서 경험하는 사건들을 조직화하고 이해할 수 있도록 하는 심리적 과정에 초점을 두었다. 이러한 심리적 과정의 핵심이 '구성개념'이다.

우리 모두는 각자 다른 구성개념을 통해 현실을 지각하고 이해하고 있는 것이다. 이때 구성개념은 사람마다 다를 수 있기 때문에 '개인적 구성개념'이라고 하였다. 개인적 구성개념은 개인이 자신의 경험을 해석하거나 설명, 예언하기 위해 사용하는 아이디어나 사고로서 현실의 측면들을 유사성과 대조성의 관점을 통하여 이해하는 일관성 있는 양식을 의미한다(민경환, 2002). 우리는 어떤 사람의 성격을 이해하기 위해서 그 사람이 세상을 해석하고 이해하는 방식, 즉 행동을 생성하는 데 사용하는 그 사람의 개인적 구성개념을 파악하는 것이 필요하다.

(2) 과학자로서의 인간

켈리는 인간을 과학자로 간주하였다. 과학의 목적이 기술, 설명, 예언, 통제인 것처럼 모든 인간의 심리적 과정의 목표도 바로 그것이다. 모든 사람은 미래를 예견하고 기대되는 결과에 근거한 계획을 수립하고 이를 수행하게 되는데, 이러한 측면이 과학자와 같은 것이므로 모든 인간을 과학자라고 말할 수 있다는 것이다.

따라서 일반 사람들도 과학자들이 추구하는 바와 같이 자신의 생활에서 일어나는 사건들을 이해하고자 하는 필요성과 동기를 지니고 있으며, 과학자와 마찬가지로 인지적 수단을 사용하여 이러한 목표를 추구한다고 주장한다.

인간을 과학자로 봄으로써 지금까지와는 다른 시각에서 조망하고 다음과 같은 결과를 도출한다. 첫째는 인간의 생활에서 과거 또는 현재에서 일어나고 있는 현상보다는 미래의 현상에 보다 근본적 관심을 가지게 된다는 것이다. 모든 행동은 그 속성상 예기적이며, 미래의 사건을 예상하고 통제하려는 시도에서 현실에 관한 견해가 끊임없이 검증되고 있기 때문이다. 켈리는 "인간이 관심을 갖는 것은 과거가 아니라 미래다. 인간은 언제나 현재의 창을 통하여 미래에 도달하고 있다."(Kelly, 1955)라고 하였다. 둘째는 인간이란 환경에 수동적으로 반응하기보다는 오히려 환경을 능동적으로 설명하고 개념화하는 능력을 가진 존재라는 것이다. 심리학자가 어떤 현상에 대해 이론적 개념을 구성하고 수정하는 것과 같이 사람은 자신의 환경을 해석하고 수정하고, 또 재해석하게 된다. 따라서 인생이란 구체적인 경험세계에 관한 의미를 창출하려는 지속적 노력인 것이다. 바로 이러한 개념과 의미의 창조, 변형의 과정을 거쳐 인생의 운명이 만들어져 나가므로, 자신 스스로가 과거 역사나 현재 상황의 노예가 될 필요가 없다. 스스로가 과거의 노예가 되는 방식으로 구성하지 않는다면 인간은 과거의 노예가 될 수 없는 것이다. 삶을 구성하는 양식을 통해 현실을 보고, 다르게 행동하기 때문이다. 결국 인간은 환경을 능동적으로 개념화함으로써 자신의 삶을 이끌어 간다.

2) 로터의 기대가치모형

켈리와 동료였던 로터(Rotter)는 학습심리학을 토대로 한 사회학습이론을 제시하였다. 그는 학습이 사회적 맥락 내에서 일어나며, 동기의 대부분이 다른 사람과 관련되어 있다고 보았다. 로터는 강화의 중요성을 강조한 헐(Hull)과 인지의 중요성을 강조한 톨먼(Tolman)의 주장을 결합하려고 하였다(민경환, 2002). 그 결과, 로터는 기대가치모형(expectancy-value model)을 제시하였다. 이는 어떤 상황에서 특정 행동이 나타날 행동잠재력(behavioral potential)은 그 행동이 특정 결과를 가져올 확률인 기대(expectancy)와 그 결과와 연합된 부적 또는 정적 값인 강화값(reinforcement value)의 함수라는 것이다. 즉, 기대와 강화값의 함수가 행동잠재력이고, 인간은 행동잠재력이 더 큰 행동을 선택하게 된다.

또한 로터(1966)는 사람들이 여러 상황에 걸쳐 일정하게 유지되는 일반화된 기대를 발전시키기도 한다고 주장하였다. 일반화된 기대는 상황에서의 일관성과 개인차를 갖기 때문에 성격변인으로 간주되는데, '통제소재(locus of control)'가 대표적인 일반화된 기대다. 통제소재는 내부통제소재와 외부통제소재로 나뉜다. 내부통제소재는 자신의 성공과 실패가 내부요인, 즉 자신의 능력이나 노력 등에 의해 결정된다는 일반화된 기대이고, 외부통제소재는 성공과 실패가 운이나 우연 등의 외부환경의 힘에 의해 결정된다는 일반화된 기대다. 내부통제소재와 외부통제소재는 연속선상에 위치한 특질로 볼 수 있다. 로터는 통제소재를 측정하는 내외통제성 척도(Internal-External locus of control scale: I-E scale)를 개발하였다(Rotter, 1966).

3) 미셸의 사회인지적 이론

미셸은 1968년에 『성격과 평가(Personality and Assessment)』라는 저서에서 기존의 특질 관점의 성격심리학을 비판하고 성격-상황에 대한 견해를 제시하면서 인지사회적 개인변인, 만족지연에 대한 연구를 통해 사회인지적 관점을 제안하였다.

(1) 인지사회적 개인변인

인지사회적 개인변인은 개인이 사회적 자극을 어떻게 선택, 지각, 처리, 해석, 사용하는가에 대한 것을 알게 해 주는 개인의 심리적 속성이다. 이는 개인의 역사와 유전적 성향의 산물이면서 새로운 경험이 영향을 주는 방식을 조절하는 역할을 한다(민경환, 2002). 대표적으로 부호화 또는 해석, 기대와 신념, 목표, 자기조절체계 등이 있다.

부호화는 사람들이 자신, 타인, 사상, 상황에 대해 갖는 범주화 또는 해석이다. 사람들은 서로 다른 방식으로 동일한 상황을 부호화할 수 있고, 서로 다른 종류의 정보에 선택적으로 주의하게 된다. 이러한 부호화는 자신의 반응에 영향을 미치게 된다.

기대와 신념에 있어서, 사람들은 특정한 상황에서 어떤 행동이 가능하며, 그 행동의 결과가 무엇인지에 대해 예측하고 이해하려고 한다. 예측을 위해서는 행동의 결과에 대한 개인의 구체적인 기대가 고려된다. 만일 두 상황이 있는데, 그에 대한 기대가 서로 다르면 그 기대에 따라 행동은 달라질 것이다(Mischel, 1990).

다음으로 목표는 사람들이 추구하는 미래의 사상으로서 동기를 유지시키고, 인생 과제와 계획에 대한 방향과 구조를 제공해 준다(Grant & Dweck, 1999). 목표는 본능이나 추동과는 다르게 인지적 개념으로서의 동기적 힘이 부여된 것이다. 이에 다른 목표를 추구하게 되는 경우 그에 따라 사람들 간에 상이한 행동이 나타날 수 있다.

자기조절체계는 자신의 행동을 조절하기 위해 인지과정을 활용하는 체계를 말하는데, 복합적이고 장기적인 목표를 외적 지원이 없을 때조차 오랫동안 발달시키고 유지하는 현상을 설명한다(민경환, 2002).

(2) 만족지연

만족지연은 미래에 주어지는 더 큰 보상을 위하여 지금의 보상을 포기하는 행동을 말한다. 이는 장기적 목표달성을 위해 필수적인 행동으로 요구되는 것이다. 만족지연에 대한 아동대상의 연구에서 만족지연을 할 수 있는 요인으로서 주의전환, 인지적 변환을 통한 전략의 효과성이 제시되었다(Mischel & Ebbesen, 1970). 이러한 만족지연은 인지적 · 사회적 유능성의 지표 중 하나다.

4) 반두라의 사회학습이론

반두라는 초기에 행동주의적 관점을 취하였으나 점차 인지적 변인을 강조하는 사회학습이론을 발전시켰다. 반두라의 사회학습이론에서 주요한 개념은 관찰학습, 자기효능감이다. 반두라는 인간의 행동이 행동 · 인지 · 환경 요인을 수반한다는 상호결정론의 입장을 취하였다. 그는 로터와 같은 맥락으로 행동이 내적 과정과 환경 간의 복잡한 상호작용의 결과라고 생각하였다. 따라서 인간의 행동은 단순하게 환경의 사건으로부터 반응하는 것이 아닌 인지적 요인이 수반된 것으로 적극적으로 창조되고 변화되는 작업이다.

반두라의 관찰학습은 그간 행동주의에서의 학습의 원리와는 다른 것이다. 관찰학습은 아동이 직접적인 수행을 하지 않고도 모델이 하는 행동을 관찰하는 것만으로 행동을 하게 된다는 점을 보여 주는 개념이다. 따라서 인간은 직접적 참여 없이, 자신에게 어떤 직접적인 결과가 나타나지 않아도 타인의 사건들을 관찰함으로써 새로운 지식과 행동을 습득하게 된다. 반두라는 관찰학습이 적극적인 인지적 평가와 이해, 즉 인지적 요소를 포함한 활동이라고 보았고, 그 과정을 제시하였다. 주의과정(attention processes), 파지과정(retention processes), 재생과정(reproduction processes), 동기과정(motivation processes)이 그것이다.

주의과정에서 주의를 기울인다는 것은 단순하게 보는 것이 아니라 모델을 모방하기 위해 모델의 행동에 주목하고 면밀한 주의를 기울인다는 것을 말한다. 파지과정은 모델의 행동을 기억하고 유지하는 것이다. 상징 표상과 심상의 형성이라는 내적 파지과정은 인지과정으로서 작동된다. 재생과정은 파지되어 있는 상징 표상을 행동으로 적절히 전환하는 과정이다. 다음은 동기과정이다. 인간이 학습되었다고 하더라도 그것이 일생동안 한 번도 수행으로 나타나지 않을 수도 있다. 수행으로 나타나는 데에는 동기가 가장 중요한 요인이다. 적절한 동기는 행동의 실제적 수행을 가져오고, 관찰학습의 다른 과정에도 영향을 준다. 따라서 동기는 중요한 것이다.

다음으로 반두라는 자기효능감의 개념을 제시하였다. 자기효능감은 바람직한 효과를 산출하는 행동을 성공적으로 수행할 수 있다는 개인의 신념을 말한다. 특별한 영역에서의 자신의 능력에 대한 믿음이다. 따라서 능력에 대한 판단, 평가가 수반된다. 자기효능감은 행동을 예측할 수 있는 근거가 되기도 한다. 사람들은 일반적으로 자신이 잘할 수 있다고 생각하는 것을 시도하려고 하지만, 못한다고 생각하는 것은 시도하려고 하지 않기 때문이다. 따라서 자기효능감은 인간의 사고, 동기, 행위의 핵심적 역할을 수행한다. 자기효능감은 과제에 대한 성취의 경험, 타인의 성공과 실패에 대한 관찰을 통한 대리경험, 타인으로부터의 자신이 성취할 수 있는지 할 수 없는지에 대한 언어적 설득을 받는 것, 그리고 주어진 과제 수행에서 느끼는 정서적 각성의 정도 등에 의해 영향을 받는다.

6. 맺음말

인간의 마음과 행동을 이해하기 위하여, 그동안 많은 연구자들이 성격에 대해 연구하여 왔다. 이에 성격이란 무엇인지, 어떻게 형성되는지, 개인차와 그 원인은 무엇인지 등에 대한 다양한 관점과 이론이 제시되어 왔다. 여러 관점을 요약하면 성격이란 개인의 독특하고 일관성 있고 역동적인 내적 속성으로 정신신체적 체계들의 통합과정이라고 정의할 수 있다. 이 장에서는 성격에 대한 이론들 중에서 특질–성향적 관점, 정신역동적–동기적 관점, 현상학적 관점, 사회인지적 관점을 중심으로 살펴보았다.

특질–성향적 관점은 성격에 대해 개인을 일관되고 안정되게 특징짓는 심리적 특질 또는 유형으로 제시하는 입장이다. 특질이론으로는 올포트의 특질이론, 캐텔의 16성격요인이 속하고, 유형론으로는 아이젱크의 생물학적 유형론과 5요인 모델이 속한다.

정신역동적–동기적 관점은 성격의 설명에 있어서 갈등, 방어기제 등을 제시한다. 프로이트의 정신분석이론, 융의 분석심리학, 아들러의 개인심리학, 호나이, 프롬, 설리반 등의 신 프로이트 학파, 에릭슨의 심리사회적 이론 및 머레이의 동기이론이 이에 속한다.

현상학적 관점은 세계와 자신에 대해 개인들이 갖고 있는 관점, 주관적인 생활체험, 감정 등을 강조한다. 매슬로의 욕구위계론, 로저스의 인간중심이론이 이에 속한다.

사회인지적 관점은 행동주의적 관점을 기초로 하지만, 행동에 있어서의 인지적 측면, 즉 인지적 표상, 인지적 요구 등을 강조하는 관점이다. 켈리의 개인적 구성개념, 로터의 기대가치모형, 미셸의 사회인지적 이론, 반두라의 사회학습이론이 이에 속한다.

이와 같이 다양한 이론적 관점을 토대로 개인의 성격을 설명하고자 하였는데, 최근에는 각 관점을 통합적으로 적용하여 개인을 이해하려는 관점이 대두되고 있다.

참고문헌

김세곤, 현정환(2008). 인간행동의 심리학적 기초. 경기: 공동체.

김은아(2011). Maslow 이론에 비추어 본 퇴계의 교육적 자아실현. 전남대학교 대학원 박사학위 논문.

김재진(1982). 자아의 개념과 동기부여. 경상대학논집, 49-96. 경북대학교.

김춘경(2006). 아들러 아동상담 이론과 실제. 서울: 학지사.

노안영(2005). 상담심리학의 이론과 실제. 서울: 학지사.

노안영, 강만철, 오익수, 김광운, 정민(2011). 개인심리학 상담 원리와 적용. 서울: 학지사.

노안영, 강영신(2003). 성격심리학. 서울: 학지사.

민경환(2002). 성격심리학. 서울: 법문사.

박병석(1984). Kelly의 개인구성이론에 대한 연구: Kelly의 구성이론의 casework에 적용가능성의
검토. 사회과학, 147-166. 경북대학교.

안범희(2009). 성격심리학. 서울: 하우.

이부영(1999). 그림자. 서울: 한길사.

이부영(2001). 아니마와 아니무스. 서울: 한길사.

이부영(2002). 자기와 자기실현. 서울: 한길사.

이숙, 정미자, 최진아, 유우영, 김미란(2004). 아동상담. 경기: 양서원.

Allport, G. W. (1937). *Personality: A psychological interpretation*. NY: Henry Holt and Company.

Borgatta, E. F. (1964). The structure of personality characteristics. *Behavioral Science, 9*(1), 8-18.

Bruno, F. J. (1977). *Human adjustment and personal growth*. NY: Wiley.

Cattell, R. B. (1965). *The scientific analysis of personality and motivation*. NY: Penguin.

Cosini, R. J. (1992). 현대심리치료(김정희, 이장호 역). 서울: 중앙적성출판사. (원저 1987년 출판)

Costa, P. T. Jr., & McCrae, R. R. (1989). Personality continuity and the changes of adult life. In M.
Storandt & G. R. VandenBos (Eds.), *The adult years: Continuity and change*. Washington,
DC: American psychological association.

Costa, P. T. Jr., & McCrae, R. R. (1992). *Revised NEO personality inventory(NEO-PI-R) and NEO
five-factor inventory(NEO-FFI) professional manual*. Odessa, FL: Psychological Assessment
Resources.

Crain, W. C. (1983). 발달의 이론(서봉연 역). 서울: 중앙적성출판사. (원저 1980년 출판)

Digman, J. M. (1990). Personality structure: Emergence of the five-factor model. *Annual Review of
Psychology, 41*(1), 417-440.

Eysenck, H. J. (1982). Development of a theory. In H. J. Eysenck (Ed)., *Personality, genetics and
behavior: Selected papers*. NY: Praeger.

Eysenck, H. J. (1990). Biological dimensions of personality. In L. A. Pervin (Ed.), *Handbook of personality: Theory and research*. NY: Guilford.

Eysenck, H. J., & Eysenck, S. B. G. (1975). *Manual of the Eysenck Personality Questionnaire*. San Diego: EDITS.

Fromm, E. (2012). 자유로부터의 도피(김석희 역). 서울: 휴머니스트. (원저 1941년 출판)

Goldsberg, L. R. (1981). Langage and individual differences: The search for universals in personality lexicons. In L. Wheeler (Ed.), *Review of personality and social psychology*. CA: Sage.

Grant, H., & Dweck, C. S. (1999). A goal analysis of personality and personality coherence. In D. Cervone & Y. Shoda (Eds.), *Social-cognitive approaches to personality coherence*. NY: Guilford Press.

Jacobs, M. (2007). 지그문트 프로이트(이용승 역). 서울: 학지사. (원저 2003년 출판)

Kelly, G. A. (1955). *The psychology of personal constructs*. NY: Norton.

Lundin, R. W. (2001). 애들러 상담이론: 기본 개념 및 시사점(노안영, 강만철, 오익수, 김광운, 송현종 역). 서울: 학지사. (원저 1989년 출판)

McCrae, R. R., & Costa, P. T. JR. (1987). Validation of the five-factor model of personality across instruments and observers. *Journal of Personality and Social Psychology, 52*(1), 81-90.

Mischel, W. (1968). *Personality and assessment*. NY: Wiley.

Mischel, W. (1990). Personality dispositions revisited and revised: A view after three decades. In L. A. Pervin (Ed.), *Handbook of personality: Theory and research*. NY: Guilford Press.

Mischel, W., & Ebbesen, E. B. (1970). Attention in delay of gratification. *Journal of Personality and Social Psychology, 16*(2), 329-337.

Mischel, W., Shoda, Y., & Smith, R. E. (2006). 성격심리학(손정락 역). 경기: 시그마프레스. (원저 2004년 출판)

Mosak, H. H. (1989). Adlerian psychotherapy. In R. J. Corsini & D. Wedding (Eds.), *Current psychotherapies* (4th ed.). Itasca, IL: F. E. Peacock.

Murray, H. A. (1938). *Explorations in personality*. NY: Oxford University Press.

Norman, W. T. (1963). Toward an adequate taxonomy of personality attributes: Replicated factor structure in peer nomination personality ratings. *Journal of Abnormal and Social Psychology, 66*(6), 574-583.

Pervin, L. A. (1996). *The science of personality*. NY: Wiley.

Rogers, C. R. (1959). A theory of therapy, personality and interpersonal relationships as developed in the client-centered framework. In S. Koch (Ed.), *Psychology: A study of science, Vol. III. Formulations of the person and the social context.* NY: McGraw-Hill.

Rogers, C. R. (1963). The actualizing tendency in relation to "motives" and to consciousness. In M. R. Jones (Ed.), *Nebraska symposium on motivation.* Lincoln, NE: University of Nebraska Press.

Rotter, J. B. (1966). Generalized expectancies for internal versus external control of reinforcement. *Psychological Monographs: General and Applied, 80*(1), 1-28.

Sharf, R. S. (2000). *Theories of psychotherapy & counseling* (2nd ed.). Pacific Grove: Brooks/Cole.

Smith, G. M. (1967). Usefulness of peer ratings of personality in educational research. *Educational and Psychological Measurement, 27*, 967-984.

Thompson, C. L., & Rudolph, L. B. (2000). *Counseling children* (5th ed). NY: Wadsworth publishing.

Thorne, B. (2007). 칼 로저스(이영희, 박의숙, 고향자 역). 서울: 학지사. (원저 1991년 출판)

Tupes, E. C., & Christal, R. E. (1961). Recurrent personality factors based on trait rating. *USAF ASD Technical Report*, 61-97.

아동 뇌발달의 이해:
유전 및 생물학적 기전

안동현

인간에 있어 종족보존과 함께 생명유지는 필수 불가결한 것이기 때문에, 아동의 발달은 출생 이전부터 일어난다. 생명유지를 위해 신생아는 물론 자궁 내에 위치한 태아도 반사(reflex) 혹은 반사행동(reflective behaviors)을 나타낸다. 입 주위에 물체가 닿으면 반사적으로 따라가는 먹이찾기 반사(rooting reflex), 손에 닿으면 손바닥을 오므려 잡으려는 잡기 반사(grasping reflex) 등 반사행동은 생존을 위해 출생 이전 시기, 이미 자궁 내에서부터 발달하게 된다. 이러한 것은 자궁 내 수정란(zygote), 배아(embryo), 및 태아(fetus)에 대한 연구가 진행되면서 속속 밝혀지고 있다. 그리고 대뇌발달을 보더라도 80% 이상이 이미 자궁 내에서 완성되어 태어나게 된다. 단적인 예가 갓 출산한 신생아가 두 손으로 물체를 잡으면 3kg이 넘는 자신의 몸을 상당 시간 동안 떨어지지 않고 지탱할 수 있는 능력을 보여 준다는 점이다. 이것은 신생아가 이미 출생 전에 상당한 정도의 자기보존능력을 갖추고 있음을 입증한다.

신생아의 자기보존능력은 필연적으로 자기결정능력으로 이어지게 된다. 과거 오랫동안 출생 당시 신생아는 아무런 능력을 갖추고 있지 않은 백지상태로 태어나는 것으로 잘못 알려져 왔다. 따라서 이들은 통증과 같은 감각이 없는 것으로 알려져 할례(circumcision) 의식을 할 때 아무런 통증완화시술 없이 의식을 행하기도 하였다. 또한 신생아들은 아무런 능력을 가지기 않았기 때문에 오로지 양육과 교육에 의해서만 발달이 이루어진다고 생각하여 엄격한 양육과 교육을 강조하기도 하였다. 뇌과학을 비롯한 과학의 발달과 아동에 대한 인식이 달라지면서 아동들의 타고난 선천적 능력에 대해 이해하게 되었고, 아동들의 자기결정에 대해 새로운 시각이 필요하게 되었다. 이 장에서는 이렇게 이미 태어나기 이전에 수태된 때로부터 일어나는 아동의 발달, 특히 뇌발달을 중심으로 아동의 뇌 구조 및 기능, 그리고 발달에 대해 알아본다.

제2장
아동 뇌발달의 이해: 유전 및 생물학적 기전

1. 뇌발달

1) 수태와 태내 발달

인간은 남성의 정자(sperm)과 여성의 난자(ovum)가 결합(수정, fertilization)하여 탄생한다. 수억 개의 정자 가운데 단 1개(만일 2개일 경우 쌍생아가 탄생할 수 있다.)가 난자벽을 뚫고 들어가 수 시간 내에 합쳐져서 수정란(zygote)이 된다. 수정란은 약 2주가량의 분화(differentiation)를 통해 여러 개의 세포덩어리(blastocyst)가 되고, 자궁으로 이동하여 착상(implant)된다(수태, conception).

이렇게 되면 더 이상 세포덩어리가 아니고 자궁벽에 단단히 붙은 후 모성으로부터 탯줄(umbilical cord)을 통해 영양공급을 받는 생명체(배아, embryo)가 되어 신체의 주요 부위와 기관들이 만들어지기 시작한다. 배아는 뚜렷하게 세 개의 층으로 구분되는데, 그 각각은 발달과정에서 별개의 경로를 밟는다. 맨 바깥쪽 부위인 외배엽(ectoderm)은 후에 피부, 털, 치아, 감각기, 뇌 및 척수가 된다. 중간 부위인 중배엽(mesoderm)은 후에 근육, 뼈, 혈액, 순환계를 이룬다. 맨 안쪽 부위인 내배엽(endoderm)은 후에 소화기관, 간, 췌장, 폐를 이룬다. 8주가 된 배아를 보면 약 1인치 길이의 꼬리 달린 물고기 모양이지만 자세히 보면 눈, 코, 입, 팔다리의 원시적인 형태를 볼 수도 있다. 머리와 뇌는 이 배아기 때부터 급속하게 발달이 일어난다. 머리 크기는 전체의 1/2 정도를 차지할 정도로 크고, 신경세포(neuron, 뉴런)가 만들어지면서, 놀라운 속도로 그 수가 증가한다. 신경계는 약

5주가 지나면서 기능을 시작하고, 약하지만 뇌파(brain waves)를 감지할 수 있을 정도가 된다.

8주가 지나면 인간의 형태를 갖추게 되는데, 이때부터 태아(fetus)라고 부르고, 주요 기관의 분화가 본격적으로 일어난다. 태아의 크기도 빠르게 자라나 2개월경에는 머리가 몸통의 1/2을 차지하지만, 5개월이 되면 약 1/4 정도로 상대적으로 작아진다. 체중도 많이 늘어 4개월에는 약 4온스(113g), 7개월에는 3파운드(1.4kg), 출산 시에는 7파운드 (3.2kg) 이상이 된다. 이와 함께 기능도 늘어나, 3개월이 되면 태아는 삼킬 수 있고, 소변을 보기도 한다. 분화도 점점 늘어 가면서 팔에서 손이 생기고, 손에서 손가락이, 손가락에서 손톱이 생긴다. 이런 분화가 일어나면서 태아는 자신의 존재를 바깥 세상에 알리게 된다. 임신 초기에 산모는 자신이 임신했다는 사실을 모를 수 있다. 하지만 태아가 활동적이 되면서 산모는 자신이 임신했다는 사실을 알게 된다. 이때부터 흔히 부모됨 (parenthood)이 시작한다고 보는 경우가 많다. 대개 4개월이 되면 태동(fetal movement)을 느끼기 시작하고, 7개월이 되면 태아가 산모의 배를 '발로 찬다'고 표현하기도 한다.

2) 뇌의 구조와 기능

뇌발달을 보면 배아의 분화로 인해 형성된 외배엽에서 판 모양의 신경관(neural tube) 이 형성되고, 이 판은 세 개의 일차 뇌포(primary brain vesicles)로 주름이 잡힌다. 세 개의 뇌포는 각각 전뇌(forebrain), 중뇌(midbrain), 후뇌(hindbrain)로 분화하여 발달하게 된다. 그것은 2차 분화를 거쳐 [그림 2-1]과 같이 뇌의 각 세부 부위로 분화하게 된다.

뇌를 포함한 신경계의 구조와 기능을 잠시 살펴본다. 신경계는 〈표 2-1〉과 같이 중추신경계(central nervous system: CNS)와 말초신경계(peripheral nervous system: PNS)로 나뉜다. 중추신경계는 뇌(brain)와 척수(spinal cord)로, 말초신경계는 체성신경계(somatic nervous system: SNS)와 자율신경계(autonomic nervous system: ANS)로 구성된다. 체성신경계는 감각신경계(sensory nervous system)와 운동신경계(motor nervous system)로, 자율신경계는 교감신경계(sympathetic nervous system)와 부교감신경계(parasympathetic nervous system)로 각각 구성된다.

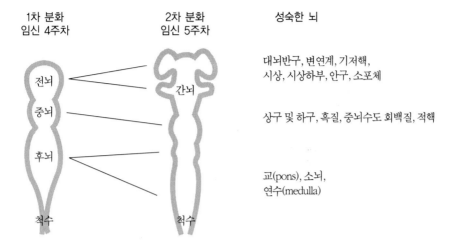

1차 분화　　　　2차 분화　　　　성숙한 뇌
임신 4주차　　　임신 5주차

전뇌　　　　　　간뇌

대뇌반구, 변연계, 기저핵,
시상, 시상하부, 안구, 소포체

중뇌

상구 및 하구, 흑질, 중뇌수도 회백질, 적핵

후뇌

교(pons), 소뇌,
연수(medulla)

척수　　　　　　척수

[그림 2-1] 중추신경계의 1차 및 2차 분화

출처: Hales, Yudofsky, & Gabbard (Eds., 2008).

여기서는 주로 뇌의 구조와 기능을 중심으로 설명하지만, 사실 모든 신경계는 아동발달을 이해하는 데 중요하다. 아동발달에서 후각, 시각, 청각, 촉각, 미각 등의 감각(sensation)과 지각(perception)은 애착형성, 언어 및 인지 발달 등 모든 아동발달의 기초를 이룬다. 운동신경계는 잡기, 기기, 걷기 등을 위시하여 대소변 가리기, 글씨 쓰기, 책 읽기, 말하기 등 모든 영역에 영향을 미친다. 마찬가지로 자율신경계는 먹기, 잠자기, 숨쉬기, 소화기능, 순환기능 등 아동이 살아가는 데 필수불가결한 모든 내장기관의 조절을 담당한다. 이들 말초신경계가 실제 집행을 담당한다면 뇌 및 척수와 같은 중추신경계는 말초신경계를 통해 수집된 정보를 분석 · 분류 · 가공하여 적절한 판단과 계획을 바탕으

표 2-1　신경계의 구성

중추신경계(CNS)	뇌: 대뇌, 소뇌, 간뇌, 뇌간	
	척수	
말초신경계(PNS)	체성신경계(SNS)	감각신경계
		운동신경계
	자율신경계(ANS)	교감신경계
		부교감신경계

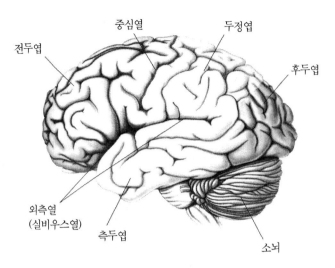

[그림 2-2] 뇌의 기능적 구분(모식도)

로 합당한 명령을 내리는 통합 컨트롤 타워의 역할을 수행한다. 중추신경계는 간단하게 뇌와 척수로 나누지만 세분해 보면 대뇌(cerebrum), 소뇌(cerebellum), 간뇌[diencephalon; 시상(thalamus), 시상하부(hypothalamus), 시상상부(epithalamus)로 구성됨], 뇌간[brain stem; 중뇌(midbrain), 뇌교(pons), 연수(medulla)로 구성됨], 척수로 나뉜다.

뇌는 [그림 2-2]와 같이 모식적으로 표시하는데, 특히 대뇌는 좌우 반구로 나누어져 있고, 이 둘은 일종의 다리 역할을 하는 구조물[뇌량(corpus callosum) 및 전후 교련(anterior & posterior commissure)]에 의해 정보를 교환한다. 그리고 대뇌의 겉모습을 보면 [그림 2-2]에서와 같이 쭈글쭈글 주름이 잡혀 있고 튀어나온 부분을 대뇌이랑(혹은 뇌회, gyrus), 속으로 골짜기 모양으로 들어간 부분을 대뇌고랑(혹은 열구, fissure 혹은 sulcus)이라고 부른다. 대뇌는 표면의 커다란 홈에 의해 구조적 및 기능적으로 전두엽(frontal lobe), 두정엽(parietal lobe), 후두엽(occipital lobe), 측두엽(temporal lobe)으로 세분한다. 이들은 후에 각각 특정한 기능을 담당하게 된다(〈표 2-2〉 참조).

표 2-2 대뇌의 구조와 기능

피질 영역(cortical area)	
전두엽	실행기능, 인격, 지적기능, 말하기, 운동기능, 기억
측두엽	듣기, 사물 명명, 기억, 정서, 시각인식
두정엽	감각, 말하기, 이해, 학습
후두엽	시각
피질하 영역(subcortical area)	
기저핵	움직임, 정서
시상	모든 기저핵과 피질 간의 '중계획(relay station)' 기능
시상하부	체온, 수면, 수분대사, 호르몬, 혈압, 포만, 일주기리듬, 정서 조절
중뇌	의식, 말초신경계 및 뇌신경 조절
뇌교	기분, 운동 및 감각신경, 각성
소뇌	평형기능, 근육톤
뇌간	상행 및 하행 신경다발, 호흡

3) 신경세포와 그 연결망

대뇌는 신경세포를 포함해서 성상세포(astrocytes), 수초화 신경교(myelinating glia)로 구성된 교세포(glial cells), 그 외에 비신경계 세포들로 구성된다. 흔히 뉴런이라고 부르는 신경세포는 [그림 2-3]과 같이 신경원(soma), 신경막(membrane), 세포체(cytoskeleton), 축색(axon), 수상돌기(dendrite)로 구성된다. 수상돌기는 다른 신경세포로부터 정보를 수집하는 기능, 신경원은 정보를 통합하는 기능, 축색은 정보를 보내고 전달하는 기능을 담당한다. 그리고 축색의 끝부분은 다른 신경세포의 수상돌기와 맞닿 부분으로 정보를 전달하기 위해 특별히 변형되어 있고, 이 부분을 시냅스(synapse)라고 부른다([그림 2-3]).

실제로 이들 신경세포는 직접 맞닿지는 않고 작은 틈새로 떨어져 있다. 이 틈새를 시냅스틈(synaptic cleft)이라고 부른다. 정보를 전달하는 신경세포의 시냅스 소포(synaptic vesicles)에 보관되어 있던 신경전달물질(neurotransmitter)이 자극을 통해 분비되면 이들 물질이 시냅스틈으로 분비되고 이들이 반대편 신경세포의 시냅스에 있는 수용체(receptor)에 결합하여 정보를 전달한다. 이후 이들 신경전달물질의 대부분은 시냅스틈으로 빠져나오고, 이들은 다시 원래 신경세포의 시냅스로 재흡수(reuptake)된다. 아동 정신장애의 많은 치료약물은 바로 이 과정에 관여하여 일부 신경전달물질의 재흡수를 차단하거나 혹은 물질의 분비를 촉진하거나 하는 등의 작용을 통해 효능을 나타낸다. 대표적으로 불안장애 혹은 우울장애 치료제인 선택적세로토닌재흡수차단제(SSRI) 계열의 약이나 ADHD 치료제인 메틸페니데이트 등이 이런 작용을 한다. 흔히 많이 알려진 신경전달물질로 세로토닌, 도파민, 노르에피네프린, 에피네프린, 아세틸콜린, 글루탐산, 가바(GABA), 그리고 엔도르핀 등이 있다.

이렇게 신경세포와 신경세포는 시냅스를 통해 화학적 방법으로 정보를 주고받는 반면, 신경세포의 수상돌기에서 전달받은 정보는 신경세포의 세포막에 존재하는 전기적으로 대전된 입자인 이온(ion)들이 세포 안과 밖에 각각 존재하는데, 이들이 이온통로라고 알려진 특별한 통로를 통해 이동하면서 발생하는 전기적 전위변화[안정전위(resting

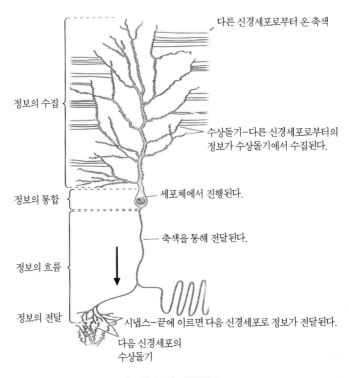

[그림 2-3] 신경세포

potential)에서 활동전위(action potential)로의 변화]를 이용하여 축색을 통해 시냅스까지 정보를 전달한다. 바로 이러한 전기적 작용을 이용하는 것이 바로 뇌파검사의 기본원리가 된다. 마치 심장기능의 전기적 작용을 심전도검사를 통해 측정하듯이 신경세포의 전기적 작용을 측정하는 것이다.

신경세포는 이러한 구조와 기능을 가지고 뇌에 들어오는 여러 정보를 받아들이고 통합·분석하여 명령을 내리는 데 핵심적인 역할을 한다. 신생아는 출생할 당시 수많은 신경세포를 가지고 태어나는 것으로 알려져 있다. 그러나 아동의 발달에 있어 더 중요한 것은 신경세포가 아니라, 이들 간에 정보를 주고받을 수 있는 연결망(connections)이다. 이미 앞에서 설명한 바와 같이 신경세포의 주요 기능은 정보를 전달받고, 전달하는 기능이기 때문이다. 영아에게 자극이나 경험 등의 결핍으로 다른 신경세포와 상호 연결되지 않는 신경세포는 불필요해진다. 이같이 불필요한 신경세포는 신경계의 효율성을 높이기 위해 사멸하고 만다. 자극이나 경험, 필요성이 커진 신경세포는 연결망이 더 많아지고 성장하는 반면, 반대로 불필요한 신경세포는 죽어 버리는 이러한 과정을 시냅스 가지치기(synaptic pruning)라고 한다. 이것은 영아가 생애 초기에 외부로부터 적절한 자극과 경험이 왜 필요한가를 뒷받침하는 중요한 과학적 개념이다. 중요한 기능임에도 불구하고 발달시기에 맞춰 영아에게 적절한 자극이 부족하거나 초기경험이 박탈된다면 이러한 연결망이 적절하게 발달하지 않아 정상 발달에 지장을 초래한다.

4) 선천성과 환경의 상호작용: 뇌발달을 중심으로

우선 선천적인 것으로 신경세포를 중심으로 뇌발달의 단계를 살펴보면 〈표 2-3〉과 같다. 그리고 그 각각의 단계는 [그림 2-4]와 같이 태내 및 출생 후 발달이 이루어진다. 이 단계에서 환경적 요인들이 어떻게 영향을 미치는가 하는 것들이 최근에 여러 가지로 알려지고 있다. 오랫동안 아동발달과 관련하여 천성 대 양육(유전 대 환경)의 논란이 대립해 왔었는데, 이러한 상호작용에 대해 과학적인 접근으로 여러 소견이 발견되면서 대립보다는 보완하고 상호작용하는 것으로 이해하게 되었다.

유전 등 선천적 요인에 의한 뇌발달에 미치는 환경적 요인으로 잘 알려진 것들로 다

표 2-3	뇌발달의 단계
1. 세포 생성(cell birth, 신경조직 발생, 신경아교세포 형성)	
2. 세포 이동(cell migration)	
3. 세포 분화(cell differentiation)	
4. 세포 성장(cell maturation, 수상돌기 및 축색 성장)	
5. 시냅스 생성(synaptogenesis, 시냅스 형성)	
6. 세포 사망 및 시냅스 가지치기(cell death and synaptic pruning)	
7. 수초화(myelogenesis, formation of myelin)	

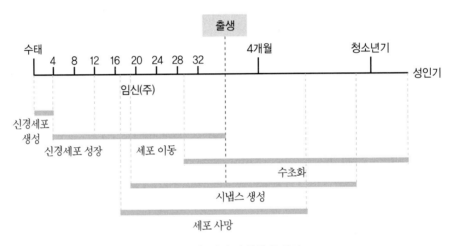

[그림 2-4] 태내 및 출생 후 발달

음과 같은 것들을 제시할 수 있다. 가장 먼저 경험(experience)이다. 앞에서 논의한 세포 사망 및 시냅스 가지치기가 신경세포의 연결망에 영향을 미치고, 피질 내 세포의 이동 및 분화 등에도 영향을 미쳐 아동의 뇌발달에 중대한 영향을 미친다. 이러한 현상으로 인해 아동발달단계에 과연 결정적 시기 혹은 임계시기(critical periods)의 존재하는지의 여부에 대해 많은 주장들이 있어 왔고, 특히 최근에 생애 초기 방임되거나 상처받은 아동들에 대한 관심이 높아지면서 다시 주목받고 있다(Weder & Kaufman, 2011). 예를 들어, 후벨과 위젤(Hubel & Wiesel, 1965)이 새끼고양이를 대상으로 한 실험에서 생후 초기 일정 기간 동안 정상적인 시각경험을 박탈하면 시각피질에서 신경 연결(및 기능)이 비가역적으로 변한다는 것을 발견하였다. 이것을 아동의 시각(vision)과 관련하여 살펴보면 신생아가 선천성 백내장(congenital cataract)을 앓고 있지만 생후 3~4개월 이전에 발견하여 수술하지 않고 그 시기가 늦어지는 경우 후두엽의 시각피질 발달이 지연되어 영구적으로 시력이 회복되지 못한다. 지금도 저개발 열대지방에서 회선사상충증(Onchocerciasis) 혹은 트라코마(Trachoma) 감염에 의해 많은 어린이가 시력을 영구히 잃고 있다. 사시(strabismus)가 약시(amblyopia)를 초래하는 경우도 비슷한 원리에 의하기 때문에 생애 초기 사시교정이 매우 중요하다(Purves et al., 2007).

　　유사한 예로, 아동학대 및 방임으로 오랜 기간 의사소통 및 언어의 기회가 박탈된 소위 '야생소녀' 지니(Genie)의 경우도 일부 호전을 보이기는 했지만 영구적으로 언어 획득에 지장을 받았다. 이는 아동의 언어발달에 결정적 시기 혹은 민감한 시기가 있음을 간접적으로 증명하고 있는 예라고 볼 수 있다. 다른 예로, 한국인 및 일본인은 영어의 'r'과 'l' 소리를 잘 구분하여 발음하지 못하는 경향이 있다. 하지만 생후 4개월의 유아는 이러한 구별이 관찰되지 않는데, 생후 6개월경에 이르면 유아는 외국어에 비해 모국어의 음소에 선호도를 나타내기 시작하며, 생후 1년이 되면 외국어 특유의 음소 요소에는 더 이상 활발한 반응을 보이지 않는다. 이러한 음소의 대비를 인식하는 능력은 수년 이상 지속하고 이것은 아동들이 7~8세까지는 외국어를 억양 없이 유창한 문법으로 구사하도록 배울 수 있게 되지만, 이 나이가 지나면 아무리 연습을 많이 해도 모국어와 같은 언어수행능력은 획득할 수가 없으며(Purves et al., 2007, pp. 559-562), 이 같은 것은 언어중추에서도 다르게 나타나는 것이 확인되고 있다(Kim et al., 1997).

　　그 외에 여러 가지 환경적 요인 가운데 임신 중 모성에게 영향을 미치는 많은 요소들로 스트레스, 약물, 호르몬, 영양, 질병, 건강상태 등이 있다. 그리고 출산 전후와 관련한 다양한 요소들도 중대한 영향을 미칠 수 있다. 우리에게 잘 알려진 것으로 임신부의 임신 중 음주가 뇌발달에 악영향을 미쳐 발생하는 '태아알코올증후군(fetal alchohol syndrome: FAS)'이 있다. 젊은 여성들의 음주, 흡연이 증가하면서 점점 사회적으로 주목받고 있는데, 이는 신생아에게 지적장애, ADHD, 안면기형 등을 초래하게 된다(Riley, Infante, & Warren, 2011).

　　루마니아 고아 연구에서와 같이 아동기 초기의 방임, 적절한 보살핌의 결함과 같은 요인에 의해 아동들의 뇌발달에 악영향이 초래된다는 것은 이미 잘 알려져 있다. 그리고

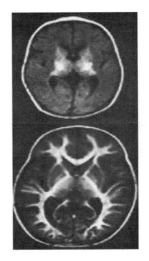
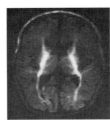

[그림 2-5] 유아기 동안의 뇌의 수초화의 증가

왼쪽 윗줄부터 생후 1개월, 2개월, 3~6개월, 7~9개월, 9개월 이상

출처: van der Knaap & Valk (1990).

이들에 대한 뇌발달의 악영향이 후기에 정신질환을 위시하여 아동의 정상 발달에 중요하게 작용한다는 것도 이미 잘 알려져 있다(Slopen et al., 2012; Tomalski & Johnson, 2010).

5) 유전

이렇게 명백한 영향에도 불구하고 여전히 많은 사람은 의문을 제기한다. "어떤 것이 유전되는 거지요?" "양육이나 교육을 잘하면 얼마나 좋아질 수 있을까요?" "타고난 거면 어쩔 수 없는 건가요?" 등이다. 예를 들어, 한국인 대부분은 머리카락 색깔이 검다. 서양인과 달리 금발, 은발이 적다. 또한 눈동자도 대부분 검은색으로 푸른색 혹은 갈색 눈동자가 적다. 서양인과 달리 한국인은 술이 약한 사람이 많다. 그래서 서양인과 달리 술을 마시면 얼굴이 빨개지는 사람이 많다. 서양인은 논리적이고 자기표현을 잘하는 반면, 우리는 감정적이고 언어적 표현이 부족한 경우가 많다. 과연 이러한 것들이 어디까지가 유전이고, 어디까지가 환경에 의해 결정되는 걸까?

유전에는 우성유전과 열성유전이 있다. 검은색 머리카락, 곱슬 머리카락, A형 및 B형 혈액형은 갈색 머리카락, 곧은 머리카락, O형 혈액형에 비해 우성유전을 한다. 만일 한쪽 부모가 우성과 열성을 가지고 있다면 그 자녀는 우성으로 나타난다. 한 사람의 유전 특성을 유전형(genotype)이라고 하고, 실제 현상으로 나타나는 경우 표현형(phenotype)이라고 한다. 유전형을 결정하는 것은 그 사람이 가지고 태어나는 유전특성에 의한 것인데, 유전정보는 유전자(gene)에 담겨 있고, 인간은 25,000개 정도의 유전자를 가지고 있는 것으로 알려져 있다. 유전자는 염색체(chromosome)라는 곳에 담겨 부 혹은 모로부터 자녀에게 전달된다. 인간의 염색체는 보통 46개가 있는데, 남성/여성을 결정하는 성 염색체를 각각 X, Y로 이름 지어 X염색체를 2개 갖게 되면 여성, 1개의 X 염색체, 1개의 Y염색체를 갖게 되면 남성이 된다. 이들 2개의 성염색체를 제외한 44개를 일반염색체라고 부르고 편의상 1~22번까지 번호를 붙여 부르는데, 이들 일반염색체는 모두 쌍(pair)으로 구성된다. 이 쌍은 하나는 부로부터, 나머지 하나는 모로부터 물려받은 것이다. 즉, 수태될 때 수정란이 만들어지는 단계에서 모의 46개 염색체와 부의 46개 염색체가 반으로 나뉘면서 각각 반쪽씩 자녀에게 물려주게 되고, 그 반반이 합쳐져 46개가 되면서 남성/여성의 성이 결정되고 부모의 유전자 정보가 반반씩 전달된다. 이때 만일 모성의 나이가 많다든가 하는 등의 원인에 의해 21번 염색체가 분리되지 못하고 자녀에게 전달되면 21번 염색체가 2개가 아닌 3개가 되면서 다운증후군(Down syndrome, trisomy 21)이라는 기형이 초래된다. 이런 것을 흔히 돌연변이라고 한다. 이런 경우는 자녀를 거쳐 그다음 세대로 전수되지 않기 때문에 유전된다(hereditary)고 하지 않는다. 단지 선천성(congenital)이라고 부른다. 이와는 다르게 취약 X 증후군(fragile X syndrome)은 X염색체의 일부가 결손되어 발생하는데, 유전적으로 전이된다. 만일 어머니의 X염색체에 이상이 생겼을 경우에는 여성으로 X염색체가 2개이므로 어머니는 지적장애가 될 수도 있고, 정상일 수도 있다(유전형은 분명 이상이 있지만, 표현형은 정상 혹은 지적장애의 확률이 각각 50%씩이다). 반면에 남성은 X염색체가 1개뿐이므로 100% 지적장애가 된다. 따라서 만일 취약 X 증후군인 자녀가 결혼하여 자녀를 출생하면 남성의 경우 100%, 여성의 경우 50%의 확률로 지적장애가 된다.

하지만 인간의 여러 특성이 이렇게 단순하게 이루어지지만은 않는다. 흔히 단일유전자에 의해 결정되는 수도 있지만 여러 유전자의 특성이 결합하여 일어나기 때문에 다중유전 특성(polygenic traits)이라고 한다. 특히 인간의 다양한 행동특성, 인성, 질병, 지능 등 많은 것들이 이러한 다중유전에 의해 결정되는 것으로 알려져 있다. 더 나아가 이런 유전자 특성만이 아니라 그 외에 다양한 환경적 요인이나 태생과정에서의 여러 요인들도 영향을 미치기 때문에 이러한 유전적 요인들을 포함한 다중요인에 의한 전이(multifactorial transmission)가 이루어진다. 인간의 여러 특성, 질병 등은 이러한 것으로 인해 전적으로 유전적인 것에서부터 전적으로 유전과 관계없는 것까지 다양한 스펙트럼 내에 존재하게 되고 따라서 다양한 견해가 존재한다. 이러한 것을 입증하기 위한 연구로 가장 널리 이용된 것이 쌍생아(twin), 입양(adoption), 가족(family) 연구다. 예를 들어, 일란성 쌍생아의 경우 이론적으로 유전자는 100% 일치하는데, 만일 그들이 별도의 환경으로 입양되어 각각 다른 환경에서 양육되었음에도 불구하고, 그들의 특성, 질병 양상 등이 과연 100% 일치하는지, 아니면 상당한 차이를 보이는지 하는 것을 연구해 왔다. 또한 일란성과 이란성 쌍생아 비교연구도 많이 시행되어 왔다.

　여러 특성에 대해 많은 연구가 수행되었다. 그 가운데 가장 많이 연구된 것이 지능에 대한 것인데, 여전히 논란이 되고 있다. [그림 2-6]에서 제시한 바와 같이 유전적 요인이

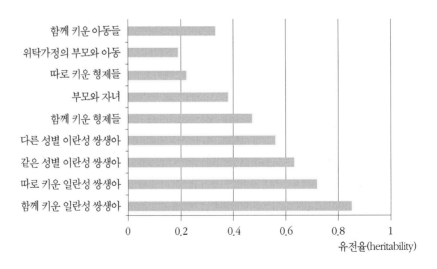

[그림 2-6] 유전과 지능지수(IQ)

출처: Feldman (2014), p. 63에서 인용.

강한 것만은 분명한데, 교육 등 환경적 요인이 얼마나, 어느 정도로, 어떤 시기에, 어떻게 영향을 미치는지에 대해 다양한 견해가 존재한다. 그 외에도 신체 특성(예를 들어, 키, 체중 등), 성격 및 행동 특성, 질병 등에 대한 연구는 상당히 많다.

2. 아동발달의 신경학적 기초

출생 후 아동발달과 뇌발달에 대해 가장 많이 알려진 것은 신생아기다. 여기서는 허쉬코비츠(Herschkowitz, 2000)의 논문을 중심으로 신생아기 아동발달의 몇 가지 현상에 대한 신경학적 기초를 설명하면서 아동발달과 뇌발달의 관계를 논의한다.

1) 반사, 기억, 정서반응

신생아기에 나타나는 몇 가지 특징적 발달을 반사의 소실, 인식기억의 출현, 작업기억, 분리불안을 예로 들어 설명한다.

첫 번째로 반사의 소실을 예로 들 수 있다. 신생아는 오랜 계통발생의 영향으로 생존에 필요한 반사 현상을 유전적으로 발생과정에서 획득하게 된다. 따라서 신생아는 생존에 필요했던 몇 가지 반사행동을 가지고 태어나는데, 발달과정에서 이들 반사행동이 불필요해지기 때문에 이들은 시간이 지나면서 소실된다. 과연 이러한 현상이 뇌발달과는 어떠한 연관을 갖는가? 그 가운데 하나로 잡기반사(palmar grasp reflex)는 생후 3개월이 되면 사라지게 된다. 이것은 뇌에서 부수적 운동피질(supplementary motor cortex)의 피라미드 신경세포(pyramidal neuron)의 분화와 일치한다. 신생아가 발달해 감에 따라 주어지는 자극은 피질연수로(corticobulbar tract)를 통해 뇌간의 연결신경세포(interneuron)로 전달되고, 이것은 신경전달물질(GABA)을 통해 운동신경세포(motor neuron)를 억제하고, 손 근육의 반사를 억제한다. 이때 피질연수로의 수초화가 강화되고, 뇌간에서는 연결신경세포와 운동신경세포의 시냅스 접촉이 증가함과 동시에 GABA 생산이 증가한다. 간단히 요약하면 더 이상 잡기반사가 불필요해지는 것은 환경에서 받는 자극에 의해 뇌발

표 2-4 반사의 종류와 발달시기에 따른 소실

반사 종류	나타나는 형태	소실시기
rooting	뺨을 건드리면 얼굴을 돌린다.	3주
Moro	머리를 등 아래로 떨구면 놀란다.	6개월
palmar	손에 놓인 것을 꽉 쥐려고 한다.	3~4개월
Babinski	발바닥을 자극하면 발가락을 펼친다.	8~12개월
tonic neck	우세한 쪽을 바라보게 하면 펜싱 선수 자세	4개월

달의 구성요소 가운데 억제회로가 발달함에 따라 더 이상 필요하지 않은 부분을 통제하면서 사라지게 되는 것이다. 이것은 반사의 필요성과 아동의 발달에 따라 시기를 달리하며 사라진다. 흥미로운 사실은 이 반사가 영원히 소실되는 것이 아니라는 것이다. 그 예로, 성인이 되어 대뇌피질 손상으로 인해 피질의 운동통제 기능이 소실되면, 정상 발달 과정에서 생후 1년경 소실되었던 바빈스키 반사(Babinski reflex)가 다시 나타나게 된다. 이것은 원시반사를 오랫동안 통제해 왔던 대뇌피질의 심각한 손상을 나타내는 소견으로 뇌손상 환자의 진찰에서 아주 중요하다.

두 번째로 인식기억(recognition memory)을 예로 들 수 있다. 3개월 무렵, 인식기억이 증가하는데, 영아는 습관화(habituation)가 일어날 때까지 사물을 수차례 반복하여 주시하게 된다. 영아에게 습관화란 기억의 초기 형태로 신경회로 내에 자극에 대한 일정한 통로가 형성되는 것을 말한다. 인식기억 실험에서 영아에게 1~15초 지연 후 동일 물체를 제시하면 새로운 것으로 인식하는데, 새로운 사물에 대해서는 더 오랫동안 주시한다. 이러한 인식기억은 대뇌의 해마(hippocampus)와 밀접한 관련이 있는데, 이때 해마는 최대한의 성장률을 보인다. 이와 동시에 시각체계(visual system)의 수초화가 급격하게 일어난다.

세 번째로 영아가 생후 6개월 이후가 되면 작업기억(working memory)이 급격히 증가한다. 이것은 잘 알려진 'A-not-B-Task'에서 확인할 수 있다. 장난감이 숨겨진 곳에 대한 기억이 연령에 따라 증가하는데, 생후 7개월이 되면 평균적으로 2초, 1년이면 10초가 된다. 작업기억은 대뇌 전두엽, 특히 배외측 전전두피질(dorsolateral prefrontal cortex: DLPFC) 부위의 발달과 함께 일어나며, 신경전달물질로는 도파민(dopamine: DA), 가바(GABA), 글루탐산(glutamate) 등이 연관된다. 작업기억은 후에 ADHD 등에서 이와 관련한 결함이 주요한 정신병리의 기전으로 알려져 있다. 이같이 대뇌발달은 주로 생후 7~10개월 사이에 급격하게 이루어지며, 전전두피질(PFC)에 주요 변화가 일어난다. 특히 피질 II, III, V층(layer)의 글루타민 피라미드세포(glutamic pyramidal cells) 및 가바 억제연결세포(GABA-ergic inhibitory interneuron)의 분화가 급격하게 일어난다. 이와 함께 시냅스 밀도(synaptic density) 증가, 시냅스막의 변화가 일어나고, 양전자방출검사(PET)에서 급격한 포도당흡수증가(glucose uptake spurt)가 관찰된다. 한편, 해마(hippocampus)는 이때 이미 성인 크기에 도달하는 등 급격하게 발달하면서 학습 및 기억 기능의 증가를 가능하게 한다.

마지막으로 분리불안(separation anxiety)과 관련한 대뇌발달을 보면, 10개월 된 영아와 어머니의 분리와 관련 뇌파(EEG) 소견에서, 우측 전두부에서 탈동조화(desynchronization)가 일어나면 더 빨리 울고, 반대로 좌측 전두부가 탈동조화되면 조금 시간이 지나 운다. 이러한 것을 통해 감각체계부터 여러 체계, 예를 들어 변연계 및 내분기계와 기억 관련 네트워크가 통합-조정되는 것이 매우 중요하다.

2) 연결망의 증가 및 정교화

신생아기를 지나면서 영아는 주요 연결망이 증가한다. 대표적인 것으로 전전두피질(PFC)-변연계, 시상하부-시상-기저핵-소뇌, 실행기능(executive functionl: EF, 충동조절, 목표지향행동, 기대행동 등)-기억 및 정서, 자율반응 등이 있다. 또한 전두엽의 수상돌기(dendritic spines) 수가 증가하고, 언어체계의 청각영역, 해마, 기저핵, 소뇌 등이 급격히 발달한다.

2세 이후에 대뇌발달과 관련하여 나타나는 다른 특징으로 반구의 비대칭성이 있다. 이는 출생 초기에 나타나는데, 청각유발전위(AEPs)의 진폭(amplitude)을 보면 말소리(speech sounds)에 대해서는 오른쪽에 비해 좌측 측두엽이, 비언어적 소리에 대해서는 반대로 우측에서 크게 나타난다. 이는 뇌 손상을 가진 영아의 경우 좌측에 손상이 있을 때가 우측에 손상이 있을 때에 비해 언어지연이 심하다. 하지만 얼굴표정에 나타나는 감정의 인식능력은 좌측에 비해 우측에 의해 심하게 영향을 받는다. 이러한 비대칭성은 후에 편측화(lateralization)로 대뇌 반구의 기능분화로 나타난다. 흔히 대뇌 좌반구는 말하기, 읽기, 생각하기, 논리 등 주로 언어적 유능성을 담당하고, 우반구는 공간 및 유형지각, 그리기, 음악, 정서표현 등 비언어적 영역을 담당하는 것으로 알려져 있다.

이러한 발달을 이루기 위해서는 생후 1~2세 사이에 급격한 수초화가 뒷받침되어야한다. 수초화는 정보전달의 효율성과 정확성을 높여 보다 정교한 발달을 이루게 하는데 필수적이다. 이러한 것을 기반으로 피질-피질하 네트워크의 효율성이 촉진되고, 피질영역의 기능적 연결이 증가하게 된다. 더불어 좌우 반구의 기능적 연결도 증가한다. 연령에 따라 수초화가 증가하는데, 이러한 대뇌발달의 발전은 감각, 운동은 물론 인지, 정서, 사회성 등 아동발달의 모든 영역과 평행하게 이루어진다.

최근에는 청소년기의 질풍과 노도에 대한 연구가 최근 활발하게 이루어지고 있다. 청소년기의 대뇌발달을 간략하게 요약하면 대뇌피질(주로 회백질, gray matter)은 감소하는 반면, 피질하(주로 백질, white matter)는 증가한다. 이것은 신경세포의 수는 점차 감소하지만, 신경세포 간의 연결은 증가하는 것을 의미한다. 또한 주로 정서표현 등과 관련한 변연계 등의 발달은 청소년기를 거치면서 급격하게 이루어지는 데 비해 정서조절과 관련한 전두엽 등의 발달은 상대적으로 덜 이루어진다. 즉, 정서표현은 급격한 데 비해 그것을 조절하고 통제할 수 있는 전두엽 기능이 상대적으로 덜 발달되면서 청소년기의 질풍과 노도를 대뇌발달과 연관 지어 설명하고 있다(Casey, Getz, & Galvan, 2008).

3. 맺음말

1) 신경가소성 및 치료

중추신경계에서는 신경세포가 재생산되지 못하기 때문에 임계 혹은 민감 시기(critical/sensitive period)를 지나거나 혹은 이후 손상을 받으면 회복될 수 없는 것으로 알려져 있다. 이 같은 중추신경계와 달리 말초신경계는 손상된 축색이 회복될 수 있다. 완전히 파괴되지 않은 경우, 축색은 시간이 지나면 재생산되어 회복될 수 있다. 즉, 말초신경이 일부 손상되어 손을 못 쓰게 될 경우는 시간이 지나면 일부가 회복되어 어느 정도 사용할 수 있게 된다. 하지만 중추신경계인 대뇌 혹은 척수가 손상된 경우는 회복되지 못한다.

하지만 최근 이를 반박하는 몇몇 실험들이 제시되고 있다(Gazzaniga, Ivry, & Mangun, 2002). 2000년에 미국 매사추세츠공과대학(MIT)의 므리간카 수르(Mriganka Sur) 교수 연구진은 토끼를 대상으로 눈으로부터의 신경을 청각피질에 옮겨 과연 어떤 결과를 가져오는가를 연구하였는데, 결과는 놀랍게도 원래 청각피질이 시각을 감지할 수 있도록 변화하는 것을 관찰할 수 있었다. 즉, 청각피질에 있던 신경세포들이 시각자극에 반응하여 시각신경세포의 특징을 나타내는 것으로 재구성되는 가소성을 보인 것이다. 이후 머제니크와 젠킨스(Merzenich & Jenkins, 1993)의 연구에서도 손가락 영역을 관장하는 부위의 손상 이후 인접한 영역에서 그 부위의 기능을 떠안음으로 해서 기능을 회복하는 것(functional plasticity, 기능적 가소성)을 관찰하였다. 이것은 다른 연구에서도 여럿이 관찰되고 있다. 물론 이러한 가소성의 정도는 제한적이고 밝혀진 것은 아직 일부에 불과하다. 하지만 아동의 발달과 연관한 환경의 영향과 더불어 대뇌발달과 환경의 상호작용에 중요한 시사점을 준다. 또한 이러한 연구결과들이 시사하는 바와 같이 비록 대뇌 손상혹은 민감시기의 발달지연이나 왜곡이 있었다고 하더라도 이후 회복이나 개선의 가능성을 열어 놓고 있다는 사실이다(Weder & Kaufman, 2011). 그리고 아직 이에 대한 연구 및 실제 치료의 성과는 미미하지만 그린버그(Greenberg, 2006)의 PATH(Promoting Alterative Thinking Strategies)와 같은 구체적인 프로그램의 시도, 사피엔자와 마스텐(Sapienza & Masten, 2011), 페더, 네스틀러, 그리고 차니(Feder, Nestler, & Charney, 2009)의 제안처럼 탄력성(resilience)의 회복 · 강화의 대안과 같이 앞으로 주목할 사항임에는 틀림없다.

2) 양육의 생물학적 기전

부모가 아이를 수태하면서부터 발달은 시작되고, 이와 함께 부모들의 부모됨(parenthood)이 시작된다. 예를 들어, 신생아가 출산하면 부모, 그 가운데 모성(어머니)은 감각, 특히 후각이 변한다. 후각은 신생아에게서도 가장 먼저 발달하는 감각인데, 산모는 냄새의 지각(perception)에 변화가 일어나고, 이는 대뇌에 자리 잡은 편도체(medial amygdala)에서 일어나게 된다. 그리하여 산모는 처녀 때와 달리 기저귀의 냄새에 대한 역겨움을 덜 지각하게 된다. 신생아의 울음소리에 대한 반응에 관한 실험적 증거들도 있는데, 출산 후 2~4주 시기의 모성과 부성, 그리고 3~4개월이 지난 후의 모성과 부성의 차이를 보고하고 있다. 즉, 출산 직후에는 남녀 모두 신생아의 울음소리를 위협적인 것으로 반응하는데, 3~4개월이 지나면 더 이상 위협적이지 않게 된다(Swain, 2008).

이뿐 아니라 모성은 여러 가지 변화를 수반하는데(Barrett & Fleming, 2010; Kinsley & Meyer, 2011), 출산 후 많은 산모가 기억력 저하를 호소하고, 대부분 신생아를 돌보는 것과 관련이 없는 과제에서 수행이 저하되었다. 하지만 상대적으로 신생아를 돌보는 데 필요한 능력, 예를 들면 음식을 구하는 능력(예를 들어, 슈퍼마켓에서 분유, 이유식 등을 조망하는 능력 등), 위험을 감지하는 능력은 오히려 증가한다. 실증적으로 아이를 돌보는 것에 관여하는 대뇌 회백질 영역은 오히려 증가한다. 이와 함께 흔히 모성호르몬으로 알려진 옥시토신(oxytocin)과 같은 호르몬의 분비가 조절되면서 부모됨의 변화를 촉진한다. 이것은 결국 결혼(혹은 동거)을 통해 형성된 부부의 이중관계(diadic relationship)가 부-모-아동의 삼중관계(triadic relationship)로의 변화를 강제하게 된다. 바로 이러한 이중관계에서 삼중관계로 이행되며, 이러한 삼중관계에서 부모, 특히 어머니는 모성을 획득하게 되고, 모성과 모성행동을 효과적으로 유능하게 수행한다. 아동의 발달은 아동 자신에게뿐 아니라 부모(특히 모성)에게도 변화를 가져오고 이들이 상호작용하면서 발달을 이뤄 나가게 된다.

3) 아동발달 및 정신병리의 이해를 넓히며

오랜 시간 천성(nature) 대 양육(nurture)의 논쟁이 있어 왔다. 유전적 혹은 선천적으로 타고난 것은 바꿀 수 없다는 주장과 태어날 때 신생아는 백지상태로 양육과 교육에 의해 형성되고 고쳐 나가야 한다는 주장들이다. 과학의 발전에 따라 뇌발달과 환경의 영향에 대한 상호관련성이 밝혀지기 시작하면서 이러한 극단적 주장들보다는 상호 보완적인 주장들이 타당성을 얻게 되었다. 극단적인 비가역적 의미를 함축한 임계시기(critical period)의 개념보다는 변화가능성을 열어 두는 민감시기(sensitive period)로 대체되고 있다. 이러한 것은 신경가소성(neural plasticity)의 개념으로 중요하게 다루어지고 있고, 생애 초기의 뇌발달에 대한 환경적 영향뿐 아니라, 더 나아가 이후에 이러한 악영향을 보완하거나 치료할 수 있는 가능성에 대해서도 주목하고 있다. 또한 부모됨 및 양육에 대한 뇌신경학을 포함한 기질적 · 생물학적 영향에 대해서도 이해의 폭을 넓히고 있다. 예로, 옥시토신 호르몬이 부모됨과 양육행동에 미치는 영향에 대해 많은 연구가 진행되면서 심지어 적절한 양육을 잘 하지 못하는 개체에 대해 옥시토신 호르몬을 투여하여 양육행동의 변화가 일어나는지에 대한 연구까지 시도되고 있다.

참고문헌

Barrett, J., & Fleming, A. S. (2010). Annual research review: All mothers are not created equal: neural and psychobiological perspectives on mothering and the importance of individual differences. *Journal of Child Psychology and Psychiatry, 52*(4), 368-397.

Casey, B. J., Getz, S., & Galvan, A. (2008). The adolescent brain. *Developmental Review, 28*, 62-77.

Feder, A., Nestler, E. J., & Charney, D. S. (2009). Psychopatholgy and molecular genetics of resilience. *Nature Review of Neuroscience, 10*(6), 446-457.

Feldman, R. S. (2014). *Development across the life span* (7th edition). Boston: Pearson.

Gazzaniga, M. S., Ivry, R. S., & Mangun, G. R. (2002). *Cognitive neuroscience: The biology of the mind*(2nd ed., pp. 611-653). New York: W. W. Norton & Company.

Greenberg, M. T. (2006). Promoting resilience in children and youth: Preventive interventions and their interface with neuroscience. *Annals of New York Academy of Science, 1094*, 139-150.

Hales, R. E., Yudofsky, S. C., & Gabbard, G. O. (Eds.). (2008). *The American Psychiatric Publishing Textbook of Psychiatric, Publishing Textbook of Psychiatry, Fifth Edition*. American Psychiatric Publishing, Inc.

Herschkowitz, N. (2000). Neurological bases of behavioral development in infancy. *Brain and Development, 22*, 411-416.

Hubel, D. H., & Wiesel, T. N. (1965). Binocular interaction in striate cortex of kittens reared with artificial squint. *Journal of Neurophysiology, 28*, 1041-1059.

Kim, K. H. S., Relkin, N. R., Lee, K. M., & Hirsch, J. (1997). Distinct cortical areas associated with native and second languages. *Nature, 388*, 171-174.

Kinsley, C. H., & Meyer, E. (2011). Maternal mentality. *Scientific American: MIND*, July/August, 25-30.

Marsh, R., Gerber, A. J., & Peterson, B. S. (2008). Neuroimaging studies of normal brain development and their relevance for understanding childhood neuropsychiatric disorders. *Journal of American Academy of Child and Adolescent Psychiatry, 47*(11), 1233-1251.

Merzenich, M. M., & Jenkins, W. M. (1993). Reorganization of cortical representations of the hand following alterations of skin inputs induced by nerve injury, skin island transfers, and experience. *Journal of Hand Therapy, 6*(2), 89-104.

Purves, D., Augustine, G. J., Flitzpatrick, D., Hall, W. C., Lamantia, A. S., McNamara, J. O., & Williams, S. M. (2007). 신경과학(3판)(김경진 외 역). 서울: 월드사이언스. (원저 2004년 출판)

Riley, E. P., Infante, M. A., & Warren, K. R. (2011). Fetal alcohol spectrum disorders: An overview. *Neuropsychological Review, 21*(2), 73-80.

Sapienza, J. K., & Masten, A. S. (2011). Understanding and promoting resilience in children and youth. *Current Opinion of Psychiatry, 24*, 267-273.

Slopen, N., McLaughlin K. A., Fox, N. A., Zeanah, C. H., & Nelson, C. A. (2012). Alterations in neural processing and psychopathology in children raised in institutions. *Archives of General Psychiatry, 69*(10), 1022-1030.

Swain, J. E. (2008). Baby stimuli and the parent brain: Functional neuroimaging of the neural substrates of parent-infant attachment. *Psychiatry(Edgemont), 5*(8), 28-36.

Tomalski, P., & Johnson, M. H. (2010). The effects of early adversity on the adult and developing brain. *Current Opinion of Psychiatry, 23*, 233-238.

van der Knaap, M. S., & Valk, J. M. R. (1990). Imaging of various stages of normal meylination during the first year of life. *Neuroradiology, 1990, 31*(6), 459-470.

Weder, N., & Kaufman, J. (2011). Critical periods revisited: Implications for intervention with traumatized children. *Journal of American Academy of Child and Adolescent Psychiatry, 50*, 1087-1089.

제 *3* 장
아동발달 및 적응과 환경

정윤주

아동이 정서적 · 심리적 · 행동적 문제를 보이게 되는 과정에는 아동의 개인 내적 특성과 환경이 상호작용하며 관여한다. 아동의 발달 또한 유전과 환경의 끊임없는 상호작용을 통해 이루어진다. 이에 따라 아동이 발달과정에서 겪는 적응의 어려움이나 정서적 · 심리적 · 행동적 문제들을 이해하고 적절한 심리치료를 통해 개입하기 위해서는 아동의 특성에 대해 이해할 뿐 아니라 아동이 놓여 있는 환경의 특성을 파악하고, 환경이 아동발달과 아동기에 나타날 수 있는 문제들에 어떻게 영향을 미치는지를 이해하는 것이 필수적이다. 아동의 환경에 대한 이해는 아동이 겪는 문제의 원인들을 찾고 효과적인 심리치료를 계획하는 데 반드시 필요하기 때문이다. 심리치료를 필요로 하는 아동의 문제에 환경이 미치는 영향의 중요성에 주목하여 이 장에서는 아동의 환경에 관한 세 가지 주제를 다루고자 한다. 첫째, 한국 아동들의 환경을 인간발달에 대한 생태학적 모델(Bronfenbrenner, 1989)의 틀로 구분하여 살펴본다. 둘째, 아동발달의 과정을 영유아기, 학령기, 청소년기로 구분하여 각 시기의 발달적 특성과 각 시기의 발달적 요구에 적합한 환경에 대해 알아본다. 셋째, 아동이 겪는 다양한 어려움을 예방, 완화하기 위해 마련되어 있는 정책과 사업에 대해 알아본다. 정책과 사업은 아동의 환경을 변화시킴으로써 이들의 어려움을 예방하고 해결해 나가고자 하는 것이다.

제3장
아동발달 및 적응과 환경

1. 생태학적 이해

아동에 대한 정확한 이해는 심리치료의 방향을 설정하고 계획하여 효과적인 치료가 이루어지게 하는 데 필수적이다. 아동을 제대로 이해하려면 아동의 개인 내적 요소들이 심리적 · 정서적 · 행동적 특성으로 드러나게 되는 맥락인 환경의 특성을 이해해야 한다. 이 절에서는 한국의 아동이 놓여 있는 환경의 특성을 인간발달의 생태학적 이론 (Bronfenbrenner, 1989; Bronfenbrenner & Ceci, 1993) 관점에서 알아보고자 한다.

1) 생태학적 모델

아동에 관한 발달심리학 연구가 아동의 일상생활과 전혀 다른 상황에서 낯선 성인(연구자)에 의해 매우 짧은 시간 동안 이루어지기 때문에 아동이 일상적 환경에서 보이는 자연스러운 특성을 연구하는 것이 아니라는 점을 지적한 브론펜브레너(Bronfenbrenner, 1989)는 아동이 놓여 있는 실제 환경에서 아동발달을 연구해야 함을 강조하며 생태학적 모델을 개발하였다. 생태학적 모델에 따르면 인간발달은 능동적인 인간과 가까운 환경 안에 있는 타인들, 사물, 상징 간의 복잡하고 지속적인 상호작용 과정을 통해 이루어진다. 그런데 발달에 영향을 미치는 이러한 상호작용 과정은 인간, 환경, 발달 결과에 따라서 다양하게 나타난다. 따라서 아동을 가능한 한 정확하게 이해하기 위해서는 아동의 개인적 특성과 더불어 아동이 처해 있는 환경의 다양한 요소들을 종합적으로 파악하는 것이 중요하다.

2) 인간발달 맥락으로서의 환경

인간발달의 중요한 맥락으로서 환경을 체계적으로 이해하기 위해 브론펜브레너 (Bronfenbrenner, 1979)는 환경이 [그림 3-1]과 같이 서로 내재되어 있는 체계들과 시간체계로 구성되어 있다고 개념화한 인간발달의 생태학적 이론을 내놓았다.

(1) 미시체계

미시체계(microsystem)는 아동이 직접적으로 경험하는 활동, 사회적 역할, 대인관계 패턴이다(Bronfenbrenner, 1989). 아동은 미시체계에서 어떤 역할을 하고, 활동에 참여하며, 대인관계를 형성하는 등의 경험을 하며 그 체계의 영향을 직접적으로 받는다. 아동은 수많은 미시체계에 놓이게 되는데 가족, 유치원, 어린이집, 학교, 또래집단, 동네 놀

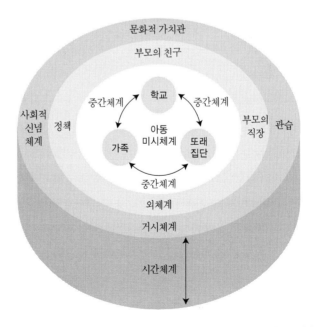

[그림 3-1] 브론펜브레너의 인간발달의 생태학적 이론에 따른 아동환경 체계 구성

이터, 소아청소년과 의원 등이 미시체계에 포함되며, 이들 중에는 가족처럼 지속적인 것도 있고 학원처럼 일시적인 것도 있다.

미시체계가 지닌 물리적·사회적·상징적 특성에 따라서 아동이 그 환경과 지속적으로 복잡성이 점차 증대되는 상호작용을 할 것인지의 여부가 달라진다(Bronfenbrenner, 1989). 아동과 근접환경 간에 직접적인 상호작용이 일어나고 이에 따라 발달이 지속적으로 이루어지는 것은 미시체계 환경 내에서 발생하는 일이다. 그런데 그러한 상호작용이 아동의 발달에 어떻게, 얼마나 영향을 미치게 되는지는 미시체계의 특성에 따라 다를 수 있다. 예를 들어, 가족은 일반적으로 아동이 직접 경험하며 밀접한 상호작용을 지속적으로 하면서 아동에게 많은 영향을 미치는 미시체계 환경이다. 그런데 가족에 따라서 구성원 간의 친밀도, 상호작용 방식, 정서표현 규칙 등이 다르므로 이러한 차이는 발달과정에 있는 아동이 가족과의 상호작용을 계속적으로 점차 더 복잡하게 해 나가는 정도에 영향을 미칠 것이고 아동과 가족 간 상호작용의 특성은 아동 발달에 영향을 미치게 된다. 가령 어느 가족에서 구성원 간에 화가 나거나 서운함을 느끼는 등의 부정적 정서는 최대한 감추고 서로 표현하지 않는 것이 암묵적인 규칙이라면 그 가족의 자녀들은 가족이라는 미시체계 환경과 정서적 교류라는 측면에서 상호작용을 잘 하지 않게 될 것이고, 그것은 자녀들의 정서발달에 영향을 미칠 것이다.

학교도 마찬가지다. 학교라는 미시체계에서의 경험은 발달하는 아동에게 많은 영향을 미칠 수 있으며, 학교에서 이루어지는 활동이나 학교에서의 대인관계에 아동이 몰입하고 활발히 상호작용하는 것이 아동의 발달에 더 큰 영향을 미칠 수 있다. 그런데 학교가 지니고 있는 특성에 따라 아동과 학교 사이의 상호작용 방식이 다를 수 있다. 학교가 아동으로 하여금 빈번하게 좌절을 겪게 하고 자율성을 충분히 존중하지 않는다면 아동은 학교와 밀접한 상호작용을 할 가능성이 적어지며, 이러한 상태는 아동이 학교를 통해 발달을 증진시킬 기회를 잃게 만들 수 있다.

(2) 중간체계

중간체계(mesosystem)는 둘 이상의 미시체계 환경 간의 연결로 이루어진다. 아동을 중심으로 보았을 때 가정과 학교 간의 관계나 가정과 또래집단 간의 관계를 예로 들 수 있다. 즉, 중간체계는 미시체계들로 이루어진 체계다(Bronfenbrenner, 1989). 예를 들면, 어린이집에 유아기 자녀를 보내는 부모가 자녀를 등하원시키면서 교사와 빈번하게 상호작용하며, 어린이집 운영에 관해 적극적으로 의견을 개진할 수 있고, 의사결정 과정에서 부모와 어린이집 교직원이 개방적인 의사소통을 할 수 있다면 가족과 어린이집 간에 중간체계가 적절히 형성되어 있는 것이다. 발달하는 아동의 미시체계들 사이에 이러한 연결이 이루어져 있고 관계가 적절히 형성되어 있으면 아동이 경험하는 미시체계 간에 아동에 관한 정보가 공유될 수 있고, 이를 통해 아동이 놓여 있는 미시체계 환경 내에서 아동에 대한 이해가 전반적으로 깊어질 수 있다. 또한 중간체계를 통해서 아동에게 좀 더 바람직한 환경을 조성해 나갈 수도 있을 것이고, 미시체계 내에 있는 성인들이 다른 미시체계의 특성을 이해하고 이에 대해 아동이 적응할 수 있도록 노력하는 과정에서 미시체계 간 일관성이 높아질 수 있으며, 이를 통해 아동의 심리적 안정감을 높일 수도 있다.

아동의 발달과 적응에서 중간체계의 중요성은 심리치료를 받고 있는 아동의 경우에 더욱 강조될 필요가 있다. 부모가 심리치료사에게 가족과 아동에 대해 정확한 정보를 충분히 제공하고 심리치료사 역시 자신이 파악한 아동의 특성과 상태에 대해 부모와 의사소통을 하는 것이 중요하다. 또한 심리치료사가 부모와 긴밀한 협조관계를 형성하여 아동의 긍정적인 변화를 위해 부모가 해야 할 역할을 충실히 하도록 독려하는 것도 심리치료의 효과를 최대화하는 데 일조할 것이다.

(3) 외체계

외체계(exosystem)는 아동이 직접 경험하지 않지만 아동의 미시체계 환경에서 발생하는 일에 간접적으로 상당히 강한 영향을 미치는 환경체계다(Bronfenbrenner, 1989). 즉, 외체계는 아동의 미시체계에 있는 사람에게 영향을 미침으로써 아동에게 간접적인 영향을 미친다. 외체계의 예로, 부모의 직장을 들 수 있다. 아동은 부모의 직장환경을 전혀 경험할 기회가 없지만 부모를 통해서 부모가 일하는 환경의 영향을 받게 된다. 가령 부모가 직장에서 스트레스를 심하게 유발하는 일을 겪었다면 가정에 돌아와서도 그 스트레스 여파로 자녀에게 무관심하거나 짜증을 내는 등의 행동을 보일 수 있고 이러한 부모의 행동이 자녀에게 영향을 미치게 된다. 즉, 부모가 아동의 외체계인 직장에서 겪은 일이 아동의 미시체계에 간접적이지만 강한 영향을 미치는 것이다.

법, 정부의 정책, 경제상황 등도 아동이 직접 경험하지 않는 것이지만 아동에게 많은 영향을 미칠 수 있는 외체계의 예다. 최근 한국에서 전면적으로 실시된 영유아 무상보육제도는 영유아에게 매우 큰 영향을 미치고 있다. 그 제도가 없었다면 어머니가 전업주부인 가정의 만 2세 미만 영아는 대부분 어머니의 양육을 받으며 성장했을 것이지만 이 제도의 실시에 따라 그 이전에는 어린이집 이용률이 낮았던 만 2세 미만 영아들 중에서 어린이집에 다니게 된 경우가 상당히 증가하였다. 즉, 새롭게 실시된 영유아 무상보육제도를 부모가 활용하기로 결정함으로써 영아는 가정 이외의 새로운 양육환경에 적응해 가는 경험을 하게 된 것이다. 또 다른 예로, 사회서비스 바우처제도의 발달재활서비스가 있다. 이 제도의 실시에 대하여 아동은 직접적으로 관여한 바가 없지만 서비스 대상조건이 충족되는 장애아동은 이 제도를 통해 재활서비스를 받음으로써 발달과정에서 영향을 받을 수 있다.

(4) 거시체계

거시체계(macrosystem)는 아동이 속해 있는 사회와 하위문화(subculture)로서, 특히 신념체계, 생활방식, 관습 등과 관련된 것이다(Bronfenbrenner, 1989). 거시체계는 미시체계, 중간체계, 외체계의 특성 전반에 영향을 미치는 사회적 · 문화적 가치관과 신념체계라고 할 수 있다. 따라서 미시체계, 중간체계, 외체계의 특성과 거기서 일어나는 여러 과정들을 이해하려면 거시체계의 사회적 · 심리적 특성을 파악해야 한다. 예를 들어, 아동이 경험하는 가족관계의 특성은 그 가족이 속해 있는 문화권에서 성역할을 규정하는 방식에 따라 다르다. 남성중심적이고 가부장적인 문화적 특징이 강했던 시대와 그러한 특성이 약화된 최근의 가족 간에는 의사결정방식이나 역할규정에 많은 차이가 있다. 각 가정에서 부모가 아들과 딸을 대하는 방식이나 아들과 딸에게 기대하는 것도 성역할에 대한 문화적 규정이 변화하면서 급격히 달라졌다. 과거에는 가족들이 아들에게 더 큰 성취를 기대하고 아들을 위해 가족의 자원을 더 많이 투입하는 것이 일반적이었으나 최근에는 아들과 딸에 대한 기대가 다르지 않게 되었고 남아선호현상도 매우 약화되었다.

거시체계의 신념과 가치관은 아동이 경험하는 것들을 이해하고 해석하는 틀로서도 기능한다. 동일한 사회현상을 놓고 사람마다 다르게 보고 해석하고 반응하는 것은 각자가 속한 거시체계가 다르기 때문으로 볼 수 있다. 예를 들면, 부모와 자녀가 세대 차이를 경험하는 것도 부모 세대와 자녀 세대의 거시체계가 다르기 때문이다. 부모가 성장한 시대의 사회문화적 배경과 그에 따른 사회 전반적인 가치관과 신념은 자녀가 현재 경험하는 사회문화적 특성과 매우 다르다. 즉, 서로 다른 거시체계에 속해 있는 것이다. 부모와 자녀 모두 현재의 동일한 사회를 경험하고 있지만, 동일한 사회 내에도 다양한 하위문화가 존재하며 그중에서 어떤 하위문화를 경험하는가에 따라서 다른 신념체계와 가치관을 갖게 된다. 즉, 부모 세대가 믿고 따르는 가치관과 자녀 세대의 가치관이 다르다면 두 세대는 서로 다른 거시체계 환경에 놓여 있다고 할 수 있다.

(5) 시간체계

시간의 흐름은 발달하는 아동의 연령 이상의 의미를 지닌다. 시간체계(chronosystem)는 시간 흐름에 따라 한 사람이나 그 사람이 놓여 있는 환경에 존재하는 변화로 이루어진다. 환경에서 발생하는 사건들, 개인 삶의 과정에서 일어나는 변화들, 사회적 상황변화들이 모두 포함된다(Bronfenbrenner, 1989). 환경에서 발생하는 사건들로 태풍, 폭우, 지진 등 자연현상이 있으며, 개인 삶에서 일어나는 변화로는 이혼 등에 의한 가족구조의 변화, 가족구성원의 사망, 실직, 다른 지역으로 이사 등 삶을 변화시키는 사건들이 있고, 사회적 상황변화로는 사회를 구성하는 다양한 영역의 환경변화가 있다. 예를 들어, 1990년대 말 한국에 경제적 위기상황이 닥쳤을 때 20대 중후반으로서 취업을 해야 했던 세대는 10년 전쯤 취업이 어렵지 않았던 시기에 20대 중후반이었던 세대와는 취업에 있어 전혀 다른 경험을 했다. 즉, 사회의 경제적 상황변화가 개인에게 큰 영향을 미칠 수 있다.

(6) 생태학적 이해

지금까지 브론펜브레너의 인간발달의 생태학적 이론에 입각하여 아동의 환경체계를 살펴보았다. 아동에 대한 정확한 이해는 아동의 개인 내적 특성을 파악함과 함께 아동이 속해 있는 환경이라는 생태체계를 고려함으로써 가능하다. 아동환경을 이루는 하위체계들인 미시체계, 중간체계, 외체계, 거시체계, 시간체계는 아동의 성장과 발달을 지원하고 안내하기 때문이다. 따라서 아동이 연령에 맞게 적절히 발달하지 못하거나 적응에 어려움을 보이거나 심리적 · 정서적 · 행동적 문제들을 나타낼 때, 그 원인을 추정하고 효과적인 중재 방법을 모색하기 위해서는 아동이 놓여 있는 환경의 특성을 면밀히 알아보고, 아동이 자신의 환경요소들과 어떻게 상호작용하며 그러한 상호작용 과정에서 아동이 어떤 영향을 받는지를 우선 파악해야 할 것이다.

2. 인간행동과 환경

　　인간행동의 특성을 이해하고 인간과 환경 간의 관계를 살펴보는 것은 아동의 심리정서적 문제에 대한 심리치료를 위해 반드시 필요한 과정이다. 이 절에서는 영유아기, 학령기, 청소년기로 각 시기의 발달적 특성을 알아보고, 각 시기의 특성과 관련되어 특히 중요하게 고려되어야 할 환경요소에 대해 알아보고자 한다.

1) 영유아기

(1) 신체 및 운동 발달

■ 키와 몸무게 성장

　　생후 3년 동안의 영아기, 특히 출생 후 1년간은 전 생애에서 신체 성장이 가장 빠른 시기다. 영아의 몸무게는 출생 후 며칠 동안 출생 시 몸무게의 5~7% 정도 감소했다가 빨기, 삼키기, 소화시키기에 적응되면서 급격히 증가한다. 생후 4개월이 되면 출생 시 몸무게의 2배가 되고 첫돌 무렵에는 3배 정도로 증가한다. 키도 급격히 성장하여 첫돌 무렵이면 출생 시 키의 1.5배가 된다. 만 1세 이후에는 몸무게와 키의 성장속도가 다소 둔화되지만 꾸준히 성장하여 만 2세가 되면 몸무게는 출생 시의 4배가 되고 키는 88cm 정도가 된다. 만 2세 이후부터는 키가 1년에 약 8~10cm 성장하고(박성연, 2006), 만 5세가 되면 평균 키가 109cm, 몸무게는 출생 시의 6배 정도가 된다. 유아기에는 체지방이 줄어들고 몸통이 길어지면서 머리의 크기가 몸과 균형을 이루기 시작한다.

■ 뇌발달

영아기에는 뇌발달도 급속히 이루어져서 출생 시에 성인의 25% 정도였던 뇌의 무게가 첫돌 무렵이면 성인의 60%까지 증가한다. 뇌발달은 신경세포와 관련된 두 가지 변화에 의한다. 첫째는 축색돌기의 수초화다. 수초화는 임신 4개월에 시작되어 영아기에도 계속되며 청소년기까지 지속적으로 이루어진다. 둘째는 시냅스의 증가와 가지치기다. 출생 후 뇌 신경세포의 축색돌기와 수상돌기의 길이가 길어지며 수상돌기가 증가한다. 수상돌기가 증가하면서 시냅스도 증가하는데, 영아기의 시냅스 증가치는 필요한 것 이상이며 곧 사라지기 시작한다(시냅스 가지치기). 영아기에 시작되는 시냅스 가지치기는 유아기, 학령기를 거쳐 청소년기까지 계속되면서 신경세포 간의 불필요한 연결을 없애나간다(Kail, 2007).

■ 운동발달

• 대근육 운동

출생 시에는 신체를 조절할 능력이 전혀 없으나 1개월이 되면 엎드린 상태에서 머리를 들 수 있고, 4개월이 넘으면 몸을 뒤집을 수 있으며, 6개월경에는 받쳐 주지 않아도 앉아 있을 수 있게 된다. 7개월경이면 기어 다닐 수 있고, 8~10개월이 되면 붙잡고 설 수 있으며, 10~11개월에는 붙잡고 걸을 수 있게 되고, 12~13개월이면 붙잡지 않고 걸을 수 있다. 18개월경이면 달리기를 시작하고, 24개월이 되면 비교적 자연스러운 모습으로 달리기를 할 수 있게 된다(박성연, 2006). 만 2세경에는 혼자 계단을 올라갈 수 있는데, 발을 교대로 사용하여 계단을 올라가는 것은 만 3세경에, 내려가는 것은 만 4세에 가능해진다. 만 4세 유아는 한 발로 깡충 뛰기, 사다리나 놀이기구 오르내리기, 달리기 시작하기와 멈추기, 장애물 돌아가기를 쉽게 할 수 있다. 만 5세가 되면 운동능력이 거의 완전하게 발달하며 두발자전거를 탈 수도 있다.

• 소근육 운동

신생아는 잡고자 하는 목표물은 있지만 협응능력과 소근육 조절능력이 발달되지 않아 허공에 손을 휘두르는 동작을 한다(Berk, 2009). 그러다가 2개월이 되면 물체를 덮치듯이 거칠게 잡을 수 있게 되고, 4개월이면 손에 잡은 물체를 입으로 가져갈 수 있게 된다. 5개월이면 한 손에 잡은 물체를 다른 손으로 옮길 수 있고, 6개월 반이면 손을 뻗어 물체를 잡을 수 있으며, 7~8개월경에는 엄지와 검지로 물체를 잡을 수 있게 된다(이순형 외, 2009). 10개월 전후에는 엄지와 검지로 작은 물체를 잡을 수 있으며, 18개월이 되면 물체를 돌릴 수도 있게 된다. 만 3세는 액체를 많이 엎지르지 않고 한 용기에서 다른 용기로 옮길 수 있고 큰 단추나 지퍼를 사용할 수 있다. 만 4세는 실에 구슬을 꿸 수 있으며, 만 5세는 가위로 선 따라 자르기, 연필 정확하게 잡기, 선 안으로 색칠하기를 할 수 있다.

(2) 인지 및 언어 발달

■ 감각과 지각과 발달

• 감각

촉각은 출생 시에 잘 발달되어 있다. 피부접촉을 통한 자극은 아동의 발달에 필수적이며 정서적 안정을 위해서도 필요하다. 청각도 출생 시에 어느 정도 발달되어 있다. 소리의 높고 낮음을 구분할 수 있으며 말하는 소리의 어조도 구분할 수 있다. 청각적 선호가 있어서 다른 여성의 목소리보다는 엄마의 목소리에 더 강하게 반응한다(DeCasper & Fifer, 1980: Bornstein & Lamb, 2009에서 재인용). 사람이 내는 말소리에 특히 민감하며, 어린 영아도 유사한 발음의 작은 차이까지 구분할 수 있다(Santrock, 2011).

시각은 감각 중에서 출생 시에 가장 덜 발달되어 있다. 초점을 잘 맞추지 못하며, 선명하게 사물을 구분하지 못한다. 그러나 주변 사물을 바라보고 흥미로운 물체 움직임을 눈으로 따라다닌다. 미각은 출생 시에 거의 완전하게 발달되어 있어서 맛을 잘 구분할 수 있다. 후각도 잘 발달되어 있으며 냄새에 대한 선호를 보인다. 불쾌한 냄새에는 얼굴을 찡그리고 냄새가 나지 않는 쪽으로 고개를 돌린다. 또한 영아는 후각으로 엄마와 엄마의 젖냄새를 구분해 낼 수도 있어서 자신의 생존과 안전을 스스로 지키는 능력을 지녔다고 할 수 있다. 통각도 잘 발달되어 있는 편이어서 태어날 때부터 고통에 상당히 민감하며, 생후 며칠 이내에 고통에 대한 감각이 급격히 발달한다(Santrock, 2011).

• 지각

영아기 형태지각의 특징은 단순한 자극보다는 복잡한 시각적 자극을 선호한다는 것이며, 성장함에 따라 점차 더 복잡한 자극을 선호한다. 또한 시각적으로 다른 사물보다는 사람의 얼굴에 더 많은 관심을 보이며, 생후 2개월이면 엄마의 얼굴을 알아볼 수 있고 다른 사람보다 엄마 얼굴을 더 오래 응시한다.

깊이 지각은 인간이 스스로를 위험한 상황에서 보호하는 데 매우 중요한 기능이다. 영아가 스스로 자신의 신체를 이동시키는 능력인 기기를 할 수 있게 되면 시각 및 공간 이해와 관련되는 신경세포 간 연결이 강화되면서 새로운 두뇌조직화가 이루어지게 되고, 이러한 과정을 통해 깊이 지각능력이 발달된다. 따라서 기어 다닐 수 있게 된 기간이 길수록 영아의 깊이 지각능력이 발달한다(Santrock, 2011).

■ 인지발달

피아제(Piaget, 1971: Berk, 2009에서 재인용)의 인지발달이론에 따르면 출생부터 만 2세까지는 감각운동기이며, 만 2세부터 7세경까지는 전조작기다. 감각운동기의 특징은 감각적 경험과 신체운동을 통해 환경과 상호작용함으로써 세상에 대해 알아 간다는 것이다. 감각운동기의 영아는 스위치를 건드려서 음악이 나오게 하거나 숨겨진 인형을 찾거나 사물을 박스에 넣었다 꺼내는 등의 행동을 하면서 감각운동적 문제들을 해결해 나가는 방법을 고안한다. 전조작기에는 상징을 사용할 수 있게 되면서 상징놀이가 가능해지고, 정신표상능력이 생김으로써 지연모방을 할 수 있게 된다. 자아중심성과 물활론적 사고가 나타난다.

■ 언어발달

말소리를 지각하는 능력은 출생 시부터 잘 발달되어 있는 청각에 의해 일찍부터 발달된다. 아기는 생후 1개월만 되어도 음소들의 차이를 구분할 수 있다. 아동의 음소구분은 노출되는 언어에 따라 달라진다. 아기들은 모든 언어의 음소들을 구분할 수 있지만, 생후 11~12개월이 되면 모국어에서 사용되지 않는 음소들을 구분하는 능력이 사라진다.

말하기의 전 단계로서 생후 2개월부터는 목울림(cooing)을 하며, 3개월부터는 옹알이를 시작하여 첫돌 무렵까지 계속된다. 6개월경이면 주변에서 들은 말소리를 만들어 내기 시작하고, 9개월경이 되면 사회적 제스처를 사용할 수 있으며, 10~14개월에 단어를 처음으로 사용하게 된다. 18개월 무렵에 명명폭발기가 시작되어 많은 단어를 짧은 기간에 습득하며, 18~24개월에는 두 단어를 붙여 말하여 소유나 속성 등을 표현할 수 있다 (Kail, 2007).

만 3세 유아는 눈 앞에 있지 않은 사물, 사건, 사람에 대해 이야기할 수 있고, 간단한 질문에 대해 적절히 대답할 수 있으며, 사용하는 어휘의 수도 증가하여 평균 300~1,000개 정도에 이른다. 만 4세 유아는 분명히 이해할 수 있게 말하며, 대화상대에 따라 문장의 난이도를 조절할 수도 있다. 만 5세가 되면 1,500개 이상의 어휘를 알게 되고, 문법규칙을 틀리지 않게 사용하며, 긴 문장도 문법에 맞게 구사할 수 있게 된다.

(3) 정서 및 사회적 발달

■ 정서발달

아기는 출생 시에 관심, 고통, 역겨움, 만족을 표정으로 나타낼 수 있다. 긍정적 정서의 발달은 출생 시부터 나타나는 반사적 미소에서 시작된다. 반사적 미소는 포만감이나 편안하게 해 주는 자극에 대한 반사적 반응이고, 생후 6~10주경에 사회적 미소가 나타나며, 6~7개월경이면 친숙한 사람과 낯선 사람을 구분하여 사회적 미소를 보이게 된다. 부정적 정서의 발달은 신생아의 불쾌감이나 고통 표현에서 시작된다. 2~6개월이면 슬픔을 표현할 수 있게 되고, 7~8개월경에는 낯가림과 분리불안을 경험하며 두려움을 표현한다. 만 2세 무렵에는 자아에 대한 의식이 생겨나면서 자랑스러움, 부끄러움, 죄책감 등의 이차적 정서가 나타나기 시작한다.

■ 기질

기질은 개인의 정서적·행동적 반응양식의 기초로서 생물학적인 기반을 갖는 것으로 알려져 있다(Rothbarth & Bates, 1992: 임은미 외, 2013에서 재인용). Thomas와 Chess(1977)에 따르면, 영아기의 기질은 순한 기질, 까다로운 기질, 느린 기질의 세 가지 유형으로 구분된다. 순한(easy) 기질의 아동은 대체로 긍정적인 정서상태를 보이며, 생활패턴이 규칙적이고 적응력이 높아서 양육하기가 비교적 쉽다. 까다로운(difficult) 기질의 아동은 부정적인 정서표현이 잦고, 호불호에 대한 주장이 강하며, 생활패턴의 규칙성이 낮고 적응력이 낮은 경향을 보인다. 느린(slow to warm up) 기질의 아동은 정서상태가 부정적이고, 활동성이 적고 반응 강도가 약하며, 적응하는 데 시간이 많이 걸리는 것이 특징이다.

■ 애착

애착은 아동이 주 양육자에 대해 형성하는 강한 정서적 유대로서 영유아기에 형성된 애착은 이후 다양한 영역의 발달과 관계된다. 애착발달과정을 보면, 영아는 생후 2개월경까지는 대상에 따른 차이 없이 사회적 반응을 보이다가, 2~8개월에는 친숙한 사람과 낯선 사람을 구분하기 시작한다. 6~8개월에는 본격적으로 애착이 형성되어 8~18개월에는 애착대상에게 강한 집착을 보이고 적극적으로 접근하며 분리불안을 나타낸다. 이와 함께 낯선 사람에 대한 낯가림도 나타난다. 18개월 무렵부터는 애착대상의 행동을 예상하고 계획을 이해하게 되어 애착대상과의 일시적인 분리에 대해 불안반응을 보이지 않게 된다(Bowlby, 1969: 이숙 외, 2013에서 재인용).

영아기의 애착유형(Ainsworth & Bell, 1970; Main & Solomon, 1990)은 낯선 상황(strange situation) 실험을 통해 안정애착과 세 가지 불안정애착 등 총 네 가지 유형으로 구분되었다. 안정애착 아동은 양육자와 분리될 때 불안을 나타내지만 양육자가 돌아오면 반갑게 맞이하고 안정된 모습을 보인다. 저항애착 아동은 양육자와 함께 있을 때도 떨어지지 않고 주변을 탐색하지 못하다가 분리에 대해 강한 반응을 보인다. 양육자와 재회 시에는 양육자를 밀쳐 내는 반응을 보이기도 한다. 회피애착 아동은 양육자와의 분리에 불안반응을 별로 보이지 않고 양육자가 다시 돌아왔을 때도 무관심하게 행동한다. 혼란애착 아동은 낯선 상황에서 가장 불안정한 모습을 보이지만 양육자와 재회 시 멍하고 얼어붙은 듯한 모습을 보이고 양육자가 안아 줘도 먼 곳을 바라보는 반응을 보인다.

■ 자아개념

자아인식이 처음 나타나는 것은 18~24개월경인 것으로 알려져 있다. 영아의 자아인식발달은 영아의 코에 립스틱을 칠하고 거울을 보여 주어 영아가 자신의 얼굴을 알아보고 립스틱이 묻은 코를 만지거나 닦아 내려는 행동을 하는지 관찰하는 실험을 통해 알아냈다. 언어를 통한 의사소통이 가능한 유아기에는 아동에게 자신에 대해 말해 보도록 하여 아동의 자아인식발달을 파악할 수 있다. 유아들은 자신을 신체적 특징, 자신이 좋아하는 것, 소유물, 자신이 할 수 있는 것들 중 자랑스러운 것 등의 구체적 특성을 통해 인식한다(Kail, 2007).

(4) 영유아기 행동과 환경

영유아기는 학령기나 청소년기에 비해 아동이 직접 경험하는 환경이 제한적이며, 특히 가족환경의 영향을 많이 받는다. 먼저 영유아의 신체 성장에 영향을 미치는 환경요인으로는 영양섭취와 가족의 심리적 환경을 꼽을 수 있다. 아동의 발달적 요구에 맞으며 균형 잡힌 영양이 제대로 공급되지 않는 환경에서 영유아는 건강한 신체 성장을 이루기 어렵다. 또한 스트레스를 심하게 겪는 아동은 성장호르몬 분비에 문제가 생겨 신체 성장에 지장이 생길 수 있다(박성연, 2006). 따라서 영유아의 신체 성장이 정상적으로 이루어지려면 가족의 심리적 환경이 안정적이어야 하며, 양육자는 영유아에게 관심과 애정을 쏟을 수 있어야 한다. 영양이나 위생 관리 측면에서는 문제가 없었으나 양육자와의 상호작용이나 자극이 결핍되었던 영유아들이 정상적으로 성장하지 못했던 1960년대 루마니아 고아원의 사례에서도 알 수 있듯이 영유아의 신체발달에는 영양관리뿐만 아니라 양육자의 애정과 관심을 통해 정서적 안정을 경험할 수 있는 가족환경도 매우 중요하다.

영유아에게 가족환경이 중요한 것은 기질과 애착의 측면에서도 그렇다. 기질은 생물학적 기반을 두고 있으므로 출생 시 타고난 부분이 매우 크다. 그런데 아동이 성장하면서 기질이 성격으로 발달해 가는 과정에서 환경이 기질과 조화를 이룬다면 기질의 부정적 측면이 완화되어 좀 더 적응적인 성격형성이 이루어질 수 있다. 영유아의 기질에 적합한 환경을 제공하는 데 있어서 부모의 역할이 중요하다. 까다로운 기질의 아동을 양육하는 부모는 아동의 강한 정서표현이나 자기주장을 누그러뜨리기 위해 강하게 대응하기보다는 심리적 여유를 갖고 유연하며 일관성 있는 태도로 대하는 것이 적절하다. 느린 기질의 아동을 양육하는 부모는 재촉하지 않고 아동의 속도에 맞추도록 노력하며 새로운 경험을 할 수 있는 기회도 제공하는 것이 좋다. 적응력이 좋은 순한 기질의 아동은 자칫하면 부모의 관심을 덜 받을 수 있으므로 적절하게 관심을 표현하도록 해야 한다. 한편, 안정적인 애착이 형성되는 데 가장 중요한 것은 영아와 양육자 간의 상호작용이다. 애착대상인 양육자의 반응성과 민감성이 특히 중요하므로 양육자는 영아의 신호에 일관성 있게 신속하고 민감하게 반응함으로써 안정애착 형성을 이룰 수 있는 환경을 제공해야 한다.

최근 들어, 영유아기의 환경으로 중요성이 커지는 것은 어린이집이다. 보육사업이 처음 시작될 당시에는 어머니가 경제활동을 해야 하기 때문에 직접 돌볼 수 없는 시간 동안 영유아를 맡아 보호하는 것이 어린이집의 기능이었다. 그러나 점차 어린이집의 기능이 돌봄과 보호에서 교육으로까지 확장되면서 어머니가 가정에서 돌볼 수 있는 영유아들도 경험의 폭을 넓혀 주고자 하는 부모의 뜻에 따라 보육을 경험하게 되었고, 전면적인 무상보육제도에 따라 영아들의 어린이집 이용률도 급격히 증가하였다. 보육경험이 아동에게 미치는 영향은 신체, 인지, 정서, 사회 등의 측면에서 생각할 수 있는데, 여기서 무엇보다 주목해야 할 것은 영유아의 보육경험 유무 자체보다도 보육의 질이 어떠한가가 중요하다는 점이다(이순형 외, 2009). 즉, 어린이집에 다니는 영유아와 다니지 않는 영유아 간의 차이보다는 어린이집에 다니는 영유아가 어떤 보육을 경험하는가가 더 중요하다는 것이다. 또한 어린이집은 결핍된 가족환경에서 제공하지 못하는 경험을 영유아에게 제공하기 때문에 가족환경의 부족한 점을 보완하는 기능을 하기도 하므로 가족환경이 적절하지 못한 영유아는 보육을 경험하는 것을 통해 발달과정에서 긍정적인 영향을 받을 수 있다.

2) 학령기

(1) 신체 및 운동 발달

학령기에 키는 매년 5~7cm 정도, 몸무게는 2.5~4kg 정도 성장한다. 골격 크기가 증가하고 근육이 발달함에 따라 남아가 여아보다 신체적으로 강해지며, 여아는 지방조직이 남아보다 많아지게 된다. 여아는 만 10세경, 남아는 만 12~13세경에 성장급등이 나타나므로 같은 연령에서 남아보다 여아의 체격이 더 커지는 경향이 나타난다.

학령기 아동은 신체조절능력, 근력, 지구력이 더욱 증가되어 유아기에 비해 다양한 운동을 더 잘 할 수 있게 된다. 공을 사용하는 활동이나 줄넘기처럼 사물이나 도구를 이용하는 운동을 원활히 할 수 있으며, 경험과 연습을 통해 수영, 자전거 타기, 스케이트 등 다양한 스포츠 활동을 잘 할 수 있다(박성연, 2006).

(2) 인지발달

피아제(Piaget, 1971: Berk, 2009에서 재인용)의 인지발달이론에 따르면 학령기는 구체적 조작기다. 이 시기에는 논리적 추론이 가능해지는데, 구체적인 사건에 대해서만 한정적으로 가능하며 추상적인 사건에 대해서는 아직 논리적 추론이 어렵다. 또한 탈중심화로 인해 사물이 지닌 몇 가지 속성을 동시에 고려할 수 있게 되어 보존개념이 획득된다. 사물을 길이, 부피 등의 여러 차원에 따라 배열하는 서열화 능력이 발달하며, 사물을 특성에 따라 분류하는 능력도 발달하고 부분과 전체의 관계를 이해하게 되면서 유목 포함 개념도 가지게 된다.

(3) 정서 및 사회적 발달

■ 자아개념

학령기 아동의 자아개념은 심리적 특성을 포함하게 되며, 자신이 중요하게 여기는 가치에 대한 인식도 나타난다. 또한 학교생활을 하게 되면서 또래와 비교하여 자신이 어떠한지를 평가하며, 유아기와는 달리 자신의 특성 중 부정적인 측면까지도 자아개념의 일부분으로 이해할 수 있게 된다. 에릭슨(Erikson)의 심리사회적 발달단계에 의하면 학령기는 근면성 대 열등감의 단계다(Berk, 2009). 학교생활에서 요구되는 과제들을 수행해 내고 또래들과 원만히 어울려 지낼 수 있다면 열등감보다는 근면성이 더 발달될 수 있고, 실패하고 좌절하는 경험을 더 많이 하게 된다면 열등감이 더 발달될 수 있다.

■ 또래관계

학령기에는 또래와의 상호작용이 더욱 증가하며 복잡해지고 또래관계의 중요성이 커진다. 학령기 아동은 또래집단이 중요시하는 것을 인식하고, 또래의 규칙에 따라 행동하며, 또래집단의 공동목표를 달성해 나가기도 한다. 또래관계 경험에는 성차가 나타난다. 남아는 또래집단을 구성하는 인원이 더 많으며 경쟁적인 게임이나 스포츠 활동을 함께하는 것이 특징인 반면, 여아는 규모가 큰 또래집단 단위의 활동보다는 단짝친구 관계를 더 중요하게 여기며 경쟁적인 활동보다는 협력적인 관계를 형성하는 것이 중심이다.

학령기에는 친구개념에서도 발달적 변화가 나타난다. 만 8세 이전 아동에게 친구는 선호하는 활동을 같이하는 또래로서 공동활동이 친구를 규정하는 데 중요하다. 그 이후에는 의리를 지키고 도와주며 협동하고 서로 상대방의 기분이나 원하는 것을 잘 이해하는 또래로 친구를 규정하여 정서적이고 심리적인 속성이 더 중요해진다(Santrock, 2011).

(4) 학령기 행동과 환경

학령기 발달에 중요한 환경은 가족 이외에 학교와 또래로까지 확장된다. 가족환경은 발달의 모든 영역에서 여전히 중요하며, 학령기 아동에게는 특히 긍정적 자아개념 형성을 위한 지원이 중요하다. 학교생활을 시작하면서 학업영역에서 해내야 하는 과제를 수행하고 그것을 통해 평가를 받기도 하는 것이 학령기이며, 아동 스스로 자신의 수행 정도를 또래와 비교하면서 열등감이 형성되기도 한다. 따라서 가족은 아동이 자신감을 가지고 긍정적 자아개념을 지닐 수 있도록 해야 하는데, 여기서 가족의 역할이 매우 중요하다. 자신을 긍정적으로 인식할 수 있으려면 의미 있는 주변 사람들에게 인정받는 것이 반드시 필요한데, 가족이 그 중심에 있다. 아동이 한 일에 대해 노력한 과정을 칭찬하고 인정해 주는 것은 아동이 자신에 대해 자부심을 갖고 성취감을 느낄 수 있게 하며, 궁극적으로는 자신을 긍정적으로 평가할 수 있는 환경을 마련하게 되는 것이다.

　학령기에는 학교가 아동발달에 중요한 환경이 된다. 초등학교에 입학하면서 아동은 공적인 교육을 시작하며 또래집단을 경험하기도 한다. 그런데 우리나라의 경우 초등학교 입학은 곧 학업에 대한 스트레스의 시작을 의미하기도 한다. 지나치게 인지영역의 발달과 학업성취만을 지향하는 사회 전반적인 풍토와 이에 따른 과도한 사교육과 선행학습은 아동을 심리적으로 압박한다. 이처럼 학습의 내용과 방향이 아동 외적인 요인들에 의해 결정되고 아동은 거기에 따라가는 상황이 됨으로써 배움에 대한 내적 동기와 자율성을 잃게 되는 경우가 많다. 학습의 결과도 중요하지만 학습의 과정도 가치를 인정받을 수 있고 아동이 학습의 중심이 될 수 있는 사회, 학교, 가족의 환경변화가 시급하다.

3) 청소년기

(1) 신체발달

■ 신체발달과 성적 성숙

　청소년기에는 급격한 신체변화가 일어나 4년 정도의 짧은 기간 동안 신체적으로 아동에서 성인과 같이 변화된다(Steinberg, 2011). 성장호르몬의 영향으로 키와 몸무게가 짧은 기간에 급격히 성장하는데, 가장 빠르게 성장하는 기간에 남아는 연간 10.5cm, 여아는 9.0cm 정도 키가 자란다. 근육과 지방이 증가하므로 몸무게도 늘어난다. 남녀 모두 근육과 지방이 증가하지만 근육과 지방의 비율에 차이가 생겨 운동능력에 성차가 생기기 시작한다.

　청소년기에는 1차 성징의 발달과 함께 2차 성징이 나타나게 되어 외형적으로 성인과 같은 신체 모습을 지니게 되며 생식능력을 갖게 된다. 성적 성숙에는 흔히 남성호르몬이라 알려진 안드로겐과 여성호르몬이라 알려진 에스트로겐이 관여한다. 남녀 모두 출생 시부터 안드로겐과 에스트로겐이 분비되지만 청소년기가 되면 남성은 안드로겐의 비율이 높아지고 여성은 에스트로겐의 비율이 높아지면서 성적 성숙을 이루게 된다.

■ 두뇌발달

뇌발달 과정으로서 대뇌 회백질의 부피가 증가했다가 감소하는 현상이 나타나는데, 회백질의 부피가 최대치에 이르는 시기는 뇌영역에 따라 다른 것으로 나타났다. 즉, 감각정보를 처리하는 영역은 10세 전후부터 회백질이 얇아지고 판단이나 의사결정 등의 고차원적 사고를 담당하는 영역은 10대 후반 청소년기에 회백질이 얇아지기 시작한다 (Walsh, 2004). 즉, 고차원적 사고능력이 청소년기에 나타나는 것은 뇌발달의 특징에 기인한다.

회백질의 변화를 통해서도 알 수 있듯이 청소년기에는 뇌 신경세포의 수상돌기와 시냅스가 과잉 생산되며 그만큼 시냅스 가지치기도 일생 중 가장 많이 일어나는데, 특히 전두엽에서 그렇다. 축색돌기의 수초화도 뇌영역에 따라 시기가 다른데, 청소년기에 수초화가 일어나는 영역은 추상적 사고, 합리적 의사결정, 분석, 문제해결 등을 담당하는 전두엽이다. 따라서 청소년기에 전두엽이 발달하면서 사고가 질적으로 향상되고 상징을 이해하는 능력이나 미묘한 의미의 차이를 감지할 수 있게 된다.

■ 수면패턴 변화

청소년은 늦게 잠자리에 들고 늦게 일어나려는 수면패턴을 보인다. 이에 대해 연구한 결과, 청소년기에는 생체시계가 밤이 시작되었다고 간주하는 시점과 밤이 끝났다고 간주하는 시점 모두 늦춰지기 때문임을 발견하였다. 따라서 졸음을 느끼게 하는 호르몬인 멜라토닌 분비 리듬도 늦어져 늦게 잠들고 늦게 일어나는 패턴을 보이게 된다(Steinberg, 2011). 즉, 청소년은 아동이나 성인에 비해 밤에 두 시간 정도 늦게 졸음을 느끼는 경향이 있다.

(2) 인지발달

■ 사고의 특성

청소년기는 피아제(Piaget, 1971: Berk, 2009에서 재인용)의 인지발달이론에 따르면 형식적 조작기에 속한다. 형식적 조작기 사고의 특징은 가능성에 대한 사고능력, 추상적 개념에 대한 사고능력, 상위인지능력, 다면적 사고능력의 발달로 나타난다(Steinberg, 2011). 이러한 능력의 발달로 아동기에 비하여 효율적인 사고능력을 보이게 된다.

청소년기에는 경험한 적이 없고 현재 일어나고 있지 않은 일에 대해서까지 사고할 수 있다. 즉, 현실에서 발생한 일은 발생할 수 있는 수많은 일들 중에서 하나라는 식으로 생각하는 것이 가능해진다. 따라서 자신의 미래에 대해 상상하며 진로를 고민하거나 다양한 대안을 놓고 비교할 수 있다. 이런 능력을 통해 청소년은 문제해결을 체계적으로 할 수 있게 되며 논리적 추론능력도 향상된다. 또한 추상적 개념에 대한 사고능력이 발달되어 자신이 감각을 통해 직접 경험할 수 없는 추상적인 개념들을 인지적으로 다룰 수 있게 된다. 사고에 대해 사고하는 상위인지능력도 향상되어 자신이나 타인의 생각에 대해 많이 생각하게 되고, 이에 따라 타인을 의식하는 특성이 나타난다. 상위인지능력은 스스로 자신의 학습과정을 점검하는 능력도 향상시켜서 보다 효과적인 학습을 가능하게 하며 적절한 기억전략을 사용하여 기억력이 증대되기도 한다. 청소년기에는 다면적 사고도 발달된다. 어떤 상황이나 아이디어의 여러 측면을 동시에 볼 수 있게 되어 언어에서 사용되는 은유나 비꼬는 말의 의미를 이해할 수 있게 된다.

■ 사회인지발달

청소년기의 인지발달은 사회적 상황에서의 인지능력도 향상시킨다. 타인의 관점을 이해하는 능력인 조망수용능력은 청소년기에 본격적으로 발달된다(Selman, 1980). 학령기 아동도 다른 사람들의 관점이 자신의 관점과 다를 수 있다는 것을 이해하지만 청소년기 초기가 되어서야 상호적 조망수용을 이해한다. 즉, 자신이 타인의 다른 입장을 이해하듯이 타인도 자신의 다른 입장을 이해할 수 있다는 것을 인식하게 되며 자신의 입장과 타인의 입장이 제3자에게 어떻게 보일 것인지를 상상할 수도 있게 된다. 청소년기

후기가 되면 개인 수준의 조망수용만으로 서로를 완전히 이해할 수 없고, 사회적·관습적·법적 차원의 조망수용도 필요하다는 것까지 이해할 수 있게 된다. 청소년기에는 조망수용능력이 발달되면서 대인관계를 맺는 능력과 의사소통능력도 향상된다.

타인에 대한 이해도 청소년기에 더욱 향상된다. 유아도 타인에 대해 기술할 수 있으나 구체적이고 외형적인 특성으로만 가능하다. 학령기 아동은 타인을 심리적 특성이나 능력 등으로 기술할 수 있으나 일관성이 부족한 경향을 보인다. 청소년기에는 타인을 기술할 때 외모나 행동으로 드러나는 것보다는 추상적인 성격특성을 중심으로 하는 경향이 나타난다. 타인이 지닌 다양한 특성을 상황과 연결하여 통합적으로 이해할 수 있다.

조망수용능력이 발달되면서 도덕이나 관습에 대해 이해하는 방식도 달라진다(Steinberg, 2011). 아동기와 비교해 보면, 아동기에는 옳고 그름이 부모나 교사가 정한 대로 절대적인 것이라고 생각하지만, 청소년기에는 어떤 문제에 대해 다수의 의견이 있을 수 있다는 것을 알기 때문에 절대적인 옳고 그름의 판단에 대해 의문을 제기한다. 관습에 대해서도 아동은 의문을 제기하지 않고 지켜야 하는 것으로 믿는 경향이 있지만 청소년기에는 반드시 지켜야 할 이유가 충분하지 않다고 생각할 수 있다. 그러다가 관습이 사회의 기능에 도움이 되기 때문에 사회적으로 그렇게 합의된 것임을 이해하게 된다.

(3) 정서 및 사회적 발달

■ 자아개념과 자아정체감

청소년기에는 자아개념이 복잡해지며, 추상적이고 심리적 특성으로 자신을 이해한다. 또한 개인적 신념이나 가치관이 자아개념의 요소로서 중요해진다. 그런데 청소년은 형식적 조작기 사고의 특성으로 인해 자신의 다양한 측면을 동시에 바라보면서 자신에게 일관성 없고 상반되는 특성이 공존한다는 것에 대해 심리적 갈등을 경험하기도 한다. 이러한 과정을 거치면서 청소년은 자신에 대한 보다 정확한 이해를 할 수 있게 된다.

자아와 관련하여 청소년기에는 자아정체감 형성이 중요한 과제다. 자아정체감은 자아에 대한 이해의 총체라 할 수 있는데, 행동, 사고, 감정의 변화에도 불구하고 개인이 자신에 대해 갖는 연속성과 동질성에 대한 인식 및 타인과 구별되는 자신의 독특성에 대한 인식이 통합된 것이다(Erikson, 1990). 자아정체감은 자신의 과거와 현재에 대해 의미를 부여하며 행동의 지침을 제공하므로, 급격한 발달적 변화를 경험하는 청소년기는 자아에 대한 분명한 인식을 위하여 자아정체감 형성이 중요하다. 청소년기는 급격한 신체변화를 겪으며, 이에 따라 타인으로부터 성숙한 행동을 기대받으면서 사회적 영역에서도 변화를 경험한다. 따라서 이 시기에는 자신이 누구이고 앞으로 어떻게 살아가야 할 것인지에 대한 의문이 생기며 의문에 대한 답을 찾아가려는 노력이 시작되어야 하는데, 이를 통해 자아정체감 형성이 시작되기 때문이다. 청소년기는 인지능력발달에 따라 자신에 대해 더 다면적이고 통합적인 이해를 할 수 있게 되고 자신의 미래에 대해서도 생각할 수 있으므로 자아정체감 형성과정을 시작하기에 적절하다.

에릭슨의 심리사회적 발달단계에 의하면 청소년기는 자아정체감 대 역할혼미의 단계이며, 자아정체감 발달의 특성은 마샤(Marcia)에 의해 정체감 성취, 유예, 유실, 혼란의 네 유형으로 구분되었다(Berk, 2009). 자아정체감 성취는 청소년 스스로 적극적인 탐색과 시험을 통해 자신의 가치와 진로를 선택한 상태이며, 자아정체감 유예는 자신의 가치와 진로를 결정하지 못했으나 탐색과 시험을 하고 있는 상태를 뜻한다. 자아정체감 유실은 스스로 탐색과 시험을 하지 않은 채 부모의 뜻에 의해 가치와 진로를 이미 결정한 상태이고, 자아정체감 혼란은 가치와 진로를 결정하지 못했으며 탐색과 시험도 하지 않으며 어려움을 겪고 있는 상태를 일컫는다.

■ 또래 및 친구 관계

청소년기에는 또래관계가 더욱 중요해지는데 또래관계에서 서로 내면을 이해하고자 하므로 정서적 안정을 위해 그 중요성이 더욱 커진다. 청소년은 부모로부터 심리적으로 독립하고 자율성을 길러 가는 시기인데, 그 과정에서 또래집단 소속감과 또래에 대한 의존이 중요해지면서 또래에게 동조하는 현상도 나타난다. 청소년기에는 형식적 조작기 사고의 특성에 따라 친구개념도 변화되어 상호충성, 심리적 동질성, 정서적 의무감을 경험할 수 있는 또래를 친구라 규정하며, 친구는 서로 단점까지 수용하고 이해하며 개인적 감정과 생각을 공유할 수 있어야 한다고 본다. 몇 명의 친구들로 이루어진 친구

집단은 확고한 소속감과 함께 가족에서 벗어나 새로운 역할을 시험해 볼 수 있는 기회를 제공하기도 한다. 또한 청소년기는 이성교제가 시작되는 시기로서 친구집단 간의 관계가 이성교제 성격을 띠게 되기도 한다.

(4) 청소년기 행동과 환경

청소년기는 뇌발달에서 매우 중요한 시기다. 청소년기에는 신경세포의 시냅스 증가와 가지치기가 전두엽에서 가장 활발하게 일어나며, 합리적 판단과 의사결정, 논리적 사고 등 성숙한 인지기능 발달이 완성된다. 청소년기의 뇌발달에는 유전적 영향이 물론 작용하지만 환경의 영향도 매우 중요하다. 발달이 활발히 일어나고 있는 만큼 청소년의 뇌는 환경적 자극에 의해 변화될 수 있는 가능성도 크다. 다양한 활동과 학습 등 경험을 통해 시냅스가 증가하며 뇌발달이 촉진된다. 어떤 경험을 할 때 이루어지는 신경세포 간 신호전달이 잦을수록 그 부분의 연결은 더욱 강해진다. 이런 과정을 통해 청소년이 환경과 상호작용하면서 경험할 때 사용되는 시냅스는 살아남고, 사용되지 않는 시냅스는 가지치기되어 사라진다(Walsh, 2004). 청소년기에 어떠한 경험을 하는가는 뇌발달에 강한 영향을 미친다.

청소년기 뇌발달의 특성을 고려할 때 우리나라 청소년의 일상생활 환경은 매우 불건강해 보인다. 스마트폰 보급 증가와 함께 더욱 심각해진 전자매체 의존과 게임중독은 청소년의 경험이 특정 유형으로 매우 제한되어 있다는 우려를 낳는다. 다양한 경험을 하는 것이 균형 잡힌 발달에 필수적임에도 우리나라 청소년의 일상생활 경험은 전자매체와의 상호작용과 입시 위주 주입식 교육 경험에만 집중되어 있다. 여기에 입시에 대한 압박감과 이에 따른 스트레스를 해소할 수 있는 적절한 방법의 부재라는 열악한 심리적 환경에서 청소년의 정신건강 문제는 심각성이 커지고 있으며, 우울증, 불안장애, 자살충동 등의 정서적 어려움을 호소하는 청소년들이 증가하고 있다. 청소년이 처한 이러한 환경은 단기간에 쉽게 개선되기 어려울 것으로 보이며, 가족, 학교, 사회의 협력을 통한 다각적인 노력이 절실히 요구된다.

3. 정책 및 제도

아동의 정신건강 및 심리치료 관련 정책 및 제도는 보건복지부, 교육부, 여성가족부에서 마련하여 사업을 시행하고 있다. 이 절에서는 아동·청소년의 정신건강 및 전반적인 발달과 적응을 지원하고 아동·청소년에게 발생할 수 있는 위기를 예방·대처하기위해 시행되고 있는 사업을 주관 정부부처에 따라 나누어 살펴보고자 한다.

1) 보건복지부의 정책 및 사업

(1) 육아종합지원센터

육아종합지원센터는 보육 및 양육에 관한 정보의 수집·제공 및 보육교직원·부모상담 등을 제공하기 위하여 보건복지부 장관과 지방자치단체의 장이 설치·운영하는육아지원 기관이다(보건복지부, 2015). 현재 중앙센터 1개소, 시·도 센터 18개소, 시·군·구 센터 62개소 등 총 81개소의 육아종합지원센터가 설치되어 있다. 육아종합지원센터는 영유아 보육에 관한 정보의 수집·제공, 상담·보육프로그램 및 교재·교구의연구와 제공, 어린이집 이용자에 대한 안내·상담·교육, 어린이집 교직원에 대한 상담,구인·구직 정보의 제공, 취약보육에 대한 정보 제공 등을 담당해 왔다.

그런데 최근에 보육 관련 정보를 제공하는 주요 기능에서 더 나아가 영유아의 건강한 성장과 발달을 지원하기 위한 서비스를 제공하는 것으로까지 기능이 확장되었다.즉, 부모가 영유아와 함께 참여할 수 있는 놀이프로그램 제공, 장애위험이 있는 아동을 조기에 발견하여 적절한 중재를 받을 수 있게 하기 위해 실시되는 영아대상 발달검사, 자녀 양육 및 양육 스트레스에 관한 부모상담, 언어발달 문제나 정서적 어려움을겪는 영유아에게 제공되는 언어치료 및 놀이치료나 미술치료 등의 심리치료 등이 있다(강남구·도봉구·서초구·은평구 육아종합지원센터 홈페이지).

(2) 지역아동센터

지역아동센터는 「아동복지법」에 근거하여 "지역사회 아동의 보호·교육, 건전한 놀이와 오락의 제공, 보호자와 지역사회의 연계 등 아동의 건전육성을 위하여 종합적인 복지서비스 제공"을 목적으로 하는 기관으로서 방과후 돌봄서비스를 제공한다(보건복지부, 2013a). 지역아동센터는 2012년 6월 기준으로 전국에 4,003개소가 운영되고 있으며(보건복지부, 2012) 운영시간은 하루 8시간 이상 주 5일 이상을 원칙으로 하며, 필수 운영시간을 학기 중에는 오후 2~7시, 방학과 공휴일에는 오후 12~5시로 규정하고 있다. 지역아동센터의 서비스는 지역사회의 보호를 필요로 하는 만 18세 미만 아동이 무료로 이용할 수 있다.

지역아동센터의 돌봄서비스를 이용하려면 읍·면·동장 또는 지역아동센터의 시설장이 아동의 보호자가 제출한 '방과후 돌봄서비스 제공 신청서'와 기타 증빙서류를 시·군·구청 담당부서에 접수하여 신청해야 한다. 신청서가 접수된 시·군·구에서는 신청서 및 기타 증빙서류를 참고하여 돌봄서비스 및 기타 욕구에 대한 조사·상담 등을 실시하고 돌봄서비스 제공 여부를 결정하여 돌봄서비스 제공기관에 통지함으로써 서비스를 이용할 수 있게 된다.

지역아동센터에서 운영하는 프로그램은 보호프로그램, 교육프로그램, 놀이와 오락, 보호자와 지역사회 연계의 네 가지 유형으로 구성되어 있다. 이러한 프로그램을 통해 돌봄의 부재로 아동에게 발생할 수 있는 정서적·행동적 문제를 예방하고 아동의 발달과 적응에 매우 중요한 환경인 가족과 부모에 대한 정서적 지원과 상담을 제공함으로써 아동환경을 보다 건강하게 형성·유지할 수 있는 기반이 되도록 하고 있다.

표 3-1 지역아동센터에서 제공하는 프로그램

- 보호프로그램: 빈곤·방임아동 보호, 일상생활지도, 급식제공, 위생지도 등
- 교육프로그램: 학교생활 준비, 숙제 지도, 기초학습 부진아동 특별 지도, 예체능교육, 독서지도 등
- 놀이와 오락: 문화체험, 견학, 캠프, 공동체 활동, 놀이활동 지원, 특기적성 등
- 보호자와 지역사회 연계: 가정방문, 상담, 정서적 지지, 부모·가족 상담, 후원자 등 지역사회 내 인적·물적 자원 연계, 사례관리 등

출처: 보건복지부(2013a).

또한 지자체(드림스타트, 읍·면·동 포함) 및 지역아동센터는 돌봄이 필요한 아동을 적극적으로 발굴하여 아동방임이 발생하지 않도록 하고, 돌봄서비스를 이용하고 있는 아동 중 발달장애 등으로 특별한 서비스를 요하는 아동에 대해서는 관할 시·군·구나 드림스타트센터에서 실시하는 사례관리 및 전문병원이나 장애아동이용기관(시설)과 연계·협력(상담, 치료 등)을 통해 적절한 서비스가 이루어지게 적극 협조하도록 규정되어 있다. 지역아동센터의 이러한 아동관리체계 역시 아동에게 문제가 발생할 수 있는 가능성을 줄여 나가고 장애에 따른 어려움을 겪고 있는 아동에 대한 전문적인 중재를 통해 어려움을 완화시키는 데 도움이 될 수 있다.

(3) 드림스타트 사업

드림스타트 사업은 「아동복지법」에 근거하여 "취약계층 아동에게 맞춤형 통합서비스 제공을 통해 아동의 건강한 성장과 발달을 도모하고 공평한 출발기회를 갖도록 함으로써 궁극적으로 빈곤의 대물림에서 벗어날 수 있도록 지원"하는 것을 목적으로 한다(보건복지부, 2013a). 사업내용은 가정방문을 통해 아동·가구의 현황을 조사하고 위기도를 검사하여 선정된 사례관리 대상 아동과 그 가족에게 지역자원과 연계한 맞춤형 서비스를 지원하고 정기적인 위기도 검사 및 지속적인 모니터링 등 통합사례관리를 실시하는 것이다. 통합서비스는 보건, 복지, 보호, 교육, 치료 등의 종합적 지원 및 건강 증진, 기초학습, 사회성·정서 발달, 부모의 양육지도, 그 밖에 아동의 성장과 발달 도모를 위해 필요한 서비스를 내용으로 한다.

사업의 대상은 아동의 성장 및 복지여건이 취약한 가정의 만 12세 이하 아동 및 가족, 임산부이며 국민기초수급 및 차상위 계층 가정, 결손가정, 성폭력피해아동, 한부모가정, 다문화가정, 조손가정 등을 우선 지원하는 것을 원칙으로 하고 있다. 사업지역은 시·군·구 내 취약계층 아동 밀집지역(지원대상 아동 300명 이상)을 중심으로 하며, 사업 실시 연수가 오래된 지역은 전체 읍·면·동을 대상으로 하고 지원대상을 단계적으로 확대해 나가고 있다.

드림스타트 사업의 추진배경은 세 가지로 제시되어 있다(보건복지부, 2013b). 첫째, 가족해체, 사회양극화, 여성의 경제활동 참여율 증가 등에 따라 아동빈곤 문제가 심각해지고 있으며 가족의 기능이 약화되고 있다. 빈곤은 아동발달에 부정적인 영향을 미치며 부적절한 양육환경과 연결되어 기회 불평등의 원인이 되므로 이에 대한 대책이 요구된다. 둘째, 빈곤아동에 대해 사회적 투자를 하는 것은 빈곤의 대물림을 막고 인적자본을 축적하게 하며 빈곤가정의 사회통합에 기여하는 등 미래적 가치를 창출한다. 셋째, 아동과 가족에 초점을 둔 통합지원체계인 통합사례관리를 통해 모든 아동에게 공평한 출발기회를 보장할 필요가 있다.

드림스타트 대상자 관리는 취약계층 아동 및 가구에 대한 현황을 파악하고, 위기도 검사를 통해 선별된 아동 및 가족을 대상으로 통합사례관리를 실시하는 방식으로 이루어진다. 이를 위해 먼저 읍·면·동 단위로 사업지역 내 취약계층 아동·가구 명단 및 기본정보를 파악한다. 다음으로 아동 및 가구의 현황을 가정방문을 통한 설문조사로 파악한다. 설문조사의 주요 내용은 아동의 주 양육자 현황, 가족의 주요 문제, 강점 및 활용자원, 주거 및 양육환경, 아동의 전반적인 발달 상황, 현재 이용 중인 서비스 및 지원이 필요한 서비스다.

설문조사를 실시하여 사례관리 대상으로의 선정 판단이 필요한 경우, 위기도 검사를 실시하고 그 결과에 따라 드림스타트 사례관리 대상 여부가 결정된다. 또한 아동 및 가구 현황조사만 실시한 경우나 위기도 검사를 실시했으나 사례관리 대상으로 선정되지 않은 아동 및 가구에 대해서는 필요시 서비스 정보를 제공하거나 관련 기관에 서비스를 의뢰한다.

드림스타트의 서비스는 필수서비스와 선택서비스로 구분되며 신체/건강, 인지/언어, 정서/행동, 부모 및 가족 영역에 걸쳐 제공된다(드림스타트 홈페이지). 필수서비스의 내용을 영역별로 살펴보면, 신체/건강 서비스는 취약계층 아동의 건강한 마음과 신체

표 3-2 드림스타트 사업지역 확대 시 지원대상 아동 선정 우선순위

- 나홀로 아동, 방임아동 등 위험도가 높은 아동
- 취약계층으로서 아동이나 가족이 직접 신청한 경우
- 읍·면·동, 지역아동센터, 학교 등 관련 기관으로부터 요청받은 아동
- 드림스타트가 직접 발굴한 아동

발달 증진, 취약계층 임산부의 건강한 출산 및 양육 지원, 건강한 생활을 위한 사전 예방적 건강검진과 치료적 개입 및 부모교육을 포함한다. 인지/언어 서비스는 취약계층 아동의 의사소통 및 기초학습 능력 강화, 맞춤형 학습지원을 통한 개별아동의 강점 계발, 부모-자녀 상호작용 및 적합한 교육환경을 위한 부모역량 강화를 포함한다. 정서/행동 서비스는 자아존중감 및 긍정적 성격형성을 위한 정서발달서비스 제공, 올바른 사회 인식 및 이해를 도와 성숙한 사회시민으로의 성장 도모, 취약계층 아동과 가족의 생활 안정, 삶의 질 개선, 가족 유대감 증진을 내용으로 하고 심리상담 및 치료, 인터넷 중독 상담 및 치료도 포함한다. 부모 및 가족 서비스에는 부모교육이 포함되어 있어서 부모-자녀관계 상담 및 교육, 자녀발달 및 양육에 대한 교육, 부모 자조모임과 같은 서비스가 제공될 수 있다. 드림스타트의 서비스 제공은 원칙적으로 연계에 의한다. 즉, 서비스 수행기관에 연계하여 프로그램을 실시하거나, 서비스 수행기관의 강사를 드림스타트 프로그램실, 가정, 어린이집 등 특정 장소에 파견하여 프로그램을 실시하는 방식이다.

(4) 정신건강사업-정신건강증진센터

정신건강사업은 '국민의 정신건강문제 해결을 통한 개인의 삶의 가치 향상과 사회적 비용 절감 및 국가 경쟁력 확보'를 비전으로 설정하고 '정신질환 편견 해소와 우호적 환경 조성, 다양한 대상군에 대한 정신질환의 예방과 증진, 중증 정신질환 치료수준 향상 및 재활체계 구축, 자살예방을 위한 조기개입 체계 구축'을 추진 방향으로 하는 사업이다(보건복지부, 2013c). 정신건강사업의 한 부분으로 수행되고 있는 아동·청소년 정신보건사업은 '지역사회 내 아동·청소년 정신보건서비스 제공체계를 구축함으로써 아동·청소년기 정신건강문제의 예방, 조기발견 및 상담·치료를 통하여 건강한 사회구성원으로의 성장발달을 지원'하는 것을 목적으로 하며, 사업대상은 지역 내 만 18세 이하 아동·청소년(미취학 아동 포함), 지역사회 내 취약계층 아동·청소년[북한이탈주민, 다문화가정, 조손가정, 한부모가정, 청소년 쉼터(가출청소년 일시보호소), 공동생활가정, 아동복지시설 아동·청소년 등], 아동·청소년 정신건강 관계자(부모, 교사, 시설 종사자 등)다(보건복지부, 2013d).

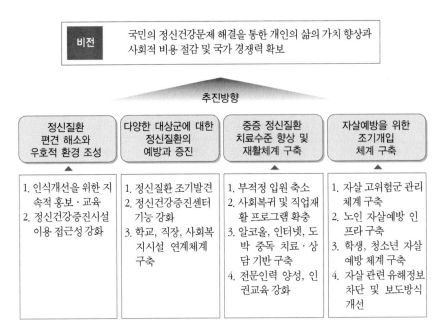

비전	국민의 정신건강문제 해결을 통한 개인의 삶의 가치 향상과 사회적 비용 절감 및 국가 경쟁력 확보

추진방향

정신질환 편견 해소와 우호적 환경 조성	다양한 대상군에 대한 정신질환의 예방과 증진	중증 정신질환 치료수준 향상 및 재활체계 구축	자살예방을 위한 조기개입 체계 구축
1. 인식개선을 위한 지속적 홍보 · 교육 2. 정신건강증진시설 이용 접근성 강화	1. 정신질환 조기발견 2. 정신건강증진센터 기능 강화 3. 학교, 직장, 사회복지시설 연계체계 구축	1. 부적정 입원 축소 2. 사회복귀 및 직업재활 프로그램 확충 3. 알코올, 인터넷, 도박 중독 치료 · 상담 기반 구축 4. 전문인력 양성, 인권교육 강화	1. 자살 고위험군 관리체계 구축 2. 노인 자살예방 인프라 구축 3. 학생, 청소년 자살예방 체계 구축 4. 자살 관련 유해정보 차단 및 보도방식 개선

[그림 3-2] 정신건강사업의 비전과 추진방향

출처: 보건복지부(2013c).

　　정신건강사업을 추진하는 데 관여하는 정신보건 기관 및 시설 중에서 지역사회 내 정신질환 예방, 정신질환자 발견 · 상담 · 사회복귀훈련 및 사례관리를 실시하고 지역사회 정신보건사업을 기획 및 조정하는 기능을 담당하는 정신건강증진센터는 1998년에 처음으로 4개소가 설치되었으며, 점차 증가하여 2011년 12월 말 기준으로 전국에 200개소가 운영되기에 이르렀다. 정신건강증진센터의 아동 · 청소년 정신보건사업은 2002년에 16개소로 시작하였고 2006년부터 더욱 강화되기 시작하여 아동 · 청소년 정신보건사업 및 검진사업 기능을 수행하는 정신건강증진센터가 증가되어 왔다. 또한 2013년도 정신건강사업 추진방향에는 아동 · 청소년 정신건강 조기검진 및 조기중재가 포함되어 있으며, 주요 내용은 〈표 3-3〉과 같다.

　　아동 · 청소년 정신보건사업의 추진체계를 살펴보면 아동 · 청소년 정신보건사업 예산이 지원되는 정신건강증진센터(또는 보건소)는 다음과 같은 기능을 담당한다(보건복지부, 2013d).

표 3-3	2013년 정신건강사업의 아동·청소년 정신건강 조기검진 및 조기중재 사업 내용

- 아동·청소년들의 주요 정신건강문제를 조기에 발견하여 사례별로 맞춤형 사후관리서비스를 제공함으로써 청소년 정신건강 증진 및 건강한 성장 도모
- 교육과학기술부와 연계하여 아동·청소년 우울증, ADHD(주의력결핍 과잉행동장애) 등 선별검사 및 사례관리 확대
- 학교, 보건소, 정신건강증진센터, 의료기관 등 상호연계 및 의뢰체계 구축
- 고위험군 아동·청소년에 대한 낙인에 주의하여 지속적이고 포괄적인 서비스 제공

- 사업대상자 발견, 등록, 상담, 집단프로그램, 치료연계, 치료비(진료비) 지원 등
- 유관기관 연계 협조체계 구축, 교육·홍보·자문, 지역 내 정신보건자원 파악 및 활용 등(인근 소아·청소년 정신과 전문의 등 전문가의 협조 유도)
- 지역 내 유관기관(학교 및 아동·청소년 관련 시설 등)으로부터 정신건강서비스에 대한 요청이 있을 경우 정신건강프로그램 제공

아동·청소년 정신보건사업의 추진과정은 우선 지역사회 현황 파악 및 연계체계 구축에서 시작된다. 이를 위하여 지역 내 교육 관련 부서(교육청, 학교 등) 등 유관기관 간 연계·협력을 이루고 지역 내 아동·청소년 정신건강 관련 기관(정신의료기관, 소아청소년정신과 전문의, 교육청, 학교, 복지시설, 지역아동센터, 청소년상담센터, 시·군·구 아동·청소년 복지담당 등)을 중심으로 한 아동·청소년 정신건강협의체를 구성한다.

교육 및 홍보는 아동·청소년을 대상으로 정신건강 증진 및 정신질환 예방을 위하여 스트레스 대처훈련, 인성개발프로그램, 생명존중, 정신질환의 이해 및 집단따돌림 예방교육 등을 실시하고, 교사 및 학부모 대상으로는 정신건강 문제의 이해를 돕고 아동·청소년의 정신건강 증진을 위한 파트너십 구축, 선별검사 관련 안내 교육 및 정신과적 문제가 있는 아동·청소년의 조기발견을 위한 관찰, 특이사항, 대면기술, 아동·청소년 우울 및 자살예방 교육 등을 실시한다. 또한 지역사회 유관기관 대상 교육 및 정보 제공 활동으로서 아동·청소년 관련 시설 종사자를 대상으로 아동·청소년 정신건강에 대한 예방 및 관리 교육을 실시하고 위험군 발견 시 정신건강증진센터로 의뢰할 수 있는 체계를 안내한다(보건복지부, 2013c).

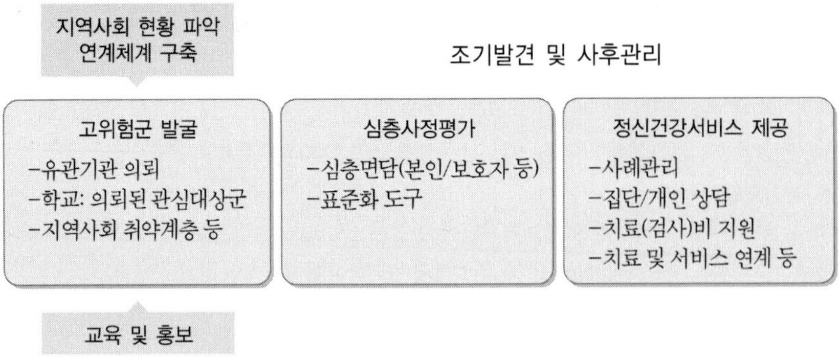

[그림 3-3] 아동 · 청소년 정신보건사업의 추진체계도

출처: 보건복지부(2013c).

정신건강문제 조기발견을 위하여 지역사회 취약계층 아동 · 청소년, 지역사회 유관기관에 의뢰된 아동 · 청소년, 지역사회 주민을 통해 의뢰된 아동 · 청소년을 대상으로 심층사정평가를 시행한다. 이를 통해 정신보건서비스가 필요하다고 인정된 경우에는 관련 기관 간의 연계를 통해 개별상담, 집단프로그램을 진행하며 지속적인 사례관리를 하고 증상이 악화될 때는 적절한 치료 연계가 이루어지도록 지원하는 체계가 마련되어 있다.

2) 교육부의 정책 및 사업

(1) 희망유아교육사를 통한 발달격차 해소 기본계획

희망유아교육사를 통한 발달격차 해소 기본계획은 교육기관을 이용하지 않는 유아나 유치원에 다니는 유아 중 발달이 지연된 유아의 발달 및 학습격차를 해소하기 위하여 기본학습능력발달 교육을 지원하는 사업이다. 이 사업은 발달지연 유아를 대상으로 발달지연 영역의 발달을 특별히 지원함으로써 정상 발달을 이루고 있는 유아들과의 격차를 줄이고, 이를 통해 발달이 지연되었던 유아들의 긍정적인 자아개념 형성을 촉진하며 학부모의 유아교육 이해도를 높이는 것을 목적으로 한다(교육과학기술부, 2009). 희망유아교육사는 유치원교사 또는 보육교사 자격증 소지자 중에서 선발한다. 이들의 역할은 기관을 이용하지 않는 발달지연 유아에 대한 평가 및 교육지원, 기관 미이용 다문화 유아 또는 다문화 부모 대상 한글 및 한국문화 교육지원, 기관 미이용 유아를 위한 현장 체험학습 등 지역 특색 프로그램 운영 등이다. 교육지원 방법은 기관을 이용하지 않는 유아의 평가 및 교육 실시장소로 단설유치원, 병설유치원, 유아교육진흥원, 체험학습 원, 가정 등을 다양하게 활용하고 발달지연 유아가 많은 유치원을 거점으로 유치원 간 연계를 통한 개별교육 또는 집합교육을 실시한다. 언어 · 인지 · 사회 · 정서발달 지원 프로그램, 다문화 프로그램, 부모교육 프로그램 등에 관한 교재 · 교구를 보급하여 활용 하게 하며, 유아에 대한 평가는 일화기록과 발달검사를 활용하여 발달 상황을 점검하고 평가에 의해 발달이 지연된 것으로 판단된 영역에 대해 맞춤형 교육을 실시한다.

(2) Wee 프로젝트

Wee 프로젝트는 「초 · 중등교육법」 시행령에 따라 학생에 대하여 종합적인 진단 · 상담 · 치유 프로그램 등을 제공하는 것으로 학교, 교육청, 지역사회가 연계하여 위기학 생의 발생을 예방하고 종합적 지원체계를 갖춘 학교안전망을 구축하는 사업이다. 학생 들의 적응력 향상을 위해 다양하고 전문적인 상담서비스를 제공한다(Wee 프로젝트 홈페 이지).

Wee 프로젝트의 수행은 Wee클래스, Wee센터, Wee스쿨을 통해 이루어진다. 각 기 관의 기능을 살펴보면, Wee클래스는 단위학교 내에 설치된 상담실로서 1차 안전망이 다. 전문상담교사 및 전문상담사가 배치되어 개인상담, 집단상담, 체험프로그램을 운영 하며 잠재적 위기학생을 조기 발견 · 예방하고 학교적응력을 높이도록 지원한다. 대상 자는 학습부진, 따돌림, 대인관계 문제, 학교폭력, 미디어 중독, 비행 등으로 인해 학교 적응에 어려움을 보이는 학생 및 징계대상 학생들이다.

Wee센터는 시 · 도 지역교육청 차원에서 설치하는 것으로 학생상담지원센터라 할 수 있으며 2차 안전망이다. 전문상담교사, 전문상담사, 임상심리사, 사회복지사 등 전문 인력이 배치되어 위기학생에 대한 전문적인 진단 · 상담 · 치유 서비스를 제공한다. 단 위학교에서 선도 및 치유가 어려워 학교에서 의뢰한 학생이나 상담을 희망하는 학생을 대상으로 하며, 심층적인 심리진단 및 평가서비스를 제공하고 교사나 학부모에게 교육 및 자문 서비스를 제공하기도 한다.

Wee스쿨은 시·도 교육청 차원에서 설치하는 것으로 장기적 치유가 필요한 고위기군 학생들을 장기적으로 위탁교육하는 기관으로서 3차 안전망이다. 학교나 Wee센터에서 의뢰한 학생이나 학업중단자를 대상으로 장기위탁교육서비스를 제공하는데, 기숙형 또는 등하교형이 있다. 교원, 전문상담교사, 전문상담사, 임상심리사, 사회복지사 등 전문가팀이 상주하며 교육과 치유를 담당하고, 교과활동, 직업진로교육, 방과후 활동, 상담치유 활동 등의 프로그램을 운영한다.

(3) 교육복지우선지원사업

교육복지우선지원사업은 교육의 기회, 과정, 결과에서 교육취약 아동·청소년이 겪을 수 있는 어려움을 해결하도록 지원하여 이들의 교육적 성장을 도모하는 것을 목적으로 하는 사업이다. 이러한 목적을 달성하기 위하여 초·중·고등학교를 중심으로 지역

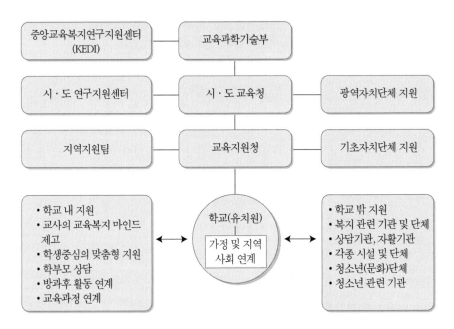

[그림 3-4] 교육복지우선지원사업 추진체계도

출처: 교육과학기술부, 한국교육개발원(2012).

교육공동체를 구축하여 학습, 문화 · 체험, 심리 · 정서, 복지 등을 통합적으로 지원한다 (교육복지우선지원사업 홈페이지). 사업대상은 경제적 어려움, 다문화가정, 북한이탈주민, 학업부진 학생 등 교육적 성취에 불리한 상황에 있는 교육취약 아동 · 청소년이 밀집되어 있는 학교의 전체 학생으로 하며 취약성 정도에 따라 우선지원 또는 집중지원이 필요한 학생들에게는 개별적으로 적절한 지원을 한다. 한편, 영유아기관(유치원과 어린이집)도 사업의 대상이 될 수 있는데, 영유아기관에 대한 지원은 시 · 도 교육청에서 자율적으로 결정할 수 있다.

사업내용은 교육취약 아동 · 청소년이 겪는 어려움에 대해 지원이 필요한 모든 영역을 포괄한다(교육과학기술부, 한국교육개발원, 2012). 학습능력 증진을 위하여 교육취약 아동 · 청소년들에게 맞는 프로그램을 개발, 운영하여 학습동기를 유발하고 방과 후나 방학 중에 다양한 체험활동 기회를 제공한다. 문화적 욕구를 충족시키기 위해 학교와 지역사회가 협력하고 아동 · 청소년이 이용할 수 있는 기반시설을 확충하도록 노력한다. 아동 · 청소년들의 긍정적 자아개념, 사회성 발달을 위한 지원 등을 통해 건강한 심리 · 정서 발달이 이루어지도록 지원한다. 진로탐색을 지원하기 위해 지역사회와 연계하여 관련 체험기회를 제공한다. 건강한 신체발달을 위한 지원과 학교 밖에서 방치될 가능성이 높은 아동 · 청소년에 대한 학교와 지역사회의 공동지원방안을 마련한다. 교사가 교육취약 아동 · 청소년에 대한 이해를 심화할 수 있도록 다양한 지원을 하여 교사의 역량을 높이고, 학부모와 학교, 학부모와 아동 · 청소년의 관계 개선을 위하여 학부모 대상 연수를 지원하고 학교와 학부모 간 의사소통을 활성화한다. 영유아기관에 대한 지원을 위해 영유아 교육 · 보육 관련 기관 간 협의체계를 구축하고 상호 협력체계를 구축한다.

3) 여성가족부의 정책 및 사업

(1) 청소년상담복지센터

청소년상담복지센터는 「청소년복지지원법」에 의거하여 운영되고 있는 기관으로서 2015년 기준 전국에 208개 센터가 설치되어 있다. 아동 · 청소년, 학부모, 교사, 일반인,

청소년 유관기관 종사자들을 대상으로 하며 심리·정서적 어려움에 대한 개인 및 집단 상담, 전화 및 사이버 상담 등의 상담서비스, 심리검사, 교사대상 직무연수, 학부모 교육 등의 교육서비스, 지역 내 청소년에 대한 연구, 프로그램 개발 등의 기능을 수행한다. 또한 청소년통합지원체계(CYS-NET) 사업을 통해 지역사회 자원을 연계하여 위기청소년에게 사회적 안전망을 마련하여 이들에게 필요한 서비스를 통합적으로 제공함으로써 건강한 발달을 지원하기도 한다. 위기청소년에 대한 지원은 법률, 학업, 진로, 기초생활, 여가 및 문화, 보호, 의료 등 이들의 건강한 발달과 적응에 필요한 모든 영역을 포괄한다.

(2) 건강가정지원센터

건강가정지원센터는 「건강가정기본법」에 따라 정부의 가족정책 전달체계로서 건강가정사업을 실시하도록 설립된 기관이다. 가정문제의 예방, 상담 및 치료, 건강가정 유지를 위한 프로그램 개발, 가족문화운동 전개, 가정 관련 정보 및 자료 제공을 위하여 중앙, 시·도 및 시·군·구에 설치 및 운영이 의무화되어 있으며, 2015년 10월 현재 중앙센터 1곳과 지역센터 153곳이 운영되고 있다(중앙건강가정지원센터 홈페이지).

건강가정지원센터에서는 가족교육사업, 가족상담사업, 가족문화사업, 가족돌봄나눔사업, 돌봄지원사업, 가족역량강화지원사업 등을 실시하고 있다. 가족교육사업은 생애주기별 가족생활교육, 아버지교육, 부모-자녀 관계 개선 프로그램 등을 포함하여 가족의 건강성을 높이도록 지원하는 내용을 포함하고 있다. 가족상담사업은 부부관계 문제, 부모-자녀관계 문제, 자녀양육 문제, 가족기능 문제, 심신건강 문제 등 다양한 심리적·정서적·가족관계의 어려움에 대한 상담 제공과 전문적인 심리검사 실시를 내용으로 한다. 가족문화사업은 가족단위로 참여할 수 있는 프로그램을 제공하여 가족구성원 간에 활동과 시간을 공유할 수 있게 함으로써 서로 이해의 폭을 넓히고 가족기능을 강화하도록 하는 내용으로 구성되어 있다. 가족역량강화지원사업은 위기사건을 경험한 가족이나 취약 한부모가정, 조손가정을 대상으로 가족의 기능을 회복하고 자녀양육 스트레스 및 정서적 어려움에 효과적으로 대처할 수 있도록 지원하는 것을 내용으로 한다. 이 외에도 지역사회에서 돌봄이 필요한 대상에게 가족단위로 봉사하는 기회를 제공하거나 영유아 및 학령기 자녀나 장애아 양육에 대한 지원서비스를 제공하기도 한다.

4. 맺음말

이 장에서는 아동의 정서적·심리적·행동적 어려움을 이해하고 심리치료적 개입을 하기 위해 반드시 파악해야 하는 아동의 환경요인을 살펴보고, 아동발달의 시기별 특징과 원활한 발달에 필요한 환경의 특징을 알아보았으며, 아동의 다양한 문제를 예방 및 완화하기 위해 시행되고 있는 정책과 사업에 어떤 것들이 있는지를 개관하였다. 심리치료를 요하는 아동의 문제는 아동의 개인 내적 특성과 아동이 놓여 있는 수많은 환경적 요소들이 복합적으로 작용하여 발생하게 되며, 발달과정에서 겪을 수 있는 적응상의 어려움에 기인할 수도 있다. 따라서 아동의 문제를 정확히 파악하기 위해서는 아동의 개인적 특성과 더불어 아동을 둘러싸고 있는 환경과 연령에 따른 발달적 특징을 이해하는 것이 매우 중요하다. 또한 심리치료를 비롯하여 아동의 문제를 예방 및 해소하기 위한 정책과 제도를 파악하고 관련 기관에 대한 정보를 아는 것은 아동을 다각도로 지원하는 데 유용한 자원이 된다.

참고문헌

교육과학기술부(2009). 희망유아교육사를 통한 발달격차 해소 기본계획.

교육과학기술부, 한국교육개발원(2012). 교육복지우선지원사업 이렇게 합니다.

문혁준, 서소정, 김정희, 김혜연, 김태은, 이종신(2011). **아동학개론**. 서울: 창지사.

박성연(2006). **아동발달**. 경기: 교문사.

보건복지부(2012). 전국 지역아동센터 실태조사 보고서(2012년 6월 기준).

보건복지부(2013a). 보육사업안내.

보건복지부(2013b). 2013년 아동분야 사업안내.

보건복지부(2013c). 2013년도 드림스타트 사업안내.

보건복지부(2013d). 2013년 정신건강사업 안내.

이숙, 문혁준, 강희경, 공인숙, 김정희, 심희옥, 안선희, 안효진, 이미정, 이희경, 전희영, 한미현 (2013). 인간행동과 사회환경(개정판). 서울: 창지사.

이순형, 이혜승, 이성옥, 황혜신, 이완정, 이소은, 권혜진, 이영미, 정윤주, 한유진, 성미영(2009). 보육학개론(3판). 서울: 학지사.

임은미, 강지현, 권해수, 김광수, 김정희, 김희수, 박승민, 여태철, 윤경희, 이영순, 임진영, 최지 영, 최지은, 황매향(2013). 인간발달과 상담. 서울: 학지사.

Ainsworth, M. D. S., & Bell, S. M. (1970). Attachment, exploration, and separation: Illustrated by the behavior of one-year-olds in a strange situation. *Child Development, 41,* 49-67.

Berk, L. E. (2009). *Child development* (8th ed.). Boston, MA: Pearson.

Bornstein, M. H., & Lamb, M. E. (Eds.). (2009). 발달과학(곽금주, 김민화, 신혜은, 김연수, 이새별, 이승진 역). 서울: 학지사. (원저 2005년 출판)

Bronfenbrenner, U. (1979). *The ecology of human development: Experiments in nature and design.* Cambridge, MA: Harvard University Press.

Bronfenbrenner, U. (1989). Ecological systems theory. In R. Vasta (Ed.), *Annals of child development, Vol. 6* (pp. 187-249). Greenwich, CT: JAI Press.

Bronfenbrenner, U., & Ceci, S. J. (1993). Heredity, environment, and the question "how". In R. Plomin & G. McClearn (Eds.), *Nature nurture & psychology* (pp. 313-324). Washington, DC: APA Books.

Elder, G. H., Jr., Modell, J., & Parke, R. D. (Eds.). (1993). *Children in time and place: Developmental and historical insights.* New York: Cambridge University Press.

Erikson, E. (1990). 아동기와 사회(윤진, 김인경 역). 서울: 중앙적성출판사. (원저 1963년 출판)

Kail, R. V. (2007). *Children and their development* (4th ed.). Upper Saddle River, NJ: Prentice-Hall.

Main, M., & Solomon, J. (1990). Procedures for identifying infants as disorganized/disoriented during the Ainsworth Strange Situation. In M. T. Greenberg, D. Cicchetti, & E. M. Cummings (Eds.), *Attachment in the preschool years* (pp. 121-160). Chicago: University of Chicago Press.

Santrock, J. W. (2011). *Child development* (13th ed.). Boston, MA: McGraw Hill.

Selman, R. (1980). *The growth of interpersonal understanding.* New York: Academic Press.

Spitz, R. A. (1945). Hospitalism: An inquiry into the genesis of psychiatric conditions in early childhood. *The Psychoanalytic Study of the Child, 1,* 53-74.

Steinberg, L. (2011). *Adolescence* (9th ed.). New York: McGraw-Hill.

Thomas, A., & Chess, S. (1977). *Temperament and development.* New York: Brunner/Mazel.

Walsh, D. (2004). *Why do they act that way?* New York: Free Press.

강남구 육아종합지원센터 http://gncare.go.kr

교육복지우선지원사업 http://www.kedi.re.kr

도봉구 육아종합지원센터 http://www.doccic.go.kr

드림스타트 http://www.dreamstart.kr

서초구 육아종합지원센터 http://youngua.seocho.go.kr

은평구 육아종합지원센터 http://www.epmjuccic.co.kr

중앙건강가정지원센터 http://www.familynet.or.kr

Wee 프로젝트 http://www.wee.go.kr

제 장

아동·청소년 심리치료 영역의 연구와 방법론

김현수, 김은경

연구란 무엇인가? 이런 질문을 받으면 여러분은 아마도 당황하게 될 것이다. 연구에 대한 어렴풋한 이해는 있으나 이를 구체적으로 정의하기 힘듦을 느낄 것이다. 또한 연구를 접해 본 경험이 전혀 없는 터라면 연구에 대한 어렴풋한 이해조차도 부재할 가능성이 높다. 이 장은 이러한 처지에 있는 여러분에게 도움을 주고자 구성되었다. 과학적 연구에 대한 여러분들의 전반적 이해를 높이고, 아동·청소년 심리치료 영역에서 행해지고 있는 연구방법들을 소개하며, 연구 수행 시 주의할 점을 논의하는 것이 이 장의 목표다. 이 장은 교과서의 개론서적 특성을 고려하여 각 연구과정에 대한 깊이 있는 고찰은 제공하지 않았다. 보다 깊이 있는 이해를 위해서는 사회과학, 심리학 관련 연구방법론 서적들을 참고하기 바란다.

제4장
아동 · 청소년 심리치료 영역의 연구와 방법론

1. 연구란 무엇인가

'연구란 무엇인가?' 이 질문에 어떤 이는 무엇인가를 알고자 수행하는 일련의 절차 혹은 과정이라고 대답하는가 하면, 어떤 이는 설문을 실시한다든지 실험을 한다든지 하는 특정 연구방법을 지칭하며 대답하곤 한다. 물론 이들 대답 모두 연구의 개념을 반영하는 답변들이다. 하지만 연구에 대한 보다 근원적인 이해를 위해서는 연구가 어떤 목적을 성취하기 위해 수행되는 과정인가에 대한 이해가 필요하다.

1) 연구의 목적

연구는 크게 네 가지 목적 중 하나 혹은 그 이상을 성취하기 위해 이루어진다. 간략히 표현하면, 기술(description), 설명(explanation), 예측(prediction), 통제(control)를 위해 수행되는 과정이라 할 수 있다.

연구 수행의 첫 번째 목적은 현상의 기술을 위한 것이다. 즉, 연구를 통해 어떤 현상을 정의 혹은 기록할 수 있게 되거나 현상들 간의 관계를 기술할 수 있게 됨을 의미한다. 두 번째 목적은 설명을 위한 것이다. 이는 연구를 통해 현상들 간 관계의 인과성(causality)을 결정할 수 있게 됨을 의미한다. 즉, '어떤 현상의 원인은 이것이다.'라고 말할 수 있게 됨을 뜻한다. 이러한 인과성을 결정하기 위해서는 적어도 세 가지 조건을 만족해야 하는데, ① 원인과 결과가 함께 변화하여야 하고, ② 원인이 결과보다 시간적으로 먼저 나타나야 하며, ③ 관심이 된 원인 이외의 다른 원인이 결과를 설명할 수 없어야 한다. 세 번째 목적은 예측을 위한 것이다. 앞으로 어떤 현상 혹은 사건들이 나타날 것인가를 예측할 수 있기 위하여 우리는 연구를 수행한다. 우리는 우울증상을 경험하는 사람들은 어떤 경로로 갈 것인가, 특정 트라우마를 경험한 아동들은 어떤 발달 양상을 보일 것인가 등의 질문에 대한 답을 얻기를 원한다. 마지막으로 네 번째 목적은 현상을 통제하기 위한 것이다. '특정 개입은 특정 현상을 통제하는 데 효과적이다.'라는 연구결과는 현상의 통제를 위해 어떤 방법이 유용할 것인가에 대한 정보를 제공함으로써 현상에 대한 통제가능성을 높인다.

대체로 현상의 기술보다는 설명을 가능하게 하는 연구가 정보가가 더 높은 연구라고 할 수 있으며, 설명에 덧붙여 예측과 통제를 가능하게 하는 연구가 우리 실생활에 더 유용할 수 있다. 이처럼 연구의 목적은 기술, 설명, 예측, 통제로 갈수록 더 상위의 목적을 성취한다고 말할 수 있으며, 우리에게 주는 유용성도 크다 하겠다. 하지만 연구가 주는 임상적 함의가 더 높다는 이유로 기술도 이루어지지 않은 현상을 예측·통제하려는 시도는 부적절하다. 따라서 연구는 주로 특정 현상의 기술, 설명, 예측, 통제의 순서로 진행되는 양상을 띤다.

2) 과학적 연구

'연구란 무엇인가?'라는 질문으로 다시 돌아가 보자. 연구는 문제해결을 위한 사고의 과정(thought processes for solving a problem)으로 표현되기도 하고, 정보나 지식을 얻는 데 도움을 주는 탐구의 방법(method of inquiry)으로 표현되기도 한다. 즉, 탐정이 사건을 해결하듯, 관심이 있는 문제를 해결하기 위해서는 논리적인 과정을 거치고 적합한 방법들을 취하여야 한다. 앞서 소개한 연구의 목적과 결합하면, 연구는 현상의 기술, 설명, 예측, 통제의 목적을 성취하기 위해 취하는 문제해결의 과정 혹은 지식 탐구의 방법으로 종합할 수 있다. 이러한 문제해결 과정과 지식 탐구의 방법이 과학적이면 이를 과학적 연구라 한다.

현상의 기술, 설명, 예측, 통제는 과학적 방법 이외의 방법을 통해서도 성취가능하다. 선례나 관습을 무비판적으로 수용하는 '전통에 의한 방법(method of tradition)', 전문가나 사회적으로 높은 지위에 있는 이들의 주장을 따르는 '권위에 의한 방법(method of authority)', 자신의 직관적 이해에 기초한 '직관에 의한 방법(method of intuition)', 자신의 주관적 경험에 기초한 '경험에 의한 방법(method of experience)', 자신의 가치관에 기초한 '가치관에 의한 방법(method of values)' 등은 비과학적 방법에 해당된다. 하지만 현대의 연구는 대부분 과학적 연구를 전제로 하고 있다. 자연과학 분야의 연구는 말할 것도 없고, (아동·청소년 심리치료 영역을 포함하는) 인문·사회과학 분야의 연구 역시 그 명칭이 암시하듯 과학적 연구를 표방하고 있다.

그렇다면 과학적 연구의 핵심 특성은 무엇인가? 과학이란 우리를 둘러싸고 있는 자연 또는 사회 현상 안에 존재하는 보편적이고 지속적인 패턴을 알아내어 그 규칙성에 대한 이론을 정립하는 것을 말한다. 과학적 연구라 일컬어지기 위해서는 객관성, 체계성, 반복성의 원칙이 충족되어야 하는데, 이는 연구대상이 되는 현상이나 구인이 관찰 가능하여야(observable) 하고, 연구과정이 체계적이어야(systematic) 하며, 연구결과가 반복적으로(replicable) 나타나야 함을 의미한다. 이러한 객관성, 체계성, 반복성의 특성을 만족하는 과학적 과정을 통해 우리는 자연 또는 사회 현상 안에 존재하는 규칙성에 대한 이론을 정립해 나갈 수 있게 된다.

과학적 연구는 일반적으로 현상에 대한 가능한 가설을 논리적으로 기술하고 이를 관찰가능한 현상과 비교하는 과정을 거치는데, 논리적 탐구를 통해 유추된 지식이 경험적으로 관찰된 사실과 일치하면 타당성 있는 과학적 지식으로 인정된다. 이때 논리적 가설은 이미 형성된 이론으로부터 도출되는 경우가 많다. 하지만 기틀이 되는 이론이 없는 경우, 과학적 연구는 그 방향을 달리할 필요가 있다. 이 경우, 과학적 연구는 현상의 관찰들로부터 보편적이고 지속적인 패턴을 추출하는 방향으로 진행되며, 관찰에서 추론된 결과 혹은 관찰의 종합은 이론 형성의 토대가 된다. [그림 4-1]은 과학적 이론 형성을 위한 연역적 방법과 귀납적 방법을 보여 주고 있으며, 이 두 과정이 어떻게 서로 연결되어 과학적 이론을 형성하고 공고히 하는가를 보여 주고 있다.

과학적 이론 형성에 있어 초기과정은 앞서 설명한 바 있듯 관찰들의 종합, 즉 경험적 일반화(empirical generalization)가 주를 이룬다(귀납적 이론 형성, inductive theory construction).

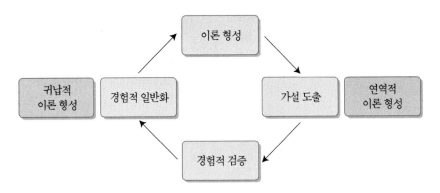

[그림 4-1] 과학적 이론 형성을 위한 연역적 방법과 귀납적 방법

관찰들로부터 추론된 기술, 설명, 예측, 통제는 정리되어 하나의 커다란 이론으로 정립된다. 이렇게 형성된 이론들은 다시 사건들 간 관계에 관한 가설 혹은 사건의 작동기제, 예측, 통제와 관련한 가설들을 도출시키며, 이는 과학적 연구설계를 통해 경험적으로 검증되어 이론을 공고히 하는 역할을 한다(연역적 이론 형성, deductive theory construction). 이러한 과정이 반복되면 이론은 더욱 견실해지며, 현상의 기술과 설명, 예측, 통제와 관련한 많은 유용한 정보들을 제공할 수 있게 된다.

3) 과학적 연구의 과정 및 절차

문제해결을 위한 과학적 사고 과정 혹은 과학적 탐구의 방법은 공통적으로 다음의 절차를 따른다.

- 연구주제 선택
- 연구문제 구성
- 문헌고찰
- 문헌고찰에 기초한 연구가설 설정과 연구 모형의 제시
- 연구설계
  - 대상과 대상의 수 결정
  - 연구변인 규명

　　　　－변인의 측정방법 고안
　　　　－분석방법의 결정
　　　• 연구실시(필요시 사전 연구 수행)
　　　• 연구보고서 작성
　　　• 연구보고서 투고

　　연구과정에 대한 이해를 높이기 위해 연구과정의 흐름을 그림으로 표현하였고, 이는 [그림 4-2]에 제시되어 있다. 이제부터 주요 연구과정들을 중심으로 과정에 대한 특징 및 쟁점들을 짚어 보겠다.

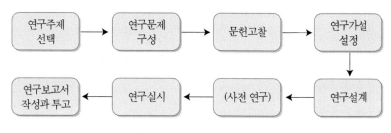

[그림 4-2] 과학적 연구의 과정

(1) 연구주제의 선택과 연구문제의 구성

　　과학적 연구는 관심과 의문으로부터 출발한다. '나는 아동 우울증에 관심이 있어!' 와 같은 관심과 '무엇이 아동 우울증을 야기할까?' 와 같은 의문은 우리로 하여금 연구를 진행하게 만든다. 여기서 관심 있어 하는 주제를 **연구주제**라 하고, 선정된 주제를 구체적이고 명료한 의문문의 형태로 표현한 것을 **연구문제**라 한다.

　　연구가 관심과 의문에서 시작되기 때문에 어떤 관심과 의문을 가졌는가에 따라 연구의 가치가 달라지게 된다. 특히, 연구문제는 연구가치 평가에 있어 중요한 준거로 작용한다. 우리의 현 지식경계를 넓히는 문제, 이론적 혹은 임상적 함의가 큰 문제를 다루는 연구는 연구로서의 가치가 높게 평가되는 반면, 이미 답이 제시된 문제, 이론적으로나 임상적으로 중요하지 않은 문제를 다루는 연구는 연구로서의 가치가 낮게 평가된다.

그렇다면 연구에 관한 관심과 의문은 어디서 오는 것인가? 이론, 이전 연구, 당면한 사회적 관심, 논리적 분석, 그리고 연구자의 개인적 경험으로부터 연구하고자 하는 주제와 연구를 통해 알아내려는 의문들이 추출되곤 한다.

■ 이론을 통하여

기존 이론으로부터 연구 아이디어와 의문이 파생되곤 한다. 예를 들어 보자. 사회불안을 설명하는 한 인지이론이 '사회불안이 높은 사람들은 사회적 상황에서 주의를 자신에게 전향시키는 자기초점적 주의(self-focused attention)를 보이고, 이러한 주의편향은 사회불안을 생성·유지시키는 데 공헌한다.'는 설명을 내놓았다고 하자. 연구자는 이 이론적 설명으로부터 하나의 의문을 발전시킬 수 있다. 즉, '만약 사회불안의 작동기제 설명이 옳다면, 인위적으로 자기초점적 주의가 유도된 상황에서 일반인들도 사회불안이 높아질 수 있는 것 아닌가?'라는 의문을 발전시킬 수 있다. 따라서 연구자는 이러한 의문에 해답을 줄 만한 설계로 연구를 수행하려 할 것이다. 이처럼 기존의 이론은 연구자에게 이론과 관련한 혹은 이론에서 파생한 여러 의문(예: 이론에서 제시한 작동기제에 대한 설명이 타당한가, 이론에서의 예측이 과연 맞는가)을 도출시킨다. 어떤 경우, 연구자는 특정 현상에 관한 다양한 이론들 간 설명들에 기초해 어떤 이론이 현상 설명에 더 유효한지를 검증해 보려 한다.

■ 이전 연구를 통하여

특정 분야에 대한 과학적 연구를 수행하자면 해당 분야에 대한 기본적인 이해와 그 분야의 연구성과에 대한 지식이 필요하다. 아동심리치료나 아동발달 분야에 대해 아무것도 모르는 사람이 관련 연구를 수행할 수는 없는 법이다. 많은 경우, 연구문제는 기존 연구성과의 한계점을 찾거나 추가 연구 부분을 발견하는 과정에서 형성된다. 과학 분야는 한꺼번에 획기적으로 발전을 하기보다는 앞서 이루어진 연구를 토대로 하여 새로운 한 걸음을 더하는 식으로 단계적으로 전개되어 왔기 때문에, 기존 연구를 통한 연구문제의 형성은 자연스러운 과정이다.

■ **당면한 사회적 관심을 통하여**

당면한 사회적 관심사를 연구문제로 다루는 데는 몇 가지 이득이 있다. 연구가 개인의 관심을 해결하는 데 그치지 않고 해당 분야의 발전이나 더 나아가 국가나 사회의 발전에 이바지한다는 점에서, 당면한 시대적 과제를 연구하는 것은 의미가 크다. 프로이트가 살았던 시대에 히스테리를 연구하는 것이 시대적 가치를 가졌다면, 오늘날에는 인터넷이나 스마트폰 중독, 다문화가정 등에 대해 연구하는 것이 보다 높은 시대적 가치를 가졌다고 볼 수 있다. 또한 정부나 단체 등에서는 당면한 주요 사회문제에 대한 해결방안을 모색하고자 연구자 집단에게 특정 현상에 대한 조사나 연구를 의뢰하게 되는데, 이처럼 당대의 사회적 관심사를 연구과제로 선정하는 것은 사회문제에 동참한다는 의미를 가진다.

■ **논리적 분석을 통하여**

기존의 이론 및 연구결과들이 다음 연구의 관심과 의문을 만들어 내는 데 큰 공헌을 하는 것이 사실이지만, 이 외의 원천을 통해서도 연구문제는 생성될 수 있다. 연구자의 논리적 분석이나 추론에 기반을 둔 연구문제의 생성이 그것인데, 시간적 순서나 논리적 순서가 어떤 현상을 발생시키는 데 공헌한다고 생각된다면 연구자는 이러한 생각의 타당성을 연구문제로 설정하여 검증할 수 있다. 이전 연구를 통해 관련성이 시사된 변인들을 대상으로 논리적 추론을 통해 변인 간 인과성을 설정해 보고, 연구를 통해 이를 검증해 보고자 하는 시도가 그 대표적인 예다.

■ **개인적 경험을 통하여**

연구문제는 개인적 경험을 통해서도 도출된다. 연구자는 자신이 성장하면서 혹은 생활을 영위하면서 가졌던 의문들, 또는 심리치료를 병행하고 있는 경우라면 심리치료를 하는 과정에서 가졌던 의문들을 연구를 통해 검증하고자 한다. 이처럼 개인적 경험은 연구의 중요한 시발점으로 작용할 수 있다. 하지만 일상생활이나 개인적 경험에서 오는 의문 모두가 연구문제로 발전될 수 있는 것은 아니다. 이를 위해서는 특별한 연구자의 자질이 요구된다. 즉, 연구자는 학술적 가치를 갖는 연구문제를 선택하거나 생성할 만한 학문적 능력을 갖추어야 한다. 이 둘이 결합된다면, 연구는 학술적 가치와 개인적 흥미가 조화된, 즉 깊이와 열정을 갖춘 연구가 될 것이다.

앞의 경로들을 통해 연구자는 연구에 대한 아이디어를 얻을 수 있다. 하지만 아이디어가 연구문제로 확정되기까지는 한 번의 단계로 끝나는 경우가 드물다. 연구주제에 대한 더 많은 정보가 발견됨에 따라 주제는 변화되고 재초점화된다. 이 과정에서 연구자는 연구의 주제와 문제가 개인적 관심(personal interest)에 부합하는지, 그리고 연구로서 실현가능한지(feasibility)의 여부를 끊임없이 판단하여야 한다. 연구자의 관심을 끌면서 연구로서 실현가능성이 있는 문제가 최종적으로 연구문제로 선정된다.

(2) 문헌고찰

과학적 연구는 이전에 이루어졌던 과학적 지식을 토대로 이루어진다. 그렇기 때문에 과학적 연구과정에서는 기존 연구성과에 대한 문헌고찰이 필수적이다.

가령 다문화가정을 연구한다면, 다문화가정에 대한 기존 연구결과들을 찾아서 검토할 필요가 있다. 관련 문헌은 면밀히, 그리고 심도 있게 고찰되어야 하며, 가급적 국내 연구결과만이 아니라 외국의 연구결과들에까지 그 범위를 넓혀야 한다. 국내에서는 미처 다루지 못한 내용이 외국에서는 이미 충분히 연구되었거나 또는 더 광범위하게 논의되었을 수도 있기 때문이다.

문헌을 고찰하는 이유는, 첫째, 자신이 연구하고자 하는 분야의 연구현황을 파악하기 위해서다. 지금까지 어떠한 연구가 진행되어 왔고 현재 어떤 논의가 전개되고 있는지를 파악하여야 타당성 있고 시의성 있는 연구문제를 설정할 수 있다. 문헌고찰을 소홀히 한다면, 극단적인 경우에는 자신의 연구가 마무리되는 시점에서야 그것이 이미 충분히 연구된 주제임을 알게 될 수도 있다.

둘째, 연구가설의 근거를 확보하기 위해서 문헌고찰은 필수적이다. 연구자는 문헌고찰을 통해 연구주제와 관련된 이론적 체계를 이해함과 동시에 선행연구에 대한 비판적 시각을 갖게 된다. 이를 바탕으로 자신이 설정한 연구문제의 논리를 정당화하는 개념적·이론적 준거틀을 마련할 수 있다.

셋째, 최적의 연구설계를 위해서다. 기존 연구의 측정도구나 자료 수집 및 분석 방법 등에 대해 검토하면 자신의 연구설계 과정에서 발생할 수 있는 문제를 사전에 조율할 수 있게 된다. 어떠한 측정도구들이 개발되어 있는지, 그것이 연구에 적절하게 활용될 수 있는 것인지 등을 사전검토하기 위해서도 문헌고찰은 필수적이다.

(3) 연구가설의 설정과 연구모형

연구문제를 설정하고 이와 관련한 문헌을 고찰하는 과정에서 연구자는 본인이 연구하고자 하는 연구변인들 간 관계에 관한 어떤 합당한 결과를 예상할 수 있다. 이를 가설 (hypothesis)이라 하며, 이 가설을 경험적 자료에 입각하여 검증하는 것이 연구의 과정이다.

가설이란 연구를 통하여 밝히고자 하는 연구자의 잠정적인 예측, 또는 주어진 연구문제에 대하여 연구자가 제시하는 최선의 예측적인 대답이라고 정의할 수 있다. 특히, 기술 및 설명적 연구에서 가설은 두 가지 이상의 변인들 간의 관계를 경험적으로 검증가능하도록 진술한 서술문을 의미한다. 한 예로 가설은 'ADHD로 진단된 유아의 어머니는 임상적 문제가 없는 유아의 어머니보다 우울수준이 높을 것이다.' 라는 형식을 취한다. 이러한 서술문의 진위를 검증하는 과정을 통하여 연구자는 자신이 제시한 이론의 타당성 여부를 입증하게 된다.

가설이 일반 서술문과는 달리 실증연구의 토대가 되는 진술문으로서의 의의를 가지려면 몇 가지 조건을 구비해야 한다. 먼저 가설은 이론적 혹은 경험적 근거를 가진 것이어야 한다. 또한 가설은 그 의미가 보편적으로 이해 · 전달될 수 있도록 명료한 개념과 구체적인 내용으로 구성되어야 한다. 마지막으로 가설은 경험적으로 검증가능한 것이어야 한다. 아동 · 청소년 심리치료와 같은 사회과학연구는 인간의 행동뿐만 아니라 일견 추상적이라고도 할 수 있는 인간의 태도, 가치, 정서 등에 관심을 갖는다. 가설은 이러한 추상적 구인들이 연구목적에 맞게 적절히 정의되고 측정가능한 형태로 변환될 때에만 검증가능하다.

많은 사람들이 가설을 연구문제와 혼동하곤 한다. 하지만 둘은 서로 구분되는 특징을 가지고 있다. 먼저 연구문제는 연구 초기에 설정되며 다소 추상적이고 불명료한 데 반하여, 가설은 경험적으로 검증가능한 구체적인 문장으로 제시된다. 또한 연구문제가 의

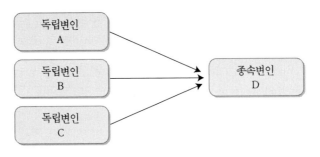

[그림 4-3] 일반관계모형

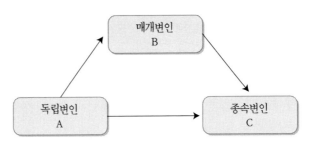

[그림 4-4] 부분매개효과모형

문문 형태로 표현되는 것에 반해, 가설은 연구문제에 대한 잠정적인 해답을 선언하는 서술문 형식으로 표현된다. 즉, 연구문제가 '학대받으며 성장한 사람은 나중에 학대하는 사람이 될 것인가?'라는 의문의 형태로 표현된다면, 연구가설은 '성장과정에서 학대를 당한 사람은 부모가 되었을 때 자녀를 학대할 것이다.'처럼 주어진 연구문제에 대한 연구자의 잠정적인 대답인 서술문 형식으로 표현된다.

어떤 연구자들은 연구가설을 설정하기 전에 연구모형을 설정해 보기도 한다. 연구모형은 연구문제를 알아보기 쉬운 형태로 도식화한 것이다. 연구모형을 통해서 연구문제에 내재한 논리적 구조와 흐름을 파악할 수 있다. 구체적인 연구모형의 유형을 예를 통해 살펴보면 [그림 4-3] [그림 4-4] [그림 4-5] [그림 4-6]과 같다.

첫 번째 유형은 [그림 4-3]에서 볼 수 있듯, 가장 단순한 독립변인 → 종속변인 관계다. 독립변인 A, B, C가 종속변인 D에 영향을 미치는 것을 나타낸다.

또 다른 관계모형 유형으로는 [그림 4-4]와 [그림 4-5]의 매개효과모형이 있다. 독립

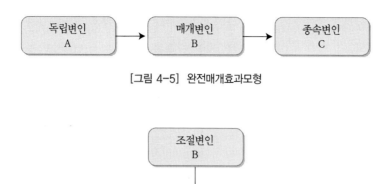

[그림 4-5] 완전매개효과모형

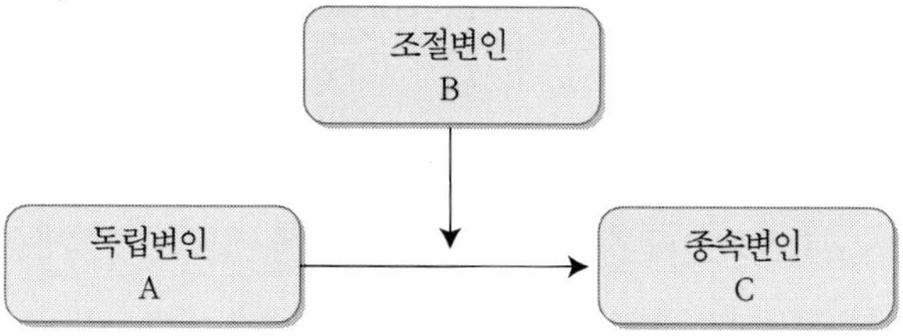

[그림 4-6] 조절효과모형

변인 A가 종속변인 C에 영향을 미치는데 그 과정에서 B가 매개적 역할을 함을 뜻하며, 이때 B를 매개변인이라 칭한다. 삼각형을 이룬 [그림 4-4]를 부분매개효과모형, [그림 4-5]를 완전매개효과모형이라고 한다.

[그림 4-6]은 조절효과모형을 나타낸 그림이다. 독립변인 A로 인하여 종속변인 C에 효과가 나타나는데, 이러한 효과의 패턴이 변인 B의 수준에 따라 달라질 경우 이를 조절효과가 있다고 말하고, 이때 변인 B를 조절변인이라 칭한다.

(4) 연구설계

연구설계란 연구의 시작에서부터 종료까지의 전반적인 계획을 의미한다. 연구의 대상은 누구로 할 것이며, 그 수는 얼마로 할 것인가, 관심변인을 어떻게 측정하고 측정자료를 어떻게 수집할 것인가, 어떤 실험 혹은 조사 디자인을 가지고 연구를 수행할 것인가, 어떤 통계적 방법을 사용하여 분석을 진행할 것인가 등의 결정이 연구설계 과정에서 이루어진다.

예를 들어, '부부간 불화가 클수록 자녀의 문제행동이 높을 것이다.'라는 연구가설을 검증하려면 어떻게 연구를 설계할 것인가? 일단의 부부 집단은 부부간 원만한 관계가 되도록 그리고 또 다른 일단의 부부 집단은 부부간 불화가 일어나도록 인위적으로 조작하는 실험설계를 선택할 것인가? 아니면 불화부부와 그렇지 않은 부부를 찾아서 각각의 자녀가 보이는 문제행동 수준을 비교할 것인가? 혹은 부부를 대상으로 불화 정도를 조사하고, 불화 정도와 자녀의 문제행동 정도 사이의 관계를 살펴볼 것인가? 부부간 불화는 어떤 도구를 사용하여 측정할 것이며, 자녀의 문제행동은 또 어떻게 측정할 것인가? 이에 대해 답하는 것이 연구설계다. 말하자면, 연구에 대한 구체적인 방법을 체계적으로 정리한 것이다.

연구설계는 다양하게 이루어질 수 있다. 하지만 다양한 설계 중 어떤 설계는 다른 설계보다 동일한 연구문제와 연구가설을 검증하는 데 더 적절하고 타당할 수 있으며, 적절하고 타당한 설계를 사용한 연구는 흔히 더 좋은 연구라는 평을 받곤 한다. 따라서 연구자는 자신의 연구문제와 연구가설을 검증하는 데 보다 적절하고 타당한 설계를 세우도록 노력하여야 하며, 이 과정에서 연구방법론과 통계 관련 지식은 큰 도움이 된다.

(5) 연구실시

연구에 대한 구체적 설계도가 완성되면 다음은 설계도에 맞추어 연구를 수행하는 단계다. 경우에 따라서는 사전 연구(pilot study)가 본 연구 시작 전에 수행되기도 하는데, 이는 본 연구에서 나타날지도 모르는 문제점을 미연에 탐지하고 이를 수정·보완하는 것을 목적으로 한다. 특히, 실험연구에서 사전 연구가 수행되는 경우가 많은데, 이는 대체로 독립변인의 조작이 제대로 이루어질지를 판단하기 위해서다.

(6) 연구보고서 작성과 투고

연구의 마지막 단계는 연구로부터 수집된 자료들을 사전 기획된 방식으로 분석하고, 분석결과와 발견들을 보고서의 형태로 보고하는 과정이다. 보고서는 구성과 양식에서 학술논문으로서의 특징을 갖추어야 한다. 전문분야마다 각 분야가 채택하고 있는 학술논문 작성규정이 있으므로, 연구보고서는 본인이 소속된 전문분야에서 규정한 방식에 맞춰 작성되어야 한다. 참고로 아동심리치료 분야에서는 미국심리학회(American Psychological Association: APA)의 학술논문 출판규정을 따르고 있다.

연구보고서는 전문학술지에 투고되기도 한다. 투고된 보고서는 관련 분야 전문가들의 검토와 심사(동료 평가(peer review)라 불림)를 거치며, 이를 통해 학술지 수록 여부가 판단된다. 심사는 흔히 연구문제의 이론적 혹은 임상적 유용성, 연구설계의 건실성, 측정도구의 적절성, 통계적 분석방법의 적절성, 분석결과 해석의 적절성, 결과논의의 적절성, 그리고 논리적인 글 구성과 학술적 글로서의 요건 충족 정도에 기초하여 이루어진다. 심사 과정에서 원고 검토자들에 의해 수정이 요구 및 제안되기도 하는데, 이러한 요구 및 제안들은 보고서의 질과 완성도를 높이는 데 기여한다. 동료 평가를 거친 연구의 결과는 이러한 과정을 거치지 않은 연구의 결과보다 더 신뢰롭고 타당한 것으로 인정받고 있다.

2. 아동 · 청소년 심리치료 영역에서의 과학적 연구의 필요성

과학적 연구에 기반하지 않은 이론은 뿌리 없는 식물과 같다. 더욱이 이론적으로 혹은/그리고 경험적으로 검증받지 않은 임상활동들은 뿌리가 없는 데에 그치지 않고, 더 나아가 수혜자들에게 해를 미칠 수도 있다. 따라서 이론과 실제를 모두 요구하는 아동 · 청소년 심리치료 영역은 과학적 연구가 무엇보다도 필요하다. 이제부터 아동 · 청소년 심리치료 영역에서 과학적 연구가 왜 필요한지에 대해 좀 더 구체적으로 살펴보기로 하자.

1) 견해의 타당성 검증

아동의 행동에 대하여 내가 어떤 의견을 가졌을 때 그 의견이 옳은 것이라고 확신할 수 있을까? 예를 들어, 텔레비전에서 10대 청소년들의 일탈과 범죄에 대한 보도를 지켜보던 치료자가 이런 생각을 할 수 있다. '저 청소년들은 정말로 나쁜 행동을 했다. 하지만 이것이 과연 그들이 천성적으로 나쁜 아이들이어서일까? 오히려 그 청소년들의 양육자인 어머니나 아버지가 폭력적이어서 자녀인 그들이 폭력적인 행동을 배운 것은 아닐까?' 더 나아가서 치료자는 이러한 신념을 가질 수 있다. '그 어떤 아이도 나쁜 천성을

가지고 태어나지 않는다. 성장하면서 겪은 경험들이 아이들에게 부정적인 행동을 학습시킨 것이다.'

하지만 치료자의 이런 견해는 곧 주변의 반대에 부딪친다. '그렇지 않다. 동급생을 때려서 학교를 그만두게 한 아이들은 천성이 나쁜 것이다.'라고 반박당하기도 한다.

이 치료자의 신념('선천적으로 폭력적인 사람은 없다. 성장하면서 겪은 부정적 경험이 그를 폭력적으로 만든 것이다.')은 치료자만의 생각일 뿐, 그 어떤 근거도 없다. 그래서 주변의 상반된 의견에 저항할 힘이 없다. 타당성이 확보되지 않은 단순한 개인적 견해이기 때문이다.

이 치료자의 견해 또는 이와는 상반된 다른 사람의 견해 중 과연 어떤 것이 타당한 것인가? 이러한 의문에 해답을 제공하는 것이 바로 '연구'다. 하나의 의견은 과학적 근거가 없는 단순한 추정이기 때문에, 서로 다른 의견들이 대립하면 자신의 입장에 대한 객관적 증거를 제공할 수 없다. 그러나 과학적 방법론에 입각한 '연구'의 결과는 당면한 문제에 대한 체계적이고 타당성 있는 설명과 근거를 제시하며, 이것을 바탕으로 우리는 그 문제에 대한 객관적인 이해에 한 걸음 다가갈 수 있게 된다.

2) 과학적 지식의 축적

과학적 연구가 중요한 이유는 해당 분야의 지식이 과학적 연구방법론에 의해 축적되기 때문이다. 아동 · 청소년 심리치료 분야를 예로 들어 보자. 아동 · 청소년 심리치료자는 어려움을 가진 아동을 만나서 그 문제를 해결하는 과정에 함께하게 된다. 이때 치료자는 아동의 문제에 대한 판단을 하고, 또 그 문제를 해결하는 방법에 대한 결정을 하여 치료계획을 수립하게 된다.

가령 한 아동이 다른 아동을 때리는 등의 폭력행동을 보여 치료에 의뢰되었다고 하자. 이때 치료자는 아동의 폭력행동의 원인을 찾고, 이들 원인에 근거해 치료적 개입을 수립하려 할 것이다. 그렇다면 다음으로 대두되는 문제는 '원인파악을 위해 무엇부터 살필 것인가?'가 된다. 어떤 이는 자신의 임상경험에 근거해 아동의 폭력행동에 기여한다고 보이는 요인들부터 우선적으로 탐색하려 할 것이다. 물론 이러한 경험이 내담아동의 문제파악에 도움을 줄 수는 있으나 축적된 과학적 발견만큼은 아니다. 기존의 연구자 혹은 치료자들이 유사한 문제를 보이는 아동들을 대상으로 객관적으로 관찰하고 체계적 · 반복적으로 검증한 연구결과물들은 이보다 더 설득력 있고 믿을 만한 정보를 제공한다. 아동의 폭력행동의 경우, 과학적 발견들은 '부모의 폭력적인 양육태도' '왜곡된 귀인양식' '대인관계 기술의 결여' '아동의 가면성 우울증' 등이 폭력행동의 원인으로 작용할 수 있음을 시사한다. 이렇듯 과학적 연구들의 도움으로, 치료자는 수백 명의 폭력문제를 가진 아동들과의 개인적 상담경험 없이도 관련 정보를 알 수 있으며, 이들 정보를 활용하여 효율적이면서도 유용한 평가와 치료회기를 가질 수 있게 되는 것이다.

아동 · 청소년 심리치료 영역의 과학적 연구들은 이러한 과학적 지식의 축적에 이바지하여 이후 이 지식의 사용자들에게 유용하게 활용될 수 있다. 특히, 아동 · 청소년 심리치료 영역의 과학적 연구발견들은 이론적 지식기반 확대는 물론 임상적 활용도도 높아 이 방면 연구에 대한 요구가 매우 높은 실정이다.

3) 타당성 있는 치료방법의 설계

아동의 문제행동에 대한 치료적 성과에 대하여 내가 어떤 의견을 가졌을 때, 그 의견이 옳은 것이라고 확신할 수 있을까? 여기에 대한 대답 역시 과학적 연구방법에 의해 가능하다.

예를 들어, 폭력적인 성향을 보이는 아동 8명에 대한 집단상담을 하게 되었다. 아동들을 상대로 몇 가지 심리검사를 해 보니 몇몇은 부모-자녀 관계가 좋지 않고, 대부분은 학업능력이나 자아존중감, 사회성이 매우 낮은 상태에 있다. 이 아동들을 어떤 방법으로 치료할 것인가? 행동치료, 인지행동치료, 아동중심치료, 정신분석적 치료 등 수많은 치료방법이 있고, 미술, 놀이, 사이코드라마, 음악, 역할극 등 치료전달매체도 다양하다. 이 중 당신은 어떤 방법을 선택할 것인가? 그리고 무슨 근거로 그러한 선택을 할 것인가?

또 다른 가정을 해 보자. 당신이 폭력적인 성향을 보이는 아동집단의 상담자로서 아동중심 미술치료를 25회기 동안 진행했다. 집단상담이 끝난 후 몇몇 아동은 '상당히 좋아졌다.' 그런데 일부는 '별로 변화하지 않았다.' 심지어 한두 명은 '더욱 폭력적인 성향을 보이기도' 했다. 이제 당신은 스스로에게 의문을 가진다. '과연 내가 심리치료를 잘한 것인가? 폭력적인 성향을 보이는 아동들에 대한 이번 아동중심 미술치료는 효과가 있는 것인가, 아니면 없는 것인가?'

앞서 소개한 가정들에서 나온 여러 질문에 대한 답을 제공하는 것이 '연구'다. 정밀한 설계하에서 이루어지는 연구는 그러한 치료적 접근이 효과가 있는지 아닌지에 대한 해답을 제공해 줄 수 있다. 그리고 적절한 설계하에서 이루어진 연구의 결과는 해당 치료를 시행하고 있는 치료자에게뿐만 아니라 유사한 아동을 만나게 될 장래의 다른 치료자들에게도 하나의 타당성 있는 치료적 선택의 근거를 제시한다. 연구는 경험을 나누는 것이고, 더 나아가서 그 경험에서 얻은 성과를 나누는 것이다.

4) 정책결정 과정의 근거 제시

연구성과는 매년 천문학적 단위의 예산에 대한 쓰임새를 결정하여 결과적으로 그 사회발전에 이바지한다. 즉, 연구는 '정책 수립'의 근거로 작용해, 국가의 주요 정책 시행으로 이어진다.

국가와 지역사회는 세금을 걷어서 국민이나 지역주민의 복지에 사용한다. 또한 각종 복지단체는 기부금을 받고 그것을 사용하여 복지활동을 편다. 만약 당신이 국가정책을 결정하는 위치에 있거나 또는 복지단체의 결정권자라고 생각해 보자. 아동과 청소년 복지를 위하여 적게는 수백만 원에서 많게는 수백억 원을 사용해야 한다. 당신은 무엇을 근거로 그 사용처를 결정할 것인가?

예를 들어, 정책결정자들이 최근 아동 · 청소년의 폭력성 증가를 심각한 사회문제라고 판단했다고 가정하자. 아동 · 청소년의 폭력성 증가를 막기 위해서 과연 어디에, 얼마만큼의 예산을 집행해야 하느냐가 당면한 문제다. 이러한 문제에 답하기 위해서는 아동과 청소년의 폭력성이 증가하는 원인은 무엇인가에 대한 답변과, 그러한 답변에 대한 논리적인 근거가 필요하다.

　　아동 · 청소년의 폭력성이 증가하는 이유는 무엇인가? 텔레비전의 영향인가? 아니면 과도한 학업 스트레스 때문인가? 부모-자녀 관계가 악화되고 있기 때문인가? 혹은 학생들이 섭취하는 인스턴트 음식의 증가가 그 원인인가? 이러한 의문에 어떻게 답을 할 것인가? 어떠한 근거로 국가나 지역사회의 막대한 예산을 집행할 것인가? 이 의문에 답하는 것이 과학적 연구와 그것의 결과다. 그렇기 때문에 각국은 적지 않은 예산을 들여 사회문제와 사회현상들에 대한 연구 프로젝트들을 지원한다. 그것을 토대로 국가정책을 결정하고 예산사용을 계획하기 때문이다.

　　국가적 정책에서만이 아니다. 몇몇 나라에서는 재해를 입었을 때 보험에서 보장하는 보상의 일부로 심리치료를 포함시키고 있다. 재해로 인한 심리적 손상을 극복하는 데 심리치료가 효과를 갖는다는 것을 과학적 방법에 의해 입증할 수 있었기 때문에 가능했던 일이다. 과학적 연구결과가 없었다면 이러한 혜택이 보험조항에 반영되기는 쉽지 않았을 것이다.

　　이상으로 과학적 연구가, 특히 아동심리치료 분야에서 왜 필요한지에 대해 살펴보았다. 앞서 기술하였듯, 과학적 연구를 통해 연구자와 치료자는 자신의 추정이 타당한지를 검증할 수 있으며, 아동 · 청소년의 임상적 문제에 대한 객관적 지식을 축적하고, 다른 사람이나 다음 세대에 전수할 수 있다. 더불어, 타당하고 설득력 있는 치료방법을 설계하고 검증하기 위하여, 그것을 사회적으로 공유하여 함께 성장하기 위하여, 그리고 결과를 정책결정의 근거로 제시하여 사회발전에 기여하기 위하여 아동 · 청소년 심리치료 분야에서의 과학적 연구가 진행될 수 있다.

3. 아동 · 청소년 심리치료 영역에서의 주요 연구 유형

　　아동 · 청소년 심리치료 영역에서 주로 사용되는 연구의 유형에는 실험연구, 관계연구, 기술적 관찰연구, 메타분석연구가 있다.

1) 실험연구

실험연구(experimental research)는 가상의 상태를 의도적으로 조작하여 그 상황에서 나타나는 반응을 측정하고 자료를 수집하여 분석하는 연구방법을 말한다. 실험연구는 심리학이라는 학문 분야의 발달 초기에 크게 공헌한 연구방법이었으며, 오늘날에도 두 변인 간 인과관계 검증을 위한 가장 효과적이고 직접적인 방법으로 인정받고 있다.

실험연구를 이해하기 위해서는 먼저 몇 가지 관련된 개념들을 이해할 필요가 있다. 독립변인, 종속변인, 통제변인, 외재변인에 대한 이해가 우선적으로 필요하다. 독립변인(independent variable)은 실험자에 의해 조작된, 즉 변동된 것을 의미하는 반면, 종속변인(dependent variable)은 실험자에 의해 조작된 것이 아닌 독립변인의 결과, 관찰되고 측정된 것을 의미한다. 한편, 통제변인(control variable)은 실험 동안 일정하게 유지되는 잠재적인 독립변인을 의미한다. 이는 실험자가 통제하기 때문에 변동되지 않는다. 통제변인들을 일정하게 유지시키기 어려운 상황에서는 독립변인이 아닌 다른 변인들이 종속변인에 영향을 주게 되어 실험 결과 해석에 어려움을 낳곤 된다. 이러한 경우를 혼입(confounding)이 발생하였다 하고, 이때 혼입을 시킨 변인을 외재변인(extraneous variable)이라 한다. 실험연구 시 이해해야 할 또 다른 개념들로는 실험집단, 통제집단, 비교집단이 있다. 실험집단(experimental group)은 독립변인을 처치받은 실험참가자 집단을 지칭한다. 반면, 독립변인을 처치받지 않은 집단은 통제집단(control group)이라 불린다. 통제집단이 비처치 참가자 집단을 지칭하는 데 반해, 비교집단(comparison group)은 실험집단과 비교되는 다른 처치를 받은 집단을 의미한다.

개념들의 이해를 돕기 위해 예를 사용해 보자. 한 연구자가 분노 조절 프로그램을 개발하였다. 연구자는 과연 자신이 개발한 분노 조절 프로그램이 효과가 있는지 살펴보고자 한다. 이를 위해 30명의 청소년들을 모집해 이들을 무선적으로 10명씩 구성된 세 집단으로 나누었고, 한 집단에는 자신이 개발한 분노 조절 프로그램을, 또 한 집단에는 기존에 활용되고 있는 분노 조절 프로그램을 제공하였고, 나머지 한 집단에는 아무런 프로그램도 제공하지 않았다. 연구자는 연구참가자들의 처치 전 분노 수준을 분노 조절 질문지라는 도구를 사용하여 측정하였고, 처치가 끝난 후 다시 이 도구를 사용하여 참가자의 분노 조절 상태를 측정하였다. 연구자는 처치 이외의 요소가 집단에 영향을 줄 가능성을 고려해 처치 이외의 분노 조절에 영향을 줄 만한 다른 요소들을 세 집단에 동일하게끔 안배하였다. 이 예에서 독립변인은 프로그램이고, 종속변인은 분노 조절 수준이다. 또한 실험을 통해 일정하게 유지된 분노 조절에 영향을 줄 만한 다른 요소들은 통제변인이 된다. 연구자가 개발한 분노 조절 프로그램을 처치받은 집단은 실험집단이고, 또 다른 기존의 분노 조절 프로그램을 처치받은 집단은 비교집단이며, 아무런 처치를 받지 않은 집단은 통제집단이다.

앞서 실험연구에서 사용되는 중요한 용어들을 예를 사용하여 살펴보았다. 그럼, 이제부터는 실험연구의 결과가 의미하는 바에 대해서 살펴보자. 앞의 예에서 결과분석은 실험집단, 비교집단, 통제집단 간 분노 조절 점수에서의 프로그램 전후 변화폭을 비교하는 것을 포함할 것이다. 실험연구의 결과는 주로 z검증(z-test), t검증(t-test), 분산분석(analysis of variance: ANOVA), 공분산분석(analysis of covariance: ANCOVA), 다변량 분산분석(multivariate analysis of variance: MANOVA), 다변량 공분산분석(multivariate analysis of covariance: MANCOVA)이라는 통계적 분석방법들을 통해 분석된다. 어떤 분석방법을 사용할 것인가 하는 결정은 연구가설, 독립변인의 처치 수, 혹은 초기점수에서 집단 간 차이의 유무 등 여러 요인에 근거해 이루어지나, 이들 분석방법들은 공통적으로 '독립변인의 수준 간 종속변인값(여기서 종속변인은 양적 변인임)에서 통계적으로 유의미한 차이가 없다.'라는 가설을 검증한다. 통계적 검증은 이러한 가설의 채택 혹은 기각에 대한 정보를 제공하며, 가설의 기각은 독립변인의 수준 간 종속변인에서 유의미한 차이가 있음을 시사한다.

앞의 실험연구 예로 다시 돌아가 보자. 만약 이러한 비교에서 실험집단이 비교집단이나 통제집단보다 분노 조절 점수에서 더 큰 향상을 보였다면, 이 결과는 연구자가 개발한 분노 조절 프로그램이 효과적임을 보여 주는 결과가 될 것인가? 이 질문에 대한 대답은 '예'일 것이다. 이 경우, 특히 연구자가 개발한 분노 조절 프로그램이, 분노 조절 프로그램을 받지 않은 경우뿐 아니라 기존에 활용되고 있는 분노 조절 프로그램보다도 분노 조절 능력을 향상시키는 데 더 큰 효과가 있다고 결론지을 수 있을 것이다. 이렇듯 실험연구는 조작이라는 방법을 사용하였기 때문에 변화의 이유가 어떤 변인 때문이라고 보다 분명히 이야기할 수 있게 된다.

앞에서 보듯 실험연구는 변인들 간 인과관계를 검증가능하게 한다는 점에서 그 장점을 인정받고 있다. 연구자의 의도에 따라 집단을 통제하고 변인을 조작하면서 결과를 관찰하기 때문에 실험연구에서는 인과관계의 파악이 가능하다. 이 외에도 실험연구는 장점을 더 가지고 있는데, 실험상황은 조작되는 것이기 때문에 이후 같은 조건을 설정하여 실험을 재시행할 수 있다는 점이 그것이다. 이러한 재실험에서 얻은 반복적 결과는 결론을 공고히 하여 우리의 지식 한계를 넓히는 데 공헌할 수 있다.

이러한 장점들에도 불구하고 실험연구는 몇 가지 측면에서 한계를 가지고 있다. 첫째, 실험상황은 일상의 상황이라기보다는 인위적이고 통제된 상황이기 때문에, 이러한 상황으로부터 추출된 결과를 일반 상황에 적용하는(혹은 일반화하는) 데 한계가 있다. 둘째, 변인의 조작이 불가능한 상황이 발생하기도 한다는 한계가 있다. 이는 조작의 윤리성과도 직결되는 문제로, 비윤리적 조작이 개입되는 연구는 그 주제가 아무리 좋아도 실험연구로 현실화될 수 없음을 의미한다. 스탠리 밀그램(Stanley Milgram, 1963)의 그 유명한 복종실험을 예로 들어 보자. 실험에서 참가자들은 피교육자(여기서는 실험의 공모자)와 한 쌍이 되었고, 피교육자에게 일련의 질문을 던진 후 이들의 대답이 틀리면 전기충격을 주도록 요구받았다. 이러한 요구는 권위적인 실험자로부터 하달된 것으로, 실험은 과연 참가자들이 권위적인 실험자의 요구에 복종할 것인가, 그렇지 않을 것인가에 맞추어져 있었다(물론 이러한 실험의 의도는 연구참가자들에게 숨겨져 있었다.). 물론 연구자는 참가자들이 시행한 전기충격이 피교육자에게 전달되지 않도록 실험을 안배하였다(연구에서 피교육자는 실험자와 한 패로, 이들이 보인 고통의 표시는 연기된 것이었다.). 하지만 밀그램의 실험은 참가자들로 하여금 당혹감과 고통감을 느끼도록 하는 요소를 포함했다는 점에서 이후 윤리성에 대한 비판이 발생했다. 이처럼 실험연구는 조작의 과정에서 윤리적 문제를 불러일으킬 가능성이 높다. 특히, 부정적 영향을 줄 만한 요인이 조작되어야 하는 경우(예: 폭력적 TV 프로그램의 시청시간), 이는 비윤리적 실험이라는 이유로 허용되지 않을 수 있다. 또한 어떤 경우는 변인의 조작 자체가 불가능한 경우가 발생하여(예: 인간의 성별을 조작하는 것) 실험이 행해질 수 없기도 하다.

이러한 한계에도 불구하고, 실험연구는 다양한 장면에서 인간행동을 인과적으로 설명하기 위한 방법으로 심리학을 비롯한 사회과학 분야에서 중요한 연구방법의 하나로 인정받고 있다. 실험연구가 그 타당성과 윤리성을 확보하기 위해서는 변인의 통제 및 조작에 있어서 연구자의 의도에 부합하면서도 윤리적인 기준에 벗어나지 않도록 하는 세심한 주의와 노력이 필요하다.

2) 관계연구

관계연구(relational research)는 보통 둘 이상의 변인들이 어떻게 서로 관계되어 있는지를 파악하기 위해 수행된다. 관계연구로부터 수집된 자료는 '사후 소급한(ex post facto)' 자료라 불린다. 즉, 서로 관련을 맺는 결과들이 이미 발생된 사건들 간의 관계를 의미하는 것이지, 실험연구에서처럼 실험자의 조작결과로 나타난 것이 아니라는 의미다. 따라서 관계연구로부터 시사된 결과에 인과성을 부여하기는 힘들다.

대표적인 관계연구로는 분할표 연구와 상관연구가 있다. 어떤 연구가 분할표 연구에 해당되고 어떤 연구가 상관연구에 해당되는지는 검토되는 변인들의 특성에 달려 있다. 분할표 연구는 관계가 검토되는 변인들의 자료 특성이 비연속적인, 즉 질적인 자료들일 경우에 해당되며, 분할표와 독립성에 대한 x^2 검증(카이 검증)을 통해 결과가 분석된다. 반면, 관계가 검토되는 변인들의 자료 특성이 연속적인, 즉 양적인 자료들일 경우에는 상관연구에 해당하며, 상관분석이나 회귀분석, 그리고 분석에서 추출된 계수들의 유의미성 검증을 통해 결과가 분석된다.

예시를 통해 분할표 연구와 상관연구의 특징을 살펴보자. 어떤 연구자가 '남자-여자 간 자동차 회사에 대한 선호도에서 차이가 있는가?'라는 연구문제에 관심이 있다고 하자. 이를 위하여 연구자는 여러 자동차 회사들을 나열한 후 남녀 연구참가자들에게 나열된 회사들 중 자신이 가장 선호하는 회사에 체크하도록 요구하였다. 이 연구는 분석의 대상이 되는 2개의 변인(참가자의 성별과 선호하는 자동차 회사) 모두가 질적인 특징을 띠는 것이기 때문에, 분할표 연구에 해당한다. 결과분석을 위해 연구자는 먼저 자동차 회사들을 열거하고 남성, 여성 참가자들이 각각 이들 자동차 회사들에 어떻게 선호를 표시했는지 그 반응자 수와 반응자 수의 백분율을 표시하려 할 것이다. 이를 분할표(contingency table)라 부르는데, 두 변인이 가진 범주의 모든 조합을 표로 표시한 것이다.

다음 단계로 연구자는 분할표 자료를 통계적으로 검증해 봄으로써 연구문제에 대한 실질적 응답을 얻으려 할 것이다. 이를 위해 독립성에 대한 x^2 검증이라는 통계적 분석을 사용하는데, 이는 '두 변인 간 관계가 서로 독립적이다.'라는 가설을 검증하는 통계적 방법이다. 만약 검증결과가 가설을 기각하는 것으로 나오면, 이는 두 변인이 서로 독립적이지 않음 혹은 자동차 회사 선호도가 참가자 성별에 의존한다는 것으로, 곧 성별에 따라 선호하는 자동차 회사가 다르다는 결론이 성립된다.

이번에는 상관연구와 관련된 예를 살펴보자. 연구자가 '폭력적 TV 프로그램의 시청시간과 아동의 공격성 간에 관계가 있는가?'라는 질문을 가지고 연구를 수행하였다고 가정하자. 연구자는 일주일 동안 아동의 폭력적 TV 프로그램의 총 시청시간을 측정하였고, 부모-보고 아동공격성 설문지를 통해 아동의 공격성 정도를 측정하였다. 이 사례는 상관연구에 해당하는데, 이는 폭력적 TV 프로그램의 시청시간과 아동의 공격성이라는 연구의 두 관심변인 모두가 양적 자료로 측정되었고 이들 양적 변인들 간 관계가 연구의 주된 관심이기 때문이다.

상관연구에서의 변인들 간 관계는 일반적으로 상관계수라는 통계치를 통해 분석된다. 상관계수는 관계의 강도와 관계의 방향이라는 두 가지 정보를 제공하는데, 상관계수의 절대값은 관계의 강도, 상관계수의 부호는 관계의 방향을 알려 준다. 상관계수는 -1.00 ~ +1.00 사이의 값을 가지며, +1과 -1에 가까워질수록 관계의 강도가 매우 큼을, 그리고 0은 변인들 간 관계가 없음을 말해 준다. '관계의 강도가 크다.'는 의미는 하나의 점수로 더 강력히 혹은 더 확신 있게 다른 점수를 예측할 수 있음을 말한다. 정적 상관은 상관계수의 부호가 +일 경우를 말하며, 한 변인이 증가할 때 다른 변인도 증가함을 의미한다. 반면, 부적 상관은 상관계수의 부호가 -일 경우를 말하며, 한 변인이 증가할 때 다른 변인은 감소함을 의미한다. 다양한 유형의 상관계수가 존재하며, 어떤 유형의 상관계수를 사용할 것인가는 보통 변인들의 특성에 기반하여 결정된다. 피어슨(Pearson)의 적률상관계수(product-moment correlation coefficient)가 가장 흔하게 사용되고 있다. 앞에서도 강조하였지만, 관계연구에서는 조작이나 통제라는 절차가 포함되어 있지 않아서, 그리고 자료가 '사후 소급한' 자료라는 특징을 가지고 있어서 어느 것이 원인이고 어느 것이 결과인지 구분할 수 없다. 따라서 상관계수를 해석함에 있어서 이러한 인과적 해석을 적용하지 않도록 주의하여야 한다.

회귀분석이라 불리는 분석방법도 관계연구에서의 변인들 간 관계 분석에 많이 사용되고 있다. 변인 간 인과적 관계를 상정하지 않는 상관분석과는 달리, 회귀분석은 어느 변인이 다른 변인을 예측한다는 인과적 관계를 가상적으로 가정하고 시작한다. 여기서 원인에 해당하는 혹은 예측을 하는 변인을 독립변인 혹은 예측변인(predictor variable)이라 부르고, 결과물에 해당하는 혹은 예측을 받는 변인을 종속변인 혹은 준거변인(criterion variable)이라 부른다. 특히 회귀분석은 하나 이상의 독립변인 혹은 예측변인들이 하나의 종속변인 혹은 준거변인을 얼마나 잘 설명 혹은 예측하는가에 대한 가설을 검증하는데 사용된다. 좀 더 전문적으로 표현하면, 회귀분석은 하나 이상으로 이루어진 독립변인들과 종속변인 간 관계를 선형적 함수관계로 전제하고, 종속변수의 값을 설명하는 가장 오차가 적은 독립변인들의 선형조합으로 이루어진 직선을 찾아내려고 노력한다. 다중변인을 사용하는 절차는 중다회귀(multiple regression)라 불린다. 회귀분석 결과, 도출된 값들과 이들이 의미하는 바는 다음과 같다.

R^2: 분석에 포함된 독립변인 혹은 예측변인들이 모두 함께 종속변인 혹은 준거변인의 점수 변화량을 설명해 주는 정도를 말한다. 즉, 종속변인의 총 변화량 중 독립변인들에 의해 설명된 변화량의 비율로, 결정계수 R^2가 높을수록 독립변인들의 설명력이 높다고 볼 수 있다.

F 검증: 분산분석으로, 독립변인들로 구성된 선형모형의 통계적 유의성에 대한 정보를 제공하는 통계량이다.

B와 β: 각 독립변인이 종속변인에 영향을 주는 정도는 회귀계수인 B나, 표준화된 회귀계수인 β(베타)에 의해 설명된다. 즉, 회귀계수 B는 각 독립변인이 종속변인에 주는 영향을 말하며, 이는 회귀등식의 기울기에 해당한다. 중다회귀분석에서 회귀등식은 다음과 같다. 대체로 B가 높을수록 각 변수의 영향력이 크다고 볼 수 있으나, 변인들의 측정척도가 다르므로 반드시 그렇다고 단언할 수는 없다. 그렇기 때문에 독립변인들의 상대적 기여도를 비교하기 위해서 동일한 척도로 변환한 표준화된 회귀계수 β를 참조하게 된다.

$$Y = B_0 + B_1X_1 + B_2X_2 + B_3X_3 + \cdots\cdots + B_kX_k$$

$$(B_0 = 상수, B_k = 회귀계수, X_k = 독립변인)$$

예시를 사용하여 회귀분석 결과해석에 대해 살펴보자. 연구자가 아동의 자아존중감에 영향을 주는 요인을 찾고자 연구를 수행하였다고 가정하자. 문헌고찰을 통해 연구자는 모(母)의 양육태도, 부모의 부부불화, 가정의 사회경제적 수준이 아동의 자아존중감을 예측하는 주요 변인으로 가정하였다. 따라서 이들 변인들을 측정하는 도구를 사용하여 관계연구를 수행하였고, 결과분석으로 상관과 회귀 분석을 실시하였다. 이 중 회귀분석 결과가 〈표 4-1〉에 제시되어 있다.

회귀분석의 결과를 해석하면 다음과 같다. 먼저 모의 양육태도, 부모의 부부불화, 가정의 사회경제적 수준이라는 세 가지 변인들이 아동의 자아존중감을 설명하는 모형이 통계적으로 유의한지 살펴보자. 앞서 설명하였듯이, 이는 F 통계값을 통해 알 수 있으며, F 통계값은 7.58로 유의도 수준(p) .001에서 통계적으로 유의한 것으로 나타났다. 이는 3개의 독립변인들로 구성된 선형모형이 아동의 자아존중감을 설명하는 데 유의함을 의미한다. 다음으로 이들 독립변인들이 종속변인, 즉 아동의 자아존중감 점수의 변화량을 설명하는 정도를 살펴보자. 이는 R^2를 통해 알 수 있으며, 〈표 4-1〉의 R^2를 통해 아동의 자아존중감 점수변화량의 27%가 모형에 포함된 독립변인들에 의해 설명되고 있음을 알 수 있다. 마지막으로 개별 독립변인들이 종속변인에 기여하는 정도를 살펴보자. 이는 B와 β 값을 통해 알 수 있는데, 〈표 4-1〉에서 볼 수 있는 바와 같이 모의 양육태도, 부모의 부부불화, 가정의 사회경제적 수준의 B와 β 값들은 모두 유의도 수준 .05에서 유의하였다. 이는 모의 양육태도, 부모의 부부불화, 가정의 사회경제적 수준 등세 가지 요인이 모두 아동의 자아존중감에 유의한 영향을 미치고 있음을 시사한다. 독립변인들의 상대적 기여도를 나타내는 표준화 회귀계수 β에 의하면, 부모의 부부불화

표 4-1 가정환경요인(모의 양육태도, 부모의 부부불화, 가정의 사회경제적 수준)이 아동의 자아존중감에 미치는 영향에 대한 중다회귀분석(N=128)

독립변인	B	β	F	R^2
모의 양육태도	.38**	.32**		
부모의 부부불화	-.59**	-.33**	7.58***	.27
가정의 사회경제적 수준	.23*	.30*		

주: *p<.05, **p<.01, ***p<.001

가 아동의 자아존중감에 부적 영향을 미쳤으며, 가정의 사회경제적 수준과 모의 양육태도 역시 비슷한 수준으로 아동의 자아존중감에 정적 영향을 미치는 것으로 나타났다.

3) 기술적 관찰연구

관찰(observation)은 과학적 연구에서 가장 흔히 사용되고 있는 방법이다. 기술(description)을 목적으로 하는 관찰을 기술적 관찰(descriptive observation)이라 부르는데, 기술적 관찰에서는 어떤 행동이 일어나고 있으며 어떤 양과 어떤 빈도로 발생하는지를 검토한다. 기술적 관찰은 자연주의적 관찰, 사례연구, 설문조사 등의 방법을 통해 이루어진다. 이들 기술적 관찰연구들은 종종 좀 더 통제된 후속연구를 위한 경험적 토대를 마련한다.

(1) 자연주의적 관찰

자연주의적 관찰(naturalistic observation)은 자료수집 방법 중 가장 오래전부터 사용되던 방법이다. 자연주의적 관찰은 자연 그대로의 상황에서 변인을 체계적으로 측정하는 연구방법으로 변인의 특징과 차이를 기술하는 데 유용하다.

자연주의적 관찰법을 사용하여 기술적 연구를 진행하려 할 때 몇 가지 사항에 대한 고려와 결정이 필요하다. 첫째, 어떤 행동을 관찰할 것인가에 대한 고려와 결정이 필요하다. 연구의 목표가 특정 상황 혹은 심리적 실체에서 관찰되는 특징적 행동의 탐색에 있다면, 이러한 질적 · 탐색적 연구에서는 관찰대상을 사전에 정하지 않고 연구를 진행하는 경우가 대부분이다. 반면, 행동을 수량화하여 특징과 차이를 기술하려는 것이 목적이라면 관찰대상을 사전에 정하고 그것을 수량화하는 전략까지도 가지고 연구를 진행할 것이다. 특히 후자의 경우, 관찰대상 행동이 구체적으로 정의되면 될수록 관찰의 정확성은 증가된다.

둘째, 어떤 방식으로 관찰을 진행하고 측정할 것인가에 대한 결정이 필요하다. 흔히 사용되는 관찰계획과 관찰기록방식들로는 일정 시간간격을 정해 두고 그 시간간격마다 특정 행동이 나타났는지의 여부를 기록하는 간격기록법(interval recording), 특정 시간

간격 동안 사건 발생횟수를 기록하는 사건기록법(event recording), 특정 시간 동안의 관찰된 행동들을 서술적 방식으로 기록하는 서술기록법(narrative recording), 관찰자가 사전에 결정된 관찰 항목들에 대해 그 관찰된 정도를 평정하는 평정기록법(ratings recording) 등이 있다.

셋째, 관찰평정의 정확성에 고려가 필요하다. 관찰평정의 정확성을 확보하기 위해 연구자는 관찰자 훈련단계를 연구에 포함시키기도 하고, 관찰자 간 신뢰도를 산출할 수 있는 설계를 꾸미기도 한다. 관찰자 간 신뢰도는 둘 이상의 관찰자가 같은 행동을 동시에 관찰했을 때 얼마나 비슷한 결과를 나타내는지를 측정하며(Martin & Bateson, 1993), 이것의 산출을 위해서는 둘 이상의 관찰자를 연구에 포함시킬 것이 요구된다.

마지막으로, 피관찰자의 반응성에 대한 고려가 필요하다. 반응성(reactivity)은 관찰로 인해 피관찰자가 평소와는 다른 방식으로 반응하게 되는 경우, 즉 자연스럽지 않게 반응하게 되는 경우를 말한다. 이러한 피관찰자 반응성은 결과해석을 어렵게 만들기 때문에 관찰연구는 피관찰자의 반응성을 최소화시킬 필요가 있다. 피관찰자 반응성을 최소화시키기 위해 사용하는 방법들로는 비개입 관찰(unobtrusive observation)과 비개입 측정(unobtrusive measures)이 있다. 비개입 관찰은 피관찰자로 하여금 자신이 관찰되고 있다는 사실을 의식하지 못하게 하는 방법이다. 대표적으로 참여자 관찰(participant observation)이 이러한 비개입 관찰방법에 속한다. 여기서 관찰자는 방문자, 학습자, 혹은 리더의 역할을 수행함으로써 피관찰자에게 자신이 관찰자임을 속이게 되고, 이는 피관찰자의 반응성을 감소시키는 효과를 가져온다. 하지만 비개입 관찰이 어려울 경우도 있으며, 이때는 피관찰자로 하여금 관찰상황에 익숙해지게 하는 방법이 추천된다. 예를 들어, 유치원에서 아동들의 행동을 관찰할 때 비디오테이핑 장치를 설치하고 며칠에 걸쳐 이들의 행동을 관찰하는 절차를 포함시키는 경우다. 관찰 초기, 아동들은 관찰상황을 의식하지만 며칠이 지나면 이들의 민감성은 감소된다. 이 방법은 관찰을 덜 의식하게 된 이후의 행동들을 자료로 사용하기 때문에 피관찰자 반응성을 감소시킨다. 한편, 피관찰자 반응성을 감소시키는 방법으로 비개입 측정을 사용하기도 한다. 비개입 측정은 측정의 대상으로 행동 그 자체보다는 행동의 결과에 초점을 둔다. 예를 들어, 학생의 학습활동을 관찰하는 대신 이들의 성적표를 살피는 방법, 혹은 소비행위를 관찰하는 대신 이들이 버린 쓰레기를 살피는 방법 등이 비개입 측정에 포함된다. 이러한 방법을 사용함으로써 연구자는 피관찰자 반응성의 개입 여지를 차단한다.

(2) 사례연구

사례연구(case study)는 특정한 개인이나 집단, 또는 상황에서 발생한 어떤 현상에 대하여 집중적이고 심층적으로 연구하는 것을 말한다. 사례연구는 원래 특정 질병의 양상이나 개인의 특수한 심리적 특성을 개별 사례를 통하여 자세하게 분석·보고한 의학이나 심리학에 그 기원을 두고 있다. 의학 및 심리학 역사에서 유명한 프로이트의 히스테리성 마비환자 안나 오(Anna O)의 치료사례연구는 사례연구의 대표적 예라 하겠다.

사례연구는 그 증상이 복잡하거나 희귀한 경우 특히 유용하다. 예를 들어, 해리성 정체감 장애(dissociative identity disorder)는 임상현장에서 극히 드물게 관찰되는 임상적 실체다. 이러한 장애의 증상 관련 사례연구 혹은 치료반응 관련 사례연구는 이론가, 임상가, 일반 대중이 해리성 정체감 장애를 이해하는 데 큰 도움을 줄 수 있다.

사례연구는 다양한 방식으로 진행될 수 있다. 사례의 수가 하나인 단일사례연구(single case study)가 있는가 하면, 둘 이상의 사례를 동시에 포함하는 복수사례연구(multiple case study)도 있다. 또한 개인에 초점을 맞추는 개별사례연구(individual case study)가 있는가 하면, 집단을 대상으로 자료를 얻어 내는 집단사례연구(group case study)도 있다. 어떤 방식으로 사례연구를 진행할 것인가에 대한 결정은 연구목적과 연구대상의 접근가능성 및 특성에 기초해 이루어진다.

그렇다면 사례연구의 장점은 무엇인가? 사례연구의 장점은 앞에서도 소개했듯 심층적이고 집중적인 조사가 가능하다는 점이다. 가령 질문지를 사용한 조사연구가 미처 다 말해 주지 못하는 깊이 있는 '이야기'를 사례연구는 담아낼 수 있다. 대상에 대한 종합적인 이해의 단서를 제공한다는 장점 때문에, 사례연구는 특히 인간의 심리상태나 그 변화를 탐색하고 분석하는 데 적합한 방법으로 인정된다.

이러한 장점에도 불구하고 사례연구는 심각한 한계를 갖는데, 이는 연구대상의 대표성(representativeness)과 관련된다. 문제의 핵심은 연구된 사례가 그 증상이나 임상적 실체를 대변하는 대표적 사례인가 하는 것이다. 만약 연구자가 사례연구를 통해 흉악범죄자의 특성을 이해하고자 한다면, 사례로 연구될 흉악범죄자는 다른 흉악범죄자들을 대표할 만한 인물이어야 할 것이다. 만약 그렇다는 확신과 근거가 있다면, 이 흉악범죄자의 사례연구로부터 얻은 정보(예: 이들의 성장배경, 대인관계, 정서적 특징, 가치관 등)는 다른 흉악범죄자들을 이해하는 데 적용될 수 있다. 그렇지 못하다면 사례연구의 결과는 연구대상으로 선정된 그 흉악범죄자에게만 적용될 내용이지 전체 흉악범죄자를 대변하는 내용이 될 수 없다. 하지만 문제는 사례연구에 있어 많은 경우 그 연구대상의 대표성 여부를 확신할 수 없다는 것이다. 따라서 사례연구 결과로부터 나온 관찰은 그 사례가 포함된 집단에 적용하는 데 한계를 갖게 된다.

이러한 한계에도 불구하고 사례연구는 풍부하고 깊이 있는 정보 제공이라는 이 접근이 가진 장점 때문에 다른 연구의 한계를 보완하는 연구방법으로 인정받고 있다.

(3) 설문조사

사례연구는 보통 소수의 참가자들만을 대상으로 하며, 흔히 이런 개인들은 전체 모집단을 대표하기에는 부족한 측면이 있다. 이를 보완하는 방법이 바로 설문조사(survey)다. 설문조사법을 사용하는 연구자는 비교적 넓은 지역에서 많은 사람을 무선적으로 표집하여 이들의 기술적 관찰과 관련된 정보를 수집한다. 정보는 설문지, 면접, 검사 등을 통해 얻으며, 이런 방법으로 얻은 결과는 사례연구로부터 얻은 결과보다 전체 모집단에 더 잘 일반화된다.

설문조사연구에서의 핵심적인 논쟁은 사례연구에서와 마찬가지로 조사되는 표본이 과연 대표적인가와 관계가 있다. 연구자는 자신들이 선정한 표본이 그 연구가 목표로 하는 궁극적 집단, 즉 모집단을 대표하는 사람들로 구성되기를 원한다. 가령 '초등학생의 우울'에 대하여 연구하면서 지나치게 고소득층이 밀집해 있는 특정 지역에서만 표본을 추출한다면 표본에서 얻은 결과는 초등학생의 우울 관련 특성의 일면만을 보여 줄 뿐이다. 즉, 이 정보는 전체 초등학생의 우울 관련 특성을 대변하기에는 한계를 지닐 수 있다.

설문조사는 앞서 밝힌 표본 관련 문제 외에도 몇 가지 한계를 더 갖는다. 그중 하나는 사전에 마련된 질문지나 조사표를 통하여 조사가 이루어지기 때문에 획득된 자료가 피상적이기 쉽다는 것이다. 또한 반응자의 타당하지 못한 반응방식이나 습관이 자료의 신뢰성을 떨어뜨릴 가능성도 있다. 예를 들어, 무성의한 응답을 하거나(예: 모두 '예'라고 응답하거나 '아니요'라고 응답하기, 읽지 않고 아무렇게나 응답하기), 응답을 회피하기, 혹은 사회적으로 바람직하게 보이는 방식으로 응답하기(사회적 바람직성, social desirability) 등의 반응방식이나 습관은 자료의 신뢰성과 타당성을 떨어뜨릴 수 있다. 또한 설문조사를 통해 탐색될 내용이 회상적 보고에 의존할 경우, 기억 편파나 기억의 부정확성이 개입되어 자료의 신뢰성과 타당성에 영향을 줄 수 있다. 또한 자원자 문제(volunteer problem)도 설문조사의 문제점으로 제기된다. 자원한 참가자는 여러 측면에서 자원하지 않은 잠재적인 참가자와 다를 수 있다. 로스나우와 로젠탈(Rosnow & Rosenthal, 1970)은 자원자는 비자원자에 비해 교육수준이 더 높으며, 더 협조적이고, 더 잘 적응하며, 사회적 승인 욕구도 더 높음을 발견하였다. 이처럼 자원자가 가진 독특한 특성은 이들로부터 얻은 결과를 일반에 적용하는 데 제약으로 작용할 수 있다.

이와 같은 한계에도 불구하고, 설문조사는 적은 비용으로 사람과 현상의 기술적 특성을 탐색가능하게 한다는 점에서 크게 인정받고 있다. 설문조사방법이 없었다면 아동심리치료를 포함한 많은 인문사회과학 분야가 오늘날처럼 방대한 양의 연구성과를 축적하기 어려웠을 것이다.

4) 메타분석연구

아이젱크(Eysenck, 1952)는 성인을 대상으로 한 심리치료 효과성 연구들을 개관한 후 "심리치료가 효과적이라는 증거는 없다."라는 결론을 내린 바 있다. 심리치료 효과에 관한 아이젱크의 폭탄선언 이후, 심리치료의 효과를 살피는 실험연구 및 메타분석연구는 심리치료 분야 연구로서 중요한 위치를 차지하게 되었다. 이후 레빗(Levitt, 1957, 1966)은 아이젱크가 주장한 이러한 결과가 아동·청소년 심리치료들에도 적용되는지 살폈고, 아동의 증상 호전 비율(67~73%)이 치료 여부에 관계없이 유사함을 발견하였다. 아이젱크와 레빗의 개관연구는 심리치료의 효과성 검증을 위한 보다 세련된 연구방법의 발달 [예: 무선통제연구(randomized controlled trials: RCT)]은 물론, 여러 치료 효과성 연구들의 결과를 비교 · 요약할 수 있는 통계치 및 통계적 분석전략의 발달을 낳았다.

아이젱크와 레빗이 시도한 연구들은 여러 다른 치료 효과성을 검증한 실험연구들을 종합하여, 이들로부터 중요한 정보와 결론을 추출해 낸 개관연구다. 이런 유형의 자료 종합 연구들 중 하나가 메타분석(meta-analysis)이다. 메타분석은 특정 주제에 대한 실증적이고 요약적인 지식을 산출하기 위해 기존 연구들로부터 도출된 결과를 체계적으로 분석하는 계량적 분석방법이다(Littell, Corcoran, & Pillai, 2008). 메타분석은 연구자가 직접 연구를 수행하지 않고 다른 연구자들이 수행한 연구들을 종합 · 분석한다는 점에서 간접적 연구방법이며, 상위분석적 연구방법이다(Glass, 1976; Smith & Glass, 1977). 메타분석은 여러 연구결과들로부터 특정 패턴을 찾고, 분분한 결과들의 원인을 진단하며, 다른 중요한 관계들을 찾으려는 목적으로 흔히 시행된다. 특히, 메타분석은 효과 크기 (effect size)라는 공통의 측정치를 사용하여 여러 연구 간 결과들을 비교하고 종합하며, 이러한 과정에서 치료효과와 관련한 의미 있는 결론들을 도출한다.

메타분석연구는 일반적으로 다음의 단계를 따른다(Littell, Corcoran, & Pillai, 2008).

① 적절한 연구질문의 선택
② 체계적 문헌검색
③ 자료 추출 및 코딩(자료의 질 검증)
④ 자료 분석(효과 크기의 계산 및 종합)
⑤ 자료 편향(bias) 검증 및 해석
⑥ 구조화된 보고서 작성

루빈(Rubin, 2008)은 연구방법이 제공하는 과학적 근거의 강력성에 기초해 효과성 검증을 위한 여러 연구방법들 간의 위계를 설정하였다. 루빈(2008)이 구조화한 효과검증을 위한 과학적 근거의 위계가 [그림 4-7]에 제시되어 있다.

[그림 4-7]에서도 볼 수 있듯이, 최상에 위치한 것은 체계적 고찰과 메타분석(systematic review & meta-analysis: SR & MA)이다. 하버와 밀러(Harbour & Miller, 2001)는 임상적 활동과 정책결정에 유용한 정보를 제공하는 연구 유형으로서 체계적 고찰과 메

[그림 4-7] 효과성 검증을 위한 과학적 근거의 위계

SR & MA(systematic review and meta analysis) = 체계적 고찰과 메타분석; RCT(randomized controlled trial) = 무선통제연구
출처: Rubin (2008).

타분석에 주목하였는데, 이들은 체계적 고찰과 메타분석이 특정 질문에 대한 증거와 기반들을 통합하는 데 유용하다고 주장하였다. 유사한 맥락에서 새켓 등(Sackett, Richardson, Rosenberg, & Haynes, 2000)은 체계적 고찰과 메타분석이 개입의 효과를 평가하는 근거로서 최상위에 있다고 주장한 바 있다. 즉, 메타분석연구는 어떤 치료방법이 특정 내담자 집단에게 도움이 되고, 어떤 방법이 해가 되며, 이렇게 결론 내리게 된 보다 통합적인 근거는 무엇인지에 대한 정보를 제공할 수 있다는 것이다. 따라서 임상적 유용성이 큰 연구라 하겠다.

메타분석연구가 제공하는 정보는 1990년대 이후 임상장면에서 주목받고 있는 근거기반 임상활동(evidence-based practice)의 경험적 근거로도 사용되고 있다. 근거기반 임상활동은 임상가의 전문성과 내담자의 특성을 고려해 이에 맞는 최선의 임상적 개입, 즉 경험적으로 지지되는 임상적 개입을 시도하자는 취지에서 탄생한 개념이다. 임상가의 전문영역과 내담자 문제 특성에 맞게 경험적으로 인정된 최선의 임상활동에 대한 정보는 대부분 치료효과성을 살피는 실험연구나 메타분석연구들로부터 나온다. 특히, 하버와 밀러(2001)는 근거기반 치료에 있어 메타분석이 가장 설득력 있는 과학적 근거를 제공한다고 주장하기도 하였다. 이처럼 메타분석연구는 근거기반 임상활동을 위한, 그리고 근거기반 임상활동의 범위 확장을 위한 근거를 제공하는 데 공헌하고 있다.

4. 연구 수행 시 고려해야 할 방법론적 · 통계적 · 윤리적 쟁점

마지막으로 연구 수행 시 고려해야 할 방법론적 · 통계적 · 윤리적 쟁점들에 대해 간략히 살펴보겠다.

1) 연구의 적합성 평가를 위한 준거들

연구의 적합성은 다양한 준거를 통해 판단될 수 있다. 대표적인 연구 적합성 판단준거들로는 구인 타당성, 내적 타당성, 통계적 결론의 타당성, 외적 타당성 등이 있다. 각 개념에 대해 간략히 설명하면 다음과 같다.

〈연구의 평가를 위한 준거들〉

- **구인 타당성**: 사용된 조작적 정의들이 적절한 것이었는가의 문제
- **내적 타당성**: 결과를 낳게 한 원인이 독립변인의 효과 때문이라고 얼마나 확신 있게 말할 수 있는가의 문제
- **통계적 결론의 타당성**: 적절한 통계적 방법을 선정하여 제대로 분석했는가의 문제
- **외적 타당성**: 특정 연구의 결과가 다른 상황에 얼마나 잘 적용될 수 있는가의 문제

---

(1) 구인 타당성

구인 타당성(construct validity) 혹은 구인 타당도는 사용된 조작적 정의들이 연구의 관심이 된 추상적이고 가설적인 구인을 얼마나 잘 대변하는 적절한 것이었느냐의 문제를 다룬다. 이는 뒤에서 다루어질 척도의 타당도과 같은 개념이다. 연구의 측정치가 측정하려는 구인을 측정한 것이었을 때에만 우리는 그것을 통해 어떤 결론을 내릴 수 있다. 우울을 측정하는 도구가 우울이 아닌 불안을 측정하였다면 우리는 이 측정치로부터 우울과 관련한 어떠한 결론도 내릴 수 없을 것이다.

(2) 내적 타당성

내적 타당성(internal validity) 혹은 내적 타당도는 종속변인(결과)의 변화가 독립변인(원인)에 의해 일어났다고 얼마나 확신 있게 말할 수 있느냐의 문제를 다룬다. 예를 들어, 청소년을 대상으로 또래관계 증진 프로그램을 진행(독립변인)한 후, 참가 청소년들의 또래관계 능력에서의 변화(종속변인)를 검토하였다고 가정하자. 실험의 설계가 잘 되어 또래관계의 향상이 프로그램의 영향 때문이라고 확신할 수 있다면, 즉 프로그램의 수혜 이외의 다른 요인이 또래관계 향상에 영향을 주지 않았다고 한다면, 그 실험연구는 내적 타당성이 높은 연구라고 말할 수 있다. 내적 타당성이 높은 연구는 인과관계에 대해 보다 명확한 결론을 내릴 수 있게 하므로 좋은 연구로 평가된다. 따라서 실험연구의 경우 내적 타당성을 높일 수 있도록 연구를 설계할 필요가 있다. 내적 타당성을 높이기 위한 방법으로는 내적 타당성을 저해할 수 있는 요인을 사전에 찾아 이를 실험적으로 혹은 통계적으로 통제하는 방식이나 무선표집(random sampling: 전집에서 표본을 무선적으로 추출하는 방식)과 무선할당(random assignment)의 방법을 사용하여 집단 간 내적 타당성에 영향을 줄 수 있는 요인의 영향을 일정하게 만드는 방법 등이 사용된다.

(3) 통계적 결론의 타당성

통계적 결론의 타당성(statistical conclusion validity)은 적절한 통계적 방법을 사용하여 제대로 분석하였는가의 문제를 다룬다. 각 통계적 분석은 그 통계적 분석이 제공하는 나름의 정보가 있다. 예를 들어, 상관분석 결과는 인과성에 대한 정보는 제공하지 않고 단지 두 변인 간의 관계성에 대한 정보(관계의 방향과 강도)만을 제공한다. 그럼에도 불구하고 상관 결과로부터 인과적 해석을 내린다면 이는 잘못된 통계적 결론을 내린 것이다. 통계적 결론은 그 통계적 분석 전략이 제공하는 정보의 범위를 넘어서는 안 된다.

(4) 외적 타당성

외적 타당성(external validity) 혹은 외적 타당도는 연구결과의 일반화에 대한 문제를 다룬다. 말하자면 특정 연구의 결과가 다른 상황에 얼마나 잘 적용될 수 있는가의 정도를 나타내는 개념이라 하겠다. 앞서 내적 타당성에서 소개한 예로 다시 돌아가 보자. 연구자가 올해 여름방학에 A학교에 다니는 24명의 청소년들을 대상으로 12명에게는 또래관계 증진 프로그램을 진행하고(실험집단), 12명에게는 아무런 프로그램도 제공하지 않았다(통제집단)고 하자. 처치 이후 각 집단의 또래관계 향상 여부를 살펴본 결과, 또래관계 증진 프로그램을 받은 학생들만이 또래관계에서 통계적으로 유의미한 수준의 향상을 보인 것이 발견되었다. 이 경우 이러한 결과가 A학교의 청소년 이외에 다른 청소년 집단에도 적용될 수 있겠는가?

결과의 일반화 가능성은 추출된 표본이나 연구상황이 얼마나 대표성(representativeness)을 가지는가에 달려 있다. 대표성을 띤 표본 혹은 대표성을 띤 상황에서 추출된 연구결과는 일반화 가능성이 높으며, 따라서 외적 타당성이 높은 연구라 할 수 있다. 반면, 대표성이 떨어지는 표본에서 얻은 결과는 그 표본이 소속된 모집단에 일반화되기 어려워 외적 타당도가 낮은 연구로 평가될 수 있다. 말하자면, 일반 청소년에 대한 연구를 수행하면서 부유층이나 빈곤층 청소년만을 표본으로 선정했다면, 이들에게서 얻은 결과는 일반 청소년 집단에 적용하기 어려울 수 있다. 따라서 연구의 표본추출 시 혹은 연구상황 설정 시 대표성을 띤 표본이나 상황을 추출하도록 노력하여야 한다. 무선표집(random sampling)과 층화 무선표집(stratified random sampling)은 대표성을 띤 표본 확보에 도움을 주는 유용한 방법이다.

앞서 소개하였듯 내적 타당성과 외적 타당성은 모두 연구의 질과 유용성을 높이는 데 크게 작용한다. 하지만 어떤 경우에는 내적 타당성이 외적 타당성을 낮추는 요소로 작용할 수 있다. 내적 타당성을 확보하기 위해 실험조건을 지나치게 엄격히 통제하면 실험상황과 일반 현실 간 격차가 생겨, 연구결과를 현실상황에 적용할 수 있는지 여부가 불투명해질 수 있다. 연구의 궁극적 목표는 인공적인 상황에 대한 파악, 예언, 통제가 아닌 현실상황에 대한 파악, 예언, 통제이므로 이러한 일반화에서의 한계는 연구의 질 및 유용성과 직결된다. 따라서 연구자는 연구의 질과 유용성을 위하여 내적 타당성과 외적 타당성 간 적당한 합의점을 찾아 이를 충족시키는 연구를 설계할 필요가 있다.

2) 측정오차

측정이란 눈에 보이지 않는 추상적 개념을 숫자나 기호와 같은 관찰가능한 형태로 변환하는 과정을 말한다. 사람의 지능이나 만족감, 행복, 불행 등의 추상적 개념을 관찰가능한 수량적 체계로 변환하는 것이 측정의 한 예가 된다.

측정에서 중요한 문제는 과연 측정이 신뢰할 수 있으며 측정하고자 하는 속성을 제대로 측정하고 있는가의 문제다. 측정을 통해 얻어진 값, 즉 측정값(measured score) 혹은 관찰값(observed score)은 측정되는 속성 그 자체를 반영하는 값인 참값(true score)과 측정도구의 사용으로 파생된 오류인 측정오류(measurement error)로 구성된다. 측정오류는 다시 체계적 오류(systematic errors)와 무선적 오류(random errors)로 구분되는데, 체계적 오류는 도구를 따라다니면서 발생하는 오류를 지칭하고 무선적 오류는 측정환경(예: 시끄러운 환경, 혹은 불안을 유발하는 환경)이나 피검자의 개인적 상태(예: 수면이 부족한 상태)와 같은 무선적 변인에 의해 발생하는 오류를 지칭한다. 측정도구에 측정하려는 속성이 아닌 다른 속성을 측정하는 문항을 포함시킨 경우, 측정값은 체계적 오류를 포함하게 된다. 한편, 측정환경이나 피검자의 개인적 상태 때문에 측정되는 참 속성이 아닌 다른 반응이 나온 경우, 측정값은 무선적 오류를 포함하게 된다. 측정 시 연구자의 목표는 참값의 비율을 높이고 측정오류의 비율을 감소시키는 것이며, 이는 곧 측정도구와 관련된 중요한 특징인 신뢰도와 타당도의 상승과 직결된다. 측정도구는 다음에 설명된 신뢰도와 타당도 모두를 갖춘 도구여야 한다.

(1) 신뢰도

신뢰도(reliability)란 측정도구가 측정하려고 하는 것을 얼마나 안정적이고 일관성 있게 측정하고 있는가와 관련된 개념이다. 즉, 신뢰도는 측정값의 일관성 정도(degree of consistency)를 뜻한다. 가령 같은 사람이 체중계로 체중을 쟀는데 체중계에 올라갈 때마다 적어도 3kg 이상 차이를 보인다면 이 체중계는 신뢰도가 높은 도구라 볼 수 없다. 신뢰도가 문제가 되는 상황을 앞서 기술한 측정오류와 관련하여 설명한다면, 참값의 비율은 낮고 무선적 오류의 비율은 높은 경우에 해당한다.

(2) 타당도

측정에 있어서 타당도(validity)는 측정도구가 측정하고자 하는 것을 얼마나 충실히 측정하고 있는가의 문제를 다룬다. 즉, 타당도는 측정의 정확성의 정도(degree of accuracy)를 뜻한다. 좀 더 분화시켜 설명하자면, '측정하려는 구인 혹은 속성을 측정하고 있는가?' '구인 혹은 속성의 모든 측면을 측정하고 있는가?' '측정하려는 그 구인 혹은 속성만을 측정하고 있는가?'로 대변되는 개념이다. 예를 들어 설명해 보자. 연구자가 아동기 피학대 경험을 측정하고자 한다면, 먼저 도구는 피학대 경험이라는 구인 혹은 속성을 측정하여야 한다. 이전 연구나 이론이 학대경험을 신체적 학대, 정서적 학대, 성적 학대로 개념화하였다면, 측정도구는 이 차원들을 측정하는 문항들을 모두 포함하고 있어야 하며, 이것 이외의 구인이나 속성을 측정하는 문항을 포함하지 말아야 한다. 만약 피학대 경험을 측정하면서 문항에서 아동기 텔레비전 시청 시간이나 친구관계를 묻고 있다면, 이 측정도구는 타당도가 심각하게 손상된 도구라 평가될 것이다. 타당도가 문제가 되는 상황을 앞서 기술한 측정오류와 관련하여 설명한다면, 참값의 비율은 낮고 무선적 오류든 체계적 오류든 상관없이 오류의 비율이 높은 경우를 말한다. 타당도가 높다는 말은, 다시 말해 측정하고자 하는 구인 및 속성을 측정하는 부분인 참값의 비율이 높음을 의미한다.

낮은 신뢰도는 무선적 오류로 인해 발생하기 때문에 낮은 타당도를 의미한다. 하지만 신뢰도가 높다고 해서(무선적 오류의 비율이 낮다고 해서) 이것이 반드시 높은 타당도와 연결되는 것은 아니다. 무선적 오류의 비율은 낮으나 체계적 오류의 비율이 높을 수도 있기 때문이다. 따라서 측정도구를 선정할 때는 먼저 신뢰도에 문제가 있는지를 살펴야 하고, 여기에 문제가 없을 경우에 한해 그다음 단계로 타당도의 증거를 찾아야 한다.

3) 연구윤리

연구를 진행함에 있어 연구대상을 윤리적으로 처우하고 보호하는 것은 연구자의 중요한 책무 중 하나다. 특히나 인간 피험자를 다룰 경우 연구자는 이들을 보호하기 위한 법적 · 윤리적 장치를 확보할 필요가 있다. 이에 연구 참가자의 권리와 연구자들의 의무를 규정하는 지침이나 법안들이 연구활동을 포함하는 학문영역들에서 제정되고 있다.

대표적으로 미국심리학회(American Psychological Association: APA)는 책임 있는 연구행위(responsible conduct of research: RCR)에 관한 지침을 마련하여(APA, 2015), 연구를 시행하는 심리학 분야 전문가들에게 적용하고 있다. 특히, 지침은 9개 영역에서의 책임 있는 연구행위를 강조하고 있다. 명시된 9개 영역은 다음과 같다.

- 협력연구(collaborative science)
- 이해관계의 상충과 소속 간 갈등(conflicts of interest and commitments)
- 자료의 취득, 관리, 변형 및 자료에 대한 소유권(data acquisition, management, sharing and ownership)
- 인간대상 연구에서 연구참가자의 보호(human research protections)
- 실험실 동물의 복지(lab animal welfare)
- 멘토링(mentoring)
- 동료 평가(peer review)
- 논문발표 활동 및 논문책임자의 선정(publications practices and responsible authorship)
- 연구에서의 문제행위(research misconduct)

이와 더불어 APA는 2002년 인간 참가자를 사용하는 연구의 윤리적 기준의 이전 버전을 개정한 APA 윤리 원칙과 행동강령(APA Ethical Principles and Code of Conduct)을 새롭게 출간하였다. APA 윤리 원칙과 행동강령은 인간 피험자 및 실험대상 동물에 대한 윤리적 처우와 연구윤리를 강조하고 있다. 구체적인 연구 관련 사항을 정리하면 다음과 같다.

- 과학적 역량과 윤리적 기준에 따라 연구를 계획하고 수행한다. 만약 기관에서 요구한다면, 심리학자들은 연구 수행 전에 승인을 얻어야 한다.
- 실험참가자들에게서 사전동의를 받는다. 그들에게 연구절차, 권리, 잠재적 위험이나 불편요소, 잠재적 이득, 비밀보장성의 한계, 참가에 대한 보수, 참가와 참가자의 권리에 대한 질문을 하려면 누구에게 연락해야 하는지를 알려 준다.
- 대안적 방법을 사용할 수 없을 경우에만 절차의 일부를 속인다.
- 연구참가에 대한 보수 제공 시, 보상의 속성을 명확히 해야 하며, 금전적이거나 다른 종류의 보상들이 참여를 강요할 만큼 과도한 것이 아니어야 한다는 점에 주의한다.
- 자료를 위조하지 않는다. 타인의 공헌에 대한 적절한 공로를 인정한다.
- 자료의 사용이 어떻게 될 것인지, 예측되는 사용처와 다른 연구자들과 자료를 공유할 가능성이나 미래에 쓸 수 있는 가능성 등이 있는지를 참가자에게 알린다.
- 연구가 끝날 때 참가자들이 가지고 있을 수 있는 오해를 풀 수 있도록 정보를 제공한다.
- 실험대상 동물을 전문적인 기준뿐만 아니라 연방법, 주법, 지방법에 따라 윤리적으로 대한다.

APA 윤리 원칙과 행동강령(APA, 2002)

소개된 사항들은 기관 내 승인[institutional review board(IRB) 승인], 사전동의(informed consent), 비밀보장성(confidentiality), 속임수(deception), 사후설명(debriefing) 등의 내용을 포함하고 있다. 주요 사안에 대해 부연 설명하면 다음과 같다. 인간 피험자 및 실험대상 동물을 연구에 포함시키고자 할 때에는 반드시 IRB의 승인을 받아야 한다. 연구자는 연구의 절차, 참가자 권리, 연구에 내재한 잠재적 위험 등을 포함해 중요한 연구 관련 정보를 연구참가자에게 제공하여야 하며 이를 이해시켜야 한다. 참가자로부터의 연구참가 동의는 이러한 연구 관련 정보의 제공과 이해의 전제하에서 얻어져야 한다. 연구참가자의 개인자료와 응답은 비밀보장을 원칙으로 하며, 이들 자료는 공개조사로부터 보호되어야 한다. 또한 개인정보 공개가 요구되는 상황에서는 정보공개 전 반드시 해당자로부터 사전동의를 받아야 한다. 불가피하게 연구의 목적 혹은 연구참가자의 응답의 의미를 감추거나 속일 필요가 있는 연구는 이 방법 이외의 다른 대안이 없을 경우에만 한정하여 실시되어야 한다. 또한 연구 종료 후 반드시 이러한 속임수에 대해 참가자에게 설명하여야 한다. 이 외에도 자료의 보고 시 '정직'의 기준을 만족시켜야 하는 규정도 있다. 따라서 자료를 왜곡하거나 변경하여 보고하는 일이 없어야 한다.

연구는 우리에게 많은 정보를 제공한다. 연구참가자들의 공헌 없이는 이러한 정보의 획득이 불가능하다. 연구참가자들에 대한 최대한의 존중과 이들의 권익을 보호하려는 노력이 있을 때에만 계속적인 연구가 가능할 것이며, 더불어 전문영역의 진보 및 확장도 가능할 것이다.

5. 맺음말

이상으로 '연구란 무엇인가?'에 대한 주제를 개념적 · 절차적 · 방법론적 · 통계적 · 실용적 · 연구윤리적 측면에서 조명해 보았다. 이 장은 '연구'를 조명함에 있어 아동 · 청소년 심리치료 영역에서의 연구들에 초점을 두었다. 즉, 연구 유형의 제시, 관련 개념의 설명, 예시의 사용에 있어 아동 · 청소년 심리치료 영역에 해당되는 사항들을 포함시켰다. 이러한 저자들의 주의와 노력이 여러분의 아동 · 청소년 심리치료 영역에서의 연구과정 이해에 도움이 되었기를 바란다. 이 장의 서두에서도 지적하였지만, 이 교재는 개론서 용도로 개발되었다. 따라서 깊이보다는 폭에 중점을 두었다. 연구방법론이나 통계와 관련한 세부사항들은 연구방법론 전문서적이나 심리통계 전문서적들을 참고하기 바란다.

참고문헌

김렬(2009). 사회과학도를 위한 연구조사방법론. 서울: 박영사.

성태제, 시기자(2007). 연구방법론. 서울: 학지사.

안동현, 이옥, 이완정, 이재연, 이혜경, 정선아, 황옥경(2005). 아동권리 보호와 연구윤리. 서울: 학지사.

American Psychological Association. (2002). Ethical principles for psychologists and code of conduct. *American Psychologist, 57*, 1060-1073.

American Psychological Association. (2015). www.orglresearch/responsible에서 2015년 10월 24일 인출.

Beyne, J. (2010). Meta-analysis: An introductory overview. Presented at the 2010 Cochrane and Campbell Joint Colloquium in Keystone, Colorado, October 16, 2010.

Eysenck, H. J. (1952). The effects of psychotherapy: An evaluation. *Journal of Consulting Psychology, 16*, 319-324.

Glass, G. V. (1976). Primary, secondary, and meta-analysis of research. *Educational Researcher, 5*, 3-8.

Harbour, R., & Miller, J. (2001). A new system for grading recommendations in evidence based guidelines. *BMJ, 323*, 334-336.

Levitt, E. E. (1957). The results of psychotherapy with children: An evaluation. *Journal of Consulting Psychology, 21*, 189-196.

Levitt, E. E. (1966). Psychotherapy with children: A further evaluation. *Behaviour Research and Therapy, 60*, 326-329.

Littell, J., Corcoran, J., & Pillai, V. (2008). *Systematic reviews and meta-analysis.* New York: Oxford University Press.

Martin, P., & Bateson, P. (1993). *Measuring behavior: An introductory guide* (2nd ed.). New York: Cambridge University Press.

Milgram, S. (1963). Behavioral study of obedience. *Journal of Abnormal and Social Psychology, 67*, 371-378.

Rosnow, R. L., & Rosenthal, R. (1970). Volunteer effects in behavioral research. In *New Directions in psychology, 4*. New York: Holt, Rinehart & Winston.

Rubin, A. (2008). *Practitioner's guide to using research for evidence-based practice*. Hoboken, NJ: John Wiley & Sons, Inc.

Sackett, D., Richardson, W., Rosenberg, W., & Haynes, R. (2000). *Evidence-based medicine: How to practice and teach EBM* (2nd ed.). New York: Churchhill-Livingstone.

Smith, M., & Glass, G. (1977). Meta-analysis of psychotherapy outcome studies. *American Psychologist, 752-760*.

제 **5** 장

임상평가, 공식화 및 치료계획

두정일, 이명희

아동심리치료를 하는 데 있어서 평가, 진단 그리고 치료계획 과정은 상호 관련된 순환적인 과정이다. 임상평가를 통해서 장애의 정도를 파악하고 아동의 상태에 가장 적절한 진단을 내리게 된다. 진단은 개인의 강점과 다른 긍정적인 차원을 포함하기도 하지만 개인의 심리적 병리, 그 원인적 기원, 치료절차 및 예후에 초점을 맞춘다. 평가는 진단을 하기까지 도움을 주는 정보를 수집하는 행위를 포함하며 평가로부터 끌어낸 해석과 의미로서 진단을 하게 된다. 그리고 공식화는 아동의 증상과 상태를 특별한 형식으로 정리하고 아동에 관한 일련의 가설을 세우는 것이다. 이를 통해 분명하고 간결한 방식으로 치료에 대한 합당한 근거를 설명할 수 있어야 하고, 평가를 통합할 수 있어야 한다. 진단적 공식화는 치료계획을 안내하게 된다. 이 장에서는 아동심리치료에서 사례공식화의 일부로 평가, 진단, 치료계획을 수행하기 위한 포괄적인 지침을 제공해 줄 것이다.

제5장
임상평가, 공식화 및 치료계획

1. 임상평가

임상평가(clinical assessmet)는 선별(screening), 사정(evaluation),[1] 평가(assessment)를 포함하는 과정 또는 발달과 장애의 정도를 결정하고 아동의 상태에 가장 적합한 진단을 위해 정보를 수집하고 결정하는 과정이다. 즉, 선별은 개인이 더 심도 깊은 평가가 필요한 문제가 있을 가능성 여부를 결정하기 위해 자료수집을 하는 것이며, 사정은 수집된 정보에 근거한 판단과 해석을 통해 특정 결정을 내리는 총체적인 과정이다. 사정은 이상적으로는, 아동의 장애와 요구를 확인함에 있어서 전문성을 발휘하는 다학문적 전문가 팀에 의해 행해져야 한다. 팀은 전문가들이 어떻게 상호작용하는가에 따라 몇 가지 형태를 취할 수 있다. 평가팀의 전형적인 구조는 〈표 5-1〉에 나타나 있다. 그리고 평가는 장애의 양상을 자세히 설명하고 가장 적당한 치료계획을 공식화하기 위한 진단정보로 사용된다.

사정과정은 보통 아동에 관한 이력 정보(historical information)를 모으고 검토하는 것부터 시작된다. 이력은 부모면접, 이전의 임상정보, 표준화된 질문을 통해 수집될 수 있다. 이 정보에는 아동에 관한 발달정보뿐 아니라 의뢰사유, 이전의 검사결과 등이 포함된다. 이러한 정보를 수집할 때, 팀은 아동에 관해 알려진 것이 무엇인지 파악하고 장애의

---

[1] 학문 분야에 따라서는 용어 사용의 차이가 있을 수 있음[예: 특수교육 분야에서 평가(evaluation), 진단(assessment)으로 번역·사용].

표 5-1	평가팀의 구조

다학문적(multidisciplinary): 다른 학문 분야의 전문가들로 팀이 구성되어 있다. 팀은 각자 내담자에 대한 독립적인 사정을 하고 팀과 내담자의 가족들에게 보고되는 권고사항(recommendations)이 다르다.

간학문적(interdisciplinary): 다른 학문 분야의 전문가들로 팀이 구성되어 있으나 그들 사이에 공식적인 의사소통 채널이 확립되어 있다. 사례관리자(case manager)가 모든 학문 간 서비스를 조정한다. 특정 전문가는 평가에 참여할 수 있는데, 아동과 직접 작업하는 사람들에게 제안(suggestions)을 하지만 그들과 직접 상호작용하지는 않는다.

초학문적(transdisciplinary): 팀원들은 학문 간 정보와 기술을 공유하도록 권장된다. 평가는 협력적이어서 주서비스 제공자인 한 사람이 아동과 지속적으로(또는 주로) 상호작용을 하면 다른 팀원은 관찰을 하거나 제안을 한다. 팀원들은 가능할 때, 함께 작업하며 서로 훈련을 시키기도 하고 받기도 하면서 상보적인 상호작용을 한다. 서로 정보를 공유하고 팀원들은 각 학문 분야에서 고유한 활동을 하도록 서로 돕는다. 특히, 팀 구성원 간뿐만 아니라 가족과 정보공유를 위한 체계적인 방법도 제시한다는 점에서 활용이 권장되고 있다.

출처: Martin & Volkmar (2007).

유무와 장애의 유형을 확정하기 위해, 그리고 치료계획을 개발하기 위해 이 사정을 통해 알아야 할 것이 무엇인지를 정해야 한다(Paul & Lewis, 2007). 예를 들어, 아동의 의사소통에 관한 초기 정보를 수집할 때 고려해야 할 기본 질문들은 다음과 같다.

- 대상아동은 언어발달과 수유(feeding)에서 정상적 발달이정표를 달성했었는가?
- 가족들은 의사소통에서 아동의 가장 중요한 문제를 무엇으로 보고 있는가?
- 언제 그 문제가 시작되었나?
- 이 문제는 심각성이나 발병빈도에서 변화가 있는가?
- 아동의 말을 가족 외의 다른 사람들이 이해할 수 있는가?
- 집에서 언어적 지시를 따를 수 있는가? 학교에서는 어떠한가?
- 이 문제는 학교와 사회적 상황을 포함한 다양한 환경에서 아동에게 어떻게 영향을 미치고 있는가?

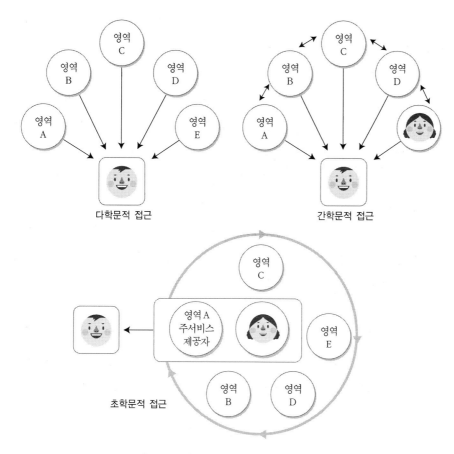

[그림 5-1] 협력적 진단을 위한 팀 모델

출처: 이소현(2009), p. 74.

1) 의뢰에 관련된 초기 질문들

임상가는 아동이 임상적으로 중요한 장애를 가지고 있는지, 그러한 장애가 있다면 그 특징이 무엇인지에 관한 질문으로 초기평가(initial assessment)를 구성하고 싶어 한다. 그리고 주된 쟁점(main issue)은 염려되는 특정 행동을 위해 가족이나 학교가 무엇을 해야 하는가다. 아동이 다니는 학교가 가장 적합한지, 학교를 그만두게 할 필요가 있는지, 아동을 가족으로부터 떼어 놔야 하는지와 같은 특별한 행정적 결정에 관한 질문이 있을 수 있다. 아동보호 또는 특정 범죄행위에 대한 아동의 책임성을 묻는 법정소송에 관련된 의견을 구하기 위해 의뢰(referral)되었을 수도 있고, 치료적 개입 조치를 취해야 하는가에 관련된 의견을 묻기 위해서 의뢰되었을 수도 있다. 아니면, 아동이 보이는 행동의 의미가 어떤 심각한 정신장애(정신분열증이나 자폐증)의 초기징후를 나타내는지 아닌지에 관한 의문 때문에 의뢰되었을 수도 있다. 또 다른 의뢰가능성은 주요 문제가 어떤 방식으로든지 가족기능을 방해했을 경우다(Shepherd, Oppenheim, & Mitchell, 1971). 만일 아동의 주된 문제가 가족의 기능을 방해했었다면, 이 아동이 왜 이 시점에 이런 식으로 의뢰되었는지를 이해할 필요가 있다. 또한 무엇이 문제이고 그 문제를 위해 어떤 조치가 필요한지에 관해 사람들이 각자 매우 다른 관점을 가지고 있을 수 있다. 따라서 아버지와 어머니는 무엇이 문제이고 무엇을 해야 하는지에 대해 의견 차이가 클 수 있으며, 그들의 관점은 아동의 관점과 다를 수 있고, 이 모든 것은 학교, 사회복지사 또는 임상가의 관점과 다를 수 있다.

이러한 모든 불확실성과 가능성 때문에, 의뢰에 관련된 질문을 명확하게 하기 위해 몇 가지 평가를 절차대로 시작하는 것이 중요하다(Kanner, 1957; Rutter, 1975). 누가 의뢰를 시작했는가? 왜 의뢰가 되었는가? 왜 지금 의뢰가 되었는가? 그것은 누구의 문제인가? 사람들이 대답을 원하는 핵심 관심사나 질문은 무엇인가? 평가를 기다리는 행정적인 결정사항이 있는가? 있다면 그것은 무엇인가?

이러한 질문은 진단평가용 면접을 하기 전에 얻게 되는 보고내용을 통해 어느 정도 명확해질 수 있다. 분명히, 이것은 가족과의 논의를 통해서 그리고 가족의 허락을 받아서 실시될 필요가 있다. 하지만 일반적으로 첫 면접을 할 때, 학교나 관련 사회기관, 이전의 의학적 평가, 그리고 심리평가와 교육평가(educational evaluation)로부터 유용한 관련 정보를 얻는 것이 바람직하다. 가족이 의뢰를 통해 무엇을 원하는지에 관련된 개방형 설문지를 사용할 뿐만 아니라 첫 면접 전에 구조화된 질문지를 완성하게 하는 것이 바람직할 수 있다(Rutter & Taylor, 2008).

의뢰사유를 명확하게 하는 것은 물론, 가족구성원들이 서로 어떻게 소통하는지, 그리고 그들이 서로의 걱정거리를 어떻게 다루는지에 관한 정보를 제공해 줄 수 있는 방식으로 초기평가가 계획될 필요가 있다. 초기평가의 목적은 그 가족의 강점과 한계점을 확인하는 것이고, 이것이 치료개입을 계획할 때 고려될 수 있도록 강점과 한계점들이 기능하는 방식을 이해하는 것이다. 적절한 형태의 치료적 동맹을 확립하는 것은 진단평가의 초반부터 중요한 고려사항이 되어야 한다(Green, 2006; Kazdin, Whitley, & Marciano, 2006).

2) 진단적 임상평가의 요소들

(1) 아동면접

아동 · 청소년 면접은 성인들에게 사용한 면접과 유사한 접근법을 따를 수 있지만, 더 어린 아동들에게는 다양한 수정(adaptation)이 필요하다. 모든 사례에서 아동에 대한 개별평가를 하는 것이 필수적이다. 왜냐하면 첫째, 아동의 개별평가는 아동의 행동, 사회적 상호작용 양식과 몇 가지 비교상황에서 말하는 방법을 평가하는 데 도움이 되기 때문이다. 보통 나머지 가족들과 함께 있을 때의 아동을 살펴보는 것이 좋다. 그리고 심리검사는 아동의 참여와 집중을 요구하는 일련의 구조화된 과제를 하게 하며, 상당히 다양한 자극을 제공해 줄 것이다. 심리검사에는 검사수행은 물론 아동의 행동과 사회적 상호작용에 대한 세심한 설명을 포함시켜야 한다. 아동과의 면접은 심리검사보다 덜 구조화되었지만 둘이서 하는 상호작용의 기회를 제공해 준다. 특히 면접 초반에 아동의 흥미를 끄는 중립적인 주제들에 관해 말하는 시간을 가져 아동을 편안하게 해 준 후에 자신의 걱정을 표현하도록 격려하고, 보다 체계적인 접근을 통해 특정한 행동과 감정으로 진행해 가는 것이 필요하다. 대체로 개방형 질문에 자유롭게 서술하는 응답은 가장 정확하고 거의 왜곡 없이 행동에 대한 설명을 제공해 주지만 상세하지가 않아서 대부분 뒤이어 보다 구체적인 질문을 해야 할 필요가 있다(Rutter & Taylor, 2008). 그러나 아동이 유도성 질문에 약하다는 사실도 알고 있어야 한다. 이것이 딜레마다. 치료자가 요구하지 않으면 아동은 필요한 구체적인 사항을 말하지 않을 가능성이 있다. 그러나 치료자가 진술을 유도한다면 아동은 부정확하거나 거짓된 내용을 말할 가능성이 높아진다. 치료자가 개방형 질문을 한 뒤 이어서 새로운 내용을 첨가하지 않아도 되는 구체적인 질문을 하고, 필요하다면 그 후에 가정된 이야기가 포함된 질문을 하는 것이 가장 좋은 절충안이 될 수 있다(송영혜, 김은경, 김귀남, 2009).

아동이 의사소통과 사회적 기술에 장애가 있을지 모를 때, 그리고 임상적 쟁점이 일반적인 면접에서 적절하게 다뤄지지 못하는 특별한 행동양식에 초점을 둘 필요가 있을 때는 아동의 면접과 관찰 방식이 달라져야 한다. 자폐증 진단이나 애착장애 평가가 특별한 목적을 위해 평가방법을 어떻게 변경할지에 대한 대표적인 예가 된다. 심각하게 손상된 청력, 시력, 또는 제한된 언어를 가진 아동들에게도 면접접근법을 다르게 할 필요가 있다.

아동의 연령이 어떻든 그리고 임상적 쟁점이 무엇이든, 면접은 적당한 정도의 구조화와 표준화(아동에 따라 비교할 수 있기 위해서는 필수적이다)를 조합시키는 것과 예상 밖의 쟁점과 개별적인 쟁점에 민감한 것이 중요하다. 임상상황에서 진행한 부모면접에 대한 연구들(Cox, Rutter, & Holbrook, 1981; Rutter et al., 1981)에서 가장 놀랄 만한 결과 중 하나는 미리 결정된 주제로만 질문을 국한시켰을 때, 수집될 수 없을 것 같은 임상적으로 중요한 정보가 높은 빈도로 수집되었다는 것이다. 아동면접에서도 이러한 결과를 동일하게 고려해야 한다. 임상가들은 아동들이 제공해 주는 단서들에 민감해지는 것이 매우 중요하며, 개별적 상황에서 가장 적절한 방식으로 진행하는 것이 필요하다. 이러한 필요성은 아동이 정신병리에 관해서 말할 때보다 심리사회적 환경에 관해서 말할 때 훨씬 더 많이 적용된다(Rutter & Taylor, 2008).

(2) 부모면접

부모면접은 정신병리 평가와 특히 관련되어 있지만, 치료적인 개입을 계획할 때 몇 가지 특징들이 고려될 필요가 있다. 우선, 부모들에게 가장 걱정이 되는 아동의 행동, 감정 또는 사회적 상호작용이 무엇인지를 결정하게 하는 것이 필수적이다. 그것이 반드시 임상가가 정신병리학적으로 가장 중요하게 고려하는 특징이 아닐 수도 있지만, 일반적으로 자신들의 걱정거리를 설명함으로써 조기치료적 개입이 부모에 의해 인식되는 것은 바람직하다. 부모가 그 걱정거리를 그동안 어떻게 다루어 왔는지 아는 것도 중요하다. 그들이 어떻게 반응했고, 그 접근법이 어떤 성공을 거두었는지 아니면 그 반대였는지를 아는 것이다. 만일 치료계획에서 이것이 적절하게 활용된다면, 그것은 일반적인 해결책(아동을 훈계하고, 위로하고, 이해하려는 것)을 뛰어넘는 핵심일 것이다. 그리고 이것이 어떻게 행해졌는지에 대한 보다 상세한 순차적인 설명을 얻어 낼 것이다. 즉, 그들은 무엇을 했고 아동들의 반응은 어떠했는가에 대해서다. 만일 특별한 접근법이 작동되지 않았다면, 그 접근법을 지속했는지(만일 그랬다면, 얼마나 오랫동안 그리고 어떤 상황에서) 아니면 계속해서 변경했었는지에 대한 것이다. 이것과 밀접하게 관련된 쟁점은 아동의 장애가 자신과 나머지 가족구성원에게 미쳤던 영향에 대한 것이다.

장애의 발달을 다룰 때, 생활환경이나 신체상태에 의한 취약요인들에 관심을 기울일 필요가 있다. 특별한 질문을 하기 전에, 부모가 중요하게 여겨 왔던 관점을 알아내는 것이 일반적으로 더 좋다. 대체로 발생할 가능성이 있는 염려행동을 하게 하는 특징은 무엇인지와 어떤 환경이 그 상황을 개선시킬 것 같은지 등이다. 그 행동이 그 상황에서 특정적인지 아니면 만성적인지의 정도에 관한 질문은 심각 정도에 관련된 시사점 때문만이 아니라 위험 또는 보호 요인으로 작용할 수 있는 환경의 특징 면에서도 중요하다.

진단평가의 일부로서, 부모에게 보이는 아동을 확인하는 것은 중요하다. 하지만 사람들은 자기 자신으로 보일 때와 가족집단의 일원으로 보일 때 같은 방식으로 행동하거나 말하지 않는다. 더욱이 아동들이 전문가와 논의된 자신의 문제를 들어야 하는 경우 당혹스러울 수 있다. 따라서 일부 평가시간을 자기 자신으로서의 아동과 부모를 개별적으로 보는 데 쓰는 것이 바람직하다. 이것은 가족상황에서는 쉽게 얻어질 수 없는 정보를 얻을 수 있을 뿐만 아니라 집단의 일원으로서 그들뿐만 아니라 개인으로서의 가족에게 주목되는 걱정거리를 분명하게 해 준다. 어떤 임상가들은 합동가족상황(conjoint family setting)에서 진단평가 면접 전체를 실시하는 것을 선호하지만, 이것은 정보수집에 관련된 불리한 점들을 가지고 있다. 양쪽 부모를 함께 볼 것인지 또는 개별적으로 각자 볼 것인지에 관해서도 유사한 결정을 내릴 필요가 있다. 관행상 먼저 부모가 선호하는 것을 따르지만 추가된 짧은 시간에 개별적으로 부모를 보는 것이 필요하다(Rutter & Taylor, 2008). 하지만 진단평가에서 치료적 개입으로 넘어갈 때 가족에서 개인으로 또는 개인에서 가족으로의 양식변화에 잘 반응하지 않았던 결과를 보인 연구(Cox, Hemsley, & Dare, 1995)도 있었다.

(3) 학교보고

가급적이면 가족과의 첫 면접에 앞서 학교보고서를 입수하는 것이 바람직하다. 아동들은 집에서 행동하는 방식과는 다르게 학교에서 잘 행동할 수 있으며, 교육적 어려움은 정신병리와 자주 관련이 있으므로 학업수행 정도에 관한 정보를 확보하는 것이 중요하다. 학교보고의 일부로서 표준화된 설문지를 사용할 때 장점이 있지만, 설문지는 교사들이 자신들의 염려를 결정적으로 표현할 수 있고 설문지의 범위를 벗어난 특징들을 포함시킬 수 있기 때문에 설문지 그 자체만으로는 적절하지 않다. 왜냐하면 단순히 현재 행동만이 아니라 시간에 따른 변화를 고려하는 것이 중요하고, 학교가 어려움들을 어떻게 다루었고 아동이 취해진 조치에 어떻게 반응했는지를 아는 것은 중요하기 때문이다. 가끔 진단평가에서 생기는 특별한 의문점들이 있을 수 있으며, 그러한 경우가 생겼을 때 임상팀 구성원은 발생한 문제점을 논의하기 위해 학교와 직접 접촉하는 것이 유용하다. 특히 아동행동에 관한 설명이 가정과 학교에서 유의미한 차이가 있을 때, 무슨 일이 일어나고 있는지 관찰하기 위해 두 환경을 방문하면 유익한 정보를 얻을 수 있을 것이다(Rutter & Taylor, 2008).

(4) 심리평가

심리검사(psychological test)는 개인의 심리적 구성개념(지능, 적성, 흥미, 학업성취도 및 성격특성 등의 제반 심리적 속성들)을 객관적이고 표준화된 방식으로 측정함으로써 개인 간의 차이 또는 동일한 개인의 반응들 간의 차이를 측정하는 것이다. 심리평가(psychological assessment)는 심리검사뿐만 아니라 면접 및 행동관찰 자료를 통합하여 전체로서의 개인을 이해하기 위한 정보를 수집·기술·해석하여 그 개인의 전체 생활과 관련된 적절한 대안을 제시하거나 책임 있는 결정을 내리는 것이다.

심리평가의 핵심 부분은 주어진 과제를 다루는 아동의 행동과 심리학자와의 사회적 만남에서 보이는 아동의 행동에 관한 심리학자의 관찰에 있다. 심리평가는 일반적으로 아동의 심리적 기능에 관한 정보를 제공해 주기 때문에 중요하며, 단지 심리검사 결과의 해석과 관련된 중요성 때문만은 아니다. 검사점수가 아동의 수행에 관해서 부모와 학교가 설명한 것과 일관성이 있는지를 고려하는 것은 모든 경우에 필수적이며, 계속해서 임상가는 아동에 관해 관찰을 해야 한다. 물론 모든 평가에 완벽한 일치는 없겠지만, 주된 차이점이 있다면, 그것은 언제나 고려해야 할 차후 연구문제가 되어야 한다. 즉, 표준화된 검사를 하는 동안 다른 사람들의 보고를 토대로 예상했던 것보다 아동의 수행이 현저하게 좋았거나 나빴다면 뭐라고 설명해야 하는지, 그것은 요구되는 인지 정도가 개별 상황마다 차이가 있는 것을 반영하는지 아니면 그 상황에 대한 사회적 특징을 반영하는지, 훨씬 더 좋은 수행을 촉진시킬 것 같은 상황적 요인들이 시사하는 바는 무엇인지에 대한 것들이다.

그리고 심리평가의 중요한 부분은 그 결과에 대한 타당도 평가에 있다. 장애로 인한 행동이 과제수행을 방해했을 것 같은지에 주목하면서, 관련 과제에 아동이 몰두할 가능성이 있는 정도에 관심을 기울일 필요가 있다. 특히 심각한 지적장애가 의심되는 학령전기 아동의 경우에, 아동이 그 상황과 제시된 과제를 전체적으로 어떻게 다루는지 주목하는 것은 중요하다. 환경에 관한 강한 호기심, 체계적인 문제해결접근법, 그리고 검사자료를 다루는 상상력과 연합된 주도성은 모두 매우 낮은 점수의 타당성에 의문을 제기할 것이다. 또한 전반적인 과제수행이 언어, 운동 협응 또는 시력과 같은 특정한 기능에서의 어려움 때문에 제한을 받았는지를 분명하게 고려해야 한다. 점수의 예언 타당도와 관련해서, 현재의 인지기능이 심하게 불리한 양육경험의 결과로서 손상되었을 가능성에 대해 고려할 필요가 있다. 검사점수는 귀중한 정보를 제공해 주지만, 그것들은 전체로서의 평가와 관련지어 해석되어야 한다.

(5) 의학적 조사와 검사

신체적 질병은 누구에게나 있을 수 있고 정신적 장애를 초래할 수 있다. 그래서 아동의 정신건강평가는 질병을 알아내는 데 필요하다. 가장 기본적인 필수사항은 진료의뢰 시 주목했던 정신병리가 신체적 문제와 관련되어 있을 가능성에 대한 지침으로 신중하고 체계적인 이력조사(history-taking)를 사용해야 한다는 것이다. 신경학적 문제뿐만 아니라 주의력문제로 인한 난청, 섭식문제로 인한 내분비 기능장애와 같은 일반적인 의학적 문제들도 유념해야 한다. 신체상태와 관련되어 있을 가능성을 시사하는 이력이 아무것도 없을 때, 그것은 이전의 건강 선별이 괜찮았다는 것을 의미하고, 아동의 키와 몸무게를 재고, 아동에게 완전히 옷을 벗을 필요가 없는 검사인 신경발달검사를 하면 충분할 것이다. 사춘기 상태를 결정하기 위해 몇 가지 질문을 했어야 하지만 그것이 특별히 관련이 있을 것 같지 않으면, 이 목적을 위해 신체검사를 할 필요는 없다.

아동이 전반적 발달지체 내지는 특정한 발달지연을 가지고 있거나 자폐증이나 과잉행동장애 같은 장애를 가지고 있을 때, 오히려 충분한 평가가 필요하다. 적절한 의학적 평가는 신체기능에 영향을 주는 증상이 있을 때 필수적이다. 왜냐하면 이것은 결과적으로 신체적 질병을 낳을 수 있기 때문이다.

3) 임상평가의 표준화

루터와 테일러(Rutter & Taylor, 2008)는 임상평가방법이 표준화되는 것의 장단점에 대해서 다음과 같이 언급하고 있다. 과거에 어떤 임상가들은 특별한 치료형태가 반드시 요구될 것이라고 가정된 방법을 사용했다. 한때 이것은 정신분석적으로 지향된 심리치료에 영향을 미쳤고, 나중에는 한 가지 종류 또는 다른 종류의 합동가족치료에 영향을 미쳤다. 하지만 정확하게 동일한 쟁점은 치료가 진단에 따른 특정(diagnosis-specific) 약물(이것은 우울장애를 위한 것이든 주의력 결핍장애를 위한 것이든)을 사용할 것이라는 가정하에 적용된다는 것이다. 임상평가에 대한 이러한 접근법은 더 이상 받아들여지지 않아야 한다. 즉, 단독치료 임상기법은 좋지 않은 기법이며 다양하고 적절한 치료개입의 가능성을 고려해야만 한다. 면접에 관한 체계적인 연구(Cox & Rutter, 1985)에서 체계적으로 초점을 맞춘 질문이 임상진단을 위한 관련 자료를 확보하는 데 필수적이라는 것을 밝혔다. 그래서 표준화된 면접과 표준화된 관찰의 유용성이 논의되었다.

반면에 그런 진단도구로 평가를 제한하는 데에는 역시 위험성이 있어서 다음과 같은 점을 고려해야 한다. 첫째, 면접에 대한 체계적인 연구에서 만일 평가가 미리 결정된 관심영역으로 제한되었다면 놓쳤을 임상적으로 중요한 의미를 갖는 특유 문항들이 매우 높은 빈도로 나타났다(Cox & Rutter, 1985). 둘째, 현재의 진단개념들은 충분한 범위의 정신병리영역을 망라한다고 가정될 수 없다. 캐너(Kanner, 1969)의 연구에서 밝힌 주장은 교과서에 정리되어 제시된 진단적 설명과 의뢰환자가 보이는 임상적인 증상이 일치하지 않는다는 것이다. 어떤 사람은 잘 알려지고 잘 입증된 장애에서 다소 이례적일 수 있다. 그래서 임상가들은 현재의 관습적인 진단에 맞지 않는 특이한 양상을 항상 빈틈없이 고려해야 한다. 셋째, 초기 진단평가는 진단주제로 국한되어서는 안 된다. 초기 진단평가는 의뢰사유, 장애의 원인이나 과정에서 중요했을 것 같은 요인들이나 치료계획에 영향을 주는 요인들, 그리고 예후와 관련될 수 있는 요인에 대한 평가에도 반드시 관심을 가져야 한다. 표준화된 접근법은 중요한 평가부분으로 이루어져 있지만 그것들은 한 부분일 뿐이다. 다시 말해, 분명한 임상적 기준들에 대해서 말할 수 있는 것이 많이 있지만, 이를 경직되고 제한되며 미리 결정된 진단 프로토콜로 해석하는 데에는 위험성이 있다. 마지막으로, 초기 진단평가는 치료계획의 토대가 되는 공식화(formulation)를 계속해서 제공해 주어야 한다. 그 공식화에는 증상의 양상이 다른 사람들이 보인 것과 공통적인 것뿐만 아니라 개별 아동과 개별 가족에게 특징적인 측면이 포함되어 있어야 한다. 공식화에는 치료반응에 영향을 미칠 가장 중요한 요인들이 무엇인가에 대한 가설을 포함시켜야 한다. 즉, 가설이 있었는지 아니면 없었는지, 정확했는지 아니면 정확하지 않았는지를 결정하기 위해 어떤 증거가 필요할 것인지, 그리고 어떤 치료목표가 최선일까에 대한 치료계획의 개발을 포함시키는 것이 필요하다.

4) 임상적으로 중요한 정신병리의 유무

대부분의 정신장애는 정상 아동·청소년들에게는 발견될 수 없는 질적으로 특징적이고 비정상적인 특징을 포함하고 있지 않기 때문에 정신병리의 심각성이나 본질(nature)이 임상적으로 유의미한지 아닌지가 핵심적인 질문이 된다. 그 질문은 다시 두 가지 다른 쟁점으로 구성되어 있다. 첫 번째는 고려되고 있는 문제가 자신이나 타인에게 심각한 고통을 가져오는지에 대한 질문이다. 두 번째는 정신병리가 정상적 행동범위를 벗어나 있는지 아니면 재발이나 만성적인 기능장애의 유의미한 가능성을 동반하는지에 관한 질문이다. 질문 중 하나에 대한 대답이 긍정적이면 임상적 개입이 바람직할 것이다. 사랑하는 사람의 죽음으로 인한 심한 슬픔의 반응은 정상적인 사람들에게 아주 흔한 것이지만, 적절한 상담을 제공해 주는 것은 타당한 일이다. 비슷하게, 자녀가 먹는 것 또는는

자는 것에 어려움이 있다고 상담소를 찾아오는 부모들도 많이 있다. 이러한 것은 본래 정상이지만 주된 가정붕괴의 원인일 수 있는데, 그런 상황에서는 적절한 안내와 도움이 필요할 것이다.

이런 쟁점은 정서장애와 관련해서 중요하다. 왜냐하면 불안, 우울 및 공포는 대부분의 사람이 언젠가 경험하는 정상적인 부분이기 때문이다. 그래서 다음과 같은 점을 고려해야 한다. 그 사람의 평소 정신상태에 상당한 변화가 있었는지, 감정의 강도가 정상적인 변화의 범위를 벗어나는지, 그 사람이 오락이나 즐거운 활동 참여로 기분전환을 해서 불쾌한 정서를 조절할 수 있는지, 정서가 정상적인 삶의 기능을 침범하거나 방해하는지 그리고 그 감정들이 만성적인지다. 다소 비슷한 기준이 과잉행동/부주의에 적용되지만, 이것은 보통 학령전기에 처음 나타나기 때문에 이전의 양상에서 눈에 띄는 변화가 있지 않을 것이라는 차이점이 있다. 파괴적 행동평가는 아동 자신이 그런 행동을 통제할 필요성이 있다는 것을 인식하지 못할 것이기 때문에 오히려 더 간단하지가 않다.

(1) 손상 평가

정신병리가 어느 정도로 심리사회적 기능 손상(impairment)을 가져왔는지는 임상적인 유의미성 평가에서 핵심적인 고려사항이다(Rutter, Tizard, & Whitmore, 1970). 만일 정신병리가 기능을 손상시키고 있지 않다면, 개입의 필요성이 적다. 증상학 연구결과는 관련된 손상 정도에 따라서 정신병리의 형태에 상당한 차이가 있다는 것을 일관성 있게 보여 주었다. 우선, 상당수의 아동들은 특정 진단기준을 충족시키는 데 요구되는 증상의 수에는 못 미치지만 정신병리와 관련된 심리사회적 손상을 보여 준다(Angold, Costello, Farmer, Burns, & Erkanli, 1999). 이러한 경우가 있을 때, 개입의 필요성이 잘 정당화될 수 있다. 어떤 손상도 없이 다양한 우울증상이 있는 경우는 이상한 일이다(Pickles, Rowe, Simonoff, Foley, Rutter, & Silberg, 2001). 하지만 여기서 진단은 단지 부정적인 정서의 심각성만이 아니라 자기비하, 죄책감, 미래에 대한 무망감, 자살 생각이나 행동과 같은 현상들과 관련지어 이루어진다. 즉, 관련 증상을 고려하는 것은 진단에서 핵심요소다.

손상은 확실히 사용할 수 있는 유용한 준거이지만, 루터와 테일러(2008)는 손상에 지나치게 높은 우선권을 주는 것에는 논리적·실제적인 문제가 있음을 지적했다. 첫째,

의학적 관점에서, 분명하게 병리적인 상태를 나타내는 신호(sign)나 증상(또는 검사결과)이 있었지만 손상되지 않았기 때문에 그 사람이 장애를 가지고 있지 않다고 말하는 것은 어리석은 것처럼 보인다는 것이다. 예를 들어, 적절한 검사를 통해 상태가 밝혀진 당뇨병 환자는 그 징후들이 식이요법이나 인슐린 사용에 의해 잘 통제되었기 때문에 기능이 손상당하지 않았다 할지라도 여전히 당뇨병을 가진 것으로 진단될 것이다. 적절한 약물에 의해 잘 통제된 조현병의 경우에도 똑같이 적용될 것이다. 둘째, 어떤 사람은 증상을 야기하는 상황들을 피했기 때문에 증상을 드러내지 않을 정도로 자신의 장애를 성공적으로 대처할 수 있다는 것이다. 만일 그 사람의 생활이 잘 조직화돼서 그 문제가 발생하지 않는다면 심리사회적 손상은 없을 것이다. 이것은 특정 공포증의 사례에 가장 분명하게 적용된다. 셋째, 심리사회적 손상의 정도는 불가피하게 사회적 상황에 의해 영향을 받을 것이다. 예를 들어, 수십 년 전 우튼(Wootton, 1959)은 고용률 변동에 따라 장애비율이 증감되는 것의 모순을 지적했다. 그녀는 또한 정신장애의 진단을 타인에게 문제를 일으키는 정도에 근거를 두는 것의 문제점을 지적했다. 이것은 품행장애가 정신 상태로 고려되어야 하는지 아닌지를 결정할 때 문제가 되는 쟁점이었다(Hill & Maughan, 2001). 이 경우에 그것을 일종의 장애로 간주해야 한다는 설득력 있는 주장은 아동기와 성인의 삶에서 손상된 개인적 기능에 대한 많은 증거가 있는가다. 그리고 거기에는 자살과 다른 형태의 정신병리 위험성 증가가 포함되어 있다.

비록 질적인 비정상성이 아동기와 청소년기 대다수 정신장애의 특징은 아니지만 약간은 비정상성이 있다. 예를 들어, 자폐증이 있는 사람들에게 보이는 사회정서적 결핍의 양상은 어떤 연령대에서든 비정상적인 양상이다. 이는 사고장애, 부정적인 증상, 그리고 조현병에서 발견되는 망상/환각에도 같이 적용된다.

공식적인 분류체계 속에는 서로 다른 정신장애에 대한 확고한 진단기준이 있는데, 종종 그 기준이 특정한 진단기준 중 하나에 정확히 맞지 않는다면 장애가 있다고 할 수 없는 것으로 생각된다. 그것은 임상연구와 증상학 연구 둘 다에서 보여 주듯이 분명히 사실이 아니다(Angold et al., 1999; Pickles et al., 2001). 물론 사회적 손상이 있다는 것 그 자체로 정신장애가 있음을 의미하지는 않는다. 그것은 뭔가가 잘못되었음을 시사하지만 진단을 위한 한 가지 핵심 질문은 이것이 어떤 형태의 신체적 질병에서 기인된 것인지 아닌지다. 그런 질병이 배제되는 것처럼 보일 때조차, 심지어 증상의 수나 양상이 어떤 단일 특정 장애의 규칙에 맞지 않더라도, 정신장애의 진단은 정신병리적 역기능에 대한 명백한 증거에 기초를 둘 필요가 있다.

(2) 장애의 발병시기와 지속기간

진단 분류체계에서 장애의 지속기간은 정신병리가 임상적으로 유의미한지 아닌지를 결정하는 핵심 기준으로 사용되었다. 예를 들어, Diagnostic and Statistical Manual of Mental Disorders, 5th ed.(DSM-5)(APA, 2013)에는 주요우울장애는 최소한 2주간, 품행장애나 범불안장애는 6개월, 성인의 기분부전장애는 2년 이상 지속되어야 하는 것으로 명시되어 있다. 이러한 기간 선택은 본래 임의적이다. 그래서 대부분의 임상가들은 주요우울장애의 기간으로 2주는 너무 짧다고 여기고, 연구 진단기준은 2주가 아닌 4주로 지정한다는 것을 주목할 만하다(Mazure & Gershon, 1979). 또한 기분부전장애 진단기준을 충족시키기 위해 지속되어야 하는 1년은 꽤 긴 시간인 것처럼 보인다. 차후 문제는 개인마다 다른 발병시기에 중점을 두고 실시한 높은 질의면접 연구에서조차 장애의 발병시기에 대한 신뢰도가 떨어지는 것으로 입증되었다는 것이다(Angold, Erkanlis, Costello, & Rutter, 1996). 모든 가능성을 고려할 때, 이것은 사람들이 장애가 시작되었을 때를 기억하기가 어렵다는 것을 발견했기 때문이 아니라 오히려 많은 장애가 분명한 발병시점을 갖고 있지 않기 때문이다. 흔히 증상학(symptomatology)은 새로운 증상이 분명해지는 어떤 시점에 그리고/또는 심리사회적 손상이 처음으로 분명해질 때, 시간과 함께 더 많아진다(Rutter & Sandberg, 1992; Sandberg, Rutter, Pickles, McGuinness, & Angold, 2001). 분명히, 임상가는 정신병리가 시간에 따라 어떻게 발달했는지 그리고 장애의 발병 또는 장애의 뚜렷한 악화시점을 확인하려고 노력해서 가능한 한 좋은 설명을 찾아내는 것은 중요하다. 하지만 임상적 관점에서 지속기간에 관한 맹목적인 방식으로 DSM의 규칙을 따르는 것보다 그 증상이 정상범위에서 분명하게 벗어난 것인지 그리고 질적으로 비정상적이거나 상당히 심리사회적 기능에 방해가 되는지를 결정하는 것이 더 적절하다.

5) 정신장애의 본질

우리가 분류원칙(classificatory principle)을 따르는 것과 상관없이, 분류원칙은 증상의 혼합(mix of symptomatology)에 대한 적절한 평가를 하기 위해 임상적 평가에서 필수적이다. 왜냐하면 그 혼합이 공존병리로 개념화되든지 아니면 한 가지 장애 속에 있는 혼합된 증상으로 개념화되든지에 상관없이, 그 혼합은 치료전략에 대한 시사점을 가지고 있을 것이기 때문이다. 아직까지 특정한 진단에 특별한 약이 있지는 않다. 심리치료와 약물치료 둘 다 진단보다는 증상의 특정 양상에 초점을 둘 필요가 있다.

만약 평가에서 중요한 정신병리장애가 있다고 나왔다면, 그다음 질문은 어떤 형태를 취하는지 어떤 진단 또는 진단법이 그것에 적용될 수 있는지다. ICD-10(WHO, 1996)과 DSM-IV(APA, 2000)는 이러한 이슈에 다르게 접근한다. 동시발생(co-occurrence)이 이 두 분류체계에서 어떻게 다뤄지는가에 관련해서 각자 장단점이 있다. 그러나 임상적인 요구는 정신병리의 전체적인 혼합을 평가하는 것이다. 왜냐하면 그것은 치료 결정과 예후에 영향을 미칠 것이고, 증상양상의 의미와 관련된 인과관계 기제를 정리하는 데 도움이 될 것이기 때문이다.

이들 진단체계의 특징은 정신장애를 상호관계 형성이나 환경과의 문제에서 발생하는 문제로 여기기보다는 환자 개인에게 나타나는 문제로 간주한다. 의사소통을 촉진하기 위해 진단기준을 설정하였고, 이로 인해 세계 각국의 임상가와 연구자들 사이의 진단 간 신뢰도는 매우 높아졌고 한 진단범주에 그 질병의 원인, 역학, 공존질환, 감별진단, 경과, 예후 및 치료에 대해서도 언급하고 있다. 하지만 지나치게 구체화시킴으로써 진단의 수가 너무 많아지고 공존질환이 증가하는 결과를 가져온 것이 문제점으로 나타났다(안동현, 김태호, 2013).

■ 심리사회적 평가

심리사회적 위험요인은 정신병리의 발전에서 중요하다. 진단평가는 심리사회적 위험요인의 존재 여부를 평가하는 신뢰 있고 타당한 평가수단이기 때문이다. 하지만 그 필요성이 오직 원인에 대한 질문과 관련된 것으로 보여서는 안 된다. 심리적 개입을 계획할 때, 위험한 특징들과 가능한 보호 메커니즘을 확인하는 것이 중요하다. 게다가, 가족 내에서 일어나고 있는 것과 관련된 것 외에도 또래집단, 학교, 지역사회 내에서 일어난 것과 관련해서 위험요인과 보호요인을 평가하는 것이 필요하다(Rutter, Giller, & Hagell, 1998; Shonkoff & Phillips, 2000). 그리고 심리사회적 평가는 과거 경험과 현재 환경을 모두 포함시킬 필요가 있다. 대체로 대부분의 초기 경험은 이후의 심리사회적 환경에 독립적이고 지속적인 영향을 미치지 못한다(Clarke & Clarke, 2000). 그렇지만 아동이 심하게 박탈당한 경험은 더 이상 경험을 박탈당하는 것 없이 잘 기능하는 가정에서 좋은 양육경험을 가진 후에도 오랫동안 지속되는 커다란 후유증이 있을 수 있다(Rutter, Kreppner, O'Conner, & the E.R.A., 2001). 유사하게 심한 학대경험이나 특이하게 심한 외상경험의 지속적인 영향이 있을 수 있다.

위험과 보호 경험에서 고려해야 할 핵심사항은 그 경험을 수동적인 유기체에 나쁜 영향을 주는 것으로만 인식할 필요가 없다는 것이다. 아동과 성인은 그들이 경험하는 것을 생각하고 느낀다. 그리고 그들이 발달시킨 인지적·정서적 세트(또는 내적인 작동모델)는 그러한 경험의 결과를 결정하는 데 있어서 매우 중요할 수 있다. 이것이 의미하는 것은 평가에서는 아동이 자신의 경험을 어떻게 대처했는지와 자신에게 일어났던 것에 대해 스스로 무엇을 생각했고 현재의 경험을 어떻게 보는지를 살펴볼 필요가 있다는 것이다.

최근 수십 년간의 연구를 통해 유전적 요인이 모든 형태의 정신병리뿐 아니라 모든 형태의 행동 기원과 유지에 중요한 역할을 한다는 것이 밝혀졌다. 그 결과는 정신병리에 대한 경향(liability)에서 개인차와 관련된 유전적 민감성(genetic susceptibility)의 영향을 인정하는 것이 중요하다는 것을 보여 준다. 이것은 적절한 진단적 평가를 위해 정신병리에 대한 가족력에 관련하여 체계적인 질문을 포함시킬 필요가 있음을 의미한다.

부모와 형제자매는 유전적 형질에서 가장 가까운 관계다. 직계가족 내 정신장애는 유전적으로 영향을 줄 뿐만 아니라 환경적으로 영향을 주는 심리사회적 위험요인들과 관련이 있을 것이기 때문에 부모와 형제자매의 장애에 특별한 주의를 기울일 필요가 있다(Rutter, 1989). 따라서 부모의 정신장애는 가정불화, 가족붕괴의 위험성을 상당히 증가시켰고 개별 아동에게 초점을 맞춘 적대감과도 관련이 있었다(Rutter, Maughan, Meyer,

Pickles, Silberg, Simonoff et al., 1997). 이것은 부모의 정신장애가 가족에게 나쁜 영향을 주는 방식을 평가하는 것이 중요하며, 그것의 존재를 아는 것만으로는 충분하지 않다는 것을 의미한다. 또한 그 위험요인들은 임신 중 태반장벽을 가로지르는 물질과 관련하여 신체적 위험요인들과 연관이 있을 수 있다. 따라서 임신 초기에 높은 수준의 알코올 섭취는 치명적인 알코올증후군과 관련된 신경발달 이상을 일으킬 수 있다(Spohr & Steinhausen, 1996). 또한 기분전환용 약이나 처방된 약을 복용한 영향을 받았을 수도 있다(Delaney-Black, Convinton, Templin et al., 2000; Singer, Arendt, Fakes et al., 1997). 이촌과 삼촌 내에서 발생하는 정신장애에 관해 질문을 하는 정도는 특정한 임상적 문제에 따라 달라질 필요가 있다. 그러나 양쪽 가족의 주된 정신장애나 발달문제의 발생에 관해 묻는 것은 통상적이어야 한다. 세포유전학과 분자유전적 방법들을 사용한 유전검사는 통상적인 평가가 아니라 어떤 상황에서는 중요하고 미래에 보다 일반적으로 적용될 수 있다.

심리사회적 특징에 대해 체계적이고 표준화된 평가를 하는 연구방법은 대부분의 클리닉에서 사용하는 데 너무 시간이 많이 걸린다. 그럼에도 그것들은 통상적인 임상평가가 어떻게 행해져야 하는가에 대한 유익한 지침을 제공해 준다. 정신병리에 대한 평가에서 부모와 아동이 보고하는 내용의 일치 정도는 기껏해야 보통 내지 중간 정도다(Achenbach, McConaughy, & Howell, 1987; Borge, Samuelsen, & Rutter, 2001). 그것은 부모들이 집 밖에서 아동들이 경험하는 것을 충분히 알지 못하기 때문이거나 어떤 장애는 상대적으로 상황 특징적일 수 있기 때문이다(Cox & Rutter, 1985). 그것이 시사하는 바는 어떤 심리사회적 위험요인과 보호적인 경험에 대한 평가에 대해서는 부모와 아동 모두를 통해 정보를 얻을 필요가 있다는 것이다. 세계보건기구에 의해 개발된 심리사회적 경험의 분류(van Goor-Lambo, Orley, Poustka, & Rutter, 1990)에는 고려될 필요가 있는 경험의 범위에 관한 지침이 있고, 대부분의 관련 경험을 망라하는 표준화된 면접이 있다(Sandberg, Rutter, Giles et al., 1993). 하지만 유전적 매개요인에서 환경적 매개요인을 분리할 수 있도록 설계되었던 연구결과들(Rutter, 2007; Rutter et al., 2001)은 가장 큰 정신병리의 위험요인이 되는 경험이 주로 친밀한 관계 내 두드러진 부정성, 양육에서의 연속성 결핍, 적절한 학습경험의 부족, 일탈적인 에토스(deviant ethos), 일탈적인 태도나 행동양식을 가진 사회집단에 참여하는 것과 관련이 있음을 시사한다(Rutter, 2000a). 비록 유전적으로 민감한 연구설계에서는 많이 조사되지 않았지만, 아동의 행동에 대한 부모의 모니터링과 관리감독이 반사회적 문제와 관련해서 역시 중요하다(Rutter, Giller, & Hagell, 1998). 그러한 경험들이 가족 전체에게 영향을 주는 것뿐만 아니라 그 경험에 대해 아동이 반응했던 방식과 아동에게 나쁜 영향을 준 방식을 알아낼 필요가 있다. 비록 아동 특징적 경험의 중요성을 너무 과하게 주장했을지 모르지만(Reiss, Neiderhiser, Hetherington, & Plomin, 2000; Rutter, 1999), 위험한 경험요인들은 개별 아동에게 영향을 주기 때문에 중요하다.

그러한 연구증거는 어떤 아동이 다른 아동보다 더 쉽게 비판을 받을 것 같은지, 가족 내 관련 위험요인과 보호경험과 더 많이 관계가 있는지 또는 더 자주 혜택을 받고 있는지와 같은 특징들과 관련해서, 가정 내 아동들을 직접 비교하기에 유용하다는 것을 시사한다(Carbonneau, Eaves, Silberg, Simonoff, & Rutter, 2002a; Carbonneau, Rutter, Simonoff, Silberg, Maes, & Eaves, 2002b). 또한 부모가 아동들에 대해 이야기하는 방식에서 얼마나 많은 것이 추론될 수 있는지가 보고 되었는데, 처음에는 캠버 웰 가족면접에서 증명되었지만(Brown & Rutter, 1966) 이후 더 짧은 평가로 개발되었다(Magana et al., 1986). 이것은 단지 문제에만 초점을 두는 질문이 아니라 부모가 아동들에 대해 중립적인 질문을 받게 될 때 평가시간을 갖는 것이 중요하다는 것을 시사한다. 따라서 부모가 자녀를 개별적 존재로 좋아하는지, 쉽게 친해지고 다정하게 되는지, 자녀의 가장 특징적인 개성은 무엇인지에 대해서 부모가 이야기하게 하는 것은 도움이 된다. 물론 아동들이 그들의 부모와 형제자매에 대해서 이야기하는 방식에도 동일하게 적용된다.

2. 진단적 공식화

진단의 가장 중요한 목적은 내담자의 핵심적 임상특징을 간단명료하게 요약해 주는 것이며, 임상가는 물론 연구자들 사이의 의사소통수단으로 중요한 역할을 한다. 일반적으로 진단이라고 간단히 불리는 심리진단은 한 개인이 고통받는 특정한 문제, 장애 또는 병리를 분석하고 설명하는 것을 말한다. 또한 진단은 개인의 강점과 다른 긍정적인 차원을 포함하기도 하지만 개인의 심리적 병리, 그 원인적 기원, 치료 절차 그리고 예후에 초점을 맞추는 것이 좀 더 보편적이다(Corey, 2001). 이처럼 진단은 보다 포괄적인 개념인 평가의 일부를 대변한다. 호헨실(Hohenshil, 1996)에 따르면 평가는 진단을 하기까지 도움을 주는 정보를 수집하는 행위를 포함하며, 평가로부터 끌어낸 해석과 의미로서 진단을 하게 된다. 심리치료는 내담자의 문제, 고통 그리고/또는 심리적 장애의 본질을 목표로 하며, 치료계획과 사용되는 구체적인 개입은 파악된 문제에 적합해야만 한다(Clarkin & Levy, 2004). 모든 치료자들은 내담자를 어떤 식으로든 평가를 하는 반면, 진단에 대한 치료자들의 관점은 매우 다양하다. 특히 진단의 경전이라고 할 수 있는 DSM-5(APA, 2013)에 대한 관점이 그렇다. 어떤 사람들은 DSM을 효과적인 치료에 필수 불가결한 것으로 보는 반면, 다른 사람들은 불필요한 것, 해로운 것이거나 소수인종과 여성에 대해 차별적인 것으로 보기도 한다(Corey, 2001).

1) 진단평가에서의 DSM

DSM은 미국정신의학회(American Psychiatric Association: APA)에서 공식적으로 사용하는 정신장애 진단분류 체계로, 세계보건기구(World Health Organization: WHO)에서 공인한 국제질병분류(International Classification Disease: ICD)와 함께 전 세계적으로 가장 널리 사용되고 있는 정신장애 진단분류 체계 중 하나다. 2013년에는 다섯 번째로 개정된 DSM-5가 출간되었다.

현재 세계적으로 널리 사용되는 대표적인 정신장애 진단체계는 두 가지가 있다. 이 두 진단체계는 정신의학 분야뿐만 아니라, 이상심리학을 비롯하여 정신병리와 관련된 연구 및 임상 활동에 관여하는 모든 학문 분야에서 받아들여지고 있다(오수성 외, 2013). 하나는 WHO에서 공인한 ICD 내에 정신 및 행태 장애가 포함되어 있다. 현재 열 번째 판인 ICD-10(1992)까지 출시되었으며 ICD-11은 개정작업 중이다. ICD-10에서 정신 및 행태 장애는 F코드(F01~F99)로 분류되며, 각 장애에 대한 임상적 기술과 진단적 지침을 포함하고 있다. APA에서는 ICD 체계와 독자적으로 정신장애 진단분류 체계를 개발하여 사용하는데, 이를 Diagnostic and Statistical Manual of Mental Disorders(DSM)라 하며, 현재

다섯 번째 개정판인 DSM-5(APA, 2013)가 출시되었다.

DSM-IV에 제기된 비판을 토대로 DSM-5의 개정작업이 진행되었고, 주요 개정내용은 다음과 같다(APA, 2013). 첫째, ICD-11과 조화를 이룰 수 있도록 진단체계를 구성했다. 둘째, 진단과 관련된 생애 전반의 발달적 주제들을 진단에 포함시켰다(예: 신경인지장애, 신경발달장애, 아동에게만 적용할 수 있는 외상후 스트레스장애의 특정 진단기준). 셋째, 유전학, 신경영상학 등 최신 연구결과를 통합시켜 반영했다. 넷째, 차원적 접근을 반영했다(예: 자폐스펙트럼장애, 성격장애에 대한 대안적 DSM-5 모델 등). 다섯째, 진단분류의 간소화와 명료화(예: 양극성장애와 우울장애, 물질사용장애)가 이루어졌다. 여섯째, 특이도 향상(예: 주요 신경인지장애와 경도 신경인지장애)과 DSM-IV의 다축 진단체계를 폐기하였다. 마지막으로, 온라인(www.psychiatry.org/dsm5)을 통해 다양한 정보를 보충할 수 있도록 했다.

이상행동의 양상이나 심각도, 병의 원인 등 여러 가지 기준에 근거해 정신장애를 분류하는데, 정신장애를 분류하는 목적은 다음과 같다. 첫째, 정신장애를 연구하는 학자, 임상가 및 관련 전문가들이 일관성 있고 공통적으로 사용할 수 있도록 각 정신장애에 통일된 명칭을 부여함으로써 명확하게 이해하고 효과적으로 의사소통을 할 수 있다. 둘째, 정신장애의 분류체계를 기준으로 그동안 축적된 연구결과, 이론적 또는 경험적 지식 등을 체계적으로 정리함으로써 효과적인 정보 제공을 할 수가 있다. 셋째, 이와 같은 분류를 통해 각 정신장애의 주요 임상 양상, 관련 변인, 병의 경과, 다른 장애와의 감별방법 등 정신장애를 체계적으로 기술할 수 있다. 넷째, 이와 같은 기술체계를 구축함으로써 해당 장애를 보이는 환자들의 향후 병의 진행과정, 기저의 원인, 효과적인 치료방법, 치료에 대한 반응성 및 예후 등에 대한 추정을 용이하게 할 수 있다. 다섯째, 객관적인 기준을 갖고 정신장애를 분류함으로써 각 장애의 공통 특성, 원인, 치료방법 등에 대해 과학적인 연구를 수행하고 이론체계를 구축할 수 있다. 하지만 이러한 정신장애 진단분류를 적용할 때 발생할 수 있는 다음과 같은 제한점(권석만, 2003)도 역시 분명하게 인식하고 유념해야 한다. 우선, 공통 특성에 근거해 장애를 분류하는 과정에서 환자 개개인 고유의 독특한 증상 또는 성격특성 등을 간과할 수 있다. 또한 정신장애에 대한 진단이 환자에게 낙인, 사회적 차별과 편견을 초래할 수 있다. 더욱이 이러한 편견은 환자의 자기지각과 자신에 대한 태도에도 영향을 미쳐 그 진단명에 부합하는 방식으로 행동하는 자기충족적 예언을 초래하기도 한다(임혜진, 이혜림, 배유빈, 최승원, 2014).

DSM-IV에서 '소아-청소년기에 처음 진단되는 질환' 이라는 범주로 묶여 있던 질환들은 DSM-5에서는 대부분 신경발달장애(neurodevelopmental disorder) 범주에 포함되었다. 그리고 품행장애는 '파괴적, 충동조절 및 품행 장애'라는 새로운 범주로 옮겨 간다. 신경발달장애에서 가장 두드러진 변화는 기존의 전반적 발달장애에 속하던 다양한 진단명이 자폐스펙트럼장애(autistic spectrum disorder)라는 하나의 진단명으로 통합된 것이다. 이는 그동안 자폐증, 레트증후군, 아스퍼거증후군 등으로 구분되던 진단명이 모호하고 감별진단이 어렵다는 비판을 수용한 결과다. 한편, 정신지체는 편견을 조장한다는 비판하에 지적장애로 바뀌었으며, IQ에 의존하던 진단에서 실제 적응수준을 고려하는 진단으로 바뀌었다. 의사소통장애는 언어장애 및 음성장애로 구분이 간단해졌으며, 새롭게 사회적 의사소통장애(social communication disorder)가 추가되었다. 사회적 의사소통장애 진단은 사회적 소통의 어려움을 겪지만 자폐장애로 진단하기는 어려워 보이는 환자들을 진단하기 위해 마련되었다. 파괴적, 충동조절 및 품행 장애라는 범주는 DSM-5에 새로이 추가되었다. DSM-IV에서 여기저기 나뉘어 있던 진단명들이 하나로 묶이는데, 그 공통점은 타인의 권익을 침해하고 사회에 갈등과 분열을 조장한다는 것이다. 이러한 취지하에 호발연령이나 원인, 기제와 관계없이 품행장애, 반사회성 성격장애가 병적 도벽, 병적 방화, 기타 충동조절장애와 함께 묶이게 되었다.

2) 공식화와 통합

공식화는 아동의 증상과 상태를 특별한 형식으로 정리하고 아동에 관한 일련의 가설을 세우는 것이다. 그리고 공식화는 이후의 임상적 만남과 추가되는 정보에 의해 수정될 수 있다. 공식화는 아동의 삶에 대한 하나의 완벽한 이야기로 압축할 필요는 없다. 더욱이 공식화는 아동과 가족으로부터 정보를 이끌어 내서 더 나은 정보를 제공하는 진화하는 평가이자 반복적인 과정이다. 발달과정 자체가 복잡하기 때문에 임상가는 공식화를 고정된 것으로 볼 필요는 없고 아동과 가족이 지내고 있는 것을 통해 성숙과 성장의 과정을 설명하고, 시간이 지남에 따라 조정되고 확장될 수 있는 형식으로 볼 필요가 있다. 이 형식은 임상가의 아동에 대한 최근의 이해를 반영하고 있다.

치료선택(treatment options)에는 다루지 않을 것에 대한 결정을 포함해서 전체적인 개입 스펙트럼을 포함하고 있기 때문에 공식화는 이러한 결정을 이끄는 아동에 관한 중요한 정보를 전달할 수 있어야만 한다. 분명하고 간결한 방식으로 치료에 대한 합당한 근거를 설명할 수 있어야 하고, 새로운 정보, 새로운 가설, 그리고 아동상태의 심각성을 파악하기 위해 진행 중인 평가를 통합(integration)할 수 있어야 한다.

(1) 생물심리사회적 모델

지난 30년 전에 개발된 생물심리사회적 모델(biopsychosocial model)은 정신의학에서 가장 자주 사용되는 공식화다. 이 모델은 임상가가 단지 병리만 다루지 않고 사람을 다루고 있다는 이해에 바탕을 두고 있다. 생물심리사회적 모델은 환자의 경험, 나타난 증상, 그리고 환경과 같은 생물학적, 심리적, 그리고 사회적 영역에 중점을 둔다(〈표 5-2〉참조). 생물학적 영역은 뇌의 기능적인 작용과 무엇이 뇌에 직접 영향을 미칠 것인가에 초점을 두면서 신경정신병학(neuropsychiatry), 유전, 그리고 생리적인 관심사(physiological concerns)로 제한한다. 심리적 영역은 강점과 취약성을 포함하여 아동의 심리적 구조에 대한 사정을 포함한다. 사정은 방어구조, 즉 의식과 무의식적인 행동양식, 소망과 욕망의 특징, 트라우마와 갈등에 대한 반응, 그리고 환자가 이러한 것들을

표 5-2　생물심리사회적 모델의 구성요소

생물학적 영역	심리적 영역	사회적 영역
유전학	정서발달	가족성 발현
가족력	스트레스에 대한 반응	또래관계
신체발달	자아존중감	학교
공존병리	통찰	이웃
체질	방어기제	인종, 종교의 영향
지능	행동양식	사회경제적 쟁점들
태어난 기질	인지양식	문화

출처: Martin & Volkmar (2007).

표 5-3　공식화의 핵심 요소

요소	세부사항
주 호소	무엇 때문에 왔나
현 질병의 역사	증상, 과정, 심각 정도, 관련 있는 부정적 측면들
과거 정신질환의 역사	이전의 사정, 치료, 입원, 약물, 처치, 약물 남용 역사
과거 약물의 역사	처치, 질병, 입원/수술, 약물
가족력	가족의 정신질환이나 약물 역사에서 관련 있는 부정적 측면들과 긍정적인 측면들
사회성 역사	가족성 발현(family constellation), 또래관계, 법률, 사회서비스와의 상호작용
교육사	학교, 학년, 성적, 특별교육 또는 정규교육
발달력	모의 임신과 노동, 출산, 영아기 동안의 중요한 사건, 운동발달, 인지발달, 사회성 발달 및 행동발달의 단계
심리검사 정신상태 검사	지능, 적응기능검사, 언어사정
평가	진단, 인관관계의 가설
계획	처치목표와 선택사항

출처: Martin & Volkmar (2007).

해결하기 위해 사용했던 전략, 전이와 역전이와 같은 정신역동적 원리에 주목하게 된다 (Summers, 2003). 사회적 영역은 지역사회 내에서의 아동을 고려한다. 그래서 학교, 종교, 사회경제적 지위, 민족과 같은 더 큰 집단적 문화조직체는 물론 가족과 친구와의 관계를 탐색한다.

　공식화는 세 가지 영역을 함께 기술하고 〈표 5-3〉에서 설명된 핵심 요소들에 따라 정리한다. 생물심리사회적 모델이 세 가지 영역 간 중립적인 매개일 것 같지만 그렇지 않고 생물학적ㆍ심리적ㆍ사회적인 다양한 현상을 하나의 원리나 요인으로 설명하려고 심사숙고한 반응(response)이다. 해부학적인 장애 또는 분명한 심리적 또는 사회적 병인론에도 불구하고, 이 모델은 세 가지 모두에 의해 설명가능하고 모든 의학 분야에 있는 의사들에게 강력하고 성공적인 모델이었다. 이 모델의 옹호자들은 환자의 욕구, 좁은 시야, 처치에 대한 너무 좁은 접근을 피하기 위해서 폭넓은 접근을 하는 것이 필수적이라고 주장한다(Jellinek & McDermott, 2004).

　공식화는 본질적으로 통합과정이다. 첫째, 임상가들에게 자신들의 전문지식을 아동에 대한 이해와 함께 통합할 기회를 준다. 둘째, 공식화는 진단을 치료계획에 통합시키는 형식이다. 임상가의 아동에 대한 이해의 결정체로서 공식화는 정신과 분야에서 지속적인 핵심 쟁점으로 나타난다. 공식화는 오래된 도전적인 갈등들을 통합할 기회를 주기도 한다.

3) '사례공식화' '가설 형성' '사례개념화'의 정의와 비교 · 분석

사례공식화(case formulation)는 처음 정신역동적 접근에서 사용한 용어다. 페리, 쿠퍼, 그리고 미첼(Perry, Cooper, & Michel, 1987)에 따르면 사례공식화는 상담 초기에 내담자의 문제를 파악하고 치료계획을 수립하는 것이다. 사례공식화는 상담 초기에 세워지는 것으로서 내담자의 핵심 문제를 파악하고 이에 기반을 두고 치료계획을 수립하는 활동을 의미한다. 이에 대해 이윤주(2007)는 연구에서 사례공식화와 사례개념화의 정의를 비교 · 분석하여 다음과 같이 정리하였다. 첫째, 사례공식화와 사례개념화는 공통적으로 치료 목표 및 계획 부분을 정의에 포함시키고 있다. 둘째, 사례공식화의 정의에서 뚜렷이 찾아볼 수는 없었지만 상담 초기에 세운 공식은 상담의 전체 진행을 통해 검증되는 과정을 거칠 것으로 예상되므로 사례공식화와 사례개념화는 가설 형성과 검증 부분을 공통적으로 정의에 포함하고 있다. 셋째, 사례개념화와 사례공식화의 차이는 사례공식화의 경우 특정 이론적 접근 내부에 내담자의 주요 문제 부분을 개념화하는 요소들이 공식처럼 존재하게 되지만, 사례개념화에서는 공식화의 주요 문제 부분이 내담자의 인지적 · 정서적 · 행동적 · 대인관계적 측면에 대한 종합적 · 이론적 이해로 제시된다는 점에 있다. 사례공식화는 특정 이론적 접근을 채택하는 것을 전제하지만 사례개념화는 범이론적 접근을 전제하고 있다. 넷째, 사례공식화와 사례개념화는 차이점보다는 공통점이 더 많다. 두 용어는 내담자와 내담자가 가진 문제의 중요한 부분을 파악하고 이를 근거로 치료 목표와 계획을 수립하며 상담 초기에 세워진 가설 형태의 모형이 상담이 진행되는 동안 검증 절차를 거치게 된다는 점에서 일치한다. 또한 마이어(Meier, 1999)는 자신의 연구에서 '사례개념화'와 '가설 형성'이라는 용어를 함께 사용하면서, 내담자의 문제에 대한 초기 인상과 그 결과 만들어지는 초기 상담계획을 가설이라고 정의하고 초기 가설이 타당한지 검증하는 과정이 필요하며 이러한 과정이 효율적일 필요가 있다고 하였다. 즉, 초기에 형성한 가설을 검증하고 수정해 나가는 과정이 효과적일 때 상담의 성과가 크다고 보는 것이다. 이렇게 본다면 가설 형성은 전체적인 사례개념화의 한 부분으로 자리하고 있다.

3. 치료계획

　내담자에게 가장 좋은 치료과정을 선택할 때, 임상가는 정신병리에 대한 다양한 이론을 충분히 검토해야 한다. 이론이란 무엇이 아동의 정신건강문제를 발생시키고 약화시키는지에 대한 이해를 돕는다. 과거에는 치료자들이 어느 하나의 이론적 입장을 엄격하게 고수하였는데, 한 이론만을 고수하게 되면 임상가는 모든 사례를 한 종류의 렌즈를 끼고 보게 되며 모두에게 동일한 형태의 치료를 권하게 된다(Matarazzo, 1990). 그러나 점차 어떤 치료기법이 누구에게, 그리고 어느 때에 가장 효과적인지에 관심을 갖게 되었다(Roth & Fonagy, 1996). 그리고 아동의 발달단계, 정신병리, 개인 내적인 특성, 가족 특성 등을 고려하여 개별 아동에게 최적으로 맞추는 더 나은 접근법에 관심을 갖게 되었다. 실제 심리치료 장면에서 나타나는 또 다른 추세는 아동과 가족의 문제를 해결하기 위해 점차 다측면적인 접근을 취하는 통합적 모델이 되어 간다는 것이다. 통합이란 개인처치와 가족처치를 결합하거나 정신역동이론, 인지이론, 행동이론 등에서 나오는 다양한 기법을 함께하는 것이다. 또한 점차 경험적으로 지지되거나 증거에 기반을 둔 처치의 사용을 장려하고 있다(Chambless & Ollendick, 2001). 임상심리학 영역에서 '윤리 원칙과 행동강령'(APA, 2002)이 심리학자들로 하여금 효율성에 대한 증거가 분명한 중재법을 사용하도록 권고하고 있다.

　치료계획은 주어진 진단 자체가 어떤 치료가 가능한가를 제안할 것이므로 진단을 고려하여 세워진다. 증거기반(evidence-based) 설명은 기꺼이 받아들이지만 기계적으로 프로토콜을 따르는 데에는 위험이 있다. 현재의 지식상태로는, 진단 그 자체로 또는 몇 개의 동시 진단조차도 개입을 명확하게 제시해 주지 못한다. 치료 프로토콜의 주된 장점은 어떤 평가방법과 치료방법이 활용되어야 한다는 서비스에 대한 지표를 포함하고 있다는 것이다. 하지만 치료계획을 안내해야 하는 것은 진단범주가 아니라 개별 공식화다.

분명히 장애의 유지와 관련된 근접 위험 기제(proximal risk mechanism)는 치료계획에서 기초가 되는 치료적 가설을 결정할 때 중요한 역할을 해야 한다. 하지만 몇 가지 사안을 고려해야 한다. 우선, 위험과정(risk process)뿐 아니라 가능한 보호 기제도 고려할 필요가 있다(Rutter, 1990). 탄력성과 관련된 특징들의 폭넓음 고려에서처럼(Rutter, 1999, 2000b, 2006), 가능한 보호과정은 상당히 다양한 범위의 특징들을 나타낼 것이다. 그리하여 강점은 아동의 기질의 질, 대처기술에 있을 수도 있고(Sandler, Tein, Mehta, Wolchik, & Ayers, 2000), 가족 내 또는 바깥에서 특별히 친밀한 좋은 관계가 있는 것, 학교 또는 또래집단에서 좋은 경험이 있는 것, 또는 가족기능의 양상변화가 가능한 것에 있을 수 있다. 따라서 한쪽 부모가 특히 스트레스를 받고 있으면, 다른 부모가 양육에서 더 좋은 역할을 하도록 한다. 핵심은 임상가가 가능한 강점과 가능한 보호요인을 확인하기 위해서 아동의 심리사회적 상황에 관해 폭넓게 생각하는 것이 필요하다는 것이다.

어떤 치료적 개입을 계획할 때, 어떤 것이 위험과 인과 기제인지를 결정하듯이 어떤 특징을 고칠 수 있는지를 결정하는 것이 필요하다. 그리하여 개입이 아동, 부모, 가족 전체 또는 학교와 함께 작업하는 데 주로 초점을 맞춰야 하는지 아니면 광범위한 환경의 다른 측면을 바꾸고자 하는 것에 주로 초점을 맞춰야 하는지를 결정하는 것이 필요하다. 물론 치료전략은 한 가지 이상의 이러한 방안을 포함시킬 수 있다. 변화에 대한 개방성(openness to modifiability)을 결정하는 한 가지 측면은 아동에 대한 다른 인식(perception)과 무엇을 해야 하는지에 대한 다른 인식에 관련되어 있다. 같은 이슈 중 하나는 현실적인 목표(realistic goals)가 무엇인지에 대한 결정과 관련이 있다. 그 목표는 무엇보다도 아동의 고통을 완화시켜 주는 것이어야 한다. 그러나 완전한 정상성의 회복이 실제적 목표가 아닐 것이다(예: 자폐증 사례에서만 드물게 정상성의 회복이 목표가 될 것이다). 유사하게, 개입은 반드시 가설로 만들어진 기본적 인과과정에 초점을 맞출 필요가 없다. 예를 들어, 자폐증 사례에서는 물론 자폐증이 신경발달장애이지만, 부모와 교사와 함께 작업하는 행동적 · 교육적 개입이 장애를 줄이는 데 가장 좋은 기회를 제공해 준다(자폐증이 분명히 그런 경험부족으로 장애가 생긴 게 아니라 해도)고 주장하는 증거를 일반적으로 수용할 것이다.

　치료계획에서는 약물을 사용할 것인지 아닌지, 만일 약물이 사용된다면 그것이 어떻게 사용되고 언제 시작되어야 하는지와 관련된 결정도 하게 된다. 아동정신장애를 치료하는 특효약은 없지만 약이 우울장애, 강박장애, 틱과 뚜렛증후군, 조현병, 과잉행동장애에 유용한 도움을 주고, 다른 장애의 증상을 완화시키는 데도 도움이 될 수 있다. 약물 사용에 관한 결정은 전반적인 장애의 심각 정도와 총체적 증상의 특정한 양상에 의해 영향을 받을 것이다. 우울에 수면과 식욕부진, 그리고 정신운동 지연과 같은 자율신경 증상이 동반될 때 항우울제가 보다 더 효과적일 것이다. 대부분의 사례에서 약물은 어떤 형태의 심리적 또는 교육적 개입과 병합될 필요가 있다. 대부분의 약물이 눈에 띄게 도움은 되지만 정상으로 회복시키지 못하기 때문에 아동 그리고/또는 가족이 정신병리적 위험이 되는 상황이나 환경을 보다 효과적으로 대처하고 다룰 수 있도록 도와주는 단계들이 필요하다. 그런 단계에는 상담이나 지침이 포함되지만, 어떤 경우에는 보다 집중적인 심리적 개입이 포함될 수 있다. 이러한 결정을 할 때 심리사회적 상황이나 아동의 사고방식 또는 행동방식 중에서 어떤 것이 위험 특징이 될 것 같은지를 고려할 필요가 있다.

　하지만 약물이 인지가 아니라 단지 신체기능에만 영향을 미칠 것이라 여겨서는 안 된다. 성인 우울에 항우울제를 사용하는 것은 약물이 인지기능에도 영향을 미친다는 것을 명백하게 해 준다. 마찬가지로 심리치료가 신체기능에 영향을 미칠 수 없다고 가정해서도 안 된다. 골드애플 등(Goldapple et al., 2004)의 연구결과는 치료가 심리치료였는지 약물치료였는지 또는 위약을 사용했는지에 따라 뇌에 미치는 치료효과가 다를 수 있다는 것을 나타낸다. 이것은 심리적 개입이 마음에만 작동하고 약물개입은 두뇌에만 작용한다고 가정하는 것이 오류라는 것을 보여 준다. 사실상, 약간 다른 방식이기는 하지만 심리적 개입과 약물개입 모두는 마음과 두뇌 모두에 작용한다. 그렇지만 임상가는 장애를 유지시키는 요인이 무엇일까에 대한 가설을 고려하여, 적절한 치료적 개입의 선택이나 병합을 결정하고 싶어 할 것이다. 이러한 결정은 치료적 가설이 옳은지 또는 개입에 대한 반응의 결과를 고려했을 때 수정의 필요성을 어떻게 하면 분명하게 할 것인지에 관한 예측이 가능한 방식으로 행해져야 한다.

좋은 치료계획에는 치료목표의 도달을 우리가 어떻게 말할 수 있는가에 대한 지표가 포함되어 있을 것이다. 이 지표는 어떤 증상이 평정척도상에서 변화될 것인지에 대한 기대를 할 수 있게 하고 또는 가족이나 또래관계에서 변화에 대한 실현가능한 기대를 할 수 있게 한다. 의도된 결과가 무엇이든, 그 지표는 목표가 성취되어 가고 있는지를 조사할 수 있도록 충분히 분명히 해야 한다. 가설-검증 정신은 공식화란 검토를 통해 바뀔 수 있어야 한다는 것을 의미한다. 학교에서 눈에 띄는 부주의를 보여 준 아동의 사례에서 그 아동은 낮에 잠을 자고 밤에는 잠을 못 잤다. 초기 공식화는 통합되었다. 즉, 수면부족은 졸림과 부주의 둘 다를 야기하는 것으로 여겨졌다. 하지만 불면증의 성공적 치료는 낮잠 자는 경향을 도와주는 데 아무것도 하지 못했으며, 두 가지 수면문제는 사실상 독립적이고 다른 개입이 필요했다(Rutter & Taylor, 2008).

호크(Hoch, 1964)가 수십 년 전에 지적한 것처럼, 치료 전체에서 핵심적인 도전 가운데 하나는 왜 치료가 어떤 사람에게는 작동을 하는데, 다른 사람에게는 작동하지 않는가다. 유사하게, 다른 사람에게 부작용은 별로 중요하지 않은데 특정 사람에게는 정말 문제가 될 수 있다. 약리유전학 분야는 유전적 요인들이 약물에 대한 사람들의 민감성에 영향을 미치고 아마도 심리학적 개입에 대한 민감성에도 영향을 준다는 증거 때문에 유전적 결과들이 이와 관련하여 도움이 될 수 있다는 전망을 가져다준다. 결국 약리유전학은 전망이 있는 분야이지만 아직까지 개별적 환자들의 돌봄을 위한 직접적인 임상적 의미가 별로 없는 분야다.

지금까지의 연구결과들은 어떤 종류의 심리치료를 사용할 것인가의 선택에 있어서 우리가 원하는 만큼 도움을 주지는 못하는 실정이다. 연구증거는 목표지향적인 개입이 개방적이고 보다 일반적인 치료개입보다는 더 잘 작동한다는 것과 일관성이 있지만 치료의 상세화가 중요하고 일반화시키기에는 충분하지 않음을 시사한다. 그 증거는 어떤 장애든 한 가지 특정 심리치료방식이 다른 심리치료방식보다 분명히 더 낫다는 것을 의미하는 것은 아니다. 게다가 좀 더 집중적인 치료에 투자를 하는 경험 많은 임상가가 치료를 할 때조차도 학령전기 아동(Le Grange, Eisler, Dare & Russell, 1992)과 성인(Wallerstein, 1986) 대상 연구에서 숙련된 상담이 심리적 문제에 더 초점을 맞춰 설계된 집중적인 심리적 개입만큼 효과적일 수 있다는 것을 나타냈다. 비록 단순한 처치가 항상 선호된다고 가정해서는 안 되지만 그 결과는 보다 복잡하고 집중적인 치료개입이 반드시 더 좋은 것이 아니라는 것을 나타낸다. 특정한 형태의 심리적 개입에 대한 결정은 심리적 어려움의 본질, 개인적 특성, 개별 아동과 가족의 선호도, 기술과 관련된 임상가의 선호도, 경험 그리고 선호된 작업양식에 따라 이루어져야 하며, 비용과 효과를 고려하는 것이 중요하다.

4. 맺음말

이 장에서는 임상평가, 공식화 및 치료계획에 접근하는 데 필요한 주된 고려사항들을 살펴보았다. 좀 더 나은 평가방법에 대한 지침을 제시하였고 표준화 정도에 대한 체계적 접근의 중요성도 지적하였다. 하지만 각 내담자의 개인적 욕구와 환경에 관심을 보이고, 단서들을 찾아내고 그에 맞춰 평가절차를 조정하는 것이 항상 필요하다. 그리고 진단과 치료계획을 할 때, 문제해결, 가설 형성, 그리고 가설 검증 또한 중요하고 정신병리의 신호, 증상, 보호요인 및 위험요인에 토대를 둔 사실적인 자료 수집은 필수적이다. 공식화는 내담자를 더 잘 이해하려고 노력하면서 내담자에게 일어나고 있는 것을 설명하기 위해 다양한 이론과 조망을 수용할 수 있다. 그리고 진단적 공식화는 치료계획을 안내한다.

참고문헌

권석만(2003). 현대 이상심리학. 서울: 학지사.

김수현(1997). 정신역동적 사례공식화 방법과 개별적 갈등공식화 방법을 중심으로. 한국심리학회지: 상담과 심리치료, 9(1), 129-155.

송영혜, 김은경, 김귀남(2009). 놀이치료 치료계획 및 중재. 서울: 시그마프레스.

안동현, 김태호(2013). 아동·청소년 심리치료의 현황과 과제. 한국아동심리치료학회 동계국제학술대회 논문집, 4-20.

오수성, 김정호, 김해숙, 김희경, 신기숙, 이숙자, 정정화, 채숙회, 한은경, 홍창희(2013). 정신병리학. 서울: 학지사.

이소현(2009). 장애 유아 진단 및 평가. 서울: 학지사.

이윤주(2007). 상담사례개념화의 영역과 요소. 경기: 한국학술정보(주).

임혜진, 이혜림, 배유빈, 최승원(2014). DSM-5 변화와 한계. 한국심리학회 학술대회 자료집.

Achenbach, T. M., McConaughy, S. H., & Howell, C. T. (1987). Child-adolescent behavioral and emotional problems: Implications of cross-informant correlations for situation specificity. *Psychological Bulletin, 101,* 213-232.

American Psychiatric Association (2000). *Diagnostic and Statistical Manual of Mental Disorders* (4th ed.)(DSM-IV-TR). Washington D.C: American Psychiatric Association.

American Psychiatric Association (2013). *Diagnostic and Statistical Manual of Mental Disorders* (5th ed.). American Psychiatric Association, Washington D.C.

Angold, A., Costello, E., Farmer, E. M. Z., Burns, B. J., & Erkanli, A. (1999). Impaired but undiagnosed. *Journal of the American Academy of Child and Adolescent Psychiatry, 38,* 129-137.

Angold, A., Frkanlis, A., Costello, E. J., & Rutter, M. (1996). Precision, reliability and accuracy in the dating of symptom onsets in child and adolescent psychopathology. *Journal of Child Psychology and Psychiatry, 37,* 657-664.

Borge, A., Samuelsen, S., & Rutter, M. (2001). Observer variance within families: Confluence among maternal, paternal and child ratings. *International Journal of Methods in Psychiatric Research, 10,* 11-21.

Brown, G., & Rutter, M. (1966). The measurement of family activities and relationships: A methodological study. *Human Relations, 19,* 241-263.

Carbonneau, R., Eaves, L. J., Silberg, J. L., Simonoff, E., & Rutter, M. (2002a). Assessment of the within-family environment in twins: Absolute versus differential ratings, and relationship with conduct problems. *Psychological Medicine, 32,* 729-741.

Carbonneau, R., Rutter, M., Simonoff, E., Silberg, J. L., Maes, H. H., & Eaves, L. J. (2002b). The twin Inventory of Relationships and Experiences(TIRE): Psychometric properties of a measure of the nonshared and shared environmental experiences of twins and singletons. *International Journal of Methods in Psychiatric Research, 10,* 72-85.

Chambless, D. L., & Ollendick, T. H. (2001). Empirically supported psychological interventions: Controversies and evidence. *Annual Review of Psychology, 52,* 685-716.

Clarke, A. M., & Clarke, A. D. B. (2000). *Early experience and the life path.* London: Jessica Kingsley.

Corey, G. (2001). *Theory and Practice of Counselling and Psychotherapy* (6th ed.). Brooks/Cole. CA.

Cox, A., Hemsley, R., & Dare, J. (1995). A comparison of individual and family approaches to initial assessment. *European Child and Adolescent Psychiatry, 4,* 94-101.

Cox, A., & Rutter, M. (1985). Diagnostic appraisal and interviewing. In M. Rutter & L. Hersov (Eds.), *Child and Adolescent Psychiatry: Modern Approaches* (2nd ed., pp. 233-248). Oxford: Blackwell Scientific Publications.

Cox, A., Rutter, M., & Holbrook, D. (1981). Psychiatric interviewing techniques: V. Experimental study: Eliciting factual information. *British Journal of Preventive and Social Medicine, 31,* 29-37.

Delaney-Black, V., Convinton, C., Templin, T., Ager, J., Nordstrom-Klee, B., Martier, S., et al. (2000). Teacher-assessed behavior of children prenatally exposed to cocaine. *Pediatrics, 106,* 782-791.

Goldapple, K., Segal, Z., Garson, C., Lau, M., Bieling, P., Kennedy, S., et al. (2004). Treatment-specific effects of Cognitive Behavior Therapy. *Archives of General Psychiatry, 61,* 34-41.

Green, J. (2006). Annotation: The therapeutic alliance-a significant but neglected variable in child mental health treatment studies. *Journal of Child Psychology and Psychiatry, 47,* 425-435.

Hill, J., & Maughan, B. (Eds.). (2001). *Conduct disorders in childhood and adolescence.* Cambridge: Cambridge University Press.

Hoch, P. H. (1964). Depression. In P. H. Hoch & J. Zubin (Eds.), *The evaluation of psychiatric treatment* (pp. 55-56). New York: Grune & Stratton.

Jellinek, M. S., & McDermott, J. F. (2004). Formulation: Putting the diagnosis into a therapeutic context and treatment plan. *Journal of the American Academy of Child and Adolescent Psychiatry, 43*(7), 913-916.

Kanner, L. (1957). *Child Psychiatry* (3rd ed.). Springfield, IL: Chas. C. Thomas.

Kanner, L. (1969). The children haven't read those books: Reflections on differential diagnosis. *Acta Paedopstchiatrica, 36,* 2-11.

Kazdin, A. E., Whitley, M., & Marciano, P. L. (2006). Child-therapist and parent-therapist alliance and therapeutic change in the treatent of children referred for oppositional, aggressive and antisocial behavior. *Journal of Child Psychology and Psychiatry, 47,* 436-445.

Le Grange, D., Eisler, I., Dare, C., & Russell, G. F. M. (1992). Evaluation of family treatments in adolescent anorexia nervosa: A pilot study. *International Journal of Eating Disorders, 12,* 347-357.

Martin, A., & Volkmar, F. R. (2007). *Lewis's Child and Adolescent Psychiatry* (4th ed.). A Comprehensive Textbook. Philadelphia, PA: Lippincott Williams & Wilkins.

Matarazzo, J. D. (1990). Psychological assessment versus psychological testing: Validation form Binet to the school, clinic, and courtroom. *American Psychologist, 45,* 999-1017.

Magana, A. B., Goldstein, M. J., Karno, M., Miklowitz, D. J., Jenkins, J., & Falloon, I. R. H. (1986). A brief method for assessing expressed emotion in relatives of psychiatric patients. *Psychiatric Research, 17,* 203-212.

Mazure, C., & Gershon, E. S. (1979). Blindness and reliability in lifetime psychiatric diagnosis. *Archives of General Psychiatry, 36,* 521-525.

Paul, R., & Lewis, M. (2007). Assessing Communication. In A. Martin, & F. R. Volkmar, *Lewis's Child and Adolescent Psychiatry: A Comprehensive Textbook* (4th ed., pp. 371-382). Wolters Kluwer: Lippincott Williams & Wilkins.

Perry, J. C. (1997). The idiographic conflict formulation method. In T. D. Elles (Ed.), *Handbook of Psychotherapy Case Formulation* (pp. 137-165). New York: Guilford Press.

Perry, S., Cooper, A. M., & Michels, R. (1987). The psychodynamic formulation: Its purpose, structure, and clinical application. *The American Journal of Psychiatry, 144,* 543-550.

Pickles, A., Rowe, R., Simonoff, E., Foley, D., Rutter, M., & Silberg, J. (2001). Child psychiatric symptoms and psychosocial impairment: Relationships and prognostic significance. *British Journal of Psychiatry, 179,* 230-235.

Reiss, D., Neiderhiser, J. M., Hetherington, E. M., & Plomin, R. (2000). *The relationship code:*

Deciphering genetic and social influences on adolescent development. Cambridge, MA: Harvard University Press.

Roth, A. D., & Fonagy, P. (1996). What Works for Whom? *Critical Review of Psychotherapy Research*. Guilford.

Rutter, M. (1971). Parent-child separation: Psychological effects on the children. *Journal of Child Psychology and Psychiatry, 12*, 233-260.

Rutter, M. (1975). *Helping troubled children*. Harmondsworth, Middlesex: Penguin Books.

Rutter, M. (1989). Psychiatric disorder in parents as a risk factor in children. In D. Shaffer, I. Philips, N. Enver, M. Silverman, & V. Anthony (Eds.), *Prevention of psychiatric disorders in child and adolescent: The project of the American Academy of Child & Adolescent Psychiatry. OSAP Prevention Mongrapy 2* (pp. 157-189). Rockville, MD: US Department of Health and Human Services, Office of Substance Abuse Prevention.

Rutter, M. (1990). Psychosocial resilience and protective mechaisms. In J. Rolf, A. S. Masten, D. Cicchetti, K. N. Neuchterlein, & S. Weintraub (Eds.), *Risk and protective factors in the development of psychopathology* (pp. 181-214). Cambridge & New York: Cambridge University Press.

Rutter, M. (1999). Resilience concepts and findings: Implications for family therapy. *Journal of Family Therapy, 21*, 119-144.

Rutter, M. (2000a). Psychosocial influences: Critiques, findings, and research needs. *Development and Psychopathology, 12*, 375-405.

Rutter, M. (2000b). Resilience reconsidered: Conceptual considerations, empirical findings and policy implications. In J. P. Shonkoff & S. J. Meisels (Eds.), *Handbook of early childhood intervention* (pp. 651-682). New York & Cambridge: Cambridge University Press.

Rutter, M. (2006). Implications of resilience concepts for scientific understanding. *Annals of the New York Academy of Science, 1094*, 1-12.

Rutter, M. (2007). Proceeding from observed correlation to causal inference: The use of natural experiments. *Perspective on Psychological Science, 2*, 377-395.

Rutter, M., Bishop, D. V. M., Pine, D. S., Scott, S., Stevenson, J., Taylor, E., & Thapar, A. (2008). *Rutter's Child and Adolescent Psychiatry* (5th ed.). Massachusetts, MA: Blackwell Publishing.

Rutter, M., Cox, A., Egert, S., Holbrook, D., & Everitt, B. (1981). Psychiatric interviewing techniques. IV. Experimental study: Four contrasting styles. *British Journal of Psychiatry, 138,* 456-465.

Rutter, M., Giller H., & Hagell, A. (1998). *Antisocial behavior by young people.* New York & London: Cambridge University Press.

Rutter, M., Kreppner, J., O'Connor, T., & the E. R. A. Research team. (2001). Specificity and heterogeneity in children's responses to profound privation. *British Journal of Psychiatry, 179,* 97-103.

Rutter, M., Maughan, B., Meyer, J., Pickles, A., Silberg, J., Simonoff, E., et al. (1997). Heterogeneity of antisocial behavior: Causes, continuities, and consequences. In R. Dienstbier (Series Editor), & D. W. Osgood (Volume Editor), *Nebraska Symposium on Motivation* (Vol. 44), *Motivation and delinquency* (pp. 45-118). Lincoln, NE: University of Nebraska Press.

Rutter, M., & Sandberg, S. (1992). Psychosocial stressors: Concepts, causes and effecta. *European Journal of Child and Adolescent Psychiatry, 1,* 3-13.

Rutter, M., & Taylor, E. (2008). *Clinical Assessment and Diagnostic Formulation.*

Rutter, M., Tizard, J., & Whitmore, K. (1970). *Education, health and behaviour.* Longmans, London. Reprinted 1981. Melbourne: F.A. Krieger.

Sandberg, S., Rutter, M., Giles, A., Owen, A., Champion, L., Nichollis, J., et al. (1993). Assessment of psychosocial experiences in childhool: Methodological issues and some illustrative findings. *Journal of Child Psychology and Psychiatry, 34,* 879-897.

Sandberg, S., Rutter, M., Pickles, A., McGuinness, D., & Angold, A. (2001). Do high threat life events really provoke the onset of psychiatric disorder in children? *Journal of Child Psychology and Psychiatry, 42,* 523-532.

Sandler, I., Tein, J. Y., Mehta, P., Wolchik, S., & Ayers, T. (2000). Coping efficacy and psychological problems of children of divorce. *Child Development, 71,* 1099-1118.

Shepherd, M., Oppenheim, B., & Mitchell, S. (1971). *Childhood behaviour and mental health.* London: University of London Press.

Shonkoff, J. P., & Phillips, D. A. (2000). *From neurons to neighborhoods: The science of early childhood development.* Washington, DC: National Academy Press.

Simonoff, E., Pickles, A., Meyer, J., Silberg, J. L., Maes, H. H., Loeber, R., et al. (1997). The Virginia twin study of adolescent behavioral development: Influences of age, sex and impairment in rates of disorder. *Archives of General Psychiatry, 54,* 801-808.

Singer, L., Arendt, R., Farkas, K., Minnes, S., Huang, J., & Yamashita, T. (1997). Relationship of prenatal cocaine exposure and maternal postpartum psychological distress to child developmental outcome. *Development and Psychopathology, 9,* 473-489.

Spohr, L., & Steinhausen, C. (Eds.). (1996). *Alcohol, pregnancy and the developing child.* Cambridge, UK: Cambridge University Press.

Summers, R. F. (2003). The psychodynamic formulation updated. *American Journal of Psychotherapy, 57*(1), 39-42.

van Goor-Lambo, G., Orley, J., Poustka, F., & Rutter, M. (1990). Classification of abnormal psychosocial situattions: Preliminary report of a revision of a WHO scheme. *Journal of Child Psychology and Psychiatry, 31,* 229-241.

Wallerstein, R. S. (1986). *Forty-two lives in treatment: A study of psychoanalysis and psychotherapy.* New York & London: Guilford Press.

Weiner, J. M., & Dulcan, M. K. (2004). *Textbook of Child and Adolescent Psychiatry* (3th ed.). Washington, DC.

Wootton, B. (1959). *Social science and social pathology.* London: George Allen & Unwin.

World Health Organization (1996). Multiaxial classification of child and adolescent psychiatric disorders. *The ICD-10 Classification of Mental and Behavioral Disorders in Children and Adolescents.* Cambridge, UK: Cambridge University Press.

제 **6** 장
미술치료

김갑숙, 전순영

이 장에서는 최근 아동치료장면에서 많이 적용되고 있는 미술치료에 대한 이해를 돕기 위하여 미술치료에서 가장 기초가 되는 미술치료의 이론과 실제에 대해 간략하게 소개하고, 치료장면에서 표현된 아동의 그림을 어떻게 이해하고 다루어 나가야 하는지를 알아본다.

그리고 미술치료장면에서 활용하고 있는 매체 중 폭넓게 사용할 수 있고 흥미 유발과 함께 무한한 변화를 줄 수 있어 가장 흔하게 사용하고 있는 점토미술치료에 대하여 알아본다.

제6장
미술치료

1. 미술치료의 이해

유 · 아동들은 언어적 표현이 미숙하거나 언어적 표현을 하기 어려워한다. 특히 심리적으로 어려움을 가지고 있는 경우 표현을 잘 하지 않으므로 언어상담을 통하여 아동의 문제를 다루는 데는 한계가 있다. 그래서 최근에는 아동들을 위한 치료적 접근방법으로 미술치료가 많이 적용되고 있다. 이 장에서는 미술치료의 기초로 미술치료의 개념, 미술치료의 장점, 미술치료의 역사와 미술치료의 실제에 대하여 알아보고, 다음으로 아동의 그림을 이해하기 위해 아동의 그림내용, 그림과정, 그림해석에 대하여 간략하게 살펴보고자 한다.

1) 미술치료의 개념

미술치료는 미술과 치료의 두 영역이 결합된 것으로 학자마다 이론적 지향성과 방법적 관점이 다르기 때문에 한마디로 정의하는 것은 어렵다. 용어에 있어서도 회화요법, 묘화요법, 그림요법 등으로 사용되고 있으나, 미술은 그림만이 아닌 조소, 디자인, 서예, 공예 등 모든 미술활동을 포함한다.

미술치료라는 용어는 울만(Ulman)이 1961년 『Bulletin of Art Therapy』 창간호에서 처음으로 사용하였다. 울만은 미술치료가 미술과 치료 모두에 충실해야 하며, 미술활동의 일차적 목적은 치료가 되어야 하고, 그 안에는 평가와 치료가 포함되어야 한다고 하였으며(Rubin, 2006), 댈리(Dalley, 1986)도 미술치료는 치료라는 틀 안에서 미술과 다른 시각적 매체를 사용하는 것이라 하였다(정여주, 2003에서 재인용). 미술치료에서 미술은 "자신과 세상을 발견하고 그 둘 사이의 관계를 확립하는 수단"이며, 치료는 "회기 자체보다 오래 지속되는 성격과 생활에서 좋은 변화가 나타나도록 돕기 위하여 계획된 절차"라고 정의하였다(Rubin, 2006).

'치료'라는 말은 '주의를 기울이다.'라는 뜻의 그리스어 'therapia'에서 유래하였다. 이것을 통해 치료는 과정을 강조하고 있음을 알 수 있다. 전문가들은 작품을 제작하는 개인에게 관심을 가져야 하는데, 이러한 지지적 상호관계는 과정상에서 자신의 의미를 찾도록 도와주며, 미술창작 경험을 유도하는 데 필수요소다. 또 다른 면은 한 개인이 미술작품의 의미, 설명, 내용을 발견하게 하며, 미술작품에 개인적인 의미부여와 자기 자신의 창작과정에 주의를 기울이게 한다는 것이다(Malchiodi, 2000).

미술치료는 미술과정과 작품을 매개로 하여 사람의 마음을 변화시키는 심리치료에서 시작하였으나, 미술치료가 심리치료와 차이를 보이는 점은 치료자와 내담자의 두 요소로 구성된 이원적 구조가 아니라 다양한 매체를 활용하여 구성한 작품이 첨가되어 치료자, 내담자, 작품이라는 삼원적 구조를 취한다는 점이다. 또한 전통적인 심리치료에서 다루지 않는 치료대상을 미술치료에 포함하게 되었다. 미술이 가진 감각적 구체성과 비언어적 의사소통 통로, 시각적 사고 등의 특성으로 치료대상자들이 확장되어 사고능력이 약한 지적장애나 발달장애를 가진 사람들이 미술치료에 포함되면서 미술치료에는 마음을 발달시키는 것에 초점을 맞추는 새로운 시도와 개념이 등장하였다(주리애, 2010).

이와 같이 미술치료는 심리치료의 이론을 바탕으로 하여 인간의 조형활동을 통해서 개인의 갈등을 조정하고 동시에 자기표현과 승화작용을 통해서 자아성장을 촉진시킬 수 있다. 또한 자발적인 미술활동을 통해서 개인의 내적 세계와 외적 세계 간의 조화를 잘 이룰 수 있도록 도와주기도 한다.

궁극적으로 미술치료는 심신의 어려움을 겪고 있는 사람들을 대상으로 미술작품을 통하여 심신을 진단하고 치료하는 데 목적을 두고 있다(한국미술치료학회, 1994). 즉, 미술치료는 내담자의 미술작품과 창작과정 및 창작 후의 과정을 사용하여 내담자의 상태와 문제를 파악하고 이를 경감시키고 개선하여 내담자의 적응적 상태를 형성해 나가는 것이라 할 수 있다(주리애, 2000).

2) 미술치료의 장점

미술활동은 여러 측면에서 발달을 가져올 수 있다. 리드(Read)에 의하면 예술을 통한 교육은 억압되고 분열된 인간성을 회복시켜 준다고 하였으며, 미술을 통해 주관적 세계와 객관적 세계가 조화를 이룰 수 있다고 보았다. 미술치료에서 미술을 사용함으로써 얻을 수 있는 장점들을 제시하면 다음과 같다(Liebmann, 1986; Wadeson, 1980).

첫째, 미술은 심상의 표현이다. 미술이 치료적으로 가치가 있다는 것은 우리의 마음속에 있는 많은 것이 이미지의 형식을 취하고 있어 다른 방법으로는 접근하기 어려워도 시각적 방법으로는 접근할 수 있다는 점이다. 꿈이나 환상과 같은 내적 경험은 이미지로 나타나므로 미술을 통하여 언어적인 표현 그 이상을 나타낼 수 있다.

둘째, 미술은 내담자의 방어를 감소시킬 수 있다. 미술은 비언어적 수단으로 상징적이고 본질적으로 가치기준이 없기 때문에 말보다 쉽게 어둡고 힘든 부분을 표현할 수 있다. 매체들이 정신적인 외상을 쉽게 표현하도록 도와준다.

셋째, 미술은 구체적인 유형의 자료를 얻을 수 있다. 내담자의 감정이나 사고 등이 그림이나 조소와 같은 하나의 사물로 구체화되어 아동이 그린 미술작품은 내담자와 치료자를 연결하는 다리 역할을 하고, 둘 사이에서 매개체 역할을 한다. 또한 내담자는 자신이 표현한 것을 보고 자신을 객관화할 수 있다.

넷째, 자료의 영속성이 있어 회상할 수 있다. 미술작품은 보관이 가능하기 때문에 필요한 시기에 재검토할 수 있으며, 그때의 자신의 감정을 회상할 수도 있다. 또한 내담자의 작품을 되풀이하여 보고 검토함으로써 아동의 심리적 변화나 그들의 치료과정을 잘 이해할 수 있다.

다섯째, 전이의 해소가 용이하다. 미술치료는 치료사, 내담자, 미술작품의 삼각구도를 이루고 있어 언어상담에서의 치료자와 내담자의 2인 구도보다 거리를 유지할 수 있다. 내담자들은 미술치료사뿐 아니라 미술작품에 대해서도 전이를 가지게 되므로 치료자가 전이의 해소를 위해 도울 수 있는 공간이 있다.

여섯째, 미술은 공간성을 가진다. 언어는 일차원적 의사소통 방식으로 시간성을 갖는다. 그러나 미술표현은 본질적으로 공간적이며 시간적인 제약이 없어 인물, 상황, 장소 간의 관계 특성이 한 공간에 표현된다.

일곱째, 미술은 창조성과 신체적 에너지를 유발한다. 자신의 내면세계를 미술매체를 통하여 표현하게 됨으로써 흥미가 유발되며 창조적 에너지가 발산된다. 미술치료는 억압으로 인한 무기력과 무감각한 것을 회복하고 내면의 감정을 표현하도록 해 줄 뿐 아니라 미술매체의 사용을 통해 자신감을 갖도록 해 주며, 위험 없이 힘과 우월감을 경험할 수 있도록 해 준다.

또한 도구와 과정들에 익숙해지면서 자신감과 유능감을 느끼고, 미술활동을 하는 과정에서 내면 표출 및 욕구 발산을 함으로써 공격적 행동 등 문제행동이 감소된다(김동연, 최외선, 2002). 이와 같이 미술활동을 통한 창조적인 활동으로 카타르시스를 느끼게 되고 승화를 시킴으로써 내담자를 성장시킬 수 있다.

3) 미술치료의 역사

미술치료(art therapy)는 미술의 영역과 심리학을 결합시킨 분야로서, 미술치료의 기원은 나라마다 다르다. 맥그리거(MacGregor, 1989)는 저서 『정신이상자에게서 예술의 발견(The Discovery of the Art of the Insane)』에서 예술과 심리학의 결합은 300여 년 전부터라고 언급하였다.

미술치료의 필요성을 인식하게 된 것은 19세기 후반 산업화의 발전에 근거를 두고 있다. 이러한 시대적 상황에서 사람들은 급변하는 환경에 적응하는 데 어려움을 겪게 되었고 개인의 존재는 수단화되고 소외되어 정신병리적 현상이 증가하게 되었다. 이와 관련하여 유럽에서 정신과 의사들이 정신병자들의 그림에 관심을 가지게 되었고, 독일의 정신과 의사 한스 프린츠혼(Hans Prinzhorn)은 『정신병자들의 그림』이라는 책을 출판하면서 미술활동이 환자들의 심리에 접근하는 데 중요한 의미가 있음을 제시하였다. 이를 계기로 예술적 표현을 통하여 인간의 내적 세계를 이해하고 분석하려는 시도가 활발해졌다(정여주, 2003에서 재인용).

　미술을 심리치료적 관점과 연계하여 인식하게 된 오늘날의 미술치료는 상징화의 중요성을 부각시킨 프로이트(Freud)와 융(Jung)의 역할이 큰 현대 정신의학과 함께 성장하였다고 볼 수 있다(정현희, 2006). 독립된 미술치료 분야로 발전하게 된 것은 1940년대로 미국의 나움버그(Naumburg)와 크레이머(Kramer)를 선구자로 꼽을 수 있다. 정신분석학자 나움버그는 미술치료에 대한 개척자 역할을 한 사람으로 1940년대부터 치료양식으로 미술표현을 도입하였다. 나움버그는 정신역동적 접근의 심리치료를 하면서 미술을 사용하였다. 환자들에게 자발적으로 떠오르는 그림을 그리게 하고 자유연상을 하도록 촉구하고, 환자의 무의식적 사고와 감정이 그림에 직접 표현된다는 근거하에 치료에 있어서 전이관계를 중요하게 다루었다.

　1950년대에 접어들면서 크레이머(Kramer, 1971)가 나움버그의 뒤를 이어 주로 아동을 대상으로 미술치료를 실시하였고, 창조과정 자체가 가지고 있는 치유적 속성과 통합력을 중요하게 생각하였으며, 승화를 중요하게 다루었다. 미술치료사의 가장 중요한 목표는 내담자로 하여금 창조적 작업을 통해서 만족감과 기쁨을 느끼도록 하는 것이며, 그 경험이 의미 있고 가치 있는 것이 되도록 돕는 것이라 하였다(주리애, 2010). 나움버그와 크레이머의 대립되는 접근법은 울만에 의해 통합되기 시작하였으며, 인간의 내적 갈등과 승화라는 두 개념을 미술치료로 가져와 절충적인 미술치료 접근법을 제시하였다. 미술치료는 1961년에 『미국미술치료저널(American Journal of Art Therapy)』이 창간되고, 1966년에 '미국미술치료학회(American Art Therapy Association)'가 창립되면서 미술치료에 대한 관심이 확산되고 발전하게 되었다. 1971년에는 조지 워싱턴 대학교에서 처음으로 대학원 과정에 미술치료가 개설되었으며, 현재 많은 대학과 대학원 과정에 미술치료 전공 및 학과가 개설되어 활발한 연구활동과 함께 엄격한 자격관리체제하에서 미술치료전문인이 양성되고 있다.

　이후 미국뿐만 아니라 일본, 한국 등에서도 정신병원의 입원환자를 대상으로 미술치료가 시도되어 왔다. 한국의 경우 1982년에 '임상예술학회'가 결성되어 예술치료의 한 부분으로서 미술치료가 연구되었으나, 본격적으로 미술치료가 알려진 것은 1992년에 '한국미술치료학회'가 결성되면서부터다. 한국미술치료학회는 1994년에 미술치료전문지인『미술치료연구』창간호를 발간하였으며, 전문적이고 체계적인 자격기준을 마련하고 미술치료전문인을 양성하고 있다. 그러나 최근 미술치료와 관련된 다수의 학회와 협회가 결성되었으며, 일부 복지관이나 단체에서까지 무분별하게 미술치료사를 양성하고 있어 미술치료사 자격증 난립과 치료자의 전문성에 대한 우려(김갑숙, 최외선, 2009)의 목소리가 높다. 따라서 미술치료사 자격에 대한 엄격한 기준이 마련되고 제도적으로 자격을 관리할 수 있는 체제가 필요할 것으로 생각된다.

제도권의 교육은 1999년에 처음으로 대구대학교의 석사과정에 미술치료 전공과정이 생긴 이래로 현재 약 30개 이상의 대학원 과정이 있다. 학부과정은 2002년에 대구사이버대학교에서 처음으로 개설되어 현재 10여 개 학교에 개설되어 있다. 박사과정의 경우 미술치료전공이 아닌 독립학과로 2005년에 영남대학교 일반대학원에 미술치료학과 박사과정이 처음 개설되었다. 그리하여 현재는 미술치료학과가 학부과정부터 박사과정까지 자리를 잡게 되면서 미술치료학의 학문적 정체성 확립과 함께 전문성을 갖춘 미술치료사를 양성하는 데 노력을 기울이고 있다.

4) 미술치료의 실제

(1) 미술치료실

공간은 아동들의 표현에 영향을 미치는 중요한 요인이므로 미술치료실은 아동에게 특별한 공간이어야 한다. 치료실은 자유로운 치유적 공간으로서, 심리적 안정감을 가질 수 있도록 안전하고 편안한 공간이어야 한다. 치료실에는 적절한 조명과 적당한 온도, 충분한 채광, 통풍 등 쾌적한 환경이 조성되어야 한다. 이뿐만 아니라 다른 것으로부터 방해받지 않는 공간이어야 하며, 어질러도 될 수 있는 자유가 보장되어야 한다(Wadeson, 2007).

미술치료실은 활동하기에 적당히 넓은 공간이어야 한다. 아동은 작품활동을 하는 데 있어 바닥에 앉아서 하거나, 의자에 앉아서 하는 것, 이젤을 사용하는 것, 서서 하는 것 등 다양한 활동을 할 수 있다. 이러한 각각의 활동은 다른 효과를 낼 수 있으므로 이 활동들이 가능한 치료실이 바람직하다. 치료실 내에는 다양한 미술매체가 갖춰져야 하고,

다양한 미술매체와 작품들을 정리할 수 있는 수납장이나 선반들이 준비되어야 한다. 아동이 자유롭게 접근하여 매체를 선택할 수 있도록 수납장의 배치나 높이 등이 고려되어야 하며, 미술활동을 위해 물을 사용할 수 있는 싱크대가 필요하다.

작업대와 의자는 아동들의 참여와 자연스러운 표현을 이끌어 주는 데 있어 중요한 요소인데, 작업대는 바탕이 밝고 비교적 넓어야 하며 모서리가 둥글게 처리된 것이 좋다. 의자는 미끄러움이 적은 것으로 준비하며, 아동의 연령을 고려하여 높이를 조절할 수 있는 것이 좋다.

(2) 미술매체

미술치료에서 미술매체는 중요한 역할을 하며 미술표현 결과와 흥미에 상당한 영향을 미친다. 치료자들은 특히 아동미술치료에 있어서 다양한 미술활동 매체를 사용할 수 있다. 다양한 미술도구는 각기 다른 특성을 가지고 있다. 매체의 특성이 치료대상자에게 인지적·정서적으로 다른 심리적 표현을 불러일으킬 수 있어 내담자의 심리를 변화시킬 수 있다(정현희, 2006). 미술매체는 내담자의 심리를 촉진하거나 통제시키는 데 중요한 역할을 한다. 그러므로 미술치료사는 미술매체들의 특성에 따라 어떤 효과를 낼 수 있느냐를 고려하여 매체를 선택해야 하며, 아동의 상태, 증상, 연령을 고려하여 매체를 준비하는 것이 중요하다. 또한 제공되는 매체의 질에 따라 아동이 선택하는 매체나 표현하는 색이 달라질 수 있다. 예를 들어, 아동이 그림을 그릴 때 자신이 좋아하는 색깔을 선택할 수도 있지만 크레파스가 부러지지 않고 양호한 크레파스의 색을 선택하게 됨으로써 그림의 표현이 달라질 수도 있다는 것이다.

치료자의 미술매체에 대한 이해도 중요하다. 미술치료사는 매체에 대한 특성이나 사용방법과 보관방법들을 구체적으로 알고 있어야 한다. 치료자가 매체를 조작할 수 있는 지식과 방법을 알고 있으면 내담자로 하여금 적합한 매체를 선택하게 하고 작품을 완성하는 과정에서 좌절감을 느끼지 않고 완성하도록 하는 데 도움을 줄 수 있다.

미술치료에서 미술매체는 아주 중요한 요소이기는 하지만 이 지면을 통해 다 설명하기는 어렵다. 대표적인 매체인 점토에 대해 뒤에서 살펴볼 것이다.

(3) 미술치료기법

미술치료는 심리진단과 치료가 동시에 이루어지므로 진단과 치료를 엄격하게 구분하기 어렵다. 미술치료기법도 진단적 도구와 치료적 도구로 분류하여 제시되기도 하지만 이 역시 진단도구와 치료도구로 명확하게 구분하기 어렵다. 어떤 내담자에게, 어떤 시기에, 어떤 기법을 사용하여 심리치료를 할 것이냐 하는 것은 사용 목적과 내담자의 흥미, 관심, 태도, 특성 등을 잘 파악하여 활용해야 한다.

진단적 도구로 많이 사용되는 기법은 인물화, 집·나무·사람 그림, 동적 집-나무-사람 그림, 나무 그림, 동적 가족화, 동적 학교생활화, 빗속의 사람 그림, DAS 등이 있다.

치료적 도구로 많이 사용되는 기법은 테두리기법, 콜라주기법, 자아감각발달법, 만다라기법, 그림완성법, 점토로 만들기, 색채선택법, 역할교환법, 감정차트법 등이 있다(최외선 외, 2006).

진단과 치료에 활용되는 미술치료의 대표적인 기법들을 소개하면 다음과 같다.

■ 인물화 검사

인물화(Draw a Person: DAP)는 사람(남, 여)을 그리게 하여 내담자가 자신과 타인에 대해서 어떻게 지각하고 있는가를 알아보는 데 도움을 준다. 지능 및 성격진단 검사로 활용되고 있다.

■ 집-나무-사람 그림 검사

집-나무-사람(House-Tree-Person: HTP) 그림 검사는 내담자의 상태와 성격 그리고 가정에 대한 지각을 알아보기 위한 기법으로, 네 장의 종이에 집(House), 나무(Tree), 사람(Person)의 남녀를 그리게 한다. 유아에서 노인에 이르기까지 모든 연령층에 포괄적으로 활용할 수 있다.

■ 동적 집-나무-사람 그림 검사

동적 집-나무-사람(Kinetic House-Tree-Person: KHTP) 그림 검사는 한 장의 종이에 집, 나무, 무엇인가 하고 있는 사람을 함께 그리게 하는 것으로, HTP를 전체적으로 봄으로써 더 많은 정보를 얻을 수 있다.

■ 가족화

가족그림을 통해서 아동의 심리적 상태와 가족의 역동성을 진단하는 데 도움을 주는 기법으로 가족화(Draw a Family: DAF)와 동적 가족화(Kinetic Family Drawing: KFD), 동그라미 중심가족화, 가족체계진단법 등이 있다. 그중 동적 가족화는 자신을 포함하여 가족구성원들이 무엇인가 하고 있는 그림을 그리도록 하여 내담자의 가족에 대한 지각을 파악할 수 있다. 가족체계진단법은 가족 전체나 부부, 부모와 자녀들이 협동하여 비언어적 · 언어적 가족미술과제를 수행하게 함으로써 가족 간의 상호작용과 역동성을 파악한다.

■ 동적 학교생활화

동적 학교생활화(Kinetic School Drawing: KSD)는 아동이 학교 내에서 자신을 포함하여 학교의 친구와 선생님이 무엇인가 하고 있는 그림을 그리게 하여 친구, 교사와의 관계에 대한 아동의 지각 및 아동의 학교생활을 분석한다.

■ 풍경구성기법

풍경구성기법(Landscape Montage Technique: LMT)은 원래 조현병 환자를 주 대상으로 하는 모래상자요법의 적용가능성을 결정하는 예비검사로 고안되었는데, 현재는 진단 및 치료기법으로 활용되고 있다. 도화지에 '강, 산, 논, 길, 집, 나무, 사람, 꽃, 생물, 돌, 그 외 그리고 싶은 것'을 차례로 그려 넣어 하나의 풍경이 되도록 하고 채색하게 한다. 그 후 그림을 보고 계절, 시각, 기후, 강의 흐르는 방향, 사람과 집, 밭 등의 관계에 대해서 이야기를 나눈다.

■ 빗속의 사람 그림 검사

빗속의 사람 그림(Draw-a-Person in-the-Rain: DAPR) 검사는 인물화에 비가 오는 장면을 첨가한 것으로, 빗속에 있는 사람을 그리게 하여 현재 겪고 있는 스트레스 정도와 대처능력을 파악하는 진단검사로 활용되고 있다.

■ 이야기 그림 검사

이야기 그림(Draw-a-Story: DAS) 검사는 공격성과 우울의 위험에 처한 아동과 청소년들을 평가하기 위하여 개발된 사정법(Silver, 2002)이다. DAS는 피험자에게 14가지 자극그림 중에서 두 개의 자극그림을 선택하게 하고 그 주제들 사이에서 벌어지는 일을 상상하게 한 뒤, 무슨 일이 일어났는지를 스스로 그리게 하고, 그림을 그린 후 그림의 내용을 피험자가 직접 창작함으로써 피험자의 무의식을 저항 없이 표출하게 할 수 있다.

■ 난화기법

아무렇게나 선을 자유롭게 그린 후 이미지를 찾아 그림의 형체를 만들어 가는 방법이다. 그림 그리기를 어려워하거나 상동적인 그림을 그리는 아동에게 유용하다. 이미지화된 그림과 이야기 속에서 내담자의 심리상태를 파악할 수 있고 무의식을 의식화하는 데 도움이 된다.

■ 테두리법

내담자에게 도화지를 제시하면서 환자가 보고 있을 때 용지에 테두리를 그어서 건네주는 방법이다. 그림 그리기를 자극하고, 공포를 줄일 수 있어 자아가 허약한 내담자들에게 많이 사용되고 있다. 또한 테두리 안에 그림을 그리거나 채색하도록 함으로써 과잉행동, 주의산만 등을 통제할 수도 있다.

■ 콜라주 기법

콜라주 기법은 잡지나 신문 등에서 마음에 드는 그림이나 내용을 오려 붙이는 기법으로 최근에 많이 사용되는 미술치료기법 중 하나다. 이 기법은 미술에 대한 거부감이 적고 표현하기 쉽고 그리는 것보다 감정전달이 잘 되지만 선택할 수 있는 다양한 매체가 준비되어야 한다. 자기 감정을 나타내기, 가족이나 친구에게 말하고 싶은 것, 주고받고 싶은 선물, 타인에 대한 느낌 등을 쉽게 표현할 수 있다.

■ 자아감각 발달법

자존감이 낮고 신체상이나 자아개념이 부정적인 사람들의 자아감각을 높이기 위해 많이 활용하며, 특히 섭식장애 환자나 신체장애인에게 효과적이다. 손도장·발도장 찍기, 조소활동, 씨앗으로 얼굴 만들기, 가면 만들기, 석고 본뜨기, 신체 본뜨기, 인체퍼즐 게임, 거울 보고 자기 그리기, 손 본뜨기 등을 통해 자기상을 재인식하도록 한다.

■ 만다라 그리기

만다라는 원상에 자신의 심상을 그리는 방법으로 자유연상하여 그려도 좋고, 채색매체를 활용할 수 있다. 그리고 난 후에 심상을 언어로 나타내기도 한다. 이 기법은 내담자의 기억과 감정을 통합하는 데 유용하며, 분열된 자신을 통합하고 삶의 본질과 자신의 중심에 이르도록 하는 데 도움이 된다.

■ 점토로 만들기

점토로 인물상을 만들거나 자기의 느낌을 표현하게 하는 방법으로 언어화가 결핍된 내담자나 과도한 언어화를 나타내는 사람들에게 감각적 요소를 강조할 때 사용한다. 특히 대상관계에 어려움이 있는 내담자의 치료에도 유용하다.

2. 아동그림의 이해

그림은 어린이의 정신발달이나 상태에 따라 다르며, 연령, 성별, 성격, 아동이 획득한 개념과 생활환경 등에 따라서 다른 양상을 보인다. 아동은 그림을 통해 자신이 가장 관심을 가지는 대상이나 걱정을 표현하기도 하고, 자신의 감정과 경험을 자신만의 언어로 전달하기도 한다. 그러나 아동들은 자기 나름대로의 세계가 있어서 외부에서 주어진 사물에 대한 인상을 자기 방식으로 구상하여 그림을 그린다. 이와 같이 아동에게 있어 미술활동은 자신만의 독특하고 새로운 어떤 것을 창조하는 과정에서 많은 경험들을 결합시켜 준다. 아동의 그림 안에는 다양한 요소와 경험이 결합되어 있으므로 아동들의 그림을 간단하게 설명하고 해석하는 것은 어려운 일이다. 이러한 어린이의 자기중심성으로 아동의 그림에서 아동의 정신세계를 살펴볼 수 있고, 드러난 무의식적인 반영을 통하여 어린이의 감성, 동기, 흥미, 욕구, 재능 그리고 성격까지도 파악할 수 있다.

이에 루빈(Rubin, 1984a)은 아동의 미술표현은 그들의 주변세계를 알게 하는 방법이며 의사소통의 방법이고 감정과 지각의 내적 세계를 탐색하는 방법이라고 하였다. 아동의 미술표현을 몇 가지 구성요소와 진단적 특징만으로 보는 것은 위험하여, 여러 가지 의미의 가능성이 있다는 것을 고려해야 한다. 그러므로 아동의 그림을 이해하기 위해서는 다양한 특징과 많은 이론적 틀을 고려해야 한다. 그중에서도 아동들의 시각적 대화에는 풍부함과 독특성, 복잡성 그리고 자발성이 있으므로 시각적 의사소통을 존중해 주는 것이 매우 중요하다.

1) 아동의 그림내용

인간에게 그림은 자신만의 세계를 구축하는 데 꼭 필요한 존재이며, 성향에 따라 개인의 세계관이 다르게 생성된다. 그림은 한 개인의 정신적 내면세계와 외부세계 간의 관계에서 생성된 다양한 사회심리적 현상, 개인 내 무의식과 의식 간 지속적인 상호교류 그리고 이들 간에 충돌을 야기하는 잠재된 갈등요소를 표현하는 매개체로 사용되어 왔다(최규진, 2013b).

그러므로 아동들의 그림이나 창작작품을 이해하기 위해서는 먼저 아동들이 표현할 때 어떤 동기가 있는지 고려해 보는 것이 중요하다. 아동이 그림을 그리는 동기는 대체로 기억, 상상력, 현재의 삶 등 세 가지를 들 수 있다(Malchiodi, 2000). 아동들이 그림을 그리는 데에는 과거의 좋았던 기억이나 불행했던 기억들이 영향을 미치게 된다. 그러나 그림을 그릴 때 기억을 통해 그림을 그리는 것이 어려우며 그리지 못할 수도 있다. 예를 들어, 가정에서 부모로부터 거부와 학대를 당했거나 가정 내 갈등으로 어려움을 느끼고 있는 아동들은 과거의 아픈 기억으로 인하여 사람, 특히 가족을 그리는 것을 거부하거나 그리지 못하는 경우가 있다. 또한 일부 아동들은 뭔가를 상상하여 그림을 그리는 것이 어려울 수도 있다. 특히 발달적인 측면에서 볼 때, 아동들은 상상하여 그리기보다는 자신의 주변세계에서 본 것을 그림의 주제로 선택하는 경우가 많다.

둘째, 그림을 그리거나 미술작품을 만드는 태도는 어린 시절에 형성되며, 부모나 치료자들이 아동들과 의사소통하는 데 오랫동안 영향을 미칠 수 있다. 교사나 부모들에 의한 평가는 미술작업을 하는 아동의 욕구와 동기유발에 영향을 미칠 수 있다. 미술표현은 아주 개인적인 창조적인 노력이므로 아동과 성인 모두 자신들의 표현에 대해 부정적인 평가를 들으면 상처를 받고 그림으로 표현하는 데 두려움을 가지게 된다. 그러므로 부모나 치료자들은 아동의 그림을 평가하기보다는 무조건적으로 수용하여 아동이 자유스럽게 표현할 수 있도록 격려하여야 한다.

셋째, 미술작업에 대한 이전의 경험들이 아동들의 그림과 내용에 중요한 영향을 미치지는 않으나 무엇을 어떻게 그렸는가에 영향을 미치는 경우가 있다. 미술작품의 내용과 스타일에 큰 영향을 미치는 것 중 하나는 아동에게 미술을 어떻게 가르쳤는가 하는 것이다. 일반적으로 아동들은 학원이나 학교에서 배운 방식대로 그림을 그리는 경향이 있어 같은 학원을 다니는 아동은 그림 그리는 방식이 비슷하며, 하늘은 파란색, 나무는 초록색 등으로 고정되게 나타나는 경우를 흔히 볼 수 있다. 또한 성인들이 보여 준 그림에 영향을 받아 독특한 그림을 창조하기보다는 고정화된 이미지를 반복적으로 그리는 아동들도 있다.

넷째, 사회문화적 영향은 일반적으로 그림을 그리는 데에 동기부여와 미술제작을 하는 태도에 영향을 미칠 수 있다. 혈족, 종교, 민족성, 사회경제적 지위 등이 창조활동에 영향을 미친다.

2) 작업과정

아동에게 제공되는 미술은 아동을 통제하고 의존적으로 만드는 구조가 아니라 그 안에서 자유롭게 행동하고 생각하고 공상할 수 있는 기제나 구조라야 한다. 치료자는 각 개인이 독립적이 될 수 있는 물리적 · 심리적 환경을 제공하고, 재료, 공간, 시간에 대해 고려하여 인간 내면의 창조적인 잠재력을 충분히 발휘하도록 하여야 한다(김동연, 최외선, 2002).

그러한 가운데 이루어지는 아동의 전 작업과정을 관찰하여 얻은 정보는 아동을 이해하는 데 기초적인 정보를 제공해 줄 수 있다. 작업행위에 대한 정보는 그림요소의 조형적 변형, 수정, 강조, 소멸, 명도 및 채도, 그리고 전체적 화면공간의 분할, 확대 및 축소 등 역사를 간직하고 있기 때문이다(Schütz, 1975; 최규진, 2013a에서 재인용).

그러므로 아동의 그림을 이해하기 위해서는 미술작업 활동을 하는 과정과 그에 따른 결과를 모두 중요시해야 한다. 아동이 그린 그림의 의미를 이해한다는 것은 미술활동을 하는 과정을 이해하는 것이다. 미술치료는 내담자가 가는 길에 미술치료사가 함께 동행하는 여행과 같은 것(Wadeson, 2007)이라는 말처럼 치료자는 작업과정에서 일어나는 일들을 관심 있게 지켜보고 다루어 주어야 한다.

치료자는 작업과정에서 치료관계를 설정하지 않고 내담자와 함께 작업할 수가 없다. 치료작업은 치료자와 내담자 모두가 힘을 합쳐 내담자가 호전되고 향상된 생활을 하도록 하는 것을 포함한다. 내담자는 치료자와 창작과정 모두와 협력관계를 형성할 수 있다. 그러나 치료자와 내담자가 진정한 협력관계를 맺기 위해서는 시간이 필요하다. 이때 미술매체는 만지고 조작하는 즐거움을 줌으로써 협력관계를 설정하는 데 유용하다.

작업과정에서는 먼저 탐구과정이 이루어진다. 이러한 과정을 통하여 내담자 자신의 생각과 감정을 발견하고 이해할 수 있다. 예를 들어, 불안하거나 신경질적이거나 지나치게 활동적인 아동들은 재료를 신중하게 선택하지 못하고 단시간에 무질서하게 표현하는 경우가 있다. 또한 탐구과정에서 언어적인 자유연상을 통하여 애매모호하고 혼란된 반응으로부터 유발되는 여러 가지 방어와 무의식을 작품으로 의식화할 수 있다.

미술치료사는 내담자가 겪는 스트레스와 좌절을 다루어 주어야 한다. 내담자가 작업을 하는 가운데 작품을 멍하게 바라보거나 작업을 중단하는 것도 치료자는 수용하는 자세가 필요하다. 문제를 가지고 있는 아동일 경우, 그림 그리기에 저항이나 혐오감을 가지고 있는 경우에 그리기를 강요해서는 안 된다. 미술활동을 통하여 자신을 비추어 볼 수 있는 시간, 작품완성을 위하여 다듬는 과정, 정리, 배열 등을 위한 시간도 제공하여야 한다.

미술치료사는 내담자들이 미술활동을 하는 과정에서 개개인의 특성들을 개발하고 발견할 수 있도록 격려할 수 있어야 한다. 그리고 미술매체를 활용할 때 언어, 얼굴표정, 신체움직임, 미술작업의 행동형태를 관찰하여야 하며 작업의 전 과정을 관찰하여야 하는데, 창작과정에 방해가 없는 범위 내에서 이루어져야 한다. 내담자의 언어적 · 비언어적 행동은 미술작품의 구성요인들과 밀접하게 관련되어 있으므로 관찰을 통하여 내담자의 심층적인 부분을 이해하는 데 도움을 받을 수 있다.

미술작품은 내담자의 창조과정의 구체적 결과이므로 간단히 해석하기는 어려우나 형태, 색, 주제 등이 의미하는 중요한 메시지를 해석할 수 있어야 한다.

3) 그림의 해석

내담자의 작업결과물은 정서, 감정, 견문, 체험에 근거한 인지경험을 토대로 한 상호교류가 발생하는 하나의 시각화 장소로 간주할 수 있다. 특히 작품을 통하여 자신도 자각하지 못한 다양한 정보가 시각화된다는 점에서 '내담자의 일부'가 아닌 내담자의 이면에 존재하는 '제2의 자신'을 발현하는 기능을 한다(최규진, 2013a).

그러므로 아동들의 작품을 해석할 경우에는 작업과정뿐만 아니라 아동이 만들어 낸 작품의 내용과 형태, 아동의 언어적 · 비언어적 메시지를 함께 고려하여야 한다. 아이들의 그림작품에는 의식성과 무의식성이 동시에 내포되어 있는데, 이것이 그림의 상징성으로 나타난다. 이러한 상징성은 인간의 마음속 깊이 있는 사실을 투사해 준다. 미술표현은 진단평가 그 자체의 수단이 아니라 발달연령에 적합한 방식으로 아동이 자신의 경험을 연결시키는 하나의 양식이라 할 수 있다. 그러므로 치료자들은 아동의 그림을 분석할 때 그림에 나타난 이미지와 아이의 삶의 경험을 연결시키려고 한다. 아동의 창조적 그림을 해석하는 데 있어 진단기준에 따라 그림의 특징을 파악하거나 직관적인 판단에 따라 해석하는 것은 둘 다 문제가 있다. 이에 여러 학자(Golomb, 1990)는 아동들의 투사그림을 임상적으로 해석하는 것은 문제가 있음을 제시하였다. 특징적 항목을 기준으로 하여 생략된 부분이나 지나치게 상세히 표현된 부분을 중심으로 해석하는 점, 그림을 그린 아동과 미술표현이 가지는 다차원적인 특성을 고려하지 않았다는 점, 투사그림검사에 대한 신뢰도와 타당도의 문제가 있으며, 해석기준에 있어 문화, 성, 계층과 다른 요인을 적절히 반영하지 않았다는 점에서 문제점이 제기되고 있다(Malchiodi, 2000).

그러므로 치료자는 아동의 그림에 대해 그린 내용과 그린 사람의 세계관에 대해 개방성을 가져야 한다. 미술표현에 대해 편협된 의미보다는 통합적인 관점을 가져야 한다. 아동의 그림을 이해하고 반응할 때는 성인의 시각에서 아동의 그림을 판단하거나 해석하거나 이해하려고 하지 말고, 그림을 그리는 과정이 아동에게 어떠한 의미를 가지는가를 이해하여야 한다. 미술치료의 핵심은 아동들의 표현작품이 무엇을 의미하는가를 알아내는 것뿐만 아니라 미술작업에 있어 과정과 결과 양자의 복잡성을 이해하는 데 있다. 미술표현을 충분히 이해하기 위해서는 두 가지 기술이 필요하다. 하나는 시각적인 의사소통에 관한 민감성을 가지는 것이고, 다른 하나는 미술제작에 잘 임하도록 내담자를 격려하는 것이다(Wadeson, 2007). 따라서 아동과 함께 의사소통하고 감정과 경험을 나누고 자기표현을 통해서 문제를 탐색하고 해결하기 위한 방법으로 사용하여야 한다. 치료자는 아동이 자발적으로 그림을 통하여 자신을 표현할 수 있도록 수용하며, 그린 그림에 대해 자유롭게 연상하도록 하고 무언가를 말할 수 있도록 격려하는 것이 중요하다. 그림에 대해 아이들과 이야기를 나누는 것은 아이들이 그림에 대한 이해를 높일 수 있으며, 아동에게 스스로 표현할 기회를 주고 창조적인 활동과정을 통해 성장할 수 있는 기회를 제공해 준다.

미술치료영역에서 미술치료사는 아동들의 그림을 평가하려는 목적보다는 다른 방식, 문제를 해결하는 수단, 감정이나 지각을 표현하는 활동, 자신의 상황이나 좋지 못한 기억과 감정을 다루는 활동으로 미술을 사용한다. 그러므로 그림을 단순하게 보아서는 안 되며 좀 더 넓은 관점에서 보아야 한다. 즉, 심리학적인 측면뿐 아니라 미술작업과정이나 재료, 아동미술표현의 변화과정에 대한 이해가 요구된다.

3. 미술치료매체

미술치료(art therapy)는 미술매체(art medium), 이미지(image), 창조적인 작업과정(creative art process)과 창조적인 미술작품(creative art product)에 대한 내담자의 반응을 활용한 대인서비스 전문직업활동이기 때문에 미술치료사는 무엇보다도 다양한 미술치료

매체를 연구하고 이것을 임상에서 진단적으로 치료적으로 잘 다룰 줄 알아야 한다.

모든 치료적 접근이 그러하겠지만 특히 미술치료에서 미술매체 선정은 아동에 따라 다르고 상당히 주관적이고 개별적이고 현실적이다. 같은 미술매체라도 아동과 청소년에 따라 그 치료적 반응이 다를 뿐만 아니라 증상 및 문제에 따라 미술매체에 대한 반응이 다양하다.

미술치료임상을 하다 보면 아동 개인마다 자신이 좋아하는 미술매체가 있고 치료하는 과정에서 자신이 선호하는 미술매체를 발견하는 경우도 있다. 미술치료과정에서 자신이 좋아하는 매체를 발견하였다는 것은 아동 자신의 창조성을 작품을 통해 잠재적으로 실현한다고 볼 수 있으며, 내담자의 자발적인 참여와 동기 및 집중성을 유발할 수 있다. 또한 아동이 처음에는 어떤 특정한 매체에 대해 상당히 거부감이 들고 낯설어했지만 치료가 진행되면서 아동의 문제가 해결되고 삶에 대한 융통성이 증가하면서 다양한 매체를 수용하는 모습을 볼 수 있다. 이것도 역시 치료의 긍정적인 변화이고, 현실에서도 그와 같은 모습이 유사하게 관찰될 수 있다.

그러므로 미술치료사가 미술치료를 받으러 온 아동을 치료하기 위해서는 무엇보다도 내담자의 성향과 문제에 맞게 미술매체를 잘 탐구해야 할 것이다. 특히 미술치료사는 아주 제한적인 작업환경에서 이용될 수 있는 재료들에 대해서는 매우 신중한 선택을 해야 한다. 최상의 정보에 기초하여 다양한 종류의 미술매체를 선택하는 것은 미술치료사에게는 무엇보다도 중요한 일이 된다. 재료에 대한 폭넓은 지식과 사용은 카탈로그를 살피거나 책을 읽어서 단순히 획득할 수 있는 성질의 것이 아니다. 그것은 미술매체, 도구, 처리과정에 대한 기본적이면서도 폭넓고도 다양한 직접적인 개인적 경험을 통해서 얻는 것이라고 생각한다. 그러므로 미술치료사는 점토, 그림물감, 파스텔에 대한 전문가가 될 필요는 없지만 이런 다양한 재료들의 개개의 특성에 관하여 충분한 지식을 갖고 적용할 수 있어야 각 매체가 갖는 장점 및 단점과 제한점에 대해서 충분히 이해하게 될 것이다(Rubin, 1984b).

루빈(Rubin, 1984b)은 저서 『미술치료에서 미술(The art of art therapy)』에서 미술치료사는 미술치료를 이해하기 위해서는, 첫째, 미술(art) 부분에 대해 필요한 요소들을 알아야 한다고 제시하였다. 즉, 미술재료, 작업과정과 작품—미술의 형태, 내용, 상징적인 언어에 관하여 전문적 지식과 경험을 학습해야 한다는 것이다. 둘째, 치료(therapy) 부분으로서 어떤 치료자라도 반드시 알아야 할 지식은 발달, 역동, 치료적 변화의 조건과 과정에 대한 것으로 미술치료사는 일반적인 치료지식과 더불어 특히 한 인간으로서 또한 한 전문가로서 자신의 정체감을 파악할 필요가 있다고 하였다. 셋째, 미술과 치료의 공통(interface) 부분으로서 작업 활동범위를 나타내는 미술치료환경에 관한 것과 미술을 통해 표현을 자극하고 촉진할 뿐만 아니라 통찰하고 학습할 수 있도록 유도하는 방법을 연구해야 한다고 강조하였다. 이것은 미술치료가 미술과 치료가 결합된 평형상태를 의미하며, 미술치료는 기본적으로 미술과 심리학 두 가지 분야의 결합이라고 볼 수 있다. 시각미술, 창조작업, 인간의 발달, 행동, 성격, 정신건강 및 같은 다른 모든 측면이 미술치료의 정의를 내리고 범위를 정하는 데 중요한 역할을 하며, 미술치료는 이런 모든 분야를 통합한다고 볼 수 있다.

여기서는 미술치료에서 많이 적용할 수 있는 미술치료매체의 종류와 미술매체의 촉진 및 통제의 기능에 대해서도 간단하게 소개하고자 한다.

1) 매체의 종류

(1) 화지와 드로잉 매체

첫 번째 매체 소개는 화지(surfaces)에 관한 것이다. 화지는 그림을 그릴 수 있는 모든 것을 의미한다. 여기에 여러 종류의 마분지, 캔버스, 돌과 나무, 부직포뿐만 아니라 여러 무게, 표면재질, 색깔, 크기 등을 갖고 있는 다양한 종이들이 포함된다. 사실 미술치료에서 사용하는 화지를 바탕재료라고 하여 크게 종이, 나무, 천으로 나누어 분류하여 사용한다.

두 번째, 드로잉 매체(drawing media)에 관해서 치료자는 대표적인 드로잉 재료라 할 수 있는 모든 종류의 연필에 대해서 잘 알고 있어야 한다. 부드러운 것, 단단한 것, 색깔이 있는 것, 미술연필, 색연필, 콩테와 목탄연필 등과 같이 정상적으로 내성이 있는 재질로 디자인된 것들을 알아 둘 필요가 있다. 그 외에도 미술치료사는 여러 펜 종류에 대해서도 알아 둘 필요가 있을 것이다. 그것들 중에는 여러 사용방법과 크기와 색상을 갖고

[그림 6-1] 여러 화지 종류　　　　　[그림 6-2] 한지　　　　　[그림 6-3] 여러 가지 드로잉 재료

있는 잉크, 사인펜, 마커펜 등이 있으며, 향기까지 나는 것도 있다. 또한 자연적이면서도 가볍게 칠하는 초크 형태의 목탄과 콩테가 있다. 이 밖에도 다양한 크기와 형태를 가진 크레용이 있다. 보통 일반적으로 크레파스를 많이 사용하고, 시중에 나온 오일파스텔은 흔히 크레파스로 알려져 있는 것이다(Rubin, 1984b). 요즈음은 파스넷이라고 하여 크레파스와 그림물감을 혼합한 재료가 아동들에게 인기가 있다. 이 밖에도 초크 형태의 파스텔이 있는데, 부드러움의 정도에 따라서 여러 다른 크기와 형태가 있다. 이러한 크레파스와 크레용과 파스텔은 드로잉 재료에서도 자주 이용되는 매체이기도 하지만 페인팅 재료에서도 아주 쉽게 다양한 연령층을 대상으로 많이 적용되는 매체다. 미술치료사는 반드시 여러 드로잉 도구들을 이해하고, 그것을 사용할 수 있는 적절한 종이를 선택해 주며 미술치료에 어떻게 적용해야 하는지를 알아야 한다.

(2) 페인팅 매체

페인팅 매체(painting media)에 대해서도 드로잉 재료와 마찬가지로 그 종류가 다양한데, 크레용과 크레파스, 투명수채화, 불투명수채화, 포스트컬러(디자인 컬러)가 있으며 마지막으로 좀 더 전문가용인 튜브와 액체 형태로 이용되는 유화물감과 아크릴물감과 같이 좀 더 단가가 높은 제품도 있다. 미술치료사는 여기에 맞는 화지를 선택하여야 할 뿐만 아니라 이에 대한 붓의 종류와 팔레트 보조제의 종류 및 사용기법에 대해서도 알아 두어야 할 것이다. 핑거페인팅은 다양한 재질을 활용하면서 여러 다른 물질로도 충분히 만들 수 있다(비누가루, 액체 합성세제 또는 액상이나 가루 형태로 만들어진 다양한 재료를 혼합해서 판매하기도 한다.). 역시 풀과 같이 접착력이 있는 축축한 형태와 분말 형태는

[그림 6-4] 핑거페인팅

[그림 6-5] 전분가루놀이

[그림 6-6] 면도크림놀이

상품화되어 시판되고 있으며, 요즈음은 아동미술치료에서 면도크림, 전분가루 및 석고가루도 많이 이용되고 있다. 크레파스와 수채화물감의 성질을 혼합한 파스넷도 시판되고 있다. 드로잉 도구와 함께 여러 형태의 페인팅 매체에 관하여 아는 것은 미술치료사에게는 필수적인 일이다(전순영, 2011).

(3) 모델링 매체

미술치료에 있어서 또 다른 주요 창조양식은 모델링 매체(modeling media)를 갖고 3차원의 입체작업을 하는 것이다. 여기서 제일 먼저 가마에서 굽는 것부터 부엌의 오븐에 굽거나 공기 중에 말리는 점토 등 치료자는 모든 종류의 점토에 관하여 알아야 할 것이다. 굳는 성질을 지니고 수분을 함유하고 있는 천연 또는 인공 점토와 또한 다양한 색과 유연성을 지닌 점토에 관해서도 알아 둘 필요가 있다. 몇몇은 이미 상품화된 모델링 재료가 있으며, 그 대표적인 것은 점토, 지점토, 고무찰흙, 석고, 컬러점토, 라이크클레이, 아이클레이, 폴리머클레이, 천사점토, 핸드프린팅 세트, 폼클레이, 플레이콘 등 다양하게 시판되고 있다. 이 외에도 밀가루 점토, 종이찰흙 등은 미술치료실에서 쉽게 만들 수 있으며, 흙 찰흙이나 모래는 자연에서 쉽게 이용될 수 있다. 따라서 미술치료사는 여러 형태로 이용되는 모델링 매체와 이것의 특별한 특성을 파악하고 각각의 매체들을 갖고 작업하기 위해서 적절한 도구와 재료를 이용할 수 있어야 할 것이다.

그 밖에도 3차원 입체구조를 이용할 수 있는 것은 딱딱한 종이부터 철사, 헝겊, 실, 나무, 플라스틱 등 일련의 여러 다른 재료도 있다. 다시 한 번 강조하면 미술치료사들은 이러한 것들의 사용방법을 아는 것이 중요하며, 특별한 도구의 조작법과 그 과정 또한 알아 둘 필요가 있다. 그 대표되는 도구들에는 가위, 붓, 여러 종류의 칼, 스테이플러와 줄과 같은 모델링 도구들, 테이프와 풀, 본드, 글루건과 같은 접착성 재료들이 모두 여기에 포함된다. 그것들은 지금 현재 광범위하게 이용될 뿐더러 각각 저마다 특수한 능력과 적절한 이용가치를 갖고 있다. 만약 치료자가 나무, 금속, 돌을 갖고 작업한다면 이러한 재료들에 적용되는 특별한 도구를 선택하여 최선으로 작업할 수 있는 방법을 알아 두어야 할 것이다(Rubin, 1984b).

이 외에도 미술치료에서 많이 다루는 3차원 모델링 매체로 인형(doll)을 만드는 재료들이 있다. 나무, 종이, 금속, 흙, 헝겊, 고무, 셀룰로이드, 비닐 등으로 사람이나 동물 등의 형상을 본떠 만든 장난감이라고 할 수 있는 이 인형들은 자신의 자화상을 상징적으로 대표할 뿐만 아니라 여러 가지 역할놀이나 드라마를 통해서 다양하게 감정표출을 할 수가 있다. 역시 인형을 통해 자기표현 및 자기주장, 사회성을 학습할 기회를 주기 때문에 임상에서 많이 활용되고 있다. 특히 인형은 아동들에게 친밀한 매체로서 아동미술치료할 때 많이 적용되고 있으며, 주로 치료에서 사용되는 인형은 막대인형, 손인형, 손가락인형, 테이블인형, 그림자인형, 줄인형, 마음인형 등이 있다. 그 밖에도 탈인형, 발도르프인형, 바스크인형(도자기인형) 등 여러 가지가 있다.

다음은 3차원 모델링 매체에서 미술치료에서 많이 적용되고 있는 박스(box)가 있다. 박스는 여러 가지 재활용 및 콜라주 재료들을 이용해서 미술치료에 접근할 수 있는데,

[그림 6-7] 나의 인형

[그림 6-8] 나의 방

[그림 6-9] 석고가면

내담자가 치료에서 상징적으로 내용을 숨기고, 새로운 공간범위를 창조하고, 자신의 내부에서 충돌하는 정반대의 것을 통합하기 위해 적용된다. 그 예로는 자기상자, 기억상자, 보물상자, 생존상자, 망각상자 등에 관한 연구들이 있다. 박스는 집짓기 과제, 주거공간의 묘사 등과 같은 미술활동에서 역시 활용되기도 한다. 박스 자체가 3차원 모델링 재료로서 여러 가지 면을 상자 내부와 외부에 갖고 있기 때문에 내담자들로 하여금 자신의 여러 가지 측면을 객관적으로 바라보고 통합할 기회를 준다. 예를 들어, 자신의 긍정적인 또는 부정적인 여러 측면을 보게 해서 그것들을 통합하는 데 많이 적용된다. 우리가 일상생활에서 쉽게 구하고 접할 수 있는 여러 가지 재활용 상자로 이러한 치료효과를 얻기 위해서는 미술치료사가 쉽게 치료에 접근할 수 있는 기법을 다양하게 연구해야 할 것이다.

가면(mask) 또한 미술치료에서 많이 치료도구로 활용되고 있는 대표되는 3차원 모델링 재료다. 가면은 종이, 찰흙, 가죽, 모피, 뼈, 천, 잎, 줄기, 깃털, 조개, 상아, 산호 등 거의 모든 자연물이 사용되며, 만듦새도 눈, 코, 귀 등의 각 부분이 자연스럽게 움직이도록 되어 있는 복잡하고 정교한 것까지 다양하다. 오늘날에는 의료기 전문점에서 판매되는 석고가면도 자신의 얼굴 그대로를 본뜰 수가 있어서 미술치료에서 많이 적용되고 있다. 또 가면이 표현하는 내용도 신(神), 사자(死者), 요괴(妖怪) 등 초자연적인 존재에서부터 인간과 각종 동물들의 가면에 이르기까지 다양하며, 목재, 금속, 돌, 보석이나 헝겊조각 등으로 장식을 하기도 한다. 모든 상담 및 심리치료는 진정한 나(real self)를 이해하고 찾는 데 궁극적인 치료목표가 있다. 치료를 통해 감추어진 건강한 자아를 발견할 뿐만 아니라 불건강하고 미성숙한 자아도 발견해서 건강한 것은 확장하고 불건강한 것은 축소하는 작업이 모든 치료과정의 핵심일 것이다. 그러다 보니 미술치료에서도 역시 자아의 여러 측면을 시각화해서 객관적으로 바라볼 수 있는 매체들이 개발되고 탐구되고 있으며, 이에 가면은 우리에게 그러한 치료적 역할을 제공한다고 볼 수 있다.

(4) 콜라주, 사진치료 및 아트북

3차원 모델링 매체는 아니지만 오늘날 미술치료에서 많이 활용되고 있는 콜라주(collage)와 사진치료(photo therapy) 등이 있다. 콜라주라는 말은 불어의 'coller(풀로 붙이다'에서 유래한 말로 일상의 비예술적인 소재, 즉 종이나 헝겊, 쇠붙이, 나뭇조각, 모래, 나뭇잎 등과 색지나 인쇄된 종이, 패브릭, 끈 및 장식소품 등과 같은 여러 재료를 이용하여 자신이 생각하거나 표현하고자 하는 의도대로 손으로 찢거나 가위로 오려서 접착제를 이용하여 종이에 붙여서 표현하는 미술치료기법을 말한다. 드로잉이나 페인팅 매체에 저항 있는 내담자들을 위해 주변에서 쉽게 구할 수 있는 잡지나 신문 등을 갖고 자신에 대한 여러 가지 느낌을 상징적으로 잘 표현할 수 있고, 쉽게 구체적인 표현에서 추상적인 표현에 이르기까지 다양하게 할 수가 있다.

이 외에도 창작에 대한 두려움을 완화시켜 주기 위해 스냅사진, 잡지, 광고사진 등 사진매체를 활용한 사진치료가 있다. 셔터를 누르는 것만으로 창작이 완성되기에 내담자들에게 친숙하여 초기 치료활동이 쉽게 진행될 수 있다. 이러한 사진치료는 사진을 찍는 인화하는 과정에까지 내담자가 직접 참여하는 능동적인 활동 전체를 말한다. 사진치료의 방법은 내담자와 관련하여 사진의 대상, 사진을 찍는 주체에 따라 다음의 다섯 가지로 나눈다. 첫째, 내담자가 찍고, 수집하고, 만든 사진들이다. 둘째, 타자가 찍은 내담자의 사진이다. 셋째, 내담자가 찍은 자신의 사진이다. 넷째, 치료자가 내담자에게 몇 장의 사진을 보여 주면서 내담자에게 이야기를 만들어 보라고 요구하는 '투사적 사진(photo-projective)'이며, 다섯째, 가족사진을 통한 치료적 방법이다(박소현, 2004).

마지막으로 최근에는 아트북(altered books)을 적용한 미술치료도 나오고 있다. 아트북은 페인팅, 드로잉, 콜라주, 쓰기와 장식 등의 작업과정을 통해서 책을 만든 사람의 생각, 기억, 느낌 등이 예술적으로 표현된 매체라고 볼 수 있다. 기본재료로는 커버(종이, 패브릭, 가죽), 합지(보드지), 보드연결지, 속지(내지), 면지(마감지), 헤드밴드, 가늠끈, 제본풀(본드), 모양장식 등으로 책을 만드는 데 사용된다. 아트북을 북아트라고 하는데 프랑스어로는 '미술가의 책'이라고도 한다. 넓게는 책과 미술의 결합이라고 할 수 있으며, 좁게는 책의 내용을 미술가들이 삽화나 그림으로 옮긴 것 또는 장식그림과 관계된 말이다. 북아트의 형식은 글자 없이 형상만으로 구성될 수도 있고, 반대로 문자만으로 이루어지기도 하고, 두 가지가 혼합되어 이용될 수도 있다(김나래, 2003). 북아트를 통해 무엇보다도 자신의 개성과 창의성을 실현할 수 있으며 앨범형식으로 나만의 책 만들기 작업을 통해 자신을 탐색하고 통합할 수 있는 기회를 준다. 이 외에도 수많은 미술재료들이

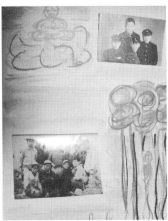

[그림 6-10] 콜라주　　　　　[그림 6-11] 사진치료　　　　　[그림 6-12] 아트북

미술치료에서 적용되고 개발되고 연구될 것이다.

(5) 판화, 한국화 및 컴퓨터 디지털 아트

첫째, 미술치료에서 자주 이용되는 판화라는 매체가 있다. 판화(graphics, prints, printmaking)는 글자 그대로 찍어 내는 예술이다. 아주 일반적인 의미로 판화란 원래 동일한 이미지를 많은 사람들에게 보급하기 위한 판면(版面) 위에 요(凹), 철(凸), 평(平)의 이미지를 만들고 거기에 잉크나 물감을 묻혀 종이 또는 직물 위에 이미지를 옮겨 찍는 복수성을 바탕으로 성립된 예술이다(이윤주, 2001). 판화는 그 재료에 있어 다양한 창작의 경험을 풍부히 얻을 수 있고, 밑그림을 그리고 새겨서 찍어 내는 단계적인 작업과정을 통하여 새로운 표현기법을 발견하며, 아울러 표현의욕을 높여 줄 수 있는 영역이다. 판화활동으로 찰흙판화, 스탬핑(손바닥 등 물체 자체를 직접 찍는 것), 채소(무, 감자, 고구마) 등을 이용하여 문양을 새겨 찍는 방법, 기와나 벽돌의 표면에 이용하거나 사진이나 필름 위에 스크래치하는 방법 및 고무판화에 새겨 넣어 찍는 방법 등이 있다(박은희, 2005). 그 밖에도 우드락 판화, OHP 판화, 직판화, 전사판화, 모노타이프, 콜라주, 스텐실 등의 다양한 기법과 방법들이 포함된다. 미술치료에서는 재료가 매우 중요한 의미를 지니고 있다. 어떤 매체를 사용하느냐에 따라 치료의 효과가 달라지기 때문에 그리기에

x

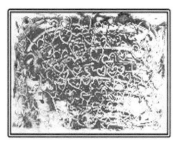

[그림 6-13] 퐁퐁 판화   [그림 6-14] 한국화 매체   [그림 6-15] 포토샵

저항감을 가진 내담자들에게 판화는 단순히 그리는 행위에 더하여 새기고, 깎고, 파고, 찢고, 자르고, 문지르는 등의 다양하고 활발한 활동을 통해서 더 많은 표현의 기회를 가질 수가 있기 때문에 흥미를 유발할 수 있을 것이다.

둘째, 우리 고유의 한국화 매체가 있다. 한국화 매체란 한국적 상황 아래에서 생성된 세계관에 바탕을 둔 한국 특유의 기법과 양식에 의해 다루어진 회화를 제작할 때 쓰이는 도구로 한국의 전통적 회화도구와 재료를 의미한다. 그 대표적인 재료로는 주로 붓과 먹, 한지, 비단, 마, 아교, 한국화물감, 석채, 분채 등이 쓰이며, 때에 따라서는 금과 은도 사용된다. 한국화에 사용되는 매체인 먹과 화선지는 한국에서 가장 오랜 기간 사용되어 온 미술재료로 누구에게나 익숙한 재료이며, 과거뿐만 아니라 현대에도 심신수련과 스트레스 해소를 위해서 서예, 산수화 등 한국화 매체를 이용한 미술활동이 대중적으로 이루어지고 있다(김우식, 2003). 특히 우리는 한국인으로서 한국화 매체를 존중하고 미술치료에서 더 적극적으로 연구개발하여 적용해야 할 것이다.

셋째, 인터넷, 모바일이 보급되면서 어떤 문화보다도 정보통신 매체에 더 익숙해지고 미디어 매체를 통해 자신들을 표현하고 이해해 나가고 있는 상황에서 대중문화 전달 매체인 컴퓨터 통신, 음성정보서비스, 영상 매체 등이 미술치료에서 하나의 매체로 활용되고 있다. 이러한 미디어 매체는 라디오, 텔레비전과 같이 대중에게 정보를 전달하고 수집하며 의사소통을 할 수 있는 기능을 가지고 있다. 또한 정보통신기술의 발달로 새로 등장한 뉴미디어 매체는 인터넷, 디지털카메라, 전자음원기(MP3 플레이어 등), 쌍방향 케이블 텔레비전, 핸드폰모바일 서비스와 같이 쌍방향 의사소통이 가능하다. 디지털 미디어 방식인 뉴미디어 매체는 정보의 전달과 더불어 시각 매체의 이미지를 재생산하고 대량 복제유통하기 때문에 미술치료에서 새로운 첨단 매체로 부각되고 있다(오희정, 2003). 미국미술치료학회(American Art Therapy Association: AATA)의 최근 학회지를 보면 컴퓨터 소프트웨어를 적용한 연구들이 많이 나오고 있다. 오늘날 인터넷 및 스마트폰의 보급으로 SNS, 페이스북 등이 새로운 미술 매체로 부각될 것이다.

2) 매체를 통한 촉진과 통제

미술치료사들은 다양한 미술활동매체들을 사용할 수 있다. 미술치료시간의 구성 및 다른 요소들에 따라서 그 매체는 목적에 부합되도록 선택한다. 미술과제는 자유연상이나 가족 혹은 집단 간의 의사소통의 매개체이므로 파스텔이나 크레용, 붓 등의 비교적 간편한 매체가 적절할 것이다. 장애인이나 아동, 노인 등에게는 쉽게 제작할 수 있는 도구들을 사용하면 좋다.

매체의 선택에서 두 가지 중요한 고려점은 크게 촉진과 통제다. 아동의 자발성을 촉진하기 위해서는 충분한 작업공간과 아울러 다양한 색상과 충분한 크기의 종이와 점토 등이 제공되어야 한다. 너무 많은 양의 도구는 사람을 질리게 할 수 있다. 이 점에서는 아동에 따라 서로 다르므로 미술치료사는 아동의 욕구에 민감하게 반응할 줄 알아야 한다. 특히 쉽게 찢어지는 신문지나 잘 부서지는 분필과 같이 좌절을 유발시키는 재료들은 잘 고려되어야 할 것이다(한국미술치료학회, 1995).

낱낱으로 된 매체가 그렇지 않은 매체보다는 다루기가 용이하다. 연필은 조작하기에 보다 쉽지만, 물감이나 점토는 조작에 있어서 기술적인 문제가 있다. 물감을 마구 칠하는 것과 같은 행동은 심하게 억압되어 있는 아동에게 활기를 불어 넣을 수도 있을 것이고, 아니면 아주 겁에 질리게 할 수도 있다. 때때로 미술매체를 바꿔 주는 것이 타성에 빠져 있는 아동을 촉진시켜 줄 수 있다. 미술매체들의 특성에 따라 어떤 효과를 낼 수 있느냐를 고려하여 선택해야 한다(Wadeson, 1980). [그림 6-16]는 미술매체의 특성을 그림으로 나타낸 것이다. 오른쪽으로 갈수록 통제를 높게 하는 매체이고, 왼쪽으로 갈수록 통제의 정도가 낮은 매체다(한국미술치료학회, 1995).

미술매체별 특징을 통제의 높고 낮은 매체로 나눈 것(Landgarten, 1987)으로 봐서 매체

[그림 6-16] 미술매체의 특성

출처: Landgarten (1987): 한국미술치료학회(1995)에서 재인용.

는 정서적인 반응의 특성을 가진다고 볼 수 있다. 통제의 정도가 낮은 매체는 치료초기에 감정을 이완하고 친밀감을 조성하고 미술치료사와 신뢰관계를 맺는 데 용이할 것이다. 통제성이 높은 매체는 정교함, 세밀함, 작업성 및 집중력을 요구하기 때문에 어느 정도 미술치료가 진행된 다음 적용하는 것이 바람직할 것이다. 그러나 그림발달수준에 따라 통제성이 높은 재료가 통제성이 낮은 재료가 될 수 있으며, 반대로 통제성이 낮은 매체가 통제성이 높은 매체가 될 수가 있다. 예를 들어, 전도식기에 속한 5세 된 아동은 8절지 도화지에 크레파스로 '엄마'나 '아빠'를 크게 스케치한다. 그러나 대상을 크레파스로 칠하고 바탕까지 색을 칠한다는 것은 아동의 발달수준에서 조금 어렵다. 아동 입장에서 볼 때 상당한 에너지와 집중력이 요구된다. 또 이 시기에 아동들은 주로 선화를 그리기 때문에 채색에 별로 관심이 없다. 이것을 무리하게 시행할 경우 아동은 부담감이 커서 그림에 대한 흥미를 잃을지도 모른다. 이때 3~4가지의 기본색을 중심으로 컵에 그림물감을 묽게 풀어 20호 이상 되는 큰 붓으로 바탕색을 칠하라고 하면 아동은 신이 나서 여러 장의 그림을 더 그리고 싶어 할 것이다. 이때 그림물감은 아동의 사고, 감정 및 행동을 촉진한다. 이제 난화기를 막 벗어난 아동은 마구 색칠하는 것에 신이 날 것이며, 크레파스와 물감이 서로 섞이지가 않아 아동의 그리는 욕구도 충족시켜 줄 것이다. 다음은 이것과는 반대의 실례를 들어 보겠다.

또래집단기에 속한 초등 4학년 아동은 실제적으로 그림발달단계가 사실기에 들어간다. 주로 연필로 대상을 사실적으로 묘사한 그림에 그림물감으로 채색하라고 하면 앞서 5세 아동과는 달리 상당한 통제성을 경험할 것이다. 학교 운동장에서 나무나 꽃 또는 풍경을 4B연필로 스케치하고 그 스케치한 것을 그림물감으로 채색할 경우 수채화 붓으로 물감의 특성을 잘 살려서 명암을 넣어야 할 뿐만 아니라 물과 물감의 조절과 배합을 잘 해야 한다. 이때 물감은 5세 아동이 다룬 것과는 달리 상당한 집중력과 조심성 및 기술을 요구하기 때문에 통제적이라고 볼 수 있다(전순영, 2011).

대체로 아동이 친숙하게 생각하는 재료는 연필, 지우개, 크레파스와 색연필 등이고, 그림을 그리는 사람은 자신이 많이 사용한 재료를 더 친숙하게 여길 수 있다. 통제하기 쉬운 재료는 연필, 지우개, 색연필, 마커, 크레파스 등의 순서이고, 통제하기 어려운 재료는 유동성이 있는 물감, 파스텔 같은 재료다. 통제하기 쉬운 재료를 선택하는 환자들은 의식적이거나 무의식적으로 통제에 대한 강한 욕구를 지니고 있으며, 조심성이 있거나 억제적 경향을 지니고 있다. 환자가 자기 내부로 함입한 경우에도 통제하기 쉬운 재료를 쓰는 경향이 있고, 내면적인 유약성을 만회하기 위한 보상행위로 통제하기 쉬운 재료를 선호하기도 한다고 하였다(주리애, 2000).

한편, 매체의 촉진과 통제는 또 여러 가지 방법으로 치료임상에서 운영된다. 다소 산만한 충동적·공격적 아동이 미술치료실에 들어왔을 경우 그 아동의 집중력을 향상시키기 위해서 약간의 통제적인 미술치료활동을 구성하고 어느 정도 아동이 그 통제적인 과업을 수행했을 경우에는 아동이 좋아하는 촉진적이고도 자유스러운 미술치료활동을 행동강화제로 구성할 수가 있다. 그렇게 하기 위해서 미술치료사는 아동과 치료가 시작되기 전에 충분한 대화로 협상을 해야 할 것이다. 이렇게 한 가지 매체가 미술치료 주제에 의해 그리고 대상 및 상황에 따라 촉진적 또는 통제적인 매체가 될 수가 있다. 미술치료사는 이런 점을 고려하여 치료임상에서 매체의 특성을 치료적으로 잘 운영할 줄 알아야 할 것이다(전순영, 2011).

마지막으로, 사실 주변에 있는 모든 재료가 미술치료 임상활동의 치료매체가 될 수 있음을 알아야 한다. 한경미(1995)가 「아동의 조형활동을 위한 재료활용방법 연구」에서 재료선택의 기준을 제시하였는데, 이 기준을 미술치료에 맞게 약간 수정해 기술하면 다음과 같다. 첫째, 주변에서 쉽게 구할 수 있는 재료여야 한다. 둘째, 재료비가 저렴하여 부담 없이 자유롭게 재료를 경험할 수 있어야 한다. 셋째, 상태가 불완전하거나 위험성이 있는 재료는 위기감이 조성되어 표현의지를 약화시키므로 안전성이 있는 재료를 경험할 수 있도록 한다. 넷째, 변형과 변량이 자유로운 재료를 사용한다. 다섯째, 내담자의 발달수준에 맞추어 재료를 선택해서 내담자가 재료를 다룰 수 있는 기능적 경험의 수준에 맞는 재료가 선택되어 왕성한 미적 체험을 하게 한다. 여섯째, 재료의 형태, 중량, 안정도 등이 의도하는 학습목표를 달성하는 데 적합해야 한다.

4. 점토미술치료

점토(clay)는 미술치료에서 다양한 연령층을 대상으로 많이 사용하는 대표적인 재료다. 특히 3차원적인 입체적 작업을 할 수 있는 재료로서 아동들과 청소년들에게 자발적으로 흥미를 유발한다. 현재는 다양한 종류의 점토가 시판되고 있으며, 미술치료사는 자신의 직접적인 경험을 통해 다양한 색과 유연성을 지닌 점토에 대해 그 특성을 알고 미술치료에 적용해야 할 것이다. 여기서는 점토의 종류, 점토를 활용한 제작기법, 점토의 특성 및 치유요인과 미술치료임상에 적용된 치료기법에 대하여 살펴볼 것이다.

1) 점토의 종류

점토는 크게 자연점토와 대용점토로 나누어지고, 국내 미술치료에서 주로 사용하고 있는 점토 찰흙은 대부분 일반적인 대용점토이며, 이러한 대용점토의 종류와 특성은 재료에 따라 여러 가지 종류로 구분된다. 자연점토는 전문가용이 많기 때문에 여기에서는 소개하지 않고, 아동에게 친밀감과 다양한 재료경험을 줄 수 있는 대용점토를 소개하고자 하며, 이에 대한 점토의 종류와 설명은 〈표 6-1〉과 같다(이승미, 2007). 점토 만지기에 겁을 먹고 망설이거나 손이 더러워지는 것에 저항감을 갖는 아동에게 적합하다. 이 외에도 최근에 다양한 색깔이 있는 비누점토가 시판되어 아동들에게 인기를 끌고 있다.

점토 보관방법은 공기가 통하지 않도록 비닐에 싸서 뚜껑이 있는 플라스틱 통 안에 넣어 두거나 젖은 천 등을 덮어 다시 비닐에 넣어 두는 것으로, 이렇게 하면 항상 작업하기 좋은 상태를 유지할 수 있다(김인선, 2003).

표 6-1 점토의 종류

분류		특성
대 용 점 토	밀가루 점토	밀가루에 물과 약간의 기름을 넣고 반죽하여 만든다. 반죽 시 여러 가지 착색용 안료를 넣어 다양한 색감을 낼 수 있다. 매우 부드러우며, 인체에 무해하나 쉽게 상할 수 있고 보존이 힘들다.
	지점토	종이의 성분 펄프에 풀을 섞어 만든 점토이며, 건조가 빠르면서 굳으면 가벼워진다. 병, 플라스틱 등 가까운 주변의 소재를 심재로 사용할 수 있다.
	유토	흙이 전혀 들어 있지 않은 점토이며, 갈라짐이나 부서짐이 없고 영구적으로 굳지 않아 재사용이 가능하다. SF 영화, 방송국 특수 분장, 가베 놀이, 마네킹 등 산업용 모델링으로 많이 사용한다.
	종이죽	철사, 나무, 끈, 종이, 유리 등 어떤 심재와도 접착력이 용이하다. 물에 풀어서 작업하기 용이하다.
	컬러점토	컬러점토는 부드러운 질감의 다양한 컬러로 구성되어 있다. 애니메이션 클레이 작업에 매우 적합한 특징을 갖고 있으며 작업이 편리하다.
	나무점토	천연나무성분 목질점토로 건조 후 경도가 강하며 조각도로 세밀한 표현이 가능하다. 나무의 재질감을 그대로 표현할 수 있다.
	도자기 찰흙	자연건조되며 굳은 후 도자기처럼 딱딱해진다. 작업 후 별도의 채색이 필요 없고 자연스러운 컬러로 만들어 낼 수 있다.
	죽점토	펄프로 인위적인 한지의 특성을 표현한 것이다.
	경량점토	촉감이 부드러워 만지는 동안 온화한 느낌이 든다. 컬러점토와 달리 굽거나 쪄 내지 않고 자연건조한다.
	빵점토	오븐에 넣어 열을 가하면 실제의 빵처럼 부풀어 오르며 빵의 질감이 살아난다. 빵 종류의 음식을 만들 때 좋다.

출처: 이승미(2007).

[그림 6-17] 지점토와 찰흙

[그림 6-18] 아이클레이

[그림 6-19] 컬러점토

[그림 6-20] 경량점토　　　　[그림 6-21] 아이클레이와 도자기
　　　　　　　　　　　　　　　점토로 만든 작품

2) 점토를 활용한 제작기법

　점토를 이용한 표현방법은 여러 가지가 있다. 점토의 표현방법에 따라 치료적 효과도
다양하다. 표현방법도 간단하게 손으로만 주무르는 표현부터 도예기법처럼 체계적인
방법이 있다. 도예기법을 익히면 점토를 통해 쉽게 원하는 형태를 만들 수 있다. 다음은
점토를 통한 미술치료 시 활용이 가능한 도예기법들이다. 기법은 크게 반죽과 성형으로
구분할 수 있다. 반죽은 발반죽과 손반죽으로 나뉘고, 성형은 타렴기법, 핀칭기법, 판상기
법으로 나눌 수 있다(교육인적자원부, 2004; 이승미, 2007).

(1) 반죽

　신체의 손과 발을 이용하여 점토가 외부에서 가해지는 힘에 의해 어떻게 변화되는지
관찰하고 손과 발에 있는 감각들을 깨워 준다. 손과 발에 연결되어 있는 신경들을 자극
하여 감각통합에 긍정적인 영향을 미친다.

　일정한 리듬감으로 발과 손으로 반죽하기 때문에 음악과 함께 활용하면 리듬감을 키
울 수 있다. 흙의 종류에 따라 손과 발에 느껴지는 촉감이 다르고 혼자서 할 수도 있고

여러 명이 집단을 이루어 흙을 밟고 그 위에서 율동을 하는 등의 다양한 활동들을 할 수 있다. 흙의 온도에 따라 포근함과 시원함, 피부와 같은 느낌을 받을 수 있다. 온몸으로 표현할 수 있는 역동적인 활동으로 일정한 동작들을 반복함으로써 대근육의 힘과 통제성을 기를 수 있다.

(2) 성형기법

■ 타렴기법(코일링)

도예기법 중 성형기법으로 가장 보편적으로 사용하는 방법이자 견고한 방법에 속한다. 점토에 대한 물성을 이해하고 형태를 표현함으로써 자신의 생각이나 느낌을 조형물로 나타낼 수 있다. 타렴의 직경 크기를 다양하게 하여 성형하도록 하면 주의력과 팔의 힘, 손가락의 힘을 조절하는 데 도움을 주고 눈·손 협응력을 길러 준다. 또한 점토 자체의 특성으로 자유로운 발상을 가능하게 한다. 작은 크기의 형태에서 1m 이상의 형태까지 제작이 가능하며, 자신이 상상하는 어떠한 크기나 형태를 표현할 수 있다.

■ 핀칭기법

핀칭기법은 가장 원시적인 표현이지만 가장 친숙한 표현이기도 하다. 이 기법은 누가 가르쳐 주지 않아도 곧잘 하는 기법이다. 흙을 떼어 내어 양 손바닥을 펴서 그 위에서 흙을 굴리며 공 모양을 먼저 만든 뒤 성형한다. 손의 소근육 및 미세근육 발달에 도움을 주며, 눈으로 보지 않고 자신의 손의 감각만으로도 충분히 훌륭한 작품을 만들어 낼 수 있다. 우리가 추석 때 먹는 송편피를 빚는 방법과 닮아 있다.

■ 판상기법

판상기법은 다른 기법과는 조금 다른 점이 있는데, 다른 기법에서 쓰는 점토의 수분 상태보다 조금 더 단단한 점토를 사용한다. 이 점토를 방망이로 두드리거나 밀대를 이용하여 편다. 또한 두께가 일정한 나무판을 양옆에 대어 줄을 이용하여 자르면 일정한 두께의 점토판을 얻을 수 있다. 다양한 문양이 있는 방망이나 도장 등을 이용하여 성형

할 수 있고, 자신이 원하는 형태를 점토판에 스케치하여 자를 수 있다. 점토판만 준비되면 우리가 평면에서 할 수 있는 조형활동(자르기, 접기, 붙이기, 색칠하기 등)을 할 수 있다. 점토판을 만드는 과정과 적당히 마른 점토판을 성형하는 것은 통제력과 구성력을 길러 준다(이승미, 2007).

3) 점토의 특성 및 치유요인

점토의 치료효과를 보자면, 우선 미술치료에서 매체는 심리적 촉진과 통제의 기능을 가지고 있기 때문에 미술치료사는 미술치료를 할 때 촉진 및 통제에 필요한 매체를 선택할 필요가 있다. 이것은 동일한 매체라도 대상아동에 따라 다르게 적용될 수가 있다.

또한 점토는 감정을 환기시키는 중요한 역할을 하며 대상자에게 자유를 부여하기 때문에 미술치료 매체에서 중요한 의미를 지닌다. 그 이유는 점토는 입체적인 표현을 하기 쉽고 유연하므로 자유자재로 각자의 생각을 표현할 수 있으며, 사물의 형태를 손쉽게 만들 수 있기 때문이다. 재료의 특성상 각자의 생각대로 만들기 쉽고 마음대로 변형되는 점토의 특성은 수동적/능동적 촉지각으로 대상관계 발달에 기본이 된다고 볼 수 있다(이승미, 2007). 따라서 점토를 활용한 미술치료를 통해 경험한 점토의 촉감으로 인해 아동의 왜곡된 대상관계가 치유된다.

에델슨(Edelson, 1990)은 자신의 점토 미술치료과정에서 특히 빈약한 손의 힘과 부조화된 협응능력을 가진 노인들은 흙으로 그릇을 만드는 과정을 통하여 도움을 얻는 것을 보았다고 하였다. 노인들은 점토를 만지면서 조절능력을 키울 수 있고, 점토의 유연성, 순응적 성질을 통하여 최소한의 좌절감을 맛보면서 작품을 완성하고 성취감을 느낄 수 있다고 하였다. 이와 같은 특성은 장애아동들에게도 동일하게 적용된다.

야레츠키, 레빈슨, 김치(Yaretzky, Levinson, & Kimchi, 1996)는 점토작업이 손가락의 힘을 키워 주고 시각적 협응력을 향상시켜 주며 공간 수용능력과 구성능력을 증진시키고 대화의 증가를 가져왔다고 보고하였다. 점토를 사용한 미술치료는 내담자들에게 감각적 자극은 물론 감정표현을 통한 긴장 완화, 친밀감의 향상, 향상된 협동능력을 가질 수 있도록 도움을 준다고 하였다.

점토는 가소성과 작업 도중 계속 변화시킬 수 있는 성질이 있어서 아동이 손쉽게 접근할 수 있는 3차원의 중요한 재료다. 형태가 만지는 대로 자유롭게 변하는 가소성은 아동이 생각하고 느낀 것을 어떤 재료보다 잘 표현하고 점착성과 촉감성을 가지고 있어 붙이거나, 떼기, 파내기 등이 가능하며, 촉감이 어떤 재료보다 뛰어나기 때문에 실패율을 줄이고 자신감을 높이는 데 효과적이다. 점토는 자신의 경험을 자유롭게 표현하면서 자신의 감정을 이해하고 부정적이고 억압된 정신을 자극하여 자신을 발견하게 하며, 감정적 배출을 창조적인 방향으로 전환시킨다. 또한 부드럽고 촉촉한 재료에 몰입하면 누구든지 건설적인 퇴행(constructive regression)의 요소를 경험할 수도 있다. 이것은 재료의 특성인 장난스럽게 만질 수 있는 부담이 없는 것이 억압을 줄이는 효과가 있기 때문이다(Heneley, 2005).

이와 같이 점토의 치유적 요인들은 대상 및 연령에 상관없이 많이 있으며, 미술치료 임상에서 잘만 활용하면 치료효과를 기대할 수 있다. 따라서 점토의 특성과 치유요인들을 열거하자면 가소성, 접착성, 조화성, 다양성, 입체성, 재활용성, 흥미성, 창의성, 정밀성, 촉감성, 운동성, 전달성, 전이성, 정신성, 경제성, 영혼성과 반영구성 등 모두 17가지로 나눌 수 있으며(김상미, 2005; 신영선, 2000; 이승미, 2007; 이태우, 2004), 이러한 특성 및 치유요인에 대한 설명은 〈표 6-2〉와 같다.

표 6-2 점토의 특성 및 치유요인

특성 및 치유요인	설명
역사성	인류는 빙하시대부터 점토를 장식적 · 실용적 목적으로 사용하고, 신분을 나타내기 위해서도 사용하였다.
가소성	점토는 자유자재로 형태를 변경할 수 있는 가소성이 있다. 어떤 형태로도 조형이 가능하기 때문에 새로운 형을 만들어 내는 가소성이 매우 뛰어난 재료다.
접착성	별도의 접착제를 사용하지 않고 점토 자체와 물만으로 결합과 접착이 가능하다.
조화성	점토의 종류는 다양하다. 점토의 종류에는 완성된 후에도 자유롭게 형을 변화시킬 수 있는 굽지 않는 점토와 형이 완성되면 그대로 건조시키거나 굽는 점토(경화), 또 다른 분류에 따라 자연점토와 대용점토를 들 수 있다.

입체성	평면이 됨과 동시에 입체적인 표현이 가능하기 때문에 이러한 것들의 조합으로 무한한 공간을 효과적으로 만들어 낼 수 있으며 덩어리 표현도 쉽게 할 수 있다.
재활용성	점토는 잘못된 작품이라도 물에 넣어 반죽을 다시 하면 몇 번이라도 다시 사용할 수 있는 장점이 있다.
흥미성	점토를 만지면서 어떤 작품을 만들 것인가를 생각하게 되고 점토활동에 대한 열정을 스스로 배우게 된다. 점토활동을 통해서 일어나는 실수조차 즐거움을 주며 작품을 완성하는 데 더욱 흥미로운 결과를 기대하게 된다.
창의성	점토를 만지면서 누구도 상상하지 못했던, 누구도 만들어 내지 못했던 자신만의 독특한 형태들을 만들어 내고, 이는 또 다른 창조물을 만들게 하는 동기가 된다.
정밀성	점토를 재료로 한 인체의 근육은 물론 피부의 주름까지 매우 정교한 표현이 가능하다. 표면을 긁어서 표면의 느낌을 다르게 표현하는 등의 방법으로 표면을 무한히 확장시켜 나갈 수 있는 조형 표현의 가능성을 가지고 있다.
촉감성	점토는 만지고 있으면 그 부드러움에서 심리적 안정감을 가져온다. 그리고 무엇인가를 만들고 싶어 하는 충동을 느끼게 된다. 유연성과 촉감성으로 내담자들이 재료에 대한 거부감이 거의 없어 손쉽게 심상을 표현하게 된다.
운동성	대근육과 소근육 모두 활용할 수 있다. 대근육 사용 활동으로는 점토판 밟기, 점토판 위에서의 다양한 활동, 점토 던지기 등의 활동 등이 있다. 또한 소근육 활동으로는 손을 이용한 주무르기, 뜯기, 늘리기 등의 활동이 있다.
절단성	다른 매체와는 달리 도구(가는 실, 철사, 나무 칼, 주걱)를 이용하여 원하는 대로 절단할 수 있다.
전이성	한 주제를 가지고 활동을 하더라도 도중에 그 주제가 자연스럽게 바뀔 수가 있다. 아이들은 말하면서 그들 자신의 경험에 대한 구조와 의미를 탐색한다. 이렇게 언어로 표현함으로써 아동들의 어휘력을 향상시킬 수 있다.
정신성	여러 형태의 자유로운 표현을 통한 예술활동을 하면서 정서적 해방감과 만족감을 느낄 수 있게 되어, 자신의 부정적이고 억압된 감정을 해소할 수 있는 감정의 배출구를 마련하며 그 감정을 창조적 방안으로 전환시킨다.
경제성	점토는 우리 주변에서 가장 쉽게 구할 수 있는 재료다. 가격이 저렴해서 경제적인 부담을 크게 느끼지 않으면서 풍부한 재료경험을 할 수 있는 장점이 있다.
영혼성	인간은 흙으로부터 와서 결국 다시 흙으로 돌아간다는 말이 의미하듯이 흙은 인간에 있어 본향과도 같은 영혼성을 지닌 물질이다. 이것은 우리가 흙을 만지고 흙 내음을 맡으면서 향수와 같은 정서를 느끼는 것과도 관련 있다. 성인에게 흙은 단순한 조형재료를 뛰어넘어 자연의 본성을 느끼고 체험하게 하는 의미를 가진다.
반영구성	수분이 증발하면 굳어지고 불에 소성되면 사용할 수 있는 강도를 지니게 된다. 이는 깨어지지 않는 한 그 형태를 보존하는 영구성을 가진다. 또한 유약이 입혀짐으로써 아름다움이 부여되어 성취감을 느끼게 된다.

출처: 전순영(2011).

4) 점토의 제한점

점토의 경우 불에 굽는다든지 브론즈로 제작했을 때 오래 보존된다. 따라서 자연스럽게 대기 중에서 건조된 점토작품은 깨지거나 부서지기 쉽다. 브론즈나 테라코타로 제작되는 과정은 전문가의 도움이 필요하며 비용이 만만치 않다. 또한 점토의 작업과정에서 건조가 일어날 수 있다. 그러므로 점토에 적당한 수분을 주고 비닐에 싸 놓는 것이 중요하다. 스펀지와 물을 담는 작은 통을 준비하여 건조를 막고 작품제작 과정에서 표현을 부드럽게 하는 데 사용할 수 있다.

형태를 만드는 과정이 힘들 수 있다. 특히 작품의 크기가 크거나 균형을 잡기 힘든 동세를 가진 작업을 하고자 하는 경우 표현에 어려움이 있을 수 있다. 특히 아동의 경우 미술치료사가 적절한 기술적 도움을 줄 필요가 있다. 뼈대를 사용할 것인지, 뼈대의 모양은 어떻게 준비할 것인지, 작품 완성 후 어떻게 보관할 것인지 등을 미리 염두에 둘 때 작품제작의 어려움을 줄일 수 있다.

점토를 사용하는 경우 흙먼지가 많이 생기고 청소하는 데 번거로울 수 있다. 반면, 지점토, 유토, 고무점토 등은 제작과정이 번거롭지는 않다. 하지만 점토와 같은 자연스러운 표현이 어려울 뿐만 아니라 비용이 만만치 않다는 점이 단점이다(전순영, 2011). 미술치료사는 이러한 점토의 제한점을 잘 알고 미술치료에 접근하면 좋을 것이다.

5) 미술치료임상에 적용된 기법

모든 재료의 사용에 있어서 그렇듯이 점토를 통한 표현에 있어서도 우선 재료와 친숙해지는 것이 중요하다. 여기에서는 점토의 미술치료임상에 적용된 기법에 대해 살펴보는데, 먼저 임상에서 쉽게 적용할 수 있는 찰흙을 통한 여러 가지 기법을 〈표 6-3〉을 통해 간략히 소개하고자 한다.

이 외에도 찰흙으로 감정을 표현할 수 있으며, 이 주제는 아동들에게 때로는 막연하게 느껴질 수도 있다. 구체적인 형태가 없어도 된다는 것을 설명해 주는 것이 중요하다.

표 6-3 찰흙을 통한 여러 가지 기법

	주 제	목적 및 내용	방 법
1	흙 만지기	근육 이완, 감정 순화	점토를 이용하여 두드리기, 반죽하기, 주무르기를 한다.
2	찰흙놀이 (찰흙 던지기)	스트레스와 내면의 욕구를 발산시켜 억압된 스트레스를 표출한다.	찰흙을 만지고 두드리며, 찰흙을 작게 뭉쳐 유리판에 던진다.
3	자유롭게 만들기	정서적 안정과 긍정적 자아감을 형성한다.	만들고 싶은 것을 자유롭게 만든다.
4	찰흙으로 선물 만들기	원활한 대인관계와 상호작용을 가능하게 하여 자신감과 자존감을 고취시킨다.	친구와 이야기를 나눈 뒤, 친구가 가지고 싶어 하는 물건을 만들어 준다.
5	음악과 찰흙 놀이	공감각적 이완을 통해 자아에 대한 긴장감과 불안감을 완화한다. 자기 및 감정 표현과 언어적 상호작용 기술을 익힌다.	음악을 들으며 느낌을 찰흙으로 표현한다.
6	찰흙 높이 쌓기 (찰흙을 이용한 게임)	공동작업을 통해 타인에 대한 이해심을 기른다. 공동작업의 성취감을 통해 자신감을 향상시킨다.	친구 또는 치료사와 함께 찰흙을 높이 쌓는 게임을 한다.
7	찰흙을 통한 가족 이야기	타인의 감정을 배려하는 방법을 배우고 가족구성원에 대해 생각해 본다.	찰흙으로 가족구성원을 만든다.
8	동화 듣고 주인공을 찰흙으로 표현하기	부정적인 감정을 분출하고, 동화와 찰흙 만들기를 연결시키는 이색적인 방법으로 흥미를 유발한다.	동화를 듣고 인상에 남는 장면이나 주인공을 찰흙으로 만들어 본다.
9	발로 찰흙 밟기	평형감각을 통한 소근육 운동의 발달과 심리적 이완을 돕는다.	찰흙덩어리를 바닥에 놓고 밟으며, 발을 통해 찰흙의 느낌을 느껴 본다.
10	찰흙으로 동물농장 만들기	연상을 통해 인지력 발달을 돕고, 표현력이 부족한 아동은 자신감과 표현력 향상을 도모한다.	동물의 울음소리가 녹음되어 있는 테이프를 듣고 연상되는 동물을 이야기하고, 동물흉내를 내어 본다. 동작놀이 뒤, 찰흙으로 동물을 직접 만들어 본다.
11	흙 속의 보물찾기	집중력을 기르고 순발력과 사회성을 기른다.	흙 속에 구슬을 숨겨 놓고 손가락으로 파서 찾아낸다.

12	공동 찰흙 놀이	소근육을 발달시키고 협동심과 상상력을 기른다.	필요한 만큼의 찰흙을 가져가서 길게 민 뒤, 한곳에 모으고, 연결해서 무엇을 만들지 의논한 후, 협동해서 작품을 만든다. 다 만든 뒤 느낌을 서로 이야기한다.
13	흙물로 그림 그리기	정서 이완	찰흙을 진하게 물에 풀어 붓으로 그림을 그린다.

출처: 전순영(2011).

때로는 좀 더 구체적인 지시를 줄 수도 있다. 그 예로, 자신이 느끼는 고통을 점토로 표현할 수가 있다. 고통을 표현할 경우에는 다양한 재료(철사, 이쑤시개, 핀 등)를 사용하여 고통을 받은 것을 더욱더 실제적으로 표현하게 해 준다. [그림 6-22]는 9세 여아의 작품인데, 어머니에게 언어적ㆍ신체적 학대를 받아 자신의 심장이 그 상처로 찢어져 피가 철철 흐르는 것을 상징적으로 표현하였다. 심장은 지점토로, 심장에서 나오는 피는 색모래로, 어머니의 잔소리는 이쑤시개와 철사로 심장에 박힌 모습을 표현하였다. 이 작품을 하고 난 뒤 아동은 "속이 시원하다."고 하였고, 어머니는 자신이 일상에서 한 잔소리가 아동에게 이렇게 상처를 줄지 몰랐다고 하면서 앞으로 조심해야겠다고 말씀하셨다.

다음에는 '희망과 고통의 항아리 만들기'가 있다. 희망과 고통을 담을 수 있는 항아리가 있다고 아동에게 상상해 보도록 한다. 어떠한 모양인지 형상화해 보도록 한다. 희망적인 시간이나 고통스러운 순간에 메모를 적어 항아리에 넣어둘 수도 있다.

또한 미술치료에서 자주 할 수 있는 것으로 자아를 표현하는 것이 있는데 자신을 상징하는 어떠한 형상을 만들어 보도록 한다. 그 형상은 구체적인 사람의 모습일 수도, 동물의 모습 혹은 상상 속의 어떠한 형상일 수도 있다. 만들기가 끝난 후 '친구' '가족' 등 자신에게 중요한 사람을 함께 만들어 놀이나 역할극을 할 수도 있다. 혹은 상자와 다양한 꾸미기 재료를 사용하여 그 형상을 위한 환경(그 대상이 사는 곳)을 만들어 볼 수도 있다. 환경이 폭력적이거나 위험하게 제작된 경우 그 위험을 대비하기 위해 필요한 것들을 함께 만들어 볼 수도 있다. 자아를 표현하는 것에서 좀 더 구체적으로 들어가서 '갖

[그림 6-22]
마음이 아파요

[그림 6-23]
남이 보는 나, 내가 보는 나

고 싶은 나' '버리고 싶은 나'로, 또는 '내가 보는 나' '남이 보는 나'로 주제를 줄 수가 있다. 나 자신의 여러 모습을 바라보면서 진정한 나 자신의 모습으로 통합할 수 있다(전순영, 2011). [그림 6-23]은 중학교 1학년 여학생의 작품으로, '남이 보는 나'는 친구들이 자신을 외동딸이라고 장미꽃처럼 도도하고 까칠하게 보지만, 실제로 '내가 보는 나'는 민들레꽃처럼 키는 작지만 강하고 끈질김이 있다고 하였다. 이것을 통해 내담자의 강점을 볼 수 있었다.

다음은 점토로 '동물가족화'를 만들 수 있다. 그림심리진단 검사로 활용되는 동적 가족화(KFD)는 가족들이 뭔가 하고 있는 모습을 직접적으로 그려야 하기 때문에 저항이 일어나지만 동물가족화로 하게 되면 상징적이기 때문에 저항감을 다소 완화할 수 있다. [그림 6-24]는 9세 여아의 작품인데, 아버지는 곰으로 항상 든든하고 우직한 모습을, 자신은 토끼로 귀여운 모습을, 동생은 작고 깜찍한 다람쥐로, 어머니는 원숭이로 표현하였다. 원숭이 어머니가 잔꾀를 부리면 곰과 토끼와 다람쥐가 다치며, 상처를 받고 매우

[그림 6-24]
동물가족화

[그림 6-25]
점토놀이

혼란스러워진다고 이야기하였다. 이처럼 가족을 동물로 대신 표현하면 가족들에 대해 매우 많은 것을 알 수 있다.

'상상 속의 친구 만들기'는 6~12세 정도의 아동에게 적합한 활동이다. 외롭거나 지지가 많이 필요한 아동들에게 사용될 수 있다. 먼저 언제나 함께 있을 수 있는 친구를 생각해 보라고 한다. 친구는 사람일 수도, 애완동물일 수도, 상상 속의 동물일 수도 있다. 만들기가 끝난 후 '친구'에 대해 이야기를 나눈다.

이와 같이 미술치료임상에서 점토를 적용한 다양한 기법이 존재하며, 미술치료사가 잘 응용하면 여러 가지로 좋은 프로그램을 만들 수 있다.

5. 맺음말

미술치료사는 단순하고 비구조화된 재료를 선호하는 것과 마찬가지로 튼튼하고 효과적인 미술매체의 이용을 고려해야 한다. 항상 저렴한 경비로 작업경험을 통해 미술치료에서 최대한의 효과를 낼 수 있도록 연구하는 것이 미술치료사의 과업 중 하나다 (Rubin, 1984b).

참고문헌

교육인적자원부(2004). 공예. 서울: 대한교과서주식회사.

김갑숙, 최외선(2009). 한국미술치료학회의 미술치료사 현황 및 발전방향. 미술치료연구, 16(2), 157-169.

김나래(2003). 북아트. 서울: 임프레스.

김동연, 최외선(2002). 아동미술치료. 서울: 중문출판사.

김상미(2005). 찰흙을 재료로 한 미술 프로그램이 시설 청소년의 정서에 미치는 영향. 이화여자대학교 교육대학원 석사학위논문.

김우식(2003). 한국화매체를 이용한 집단미술치료가 청소년의 스트레스에 미치는 효과. 대구대학교 재활과학대학원 석사학위논문.

김인선(2003). 미술치료를 위한 재료의 표현가능성과 활용방안. 원광대학교 보건환경대학원 석사학위논문.

모이순(1995). **점토혁명**. 서울: 보문당.

박소현(2004). 사진치료의 이론과 실제: 가족사진을 통한 사진치료 연구. 이화여자대학교 디자인대학원 석사학위논문.

박은희(2005). 판화활동 미술치료프로그램이 정신지체아의 위축행동과 자아존중감에 미치는 효과. 고신대학교 교육대학원 석사학위논문.

신영선(2000). 점토의 교육적 가치 탐색. 중앙대학교 석사학위논문.

오희정(2003). 미디어 매체를 활용한 집단 미술치료가 학교 중도 탈락 청소년의 공감에 미치는 효과. 원광대학교 보건환경대학원 석사학위논문.

이승미(2007). 점토를 통한 집단미술치료가 다문화가족 아동의 또래상호작용에 미치는 영향. 대구대학교 재활과학대학원 석사학위논문.

이윤주(2001). 판화에 있어서 테크네(Techne)에 관한 연구. 홍익대학교 미술대학원 석사학위논문.

이태우(2004). 도예작업을 통한 미술치료 기법에 관한 연구. 대구대학교 재활과학대학원 석사학위논문.

전순영(2011). **미술치료의 치유요인과 매체**. 서울: 하나의학사.

정여주(2003). **미술치료의 이해**. 서울 : 학지사.

정현희(2006). **실제적용중심의 미술치료**. 서울 : 학지사.

주리애(2000). **미술치료는 마술치료**. 서울: 학지사.

주리애(2010). **미술치료학**. 서울 : 학지사.

최규진(2013a). 미술치료에서의 치료적 관계 유형 소고. 미술치료연구, 20(5), 865-883.

최규진(2013b). 미술치료에서의 그림(Bild)과 그림 시각화 과정에 대한 고찰. 교육의 이론과 실천, 18(3), 85-123.

최외선, 이근매, 김갑숙, 최선남, 이미옥(2006). 마음을 나누는 미술치료. 서울: 학지사.

한경미(1995). 아동의 조형활동을 위한 재료활용방법 연구. 성신여자대학교 교육대학원 석사학위논문.

한국미술치료학회(1995). 미술치료의 이론과 실제. 대구: 동아문화사.

Edelson, R. (1990). Art and crafts-not "arts and crafts": Alternative vocational day activities for adults who are older and mentally retarded. *Activities Adaption and Aging, 15(1-2).* 81-97.

Golomb, C. (1990). *The child's creation of a pictorial world.* Berkeley and Los Angeles: University of California Press.

Heneley, D. (2005). 점토를 통한 미술치료(김선현 역). 서울: 이론과 실천. (원저 2002년 출판)

Kramer, E. (1971). *Art as therapy with children.* New York: Schocken Books.

Kramer, E. (1993). *Art as therapy with children* (2nd ed.). Chicago: Maganolia Street Publishers.

Landgarten, H. B. (1987). *Family Art Psychotherapy: A clinical guide and casebook.* New York: Brunner/Mazel.

Liebmann, M. A. (1986). *Art therapy for groups: First facts.* New York: Basic Books.

MacGregor, J. M. (1989). *The discovery of the art of the insane.* Princeton University Press.

Malchiodi, C. A. (2000). 미술치료(최재영, 김진연 역). 서울: 조형교육. (원저 1998년 출판)

Rubin, J. A. (1984a). *Child art therapy* (2nd ed.). New York: Van Nostrand Reinhold.

Rubin, J. A. (1984b). *The art of art therapy.* New York: Brunner/Mazel Inc.

Rubin, J. A. (2006). 미술치료학 개론(김진숙 역). 서울: 학지사. (원저 1999년 출판)

Schütz, H. G. (1975). *Didaktische Äthetik.*

Silver, R. A. (2002). *Three Art Assessments: The Silver Drawing Test of Cognition and Emotion, Draw a Story, Screening for Depression, and Stimulus Drawing Techniques.* Psychology Press.

Wadeson, H. (1980). *Art Psychotherapy.* New York: John Wiley & Sons.

Wadeson, H. (2007). 미술심리치료학(장연집 역). 서울: 시그마프레스. (원저 1987년 출판)

Yaretzky, A., Levinson, M., & Kimchi, O. L. (1996). Clay as a therapeutic tool and group in processing with the elderly. *American Journal of Art Therapy, 34*(2), 56-79.

제 *7* 장

음악치료

김선영

이 장에서는 발달단계상 언어 표현이 자유롭지 않거나, 발달지연 또는 발달장애뿐만 아니라 다양한 심리사회적 원인으로 언어적 의사소통 및 상담이 어려운 아동 및 청소년 심리치료에 큰 역할을 하고 있는 음악치료를 소개하고자 한다. 예술치료의 한 분야로서 음악치료를 살펴보았다. 음악치료의 정의, 음악의 치료적 역할, 필수요소, 역사, 음악치료의 역할과 주요전략, 음악치료의 효과, 음악치료를 위한 환경, 음악치료의 방법을 검토한다. 또한 교육영역, 심리영역, 그리고 재활영역 등에서 어떠한 치료목표와 음악활동 및 치료방법들이 다양하게 적용되는지를 알아본다.

상담이론에 근거한 음악치료의 이론과 함께, 즉흥연주 기법, 음악교육론에 근거한 음악치료 기법, 악기연주 기법, 가창 기법, 심상음악치료 기법 등 기존의 다양한 기법과 함께 그룹드러밍 기법, 음악놀이 기법 등 최근에 연구되고 적용되고 있는 기법도 다룰 것이다.

마지막으로, 음악치료 과정으로 들어가서 시작에서부터 종결, 사후관리에 이르는 전반적인 과정을 살펴보고자 한다.

제7장
음악치료

1. 음악치료의 이해

1) 음악치료의 정의

음악치료란 음악치료 전문기관에서 인증되고 숙련된 치료자가 치료적 목적과 상황에 맞도록 계획을 수립하고, 음악이라는 예술매체가 가진 다양한 음악적 요소들을 적절하게 사용하여 내담자의 신체적 · 발달적 · 심리사회적 주 호소를 해결할 뿐만 아니라, 일상에서의 적응수준을 향상시키고, 지속적으로 삶의 동기강화를 촉진하는 음악 내적 그리고 외적 과정을 의미한다.

브루샤(Bruscia, 1989)는 음악치료를 "내담자(client)의 건강을 회복시키기 위해 음악적 경험과 관계들을 통해 역동적인 변화를 이끌어 내는 체계적인 치료과정"이라고 했다. 미국음악치료협회(National Association for Music Therapy: NAMT)에서는 "음악치료는 치료적인 목적, 즉 정신과 신체 건강을 복원 및 유지시키고 향상시키기 위해 음악을 사용하는 것이다. 이것은 치료적인 환경에서 치료대상자의 행동을 바람직한 방향으로 변화시키기 위하여 치료자가 계획을 가지고 음악을 체계적으로 사용하는 것"이라고 정의하고 있다. 또한 "치료자는 치료 팀의 일원으로서 전문영역을 담당하면서, 특정 음악활동을 계획하고 실행하기 전에 개별 환자의 문제를 분석 · 파악하고 대체적인 치료목표를 설정하는 일에 참여한다. 그 후에 적용되는 치료 과정 및 절차의 효과를 판단하기 위해 정기적인 평가가 시행된다."라고 말하고 있다(Heller, 2000; NAMT, 1980).

2) 음악의 치료적 역할

(1) 근접성

사람은 태어나면서 자라는 동안 의식하든 의식하지 않든, 원하든 원하지 않든 끊임없이 음악적 환경에 접촉하고 있으며, 다양한 음악(또는 음악활동)을 통해 자연스럽게 사회적 환경과 접촉할 수 있다. 예를 들어, 아동심리치료를 계획하는 과정에서 부모가 이미 심리평가 자체부터 거부감을 보이더라도 음악활동(가족즉흥연주 또는 난타체험 등)을 통해 가족 내에서의 즐거움과 긍정적 상호작용을 경험하는 과정에서 가족 간 모습이 관찰되기도 하고, 음악과정에 내포된 아동 및 가족의 심리과정을 설명해 주면서 자연스럽게 부모 양육상담 등의 지속적인 전문적 중재로 연결할 수 있다.

(2) 상징성

특정한 음악은 개인의 역사나 문화적 배경에서 특정한 기억을 자극시키기도 하고, 내부적 · 외부적 활동의 동기제로서 역할을 할 수 있다. 예를 들어, 캐럴을 들으면 크리스마스와 함께 개인마다 크리스마스와 연관된 기억과 정서가 함께 연상될 수 있어서 언어상담 등에서 자유연상이 어려운 내담자에게 보다 쉽게 적용할 수 있다. 상담과정에서 정서를 다룬다는 것은 내담자를 도와서 성공적인 상담으로 이르도록 하는 핵심적인 부분이다(Rogers, 1957; Greenberg, 2010: 김영근, 2014에서 재인용). 음악감상을 통해 유도되거나 자유롭게 떠오르는 내담자의 기억 또는 심상은 다양한 정서를 각성시키게 된다. 이렇게 각성된 정서를 음악활동을 통해 인식하고, 표현하고, 재구성함으로써 은유나 상징을 내포하는 결과로 나타날 수 있다. 음악치료에서는 이러한 결과를 언어적 · 비언어적으로 표현할 수 있도록 돕는다.

(3) 촉진성

재활의학적 임상현장에서 물리치료나 작업치료를 거부하는 아동들의 경우 즐거운 연주활동 등을 통해서 인식하지 못하는 순간에도 필요한 반복운동적인 효과를 유인할 수 있다. 또한 언어상담이 불가능하거나 그것을 거부하는 아동 및 내담자의 경우 감각

영역(비언어적인 청각자극)부터 시작해서 정서영역을 자극시키고 활성화시킬 수 있는 음악치료적 중재는 상담진입을 촉진하는 계기가 된다. 이뿐만 아니라 언어로 구체화되는 직접경험이 아닌 간접경험으로 두려운 경험과 정서에 머물 수 있는 내성을 길러 줄 수 있으므로 아동 및 내담자의 건강한 발달을 저해하는 부정적 경험 및 정서를 충분히 다루고 긍정적인 변화로 나아가도록 하는 역할을 할 수 있다.

(4) 표현성

음악은 긍정적 정서뿐만 아니라 부정적 정서를 표출시킨다. 음악치료 회기에서 내담자가 ① 음악을 선택하거나 ② 이미 알고 있는 곡(노래)을 자신의 정서감에 맞게 편곡해서 연주하거나 부름으로써, 또는 ③ 그 당시에 느끼는 표현하기 힘든 감정을 즉흥연주라는 음악활동을 통해 표현할 수 있다. 포샤(Fosha, 2001)는 심리치료에서 셀 수 없이 반복되는 조율, 혼란, 그리고 회복을 통한 치료자와 내담자의 정서조절을 강조하였다. 정서적 의사소통을 통한 조절의 과정에서 조율(attunement)을 경험하는 것은 그 자체로 기쁨이 될 수 있다. 따라서 조화로운 조율상태는 치료의 목표가 되며, 치료과정에서 치료자는 이 상태에 도달하고자 하는 동기를 촉진시키는 역할을 하는 것이다(Fosha, Siegel, & Solomon, 2013). 이때 조화로운 정서의 조율상태에 이르기 위해서는 정서가 활성화되고 반복적으로 수용되는 경험의 중요성이 강조되는데(김영근, 2014), 이러한 과정은 음악치료에서 음악활동을 주고받는 과정을 통해 비언어적으로 끊임없이 표현될 수 있으며 언어적으로 명명될 수도 있다.

(5) 상호작용성

음악은 의사소통(communication)의 기능을 가진다. 특히 다소 일방통행적인 교육적 상황에 반해 치료적 중재상황에서의 음악(활동)은 치료자와 내담자 간의 정서와 활동을 공유하고 상호교환하면서 음악적 상호작용뿐만 아니라 사회적 상호작용의 기회를 극대화시킬 수 있다. 포샤(Fosha, 2013)는 압도적인 감정에 직면할 때 개인이 의도치 않거나 원하지 않은 '홀로 있음'으로 인해 정신병리가 생겨날 수 있기 때문에, 심리치료에서는 내담자가 혼자 다루기 힘든 정서를 치료자와 함께 재경험한다는 의미로 이자적 조절(dyadic regulation)을 강조하였다. 즉, 치료과정에서 치료자와 내담자가 함께하는 공동의 정서경험은 암묵적으로 작동하는 배경 이상의 역할을 하여 따뜻하고 수용적인 치료적 관계를 형성할 수 있도록 돕는다. 정서신경과학자인 말로흐와 트레바튼(Malloch & Trevarthen, 2009)은 정신분석적 발달이론에 신경심리학을 접목한 실험적 연구를 진행하였고, 이 연구를 통해서 전언어 단계의 유아와 어머니 사이의 상호주관적인 양방향 대화에서 '마치 연주를 하듯' 진짜 음악과 같은 조성, 리듬패턴, 박자, 종지가 사용되고 있음을 밝혔다. 그들은 이를 소통적 음악성(communicative musicality)이라고 명명하고, 음악치료에서는 치료자와 내담자가 함께하는 음악경험을 통해서 안전하고, 따뜻하며, 즐거운 치료환경을 형성할 수 있다고 하였다. 이러한 관점에서 치료자와의 음악적 경험은 안전하면서도 유쾌하고, 따뜻하면서도 즐거운 안전기지의 역할을 할 수 있다.

(6) 통합성

음악은 개인을 그룹으로 하여 정서와 행동과 언어를 통합시킨다. 여타의 공통성을 찾기 힘든 그룹에서 오르프 음악치료 기법에서의 말리듬, 오스티나토 리듬패턴이나 즉흥난타 또는 드럼서클(Drum Circle) 등의 음악활동을 통해서 개인적 역사와 주 호소를 공유하지 않고도 함께 역동적 정서를 공유하는 경험을 할 수 있다(김선영, 2009). 또한 가족을 대상으로 하는 심리치료교육과정에서도 다른 어느 매체보다도 단시간 내에 가족구성원 개개인의 주제를 통합하는 주제를 이끌어 내기에 적합하다.

(7) 유희성

음악은 즐거움을 줄 수 있다. 노도프와 로빈스(Nordoff & Robbins, 1977)의 '음악아이(Music Child)' 개념에서처럼 모든 사람(아동)은 선천적 음악성을 보유하고 있어서 한 개인이 출생함과 동시에 의도와는 상관없이 경험하게 되는 음악적 경험에서 자신만의 고유한 음악적 선호를 알아차리고 이를 축적하게 된다. 개인의 음악적 선호나 경험의 수준이 다를 수는 있지만 대부분의 사람들이 다양한 상황과 수준에서 제공되는 음악(활동)을 통해 즐거움을 경험할 수 있다. 이뿐만 아니라 부정적 정서와 생각 등을 언어적으로 또는 사회적으로 용인되는 방법을 사용하여 표현하기가 어려울 때 분노의 즉흥 북치기 등의 다양한 치료적 음악활동으로 전환해서 부정적인 정서와 생각을 즐겁고 긍정적인 방법인 연주활동으로 전환할 수 있는 기회를 제공할 수 있다.

3) 음악치료의 필수 5요소

(1) 치료자
인증된 기관에서 요구하는 교육 및 수련과정을 거친 전문 치료자에 의해 진행되어야 한다.

(2) 대상(내담자)
신체적 또는 심리적 변화를 필요로 하는 개별 또는 그룹 내담자가 있다.

(3) 치료목표
음악적 진단을 포함하는 통합적인 진단을 검토하여 장·단기 치료목표가 구체적으로 설정된다.

(4) 치료계획
치료 이론과 기법, 치료기간, 세션의 구조와 과정 등에 대한 사례개념화가 이루어지며, 이를 통해 구체적인 각각의 치료세션에 대한 활동계획과 치료자의 중재수준 등이 결정될 수 있다.

(5) 음악(음악활동)
치료세션 안에서 음악(음악활동)이 적절히 제공되어야 한다.

4) 음악치료의 역사

(1) 음악의 치료적 역할의 유래

음악치료의 시작은 그 근원적인 시초를 말하려고 한다면 음악과 의학이 맞물려 있던 선사시대로까지 거슬러 올라갈 수 있다. 선사시대에는 질병에 걸리면 악마의 주술에 걸렸거나 신을 배신한 죄인으로 여겼으며, 악령을 쫓아내고 평화로운 삶을 되찾기 위한 주술의식에서 음악은 주술사에 의해 사용되었다고 한다. 이때 타악기(percussion instruments), 셰이커(shakers), 챈트(chant) 그리고 노래가 예비의식부터 본 의식까지 사용되었다고 한다(Sigerist, 1970). 당시 주술사는 정치적이며 종교적인 권력을 가지고 신과 소통할 수 있는 막강한 역할을 담당하고 있었던 만큼, 주술사가 사용한 음악 또한 초월적이고 절대적인 힘을 가진 것으로 간주하였다. 이후 농업이 발달하면서 초기 문명시대로 진입하게 되었고, 이 시기의 주요 특징은 마술과 종교와 의학이 융합된 형태의 음악이라는 것이었다.

(2) 음악의 치료적 사용의 확대

고대 이집트시대로 들어오면서 문명발달로 인해 마술, 종교 그리고 의학이 서서히 분리되기 시작하였고, 챈트치료(Chant Therapy)를 의술의 한 부분으로 포함시켰을 뿐만 아니라 음악을 영혼을 위한 의학으로 간주했다고 한다(Feder & Feder, 1981). 또한 바빌론 문명시대 역시 신과의 화해를 위한 종교의식이 빈번하게 이루어졌는데, 이러한 치료적 의식이 거행되는 가운데 종종 음악이 의도적으로 사용되었고(Sigerist, 1970), 고대 그리스에는 치료를 위한 사당과 사원에 찬송 전문가들이 있어서 정서장애를 보이는 환자에게 음악을 처방하기도 하였다(Feder & Feder, 1981). 이뿐만 아니라 아리스토텔레스(Aristoteles), 플라톤(Plato), 아우렐리아누스(Aurelianus)에 의해 음악이 정서와 성격의 발달에도 직접적인 영향을 끼칠 수 있다고 여겨지면서 정신장애를 치료하기 위해 음악을 사용하기도 했다. 아리스토텔레스는 음악을 정서적 카타르시스로 보았고, 플라톤은 음악을 영혼의 의학이라 칭했고, 아우렐리아누스는 이러한 음악의 힘에 대한 믿음 때문에 음악의 무차별적인 사용에 대해 우려와 경고를 표시하기도 했다(Feder & Feder, 1981).

한편, 중세시대는 기독교가 막강한 영향력을 발휘하면서 질병의 원인 및 치료에도 그 영향을 미친 시기여서 병원들이 많이 건립되었지만 동시에 정신장애는 여전히 악령과 연결 지어 다루어지고 있었다. 이때 음악의 치료적 힘을 주장했던 사람들 중에는 수많은 철학자와 정치가들이 있었는데, 그중에서도 보에티우스(Boethius)는 음악이 인간의 도덕성을 감소시키거나 향상시킬 수 있다고 했고, 성 바질(St. Basil)은 음악이 종교적 감정을 긍정적으로 전달해 주는 매개체라고 했고, 카시오도루스(Cassiodorus)는 음악의 가장 치료적인 힘은 카타르시스 경험임을 강조하였다(Strunk, 1965).

또한 이 시기는 해부학, 생리학 그리고 임상음악의 눈부신 발전으로 과학적 접근으로서의 의학이 강조된 시기임에도 불구하고, 음악, 의학 그리고 예술의 통합이 일정 기간 진행되기도 했으며, 예방의학적 차원에서 음악을 처방했다(Boxberger, 1962). 바로크시대에는 인간의 기질과 정서의 관련성에 대한 연구를 통해 기질이론에 근거한 치료가 성행하였으며, 버튼(Burton)의 저서 『Anatomy of Melancholy』에서는 이러한 기질이론이 정서와도 밀접한 관련이 있을 수 있어서 치료를 위한 음악선택의 중요성을 강조하기도 하였다(Brink, 1979). 예를 들어, 우울한 사람에게 기분을 증진시키기 위한 즐거운 음악이 아닌 우울한 음악을 통해 반응을 촉진해야 한다는 이론이 제기되기도 했으며 이러한 이론은 현대 음악치료에까지 연결되고 있다.

(3) 음악치료의 학문적 연구와 부흥

제2차 세계대전 이후 미국에서 학문으로서의 음악치료 연구가 본격적으로 시작되면서 음악치료가 학문적으로 발달하기 시작하였고, 1970년대에 오스트리아 빈에서 활발하게 진행되기 시작했다. 당시 연구의 목적은 종군병사의 사기진작을 위해 전문연주자들이 야전병원 등에서 악기를 연주하던 것이 단지 심리적 이완뿐만 아니라, 통증완화 및 면역의 증가 등 생의학적 변화를 가져온다는 것을 증명하기 위해서였다. 현미경, 뇌과학 등의 발달로 과학적 연구가 가능해지면서 음악치료의 효과를 심리학적·생리학적·의학적으로 검증하기 위한 연구가 최근까지 활발히 진행되고 있을 뿐만 아니라 교육, 심리치료, 재활의학 영역에서 음악치료가 활발하게 적용되고 있다.

5) 음악치료의 역할

(1) 다른 치료적 중재가 어려운 내담자에게 접촉을 통한 반응유도를 가능하게 한다

음악(음악활동)은 언어적 · 비언어적 청각자극으로 이루어져 있어서 원하든 원하지 않든, 또는 의도하든 의도하지 않든 내담자와의 접촉을 용이하게 한다. 언어치료, 미술치료 등 다른 치료적 중재가 최소한의 집중(착석, 경청 등)을 요구한다면, 음악치료는 치료실에 입실하는 그 순간부터 내담자의 신체반응, 언어적 · 비언어적 발성, 그리고 행동을 반영할 수 있으므로 내담자에게 치료적 활동을 위해 착석이나 활동 권유 없이도 청각적 자극을 제공할 수 있다. 심지어 진동을 통해서도 내담자와 접촉할 수 있다. 영국의 한 음악치료사의 경우 청각장애 아동과의 음악치료 세션에서 첼로를 끌어안게 한 채 그 진동을 통해 환경과 접촉을 시도하였고, 최근의 음악치료에서는 음악심리치료를 위해 특별히 고안된 라이어와 쉬로테뿐만 아니라, 우쿨렐레 등 일반적으로 널리 알려진 악기를 사용하여 악기, 내담자 그리고 치료자의 접촉을 용이하게 한다.

(2) 타인과의 의사소통에 어려움이 있는 내담자의 언어적 · 비언어적 표현을 촉진한다

① 수용언어기술이나 표현언어기술뿐만 아니라 언어사용에 관여하는 화용언어기술 등에 어려움이 있는 기능적 언어장애나 발달장애 등 언어적 의사소통이 어려운 내담자 또는 ② 선택적 함묵증, 소아우울, 또는 아동심리치료를 의뢰하는 부모 자신의 문제에 대한 통찰이 어려운 성인내담자 등 언어적 의사소통에 거부적인 내담자에게 자신의 정서를 표현할 수 있는 음악을 선택하고 연주할 수 있는 기회를 제공함으로써 발화를 촉진하거나 정서표현을 가능하게 한다.

(3) 발달연령에 적절한 과제성취를 위한 동기를 촉진할 뿐만 아니라 단계별 교육 및 학습이 가능할 수 있게 하는 다리 역할을 한다

구조적이고 치료적인 음악활동이나 학습적 노래(learning songs) 등은 단계별 교육 및 학습에 필요한 착석, 집중력, 과제지속력 그리고 분야별 학습에 필요한 기능적 신체 또는 인지 수준을 향상시켜서 내담아동이 교육상황에서의 적응이 가능하도록 돕는다. 이는 장기적으로 진행되는 음악치료에서 단기적으로 다리 역할을 하는 치료목표를 달성할 수 있게 한다.

(4) 완성경험을 통해 적극적이고 즐거운 심리사회적 경험의 기회를 제공한다

음악치료의 꽃이라 불리는 즉흥연주의 경우 매번의 음악치료 회기를 통해 내담자와 치료자가 음악연주 활동을 완성하는 경험을 할 수 있어서 자신감을 증진시키기에 적절할 뿐만 아니라, 사회심리적 경계를 허물 수 있는 계기를 제공할 수 있다. 부딪히기, 두드림이나 흔들기 등 최소한의 신체활동만으로도 연주가 가능한 작은 무선율 타악연주, 모듬북이나 스네어드럼 등 큰타악연주, 그리고 아주 낮은 연주 수준을 요구하는 선율악기들(터치벨, 낱건반, 콰이어혼, 붐웨커 등) 등을 이용하여 많은 인원으로도 즉각적인 즉흥연주 경험이 가능하며, 특히 주제를 가진 동질그룹이나 가족 등의 즐거운 음악적 경험에 효과적이다.

(5) 언어적 · 비언어적 청각자극이라는 감각적 자극으로부터 출발하여 내담자 자신, 치료자를 포함하는 타인, 그리고 환경에 대한 인식 및 통찰수준을 발달시켜서 모든 영역에서의 기능수준을 증진시키며 음악 외적 환경에서의 신체적 그리고 심리사회적 독립을 도와준다

자폐스펙트럼장애 등 사회적 상호작용이 철회되어 있는 내담자의 경우, 선호음악을 사용한 자극에서 출발하는 음악치료적 중재는 음악요소를 활용한 치료적 음악활동의 수준을 넘어서서 음악을 통해 자신의 정서를 표현할 수 있게 된다. 이에 대한 중요한 타인들(significant others)의 반응과 촉진을 통해 사회적 소통이 자연스럽게 가능해지며, 이를 통한 소속감과 자신감의 고취는 사회적 기능수준 및 적응능력의 향상을 가져올 수 있다.

6) 음악치료의 주요 전략

(1) 반영

음악치료사는 반영(reflection)을 통해 지금-여기(here-and-now)에서 언어적·비언어적 음성과 악기연주, 신체적 동작을 음악적 형태로 구조화하여 즉각적으로 재생시킨다. 즉, 언어적 상담심리치료에서 반영적 경청을 위해 사용하는 주요 전략인 트래킹(tracking: 태도와 행동에 대한 반영)과 미러링(mirroring: 정서와 언어에 대한 반영)을, 음악치료에서는 언어가 아닌 음악요소와 음악활동을 한다고 볼 수 있다. 따라서 내담자가 치료실에 입실하는 순간부터 발생하는 모든 반응(행동, 음악적 또는 비음악적 소리 등)으로부터 음악활동뿐만 아니라 내담자의 정서적 부적응행동이나 발달장애를 가진 아동의 상동행동까지도 단계적인 치료계획 내에서 다양한 음악요소를 사용하여 음악적으로 표현함으로써 내담자가 보호받는 환경 내에서 음악적으로 지지받고 존중받고 있다는 것을 느낄 수 있게 해 준다.

(2) 정체성 확인

자신이 경험한 것을 인식하지 못하거나 그것을 언어적으로 표현할 수 없는 내담자들의 의식적 통찰을 촉진시켜서 계속적으로 인식을 증진시킨다. 음악치료의 매 회기에서는 즉흥연주와 즉흥노래를 통해 상호작용하는 과정에서 특별히 치료자가 내담자의 이름, 행동, 음악적 반응을 반복적으로 확인함으로써 정체성(identification)을 확립시켜 줄 수 있다. 예를 들어, 평균적으로 40~50분 동안 진행되는 개별 음악치료에서 시작노래, 음악활동 과정에서의 반영의 노래, 굿바이송 등 그 어떤 치료적 매체와 치료세션에서 제공할 수 없는 많은 횟수로 내담자의 이름을 불러 줄 수 있다. 실제로, 자폐스펙트럼장애(ASD)로 내담한 아동은 부모의 호명에도 반응이 없었던 상태에서 음악치료를 시작하고 얼마 되지 않아 호명반응이 향상되었다. 내담아동은 부모뿐만 아니라 생활하는 주간보호시설 어린이집의 교사들이 점심식사를 위해 아이들의 이름을 부르는 과정에서 자신의 이름을 부르자 고개를 돌리고, 몸을 일으켜 식탁에 앉기도 하는 등 다양한 생활환경에서의 확장을 경험하였다.

(3) 만남의 노래

만남의 노래(contact song)는 음악치료 과정에서의 양방향적인 음악경험을 증진한다. 이때 치료적 관계는 치료자와 내담자로서 서로에 대한 존중뿐만 아니라, 긴 음악 여정을 함께하는 동반자적 관계를 포함한다(Lawrence & Richard, 2015). 그러므로 내담자로부터 음악적 실마리(cue)를 얻을 수도 있고, 기존의 곡이나 변주와 편곡을 통해 즉각적으로 만들어진 즉흥곡 모두가 사용된다.

7) 음악치료의 효과

표 7-1 음악치료 영역별 효과

신체적 효과	• 호흡/맥박/심박수의 변화, 혈압의 안정 및 근육이완 • 통증완화, 대소근육 기능의 강화, 감각통합 활동의 촉진 등
심리적 효과	• 긍정적/부정적 정서의 표출, 심리이완 및 카타르시스의 경험 • 공감 및 수용 경험, 완성경험을 통한 자신감 증진 • 다른 영역 및 생활로의 치료적 효과 확장을 위한 동기촉진
사회적 효과	• 표현기술의 증진, 모델링 효과 및 관계기술의 향상 • 집단응집력의 강화

(1) 신체적 효과

음악은 공기진동의 형태로 고막에 이르러서, 고막의 얇은 막을 진동시켜 물리적 진동으로 변환되고 증폭되어 달팽이관에서 액체운동으로 바뀐다. 여기에 있는 말초신경이 진동을 감지하여 대뇌로 전달된다. 이때 음악지각이 강한 정서적 경험으로 이어지는 것은 음악적 자극이 뇌의 영역에서 변연계로 이어짐을 알 수 있다. 그래서 활발한 음악적 자극은 호르몬의 변화를 통해 면역체계를 강화시키는 역할을 할 뿐만 아니라, 스트레스 호르몬의 감소와 엔도르핀 분비에 의한 통증완화, 혈압 및 맥박의 안정에 기여하며, 대뇌피질의 더 많은 능력을 활성화시켜서 정서 및 행동 조절뿐만 아니라 사고력의 확장도 가능하게 한다.

■ 음악적 자극의 뇌에서의 처리과정

좌뇌는 언어적 청각자극을, 우뇌는 비언어적 청각자극을 관장하는데, 음악적 요소 중 좌뇌는 리듬(rhythm)에 반응하고 우뇌는 선율(melody)에 반응한다. 이뿐만 아니라 특별히 음악적 자극(선율, 노랫말 등)은 두 반구를 동시에 촉진하며, 두 반구 사이의 교류를 더욱 활발하게 한다(Sacks, 2008).

실제로, 음악치료 현장에서 발달장애 아동들의 경우 언어적 의사소통에는 반응하지 않지만 노래로 의사소통을 시도하면 반응한다거나, 노인성 치매를 앓는 노인의 경우 역시 언어적 중재보다는 기억력을 자극시키고 지남력을 증진시킬 수 있는 음악활동 상황에서 양측성 자극을 통해 적극적인 반응을 나타내는 것이 관찰되는 것은 드문 일이 아니다.

■ 음악치료에서 치료자와 아동이 정서반응을 교환하는 과정

치료자와 아동이 음악치료과정에서 제공되는 정서반응의 교환이 신경심리학자인 자코모 리촐라티(Giacomo Rizzolatti)와 그의 연구진이 발표한 편도체와 뇌도 등 변연계의 일부 영역에서 발견한 '거울뉴런'을 자극하고 활성화하는 데 효과적이다(Ramachandran, 2008). 거울뉴런은 특별히 사회적 상황과 관계에서의 정서 및 행동의 인식을 통해 공감을 유인할 수 있다고 알려져 있어서, 인지적·학습적 치료중재가 어려울 정도로 낮은 수준의 발달을 보이는 아동부터 높은 인지능력을 가지고 있지만 심리정서적 발달과의 격차가 큰 아동들에게까지 광범하게 1차적인 음악에 대한 정서반응뿐만 아니라 2차적인 타인조망 인식 및 수용 능력을 기를 수 있게 한다.

(2) 심리적 효과

- 음악은 비언어적이고 비적극적인 정서 및 의사 표현의 도구로서 작용할 수 있다.
- 내담자의 저항을 최소화하고, 자신의 정서나 생각을 자연스럽게 표출함으로써 심리적 이완, 공감, 수용을 경험할 수 있다.
- 즉흥연주를 중심으로 하는 음악심리치료 등에서 완성경험을 통해 자신감을 증진시킨다.

• 음악치료 활동을 통해 경험한 긍정적인 음악 및 관계 경험이 사회적으로 확장되게 하는 내담자의 심리 내적 동기를 촉진할 수 있다.

(3) 사회적 효과

• 내담자는 치료자가 제공하는 안전한 공간에서 타인(치료자 또는 그룹원)과의 상호 작용을 언어적 · 비언어적 방법으로 자유롭게 표현할 수 있도록 촉진된다.
• 치료적 음악활동 내에서 다양한 정서표현 및 행동을 모방할 수 있는 기회가 제공된다.
• 다양한 음악활동을 통해 치료자 또는 그룹원과의 상호작용이 진행되는 과정에 서 자연스럽게 사회적 관계기술의 훈습이 가능하다. 특히 아동 · 청소년의 경우 10~15회기의 사회적 기술훈련에 비해 20회기 이상의 다소 긴 기간 동안 진행되는 표현예술사회성그룹치료가 아동들이 훈습한 사회적 관계기술의 증진 및 유지에 효과적이다(김선영, 2009).

(4) 음악치료 기대효과 과정

표 7-2 음악치료 기대효과

음악적 관계의 경험

▼

긍정적 · 부정적 정서 및 의사를 음악적으로 표현 음악적 (연주) 기능의 향상 정서적 부적응행동 또는 상동행동 등의 감소

▼

주 호소의 호전 다른 치료교육 환경으로의 확장

▼

음악적 경험수준의 향상 내담자의 생활영역에서의 적응과 조율 능력 향상

8) 음악치료를 위한 환경

(1) 치료자

인증된 기관에서 훈련과정을 이수하고 임상실습을 통해 검증된 전문인력으로서, 음악치료 교육은 음악학(연주), 음악치료학, 음악심리학, 음악치료 기술연구, 악기론, 발달심리학, 정신병리학, 상담학, 음악치료 임상실습 등의 과정을 반드시 이수하여야 한다.

(2) 음악치료실과 악기

- 독립된 공간으로서, 내담자와 치료자의 최소한의 음악활동을 가능하게 해야 한다.
- 내담자의 특성에 따라 조정이 가능하도록 음악치료실과 연결된 악기보관실이 따로 비치될 수 있으며, 음악치료실에는 건반, 큰 타악기 등 최소한의 악기만을 비치한다.

[그림 7-1] 음악치료실과 악기보관실

- 음악교육에서 사용하는 다양한 악기뿐만 아니라 각국의 민속악기, 오르프 음악교육을 위해 칼 오르프(Carl Orff) 등이 제작한 단순화된 악기를 사용하거나 음악치료를 통해 특별히 고안된 악기 등을 모두 사용할 수 있다.

(3) 음악치료 대상

■ 연령

음악치료의 경우 치료대상 내담자의 주 호소 및 발달 정도에 따라 매우 다양하다. 발달지연이나 발달장애 등의 문제를 가진 내담아동의 경우 만 18개월 이후부터 음악평가 및 개별 치료계획 수립을 통한 음악치료 중재가 가능하며, 아동·청소년기 정서행동문제를 포함하여 성인기와 노인기까지 전 생애적인 접근 및 적용이 가능하다. 이는 음악치료가 교육영역, 심리영역뿐만 아니라 재활영역에서도 널리 적용될 수 있기 때문이다.

■ 인원

개별치료 및 그룹치료가 다양하게 진행될 수 있는데, 내담아동의 개인심리적 주제를 다루기 위해서는 주로 개별치료를 선호하지만, 개인심리적 주제를 가지고 있더라도 학령기인 경우 치료자의 치료과정 평가를 통해 그룹치료를 병행할 수 있다. 또한 개인심리적 문제가 심각하지 않으면서 사회적 관계의 증대와 사회적 관계기술의 촉진이 상호보완적으로 효과를 줄 수 있다고 판단될 경우, 그룹치료만으로도 원하는 치료적 목표를 달성할 수 있을 뿐만 아니라 심리평가의 역할을 수행하기도 한다. 그룹치료의 경우 음악활동의 역동을 고려하여 대략 4~8명까지가 적절하며, 미취학 아동의 경우 혼성그룹을 꾸리기도 하지만, 학령기 이상의 경우는 동성그룹이 치료목적에 집중하는 데 효율적이다.

9) 음악치료 방법

(1) 음악요소의 치료적 적용

■ 리듬

특정한 패턴을 가진 리듬과 진동은 다른 방법으로는 중재되지 않거나 어려움을 겪는 경우, 특히 신체반응을 촉진하거나 협응능력의 향상이 필요할 때 이를 증진시킬 수 있다.

■ 음의 높낮이

청각적 주의력 및 변별력을 향상시키고, 감각적 반응이 행동으로 전환하기 위한 방향성을 제시해 준다.

■ 음의 빠르기

불균형한 심리내적 에너지 및 행동의 조절에 사용가능하다. 발달적 또는 심리적 원인으로 인한 과잉활동 대 과소활동, 강박적 행동 또는 상동행동의 조절에 효과적이다.

■ 셈여림

큰 소리 등 청감각적 불균형 완화에 효과적이다.

■ 음색

어떤 특정한 종류의 악기에 내담자가 반응하며, 선택하고, 활동하는지에 대한 관찰을 통해 청각적 불균형 완화뿐만 아니라, 다양한 환경자극을 수용하고, 거부반응을 조절하는 것을 훈습할 수 있다.

■ 선율

정동(affect), 정서(emotion), 기분(feeling)을 형성하거나 반영할 수 있다.

■ 화성

화성은 특히 내담자가 아무렇게나 내는 음악적 · 비음악적 소리 및 발성을 지지하거나 즉흥연주 과정을 촉진하여 내담자의 완성경험을 극대화할 수 있다.

■ 노래(의 가사)

심리적 이완, 무의식의 의식화를 위한 매체, 회상의 촉매제 역할을 할 수 있으며, 상상력을 자극하는 수단이 되고, 그룹 안에서 짧은 시간 내에 통합을 촉진할 수 있다.

(2) 음악의 범주

■ 기존 음악

기존에 제작된 음악을 사용할 수 있으며, 특별히 제한되는 장르는 없다. 다만, 전자음이 많이 들어가는 하드록, 헤비메탈 음악은 전 세계에서 공통적으로 지양하고 있지만, 내담자의 연령, 선호, 문화 등을 고려하여 치료적 목표와 계획 안에서 배경음악이나 음악적 심상을 유도하기 위한 매개체로 사용한다.

■ 임상적인 즉흥음악

음악치료 과정 내에서 내담자의 감각, 신체, 정서, 그리고 언어적 · 비언어적 반응을 따라가고(tracking), 반영하고(mirroring), 격려(encouraging)하여 즉각적으로 탄생하는 음악이다.

■ 편곡된 음악

기존 음악을 치료 대상 및 목표에 맞도록 형식이나 장르를 편곡한 음악 역시 사용가능하다. 이를 위해 음악치료사는 이미 잘 알려진 음악이라도 한 가지 형태(version)가 아닌 음악요소, 특히 리듬, 선율, 음계 변화를 통해 다양한 형태의 음악을 제공할 수 있다.

■ 무선율 리듬과 진동

그동안 음악치료에서 음악의 범주를 선율이 있는 음악의 다양한 형태들로 보았다면, 음악치료 과정에서 무선율 타악기 연주나 그룹드러밍 등 리듬만으로도 음악을 만들 수 있으며, 이에 대한 연구가 최근에 진행되고 있다(Bensimon, Amir, & Wolf, 2008).

(3) 네 가지 음악경험

브루샤(1998)는 즉흥경험, 재창조경험, 작곡경험, 수용경험 등 네 가지의 음악경험을 치료자와 내담자가 함께하는 과정이 음악치료라고 하였다.

■ 즉흥경험

내담자가 자신의 경험, 정서, 생각을 바탕으로 해서 즉각적으로 리듬, 선율, 노래 등을 만드는 것에서 얻는 경험을 즉흥경험(improvising experience)이라고 말한다. 내담자는 안전하게 악기를 다룰 수 있는 수준에서 어떠한 음악적 매체(음성 또는 신체를 이용한 소리, 선율 또는 무선율 타악기, 현악기, 관악기, 건반악기 등)라도 사용가능하다. 즉흥적 경험을 통해 내담자는 비언어적 의사소통의 기회를 얻고 언어적 의사소통으로 확장할 수 있으며, 자신의 정서와 생각 등을 표현할 수 있고, 이를 통한 새로운 음악적 관계를 형성함과 동시에 매 치료회기에서의 성공적 완성경험이 가능하다.

■ 재창조경험

내담자가 기존에 작곡된 음악 또는 노래를 배우거나 주선율(main theme)을 중심으로 편곡하거나 음악요소를 다양하게 변환하는 등 기존 곡의 음악적 형태를 새로이 창조해 나가는 것에서 얻는 경험을 재창조경험(recreating experience)이라고 한다. 특히 이 재창조경험은 기존의 곡을 변형시켜 동시모방과 기억모방 능력을 향상시킬 수 있을 뿐만 아니라, 자신의 생각과 정서를 해석해서 전달하는 기술을 발달시킬 수 있고, 주의집중력을 향상시킬 수 있어서 음악치료의 교육, 심리, 재활 영역 모두에서 매우 적극적으로 촉진되는 과정이다.

■ **작곡경험**

내담자가 노랫말이 있거나, 노랫말이 없어도 하나의 음악을 완성하도록 도울 뿐만 아니라, 이를 통해 CD나 음원을 제작하는 것을 돕는 것에서 얻는 경험을 작곡경험 (composing experience)이라고 한다. ① 원하는 주제를 정하고, ② 이에 어울리는 노랫말을 만들어 보거나, ③ 원하는 선율라인을 만들고, ④ 화성 및 반주를 결정하는 과정이 다양하고 복합적으로 이루어질 수 있다. 이 과정을 통해 전문적인 음악교육 없이도 완성경험을 즉각적으로 경험할 수 있고, 자신만의 곡(노래)이 완성되는 과정을 통해 자신감을 획득할 수 있다. 특히 주제를 관통하는 노랫말의 경우 원칙적으로 내담자가 원하는 것을 결정하지만 이 안에 치료적 주제를 유인할 수 있는 좋은 환경을 제공할 수 있는데, 특히 아동들로 구성된 그룹의 경우 주제를 결정하고 이에 따르는 노랫말을 그룹원과 만드는 과정에서 사회적 상호작용이 자연스럽게 촉진되고 치료의 교육효과를 극대화시킬 수 있다.

■ **수용경험**

내담자가 음악을 듣고 이를 언어적으로, 또는 비언어적인 반응과 행동으로 표현하는 것에서 얻는 경험을 수용경험(listening experience)이라고 한다. 이러한 수용경험을 통해 신체적 반응을 유발하고, 신체적 이완뿐만 아니라 심리적 안정감을 획득할 수 있으며, 청각적 집중력 및 지속력을 향상시키고, 심상과 상상력을 촉진하여 무의식을 자연스럽게 의식영역으로 견인해 내는 역할을 할 수 있다. 브루샤(Bruscia, 2003)는 그 방법으로 동조, 공명(공조), 진동음악, 음악 바이오피드백, 음악마취, 음악이완, 명상적 감상, 서브리미널 감상, 자극적 감상, 유리드믹 감상, 지각적 감상, 행동감상, 조건적 감상, 중개적 감상, 노래회상, 노래(음악) 역행, 유도된 심상음악, 노래(음악) 커뮤니케이션, 노래(가사) 토의, 투영적 감상법 등을 들었다.

10) 음악치료 영역

(1) 교육영역–음악치료교육

■ 발달촉진을 위한 교육중재로서의 음악치료

선천적 또는 후천적 심리사회적 요인으로 인해 발달지연 등의 어려움을 겪는 아동들이 주요 대상이 된다. 음악요소를 이용한 다양한 음악활동을 통해 감각, 신체, 정서, 행동에서의 기능향상 및 긍정적인 변화를 주요 목표로 한다. 주로 지적장애, ADHD(주의력결핍 과잉행동장애) 등의 정서 및 행동 장애, 자폐스펙트럼장애를 포함하는 전반적 발달장애, 학습지연 및 학습장애, 언어장애, 시각장애 또는 청각장애를 포함하는 신체장애를 가진 아동뿐만 아니라 성인까지도 치료영역에 포함된다. 이 경우, 장기목표와 함께 대 · 소근육 운동기능 및 협응력의 향상, 주의집중력의 향상, 신체 인식능력 향상, 언어적 · 비언어적 의사소통의 촉진, 학습개념 및 학습능력의 향상, 상동행동의 완화 및 전환, 정서적 부적응행동의 감소, 감각운동기능의 통합 등 구체적인 치료목표가 수립된다.

사례 1: 전반적 발달장애 1급으로 진단을 받은 유치원 남아 A는 주로 주간보호시설에서 누워서 지내다시피 했는데, 누워서 연주할 수 있는 악기부터 점진적으로 악기연주 동기를 촉진하고 연주를 위해서 착석해야 하는 악기를 단계적으로 제공함으로써 자연스럽고 자발적으로 착석이 가능해졌다. 음악치료 세션 내에서 지속적인 음악적 트래킹 과정("○○이가 ○○를 연주하네요." "○○이가 큰 소리로 연주하네요.")을 통해 자기인식능력이 향상되어서 자기 이름을 부르면 반응하고, 노랫말에 맞춰 활동할 수 있게 되었다. 또한 learning song(인지학습적 목적으로 작곡된 노래)을 이용해서 체계적이고 점진적인 발화유도를 통해(〈아빠 힘내세요〉 〈섬집 아이〉 등의 노래) '아빠, 엄마'를 반복적으로 연습하고 부를 수 있게 되었다.

사례 2: 자폐성 발달장애를 가진 남아 B는 불안하거나 과흥분하면 몸을 상하로 흔들다가 자신의 자리에서 일어나서 박수를 치면서 폴짝폴짝 뛰는 상동행동을 한다. 대부분의 생활영역에서 상동행동은 소거해야 할 활동으로 제한받게 되지만, 음악치료실에서 상동행동이 시작되면 치료자가 다양한 악기를 이용하여 B의 행동을 음악에 맞춘 활동(무용)으로 전환시켜 주고, 이를 인식한 B는 일정 기간 동안 그 행동을 반복하게 된다. 이때 치료자가 B의 행동 강도나 속도를 고려하여 충분히 활동을 지속하도록 반영하다가, 미처 의식하지 못할 만큼 미세한 정도로 속도를 점진적으로 올려 가면 B는 무의식적인 신체적 감각반응행동으로 그 속도를 따라오게 되고, 어느 순간 그 속도를 따라가지 못하는 최고지점(peak point)에 다다르면 상동행동을 멈추게 된다. 그때 치료자가 B의 선호를 고려하여 이완이 가능한 음악을 즉흥으로 연주해 주자 아동은 잠깐 행동을 멈추고 음악을 경청하다가 함께 악기를 연주하였다. 이후로는 같은 세션 내에서는 상동행동이 거의 나타나지 않았으며, 이를 치료계획하에 지속적이고 반복적으로 진행하자 B의 상동행동이 일상영역에서도 눈에 띄게 감소함이 보고되었다.

사례 3: 아스퍼거증후군을 가진 청년 C는 피아노를 배우고 싶다는 것을 주 호소로 음악치료를 시작하게 되었고, 주 2회 세션에서 1회째는 즉흥연주를 통한 신체·심리적 이완을 그리고 2회째는 피아노 레슨을 받을 수 있었다. 이 과정에서 C의 주요 증상적 특징인 강박적 성향은 주어진 숙제를 완수하는 데 긍정적인 역할을 했고, 이후 가족들을 위한 작은 연주회를 경험한 뒤, 음악교육 전문가의 도움을 얻어 지속적인 피아노 레슨을 받을 수 있게 되었다. 현재 아마추어 피아니스트로 활동하고 있다.

■ 예방차원의 사회적 기술훈련으로서의 음악치료

최근 음악의 치료적 효과에 대한 인식이 높아지면서, 학교 등 공교육현장과 다양한 유아동 교육현장에서 단기적인 사회적 기술훈련을 위한 교육의 방법으로서 사용되고 있다. 치료교육에 의뢰될 당시에 심각한 수준의 발달적 또는 심리적 문제를 가지고 있지 않은 아동 내담자를 대상으로 그룹의 형태로 주로 사용되는데, 자기표현을 증진하고 사회적 환경에서의 질서 및 규칙을 훈습하고 정서 및 행동 조절을 하기 위한 일반적인 목적뿐만 아니라, 한부모가정, 재혼가정, 장애아동을 둔 가정의 비장애형제, 학교폭력예방그룹, 학대그룹 등 특정한 대상을 위한 단기목표지향적인 접근이 이루어지고 있다.

> **사례 4:** 학교폭력 예방을 위한 교육그룹에서, 분노 조절 프로그램과 음악활동을 접목시킨 즉 흥난타 프로그램을 통해 분노를 조절하는 과정을 토론과 음악활동으로 경험하게 할 뿐만 아니라, 같은 학급 동료들과 난타연주를 하는 즐거움을 공유함으로써 예방교육 적 효과와 심리이완의 효과를 함께 촉진할 수 있었다.

(2) 심리영역-음악심리치료

음악이라는 매체의 접근용이성을 통해 내담자와의 라포형성을 촉진하고 심리적 문제를 통찰하고 해결할 수 있도록 하는 데 그 목적이 있으며, 주로 개인치료로 이루어진다. 한편, 치료대상은 발달적 이슈에서부터 심리적 이슈에 이르기까지 다양한 문제를 가진 내담자에 적용될 수 있다. 예를 들어, 발달장애를 가진 아동의 경우 신체적 또는 교육적 기능도를 향상시켜 일반적이고 통합적인 교육을 가능하게 하는 매개역할에 중점을 둔다고 알려진 것과는 달리, 치료목표의 초점을 근원적으로 발달지연으로 인해 발생하는 각종 심리사회적 문제로 인한 아동의 신체심리적 긴장의 이완을 촉진하고 언어적·비언어적으로 이를 표출할 수 있도록 하는 데 두어 심리적 발달을 가속화시킬 수 있고, 이를 통해 다시 신체적 혹은 교육적 기능도 및 과제성취도를 높일 수 있을 뿐만 아니라 내담자의 현재 삶의 질을 향상시키도록 하는 데 결정적 역할을 제공할 수 있다.

> **사례 5:** 자폐성 발달장애를 가진 D는 언어적 의사소통이 불가능해서 개인용 PC를 이용해서 자신의 의사를 표현할 수 있었다. 음악치료과정에서 치료계획을 수립하고 평가하기 위한 이메일링을 하던 중 치료자가 시(詩)를 써 보기를 권유하였다. 시(詩)로 음악을 만든 예들을 들으면서 용기를 내어 간단한 생일축하편지 형태의 시를 썼고, 이에 치료자가 곡을 붙여서 노래를 만들게 되었다. 이를 계기로 D는 계속적으로 시를 쓰고 노래를 만들어 D만의 노래를 4곡, 수년간에 걸쳐 150여 편의 시를 써서 시집을 출간할 수 있게 되면서 자폐시인으로 활동하며 음악과 시를 통해 사회와 소통할 수 있게 되었다. 처음에 의사를 전달하기 위한 수단에 불과했던 쓰기(writing)는 현재 D에게 자신의 의사뿐만 아닌 정서, 또는 상징적이고 은유적인 표현을 통한 자신의 무한한 가능성을 보여 주는 계기가 될 수 있었다.

특히 이 과정에서 D가 쓴 세 번째 시 〈What it's like to be me〉와 치료과정에서 소개하고 자작곡과 함께 사용된 〈Seven Daffodils〉는 D가 그동안 너무 괴로워 가족이 언급조차 할 수 없었던 가족구성원의 상실이라는 주제를 극복할 수 있게 해 준 계기가 되었다. 김영근(2014)은 처음에 심리치료 과정에서 자신의 정서를 맞닥뜨리게 되면 부적 정서가 증가해서 다양한 저항반응이 나타날 수 있지만, 이는 단기적이며 꾸준한 노출과 치료관계 내에서의 반복적인 수용을 통해서 정적 정서가 증가하게 된다고 했다. 이를 증명이라도 하듯 D는 처음에는 단조(minor scale)의 곡을 듣는 것조차 싫어했지만 음악치료 세션에서 누나를 연상시키는 수선화가 나오는 노래를 들으면서 상실이 주는 불편한 정서감을 버틸 수 있게 되었을 뿐만 아니라 자신의 자작곡도 단조를 선택했다.

(3) 재활영역-임상음악치료

의학적 음악치료이론을 중심으로, 주로 질병을 치료하는 의료기관이나 물리, 작업, 감각통합치료와 같은 영역의 치료를 제공하는 재활기관에서 음악요소를 과학적으로 연구하여 제공하는 것을 의미한다.

사례 6: 신경계의 손상으로 인해 입원하고 있는 내담자 E는 보행을 위한 물리치료가 반드시 필요하지만 그 반복되고 고통스러운 과정 때문에 치료를 자주 거부하였고, 치료진과 보호자는 이러한 내담자의 불평과 치료거부에 대해 걱정을 호소하였다. 이러한 경우, 규칙적인 리듬 및 박자가 조금 더 균형 잡힌 보행연습을 하는 데 도움을 주는 타이밍 큐(timing cue: 속도 조절을 위한 신호)의 역할을 할 수 있어서, 특별히 ① A가 선호하는 음악 양식 내에서 ② 규칙적으로 반복되는 강한 박자를 가지고 ③ 일정한 속도로 연주되는 음악을 제공할 수 있다. 이후, ④ A의 진전을 관찰하면서 속도와 강도를 높여 가며 보행연습을 촉진하자 재활훈련에 대한 동기 역시 향상되었다.

사례 7: 윌리엄스증후군을 가진 초등 저학년 여아 F는 태어나면서부터 오른쪽 팔꿈치가 선천성 탈골로 만성적인 통증을 느낄 뿐만 아니라, 가벼운 물컵 하나도 들기 힘들어했다. 이때 다양한 무선율/선율 타악기를 연주하면서 처음에는 나무젓가락 정도로 가벼운

스틱을 제공하고, 점점 드럼스틱, 말렛(스틱의 끝에 고무, 플라스틱, 천을 작은 뭉치의 형태로 달아 놓은 연주용 스틱의 일종) 등으로 그 무게를 늘렸는데 악기를 연주하는 동안은 그 즐거운 활동에 통증을 미처 느끼지 못한 채 연주를 할 수 있었을 뿐만 아니라, F의 아버지가 "항상 등하굣길을 엄마나 제가 데려다 주면서 모든 짐을 들어 줬어야 했는데 어느 순간부터 신발주머니부터 F가 들기 시작했다."라는 보고와 함께, 추후 양쪽 어깨에서 손목에 이르는 신체적 균형에도 긍정적 진전을 경험할 수 있었다.

음악치료의 각 영역들에 해당하는 더 적절한 치료목표를 가진 주요 내담 대상자군이 있어서 이에 따라 영역이 세분화되고 있는 추세다. 하지만 그 영역에 제한되지 않고 단일 내담자의 ① 발달적 · 정서적 특징, ② 주 호소, ③ 치료목표에 따라 다양한 영역에의 접근이 가능하며, 이를 위해서 음악치료사는 각 영역을 관통하는 전문능력과 치료적 기법을 보유하여야 하지만 치료자 개인의 선호, 전문능력(음악적 기능 및 연주기술 등)에 따라 주요 영역을 주로 담당하기도 한다.

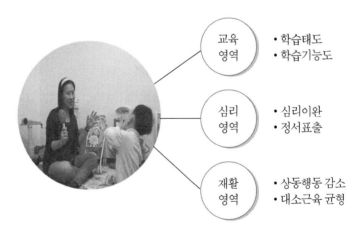

[그림 7-2] 자폐스펙트럼장애 아동에 대한 영역별 음악치료 목표 및 적용

2. 음악치료의 이론

1) 행동주의적 음악치료

행동주의적 음악치료는 미국을 중심으로 초창기 음악치료를 주도했던 기법이다. 행동주의가 심리학 분야에서 팽창하는 동안 음악치료 역시 공식적인 학문의 영역으로 출발하게 되었으며, 이때 행동주의 심리학에 기반하는 다양한 치료기법들이 음악치료에 적용되었다. 행동주의 음악치료에서는 치료상황에서 반응유도를 통해 행동을 형성하고, 목표에 맞게 수정하고, 이를 지속적으로 유지하는 것에 초점을 둔다.

행동주의적 음악치료에서 음악치료사의 역할은, 내담자의 부적응행동을 적응행동으로 전환하는 것을 목표로 하여 학습을 통해 내담자가 가정과 사회적 상황에서 보다 적응적인 생활이 가능하도록 돕는다. 이를 위해서 ① 변화를 필요로 하는 행동을 치료대상으로 하여 ② 측정가능한 목표를 설정하고 ③ 치료결과를 경험적으로 증명할 수 있는 데이터가 반드시 필요하다.

행동주의적 음악치료 중재의 가장 큰 전략은 '구조와 자극'이며, 음악치료에서 사용되는 음악 내적 구조뿐만 아니라 회기를 구성하는 음악 외적 구조를 단계별로 세분화하며, 과제성취 중심으로 음악적 성취 및 목표로 하는 수정된 행동의 변화(빈도, 강도 등)를 측정하게 된다. 그러므로 행동주의적 음악치료에서는 매번의 치료회기뿐만 아니라 회

표 7-3 행동주의 음악치료 원리

행동주의 ABC모형	행동주의적 음악치료	행동주의적 음악치료 중재
선행사건 (Antecedent)	음악적 선행자극 및 구조	• 치료세션의 구조화 • 각 치료적 활동을 위한 음악 신호(music cue)
행동 (Behavior)	음악활동	• 가창, 감상, 연주, 동작, 음악적 놀이
결과 (Consequence)	음악적 결과 및 보상	• 음악적 기능향상 및 주 호소 해결

기 내 프로그램 안에서도 치료자 중심의 치료적 목표와 활동이 미리 설정되며, 음악(활동)은 내담자의 반응을 이끌어 오도록 하는 자극으로서 역할을 하게 된다.

예를 들어, 발달장애처럼 인지적 구조가 동시적보다 순차적 정보처리과정에 더 반응적인 내담자나, ADHD 성향을 보이는 아동 내담자의 진단상의 주요 특징에 해당하는 행동의 수정 및 변화를 위한 적극적인 중재로서 적절하다.

2) 정신역동적 음악치료

정신역동적 음악치료는 프로이트(Freud)의 정신분석이론에 그 철학적 기반을 두고 있지만 현대의 수정이론들을 적극적으로 수용하고 있다. 이는 개인의 성격구조 간에 일어나는 역동적인 상호작용의 과정에서 인간의 행동이 유발될 뿐만 아니라, 이러한 행동의 결과는 개인의 사회적 적응을 위한 기능수준뿐만 아니라 대인관계에 영향을 줄 수 있다는 점에 중점을 둔다. 그러므로 정신역동적 음악치료에서는 정신역동 심리이론에 음악요소 및 음악활동을 연결함으로써 치료 변화를 유도하게 되며, 이 과정에서 음악과 내담자 그리고 치료자 간에 발생하는 역동적인 변화와 관계에 초점을 둔다.

브루샤는 이러한 과정을 통해 음악심리치료를 ① 심리치료로서의 음악, ② 음악중심의 심리치료, ③ 심리치료 안에서의 음악, ④ 음악을 사용하는 언어적 심리치료 등 4단계로 설명하고 있다. "처음 두 단계는 음악경험 그 자체가 내담자의 정서 그리고 행동의 변화를 유인한다고 보며, 다음 두 단계는 언어적 상호작용을 촉진하기 위해 음악경험(활동)을 치료적 매체 또는 재료로서 사용한다."고 본다(정현주, 2005에서 재인용).

정신역동적 음악치료에서는 내담자와 치료자의 관계에 비중을 두게 되기 때문에 치료과정을 라포형성, 치료적 만남, 탐색, 신뢰감의 획득, 역할의 정의, 갈등의 해결을 통한 분리로 정리하고 있으며, 이를 위해 치료자는 내담자의 변화를 촉진하기 위한 촉진자 또는 지지자의 역할을 해야 함을 설명하면서 행동주의적 음악치료와의 차별화를 시도했다.

3) 인본주의적 음악치료

심리이론의 역사에서 행동주의와 정신분석에 대한 비판과 대안 이론으로서 인본주의가 대두된 것처럼, 인본주의적 음악치료는 인간의 다양한 단계의 욕구를 충족시켜 줄 수 있는 매체로서의 음악, 그러한 음악을 통한 절정경험, 이를 통한 음악적 창의성의 발현과 자기실현을 중점으로 한다. 음악을 매개로 하는 다양한 치료활동의 경험은 음악의 선곡, 악기의 선택, 연주방법, 수동적 · 능동적 음악경험 등을 통해 내담자 자신의 무의식에 대한 통찰의 기회를 제공할 수 있다.

또한 매슬로(Maslow)와 로저스(Rogers)는 개인의 생활영역에서 절정경험을 통해 자신감을 획득하고 자기실현이 가능하다고 했는데, 음악치료에서는 이러한 절정경험이 다양한 악기를 이용한 즉흥연주를 통해서 충족될 수 있다. 음악치료에서의 절정경험과 완성경험은 음악활동의 수준에 그치지 않고 다양한 정서와 이에 연결되어 있는 암묵적 기억과 심상까지 촉진하여 내담자의 정서, 인지, 행동에 대한 자연스러운 통찰과 이해를 경험할 수 있게 한다.

경험적 음악체험의 과정을 의미하는 음악하기(musicing)는 다른 어떤 예술매체보다도 쉽고 용이하게 내담자의 즉흥성과 창조성을 촉진시켜서 음악치료과정에서 독창적인 음악을 생성해 낼 수 있게 되고, 이를 통해 음악적 자기실현이 가능해진다고 본다. 이러한 관점에서 창조적 즉흥연주모델을 제안한 노도프-로빈스(1977)는 '음악아이'라는 개념을 도출하게 되는데, 모든 아동은 어떠한 방법과 형태로든 음악적으로 반응할 수 있다는 선천적 음악성을 강조한다. 또한 모든 아동의 음악적 반응은 개인적인 경험에 따라 그 깊이와 강도가 다를 수 있어서 음악적 반응 및 활동을 통해 자신을 표현하고, 강점과 단점을 발견하고 이를 전환하거나 긍정적으로 유지하기 위한 기회를 제공받을 수 있으며, 무엇보다도 이러한 음악치료과정은 자연스러운 훈습의 과정이 될 수 있다고 보았다.

4) 의학적 음악치료

의학적 음악치료는 음악적 자극에 대한 신체적 반응 및 행동의 생물학적 모델에 기초하여 음악활동이 이루어지는 동안 발생하는 내담자의 모든 반응을 의학적 근거를 통해 해석한다. 이러한 의학적 음악치료 연구의 확대를 통해 '요법' '중재', 이상의 '치료'라는 개념을 확장할 수 있게 됨으로써 최근 뇌신경학적 변화뿐만 아니라, 심혈관기능, 호흡, 내분비물의 변화, 통증의 경감 그리고 근이완 정도 등에 대한 다양한 의학적 연구가 진행 중이다(정현주, 2005). 또한 신경학자 비트먼(Bittman)과 연구진의 음악활동이 면역체계에 미치는 영향에 대한 연구뿐만 아니라(Armstrong, 2002), 뇌졸중, 파킨슨병, 외상성 뇌손상 등 신경과학이론에 근거한 치료를 통한 회복, 그리고 음악치료활동 과정 동안 진행되는 이러한 신체적 변화와 연결되는 정서 및 행동 변화에 대한 다양한 연구가 지속적으로 진행되면서 캐나다를 포함한 북미, 유럽뿐만 아니라 국내 의료기관에서의 음악치료 적용이 점차 확대되고 있다.

5) 통합적 음악치료

통합적 음악치료는 다양한 내담자와 치료적 목적을 위해서 각 음악치료이론을 절충하거나 연계해서 적용하는 것을 말한다. 통합적인 음악치료 중재의 방법에는 이론의 통합, 대상(내담자)의 통합, 매체의 통합, 그리고 치료 및 비치료 영역 간 통합이 있을 수 있다.

(1) 이론의 통합

상담심리치료의 초심자들이 할 수 있는 오류 중의 하나로 '이론의 통합'이라고 하여서 관심 있는 이론과 기법들을 갖다 쓰는 식으로 생각하면 단순한 기법의 혼합에 그칠 수밖에 없다. 물론 수련 및 임상경험을 쌓기 위한 과정 동안 다양한 이론에 바탕을 둔 기법을 경험하는 것이 치료자로서의 성숙에 필요하지만, 통합을 위해 지켜야 할 규칙은 반드시 치료자가 치료적 목표달성을 위한 중심이론을 유지해야 한다는 것이다.

2007년 연구에 의하면, 상담심리치료를 하고 있는 응답자의 4.2%는 한 가지 이론적 모델을 고수하며, 나머지 95.8%는 다양한 방법을 절충해서 사용한다(Corey, 2012)고 했다. 즉, 치료자가 충분한 이해를 바탕으로 하여 자유롭게 사용할 수 있는 이론 및 기법을 선택하되 내담자의 발달 및 주 호소에 따라 시기적절하게 적용되어야 한다. 이는 심리치료에서 사례개념화를 통해 치료 목표와 방법을 선택할 때뿐만 아니라 전 치료의 과정에서 이루어진다.

(2) 대상(내담자)의 통합

주로 짝, 그룹치료의 경우 동질그룹을 구성하는 경우가 많지만, 치료적 목적에 따라 연령, 성별, 주 호소 등을 고려하여 이질그룹을 형성할 수 있다.

단지, 내담자에게 보완적 대상이 필요하거나 내담자의 보호자가 원한다는 이유만으로 대상을 통합(짝, 그룹의 형태)하는 것이 아니라, 각 대상(내담자)의 인지, 정서 그리고 사회적 장단점이 서로에게 보완적일 수 있어야 한다. 예를 들어, 장애아동과 비장애아동의 역통합그룹에서의 음악치료적 중재가 이에 속한다.

(3) 매체의 통합

장기적 치료과정 내에서 내담자의 발달적 촉진과 발달과제 성취를 위해 치료단계별 기법을 중심으로 하여 다양한 매체를 통합할 수 있다.

치료자들은 음악(활동)뿐만 아니라 자신이 사용하는 치료적 매체에 자유롭고 능숙해야 한다. 특히 그룹치료에서는 치료적 목적에 따라 순차적 또는 동시적으로 통합될 수 있다. 개별 음악치료에서, 한 회기의 치료세션 내에서 음악치료 구조화(워밍업, 본 활동, 마무리 등)를 효과적으로 진행하기 위해서 비음악적 매체를 적용하기도 한다.

(4) 치료 및 비치료 영역 간 통합

개별 내담자의 치료과정에서 치료와 교육 등이 연계되어, 내담자의 치료적 발달을 촉진할 수 있다. 특히 아동·청소년 내담자의 경우 발달선상에 있다는 특성상 치료와 교육이 병행될 때 그 효과가 극대화되는 경우도 있다. 이를 위해서는 치료자와 교사가 각자의 역할을 수행하면서 사례관리 체계를 통해 내담자에게 긍정적인 경험을 제공하며 치료목표를 달성하는 데 효과적인지를 지속적으로 점검할 수 있을 때 효율적이다.

요컨대 유능한 상담심리치료사는 '절충적 입장을 취한다.'고 하였는데(Corsini, 2008), 통합적 음악치료의 원리는 궁극적으로 인본주의적인 내담자 중심의 원리에 따른다. 그러므로 통합적 음악치료의 목표 역시 내담자의 신체적 그리고 심리사회적으로 건강한 발달을 촉진하고 사회적 적응기술을 높여서 삶의 질을 향상시킴에 있다. 그러므로 치료자가 내담자를 대할 때 치료적 환경과 과정 내에서 내담자에게 가장 효과적인 것이 무엇인지를 결정할 수 있는 감각과 전문능력을 갖추는 것이 다양한 기법을 적용하는 것보다 중요하며(Corey, 2012), 이를 통한 치료자와 내담자의 치료적 관계가 가장 우선하게 된다.

3. 음악치료의 기법

1) 즉흥연주 기법

음악치료의 꽃이라고도 불리는 즉흥연주는 ① 내담자와 치료자, 또는 그룹원 간의 음악적인 만남과 상호작용을 가능하도록 하고, ② 내담자에게 지금-여기에서 함께한다는 동시성과 함께 음악(자극)-정서-행동, 그리고 음악(자극)-사람-환경과의 통합성을 증

[그림 7-3] 즉흥연주를 통한 심리이완 및 자기표현

진시키며, ③ 언어적이거나 비언어적인 의사소통을 촉진할 수 있다. 또한 ④ 개인의 행동을 반영, 지지, 변화, 재지시함으로써 구체화시키고 음악적인 형태로 해석해 주며, ⑤ 개인의 욕구, 주제, 흥미, 주 호소 강도, 행동, 정서상태를 다시 개별화시켜 통찰한다.

브루샤(1989)에 의하면 즉흥연주의 경험은 개인에게 자기표현과 정체성 확립을 충족시키는 도구를 제공하며, 다른 사람과 관련된 다양한 양상을 탐구함으로써 창의력, 표현력, 즉각성 등의 기술을 발달시키게 된다고 한다. 실제 음악치료 현장에서 가장 널리 사용되는 네 가지 모델이 있다.

(1) 노도프-로빈스의 창조적 모델

- 두 명 이상의 치료사가 팀으로 진행한다. 한 사람은 피아노에서 내담자와 치료적 음악경험을 위한 환경을 조성하고 제공해 가는 동안 다른 치료자는 내담자가 피아노에서 유도하는 치료자의 즉흥연주에 반응하는 것을 돕는다.
- 치료과정은 치료자가 내담자의 음악적 · 비음악적 반응 및 행동을 피아노로 반영하여 즉흥연주를 통해 표현해 주면서 내담자의 성악과 기악반응을 불러일으키고, 기능적인 음악활동(연주 등)과 정서적 자유로움을 표현할 수 있도록 하여 내담자의 심리내적 반응뿐만 아니라 상호작용을 촉진한다.
- 창조적 즉흥연주의 3단계
  - 음악적으로 내담자와 만나기
  - 음악적 기술의 발달
  - 상호작용적인 의사소통의 확립

이러한 3단계를 통해 내담자 심리내적 발달뿐만 아니라 치료자를 포함하는 환경과의 상호작용을 촉진하는 것이 궁극적 목표가 된다.

(2) 프리스틀리(Priestly)의 분석적 모델

- 즉흥적으로 연주를 함으로써, 무의식을 반영하고 의식을 일깨워 무의식을 의식화할 수 있는 음악적 능력을 주로 활용한다.

- 내담자가 무의식의 세계를 통찰할 수 있고, 이를 표현하게 하는 방법으로 단어나 상징적인 주제를 통해 즉흥연주를 사용할 수 있는 기회를 제공해 주는 것이 결정적이다.
- 분석적 즉흥연주의 4단계
  - 정서적인 탐색이 필요한 주제를 확인하고 즉흥연주를 하기 위한 제목을 정한다.
  - 즉흥적 역할을 치료자와 내담자가 함께 정한다.
  - 주제와 제목에 맞추어 즉흥연주를 한다.
  - 즉흥연주를 마치고 난 뒤 토의한다.

(3) 리오단-브루샤(Riordan-Bruscia)의 경험적 모델

- 음악적 · 비음악적 소리와 동작(movement) 등 개인의 음악적 경험과 표현을 그룹의 사람들과 함께 공유하는 그룹즉흥연주 모델이다.
- 자유롭게 연주를 하면서 그 과정을 경험하는 것에 초점을 맞출 수도 있고, 치료자가 어떠한 주제나 상황 등을 제시하면 그룹이 그 구체적 생각이 형성될 때까지 즉흥연주를 하기도 한다.
- 치료자의 주도하에 진행되며, 세션 내에서 세 가지 과제를 가진다.
  - 환기: 개인 및 그룹원의 정서적 반응을 불러일으킨다.
  - 사정: 치료자가 내담자를 조심스럽게 관찰한다.
  - 반응: 음악활동을 하면서, 치료자는 말과 연주로 치료의 역동적 과정을 촉진한다.

(4) 오르프 슐베르크(Orff Schulwerk)의 오르프 모델

오르프 음악치료는 칼 오르프가 제안한 근대 음악교육 교수법의 기본원리와 특징 및 주요 과정을 음악치료에 적용시킨 모델인데, 오르프 음악교수법에서 강조되는 즉흥연주와 음악적 창작활동이 음악치료 기법 중에서도 즉흥연주와 공통적인 음악요소를 가장 많이 공유하고 있다.

오르프 음악교수법은 기존의 교수법과는 달리 음악적 기능도와 무관하게 아동의 음악발달단계에 따라 모든 아동이 음악활동에 참여하고 경험할 수 있게 하는 것에 초점을

[그림 7-4] 오르프 모델을 이용한 유아 사회성 프로그램

두고, 창의적인 음악성 향상을 목표로 하는 교수법이며, 이에 착안한 오르프 즉흥연주는 음악요소 중의 하나인 '리듬'을 기본으로 하는 신체활동, 노래, 챈트, 동작 등 아동들이 좋아하는 활동에서 즉흥연주와 창작을 통한 음악적 경험을 목표로 한다.

■ 오르프 즉흥연주 4단계
① 모방단계–소리나 음악을 재현하는 단계
② 탐색단계–모방한 리듬, 선율을 다양한 음악요소로 변화를 주고 확장하는 단계
③ 독보–주로 8박(두 마디)로 된 짧은 리듬 등을 인지하고 만들어 보는 단계
④ 즉흥연주–기존의 동시, 동요, 또는 동화를 이용하여 말리듬을 만들거나 음악극의 형태로 연주해 보는 단계

오르프 교수법은 주로 그룹으로 진행되지만, 음악치료에서는 개별 또는 소그룹으로 적용될 수 있다. 음악적 완성경험을 통해 내담아동이 긍정적 정서를 경험하고 공유하고, 성취감, 자신감과 사회적 효능감까지 촉진할 수 있다는 것이 중요하며, 치료자는 음악치료과정 내에서 내담자가 언제, 어떻게 반응하고 이를 변화시키며, 조율하는지를 관찰하고 촉진하면서 즉흥연주를 지속적으로 형성시켜 나가는 것을 주요 역할로 본다 (Bruscia, 1988).

오르프 교수법을 따르는 오르프 악기는 아동들이 쉽게 음악에 접촉하고 음악창작활

동이 가능하도록 제작된 것인데, 선율-무선율 작은 타악기들이 대부분을 이루어서 두드리거나 치거나 마주치거나 휘두르는 등 신체의 기본활동 영역에서부터 출발하고 있어서, 아동들의 신체적 발달단계를 고려하여 연주기능적 측면을 최소화하면서 악기연주라는 성공경험을 제공할 수 있도록 하는 것에 주안점을 두어서 치료적 중재에도 매우 적절하다.

2) 음악교육론에 근거한 음악치료 기법

음악교육의 단계를 개별 내담자의 특성 및 치료목표에 맞게 적용하는 것을 말한다. 악기연주를 위해 독보, 연주기술을 익히는 등 기존에 소개된 음악교육 매뉴얼을 치료과정에서 단계별로 과제를 체계적으로 세분화하여 사용한다.

주로 발달지연 또는 발달장애 등 발달과제 성취에 어려움이 있는 경우에 세션의 전체 또는 일부에서 구조화되고 단계별로 체계화된 개별 교육 목표 및 계획을 통해 치료자 주도로 이뤄지며, 음악적 환경에서의 훈습을 통해 언어, 인지, 학습 영역에서의 점진적 발달을 촉진하고, 궁극적으로 비음악적-학습적 환경에서의 적응 및 과제성취기능의 향상을 촉진할 수 있다.

3) 악기연주 기법

특정 악기를 정해서 일정 기간 동안 연주법을 배우는 과정 자체를 치료목표로 설정하는 기법으로서, 타우트(Thaut, 1999)가 신경학적 음악치료를 구축하면서 ① 리듬적 청각자극, ② 패턴화된 감각촉진, ③ 치료적 악기연주로 구성된 연주기법을 제안했다(정현주 외, 2006).

발달과제 수행에 어려움이 있는 내담자가 일정 기간의 음악치료를 진행하면서 학습적 목표(악기)를 설정하고 내담자에게 적절한 방법(다양한 형태의 악보, 행동주의적 교육단계설정을 통한 모델링 등)을 통해 음악적 연주기능을 향상시키는 것이 중심이 된다. 아동부터 장애를 가진 성인, 노인에 이르기까지 다양한 대상에 적용되고 있으며, 피아노, 기타, 드럼, 클라리넷 등의 단일 악기를 비롯하여 그룹난타 또는 드럼서클, 핸드벨, 붐셰이커, 그리고 콰이어혼 등의 다양한 악기들을 사용할 수 있다.

4) 가창 기법

가창을 치료적으로 사용하기 위한 노력으로는 발달지연 및 발달장애 아동을 위한 치료교육영역과 재활의학영역에서의 조음, 발화 유도에서부터 다양한 심리사회적 이유로 의사소통의 어려움을 겪는 내담자에게 선율 억양치료법(melodic intonation therapy: MIT), 자극접근법(stimulation approach), 리듬적 언어자극법(rhythmic speech cueing: RSC) 등의 방법이 있다. 또한 가사변환법(lyrics exchange therapy: LET) 등을 이용(Basso, Capatini, & Vignolo, 1979; Sparks, Helm, & Martin, 1974; Thaut, 1999)한 음악심리적 접근에서 적극적으로 이루어지고 있다.

5) 심상음악치료 기법

심상음악치료(guided imagery and music: GIM) 기법은 음악감상을 중심으로 하는 기법으로서, 일상영역에 있는 의식적 상태를 벗어나 무의식의 세계로 이행하도록 하고, 충분한 신체적 · 심리적 이완을 통해 음악을 감상하는 동안 일어나는 심상을 통해 자기통찰 및 자아실현을 경험하는 것을 목적으로 한다.

- 치료자는 내담자가 음악감상을 하는 과정 동안 카타르시스를 경험하도록 유도한다.
- 주로 고전음악을 사용하는데, 음악의 폭이나 깊이에 있어서 획일적이며 제한적이지 않기 때문에 심상을 유도하는 데 의도성을 최소화할 수 있으며, 경계나 특정하게 일반화된 상징을 형성하지 않으면서 심리내적 이미지를 형상화할 수 있기 때문이다.
- 대체로 그룹보다는 개인적인 경험과 과정을 중요하게 생각해서 개별 회기가 주로 이루어지며, 눈을 감아서 자극을 최소화하게 된다.

- 치료자와 내담자가 자연스럽게 대화를 통해 치료목표를 설정하기 위해 토론하거나 사용할 음악의 주제를 설정하는 도입단계, 점진적 긴장이완법이나 호흡법 등을 통해 몸과 마음을 이완시키는 긴장이완단계, 그리고 심상을 경험하는 여정을 마치고 치료자와 내담자가 경험한 정서, 사고 등을 나누는 마무리단계로 진행된다.
- 음악과정을 마치고 나서, 만다라 등을 그리면서 대화를 나눌 수 있다.
- 지남력 등 현실검증능력이 부족한 조현병 환자에게는 부적합하다.

6) 그룹드러밍 기법

(1) 그룹드러밍의 이점
- 리듬에 대한 반응은 인간의 기본적인 신체적 본능이다.
- 그룹드러밍은 대·소근육 활동의 이완과 가속, (연주)기술을 지속시키기 쉽다.
- 그룹드러밍은 그룹에 속한 사람들이 다 함께 구조적 또는 비구조적 리듬패턴을 반복하는 동안, 신체적·정서적·사회적으로 함께한다는 그룹응집력을 극대화할 수 있다.
- 그룹드러밍은 문화나 민족 배경, 음악의 선호 또는 기호, 성별, 연령과 무관하게 전 예술적 영역에서 흥미롭게 즐길 수 있다.
- 그룹드러밍은 음악적 배경이나 지식, 훈련이 없이도 가능하기 때문에 모든 사람이 할 수 있는 가장 기본적인 신체활동경험이다.

(2) 그룹드러밍의 유래
각 나라마다 음악사적인 측면에서 그룹드러밍(group-drumming)의 장르가 발전된 예들이 있다. 일본의 다이코리듬, 중국 경극의 타격악(Peking opera), 북미의 드럼서클이 있다(Armstrong, 2002). 또한 영국의 STOMP와 북미의 드럼서클이라는 서양식 공연양식에 한국의 사물놀이 리듬을 바탕으로 접목하여 대중예술인 송승환 씨가 드라마화한 비언어극(non-verbal performance: 아무런 대사 없이 리듬과 비트로만 구성된 장르)인 난타가 있다. 특히 난타는 연주기술보다는 힘과 속도감에 집중해서 누구라도 쉽게 참여할 수 있다는 데 의미가 있다.

(3) 그룹드러밍의 치료적 역할

스티븐스(Stevens, 2004)에 의하면 슬로토로프(Slotoroff)는 드럼서클을 PTSD 환자들을 위한 정신역동과 인지행동치료 장면에서 임상적으로 사용했고, 롱호퍼(Longhofer)와 플로어쉬(Floersch)는 전통적인 드럼서클을 재활영역에서 사회기술의 발달, 정상 발달의 촉진과 통합을 위한 사회성 기술훈련그룹에 사용했다고 하며, 신경학자인 비트먼(Bittman)은 40분~1시간가량의 그룹드러밍 활동이 음악을 만드는 즐거운 활동을 넘어서 면역세포의 증가와 백혈구의 순환과 암세포나 바이러스에 의해 감염될 수 있는 세포를 파괴하는 데 유의미한 역할을 한다는 것을 증명하였다. 비트먼과 그의 동료들이 GIM과 혼합형태의 민속드럼서클을 면역체계를 증가시키는 임상실험군에 사용하기도 했다(Armstrong, 2002). 또한 2003년에 캘리포니아에서는 소년원에 있는 고위험군 청소년을 위한 사회기술증진프로그램에 그룹드러밍을 도입해서 괄목할 만한 성과를 보았고, 샌디에이고의 Scripps Health Care 내에 있는 Mcdonald's Treatment Center에서는 성인과 노인을 위한 그룹드러밍을 활용하였으며, 2004년에는 콜롬바인고등학교에서 PTSD 가족을 위해 그룹드러밍프로그램을 제공하기도 하였다(Stevens, 2004: 김선영, 2009에서 재인용). 국내에서도 최근 난타를 음악치료에 적용한 연구들이 계속되면서 교육, 심리, 재활 등 음악치료 전 영역에서 구조적 난타, 비구조적 난타, 즉흥연주를 접목한 그룹드러밍 기법을 사용하는 치료적 접근이 활발하게 이루어지고 있다.

7) 음악놀이 기법

아동음악치료의 경우, 음악요소와 아동의 주 호소 및 발달단계에 적절한 놀이적 요소와 매체(놀잇감, 미술재료, 생활물 등)를 접목한 다양한 활동을 통합적으로 적용하는 기법이다. 감정카드, 미술활동, 음악게임, 음악극 만들기 등의 다양한 방법이 시도될 수 있다.

[그림 7-5] 음악놀이를 통한 유아 사회성 프로그램

4. 음악치료의 과정

1) 접수상담

- 내담자 개인의 인적사항 및 주요 발달사, 가족관계-역동 등 파악
- 내담자 주 호소
  - 내담자 및 내담자 보호자(부모)의 심리사회적 주 호소
  - 음악치료에 대한 기대
- 의학적 진단 여부 및 약물치료 여부
- 음악 배경정보
  - 좋아하는 음악장르
  - 좋아하는 노래, 악기, 음악가 등
  - 과거 음악력
  - 음악적 기능도(악기연주 가능 여부 등)

2) 음악치료 진단평가

내담자의 음악적 그리고 비음악적 반응에 대한 평가(assessment)가 이루어진다.

(1) 음악적 평가

표 7-4 음악적 평가의 항목 및 내용

음악활동 영역 및 내용		항목
가창	노래 따라 부르기	청각적 주의력, 기억력, 동시모방능력, 발성 및 호흡, 조음
	노래로 묻고 답하기	표현언어, 수용언어, 청각적 주의력, 조음, 과제성취도
	작사활동	인지구조, 문장조직능력, 자신감, 자기통찰능력
	노래가사 바꾸기	시각적 주의력, 청각적 주의력, 표현언어, 화용언어
감상	음악감상활동	청각변별력, 주의력, 청각적 예민성
	음악요소 구별	주의력, 학습능력(셈여림, 높낮이, 장단의 비교 등)
	소리 동시/기억모방	청각적 주의력, 기억력, 발성촉진
	음악적 투사와 통찰	심상유도, 공유를 통한 통찰
연주	재창조연주	집중력, 인식능력, 운동범위, 대·소근육 운동기술, 심리적 탄성
	즉흥연주	환경적응력 및 (구조/비구조) 과제에 대한 탄성, 사회성 정도, 정서적/비언어적 표현능력, 자발성 및 주도성
	작곡	청각적 주의력 및 변별력, 과제성취동기 및 능력, 자신감
	악기연주교육(훈습)	과제집중 및 지속능력, 학습능력, 자신감
동작	음악 맞춰 동작연상	시각적 주의력, 시청각-운동협응능력, 청각적 민감성
	동작 동시/기억모방	청각운동반응, 시각인지, 기억력, 타인조망수용능력
	신체악기(손)활동	운동범위, 대·소근육 운동기술, 집중력, 시청각-운동협응능력
	걷기, 뛰기, 박수	대근육 운동기술, 감각통합능력, 학습능력
놀이	감정을 연주로 표현	정서적 표현능력, 학습능력, 자신감
	음악극, 음악게임 등	창의적 표현능력, 질서유지능력, 갈등해결능력, 자신감

출처: 김종인(2008) 수정 및 보완.

(2) 음악 외적 평가

- 행동: 음악적 평가 상황에서의 비음악적 행동(주의력, 착석능력, 언어적 반응, 보호자 와의 분리 등), 과잉행동 및 충동행동 조절 및 탠트럼 반응 등
- 정서: 긍정적 · 부정적 정서의 언어적 · 비언어적 표현 등
- 감각반응 및 운동: 이완자세 유지, 태도 및 행동의 어색함, 걷기, 대 · 소근육기능 등
- 모방 및 상상하기: 신체동작 모방하기, 상상놀이 등
- 인지: 단어, 수 개념, 방향감각, 적절하게 과제수행하기 등
- 의사소통: 몸짓, 가리키기 및 이끌기, 무의미한 발성, 음성모방, 단어, 음절, 문장의 표현, 부적절한 언어구사(충동성, 주제 어긋남, 반향어 사용, 속어 등의 사용, 음성틱, 중얼거림) 등
- 사회적 상호작용: 인사하기, 그룹(타인의 활동)에 참여하기, 순서 기다리기, 요구하기, 그룹에서의 고립 대 협동, 위축 대 적극, 의존 대 독립, 방해 대 지지, 주도성, 공유하기, 악기 보호하기, 지시 따르기 대 지시하기 등

(3) 음악적 평가, 음악 외적 평가와 함께 심리평가 추가

표 7-5 음악적 평가와 병행가능한 심리학적 평가

대상	평가영역	평가방법
아동	• 인지, 언어, 발달과제 • 기질과 성향(성격), 주요 정서 • 사회성	• 지능검사 • 심리검사 • 사회성검사 • 언어검사, 발달검사, 임상적 진단검사
부모	• 부모발달력 • 부모의 양육태도 • 부모의 심리상태	• 부모양육태도검사 • 부모심리검사
환경	• 형제자매관계 및 가족관계 • 또래관계 • 생활환경에서의 대처방식 등	• 면접검사 • (사회환경) 유선면담 등

3) 사례개념화를 통한 치료계획 수립

- 면담과 사정으로 내담자의 주 호소에 대한 다양한 증거들을 수집하여 근거를 제시하는 과정을 통해 가설을 세우는 등 사례공식화를 하고(case formulation), 이를 기초로 하여 심리학적 철학과 음악치료이론, 중심기법, 치료 시간과 목표, 세션구조화의 정도 등을 결정하게 된다. 이렇게 체계적이고 포괄적인 사례개념화를 시행한 이후에도 치료과정을 통해 지속적으로 개념화에 대한 재검증이 가능하다.
- 소요시간: 일반아동 40분, 장애아동의 경우 연령, 장애 정도를 고려하여 30분으로 조정하기도 한다.
- 횟수: 연령, 주 호소, 아동의 정서적 부적응행동의 심각도에 따라 주 1~2회 가능하다.
- 음악치료 오리엔테이션
  - 보호자 및 내담자에게 음악치료에 대해 설명한다.
  - 치료과정 및 내담자의 개별 치료계획을 설명한다.
  - 아동 내담자의 경우 부모(양육)상담에 대해 공지하고 부모참여를 촉진한다.

4) 음악치료 과정

- 음악치료 세션의 구조
  - 대상, 치료사의 중심이론에 따라 다소 차이가 있을 수 있다.
  - 워밍업, 본 활동, 마무리 등 3단계로 구성된다. 특히 유아, 발달문제를 가진 아동, 그룹치료의 경우 이 3단계를 따르는 것이 일반적이다.
- 사례개념화를 통해 결정된 주요 이론 및 기법, 치료 발달단계(기간)에 따라 결정된 치료계획도 치료과정에서의 중간 점검 등을 통해 지속적으로 조정될 수 있다.

5) 음악치료 종결 및 사후관리

- 음악진단 재평가를 통해 주 호소 해결의 정도를 확인한다.

- 음악치료 종결을 위한 계획을 세운다.
- 종결 후 일정 기간 동안 치료효과 지속 여부를 확인하기 위해 내담자에게 연락을 취한다.

5. 맺음말

지금까지 음악치료의 이해를 위한 개관, 역사, 이론 그리고 이론과 다양한 음악요소에 기반을 둔 음악치료 기법과 함께 음악치료를 위한 평가 및 과정을 살펴보았다. 언어발달을 통한 자기표현이 완성되지 않았거나 언어를 통한 상담이 적절하지 않은 아동·청소년에게 음악치료는 비언어적인 중재로서 매우 효과적으로 치료적 역할을 수행할 뿐만 아니라 성인기까지 전 생애에 걸쳐서 적용가능한 매체인 만큼 음악치료에 대한 전반적 이해는 필수적이다. 한편, 이 장은 음악치료가 무엇이고 어떻게 아동·청소년에 적용할지에 초점을 두고 정보를 제공하는 개론의 성격을 지닌 만큼 음악치료에 대한 더 심층적인 이해를 위해서는 음악치료 이론 및 방법론을 소개하는 전문서적뿐만 아니라 치료현장의 경험을 소개하는 다양한 치료사례 논문에 대한 연구가 권유된다. 또한 이러한 음악치료에 대한 관심을 확장함으로써 교육, 심리, 재활 영역에서의 음악치료의 실제 적용에 대한 추가적인 사례연구뿐만 아니라 이를 이론적으로 검증하기 위한 학술적 노력과 함께, 치료 및 교육 현장에서 예방 차원의 통합 프로그램 개발노력 등이 계속될 수 있기를 바란다.

참고문헌

김선영(2009). 집단음악치료가 방과후교실 아동의 공격성과 정서적 부적응행동에 미치는 효과 (즉흥연주와 난타를 중심으로). 한양대학교 대학원 석사학위논문.
김영근(2014). 상담과정에서 정서의 활성화 및 반복적 수용의 역할. 서울대학교 대학원 박사학위논문.

김종인(2008). 아동음악치료방법론. 경기: 한국학술정보(주).

정현주(2005). 음악치료학의 이해와 적용. 서울: 이화여자대학교 출판부.

정현주, 김영신, 최미환, 조혜진, 노주희, 김동민, 김진아, 문소영, 곽은미, 배민정, 이승희, 김승아, 김신희, 이수연, Lisa Summer, Benedikte Scheiby, Diane Austin (2006). 음악치료 기법과 모델. 서울: 학지사.

Armstrong, D. (2002). *Drum circle in context-implications as a music therapy intervention.* http://www.Musictherapy.ca

Basso, A., Capatini, E., & Vignolo, L.A. (1979). Influence of rehabilitation of language skills in aphasic patients. *Archives of Neurology, 36*(4), 190-196

Bensimon, M., Amir, D., & Wolf, Y. (2008). Drumming through trauma: Music therapy with post-traumatic soldiers. *The Arts in Psychotherapy, 35*(1), 34-48.

Boxberger, R. (1962). *Historical bases for the use of music in therapy.* Lawrence, KS: National Association for Music Therapy.

Brink, A. (1979). Depression and loss: A theme in Robert Burton's "Anatomy of melancholy". Canadian journal of psychiatry. *Revue Canadienne de Psychiatrie, 24*(8), 767-772.

Bruscia, K. E. (1988). *Songs in psychotherapy.* Proceedings of the Fourteenth National Conference of the Australian Music Therapy Association. Melbourne, Australia.

Bruscia, K. E. (1989). *Defining music therapy.* Gilsum, NH: Barcelona Publishers.

Bruscia, K. E. (1998). *The dynamics of music psychotherapy.* Gilsum, NH : Barcelona Publishers.

Bruscia, K. E. (2003). 음악치료(최병철 역). 서울: 학지사. (원저 1998년 출판)

Corey, G. (2012). 심리상담과 치료의 이론과 실제(조현춘, 조현재, 문지혜, 이근배, 홍영근 역). 서울: 센게이지러닝코리아. (원저 2009년 출판)

Corsini, R. J. (2008). *Current psychotherapies* (8th ed., pp. 1-14). Belmont, CA: Thomson Brooks/Cole.

Feder, E., & Feder, B. (1981). *The expressive arts and therapies.* Englewood Cliffs, NJ: Prentice Hall.

Fosha, D. (2001). The dyadic regulation of affect. *Journal of Clinical Psychology, 57*(2), 227-242.

Fosha, D., Siegel, D. J., & Solomon, M. F. (2013). 감정의 치유력: 정서신경과학, 발달, 임상실제(노

경선, 김건종 역). 서울: 학지사. (원저 2009년 출판)

Greenberg, L. S. (2010). *Emotion-focused therapy.* Washington, DC: American Psychological Association.

Heller, G. N. (2000). History, celebrations, and the transmission of hope: The American music therapy association, 1950-2000. *Journal of Music Therapy, 37*(4), 238-249.

Lawrence, G. C., & Richard, G. T. (2015). 외상후 성장: 상담 및 심리치료에의 적용(강영신, 임정란, 장안나, 노안영 역). 서울: 학지사. (원저 2013년 출판)

Malloch, S., & Trevarthen, C. (2009). *Communicative musicality: Exploring the basis of human companionship.* Oxford; New York: Oxford University Press.

National Association for Music Therapy (1980). *A carrier in musictherapy*, brochure. Washington, DC: National Association for Music Therapy.

Nordoff, P., & Robbins, C. (1977). *Creative music therapy.* New York: Van Nostrand Reingold.

Ramachandran, V. S. (2008). Mirrors in the Brain by Giacomo Rizzolatti and Corrado Sinigalia. *Nature, 452*(7189), 814.

Rogers, C. R. (1957). The necessary and sufficient conditions of therapeutic personality change. *Journal of Consulting Psychology, 21*, 95-103.

Sacks, O. W. (2008). *Musicophilia: Tales of music and the brain.* New York: Vintage Books.

Sigerist, H. E. (1962). *Civilization and disease.* Chicago: University of Chicago Press.

Sparks, R., Helm, N., & Martin, A. (1974). Aphasia rehabilitation resulting from melodic intonation therapy. *Cortex, 10*, 303-316.

Stevens, C. (2004). Group Drumming. *Paradigm Magazine, 9*(1).

Strunk, D. (1965). *Source reading in music therapy.* New York: Norton.

Thaut, M. H. (1999). Music therapy in neurological rehabilitation. In W. B. Davis, K. E. Gfeller, & M. H. Thaut (Eds.), *An introduction to music therapy: Theory and practice* (2nd ed.). Mcgraw-Hill College.

제 *8* 장

무용동작치료

최희아

　　표현예술치료가 아동심리치료 안에서 유용한 치료도구로 이용되고 있지만 무용동작치료라는 분야에 대해서는 조금은 생소하게 들릴 것이다. 무용이라는 단어만 들어도 많은 사람들은 무용동작치료에 대해 두려움을 갖곤 한다. 춤을 잘 추거나 아름다운 몸을 가져야 한다는 생각을 하는 경우도 있다. 아니면 아동에게 무용을 학습시키는 것으로 무용동작치료를 잘못 인식할 수도 있다. 이러한 여러 가지의 무용이 갖는 편견 때문에 무용동작치료가 갖는 유용한 치료효과에도 불구하고 다른 예술치료보다 덜 관심을 받고 있는지도 모른다. 그러나 아동을 위한 무용동작치료는 아동의 신체와 움직임 그리고 춤이라는 예술적 경험을 통해 개인의 신체, 인지, 정서, 사회성 발달의 통합을 돕는 것에 그 치료목표를 둔다. 이러한 치료목표에 기초하여 아동심리치료로서의 무용동작치료의 유용한 효과성을 소개하려고 한다.

제8장
무용동작치료

1. 무용동작치료란

　먼저 치료적 정의를 살펴보면 무용동작치료란 움직임과 춤 그리고 그것을 표현해 주는 몸이라는 도구를 이용하여 개인의 감정적·인지적·신체적·사회적 융화를 창조적으로 변화시키는 것을 목적으로 하는 심리치료의 한 종류라고 정의할 수 있다 (Meekums, 2002).

　이러한 치료적 의의는 무용이라는 예술매체가 가진 고유한 특성에서 기인하는데, 이는 현대무용의 출현과 깊은 관련을 갖는다. 즉, 표현적인 현대무용이 탄생하면서 춤이 갖는 치유성을 발견하게 되었기 때문이다. 이는 많은 사람들에게 무용이 형식적이고 기교적인 부분에만 국한된 것이 아니라 인간의 내적 영역을 표현하고 소통하는 형태로서 큰 의미를 갖는다는 새로운 경험을 제공해 주었다. 그리고 이러한 표현적인 경험은 치유적인 경험으로 전환되었다. 즉, 현대무용의 탄생은 무용계에 커다란 변화와 발전을 주기도 했지만 무용동작치료라는 분야를 탄생시키게 된 중요한 계기가 되었다.

　　20세기 전반기에 이러한 전통의 한계에서 벗어나려는 흐름이 다양한 분야에서 시작되었다. 현대 무용동작은 경직되고 비인격적인 예술형태에서 자발성과 창의성을 강조하는 보다 자연스럽고 표현적인 움직임으로 대체되었다. 심리치료영역에서는 개인의 비언어적이고 표현적인 측면에 대한 관심이 커지고 있었다. 이처럼 변화하는 지적 풍토 속에 무용동작치료는 1940년대와 1950년대에 등장하였다(Levy, 2012).

이러한 무용이라는 예술형태가 갖는 치유적인 속성은 무용동작치료 이론에 속한 여러 가지 치료적 가치들로 형성되었는데, 그 예로 창의성, 표현성, 몸/마음의 관계성(body/mind relationship), 비언어적인 의사소통, 상호관계, 감정적 정화의 경험, 집단의 융화 등이 있다. 이러한 다양한 치료적인 요소들은 무용동작치료가 가질 수 있는 치료적 목적과 관련되고, 각각의 다른 대상과 다양한 치료적 목적을 가지고 있는 무용동작치료는 심리치료의 한 부분으로 적용되고 있다.

먼저 아동심리치료로서의 무용동작치료에 대해 언급하기 전 가장 중요한 치료적인 개념 두 가지에 대해 논해 보려고 한다. 첫 번째로는 앞에서도 언급되었던 무용동작치료가 심리치료로서의 역할을 가능하게 하는 데 기본적인 이론이 되는 몸과 마음의 일원성과 궁극적인 치료목표가 되는 창조적 의미로서의 개인의 통합적인 변화다.

몸과 마음의 일원성(body/mind connection)은 쉽게 이야기해서 몸과 마음은 하나이고, 마음은 몸을 반영하며, 몸은 마음을 보여 주는 하나의 매체라는 의미를 담고 있다. 즉, 몸은 개인의 내적 상태를 비추어 주는 거울이며, 동시에 움직임이나 무용을 통해 경험하는 몸의 경험은 정신을 변화시키는 커다란 통찰의 도구가 된다. 이러한 몸과 마음의 일원성에 대한 믿음은 무용동작치료가 심리치료로서 유용한 역할을 할 수 있는 중요한 기초가 된다.

> 무용동작을 심리치료 혹은 치유의 도구로 활용하는 무용동작치료는 몸과 마음이 서로 분리될 수 없다는 신념에 뿌리를 두고 있다. 신체 움직임이 내적 감정상태를 반영하며 움직임 행동의 변화는 정신을 변화시켜 건강과 성장을 촉진한다는 것이 무용동작치료의 기본전제다. 전반적으로 건강한 개인뿐 아니라 정신질환이나 심신장애를 가지고 있는 개인을 도와 몸과 마음 그리고 정신의 근본적 통합을 경험하게 함으로써 심신의 일체감을 회복하게 하는 것이 무용동작치료의 궁극적 목표다(Levy, 2012).

에반(Evan, 1964)은 아동들이 무용교육이라는 틀 안에서 지나치게 교육적인 측면만을 강요당하고, 이러한 추세는 아동들이 그들의 고유성인 놀이성과 창의력에서 점점 고립되는 현상을 만든다고 주장하였다. 이러한 에반의 주장은 많은 시간이 흐른 뒤 오늘날 우리의 아동이 겪는 문제와도 유사하다. 인지적인 측면의 강조와 경쟁적인 사회 안에서 아동이 고립된 개인으로서 겪어야 하는 심리적 어려움은 그들의 몸과 마음의 분리를 가져온다. 이는 개인의 자아에 대한 부정적인 인식뿐만 아니라 사회적 융화에까지 부정적인 영향을 미친다. 오늘날 사회문제로 대두되는 학교폭력, 왕따문제, 반사회적 행동 등은 아동들이 자신의 생각과 감정을 적절하게 인식하지 못하며 몸이라는 행동 도구를 이용하여 이를 병리적인 행동 양상으로 표출하고 있다는 것을 증명해 주는 아동들의 문제다. 즉, 아동의 몸과 마음의 분리현상에서 기인한 현상이라 할 수 있다.

이런 의미에서 무용동작치료 이론의 토대가 되는 몸과 마음의 일원성은 아동심리치료에서 중요한 치료 목적이 될 수 있다. 무용동작치료에서 아동들은 자신의 몸을 자유롭게 움직이고 그들의 놀이성을 스스로 회복하며 그들의 욕구와 정서적인 내용에 따라 다양한 창의적인 춤과 움직임을 만들어 나간다. 이때 아동들은 몸을 통해 자신의 감정을 경험하고 느끼며 표현하는 것을 배운다. 또한 이를 움직임과 자신의 신체로 표현하며 자연스럽게 몸과 마음의 통합을 이룬다. 이러한 경험은 발달적인 불균형을 개선해 주는데, 이는 아동이 건강히 성장하도록 도울 수 있다. 즉, 아동은 자신의 내적인 감정이나 욕구들을 인식하게 되고 그것을 적절한 행동, 즉 표현적이고 소통적인 방법으로 해소하게 된다.

두 번째로는 무용동작치료의 경험을 통한 한 개인의 창의적인 변화다. 이러한 창의적인 변화는 모든 심리치료 안에서의 궁극적인 목표가 될 것이다. '변화'라는 의미를 아동심리의 치료목표에 적용해 본다면, 아마 우리는 아동의 발달과정에 중요성을 부여하게 될 것이다. 아동심리치료의 중요한 치료목표 중 하나는 아동의 발달을 지지하고 촉진시켜 아동 각각의 발달단계 과업을 이루어 내는 것을 돕는 것에 있다고 할 수 있다(박랑규 외, 2010). 유아기를 포함한 아동기는 전 생애를 거쳐 가장 빠르게 그리고 역동적으로 변화하는 시기라 할 수 있다. 즉, 아동기는 한 사람이 어떤 성인기를 갖게 되는가를 결정하는 시기라 해도 과언이 아닐 것이다.

그러나 성인이 되어 가는 성장을 위한 변화는 일률적인 발달의 틀에만 국한되지 않는다. 그러므로 저마다의 특성과 개성을 발견하고 성장시켜 나가는 창의적인 변화는 아동의 성장에 원동력이 된다. 이러한 과정은 무용동작치료 안에서 경험되는 창의성과 관련되며, 이는 중요한 치료적 의의를 갖는다. 발달이라는 틀 안에서 아동 개인의 창조적 변화를 추구하는 것이 무용동작치료의 목표라고 정의할 수 있다.

다시 한 번 정리하면 몸과 마음의 일원성과 개인의 창의적인 변화는 무용동작치료가 주는 중요한 치료적 의의이며, 이는 아동심리치료 안에서도 치료목표로서 적용된다. 즉, 아동은 움직이고 춤추며, 자신의 몸과 마음을 통합시키고, 이 경험을 통해 스스로 개개인의 건강한 자아를 형성하게 되며, 이를 토대로 세상과 건강하게 관계하는 방법을 배울 수 있다. 즉, 이러한 경험을 통해서 아동 스스로 창의적인 통합적 변화를 만들어 가며 한 인격체로서 건강한 성장의 기회를 갖게 된다는 것을 의미한다.

1) 창의적 무용교육과 무용동작치료의 차이점

다음은 무용교육과 무용동작치료에 어떤 차이가 있는지에 대해 설명하려고 한다. 앞에서도 언급했지만 무용이라는 예술적인 형태가 갖는 고유한 치유성은 우리 모두에게 중요한 경험이 된다. 그러나 이러한 고유한 치유성에 대한 심리적 · 사회적 · 신체적인 긍정적 경험은 창의적인 무용교육과 무용동작치료 사이의 경계를 혼란스럽게 만들기도 한다. 그러므로 이 부분에서는 두 분야의 경계에 대한 몇 가지의 차이를 정의해 보려고 한다.

2) 창의적 무용교육의 정의

창의적 무용교육이란 신체활동, 움직임, 무용을 좀 더 자유롭고 창의적인 방법으로 사용하는 무용교육의 일부분이라 할 수 있다. 창의적 무용교육의 목표는 사실의 전달(무용 기술)에만 그 목표를 두는 것이 아니라 무용이 갖는 개념을 이해하도록 경험을 제공하는 것이다(Gilbert, 2002).

교육 안에서 진정한 학습이란 아동에게 사실(fact)을 가르치는 것이 아니라 개념을 이해하도록 하는 것이다. 즉, 어떠한 내용의 사실을 주입하는 것보다는 그 내용의 개념을 전달하고 경험하여 스스로 자발적인 탐색을 통해 이해하도록 하여야 한다.

이러한 의미에서 움직임을 통한 교육은 스스로 경험하고 탐색하며 이해하는 학습과정을 경험하게 해 준다. 즉, 창의적 무용교육이란 춤이라는 개념을 학습하는 것을 주된 교육의 목적으로 하되 무용과 움직임의 경험 안에서 자기표현, 창의성, 문제해결의 경험, 협동심 등과 같은 심리사회적 발달의 목표를 가질 수 있다.

창의적인 무용을 이끌어 가는 교사의 역할은 아동의 자발성과 창의성을 방해하지 않는 동시에 무용이란 개념을 이해시키는 것이다. 즉, 지도자의 역할과 그 개념을 모델링해 주는 시범자가 되어야 한다. 무용수업에서 아동이 얼마나 무용의 개념을 잘 이해하고 학습 효과를 최대한 내느냐가 중요하며, 이러한 목표가 아동의 자율성과 창의적인 경험에서 이루어지도록 하는 것이 창의적 무용교육에서의 교사의 역할이라 할 수 있다. 창의적 무용교육은 결과중심적인 지도에 초점을 두어야 한다. 다시 말하자면, 무용이라는 예술을 창의적인 방법으로 교육하는 것을 목표로 하는 것이 창의적인 무용교육이라 할 수 있다.

3) 아동을 위한 무용동작치료의 정의

앞에서 심리치료의 한 분야로서의 무용동작치료의 정의를 이미 언급하였지만 이 부분에서는 창의적인 무용동작치료와 구별되는 무용동작치료의 정의와 치료자의 역할에 대해 다루려고 한다.

아동을 위한 무용동작치료는 움직임, 몸, 무용이라는 치료 도구들을 이용하여 아동의 총체적인 발달수준, 즉 사회적 · 정서적 · 신체적 · 인지적 · 의사소통적 변화를 목표로 한다. 창의적 무용교육의 목표인 개념을 학습하는 것과는 달리, 특히 무용동작치료에서는 아동 개인의 통합적인 변화에 그 목적을 둔다고 할 수 있다.

예를 들어, 치료자는 아동이 어떤 주제의 무용을 만들어 내는 과정을 경험한다고 할 때 무용동작치료에서는 무용의 기술이나 개념에 중점을 두지 않고 아동의 내적인 표현이나 의사소통 등의 과정에 초점을 맞추고, 이 경험을 수용해 주는 지지자의 역할을 해야 한다. 즉, 어떤 목적 있는 결과보다는 아동 스스로 경험하고 느끼는 과정에 초점을 맞춘다. 스스로 성장할 수 있는 힘을 신뢰하는 것이 무용동작치료의 치료적 의의라고 할 수 있다. 아동은 안전하고 지지적인 치료환경 안에서 스스로 움직이고 놀이하는 즉흥성, 자신의 성장과정에서 오는 다양한 경험을 이야기할 수 있는 표현성, 그리고 이러한 과정에 의해 만들어지는 새로운 자아의 창조성을 경험하게 된다. 이것은 아동을 위한 무용동작치료의 중요한 과정이 될 수 있고, 창의적인 무용과는 차별화되는 치료적 의의의 중요한 기준이 된다.

이런 의미에서 본다면, 무용동작치료에서 치료사의 역할은 매우 중요하다. 무용동작 치료사는 아동의 통합적인 변화를 이끌어 내야 하는데, 이는 매우 중요한 치료자의 과제이기도 하다. 이러한 역할을 위해서는 치료자와 아동의 치료관계가 매우 중요한 관점이 되는데, 이에 대해 토토라(Tortora, 2006)는 "치료자와 아동의 치료관계는 아동의 사회적 · 정서적 관계의 성장을 지지해 주며 이는 아동의 심리치료적인 목표가 될 수 있다."라고 설명하였다. 즉, 무용동작치료에서 아동의 통합적인 변화라는 치료목표는 치료자와 아동과의 치료관계에서 출발한다고 할 수 있다. 치료자와 아동의 치료관계 형성을 통해 아동과 소통하며 이를 정서적 · 사회적 관계의 긍정적인 변화로 이끌 수 있는 기회를 제공하는 것이 무용동작치료 안에서의 목표라고 다시 한 번 강조할 수 있으며, 이러한 과정이 없다면 무용동작치료는 그저 아동의 카타르시스적인 경험에만 국한되거나 또는 교육적인 의미만을 가질 수 있다. 그러나 앞에서 설명한 것처럼 치료와 교육은 그 의미와 목표에 커다란 차이를 가지며, 무용동작치료를 적용하는 아동심리치료에서 이 차이는 강조되어야 한다.

〈표 8-1〉은 교육적인 창의적 무용과 심리치료적 무용동작치료의 차이를 보여 준다.

표 8-1 창의적 무용교육과 무용동작치료의 차이점

수업	회기
교육적 목적 -심미적 · 신체적 표현기능	치료적 목적 -심리적 건강(예방과 회복)
교사 역할 -수직적(지도자와 시범자)	치료사 역할 -수평적(관찰자와 반영자)
교안(수업계획서) -계획된 구조와 피드백	프로토콜(치료계획서) -비구조 혹은 반구조적 그리고 나누기
결과중심	과정중심

2. 무용동작치료의 치료적 매개

1) 몸, 움직임, 춤

무용동작치료가 다른 예술치료와 차별성을 갖는 요소 중 가장 중요한 부분은 치료중재에서의 비언어적인 요소들의 사용이다. 다른 예술매체가 갖는 비언어적인 요소들은 그림이나 음악, 글과 같은 형태의 중간적 요소들에 의해 표현되지만, 무용동작치료에서는 우리의 몸을 통해 만들어지는 움직임과 춤에 의해서 직접적으로 표현된다. 이러한 표현과 소통은 인간의 발달사 중 가장 초기단계의 표현 방법이었고 언어 이전의 비언어적인 소통으로서 사용되었다([그림 8-1] 참조). 이러한 비언어적인 요소들은 무용동작치료에서 가장 기초적인 치료적 매개가 된다.

몸은 영혼의 집이다. 왜냐하면 우리가 사회문화적 습관이나 개인의 특성뿐만 아니라 언어 이전의 기억들과 언어로 표현하기 어려운 기억까지 담고 있기 때문이다. 몸은 자기를 표현해 주는 가장 솔직한 도구다. 몸의 움직임은 한 인간의 발달과정을 말해 주며,

발달 단계적 표현방식(비언어적 단계 → 언어적 단계)

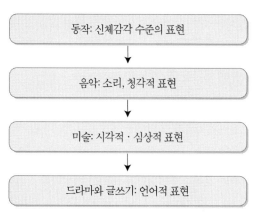

[그림 8-1] 표현예술치료의 발달단계

출처: Malchiodi (2005).

내적 갈등을 표현해 주고, 과거와 현재를 이야기해 주는 주체가 된다(Siegel, 1984).

몸에 의해 만들어지는 움직임은 개개인마다 특성을 가진 패턴을 만들어 내고 성격을 반영한다. 즉, 움직임은 가장 초기 발달단계의 언어이며, 움직임 패턴은 성격 패턴을 반영한다.

인간은 의사전달 시 70% 이상을 비언어적 소통에 의존하는데, 호흡, 눈 맞춤, 얼굴 표정, 제스처, 자세 등의 표현이 그 사람의 심리상태를 반영하고 타인에게 전달한다(Morris, 1986).

앞에서 언급한 것처럼 우리의 움직임은 심장박동에서 호흡까지 몸이 행하는 모든 운동을 포함한다. 몸짓과 자세 등의 표현적인 부분도 움직임의 요소다. 마지막으로 춤이라는 요소는 우리의 몸의 에너지를 안전하게 해소해 주고 예술적인 형태로 승화시켜 준다. 이 몸, 움직임, 춤이라는 세 가지의 요소들은 각각의 치료적 요소들을 만들어 내며, 이는 무용동작치료의 중요한 특성을 구성해 준다.

2) 무용동작치료의 치료적 요소

(1) 비위협적인 의사소통과 자기표현의 수단

인간은 태어나면서부터 세상과 교류하는 초기의 의사소통수단으로 움직임이라는 자기표현을 사용한다. 영아는 어머니와 자기생존을 위해 울고 웃고 움직이는 등 비언어적인 소통을 통해 먹고 자고 사랑받는 생존을 위한 필요를 추구한다. 또한 어머니의 표정, 몸짓, 목소리 톤 등을 통해 애착을 형성한다(Lewis, 1984).

> 신체 움직임은 유아와의 소통에 있어서 가장 기본적인 수단이다. 어머니는 유아의 움직임 관찰을 통해서 그들이 요구하고 원하는 것들을 채워 주기 시작한다. 만약에 유아의 욕구에 맞추는 것이 이루어진다면, 유아는 세상이란 상실을 경험하게 하거나 학대하는 존재가 아니라 안전하고 욕구를 채워 주는 것으로 경험하게 될 것이다. 주양육자의 움직임을 통한 돌봄은 유아를 성장시키는 데 중요하다. 상실을 경험한 유아의 뇌는 20~30%가 더 작다(Levy, 2012).

특히 아동의 경우 자신의 몸이나 움직임의 사용은 그들 스스로의 자연스럽고 편안한 표현의 도구가 될 수 있다. 아동은 자신의 내적인 어려움을 언어적으로 표현하는 것에 어려움을 갖는데, 움직임과 신체는 언어 이전의 경험을 비언어적으로 소통할 수 있다. 즉, 아동의 움직임 그 자체가 세상과 소통하는 언어라고 할 수 있다.

이런 사실에 근거하여 볼 때, 몸, 동작, 그리고 무용은 개인의 비언어적인 표현수단이 된다. 이는 언어가 갖는 방어적이고 인지적인 제한을 벗어나 자연스러운 의사소통의 수단을 제공한다는 것을 의미한다. 특히 아동은 언어적으로 자신의 감정이나 내적인 문제들을 표현하는 능력의 한계를 가질 수 있다. 이는 성인심리치료와 아동심리치료의 다른 접근법의 필요성을 제시해 준다. 아동들과의 소통을 위해서는 언어적인 접근보다는 비언어적인 접근을 통해 그들을 이해하고 공감하는 것이 중요하다(박랑규 외, 2010).

그러므로 아동을 위한 심리치료 안에서는 비언어적인 접근이 매우 중요하며, 이런 의미에서 신체와 움직임 그리고 춤은 비언어적인 표현으로서 아동에게 비위협적이고 안전한 자기표현의 기회를 제공해 준다. 그러므로 치료자는 아동의 비언어적 언어인 움직임과 몸을 통해 아동을 이해하고 안전한 의사소통의 수단을 가질 수 있다.

(2) 미러링

무용동작치료의 선구자 마리안 체이스(Marian Chace)의 미러링(mirroring)이라는 개념은 무용동작치료 안에서 가장 핵심이 되는 치료적 요소다. 이는 신체를 통한 공감형성을 의미한다. 즉, 미러링은 내담자와 함께 움직이고 그들의 움직임을 수용하면서 거기서 느끼는 감정이나 에너지를 그대로 반영한다. 미러링이란 무조건 다른 사람의 움직임을 따라 하는 것이 아니라 움직임의 전체적인 톤과 느낌을 반영한다는 개념에 더 가깝다(Levy, 2012). 반영하고 조율한다는 경험은 신체수준에서 아동을 이해하는 데 도움이 된다. 미러링을 통하여 치료자는 아동을 이해하고 가치 있는 정보들을 제공받을 수 있고 아동들은 그들 자신이 누군가에 의해 받아들여지고 존재한다는 것을 경험하게 된다. 이러한 미러링의 경험은 유아가 부모로부터 자신의 움직임과 신체를 통해 공감받고 보살핌을 받는 초기의 경험에서 비롯된다.

그러므로 이 과정을 통하여 치료자와 아동 간의 안전하고 편안한 신체적 공감(kinetic empathy)을 형성한다. 치료자와 아동과의 미러링 경험은 사회적·정서적 관계의 재경험을 제공해 주며, 이는 움직임을 통해 치료자와의 상호작용과 감정표현의 경험을 갖도록 해 준다.

(3) 신체상의 확립

신체상은 아동의 자아형성을 위한 기본적인 이미지로 자신의 몸을 어떻게 생각하고 인식하는가에 대한 느낌과 인식이라 할 수 있다. 쉴더(Schilder, 1950)는 신체상에 대해 심리적으로 자신의 신체를 어떻게 보는가에 대한 우리 자신의 이미지 또는 3차원적인 상을 의미한다고 정의하였다. 자신의 신체상 없이는 우리의 신체에 대한 상징적인 개념을 형성할 수 없다고 설명하였다. 즉, 신체상은 자아형성의 가장 기본적인 개념이라 할 수 있다.

이러한 신체상의 확립은 몸을 탐색하고 움직이는 유아의 몸놀이에서 시작된다. 어퍼(Erfer, 1995)는 무용동작 중심 표현예술치료 사례집에서 신체상에 대해 설명하였는데, 신체상은 생리적 기저를 가지고 있으며, 정정기관, 운동감각, 고유반사, 촉각, 그리고 시각의 투여가 기저가 된다고 하였다. 즉, 감각운동의 발달과 신체상의 발달은 서로 평행선에 있다고 할 수 있다. 이러한 발달은 자기감(sense of self), 인지적 발달, 자력의 기술습득, 그리고 많은 기본적 개념을 형성하는 데 기초가 된다고 주장하였다.

신체상의 습득은 움직임에 의해서 형성될 수 있다는 앞의 주장에 입각한다면 무용동작치료에서 아동은 자신의 몸을 움직이며 신체부분을 통합하며 건강한 신체상을 확립할 수 있으며, 이는 자아형성뿐만 아니라 나와 타인을 구별하는 능력과 더불어 상호관계 형성의 기초가 된다.

어퍼(1995)는 자폐아동을 위한 무용동작치료의 사례에서 신체상에 대한 정의를 자기 자신과 그들을 둘러싼 환경과 대상을 구별할 수 있는 능력이라고 설명하였다. 즉, 신체상은 자기를 형성하고 타인을 구별하는 대상관계의 기초가 될 수 있다고 할 수 있다.

(4) 그룹응집력의 경험

함께 움직인다는 것은 같은 공간, 같은 리듬 안에서의 상호작용을 의미한다. 그러므로 집단 안에서의 움직임의 경험은 사회성이나 상호관계 훈련, 리더십, 협동심, 좌절인내력, 문제해결 방식 등의 사회적 기술습득에 문제가 되는 개개인의 문제를 평가하고 긍정적인 간접경험을 통해 통찰을 갖게 한다. 그러므로 다른 대상들과의 움직임의 경험은 아동에게 자연스럽게 사회적 기술과 유대감을 제공해 주는 기회가 된다.

(5) 몸의 상징성

무용, 동작, 몸을 통해 일상생활에서 사용하는 언어의 수준을 넘어서 상징적인 신체언어를 이용한 표현의 기회를 갖게 한다. 언어 이전의 기억과 경험은 신체 안에 저장되며, 이는 언어라는 표현적인 한계를 넘어선 자기 표현과 탐색의 기회를 제공한다. 우리는 이를 몸의 기억(somatic memory)이라 명명하기도 한다. 또한 신체부분이 각각 가지고 있는 은유적인 의미와 개인적인 삶의 주제는 연결성을 가진다. 움직임은 몸과 몸의 기억을 환기시키며 안전한 치료적 환경 안에서 이를 표현적으로 표출하도록 도와야 한다.

3. 무용동작치료 안에서의 평가

1) 비언어적인 요소들을 통한 평가

비언어적인 요소들은 신체와 움직임에서 파생되는 특성들로 이루어진다. 이러한 개인의 비언어적인 요소들은 무용동작치료사에게 내담자를 관찰하고 이해하게 해 준다. 또한 이러한 비언어적인 요소들은 개인의 성향, 정신병리적 특성, 내적 상태, 감정상태 등을 이해하는 데 객관적인 지표가 된다.

(1) 신체영역

신체영역(kinesphere)은 나와 대상을 구별하는 경계이며, 이는 자신의 신체적 경계에 의해 확립된다. 신체영역은 공간으로 설명할 수 있는데, 개인공간과 일반공간으로 구별할 수 있다. 개인공간은 심리적·육체적 상태, 문화와 환경, 대인관계 안에서 다양하게 변화하고 형성된다. 즉, 개인공간은 쉽게 이야기해서 개인이 세상이라는 커다란 공간 속에서 스스로의 영역을 이루는 아주 사적인 공간을 의미한다. 개인공간은 개인이 갖는 배경이나 기분에 의해 영향을 받는다(Meekums, 2002). 일반공간이란 개인과 개인 사이의 공간을 공유하는 또 하나의 공간을 의미한다. 건강한 개인일수록 개인공간과 일반공간의 크기는 개인의 필요에 따라 축소되기도, 확장되기도 한다.

예를 들면, 사람이 많은 장소에서는 신체 자세가 작게 움츠러들고 타인의 공간을 침해하지 않으려는 사람들의 배려 때문에 그 장소 안에서 서로가 적절히 행동할 수 있다. 그러나 어떤 개인이 전체 공간을 고려하지 않고 자신의 공간을 확장한다면 사람들은 눈살을 찌푸리거나 그 개인을 이상한 눈으로 쳐다볼 것이다. 또 하나의 예로 우울증 환자는 개인공간을 좁게 갖는데, 이는 다른 사람이나 외부와의 접촉에 어려움을 갖고 있기 때문이다. 즉, 일반공간의 공유를 어려워하는 것이다. 우울이라는 정서에 의해 개인공간과 일반공간의 공유가 적절히 이루어지지 않는 것이라 할 수 있다. 이러한 개인공간과 일반공간의 유연성 평가는 무용동작치료 안에서 상호관계 유형과 개인의 정서상태를 평가하는 데 도움을 준다. 또한 이러한 공간의 개념은 사회적 기술훈련이나 폭력예방 프로그램의 중요한 주제가 되기도 한다.

(2) 제스처와 파스처

제스처(gesture)와 파스처(posture)는 움직임이 파생시키는 하나의 비언어적 소통 방법이다. 먼저 제스처를 정의하자면 신체부분의 움직임과 각 부분의 공동의 움직임을 말한다. 또한 제스처는 표현적인 양상을 가지고 있다(Bartenieff & Lewis, 1980). 그리고 문화적인 배경, 성별, 개인의 특성에 따라 다른 의미를 갖는다. 예를 들어, 서양에서는 어른과 이야기를 할 때 손을 많이 사용하는 사람을 자연스러운 의사소통의 한 부분으로 생각하지만, 동양문화에서는 손짓을 많이 사용하며 이야기하는 사람을 예의 없는 사람이나 가벼운 사람으로 여길 수도 있을 것이다. 또한 여자는 다리를 오므리고 남자는 다리를 넓게 벌리고 앉는 자세에서 여성과 남성의 이미지를 찾을 수 있을 것이고, 악수나 인사는 상호관계에 대한 메시지를 담은 문화 간의 약속이며, 손을 단호하게 젓거나 고개를 좌우로 흔드는 제스처는 거절이라는 메시지를 담고 있다.

파스처는 신체자세와 상호관계를 갖는데, 쉽게 말해 신체 전체가 갖는 자세를 의미하며, 개인의 감정적인 부분을 포함하고 있다. 우울할 때 가슴이 움츠러든다든지, 긴장할 때 어깨가 올라가 있고 경직된 자세를 보인다든지 하는 예를 들 수 있다.

개인의 사회적·문화적·성격적 요소들을 보여 주는 제스처와 파스처의 관찰은 개인의 성향과 심리상태를 이해하는 데 도움이 된다.

(3) 눈 맞춤

눈은 인간이 외부세상을 받아들이는 정보의 80%를 수용한다고 한다(Moriss, 1986). 인간의 시각적인 자극을 주관하는 눈은 신체부분 중 가장 민감하게 외부와 접촉을 시도하는 신체기관이다. 즉, 인간과 인간 사이에서 눈 맞춤이란 그 대상에 대한 간접적인 접촉이 된다. 그러므로 눈 맞춤을 한다는 것은 그 대상에 대한 관심이며 탐색의 의미를 갖는다. 또한 관계 맺기의 중요한 요소가 된다. 그러므로 아동의 눈 맞춤의 양상을 관찰하는 것은 아동의 심리상태뿐만 아니라 외부세상에 대한 접촉의 동기와 욕구의 정도를 이해하도록 돕는다. 이는 아동과의 치료적 관계형성에 비위협적인 접근을 시도하는 데 중요한 정보가 된다.

예를 들어, 일반아동과 자폐아동은 매우 다른 양상의 눈 맞춤을 보인다. 일반아동은 타인과 소통할 때 적절하게 눈 맞춤을 사용하는 반면에 자폐아동들은 매우 결여된 눈 맞춤을 보이거나 눈 맞춤을 회피하는 양상을 보인다. 이러한 눈맞춤의 차이는 이 두 아동들의 사회적 접촉의 동기와 사회성의 발달 정도를 보여 준다. 또한 위축아동이나 불안한 아동의 경우에도 눈 맞춤이 짧고 불안정한 양상을 보이기도 한다.

(4) 에너지 수준

에너지 수준은 신체적 수준과 심리적 수준을 의미한다. 이 두 가지 측면은 서로에게 상호적인 영향을 갖는다. 즉, 신체적 에너지가 낮아지면 심리적 에너지도 낮아지고, 심리적 에너지가 낮아지면 신체적 에너지도 낮아진다. 이러한 사실은 앞에서 언급한 몸과 마음의 일원성의 법칙에서 확인될 수 있다. 움직임과 신체를 통한 아동의 에너지 수준을 평가하는 것은 아동의 심리운동 수준, 정서상태, 행동조절 능력 정도를 평가할 수 있는 기초가 된다.

(5) 목소리 톤

언어적 의사소통의 수단인 말은 우리의 가장 기본적인 의사소통이 된다. 목소리 톤의 높낮이는 개인의 심리적·관계적 상태를 나타내 준다. 목소리 톤이 지나치게 높거나 조절의 어려움이 있는 경우는 과잉행동이나 충동성의 문제를 추측할 수 있고, 이와는 상반되게 목소리 톤이 매우 작고 강약이 결여되는 경우는 위축된 심리나 우울한 상태를 드러내기도 한다.

(6) 의사소통 방식

우리의 의사소통은 언어적인 방식과 비언어적인 방식, 두 가지 모두를 사용한다. 아동이 이 두 가지 의사소통 방식을 그들의 발달적인 수준에 얼마나 적합하게 사용하는지를 평가하는 것은 아동의 자기표현과 의사소통의 수준을 평가하는 데 도움이 된다.

(7) 대근육운동과 소근육운동

아동의 경우 대근육운동과 소근육운동은 발달 정도의 지표가 되기도 하지만 일반적으로 정서적인 상태를 이해하는 데에도 중요한 요소가 된다. 예를 들면, 정서적인 긴장과 불안이 높으면 소근육 수행이 낮아지고 대근육운동 기능도 적절히 수행되지 않는다. 과잉행동과 충동성 조절에 어려움을 갖는 아동들은 대근육운동의 조절에 어려움을 갖기도 한다. 이와는 상반되게 위축되거나 우울한 아동들의 경우 대근육운동의 저하와 소근육운동에 국한되는 운동 양상을 보이기도 한다.

(8) 얼굴표정

얼굴표정은 개인의 사회적인 반응을 보여 준다. 또한 개인의 내적 감정을 의식적·무의식적으로 표현해 준다. 즉, 얼굴표정은 매우 사회적인 자기표현이며 자기를 보이는 시도이기도 하다. 그러므로 우리는 쉽게 얼굴표정에서 타인의 감정상태나 사회적인 태도를 읽어 낼 수 있다. 얼굴표정은 내담자의 심리상태나 상호관계의 동기나 경험을 가장 쉽게 이해할 수 있는 수단이 된다.

2) 무용동작치료 안에서의 평가도구

(1) 라반 동작분석

루돌프 본 라반(Rudolf von Laban)은 1879년 헝가리 태생으로 무용가, 안무가, 건축가, 미술가, 움직임 기록자의 경력을 가졌다. 라반은 인간의 움직임에는 문화나 인종을 초월하여 공통적인 요소가 있다는 것을 주장하였고, 라반 동작분석(Laban movement analysis: LMA)은 이러한 공통된 요소들에 근거하여 인간의 움직임을 공식화하여 분석하고 기록해 놓은 이론이다. 인간의 움직임을 관찰하고 분석하는 동작분석은 무용동작치료 안에서 중요한 평가도구가 된다.

동작분석의 평가도구를 이용하여 움직임과 신체를 관찰하는 것은 무용동작치료사에게 매우 중요한 임무다. 이러한 움직임과 신체를 관찰하여 얻어 낸 정보들은 아동과 소통하는 방법, 그룹 일원을 한 그룹으로 이끄는 방법, 움직임을 끌어내고 발달시킬 수 있는 방법, 그리고 움직임과 상호작용할 수 있는 방법에 대한 실마리를 제공해 준다. 라반의 이론은 신체, 에너지, 공간, 형태로 나누어 설명되는데, 간단히 요약하면 다음과 같다.

- 신체(body): 어떤 신체부분이 움직이는가?
  - 신체부분과 신체 움직임의 관여도, 제스처, 파스처, 신체형태 등
- 에너지(effort): 어떻게 움직이는가?
  - 자유로움–긴장감, 직접–간접, 강함–약함, 가속–감속
- 공간(space): 어디에서 움직이는가?
  - 개인 공간, 공간의 높낮이, 도달거리
- 형태(shape): 왜 나의 신체가 이런 방식으로 움직일까?
  - 수평면, 수직면, 시상면(Gilbert, 2002)

여기서는 평가도구로서의 동작분석에 대한 이론을 소개하는 차원에서 아주 기본적인 개념만을 설명하였다. 그러나 이를 통해 동작분석이라는 평가도구가 갖는 중요성은 인간이 갖는 공통적인 움직임이 인간의 심리상태를 반영해 준다는 것을 다시 한 번 확인했고, 그런 의미에서 무용동작치료 안에서의 움직임과 신체의 관찰과 분석은 중요한 평가도구가 된다.

(2) 케스텐버그 동작 프로파일

라반 동작분석에 기초를 두고 대상관계와 정신역동 이론의 접목을 통해 고안된 평가도구다. 정신과 의사이자 정신분석가였던 주디스 케스텐버그(Judith Kestenberg)에 의해 고안된 이 평가도구는 100가지가 넘는 개인의 움직임의 질적인 분류로 이루어져 있다. 케스텐버그 동작 프로파일(Kestenberg movement profile: KMP)은 발달적 · 심리적 측면을 위한 평가도구로서, 모든 연령에 적용이 가능하며 치료자에게 진단, 치료계획, 중재를 위한 평가기준을 제시해 준다.

KMP는 개인의 발달기능의 수준, 선호하는 움직임, 심리적 조화와 갈등을 평가할 수 있다. 또한 두 사람 간의 평가를 비교하여 대상관계 패턴을 평가할 수도 있다(Amighi & Loman, 1999). 이러한 KMP는 다양한 적용으로 인해 현재 무용동작치료에서 가장 널리 사용되고 있다. 그러나 간단하지 않은 평가방법으로 전문적인 훈련을 필요로 하고 있다.

여기서는 간단히 KMP 안에 포함되어 있는 리듬의 발달단계에 대해 설명하려고 한다. 리듬의 구조는 프로이트의 심리성적 발달단계(stage of psychosexual development)에 기본을 두고 고안되었다. 케스텐버그는 아동이 갖는 리듬을 성격의 표현으로 보았고, 각각의 리듬은 발달단계의 특정 욕동의 해소와 관련을 갖는다고 보았다.

아미기 등(Amighi et al., 1999)은 유아가 광범위한 리듬패턴을 가지고 태어난다고 하였다. 생리학적인 기능과 발달분포대가 관련을 갖는 것처럼 유아는 특별한 리듬패턴 사용의 향상과 구조화를 통해 성숙된다. 이 리듬들은 발생분포대(zone of origin)에서부터 다른 신체 부위로 발산된다. 그리고 각각의 발달단계의 유형적 행동과 관련한 형태들을 형성하게 된다. 예를 들어, 빨기(sucking) 리듬은 유아의 입에서부터 손으로 발산되는데, 손은 어머니의 젖을 어루만지는 자기진정의 움직임을 갖는다. 이러한 어루만짐은 우유를 흐르게 하는 자극뿐만 아니라 어머니와의 접촉을 통한 감정의 성숙을 강화한다. 또한 비틀기(twisting)의 형태를 가진 항문의 괄약근 리듬은 1세 아동의 전체 골반 부분, 손과 얼굴에 분포된다. 이 리듬은 기고 오르는 등의 놀이적인 성향을 형성한다. 성인의 경우 우세한 특정 리듬을 심리성적 발달단계에서 퇴행되거나 고착된 지점 또는 해결되지 않은 이슈를 가리킨다고 가정하였다(Meekums, 2002). 그러므로 무용동작치료사가 아동 또는 집단의 움직임이 갖는 리듬 구조를 케스텐버그의 리듬 구조 안에서 이해하는 것은 아동과 집단의 특성을 이해하고 리듬의 발달적인 진행과정을 유도하는 것을 돕는다.

■ 1단계: 구강기

• 구강기적 욕구리듬

구강기적 욕구리듬(oral libidinal rhythms)은 반사적인 행동으로 의식의 조절과 점차적으로 연결된다. 유아는 어머니의 심장박동을 느끼고 반사적으로 빨기를 사용하면서 점차 구강기의 리듬에 익숙해진다. 구강기 리듬은 부드럽고 반복된 리듬의 구조를 갖는다. 그리고 이 리듬은 진정의 효과가 있다(Amighi et al., 1999). 유아의 젖을 빠는 리듬과 어머니가 아기를 흔들어 줄 때의 리듬을 예로 들 수 있다. 이 리듬은 편안함과 포옹의 욕구와 연관되어 있다. 예를 들어, 흔들기(rocking), 쓰다듬기(stroking), 빨기(sucking) 등은 주로 집단의 초기단계에서 긴장과 낯선 분위기를 완화하기 위해 나오는 리듬이다.

• 구강기적 사디즘 리듬

구강기적 사디즘 리듬(oral sadistic rhythms)은 입으로부터 다른 신체 부위로 확산된다. 유아는 사디즘 리듬을 두들기기, 박수치기, 흔들기 또는 머리카락 잡아당기기 등의 행동 안에서 사용한다. 아미기 등(Amighi et al., 1999)은 이 리듬을 통해 유아는 신체경계, 자기인식, 주양육자로부터 분화 시도하기를 시작한다고 정의하였다. 즉, 구강기적 사디즘 리듬은 개별화와 분리를 조장하는 리듬이라 할 수 있다.

■ 2단계 항문기

• 항문기적 욕구리듬

비틀기, 짜기 등의 리듬은 항문의 괄약근에서 유래된다. 항문기적 욕구리듬(anal libidinal rhythms)은 유아의 골반 움직임을 조장하는데, 후에 기고 오르고 직립을 위한 움직임의 시도와 관련된다. 점차로 비틀기의 리듬은 하부척추에서 하체부분으로 확산된다. 그러므로 이 항문기적 욕구리듬은 유아에게 이동을 위한 움직임을 유발시키고, 이러한 경험은 놀이적 형태로 즐거움을 경험할 수 있도록 돕는다. 그러므로 아미기(Amighi et al., 1999) 등은 이 단계의 리듬이 만족과 욕망의 탐닉을 위한 경험을 유아에게 가져다준다고 정의하였다. 이 리듬은 재결합을 위한 돌아봄과 거절의 의미를 가지므로 순응성의 기본적인 형태가 될 수 있다고 정의되었다. 이 정의는 유아의 항문기적 욕구리듬을 이용한 놀이형태에서 기어가다 부모를 돌아보며 부모에게 다시 돌아가는 잡기 놀이와 싫다는 신체적인 표현, 즉 고개 젓기, 손 젓기, 눈 돌리기 등에서 보이는 비틀기의 리듬에서 이해될 수 있다. 이러한 유아의 항문기적 욕구리듬의 경험은 분리와 개별화에 순응하고 적응하는 초기단계의 기본이 된다는 것이다.

• 항문기적 사디즘 리듬

항문기적 사디즘 리듬(anal sadistic rhythms)은 골반 하부와 관련되며 장시간 동안 유지하다 풀어 놓는 운동과 관련을 맺는다. 이 리듬은 아동의 배변훈련 안에서의 숙달과 배변활동에 관련된 리듬이라 할 수 있다. 그러나 이러한 신체적인 긴장과 이완의 과정뿐만 아니라 억제, 진취적이고 긍정적인 체념 등 아동의 심리적인 과정에도 영향을 미친다. 이 리듬 안의 아동의 연령은 마침내 되돌리려는 욕망 없이 어떤 개체를 체념하거나 포기하는 능력을 갖게 된다.

■ 3단계 요도기

• 요도적 욕구리듬

표류하기, 달리기의 리듬으로, 요도적 욕구리듬(urethral libidinal rhythms)은 초기에는 유아가 소변을 참고 조절하려는 행동을 경험하지만 일단 소변이 방출될 때는 흐름대로 가도록 놔두는 경험을 갖는다. 이 리듬은 놓아 보내기, 이완, 표류하기, 두서없는 진행의 느낌을 갖도록 유도하는데, 어떠한 정확한 스케줄이나 규칙에 매이는 또는 시간의 요소에 의존하는 것을 허용하지 않는다. 즉, 이 리듬의 특성을 가진 사람들은 자기 식대로 생각하거나 어떤 구조나 법칙에 매이는 것을 거부하는 성향을 가졌다고 가정될 수 있다.

• 요도적 사디즘 리듬

멈추었다가 다시 움직이는 게임의 리듬으로, 이 요도적 사디즘 리듬(urethral sadistic rhythms)은 움직임의 유도, 에너지의 폭발, 성급함으로 설명된다. 그러므로 이 리듬을 가진 사람들은 목적을 향한 행동파로서 야망적이고 경쟁적인 성향으로 설명된다.

앞의 두 가지 평가도구는 움직임과 신체를 이용한 것으로, 아동의 비언어적인 요소들과 함께 아동을 이해하는 데 중요한 정보들을 수집하는 것을 도와준다.

4. 아동을 위한 무용동작치료

1) 아동을 위한 무용동작치료 과정

아동을 위한 무용동작치료의 상담절차는 아동심리치료에서의 상담과정과 다르지 않다. 정보수집과 아동의 이해는 치료계획을 수립하는 데 중요한 방향성을 제시해 주며 긍정적인 치료적 결과를 가져오게 한다. 간략하게 아동을 위한 무용동작치료의 과정을 살펴보자.

(1) 1단계: 정보수집

아동의 발달수준에 대한 고려사항 그리고 아동과 어떻게 치료관계를 형성해야 하는 가를 결정해야 한다. 이때 비언어적·언어적 행동관찰은 중요한 정보를 제공해 준다. 그 예로, 신체발달, 신경학적 발달, 기분과 정서 상태, 언어발달과 지적발달 상태, 표현 능력, 상호관계 패턴, 욕구좌절 시의 행동관찰, 움직임의 주제와 전개의 적합성, 아동이 가진 전반적 발달수준의 적합성 등이 있다.

이러한 평가를 위해서 위에 제시한 비언어적 요소들의 관찰과 움직임을 이용한 평가 도구를 사용한다.

(2) 2단계: 치료계획

1단계에서 수집한 아동과 그의 환경에 대한 정보들을 통합하고 아동이 가진 주 호소 문제에 관한 많은 가설을 세우고 치료목표를 발전시킨다. 가장 빠르고 안전하며 적절한 전략적 기술을 구성한다. 즉, 아동의 증상을 최소화시키고 발달기능을 최대화시키는 치료계획을 세운다. 무용동작치료 안에서는 아동에게 가장 안전하고 편안한 중재도구로서의 무용동작치료의 기술을 설정하고 계획한다(미러링 기법, 이완요법, 스트레칭, 호흡 등과 같은 신체요법, 움직임을 이용한 놀이의 활용, 춤이라는 예술 형태의 사용 등).

(3) 3단계: 무용동작치료 회기와 중재

정보수집 단계를 통한 아동의 이해와 그를 바탕으로 한 치료계획을 실행하는 단계다. 여기서 중요한 것은 치료자와 아동의 치료관계다. 1단계와 2단계의 과정에서 얻어진 정보는 아동과의 실질적인 중재 안에서 유연하게 변화되고 수정될 수 있다.

즉, 아동에 대한 정보와 이해는 무용동작치료사가 아동에게 적절한 중재의 내용과 구조를 갖게 하는 것을 돕는다. 그러나 실질적인 무용동작치료 회기에서는 아동과의 치료관계 안에서의 공감과 이해를 바탕으로 치료적 구조와 치료목표, 그리고 무용동작치료의 기술 설정은 유연하게 변화되어야 한다. 무용동작치료사 토토라(Tortora)는 모든 회기 안에서의 중재들은 아동들에게 그들이 누구인가를 보여 주는 기회를 제공해야 한다고 설명한다. 모든 비언어적인 활동은 잠재적인 의사소통의 의미를 가지고 있다. 또한 비언어적인 행동은 자기표현과 의미 있는 의사소통으로 사용된다. 그러므로 치료자는 비언어적인 표현에 대해 아동이 나에게 무슨 이야기를 하고 있는가 하는 의문을 지속적으로 가져야 한다.

　　그녀는 무용동작치료 회기마다 움직임의 대화를 위해 치료자가 가져야 하는 세 가지 질문으로 다음과 같이 제시하였다.

- 아동의 경험을 어떻게 개성적인 방법으로 연관시키고 움직이게 할 것인가?
- 아동의 표현적인 움직임을 통한 세상의 경험은 어떠한가?
- 아동이 의사소통적인 수단으로 관계하고 기능하는 방법을 경험하도록 치료환경을 어떻게 구조화할 것인가? 동시에 아동이 이 경험으로 상호관계의 또 다른 방법을 새롭게 탐색하도록 도울 수 있는가?

　　무용동작치료사는 회기의 매 순간 자신과 아동에게 질문을 던지고 이에 적절한 답을 줄 수 있는 중재들을 창조해 내야 한다.

(4) 4단계: 종결

　　아동의 주 호소 문제나 어려움이 경감하고, 아동 스스로 자신의 문제들을 해결해 갈 수 있는 힘을 발견하고, 이를 아동의 현실 세상에 적용할 수 있는 시점을 종결의 시점이라 할 수 있다. 이때 치료관계가 끝나는 중요한 과업을 맞이하게 된다. 그러므로 치료자는 언제나 아동과의 이별에 대해 준비하고 그것을 받아들이는 아동의 마음과 태도에 귀를 기울여야 한다. 이때 치료자와 아동은 함께 이별을 위한 특별한 춤을 만들거나 움직임을 이용한 제례의식을 도입함으로써 아동이 치료 안에서의 건강한 이별을 경험하도록 한다.

2) 무용동작치료의 구조

　　구조화는 아동이 자신의 치료적인 경험을 안전하고 자유롭게 가질 수 있는 시간과 공간을 제공해 준다. 무용동작치료 안에서의 회기의 구조는 리듬, 공간적인 형태, 상호관계의 양상, 음악, 의례적 활동, 소도구, 이미지 등으로 제공된다. 구조의 종류와 정도의 차이는 내담자의 발달수준 정도와 그들의 필요와 흥미에 조화를 맞추어 다양하다(Levy, Fried, & Leventhal, 2009).

구조화는 고정된 개념이 아니라 유연성과 역동성을 가지고 있으면서 상호적인 성격을 가지고 있다. 즉, 구조화는 치료자와 아동 사이에서의 상호작용 안에서 서로 보완되는 유연성을 가져야 한다.

다음은 무용동작치료에서의 구조화의 요소들을 정리한 것이다.

(1) 치료실의 물리적 환경의 중요성

치료실은 아동에게 자신의 내적인 표현과 감정을 마음껏 발산할 수 있는 안전한 공간이 되어야 한다. 그러므로 이러한 안전한 치료적 공간을 조성하기 위한 치료자의 역할이 매우 중요하다. 이러한 역할은 언제나 변함없고 안전한 환경을 유지하는 일관성에서 비롯되는데 치료적 공간은 아동에게 항상 자신을 기다리는 특별한 공간으로 인식되어야 하기 때문이다. 이러한 특별한 공간 안에서 아동은 자신을 마음껏 표현하고 표출하는 경험을 갖게 될 것이다.

무용동작치료에서는 움직임 중심의 치료를 위해서 신체활동에 제약을 받지 않을 정도의 공간 확보가 필요하다. 열린 공간(가구가 없는 무용실이나 체육관)을 제공하는 것이 가장 적절하지만, 각각의 센터나 학교의 사정상 열린 공간의 확보가 어려울 수 있다. 만약 교실처럼 책상이나 의자가 배치된 곳이라면 가구들을 뒤로 밀거나 해서 움직임을 위한 공간을 만드는 것이 중요하다. 아동이 신체적 · 심리적으로 방해를 받지 않을 정도의 공간이라면 크기가 협소하다고 해서 적절치 못하다고 할 수 없다.

오히려 치료자의 언어 전달이 어려울 정도의 넓은 공간이나 지나치게 열린 공간은 치료자 또는 아동에게 소통의 어려움을 줄 수 있으며, 집단의 경우 아동들의 수에 비해 공간이 넓으면 주의가 분산되고 심리적으로 위압감을 가질 수 있기 때문에 오히려 집단에 부정적인 영향을 줄 수 있다.

움직임이 주가 되는 무용동작치료의 특성상 바닥이나 가구의 배치가 신체적 움직임을 방해하지 않고 내담자의 안전을 유지할 수 있도록 항상 정리되어 있어야 한다. 또한 거울이나 불필요한 소도구 등으로 인해 아동의 주의가 산만해지지 않도록 주의해야 한다.

(2) 음악

음악은 개인 회기나 집단 회기에서 모두 중요한 요소가 된다. 하나의 구조화된 방식을 이끌어 낼 수 있기 때문이다. 음악은 단순한 리듬으로 구성되어 있는 것이 적절하고, 가사가 있거나 너무 복잡한 리듬으로 구성되어 있는 음악은 무용동작치료에 적절치 않다. 왜냐하면 복잡하거나 자극적인 가사의 음악들은 아동의 기분을 자극하고 집중력을 분산시킬 수 있기 때문이다. 그 반면에 너무 고요하고 차분한 명상음악은 아동의 기분을 가라앉히는 효과가 있기 때문에 회기의 초반이나 중반에 사용하는 것보다는 종결부분에 사용하는 것이 적절하다. 그만큼 음악은 회기 안에서 아동의 정서적 톤에 영향을 줄 수 있기 때문에 적절한 음악을 적절한 순간에 사용하는 것이 음악을 선택하는 데에 중요한 요소가 된다. 즉, 음악이 주는 리듬의 구조와 분위기, 환경을 고려하여 음악을 선택해야 한다. 그러므로 치료자가 상황에 맞는 음악을 선택하기 위해서는 다양한 음악의 종류를 구비하는 것이 바람직하다.

(3) 소도구

소도구는 구체적이고 외형적이기 때문에 아동이나 집단의 집중을 끌기에 적절하다. 그러므로 회기에 두려움을 갖거나 긴장을 가지는 아동에게 긍정적인 동기를 부여하는 데 중요한 역할을 한다. 또한 치료자나 집단원들과의 직접적인 접촉에 어려움을 갖는 아동의 경우 소도구의 이용은 비위협적인 관계형성을 도와주는 중간 매개체의 역할을 가능하게 해 준다. 소도구는 아동들에게 동기를 부여하고 자극의 역할을 하기 때문이다. 특히 에너지 수준이 낮은 우울이나 위축의 성향을 가진 대상에게는 자연스럽게 잠재되어 있는 에너지를 활성화시켜 주고 관계형성에 동기를 부여해 준다.

소도구는 집단에서 에너지 수준이나 활동 수준이 다른 경우 자연스러운 조율을 가져와 그룹응집력을 이루는 데 도움을 준다. 또한 각각의 소도구가 갖는 특징과 성질에 의해 다양한 움직임과 이미지가 창조됨으로써 무용동작치료 안에서는 움직임의 동기와 다양성을 창조하는 데 중요한 역할을 한다.

다음은 소도구의 종류와 특징에 관해 요약한 내용이다.

■ 바디밴드(body band)

다양한 크기의 원형의 띠로 만든 유연성 있는 천으로 집단 안에 간접적인 경계를 형성하려고 하거나 상호적 조율을 할 때 필요하며 조절력을 촉진시킨다. 지지와 믿음 형성, 안전성의 확보를 전체 집단구성원의 동의와 지지에 의해 제공해야 하는 활동의 특성을 가지므로 그룹응집력을 형성하는 데 매우 유용하다.

■ 큰 스트레칭 천

구강기 리듬을 간접경험하게 해 주며, 이로 인해 안전하게 공격성을 표출할 수 있도록 도와준다. 즉, 아동의 높은 에너지와 과잉행동을 안전하게 수용하고 표출하게 도와준다. 또한 구강기 리듬을 촉진시키므로 이완과 안정감을 제공해 주기도 한다.

■ 공

간접적인 상호관계 형성, 놀이적인 환경조성, 조절력을 필요로 한다. 부드러운 공은 감각적 놀이나 활동을 유도하고, 이완을 시켜 준다. 풍선이나 비치볼은 에너지를 상승시켜 주고 안전한 에너지 표출과 직접적인 상호관계를 유도한다.

■ 가벼운 천

이완, 흐름의 경험을 가질 수 있다. 부드럽고 이완된 움직임을 유도할 수 있다. 또한 다양한 색깔의 가벼운 천은 아동에게 다양한 이미지를 불러일으키며, 이는 아동의 움직임을 더욱 창의적이고 표현적으로 발전시켜 준다.

■ 낙하산

집단의 융화를 자연스럽게 촉진시킨다. 집단의 에너지 수준을 조율해 주며 조절력을 키워 준다. 함께 낙하산을 움직이는 경험은 누군가 지시하지 않아도 집단의 구조와 규율을 자연스럽게 형성하도록 도와주며 각각의 집단원들이 모두 평등하게 리더십을 발휘할 기회를 비위협적으로 제시할 수 있다. 또한 공격·분노·부정 감정들을 안전하게 표출하도록 돕는다.

(4) 집단의 인원수와 시간

개인 회기에서는 인원수에 대한 부분을 고려할 필요가 없지만 집단에서는 집단원의 수가 매우 중요한 치료적 요소가 된다. 집단의 크기는 소집단의 경우 4명에서 12명, 그리고 대집단의 경우 12명 이상으로 분류할 수 있다. 이러한 집단의 크기는 시각적·언어적인 접촉이 모든 집단원에게 이루어질 수 있는 정도에 의해 결정되어야 한다. 또한 집단의 크기가 너무 커서 상호작용의 어려움에 의해 융화가 이루어지기 어렵다면 적절한 집단의 크기가 될 수 없다. 또한 시간 내에 집단원 모두에게 집단의 과제를 해결하고 나누는 기회를 제공할 수 있어야 한다. 또한 무용동작치료 안에서는 모두가 함께 안전하게 움직일 수 있는 공간의 확보가 필요하므로 너무 많은 인원이 제한된 공간에 있다면 개인의 안전에 부정적 영향을 미칠 수 있다.

시간은 개인과 집단 모두에게 중요한 구조가 된다. 언제나 일관되게 시간을 지켜 나가는 것은 아동에게 안정감을 주고 신뢰를 구축하는 데 중요한 요소가 된다. 그러므로 치료자와 내담자 모두에게 시간을 준수하는 것은 매우 중요한 약속이다.

(5) 회기의 과정

회기의 과정은 준비단계, 핵심단계, 종결단계로 나뉘는데, 이 각각의 단계는 치료적으로 중요한 의의를 갖는다.

준비단계는 아동이 예측할 수 있는 의례적이고 익숙하고 안전한 활동으로 시작하여야 한다. 또한 교육적인 목표가 포함되어 있는 경우에는 회기의 주제를 준비할 수 있는 세부 개념들로부터 시작하는 것이 유용하다. 이 단계 안에서는 세 가지 정신적·신체적·사회적 측면들을 충분히 준비할 수 있도록 도와야 한다. 집단의 기능적인 수준, 에너지, 그리고 집단 간의 인식 정도에 따라 움직임의 유형과 길이를 변화시켜야 한다. 즉,

아동들이 치료실에 들어오는 신체적 · 심리적 · 정서적 상태로부터 회기의 준비단계 정도를 결정해야 한다.

핵심단계에서는 준비과정을 거쳐 아동이 안전하게 자신의 내적인 주제들을 다룰 수 있어야 한다. 이 단계에서는 움직임과 신체에 대한 안전감과 그것을 수용해 주는 치료자의 역할이 강조되어야 한다. 수용과 지지가 중요한 단계라 할 수 있다.

종결단계에서는 아동들이 치료실에서의 성취감과 완성감을 갖고 다시 그들 일상의 다른 활동으로 전환하도록 돕는다.

이러한 과정이 원활하게 아동들에게 제공될 때 치료목표를 이룰 수 있는데, 여기에 대해 무용동작치료사인 어퍼(1995)는 그녀의 논문 「Yes! You can do dance/movement therapy with group of autistic children, within an educational bureaucracy」에서 이렇게 설명한다. 아동들이 준비단계, 핵심단계, 종결단계를 전체적으로 경험할 수 있도록 도와주는 치료자의 역할은 매우 중요하며, 회기의 구조가 아동들에게 예측과 안전감을 줄수 있다면 그 안에서 아동은 움직임의 탐색과 성장을 위한 도전을 할 수 있다고 하였다. 더구나 신뢰할 수 있고 반복된 구조의 사용은 치료자와 아동이 신뢰를 형성할 수 있도록 도와준다고 설명하였다. 그러므로 여기서 제시된 준비단계, 핵심단계, 종결단계는 전체적으로 다루어져 아동에게 적용되어야 한다.

구조화에 대한 필요성과 적절한 적용은 무용동작치료사에게 매우 중요한 과제이며, 이는 아동에게 '안아 주는 환경'을 제공해 주는 기회를 제공한다. 그러므로 아동을 위한 치료환경에 대한 세심한 배려와 책임감은 성공적인 무용동작치료의 출발점이 될 수 있다.

5. 무용동작치료의 실제 적용

무용동작치료 안에서의 실제적인 적용의 예를 알아보기 위해 아동과 작업한 대표적인 무용동작치료사와 그들의 회기를 소개하려고 한다.

1) 수지 토토라: Way of Seeing 프로그램

수지 토토라(Suzi Tortora)는 비언어적인 움직임 관찰, 춤과 음악과 놀이를 이용한 평가와 중재, 그리고 교육을 통해 아동과 가족을 지지하는 Way of Seeing 프로그램을 개발한 무용동작치료사로 그녀의 개인적인 임상센터에서 프로그램을 진행하고 있다. 아동들은 주로 개인치료로 다루어지고 있고, 이 과정 안에서 필요에 따라 가족이 개입되기도 한다. Way of Seeing 프로그램은 무용동작치료, 진정한 움직임, 라반 동작분석의 세 가지 분야를 이용하여 통합적인 접근을 추구한다.

Way of Seeing 프로그램은 아동의 진단명이나 발달단계의 정도에 개의치 않고 언제나 사회정서적 관계를 형성하기 위해 동일한 치료적인 초점을 가지고 시작한다. 강한 유대를 형성하기 위한 관계를 기초로 하며, 이는 치료자와 아동으로부터 시작하여 가족 전체의 관계형성으로 이어진다. 그러므로 부모들은 언제나 이 프로그램 안에서 아동의 회기나 그들을 위한 개인 회기 안에서 개입되며, 필요에 따라서는 가족 전체의 개입을 필요로 한다.

(1) Way of Seeing 프로그램의 특징

이 프로그램 안에서는 아동의 비언어적인 행동에 중요한 의미를 둔다. 치료자는 아동의 비언어적인 행동을 관찰하고 개인적인 경험의 자각을 통해 이를 치료적인 활동으로 전환하는 기술을 사용하여야 한다. 이는 '바라보기'라는 개념에서 시작되는 이 프로그램의 특성이라 할 수 있다. 이러한 특성에 의해 Way of Seeing 프로그램은 다음과 같은 치료효과를 갖는다.

- Way of Seeing 프로그램은 아동의 발달수준이나 기술에 초점을 두는 것이 아닌 아동의 비언어적인 본질에 그 중요성을 둔다. 아동의 표현과 의사소통이 일반적이지 않고 정형적이지 않더라도 개의치 않으며 심한 움직임의 제한을 가진 아동에게도 적용될 수 있다.
- 모든 개인은 특징적인 움직임을 창조해 낸다는 개념 안에서 비언어적인 의사소통

과 공감적인 관계형성의 시도를 하므로 언어적 자기표현이 어려운 어린 연령의 아동이나 장애가 심한 아동과의 작업이 가능하다.

- 아동의 비언어적 행동의 배경 안에서 기술과 발달수준을 관찰할 수 있고 지지하고 발달시킬 수 있다.

(2) Way of Seeing 프로그램의 기술

Way of Seeing 프로그램은 치료자와 아동 사이에 춤을 통한 대화를 가져온다. '춤을 통한 대화'는 자발적인 즉흥에 기초를 두며 치료자와 아동(또는 성인)의 대화는 사회적인 개입에 초점을 둔다.

Way of Seeing 프로그램은 비언어적 움직임의 의식적인 사용을 통해 ① 사회적인 관계를 성립하고, ② 그다음 발달적인 영역들을 탐색한다. ③ 그 영역 안에서 아동이 자발적인 성장을 하도록 지지한다. 이러한 과정은 치료자의 관찰과 그 경험을 인식하는 것에서 출발한다. Way of Seeing 프로그램의 관찰에 의한 평가와 정보를 받아들이는 경험은 매우 중요한 치료자의 기술이 된다. 이 관찰의 기술 안에서 치료자는 의식적으로 보고, 바라보고, 평가하고, 생각하고, 또한 아동이 보이는 실마리를 읽어 내는 것을 지향한다.

(3) 회기를 이끄는 전략과 주요 요소

모든 회기 안에서의 활동은 아동의 비언어적인 경험과 소통에 초점을 맞춘다. 모든 비언어적인 활동과 행동은 잠재적인 의사소통의 의미를 가지고 있으며, 자기표현과 의미 있는 의사소통으로 사용된다. 그러므로 치료자는 비언어적인 표현에 대해 아동이 나에게 무슨 이야기를 하고 있는가 하는 의문을 지속적으로 가져야 한다.

(4) 치료적 요소

Way of Seeing 프로그램에는 조합, 대화, 탐색과 확장, 비언어적 의사소통에서 언어적 의사소통으로의 전환, 자극, 활동, 편성, 움직임을 위한 대화 만들기 등의 치료적 요소가 있다.

■ 조합

조율과 미러링을 통한 비언어적인 실마리를 느낀다. 미러링은 아동의 동작을 모방하는 것에서 시작되지만 점차 발전하여 아동의 감정적인 상태까지 반영되고 조율되어야 한다. 미러링은 세 가지의 유형으로 이용되는데, 부분적으로 수정된 미러링, 과장된 미러링, 감소된 미러링이 있다. 여기서 부분적으로 수정된 미러링은 전체적인 방식과 움직임의 질이 원래의 상태를 유지하고 있으나 약간의 양상이 변화된 것이고, 과장된 미러링은 움직임의 질이 확대된 것이지만 전체적인 움직임의 방식은 유지되는 것이다. 마지막으로 감소된 미러링은 움직임의 질이 약간 감소되지만 전체적인 움직임의 방식은 유지되는 것을 말한다. 이러한 세 가지 유형의 미러링은 아동의 행동과 정서 상태를 반영하고 공감하기 위한 목적을 가지고 사용된다.

■ 대화

비언어적인 움직임의 사용을 통해 대화를 이끈다. 즉, 아동은 움직임을 주된 단어로 사용하여 관계를 발전시켜 나간다. 이러한 움직임이라는 단어는 치료자와 아동의 비언어적인 대화를 이끄는 중요한 의사소통 수단이 된다.

■ 탐색과 확장

치료자는 움직임을 탐색, 확장 그리고 발전시킨다. 새로운 움직임을 제시하여 아동이 환경 안에서 경험을 확장하도록 한다. 이러한 과정은 아동의 움직임의 잠재력을 지지해 주는 새로운 움직임의 요소를 통해 가능하다.

■ 비언어적 의사소통에서 언어적 의사소통으로의 전환

치료자는 언어를 사용하여 아동의 경험을 지지해 주어야 한다. 아동이 연관된 장면을 묘사하거나 아동의 행동을 설명해 주기 위해 간략하게 이야기한다. 또한 치료자는 비언어적인 경험을 설명하거나 해석해 언어화한다. 이러한 언어화는 아동에게 느낌과 반응을 이해하게 돕는다. 예를 들어, "철수가 느리게 움직일 때 선생님은 슬픈 생각이 들었어. 네가 그런 움직임을 했을 때 넌 어떤 느낌이 들었니?"라고 한다. 그러나 언제나 치료자의 해석보다는 아동의 느낌을 먼저 존중한다.

■ 자극

자극은 치료자의 개입을 의미한다. 이는 아동의 자기발견을 통한 환경탐색을 지지하기 위한 초기과정이다. 자극의 주된 역할은 아동의 어떠한 행동 양상을 이해하는 것이다. 이때 자극으로서의 치료자는 자신의 개입 의도를 명확히 이해하여야 한다. 왜냐하면 치료자의 개입이라는 자극은 아동에게 주요한 감정적, 사회적, 신체적, 인지적 또는 의사소통적 경험이 되기 때문이다.

■ 활동

다음 단계로 활동 시기에는 단지 아동의 자극에 대한 반응만을 받아들이는 것이 아니라 아동의 반응에 주의를 기울이고 아동이 주도적인 역할을 수행하도록 격려해야 한다. 그러므로 상호작용을 확대시킨다. 이 단계 안에서 치료 주제들은 과장되거나 강조되거나 감소될 수 있다. 즉, 아동의 경험이 활동으로 전환되어 치료 주제를 다루는 단계다.

■ 편성

편성 단계에서는 활동이 더욱 의미 있는 치료적 표현과 소통으로 발전한다.

■ 움직임을 통한 대화 만들기

이러한 의미 있는 움직임의 활동들은 치료자와 아동이 공유하는 비언어적인 소통의 내용이 되고, 이는 아동에게 지지받고 공감받는 대상과 함께하는 경험이 된다. 결과적으로 이는 아동에게 성장의 기회가 된다. Way of Seeing 프로그램에서 강조하는 치료자와 아동, 또는 부모와 아동 간의 사회적 · 정서적인 유대감을 형성하는 결과를 가지게 된다고 할 수 있다.

간략하게 다시 정리해 보면 Way of Seeing 프로그램은 궁극적으로 사회정서적 관계형성에 그 치료목표를 두고 있으며, 이는 아동과의 치료적 관계형성에 중요한 영향을 가져온다. 이러한 과정을 통해 아동은 세상과 교류하고 관계하는 방법을 배우며, 아동은 자신의 성장을 경험하게 된다. 즉, 비언어적인 소통은 이 프로그램에서 매우 중요한 대화가 되며, 그것들을 잘 이해하고 활용하는 것이 이 프로그램의 핵심이라 할 수 있다.

2) 레나 콘블럼: 학교폭력예방 프로그램

레나 콘블럼(Rena Kornblum)은 1978년부터 다양한 아동을 대상으로 무용동작치료사로서 활발하게 활동하였다. 현재 그녀는 위스콘신 주 메디슨에 있는 Hancock 센터의 'Movement, Arts and Therapy'에서 움직임 중심의 치료와 예방 회기를 공립학교에 제공하고 관리하는 일을 하고 있다.

콘블럼은 인지치료적 접근과 무용동작치료를 접목한 학교폭력예방 프로그램을 개발하였다. 아동의 기술교육을 위한 구조화된 움직임 활동을 기초로 하고 사회성, 신체, 이미지, 신체경계, 에너지 조절 등에 대한 이슈를 다룬다.

콘블럼의 학교폭력예방 프로그램의 내용을 통해 그녀의 무용동작치료 작업에 대해 이해해 보려고 한다.

(1) 학교폭력예방 프로그램

콘블럼은 그녀의 학교폭력예방 프로그램에서 세 가지의 주된 기술들을 강조하였는데, 사전행동 능력, 분노 조절 능력, 그리고 다른 대상에게 해를 입히지 않는 사회적 기술의 습득이었다. 이 세 가지 모두 성공적으로 마음(긴장된 상황 안에서의 행동선택을 위한 생각)과 신체(선택의 실행)를 통해 통합되는 것이 중요하다고 주장하였다.

콘블럼은 많은 학교폭력예방 프로그램이 신체인식과 움직임의 기술에 대한 중요성을 소홀히 하며 인지적인 측면만 강조한다고 지적하였다. 이런 의미에서 생각과 행동을 통합하는 기술은 바로 이 프로그램의 중요한 핵심주제가 된다고 할 수 있다. 서로 움직이면서 경계를 존중하고 함께 활동하는 신체적 경험의 기술은 아동이 다른 대상과 평화롭게 함께 지내는 방법을 학습하도록 돕는다.

표 8-2 학교폭력예방 프로그램의 주목표

사전행동 능력
분노 조절 능력
다른 대상에게 해를 입히지 않는 사회적 기술

(2) 학교폭력예방 프로그램 안에서의 신체적 경험의 중요성

- 자신감 있고 단호한 신체태도를 보이는 능력: 두려움의 상태에서 행동하고 문제해결을 위한 사전행동을 할 수 있는 행동으로 변화하는 것
- 분노를 촉발시키는 대상의 인식보다 신체를 통해 분노를 인식하고 이러한 자신의 분노를 안전한 방법으로 다루는 것
- 신체를 통해 이완하는 경험을 갖는 것

(3) 학교폭력예방 프로그램의 환경적 필요성

- 이 프로그램은 광범위하고 다각적인 측면을 가지고 접근해야 한다. 즉, 가족, 지역사회, 학교 세 가지의 아동의 배경적 맥락이 관계되어야 한다.
- 이 프로그램은 저학년부터 고학년으로 진행되어야 한다. 학교폭력의 패턴은 어린 연령부터 발견되며 쉽게 행동으로 학습되고 습관화된다. 그리고 결과적으로 습관화된 행동들은 교정되기 쉽지 않다. 그러므로 학교폭력예방 프로그램은 저학년부터 시작되는 것이 바람직하다.
- 개인적 그리고 사회적 유능감이 조장되어야 한다. 유능감은 분노 조절, 문제해결 능력, 또래관계에 대한 부담감을 인내하는 것, 효과적인 의사소통, 사회적 견지에 대한 감각 등을 포함한 것들에 의해 형성된다. 그러므로 이 프로그램에서 경험하는 유능감은 아동의 반사회적 행동을 초기에 예방할 수 있으며 인지발달과 사회적 기술의 습득을 강하게 도와준다.
- 연령에 적절한 중재가 필요하다. 위기요소들과 사회적 상황은 발달단계에 따르는 갈등의 변화에 원인이 있다. 그러므로 프로그램의 중재계획은 각각의 연령에 따른 발달단계를 고려해야 한다.

(4) 학교폭력예방 프로그램의 구조

이 프로그램은 30분에서 1시간 정도의 시간이 적절하며, 연령별 집중 정도와 집단의 크기에 따라 달라진다. 기간은 보통 12주에서 15주로 계획되며, 초기 4주에서 5주 정도 학교의 교사가 함께 참여하도록 한다.

회기의 과정은 세 가지 단계로 나뉜다. 준비단계는 신체인식과 토대 만들기를 내용으로 한다. 핵심단계에서는 언어적인 중재와 함께 움직임의 다양한 기술을 활용한다. 마지막으로, 종결단계는 활동을 정리하고 이완, 가라앉히기로 마무리한다.

(5) 학교폭력예방 프로그램의 14가지 움직임의 기술

■ 공간인식

공간인식은 첫 번째 습득해야 할 기술이다. 신체폭력은 다른 사람의 개인공간 안에 침입하는 것과 관련되어 있다. 그러므로 공간인식은 이 프로그램의 중요한 부분이다. 아동은 자신의 공간과 타인의 공간을 인식하는 것이 중요하다. 다른 대상들과 관련되어 자신의 편안한 공간을 인식하는 것을 필요로 한다.

■ 주장, 단언

자기 장점과 능력을 표현하는 능력으로, 이것은 일상에서의 위험상황을 다루는 데 중요한 부분이 된다. 이것은 공격자를 향한 중요한 요소가 된다. 공격적인 아동들은 그들의 경계(boundary)를 한정하는 것이 중요하다. 그러므로 아동이 자신감 있는 태도(완고하고 두려움 없는 신체자세, 얼굴표정, 목소리, 태도)로 "그만, 안 돼."라고 말할 수 있는 것을 경험해야 한다.

■ 사전행동 전략

자기주장이 효과를 발휘할 수 없는 경우 사용하게 되는데, 어떤 아동의 경우에는 수차례의 자기주장 훈련을 가짐에도 불구하고 자기주장에 여전히 어려움을 갖는 경우가 있다. 그러므로 참여자들은 언어적 · 비언어적 전략을 훈련하게 된다. 즉, 환기, 주제 바꾸기, 친절하게 대하기, 유머 사용하기 등의 방법이 있다. 아동들은 이러한 언어와 움직임을 이용한 다양한 방법을 통해 위험상황을 전환하는 법을 학습하고 그것을 실제로 연습한다.

■ 에너지 조절

각성의 인식과 하나의 에너지 상태를 다른 에너지 상태로 전환하는 방법을 경험하게 된다. 대부분의 ADHD 아동과 외상을 경험한 아동들은 그들이 흥분하거나 조절을 잃은 상태를 인식하는 것에 어려움을 갖는다. 그러므로 아동들은 자신을 조절하거나 자신이 흥분해 있다는 것을 인식하지 못하고 다른 행동으로 전환한다. 그러므로 에너지를 조절하기 전에 자신의 상태를 인식하는 것이 중요하다.

■ 이완

이완과 자신을 침착하게 가다듬는 기술은 위험상황에서 중요한 역할을 한다. 안정된 상태에서 상황에 적절히 대처할 수 있는 명확한 사고가 가능하다. 흥분이라는 상태는 생리학적인 부분과 관련이 있으며 공격성으로 전환된다. 아동이 호흡과 상상요법을 이용한 이완요법을 경험할 때 침착성을 유지하는 방법을 학습하게 된다. 이 회기는 신체의 각각 부분을 통해 긴장과 이완을 경험하도록 유도한다.

■ 자기조절과 분노 조절

가해학생이 다른 아동을 괴롭히는 것에 대해 적절히 분노를 표출하도록 지지함으로써 괴롭힘의 행동을 예방할 수 있다. 또한 충동 조절을 도와 부적절한 행동으로 발전되는 것을 예방할 수 있다. 즉, 아동이 자신의 분노를 인식하고 이러한 분노를 건강한 방법으로 표출하는 방법을 탐색하고 경험할 수 있도록 한다.

■ 안정감

자신의 발로 지면을 디디고 견고한 자세로 똑바로 서 있는 경험은 폭력예방에 중요한 부분이 된다. 이러한 경험은 단호함과 또래관계의 압력에 대해 긍정적인 저항을 할 수 있는 기본적인 자신감을 갖도록 돕는다.

■ 초기 경고신호

초기 경고신호는 신체에서 인식된다. 많은 사람들은 초기 경고신호에서 옳지 않다는 것을 인식하지만 그 신호를 무시하는 경향이 있다는 보고를 하고 있다. 왜냐하면 거기서 오는 불편함의 원인에 대해 정확히 인식하지 못하기 때문이다. 그러므로 이 프로그램 안에서 아동들은 그들의 신체가 전해 주는 위험의 신호를 신뢰하고 인식할 수 있도록 한다.

■ 무시하기 기술

무시하기 기술은 소란스럽거나 혼란스러운 환경 안에서도 자신의 내적 초점을 유지할 수 있도록 도와준다. 아동이 학교에서 문제행동을 보이는 경우, 문제아동이 다른 아동의 문제행동에 쉽게 동화되는 것에 그 원인을 찾을 수 있다. 그러므로 내적 초점은 자극을 주는 행동에 동화되는 것을 예방할 수 있다. 이 프로그램 안에서 아동들은 무시하기 기술들을 습득할 수 있다.

■ 재집중

위험상황에서 흐트러진 집중이나 혼란 뒤에 다시 자기초점을 맞추는 학습을 한다. 재집중을 학습할 때 아동들은 이완요법과 무시하기 기술을 사용할 기회를 갖는다.

■ 공감

다른 사람의 표정과 신체를 통해 언어와 마찬가지로 그 사람의 감정을 읽어 낼 수 있다. 이것은 다른 사람의 감정을 인식하고 공감하는 능력과 관계를 맺는다. 이러한 비언어적인 실마리를 잘못 해석하는 것은 폭력을 야기할 수도 있다. 대부분의 아동들은 이러한 비언어적인 실마리들을 읽는 데 어려움을 갖는데, 특히 ADHD 아동들이나 감정적인 문제를 가진 아동의 경우 공감능력에 문제를 갖는다. 학령기 아동기에 공감능력의 발달은 주요한 과업이 된다. 그러므로 초기 아동기에 비언어적인 실마리를 인식하는 훈련은 공감능력을 발달시키는 것에 주요한 기초가 된다. 아동들은 이 프로그램 안에서 미러링 게임, 감정 조율 게임, 역할놀이를 학습하게 된다.

■ 감정표현의 동시성

감정표현의 동시성은 다른 사람의 목소리 톤, 얼굴표정, 신체자세, 제스처와 말 등을 동시에 나타내는 것이다. 만약에 다른 아동에게 자신이 어떻게 인식하고 이해하는지에 대해 표현할 수 없다면 오해하거나 소외감을 갖게 된다.

■ 신체인식

신체인식은 전략기술의 내용을 확장시킨다. 신체인식은 이 프로그램의 필수적인 경험이 된다.

■ 사회적 기술

사회적 기술은 또래압력, 긍정적인 문제해결 능력, 권한 등을 발달시킨다. 움직임 활동은 아동에게 상황을 조절할 수 있는 기회를 준다. 움직임 활동을 통해 아동들은 자신의 방법을 터득하고 집단원과 합류하는 법, 자신에게 집중하는 법과 스스로 편안함을 유지하는 법 등을 학습하게 된다.

이와 같은 프로그램을 통하여 콘블럼은 아동에게 생각과 움직임을 통합하는 기술을 교육하였다. 이는 아동들에게 타인과 평화롭게 지내는 사회성을 습득하게 해 주었고, 학교폭력예방에 커다란 공헌을 하였다.

6. 맺음말

간략하게나마 아동심리치료에서 무용동작치료의 치료적 의의와 요소들 그리고 적용까지 살펴보았다. 다시 한 번 강조하면, 신체, 움직임 그리고 춤이라는 요소는 아동에게 가장 자연스러운 자기표현의 매개가 될 수 있으며, 의사소통의 수단이 될 수 있다. 무용동작치료 안에서 아동은 신체를 탐색하고 움직이며, 자신의 춤을 만들어 내며, 자신의 내적 내용들을 자연스럽게 표출하며 스스로의 힘으로 전환시킬 수 있다. 무용동작치료 사는 이러한 아동의 성장과정을 몸과 움직임을 통한 공감적 자세로 바라보고 수용하여야 한다. 이러한 치료관계는 모든 아동심리치료에서 중요한 요소가 될 것이다.

다시 말해, 몸과 마음이 분리되고 인지적인 측면만 강조되는 오늘날 우리의 사회에서 아동이 다시 자신의 몸과 마음을 통합하고 온전한 자기를 형성하며 건강하게 성장할 수 있도록 돕는 심리치료의 한 부분으로 무용동작치료는 유용한 도구가 될 수 있다.

참고문헌

박랑규, 박응임, 안동현, 왕석순, 이숙, 이정숙, 장미경, 정승아, 정혜정, 조용범(2010). 아동심리치료학개론. 서울: 학지사.

임용자(2004). 표현예술치료의 이론과 실제. 서울: 문음사.

Amighi, J. K., Loman, S., Lewis, P., & Sossin, K. M. (1999). *The meaning of movement: developmental and clinical perspectives of the Kestenberg movement profile*. New York: Gordon and Breach Publishers.

Barteníeff, I., & Lewis, D. (1980). *Body Movement: Coping with the environment*. New York: Gordon and Breach.

Erfer, T. (1995). Treating children with autisim in a public school system. In F. J. Levy, J. P. Fried, & F. Leventhal (Eds.), *Dance and other expressive: When words arenot enough*. New York: Routledge.

Evan, B. (1964). *The child's world: Its relation to dance pedagogy*. CA: Blanche Evan Foundation.

Gilber, A. G. (2002). 다함께 즐기는 창작무용(변재경, 김화숙, 신은경, 한혜리 역). 서울: 대한미디어. (원저 1992년 출판)

Kornblum, R., & Teeter, M. (2002). *Disarming the play grounding: Violence prevention through movement and pro-social skills*. Oklahoma: Wood & Barnes.

Landreth, G. (2009). 놀이치료: 치료관계의 기술(유미숙 역). 서울: 학지사.

Levy, F. J., Fried, J. P., & Leventhal, F. (2009). 무용 · 동작중심 표현예술치료 사례집(고경순, 남희경, 최희아 외 역). 서울: 학지사. (원저 1995년 출판)

Levy, F. J. (2012). 무용동작치료: 치유예술(고경순, 김나영, 남희경, 이상명, 최희아 역). 서울: 시그마프레스.

Lewis, P. (1984). *Theoretical approaches dance movement therapy*. IOW: Kendall/Hunt.

Malchiodi, C. A. (2005). *Expressive Therapy*. New York: The Guilford Press.

Meekums, B. (2002). *Dance Movement Therapy*. SAGE: London.

Moriss, D. (1986). 바디워칭: 신비로운 인체의 모든 것(이규범 역). 서울: 범양사. (원저 1985년 출판)

Schilder, P. (1950). *The image and appearance of the human body*. New York: International Universities.

Siegel, E. V. (1984). *The Dance Therapy: Mirror of ourselves: The psychoanalytic approach*. New York: Human Sciences Press.

Tortora, S. (2006). *The dance dialogue: Using the communicative power of movement with young chidren*. Baltimore: Paul H. Brookes.

제 **9** 장
게임놀이치료

박성옥

　　이 장에서는 게임놀이의 이해부터 치료적 접근과 다양한 임상적 적용에 관한 연구
들을 소개하고자 한다.

　　게임놀이의 이해에서는 게임의 탄생을 인류의 역사적 관점에서 고찰하면서, 사회
학습이론의 생존기술 훈련이라는 관점, 정신분석이론의 충동 해소의 카타르시스라는
관점 그리고 인지발달이론의 규칙, 절차, 정보조직과 분류능력의 촉진적 관점에서 게
임놀이의 중요성을 제시하였다.

　　게임놀이치료적 접근에서는 게임놀이를 치료적으로 분류했는데, 의사소통게임, 문
제해결게임, 자아강화게임, 사회화게임이 그것이다. 게임놀이의 치료적 요소로 내담자
와의 치료동맹부터 즐거움, 진단, 의사소통, 통찰 등 다양한 요소를 제시하였고, 내담
자의 발달단계와 특성에 따른 게임놀이치료의 주의점, 치료과정에서의 인지적 · 사회
적 · 정서적 측면의 평가내용도 제시하였다.

　　70~80년에 들어오면서 치료장면에서 활발하게 게임을 사용하는 것의 효과를 밝
히고 있는 다양한 국내 · 외 연구들을 제시하였으며, 그중 학습부진아동을 위한 집단
게임놀이치료 프로그램을 사례로 제시하여 이해를 돕고자 하였다.

제9장
게임놀이치료

1. 게임놀이의 이해

1) 놀이와 게임놀이

놀이는 보편적으로 재미에 의한 욕구에 의해 야기되며(Garvey, 1977), 특별한 목적이 없는 자발적이고 자연스러운 활동으로, 인간발달을 이끄는 원동력이 되는 것으로 정의된다(Beach, 1945; Plant, 1979). 발달과정에서 영유아의 놀이는 탐색과 숙달을 촉진하고, 신체발달과 정신발달은 훈련시키며 다른 사람들과 관계를 형성하는 데 중요한 역할을 하며, 유아기의 놀이는 종종 신체적 욕구의 조절과 숙달을 허용하는, 현실세계에 대한 모방과 상징성을 표현한다(Erikson, 1950).

게임놀이는 놀이의 한 형태로 놀이보다 더 목표지향적이고 보다 진지함을 불러일으키며 참가자의 역할, 제한설정, 기대행동, 게임규칙 등으로 아동의 환경적응에 보다 의미 있는 역할을 하는 것(Sutton-Smith, 1961)으로 여겨진다.

놀이와 게임놀이를 몇 가지 관점에서 비교해 볼 수 있다.

놀이가 개방 지향적 특성을 가지는 것에 비해, 게임놀이는 서로 이기기 위한 대결, 경쟁이라는 요소를 포함한다. 서튼−스미스(Sutton-Smith, 1961)는 사회적으로 용납될 수 있는 공격성과 경쟁을 야기하는 구조를 부여한다는 측면에서 게임을 힘의 모델이라고 하였다. 놀이가 본능(id)을 자극하는 반면, 게임놀이는 자아(ego)를 불러일으킨다. 가장 단순한 게임조차도 놀이보다는 더욱 많은 인지적 능력을 요구한다. 즉, 갈등을 수용할 수 있어야 하며, 행동의 제약이나 차례를 지키고, 규칙을 따르는 것과 지는 것을 받아들일 수 있는 현실적 능력을 가지고 있어야 한다. 게임이 종료될 때까지 집중하고 지속해야 하는 것도 포함된다. 더욱이 게임놀이는 자신의 기술을 경쟁에서 이기기 위해 적용할 수 있는 도전력도 포함한다. 무엇보다 게임의 결정적 특성은 대인 간의 상호작용이 요구된다는 것이다. 참가자들의 상호작용에 의해 결과가 나타나는 사회적 활동으로 발달되어 왔다는 것이 비구조화된 놀이와 다른 점으로 볼 수 있다.

2) 게임놀이의 역사적 고찰

게임은 아주 오래전부터 인간사회의 한 부분이었다. 고고학과 비교문화 연구에 의하면, 역사적으로 문명화되면서 매우 다양하고 수많은 게임들이 개발되어 왔다는 사실을 알 수 있다. 게임의 가장 일반적인 분류로는 신체기술게임, 전략게임, 우연게임으로 게임의 탄생을 고찰하면서 인간의 생존, 삶과 얼마나 밀접한 관계가 있는지 살펴보자.

(1) 신체기술게임의 탄생

초기 게임놀이는 적응과 생존에 직접적인 상관관계를 가지고 있었던 것으로 보인다. 수렵생활을 하던 선사시대 사람들에게 신체적 민첩성과 강도는 매우 중요한 능력이었을 것이다. 먹잇감을 사냥하기 위해 막대나 뼈, 돌들을 굴리기 쉽게 둥글려지고 잡기 편한 형태로 다듬어진 것이 바로 '공놀이'로 발달된 것으로 보고하고 있다(Sutton-Smith, 1961). 아주 오래된 고대사회에서도 이집트 상형문자로 공놀이를 하는 사람들을 묘사한 자료가 있다. 거의 모든 사회학 연구에서 공놀이는 보편적인 활동으로 나타난다. 공은 오늘날 현대 문명세계 도처에 존재하는 조직화된 스포츠에서 발견되는 중요한 물체가 되었다. 이러한 공놀이로 시작된 신체기술 게임놀이는 먹잇감을 잡기 위해 던지고 맞히는 등의 훈련뿐만 아니라 주고받는 행동으로 소중한 물건과 자원을 공유하는 행동을 훈련하게 하며, 협동과 집단소속감의 가치를 강화하는 데 기여하는 것으로 발전하게 되었다.

(2) 전략게임의 탄생

선사시대의 사냥은 먹잇감의 이동으로 자연스럽게 주변 지역으로 옮겨지는 과정에서 이웃하는 부족 간에 사냥감 확보를 위한 갈등을 유발시키게 된다. 대부분의 전쟁, 전투, 전략과 같은 공격성을 근거로 체계화·조직화된 게임놀이가 탄생하게 되었다. 즉, 체스, 장기, 체커, 백개먼 놀이 외에 어린 귀족 자녀들에게 군사전략을 가르칠 목적으로 사용된 카드놀이는 고대 아시아 문화권에서 유래되었다. 빨강 군대와 검정 군대의 두 개의 색깔과 바람, 불, 공기, 물과 같은 자연적 힘과 군사적 자원, 서로 다른 계급을 가진 수많은 상징물과 인물들을 묘사하고 있다.

(3) 우연게임의 탄생

서튼-스미스와 로버츠(Sutton-Smith & Roberts, 1971)의 비교문화 연구에 의하면, 문화권마다 두드러지게 나타나는 우연게임은 음식, 기후, 이주양상이 매우 변화무쌍한 환경의 불확실성이나 비예측성과 깊은 관련이 있는 것으로 나타나고 있다. 즉, 환경의 힘을 극복할 인간의 통제력 부족은 능력이나 전략이 아닌 우연에 의해 결과가 결정되는 게임 형태를 발전시키게 되었다.

한편, 술래잡기나 숨바꼭질은 악마를 피해서 마력을 깨는 것으로 믿는 터치게임으로 탄생해, 한 사람이 다른 사람을 터치함으로써 악마가 사라지거나 축소될 수 있다는 믿음으로 발전되었다. 오늘날 아동·청소년의 사회적 독립에 대한 불안을 표출, 이를 극복하기 위한 훈련의 하나로 여겨진다.

역사를 통해 볼 때 다양한 게임 유형이 여러 문화권에 널리 보급되어 있는 것이 발견된다. 특정한 문화권의 게임은 보편적으로 그 지역의 구성원과 사회집단원 사이의 사회적 관심, 압력, 갈등을 반영하고 있다. 이처럼 오늘날의 수많은 게임들은 인류의 생존과 함께 고대문화에 그 뿌리를 두고 있다. 역사를 통해 게임의 다양성과 유행은 인간의 경험에서 지속적으로 나타나고 중요한 요소들을 반영하고 있다.

3) 게임놀이의 이론 및 발달적 관점

놀이발달이론에서 5~8세경인 초기 잠복기의 놀이형태는 게임놀이의 등장으로 대체되기 시작한다는 것이다. 잠복기 아동의 게임놀이는 보다 현실적이고 복잡한 형태의 놀이를 탐색하는 준비와 흥미를 잘 반영하고 있다. 잠복기에 이루어지는 놀이는 좀 더 사회화되고 좀 더 경쟁적이며, 공격적 놀이에 대해 더 많은 관심이 생기고 자아는 좀 더 구체화된다(Peller, 1954). 즉, 잠복기 연령의 아동들에게는 직접 몸으로 표현하고 마술적 사고를 하게 되는 상징놀이는 감소하고, 대신 규칙 지향적인 놀이가 증가한다는 것을 의미한다.

사회학습이론적 관점에서 그루스(Groos, 1998)는 게임놀이를 앞으로 자신의 삶 속에서 필수적인 행동 양상을 실습하는 본능적이고 도구적인 것으로 간주하고, 종 고유의 생존기술을 훈련하기 위한 인간본능의 파생물로 본다. 또한 세록과 블럼(Serok & Blum, 1983)은 게임놀이는 고유의 사회적 요소를 내포하고 있을 뿐만 아니라 사회화의 필수적인 구성요소들인 학습, 규칙, 문제해결, 자기훈련, 정서적 통제, 지도자의 추종자 역할 적응 등을 포함하고 있음을 제시하고 있다.

정신분석학적 관점에서 프로이트(Freud)는 놀이에서 중심이 되는 카타르시스의 개념을 강조했다. 카타르시스는 공격성과 성적 충동의 해방과 대체물로, 펠러(Peller, 1954)는 게임놀이를 억눌려 있는 충동의 해소뿐만 아니라 본능적 충동의 승화를 위한 통로로서 간주하고 불안의 극복을 포함하는 것으로 보았다. 즉, 게임에서 존재하는 규칙과 구조들은 사회적으로 용납될 수 없는 충동을 성공적으로 표출하고 승화시키는 초자아 역할을 제공한다는 것이다.

인지발달적 관점에서 피아제(Piaget, 1962)는 아동의 놀이를 감각운동놀이(2개월~2세), 상상놀이(2~7세), 규칙 게임놀이(7~11세)의 3단계로 구별하였다. 영유아의 초기 놀이형태는 아동의 감각운동 활동에 의해 지배되고, 취학 전 아동의 놀이는 상상력이나 상징화 능력을 자극하며, 모방하거나 역할놀이가 주로 나타난다. 그러나 초등학교에 입학하면서 아동들의 놀이는 현실세계와 거의 유사한 인간 상호관계나 상황을 반영해서 보다 현실적이고 복잡해지며, 무엇이 옳고 실제적인지 경험하고, 정보를 조직화하고 분류하는 것이 증가한다. 따라서 게임의 구성, 규칙, 절차 등은 아동의 인지발달을 촉진시키게 된다.

2. 게임놀이치료적 접근

1) 치료적 게임놀이의 분류

게임의 가장 보편적인 분류는 승부를 결정하는 것에 기초한다.

첫째, 참가자의 동작능력에 의해 승부가 결정되는 신체기술게임에서는 시공간·지각 능력과 사회정서적 기능도 부가적으로 관찰할 수 있다. 지나치게 활발한 운동게임이나 긴장을 요하는 신체활동은 과잉행동과 흥분으로 인해 치료에 부적합하거나 감정과 정서를 논하거나 언어화하기에는 부적절하다고 하지만, 라이드(Reid, 1993)는 다트게임 같은 대근육운동을 적절하게 포함하는 신체기술게임은 치료 시작시기에 과잉행동 또는 방어적 아동을 보다 조직적이고 통제되도록 하는 데 유용하다고 제시하고 있다.

둘째, 인지적 기술에 의해 승부가 결정되는 전략게임에서는 아동의 지적 강점과 약점을 관찰할 수 있고, 상징적으로 공격성을 표현하는 것이 허용된다. 지적 노력과 집중력 자기통제를 포함한 자아강화를 이끌어 낼 수 있으나, 지나치게 긴장을 초래하거나 인지적 노력에 지나치게 치중하게 되어 실제 치료작업을 방해할 수도 있다.

셋째, 무작위와 우연에 의해 승부가 결정되는 우연게임은 게임놀이의 초기에 주로 사용된다. 게임 방법이 단순하고 우연에 의해 승부가 결정되므로 인지적 긴장감에서 벗어나 스트레스의 해소에 도움이 될 뿐 아니라 지적인 면에서나 경험과 능력 면에서 어른의 우월성을 무력화시키기 때문에 치료에서 가치 있게 활용된다.

이 외에 게임놀이를 치료적으로 분류하는 기준으로는 변화를 촉진하는 것에 의거하여 셰퍼와 라이드(Schaefer & Reid, 1986)가 다음의 네 가지로 제시하였다. 즉, 의사소통게임, 문제해결게임, 자아강화게임, 사회화게임이다.

의사소통게임은 전형적으로 자기표현을 격려하기 위한 것이므로 경쟁을 덜 강조한다. 이런 게임 유형들은 종종 다른 치료게임보다 덜 구조화되고, 비위협적이고, 허용적인 분위기를 촉진하도록 고안되어 있다. 한편, 문제해결게임은 특별한 문제를 논의할 기회와 문제를 실제로 해결할 기회를 제공하는 매우 고도로 구조화된 활동들이다. 자아강화게임은 서로의 기량을 발휘하여 도전하도록 하며, 주요 초점은 경쟁과 전략에 있다. 좀 큰 아이들은 동료들 간에 자아상을 형성하도록 돕거나 기술의 특별한 비교를 증가하도록 돕는 청소년 자아정체성 발달과 관련된 많은 이슈를 반영하기 때문에 자아강화게임에 대해 특히 강하게 끌리는 경향이 있다(Baumeister & Senders, 1988). 사회화게임은 일반적으로 집단치료에 사용되며, 친사회적 상호작용을 실습하도록 방향을 잡고, 자기노출의 기초가 되는 역동성에 대한 민감성을 증가시킨다.

또한 이론적 관점에 기초하여 샤피로(Shapiro, 1993)는 82개 심리치료에 사용되는 게임을 보편적으로 심리교육(26%), 아동중심(17%), 가치명료화(15%), 심리역동(12%), 인지행동(11%)으로 분류하였다. 그리고 게임을 치료장면에 사용하여 보다 효과를 얻기 위해서는 게임에 관한 주요 이론에 근거하여 치료과정에 접목할 것을 제시하였다.

2) 게임놀이의 치료적 요소

게임놀이는 아동기의 심리적·사회적 세계에서 중요한 위치를 차지한다. 게임의 다목적성은 아이들에게 심리적 갈등을 해결하는 데 도움을 줄 뿐 아니라 그들의 정서적 성장에 보다 도움을 주는 치료적 자원으로서 발전하였다. 게임놀이의 경험적 과정은 즐거움, 카타르시스, 이완을 불러일으킬 뿐 아니라 사회화, 현실검증, 불안의 숙달을 촉진시킨다. 또한 게임놀이는 치료동맹을 강화하는 데 도움이 될 수 있고, 갈등의 표현과 해소를 위한 은유적 단계를 제공할 수 있다.

(1) 치료동맹

게임은 종종 아이들로 하여금 긍정적인 관련성을 이끌어 간다. 심지어 가장 반항적인 아이들조차 치료적 맥락에서 게임놀이를 끌어내게 한다. 치료자들도 게임참여자가 된다. 즉, 게임에서 성인-아동 경계가 희미해지고, 아이들에게 보다 쉽게 접근하게 한다. 놀이에 참여함으로써 치료자는 아동의 세계 속으로 들어가 친밀감을 형성하는 데 도움을 준다. 이러한 상황은 자신의 의지로 치료받기를 꺼리는 아이들에게 아주 중요한 접근이 될 수 있다.

(2) 즐거움

군이 치료적 게임을 하지 않더라도, 게임놀이는 아이들을 정서적으로 충족시킬 수 있음을 알게 된다. 에릭슨(Erikson, 1950)은 놀이를 "강박적인 의식과 비이성적 충동으로부터의 자유"라고 언급하였다. 놀이는 즐거움을 경험하는 데에 어려움을 가진 자폐성 아이에게나 주저하는 아이들에게 특별한 의미를 갖게 한다. 즐거움의 개념은 양육자에게나 양육을 받는 사람에게도 상호호혜적이다. 게임놀이를 통해 성인과 즐거움을 나누는 아동의 경험은 치료관계를 증진시키고 아동에게 필요하고 유용한 감정을 느끼도록 돕는다.

(3) 진단

본질적으로 경쟁적 특성을 가진 게임의 구조와 규칙은 특히 아동의 자아강화를 반영하는 행동을 야기시키는 데 유용하다. 도전의식은 치료장면에서 아동이 지적이고 경험에서 우월한 누군가에 대항하여 놀이를 하게 되므로 더욱 강화된다. 결과적으로 자존감, 공격성, 신뢰, 어른에 대한 무력감의 감정들은 종종 아동의 놀이 유형에서 드러나게 된다. 충동 조절, 인지적 강점과 약점, 통제의 결여와 집중을 포함한 아동의 자아과정은 게임놀이를 하는 동안의 반응에서 드러날 것이다.

게임이 자아과정을 불러일으키기 때문에 무의식적 갈등을 노출하는 놀이보다는 아동의 자아기능을 검증하는 데 보다 유용하다. 동시에 비구조화된 놀이와 같은 게임은 안전과 허용적인 느낌을 불러일으키고 표현의 출구를 개방하게 한다. 게임이 어느 정도 사생활을 모방하고 있어서 무의식적인 투사적 도구로서도 유용하다. 많은 보드게임들은 격리, 애착, 개별화, 부모방임, 사회적 고립과 관련된 경험이나 다양한 문제들을 상징화할 수 있는 출발점에서 보드 위의 목적지까지 이동하는 것을 포함하고 있다. 『상상하기게임』(Burks, 1978)과 『우리의 게임』(Vlosky, 1986)과 같은 치료적 보드게임은 환상적 표현을 유발하려는 특별한 목적으로 개발된 것이다.

치료적 게임놀이는 아동의 인성구조, 방어기제와 심리방어적 증세를 반영해 주는 창구가 된다. 오코너(O'Conner, 1991)는 치료에서 정서적으로 결핍된 아동의 놀이는 종종 강박적이고, 충동적이고, 비이성적이라고 언급하였다. 강압적이고 강박적인 증세를 가진 아이들은 게임의 작은 부분이나 규칙에 지나치게 얽매이게 되고, 따라서 게임의 전반적 목적을 상실한다. 경계선 장애아동은 사소한 실패에 의기소침하여 고함을 지르거나 격분하면서 과잉반응을 하거나 전투에 대해 과도하게 중요성을 부과하여 승부에 집착하기도 한다. 반사회적 성향이나 품행장애 아동들은 불운에 직면했을 때 곧바로 자기통제력을 상실한다.

(4) 의사소통

게임의 규칙이나 목적을 향한 투쟁이 자기표현의 방해로 받아들여질 수도 있지만 게임의 규칙은 실제 참가자들 사이에 의사소통을 촉진시키는 경향이 있다. 게임놀이에는 협력, 목적에 대한 상호관계, 사회적 상호작용이 포함되어 있다. 규칙에 대한 실제적 논의와 다른 참가자의 행동에 집중하는 것은 게임놀이의 자연스러운 부산물이다. 게임은 현실과 격리되어 있으므로, 정상적인 사회적 대화에서 금지되어 있는 감정, 생각, 태도에 대한 방어를 완화시킨다. 따라서 게임놀이에서 종종 감정적 몰입의 높은 수준을 발견하곤 한다. 감정표출의 한 양상인 카타르시스는 종종 게임놀이를 통해 방출된다. 분노, 적의, 갈등과 질투의 강한 감정들이 게임 속에서 안전하게 배출될 수 있다. 부모나 다른 성인에 대해 아이가 갖는 부정적 감정들은 특히 게임놀이를 하는 동안 쉽게 표현된다.

게임을 하는 동안 아이들이 스스로 이완하고 몰입함으로써 종종 그들 자신에게 중요한 감정이나 생각에 대해 이야기하며 시작한다. 게임놀이의 중요한 개념은 '분리의 시작'이다(Frey, 1986; Gardner, 1986). 즉, 게임놀이를 하는 동안 표현된 심리적 문제들을 이야기하기 위해 게임을 떠나는 것을 말한다. 치료자에게 있어 게임놀이치료의 중요한 측면 중 하나는 게임의 안전성과 분리의 시점에서 언급된 현실적 문제들 사이를 오가면서 이야기를 유지하고 이끌어 나가야 한다는 점이다.

(5) 통찰

게임놀이는 방해받는 행동 양상을 노출시키기도 할 뿐 아니라, 행동 양상을 관찰하고 이해할 수 있는 통로를 제공하기도 한다. 치료자들은 종종 게임에서 참가자가 되어서 "오, 나쁜 쪽을 선택했네."와 같은 자기검증을 드러내는 반응의 모델이 될 수도 있다. 게임놀이 행동에서 부정적 자기평가는 실생활에서의 행동평가보다 덜 위협적이다. 치료자의 과제는 아동이 게임의 틀 속에서 보다 넓은 세상으로 일반화시키는 부정적 행동 양상을 점차 지각하도록 돕는 것이다.

(6) 승화

자유놀이와 비교하여 게임놀이는 본능적이고 금지된 무의식적 충동에 대해 보다 높은 수준에 기인된 승화의 기회를 보다 많이 제공한다. 예를 들어, 아동의 성적이고 공격적인 충동을 이기려는 노력과 경쟁심을 유발시켜 다른 곳으로 관심을 돌리게 한다. 많은 치료적 보드게임을 통해 나타나는 갈등에 대한 다양한 반응과 해소는 이미 아동들에게 유용하다고 언급되어 왔다. 이러한 성과는 아동이 지각하는 것 이상이다. 보드게임의 이런 교육적 측면은 학습과 행동 문제에 적용하게 하였다(Nickerson & O'Laughlin, 1980). 아동들은 어른이 직접 지시해 주는 대로 따라 하기보다는 게임에 대한 생각과 행동을 새롭게 스스로 시도하기를 더 좋아한다.

(7) 자아강화

게임놀이는 집중과 충동 조절을 요하기 때문에 자아강화를 증가시키는 경향이 있다. 게임놀이의 방법을 배우고, 이기려는 경험적 과정에서 수행도전략을 증가시키고, 조직화, 불안의 숙달, 자존감 향상을 이끌어 낸다. 라이드(Reid, 1993)는 과잉행동과 공격을 가진 6세 남아의 게임놀이치료 초기단계에서 자연스럽게 몰입하는 아이의 게임행동을 묘사하였다. 이 아동은 애착대상 상실의 위기로 고통받고, 수양부모가 바뀌는 것을 반복 경험하였다. 치료 초기에 그는 극단적으로 방어적이고, 분노와 도발적인 태도로 상담자와 관계를 맺었다. 그는 극히 한정된 규칙으로 소근육 동작게임(예: 공을 던지는 것)을 전적으로 하고 놀았다. 그의 놀이는 자기중심적이었고, 상호교류와 협동을 회피하였다. 그는 벽에 걸려 있는 목표지점에 연속적으로 공을 세 번 던지다가, 점점 성공을 확신하기 위해 목표지점으로 가까이 이동하였다. 서서히, 아이는 서로 주고받고, 약간의 규칙과 경쟁, 목표와 종착점을 포함한 현실게임을 수행하는 활동들을 구조화하는 치료자의 개입을 받아들이게 되었다. 10회기쯤, 아이는 자발적으로 차례를 지키고, 치료자의 게임놀이에 주의를 기울이며, 덜 감정적이고 충동을 극복한 태도로 치료자와 상호작용하게 되었다. 게임놀이의 과정을 계속 진행하면서 보다 깊게 치료사가 개입하게 된다.

(8) 현실검증

게임은 아이 마음대로 바꿀 수 없는 규칙이 포함된 현실적 놀이형태다. 게임은 적어도 두 사람 이상에 의해 진행되며, 어느 정도 현실적인 목표에 대한 인식이 절대 필요하다. 즉, 게임에 참여하기 위해서 참가자들은 놀이의 규칙과 절차에 대해 알아야 한다. 이러한 구조 속에 현실왜곡은 거짓, 거부, 규칙과 같은 특유한 형태로 해석되어 나타난다. 이는 게임놀이를 진행하는 동안 보다 적응적이고 현실적인 반응의 강화를 이끌어 낼 수 있도록 치료자가 개입할 수 있는 여지를 갖게 한다.

(9) 합리적 사고

인지적 도전은 수많은 게임에서 주요 구성요소가 된다. 게임은 기억, 집중, 결과예측, 논리적 사고, 창의적 문제해결과 같은 인지적 기술을 요한다. 새로운 행동, 자기반영, 자기이해를 학습하는 것은 정서발달에 필수적인 인지적 과정이라고 할 수 있다.

아동기에 나타나는 정서문제를 인식하고 조절해 나가는 과정에서 합리적으로 생각하는 것은 매우 중요하다. 반대로, 비합리적 사고과정은 정신병리의 기초가 된다(Ellis, 1962). 게임은 실생활 현상을 반영하고 게임의 구조 속에서 현실적으로 평가되는 상황을 연습해 보게 하는 치료과정에서 특히 유용하다. 많은 게임은 여러 가지 선택에 따르는 잠재적 결과를 아이가 분석하도록 요구하는 위험을 감수하게 한다. 예를 들어, 오즈의 마법사 게임에서 참가자들은 여행 도중에 두 개의 길 중 하나를 선택해야만 한다. 한 길은 목적지까지 훨씬 짧지만, 자칫 시작지점으로 되돌아가야 되는 함정을 내포하고 있다. 이런 상황에 대해 논의를 촉진시킴으로써 치료자들은 아이들이 미래에 대해 생각하고, 행동의 결과에 대해 생각하는 것을 배우도록 도울 수 있다.

(10) 사회화

게임은 잠복기 아동 시기에 지배적인 놀이활동이다. 이 시기 아동의 초기 발달과업은 친구들과 사회적 관계를 발달시키는 것이다. 게임놀이는 본래 참가자들 간 협동과 의사소통을 요구하는 사회적 활동이다. 게임놀이를 하는 과정에는 사회화된 행동을 하도록 하는 긍정적인 또래압력이 내포되어 있다. 즉, 서로 말하지 않고도 이기고 진 사람들이 서로 어떻게 행동하는가 하는 규범도 존재하며, 게임놀이를 하는 동안 어떤 방식으로든 처벌하는 것은 금지되어 있으므로 아동이 사회적으로 받아들여지지 않는 행동의 결과를 배울 기회를 제공한다. 아동기 게임놀이에서 규칙위반자가 게임에 계속 참여하려면 속임수 같은 일탈행동을 속죄하게 하거나 적어도 사과하도록 한다. 이런 방식으로 게임놀이과정에서 참여자들 간에 일어날 수 있는 '반사회적' 행동의 혐오적 결과를 스스로 인식하도록 한다.

게임은 협동적 행동을 요하는 반면, 통제된 공격적 표현을 요구하기도 한다. 게임의 경쟁적 특성은 참가자들이 이기기 위해 다른 사람을 위협하는 시도를 하게 한다. 규칙은 아이들이 스스로 자기통제를 상실하지 않고, 경쟁하고 공격해야만 한다는 경계선을 제공한다.

게임은 게임이 제한하는 형태, 규칙과 절차 내에서 권위에 도전하는 표현을 할 수 있는 기회를 제공한다. 이런 점에서 게임 자체는 어른의 권위를 대표하면서 아동들이 게임절차와 규칙통제나 명령에 스스로 대처하는 것을 요구한다. 이런 과정은 자신들보다 더 힘이 있는 현실세계의 타인을 다루는 것을 학습하게 한다.

3) 발달단계별 게임놀이치료 적용

(1) 잠복기 전기 아동의 게임양상

5세가량의 생활연령에 해당될 수 있는 이 시기의 아동은 이전 시기의 전형적인 놀이인 인형집이나 전쟁놀이 인형을 갖고 뛰고, 소리 지르는 등의 극화장면을 만드는 데서 벗어나 게임이라는 구조화된 놀잇감에 관심을 갖기 시작하는 연령이다.

규칙에 순응하려 하지만 오랜 시간 규칙을 따르기는 힘들다. 이 시기의 아동은 게임에서 구조화를 원하지만 아직까지는 방 안을 뛰어다니거나 돌아다니지 않고서는 게임을 할 수는 없다. 그래서 치료사는 이 시기 아동의 연령수준에 맞추어 놀이를 진행하게 된다. 때때로 구조화된 게임자료를 사용하고, 보드게임식의 진행을 위하여 주사위나 막대를 던지는 등 규칙을 활용하여 게임을 하기도 하나, 대부분 이 시기의 아동은 우격다짐으로 또는 무조건 자신에게 유리하게끔 하여 치료사를 이기게 된다. 잠복기 전기의 아동은 직접적으로 놀이용 총으로 쏘는 것보다는 모아 놓은 나무막대기를 활용하여 싸움을 하는 등의 상징화 능력은 존재하나, 발달과정상 아직은 게임 구조 자체에 있는 은유 속에서 싸움을 진행하지는 못한다.

(2) 초기 잠복기 아동의 게임양상

7세가량의 생활연령에 해당되는 이 시기의 아동은 직접 선반에서 게임을 선택하고 게임상황에 있는 구조와 근접한 게임을 진행한다. 전 시기의 아동은 모든 게임에 관심을 가지고 순서대로 하나씩 해 보려고 하지만, 초기 잠복기에는 자신이 할 수 있는 게임만을 선택하게 된다. 이전 시기의 아동은 글을 잘 읽지 못하지만, 글을 읽어야 하는 게임을 선택하여 방법을 알려 달라고 하거나, 방법에 얽매이지 않고 자신만의 규칙대로 놀이를 하는 것에 비해, 초기 잠복기의 아동은 자신의 능력에 맞게 설명서를 읽고 방법을 터득하는 게임을 선택하는 경향이 있다.

이 시기는 규칙을 이해하고 규칙에 따라 게임을 하려고 노력하는 단계다. 그러나 여전히 놀이를 하면서 신체활동을 하고 싶어 하기 때문에 온몸을 사용해야 하는 게임을 선호한다. 또한 심리적으로는 아직 게임에 운과 기술이 작용하고 있다는 것을 인정하기 어렵다. 먼저 하겠다고 고집을 부리거나 자신의 차례를 끝내야만 한다는 표시도 무시할 수 있고, 치료를 받는 아동 대부분이 그렇듯이 이기고 싶어 하며, 완전히 자신에게 유리하도록 구조화시키기도 한다. 경우에 따라서는 구조화된 게임을 선택했다가도 극놀이 도구를 가지고 놀이를 하기도 한다. 때때로 찰흙, 퍼펫이나 전쟁인형들을 집어 들고, 극적인 놀이 속에서 자기 자신을 드러내는 장면을 만들어 가기도 한다. 따라서 치료사는 구조화된 게임놀이에서 극놀이까지, 그리고 극놀이에서 구조화된 놀이까지 매 순간 아동의 놀이를 따라가야 할 것이다.

(3) 중기 잠복기 아동의 게임양상

9세경의 시기에 해당하는 중기 잠복기 아동은 잠복기에 적절하게 수반되는 구조화된 게임에 대해 전적으로 관심을 보인다. 잠깐 총이나 공룡을 집어 들었다가 내려놓고, 대신 각 회기마다 게임상자를 가져오고, 오로지 구조화된 게임을 선택하는 경향이 많다. 그리고 게임설명서에 제시된 방법대로 게임을 하게 된다.

이 시기 아동도 역시 이기기를 원한다. 그러나 게임의 규칙을 따르면서 승리를 얻어 낸다. 자신에게 유리한 대로가 아니라 규칙에 따라서 놀이가 진행될 수 있을 때까지 막대를 다시 던지면서 또는 치료사에게 먼저 하라고 하고, 자신의 순서를 잘 지키면서 규칙을 엄격하게 따르고 치료사가 실수하는지 보기 위해 면밀하게 관찰도 하면서 게임을 이기게 된다. 이 시기의 발달과정에서 아동은 자신의 정신세계 속에 게임의 규칙을 충분히 통합시켜 나갈 수 있다.

따라서 이 시기 아동과의 놀이는 항상 규칙에 따라 이루어진다. 적당한 카드가 나타나기를 희망하거나 막대가 쌓여 있는 더미에서 막대 하나를 가지고 오기 위해 애쓸 때는 숨을 참기도 한다. 이때 치료사는 아동이 질문할 때까지는 아동의 실수에 대해 의견을 말하지 않아야 한다. 또한 아동이 질문할 때 치료사는 정직하게 대답해야 한다.

아동이 이기고 싶어 하는 욕구와 자신이 이길 것이라고 확신하면서 놀이를 하고 있다는 점에 대해 해석을 해 주고, 아동이 실패하였음을 직접 받아들이는 일이 어렵다는 것에 대해서도 해석을 해 주어야 한다. 게임을 진행하면서 기술의 향상과 아동만의 독창적인 전략에 대하여 서로 이야기할 수 있고, 아동과 함께 치료적으로 다루어야만 하는 다양한 사건들, 예컨대 부모와의 만남, 다가오는 휴가, 학교에서 일어나는 일들에 대하여 놀이를 하면서 이야기를 할 수 있다. 이것은 아동이 언어로 자신을 잘 표현할 수 있는 청소년으로 발달할 것이라는 신념을 가지면서 아동과 의사소통을 하는 것이다.

(4) 초기 청소년기 아동과의 게임양상

초기 청소년기는 약 13세경에 해당되며, 이 시기의 아동에게 구조화된 게임은 여전히 중요하며 놀잇감을 가지고 놀이를 하기에는 자신이 너무 커 버렸고, 그렇다고 한 회기 동안 내내 의자에 앉아서 말을 하는 것도 아직은 직면하기 어려운 시기일 수 있다. 그래서 매주 게임을 꺼내 오지만, 일정 수준 이상의 지식과 기술을 요하는 게임을 선택하게 된다.

게임을 치료시간에 부분적으로 활용하나, 게임의 규칙은 충분히 지켜 나가게 된다. 순서를 결정하기 위해 주사위를 던지고, 실수를 해서 자신의 순서를 넘겨주게 되어도 안달하지 않는다. 때때로 경쟁에 몰두하는 것처럼 보이고 자신이 특별히 수행을 잘한다는 자부심을 가지고 있을 때라도 누가 이기는지는 크게 상관하지 않을 수도 있다. 또한 이 시기의 아동은 게임을 고통스러울 수도 있는 이야기를 피하게 하는 핑곗거리를 만드는 수단으로 이용하기도 한다. 치료사와 아동이 아주 가까워져서 어떤 불편한 일에 대해 이야기하게 될 때 아동은 종종 이야기를 멈추면서 게임을 진행하기도 한다.

무엇보다 이 시기에는 자신에 대한 표현이 증가하며, 행동보다는 언어를 사용하여 자신의 문제를 해결할 수 있다. 따라서 초기 청소년기의 게임은 과도기적 공간으로 활용될 수 있는데, 각 치료 회기 내에서 자신의 마음에 걸리는 것에 대해 마음껏 이야기하는 어려운 과업을 수행하려고 노력하기도 하고, 외부생활에서부터 치료 회기 안으로, 분리로부터 치료사와 관계를 맺는 것에 이르기까지 게임을 사용하게 된다. 이때 치료사는 아동의 경험이나 이야기한 내용에 대해 적절하게 문제를 해결하도록 격려와 지지를 하거나 공감해 주는 역할이 필요하다.

4) 아동 특성별 게임놀이치료 주의점

(1) 자존감의 문제를 가진 아동

자존감의 문제를 가진 아동은 게임에서도 상처받기 쉽다. 경우에 따라 어렵다고 생각하는 게임은 시작을 어려워할 수도 있으므로 우연게임을 선호하기도 한다. 이 같은 아동은 치료사를 시험해 보는 반응, 즉 "선생님은 잘해요?"라고 묻는 등의 행위를 할 수도 있다.

　게임놀이치료사는 이러한 아동들에게 "너는 너에 대해서 내 평가가 이 게임의 결과에 달려 있을 거라고 생각하지만 그렇지 않아. 누군가에 대해서 나는 누가 게임에 이기고 지는가 하는 승부보다는 훨씬 더 중요한 것들을 생각한다. 너는 이 점에 대하여 어떻게 생각하니?"라고 말함으로써 아동 자신의 생각을 말해 보도록 하고, 결과 그 자체에 대하여 치료사가 비웃거나 모욕하지 않는다는 것을 실제로 경험하게 하여 교정적 정서 체험을 일으킬 수 있다(Alexander & French, 1946).

　게임놀이치료사는 자존감이 낮은 아동으로 하여금 자존감을 높여 주기 위하여 일부러 져 주는 반응을 너무 자주 하지 말아야 한다. 왜냐하면 불쌍해 보임으로써 얻게 되는 이차적 보상과 같이 치료사를 조종하려는 반응이 계속될 수 있기 때문이다.

　자존감은 망상적 혹은 공상적 능력이 아닌 실제적 능력에 기초해야 한다(Gardner, 1973). 일부 부모나 교사들이 아동의 자기가치감을 향상시키기 위해 추상적인 방식으로 칭찬을 하는 경우가 흔하지만 그러한 진술은 대개 무의미한 경우가 많다. 아동은 자신이 가진 능력의 어떤 구체적인 영역이나 질에 대한 직접적 관심을 받지 못하였기 때문에 자존감을 향상시키기 어렵다. 그리고 아동 자신이 사탕발림을 받고 있다는 것을 느끼게 되면 이것은 자존감을 더욱 낮게 할 수 있다. 특히 어른들이 진짜 칭찬을 받을 만한 어떤 것도 없기 때문에 근거 없는 칭찬을 한다는 것을 알고 있는 민감한 아동이라면 더욱 그렇다. 훨씬 효과적인 칭찬은 "네가 만든 배는 정말 근사하다." "잘 잡았어!" 등과 같은 아동의 능력을 증명하는 실제적 행동이나 성과에 초점을 두는 것이다.

(2) 경쟁적 아동

　경쟁적 아동은 게임의 승패에 과도한 관심을 드러낼 수 있다. 경쟁에는 건강한 경쟁과 해로운 경쟁이 있을 수 있는데(Schaefer & Cangelosi, 2002), 건강한 경쟁은 상대방을 존중하며 이기려는 것이지 상대방을 모욕하거나 깎아내리려는 것이 아니다. 게임놀이치료사는 건강한 경쟁을 통하여 경쟁적 아동이 치료사에 대하여 기본적 신뢰감을 잃지 않으면서 유능감과 자존감을 향상시킬 수 있는 게임 진행요령을 길러야 한다. 만일 치료사가 정직하게 게임을 하여 대부분의 게임에서 이긴다면, 이것은 아동에게 승리와 연관된 성취감을 박탈하고 수치심을 주어 치료적이지 않을 수 있다. 반대로, 만일 치료사가 의도적으로 져 준다면, 아동은 이긴 것에 대한 만족감으로 이득을 볼 수도 있지만 치료사는 아동에게 정직하지 못하게 되고, 이것을 느낀 아동은 치료사에게 신뢰감을 잃을 수 있다.

일반적으로 치료사는 아동에게 정직해야 하지만, 치료의 시점에서 경쟁적 아동에게 필요한 것을 염두에 두고 게임을 진행하는 것이 필요하다. 그러므로 게임의 상황에서 경우에 따라 진실만이 정답이 아닐 수 있다(Schaefer & Cangelosi, 2002). 유능한 게임놀이치료사는 아동에 대하여 개방성과 정직성에 대한 균형감을 갖고 진행하면서 경쟁적 아동의 자존감을 향상시키고 유능감을 느끼게 할 수 있어야 한다.

(3) 수동-의존적 아동

수동-의존적 아동은 일상생활에서 매우 순종적인 경향이 있고 이러한 경향은 게임을 할 때도 그대로 드러나게 된다. 수동-의존적 아동은 게임을 하기 전에 기본적 규칙을 정하는 일조차도 치료사의 결정에 순종하려고 할 수 있다. 예컨대, 원하는 카드의 색깔을 정하라는 요구에도 "상관없어요. 선생님이 하고 싶은 대로 하세요."라고 대답한다. 이렇게 반응하는 것은 특정한 색깔을 주장하는 것이 치료사를 화나게 할지도 모른다는 두려움 때문이다.

따라서 이런 아동의 경우 치료사는 게임을 시작하기 전에 규칙에 대해 아동과 충분히 논의해야 한다. 아동이 전통적인 규칙에 따라 게임을 할 것이라고 가정하고 시작한다면 나중에 예상치 못한 의견충돌이 벌어질 수도 있기 때문이다.

(4) 자기중심적 아동

자기중심적 아동은 경우에 따라 유전적으로 또는 신경학적으로 문제를 갖고 있거나, 아동 자신의 자기가치감의 문제나 부모의 과잉보호적 양육태도 등의 문제를 갖고 있을 수 있다. 이러한 아동은 다른 사람의 입장을 조망하는 능력이 부족하기 때문에 게임에 있어서도 게임 특유의 규칙을 받아들이기 어려워하며 자신만의 규칙이 맞는다고 고집하는 경우도 있다. 또한 자기중심적 아동은 자신의 차례를 기다리기 힘들어하며 치료사가 다음의 수를 생각하기 위해 잠시 멈추는 것조차도 참지 못하곤 한다. 그러므로 이런 아동을 위하여 치료사는 아동의 자기중심적 행동에 말려들어서는 안 되며, 타인의 권리를 존중하고 자기통제능력을 길러 주기 위한 시도를 게임시간에 해야 한다. 즉, 자기중심적 아동이 재촉을 하더라도 골똘하게 생각에 잠겨 있는 듯한 태도를 취하는 등 치료적 요소를 항상 염두에 두어야 한다. 때때로 충동적이거나, 불안하거나 또는 긴장하고 있는 아동이 자기중심적으로 보일 수도 있으므로 이런 아동과 자기중심적 아동을 구분하는 눈을 키우는 것도 필요하다.

자기중심적 아동의 게임을 주의 깊게 관찰하면 그런 아동의 자기애적 표현행동들이 나타난다. 예컨대, 상대편의 위치를 생각하지 않고 자신의 말만을 주시하기 때문에 쉽게 함정에 빠질 수 있다. 따라서 그러한 아동에게 다음과 같은 진술을 통하여 사회적 자각능력을 길러 주어야 할 것이다. 예컨대, "나의 왕을 잘 지켜봐." "너는 지금 나의 함정에 빠졌어." "만약 네가 거기로 움직이면 내가 두 번 건너뛰기를 할 수 있어."라고 진술해 주면 아동의 게임능력을 향상시킬 뿐 아니라 타인에 대한 조망수용능력도 길러질 수 있다.

(5) 철회적이거나 자폐적 또는 분열적 아동

가정환경이 혼란스럽고 예측할 수 없는 상황에 많이 노출된 아동의 경우 철회적이고 자폐적이거나 분열적일 수 있는데, 이런 아동은 게임을 할 때나 다른 일상활동에 참가할 때에 감각적 지각능력, 즉 즐거움을 느끼는 능력도 부족할 수 있다. 이와 같은 아동은 이겨도 그리 기뻐하지 않으며, 지더라도 그다지 실망하지 않는 반응을 나타낼 수 있다. 경우에 따라 그들은 게임을 할 때 자신의 공상 때문에 방해를 받을 수도 있는데, 가능한 한 이런 아동에게는 치료사가 아동이 현실에 직접 직면할 수 있도록 반응해야 한다. 예컨대, "그래. 너의 말이 거기에 간다면 네가 이길 것이라는 것은 맞아. 하지만 지금은 그렇게 될 수가 없어. 아마도 다음 게임에서 그렇게 해서 내 것을 쫓아올 수도 있어." 등의 진술이 현실직면에 도움이 되는 진술방법일 수 있다.

때때로 철회적인 아동은 신중하고 방어적으로 게임을 할 수도 있다. 왜냐하면 이와 같은 아동은 자신의 분노를 치료사에게 투사하여 아동 스스로 혼자 생각에 분노를 표현하면 보복당할지도 모른다는 두려움을 가질 수 있다. 따라서 이런 경우 아동은 치료사의 공격적 반응을 예상하고, 이기기를 두려워할 수 있다. 그래서 "내가 이겨도 나에게 화내지 마세요."라고 표현하는 것처럼 아동은 자신의 말들을 판의 뒤쪽이나 옆쪽으로 밀착시키고 점프를 당하거나 함정에 빠지는 것을 피하는 방법을 생각하기 위해 오랜 시간을 소모하기도 한다.

철회적인 아동의 환경은 거의 구조화 또는 조직화가 되어 있지 않고 게임에서도 그대로 드러나게 된다. 보통 게임규칙을 따르지 않고, 승리를 위한 목표설정능력도 부족하다. 이때 게임놀이치료사는 규칙을 유지하려는 일관된 태도를 보여 주면서 아동에게 감각적으로 느끼는 바를 표현해 주고, 더욱 즐겁기 위해서는 규칙을 따라야 한다는 것을 일깨워 주는 것이 중요하다.

(6) 반사회적 아동

반사회적 아동은 게임 안에서 승부에 집착하고 공격적인 방식을 나타낸다. 예컨대, 게임에서 조금이라도 우세하게 되면 매우 과장적으로 기뻐하고 상대방의 상처를 더욱 악화시키는 행동을 일삼고, 본인에게 불리할 듯하면 주저 없이 게임판을 뒤엎기도 하는 등의 양상을 보이게 된다. 또한 반사회적 아동은 초자아의 손상과 관련된 표현을 하거나, 게임을 하는 동안 속임수를 쓰거나 부정행위를 일삼는 것과 같은 행동이 나타나기도 한다. 이때 치료사는 내담아동에게 그것을 즉시 지적해야 하며, 절대 허용해서는 안 된다. "얘야, 네가 자꾸 반칙을 하면 이 게임이 재미가 없단다. 만일 네가 나와 게임을 하기 원한다면 너는 규칙을 지켜야만 해. 네 친구들도 분명히 그렇게 생각할 거란다." 여기서 치료사는 이와 같은 반칙 행동을 결코 참을 수 없다는 것을 경험하게 해야 하며, 보다 경험이 많은 치료사는 아동이 왜 그런 행동을 할 수밖에 없는가에 대한 원인까지 다룰 수 있다면 그에 대한 설명 역시 해 주어야 한다.

(7) 강박적 경향의 아동

강박적 경향의 아동은 게임놀이치료사에 대한 신뢰감을 갖는 데 있어서 시간이 많이 걸리고 우유부단하며 지연된 행동을 나타내기 때문에 게임을 즐기는 것이 상당히 어렵다. 강박적 경향의 아동은 놀잇감이 제대로 정돈되어 있는지, 카드 중에 구겨진 것은 없는지 등과 같이 사소한 부분에 집착할 수 있다. 이와 같은 경우에 셰퍼와 칸젤로시(Schaefer & Cangelosi, 2002)는 그러한 내담아동의 상대방에 대한 분노감정과 같은 극단적 정서표현에 대한 죄책감을 다루는 것이 중요하다고 보았다.

만일 치료사가 내담아동과의 게임에서 모두 이기게 되면 내담아동에게 화가 날 수 있으므로 치료사의 감정에 집착한 나머지 자신의 감정을 극도로 억제하게 될 수 있다. 따라서 다음과 같은 진술이 필요할 것이다. "나는 내가 지금 세 게임을 모두 이겼는데 네가 조금도 화가 나지 않는다고는 상상할 수 없어. 대부분의 아이들이 그렇고 나도 그럴 거야. 나는 너와 다른 아이들과 이런 면에서 차이가 있다고 생각해. 다른 아이들은 화가 나면 그것을 표현하는데, 너는 화가 나도 그것을 드러내지 않는구나." "나에게 얼마나 화가 나 있는지 말하면 무슨 일이 생길 거라고 생각하니?"와 같은 치료적 중재방법을 생각해 볼 수 있다.

(8) 신경학적 결함을 가진 아동

신경학적 결함을 가진 아동은 이로 인하여 학습문제가 부수적으로 동반되어 읽기나 쓰기 또는 셈하기가 능숙하지 않을 수 있다. 이런 아동은 자신의 결함을 숨기려 하다 보니 철회적으로 반응할 수 있다. 이로 인하여 다른 정상적이고 기본적인 생리적 및 신경학적 능력이 개발되지 못하고 발달의 진전이 없거나 발달지연을 나타낼 수 있다. 예컨대, 읽기능력에 문제가 있는 아동은 또래아동들이 잘 읽는다는 것을 알기 때문에 읽기 기술이 필요한 게임이 아닌 다른 게임을 제안할 수도 있고, 자신의 수행능력에 대하여 수치감을 느낄 수도 있다.

대체로 이런 아동은 게임속도가 매우 느리고 협응력의 결함과 지각상의 결함 때문에 게임에 적응하기 어렵다. 이들은 자주 자신이나 상대방의 차례를 기억하지 못하고 누가 마지막으로 했는지, 게임의 상대방이 언제 했는지에 대해 반복적으로 질문을 할 수도 있다. 이와 같은 아동은 규칙도 자주 잊어 버릴 수 있으므로 치료사는 게임의 규칙과 부족한 학습능력에 대한 지원자가 되어서 철회되지 않도록 많은 도움을 주어야 한다. 그렇지 않으면 충동적으로 반응하거나 자신에 대한 실망감이나 분노감정에 사로잡혀서 자존감의 문제를 부수적으로 동반할 수도 있으므로 특히 주의를 기울여야 한다.

5) 게임놀이치료 과정에서의 평가

게임놀이치료 장면에서 게임은 아동에게 익숙한 활동이며, 자연스러운 표현의 수단이기 때문에 일반적으로 아동의 주의를 치료과정으로 끌어들이는 방법으로 사용된다. 또한 딱딱하지 않은 분위기를 조성하고, 치료자와 아동의 상호작용에서 긴장을 감소시키며, 초기 불안을 완화시키는 데 상당히 도움이 된다. 그리고 게임은 심리치료에서 아동의 주의를 끄는 것 외에도 진단적으로 사용되어 치료적 성장을 촉진시킬 수도 있다. 게임이 심리치료에 효과적으로 도움이 되는 활동적인 요소임에는 분명하나, 게임놀이를 하는 과정에서 아동을 진단·평가할 수 있는 측면은 종종 간과된다.

이에 보우와 퀸넬(Bow & Quinnell, 2007)은 게임놀이치료 장면에서 인지적·사회적·정서적 기능을 평가하는 데 중요한 12가지 영역을 다음과 같이 제시하고 있다(〈표 9-1〉 참조).

표 9-1 인지적·사회적·정서적 평가 요인

1. 인지적 책략	7. 좌절에 대한 인내력
2. 피드백에 대한 반응	8. 경쟁욕구
3. 숙달감에 대한 요구	9. 규칙에 대한 자발적 참여
4. 경쟁심	10. 압력을 다루는 능력
5. 자기통제	11. 성공과 실패에 대한 반응
6. 주의집중 시간	12. 통제력의 소재

출처: Schaefer & Reid (2010).

(1) 인지적 책략

게임에서의 시도와 실수 또는 통찰력 있는 문제해결 등은 아동이 게임을 하는 동안 과제에 접근함에 있어 인지적 책략의 사용이 요구되는 부분이다. 어떤 아동은 뚜렷한 계획 없이 닥치는 대로 여러 가지 전략을 시도하는 반면, 다른 아동들은 주의 깊게 분석하고 가능한 전략을 세운다. 특별한 접근방법을 이용하는 것은 아동의 문제해결능력과 사고력을 반영한다. 아동이 실수나 도전의 실패에서 배우는 능력은 인지적 책략들을 나타낸다. 어렵고 쉽게 해결되지 않는 문제에 대해, 아동은 새롭게 수정된 전략을 구사할 정도로 유연하고 능력이 있는가? 어떤 아동은 전략이 실패했더라도 같은 전략을 계속 반복해서 시도한다. 반면, 어떤 아동은 재빨리 조절하고 새로운 전술을 시도한다.

(2) 피드백에 대한 반응

'아동이 치료사가 제공하는 것을 수용하는가, 거절하는가?'와 같은 아동의 피드백 반응은 또 하나의 중요한 평가영역이다. 심한 품행장애 아동은 치료사의 개입을 무시하고, 자신이 알고 있는 것을 최고라고 생각한다. 대조적으로 의존적인 아동은 치료사의 말을 매우 주의 깊게 듣고 치료사의 어떤 제안이든 그대로 따른다. 또한 칭찬에 대한 아동의 반응도 평가의 중요한 기준이 된다. 칭찬을 선뜻 받아들이고 고맙게 생각하는가 아니면 가치가 없는 것처럼 무시하거나 거짓으로 생각하는가? 우울한 아동은 주로 칭찬에 무관심하게 반응하는 반면, 불안한 아동은 칭찬해 주면 다시 용기를 낸다.

(3) 숙달감에 대한 요구

게임을 잘하려는 욕구는 아동의 탐구성, 지속성, 그리고 성취욕구 정도를 반영한다. 많은 아동은 성공에 대한 강한 욕구를 가지고 있고, 남보다 더 잘하기 위해 계속 연습하려고 한다. 한편으로 어떤 아동은 충동과 욕망이 결핍되어 있고, 때때로 성공에 대한 두려움마저 가지고 있다. 이러한 아동들은 아마도 자신에 대한 확신이 없고, 회피적이고 불안할 것이다.

(4) 경쟁심

아동의 경쟁심은 욕망을 통제하는 것과 직접적인 관계를 가지고 있다고 할 수 있다. 자부심이 강하고 능력이 충분하다고 생각할 때 아동은 성취욕구와 탐구심이 크게 향상된다. 스스로에 대해 회의적이고 외적인 열등감을 가지고 있을 때 자기확신은 쇠퇴하고 회피적이 된다.

(5) 자기통제

지나친 충동과 욕구를 가진 아동의 자기통제력은 소근육게임에서 중요한 분석영역이다. 아동은 행동하기 전에 잠시 멈추고 생각할 수 있는가? 아동은 충동적인 행동을 하지 않고 반응을 지연시킬 수 있는가? 모든 아동은 공격적이고 파괴적일 수밖에 없는가? 충동에 지배당하는 아동은 자기통제에 큰 어려움을 가지고 있을 것이다. 대조적으로 강박적인 아동은 사전에 고려하고 조심하며 매우 신중한 방법으로 과제에 접근할 것이다.

(6) 주의집중시간

또 다른 분석영역은 아동의 주의집중시간이다. 아동이 주어진 과제에 집중할 수 있는가? 주의가 흐트러지는 것이 외부자극에 의해서인가? 그리고 어느 정도가 그들의 수행을 방해하는가? 주의력결핍 과잉행동장애 아동은 불안 또는 우울증을 가진 아동과 마찬가지로 주의집중에 큰 어려움을 갖는다.

(7) 좌절에 대한 인내력

주의력결핍 과잉행동장애와 적대적 반항장애 아동이 겪는 어려움 중 또 하나는 사고, 지연, 실패 그리고 약속을 처리하는 능력의 좌절에 대한 인내다. 이러한 아동은 좌절에 직면했을 때 폭발적이고 논쟁적이고 부정적이다. 반면에 어떤 아동은 믿을 수 없을 만큼 참을성을 보이며 잘 견딜 수 있다.

(8) 경쟁욕구

경쟁의 욕구는 승리에 대한 욕망을 반영한다. 어떤 아동은 대단히 경쟁적이고 승리에 대해 강한 욕구를 가지고 있다. 선취 득점, 승리의 횟수, 그리고 승리한 득표차가 경쟁욕구를 나타낸다. 이런 현상은 치료사에게 창피를 주고 통제하려는 품행장애 아동에게서 주로 나타난다. 수동적이고 의존적인 아동은 이길 수 있음에도 불구하고 앙갚음 때문에 치료사를 이기는 것을 두려워한다.

(9) 규칙에 대한 자발적 참여

아동이 자발적으로 게임의 규칙에 따르는 것도 또 다른 중요한 평가항목이다. 외현화 장애(주의력결핍 과잉행동장애, 품행장애, 적대적 반항장애) 아동은 순서를 어기고 한 번 더 하려고 하거나, 기본적인 규칙을 무시하고, 참가자의 점수를 빼거나 더하는 시도를 한다. 그들은 다른 참가자에게 손해를 끼치더라도 부당한 이익을 얻으려고 시도한다. 반면에 내현화 장애(불안장애, 우울장애, 강박장애) 아동은 규칙에 따르는 것과 승리의 가능성에 대해 지나치게 걱정한다.

(10) 압력을 다루는 능력

게임의 성공은 때로는 아동의 압박감을 조정하는 능력에 의존한다. 이것은 위기에 대처하는 극단적인 행동과 관련이 있을 수도 있다. 어떤 아동은 그러한 상황을 극복하고, 어떤 아동은 좌절하고 만다.

(11) 성공과 실패에 대한 반응

게임이 끝난 후에 성공과 실패에 대한 아동의 반응을 평가하는 것은 치료자에게 중요하다. 어떤 아동은 성공에 대해 당당하고 무한한 힘을 가진 기분으로 반응하는 반면, 다른 아동들은 치료자가 보복할 거라는 두려움을 느낀다. 실패는 열등감 또는 분노를 유발할 수도 있다.

(12) 통제력의 소재

또 다른 평가영역은 아동이 어느 부분에 통제력을 행사하는가다. 아동이 성공 또는 실패의 원인을 열심히 찾고, 지적이고 나은 전략을 구사하는 것과 같은, 직접적으로 통제할 수 있는 내적 요인으로 돌리는가? 그렇지 않으면 아동의 통제 밖에 있는, 더 숙련된 게임상대자(치료자), 게임의 교묘함, 또는 운과 같은 성공을 결정하는 외적 요인으로 돌리는가? "당신이 이겼다고 생각하는 이유는 무엇입니까?"와 같은 단순한 질문은 이러한 주제를 다루는 것을 돕는다. 아동이 그들의 성공 또는 실패에 대한 원인을 어디로 귀인시키는가는 자신들의 동기에 크게 영향을 미친다.

이러한 인지적 · 사회적 · 정서적 요인분석이 치료자들에게 가치 있는 진단정보를 제공하며, 아동의 치료과정을 도울 것이다. 치료자들은 또한 충동적이고 빈약한 조직적 기술, 좌절에 대한 낮은 허용 등과 같은 특수한 문제 영역에서 더 나은 치료전략을 개발할 수도 있을 것이다.

6) 게임놀이 치료과정에서의 유의사항

(1) 게임놀이치료 접근

게임놀이치료는 아이들의 정서적 고통을 줄여 도움을 주도록 구성된 다양한 게임을 사용하는 심리요법이다. 게임놀이치료는 아직 분명한 이론적 배경을 가지고 있거나 절차와 적용범위가 명확하게 규정되어 있지는 않다. 그러나 치료전문가들은 각자의 전문 영역에 따라 다양하게 게임을 선택하여 적용하고 있다. 정신분석치료사는 환상을 이끌어 내고 소망을 표출하도록 디자인된 게임을 사용하고, 행동분석심리학자는 새로운 행동을 가르치고 실험해 볼 수 있는 기회를 제공하는 게임을 이용한다. 치료전문가들이 게임에서 중요시하는 점은 게임이 치료에 얼마나 직접적인 효과를 주는가에 있다. 말이나 설명이 필요 없는 놀이 그 자체가 '효과적인 교정능력'을 제공하는 수단으로서 가치가 있다고 생각한다(O'Connor, 1991).

이러한 개념은 전통적인 비지시적 놀이치료 접근에 영향을 주었다. 치료전문가의 궁극적 목표는 아동의 욕구를 반영한 어떤 특성화된 놀이행동에 참여하게 하여 그 과정에서 아동의 능력을 재설정하는 것이다. 이러한 접근으로 아이들의 게임행동은 치료과정에서 말로 개입하기보다는 스스로 놀이를 하면서 자연스럽게 감정을 투사하고 갈등을 표현하게 한다. 치료과정에서 말로 설명하거나 토론하는 것이 언제나 가능하기는 하지만 심리치료 과정에 꼭 있어야 하는 것은 아니다.

일부 전문가들은 게임을 단지 실제 치료작업의 부속물로 생각한다(Gardner, 1986; Nickerson & O'Laughlin, 1980). 이들은 게임놀이를 아이들이 치료과정에서 편안함을 느끼게 하는 매체로서, 알아내기 힘든 치료 관련 정보를 얻어 내는 수단으로 생각한다. 언어적 과정이나 설명은 놀이의 이 부분에 그칠 수 있다. 치료의 근본목적은 게임의 내용전개를 말로 표현하고 자각하게 하여 갈등과 심리학적 이슈를 표출하도록 하는 데(Caruth & Ekstein, 1966) 있다고 보는 이론적 관점에서 보면 게임놀이는 치료과정을 실제로 방해할 수도 있는 것처럼 보인다. 매토린과 맥나마라(Matorin & McNamara, 1966)는 게임놀이 자체에 몰두하게 되면서 아이가 직면하고 있는 문제행동을 회피하게 만들 수 있다고 언급했다. 즉, 편안한 방법으로 어른과 교류하도록 잘 설계된 게임이 오히려 치료사와의 결속강화를 회피하고 결과적으로 껄끄러운 이슈를 기피하게 할 수도 있다는 것이다. 가드너(Gardner, 1986)는 게임이 단지 치료요법의 하나여서는 안 된다고 믿는다. 왜냐하면 게임이 이야기 꾸며 대기와 같은 다른 치료요법이라면 충분히 읽어 낼 수 있는 치료사의 깊은 무의식적인 것들을 빼앗을 수도 있기 때문이다. 이처럼 일부 전문가들이 구조화된 게임을 유용성이 없는 것으로 간주하는 이유 중 하나를 벨린슨(Bellinson, 2002)은 게임내용에 대한 몰입 때문이라고 보고 있다. 만약 한 사람이 게임에서 제시된 대로 움직이는 것(주사위를 던지고, 카드를 뽑고, 칸수를 세고, 돈을 지불하고, 감옥 가는 것 등)을 보고만 있다면 의미 있는 역동에 대해서는 거의 관찰할 수 없는 것처럼 보일 것이다. 이 때문에 게임놀이치료사들은 치료목표에 맞춰 치료과정에서 아동의 정신건강을 체계적으로 도울 수 있는 방법을 계속 찾아야 할 것이며, 아동의 심리학적 기능을 개선하도록 돕기 위해서 게임놀이를 명확하게 이해할 수 있어야 한다고 제안한다.

(2) 전이와 역전이

치료에서 게임놀이는 환자와 치료자 사이의 규범적인 경계를 허물기 때문에 손쉽게 역전이 통로 역할을 한다. 치료자의 규범적 입장은, 적어도 정신분석학적 취지에서, 적절한 거리감과 객관성을 가지고 내담자의 상태를 반영하는 거울 역할이다. 그런데 일단 게임을 시작하면 이러한 태도가 흐트러진다. 치료자는 게임을 하는 동안 치료자로서의 입장과 자각을 잃어버릴 가능성이 더 많다. 특히 게임놀이가 치료자로 하여금 아이들과 마찬가지로 부수적인 감정과 욕구(예: 경쟁심, 자존감, 공정성)를 가지게 하기 때문이다. 치료자는 당연히 발달과정에서 생겨난 원형적 성격과 아주 미세한 부분이 주는 배경적 의미와 감정적 선입견을 가지고 게임을 대한다. 따라서 게임놀이가 치료자의 무의식과 생각, 배경과 삶의 경험을 반영하는 행동으로 가득한 집합체를 만들 수도 있다. 치료자는 반드시 게임놀이 치료과정에서 경각심을 가지고 자신의 욕구와 바람을 적절하게 여과함으로써 역전이를 통제해야 한다. 이에 라이드(2001)는 내담아동과 게임에 임하기 전, 치료자 자신의 사고, 감정, 갈등 및 게임과 관련된 과거 경험을 검증하는 것이 중요하다고 하였다.

또한 게임치료 과정에서 생기는 어른과 아이의 불명확한 경계는 아이에게 전이를 쉽게 한다. 치료자가 부모를 좋게 보든 나쁘게 보든 그 감정은 아이에게 그대로 전이된다. 아이가 치료자를 전지전능하고 박식한 사람으로 여기는 상황에서는 전이반응 또한 쉽게 일어난다. 치료자가 아이의 무의식적 감정과 생각을 채워 넣을 수 있는 객관적이고 중립적인 '여유공간'을 가지고 있을 때 전이반응은 더 즉각적으로 발생한다. 그러나 게임놀이를 할 때 치료자는 자연스럽게 자기 자신을 드러내려는 경향이 있다. 이와 같이 사적인 상황은 치료자의 개인적 성향이 아이의 부모 전이와 일치하지 않기 때문에 전이반응을 혼란스럽게 한다.

게임놀이는 게임의 경쟁적 성향이 어른과 상대하는 게임에서 아무도 도와주지 않는다는 아이의 느낌을 강화할 수도 있기 때문에 즉각적이고 명확한 전이반응을 드러낼 수 있는 잠재력을 가지고 있다. 게임의 초기단계에서 이미 아이는 어른이 전능하고 박식하다는 인식을 가진다. 따라서 아동들 사이에 힘의 불균형이 있는 상황에서 치료적 접근은 치료과정 관리의 중요한 부분이다.

(3) 속임수와 장애

속임수는 종종 게임놀이치료에서 이슈화된다. 속임수는 대부분 부적합한 아동의 감정을 반영하고, 놀이치료에서 대부분 아동이 자신의 수준에 대해 갈등을 경험하게 된다. 초기 잠복기 아동의 경우 속임수는 마술적인 소망충족으로부터 구체적 조작사고로의 전환과 종종 관련된다. 이런 아동들의 경우 속임수는 현실적으로 투쟁하려는 시도와 전능한 통제력을 향한 사라지지 않는 욕망과의 투쟁을 반영한다. 후기 잠복기 아동의 경우 속임수는 종종 현실을 극복하는 것에 대한 회피와 무능함을 표현하는 좀 더 심각한 문제를 나타낸다(Meeks, 1970).

대부분의 놀이치료사는 속임수를 허용함으로써 현실검증력을 오히려 더 약화시키거나 방임하게 된다는 것에 동의한다(Beiser, 1979; Cooper & Wanerman, 1977; Meeks, 1970; O'Connor, 1991). 또 다른 치료자(Berlin, 1986)는 만약 치료자가 이기려는 아동의 욕구를 인지할 경우 약간의 속임수가 허용될 수 있다는 것에 동의한다. 라이드(1993)는 일반적으로 속임수가 저지되지 않고 발생하도록 해서는 안 되며, 그렇다고 제거될 필요가 있는 문제로 간주하지도 않는다는 것을 강조하였다. 속임수를 무시함으로써 치료자는 속임수의 저변에 깔려 있는 아동의 감정을 지속시키게 한다. 즉, 나는 규칙을 어기지 않고는 게임에 이길 수 없고 부적합하다고 생각하는 마음이다. 그러나 일방적으로 속임수를 금지하는 것은 아동에게 내재되어 있는 심리적 의미를 무시하는 것이 된다. 치료자는 치료자의 초점이 게임의 결과보다 오히려 게임의 과정에 있어야 한다는 사실을 기억해야만 한다.

따라서 라이드(1993)는 속임수를 공개적으로 논의해야 하며, 속임수를 관리하는 데 있어 창의적이어야 한다고 제안하고 있다. 예를 들어, 속임수에 대한 욕구가 강한 아동의 경우 치료자는 참가자 모두에게 속임수를 허용할 수 있다고 제안하는 것이다. 아동에 비해 성인의 경우 지적 능력, 권위, 경험이 보다 우월하기 때문에 게임이나 게임놀이의 기본상식을 위반하는, 본래부터 불공평한 것이다. 경쟁게임의 즐거움은 승률이 우연이 아닐 때 발생하게 된다. 아동은 게임이 시작되기도 전에 이길 확률에서 '당하는' 것과 같은 느낌을 가지기 때문에 그들은 게임하는 동안 속임수를 쓰는 것이 정당하다고 느낄 수도 있다. 더욱이 공평한 놀이라는 인식이 없으므로, 아동들은 놀이에 참가한 성인에게 대항하여 이길 수 있는 방법이 없기 때문에 반드시 전략적으로 속여야 한다고 느낄 수도 있다.

게임놀이치료 상황에서 능력이나 지적 수준에서의 불공평함에 직면해서 많은 치료자는 아동이 이기도록 시도하게 된다. 베를린(Berlin, 1986)은 치료자라는 핸디캡을 배제하고, 정당한 관점에서 아동이 게임을 이기도록 하는 것은 아동의 자존심과 숙달감을 형성하는 데 도움을 줄 수 있다고 한다. 다른 연구자들(Cooper & Wanerman, 1977; O'Connor, 1991)은 아동 자신이 스스로 이길 수 없다는 메시지를 이해하기 때문에 게임에서 아동을 이기게 하는 것은 그들의 자존심에 해로울 수도 있다고 주장한다. 부적절하게 아동이 이기도록 허용하는 것은 비밀과 불신의 분위기를 조성하게 한다.

이런 장애에 대해 치료자들은 게임놀이치료에서 아동과 성인 간에 지적 능력과 경험의 불평등이 균형을 유지하기 위한 보다 효과적인 많은 방법들을 고안해 냈다(Reid, 1993; Schaefer & Reid, 1986). 게임의 수만큼이나 치료자의 핸디캡을 극복하는 방법들도 많다. 예를 들어, 보드게임 중에는 출발점에서 도착점까지 하나 또는 그 이상의 말을 이동하는 것이 많이 있다. 이런 게임들에서 치료자가 아동과 달리 도착점에 도달하기 위해 말의 수를 두 배로 함으로써 게임에서 승률의 균형을 맞추게 할 수 있다. 또는 치료자가 이기려면 보드의 종착점을 두 번 돌아야 한다는 것에 아동과 치료자가 서로 동의할 수도 있다.

게임놀이치료의 승률의 균형을 맞추기 위한 또 다른 방법은 우연게임을 선택하는 것이다. 혹은 가능하면 선택적 게임에서 이기는 주요 요인을 우연에 의한 것으로 수정할 수도 있다. 우연게임은 어른의 우월성과 게임에서 지는 것에 대해 아동에게 훨씬 덜 스트레스를 준다. 어린 아동들은 특히 치료자와 아동이 서로서로 대항하는 상징적 대회에 참가한다는 관점에서 두려움을 느끼게 될 것이다. 우연 요인에 의해 게임에서 지는 것은 아동의 자존심에 덜 도전이 된다. 치료자와 아동은 서로 '이기기' 위해 노력할 수 있고, 따라서 전통적 게임의 목적지향과 경쟁적 양상을 유지시키게 된다.

(4) 게임의 선택과 평가

게임놀이치료를 위해 게임을 선택하고 평가하는 기준은 다음과 같다(Schaefer & Reid, 2010).

첫째, 아동의 연령과 게임의 어떤 유형의 발달적 선호성을 고려하라. 특히 역할의 적응과 승리에서 우연과 기술 요인의 변화에 따라 고려하라. 예를 들어, 좀 더 어린 아동들은 경쟁적 상황에 놓일 때 보다 안정적이고 쉽게 인식하는 역할을 하게 하는 우연에 기초한 게임을 더 선호한다. 나이 든 아동은 보다 도전적이고 복잡한 게임을 더 선호한다.

둘째, 아동의 요구수준에 따라 후퇴하고 전진하는 것을 허용하는 복잡성을 가진 게임의 다양성을 고려하라.

셋째, 아동의 현재 문제나 치료목적과 치료자의 이론적 지향과 연관 지어 게임 사용의 목적을 규명하라. 치료적 게임의 전문성이 증가하는 것은 특별한 심리적 문제를 도와줄 게임 선택의 폭을 넓혀 준다.

넷째, 게임에 내포되어 있는 변화의 방법과 잠재적인 치료적 요소(예: 의사소통, 문제해결, 진단, 카타르시스, 합리적 사고, 사회화)를 규명하라. 게임이 나아가려는 과정은 어떤 것인가? 게임이 특별한 이론적 관점과 연관되어 있는가?

다섯째, 치료 초기에 게임놀이의 기본규칙을 세워라. 아동에게 게임을 설명한 치료자가 놀이를 통해 교정적 정서체험을 위한 잠재적인 이론적 견해를 포함한 여러 요인들을 어떻게 지속시킬 것인가? 예를 들어, 게임놀이치료 목적을 저항의 감소와 치료동맹의 강화에 한정한다면, 게임놀이 시간이 단지 치료회기의 한 부분으로 제한할 수도 있다. 또 다른 치료자들은 아동으로 하여금 게임의 폭넓은 다양성에 접근하도록 자유를 허용하고, 아동의 흥미에 따라 자연스럽게 놀이가 진행되도록 허용할 수도 있다. 이런 접근은 방해물이 없는 놀이의 투사적이고 정서적으로 교정적인 요소를 강조하기 위한 이론적 관점으로부터 나올 수 있을 것이다.

여섯째, 아동 관점에서 게임의 액면가치를 검토 평가하라. 많은 치료적 보드게임은 아이들에게 불편한 주제에 대해 개방시키고, 이야기를 꺼내도록 하는 '함정'으로 비추어질 수 있다. 공격적으로 행동한 이력이 있는 아동은 치료 시작시기에 '분노통제게임'을 할 준비가 되어 있지 않을 수 있다. 보다 덜 위협적인 게임, 친숙한 게임이 치료 초기에 더 유용할 것이다.

일곱째, 치료시간 안에 여러 번 놀이를 할 수 있는 게임을 선택하라. 시간 안에 여러 번 게임을 한다는 것은 놀이에서 배운 것을 즉각적으로 적용해 볼 수 있게 해 준다. 특히 반복과 연습은 인지적 기술발달과 유능감에 중요하다. 새로운 게임을 반복, 숙달하여 자신감을 갖도록 치료자의 격려가 중요하다. 치료자는 게임 그 자체가 목표가 아니며 단지 배움과 정서표현을 위한 매개체라는 것을 인식하도록 한다.

3. 게임놀이의 임상 적용

아동심리치료에서 초기 임상 적용들은 게임놀이의 투사적 가치에 초점을 맞추었다.

즉, 게임은 무의식적인 사물의 투사를 촉진시키는 도구로 여겼다(Gardner, 1973; Levinson, 1976; Loomis, 1957). 이 무렵에 치료자들은 치료목표에 맞춰 치료상황에서 분위기를 수용하고 개방을 촉진하기 위해 경쟁, 기술, 전략의 요소를 감소시키고 자기표현과 협력에 초점을 둔 보드게임을 개발하기 시작하였다. 대표적인 치료적 게임으로 가드너(1973)의 말하기, 느끼기, 행동하기 게임(Talking, Feeling, Doing Game), 자키츠(Zakich, 1975)의 언게임(Ungame)이 있다.

루미스(Loomis, 1957)는 치료과정에서 체커를 사용한 결과를 발표한 논문에서 처음으로 보드게임의 치료적 가치에 대해 언급하였다. 즉, 저항의 표현에 유용한 것으로 설명하였다. 이후 믹스(Meeks, 1970)는 게임에 참가한 사람들 간의 관계를 형성한다는 측면에서 게임놀이의 가치를 더욱 지지하였다. 저항, 전이, 역전이를 포함한 치료자와 아동 간의 관계형성이 게임놀이 범주 내에서 더욱 용이하게 이루어진다는 것이다. 레빈슨(Levinson, 1976)은 게임이 사물에 대해 무의식적으로 투사하게끔 하는 전형을 보여 주며, 베텔하임(Bettelheim, 1972)과 베를린(1986)은 무기력, 힘, 공격과 관련된 갈등을 이끌어 내는 데 게임의 가치를 제시하고 있다.

1970년대에 들어 자기표현과 의사소통을 위한 보드게임의 유용성에 대해 보다 높은 평가가 나타났다. 지난 30여 년 동안 상담과 치료에 사용하기 위한 특수한 보드게임의 개발이 폭발적으로 일어났다. 치료적 보드게임은 환상적 사물에 대한 투사부터 믿음과 도덕적 판단에 이르기까지 다양한 수준에서 자기표현을 격려하기 위해 더욱더 특수화되고 정교해졌다. 예를 들어, 사회보장게임에서 지시에 따라 내면의 생각과 감정의 실제 표현을 격려하고 방어를 이완시키며, '마치 ~처럼' 게임에서는 제3의 인물을 통해 생각과 감정을 연결함으로써 훨씬 덜 불안하고 덜 위협적으로 느끼게 된다. 이러한 치료적 노출이 반복되면서 점차 직면하는 문제에 대해 보다 도전적으로 접근하게 된다.

특별한 목적으로 사용되는 치료적 보드게임의 개발은 계속 급증하고 있다. 즉, 학대아동(예: 이탈게임), 학습부진아동(예: 2개의 집게임), 충동파괴행동아동(예: 좋은 행동게임), 이혼가정아동(예: 피드백게임, 일어날 수 있는 일 게임), 애정결핍아동(예: 분노통제게임), 가정폭력아동(예: 평온한 길게임), ADHD아동(예: 멈추기, 이완하기, 생각하기 게임), 사별아동

(예: 굿바이게임), 위탁아동(예: 표류게임) 등이 특수한 목적으로 개발된 유용한 게임들이다(Olsen-Rando, 1994; Resnick, 1986).

최근 국내에서는 게임중독 및 과몰입을 예방, 치료하기 위한 게임으로 박성옥(2011)은 게임과 몰입 아동 · 청소년을 위해 'TED-Cat(Talking, Emotin, Doing-Cat) 게임'을 개발하였고, 박성옥과 김윤희(2012)는 'G.G 윷놀이'와 'G.G Habit' 게임을 개발하였으며, 박성옥(2012)은 다문화 학생들의 학교적응을 위해 '대한아 학교가자' 게임을 개발하였다.

이러한 치료적 보드게임의 급격한 확산이 아동심리치료에서 전통적인 경쟁게임을 대체하지는 않았다. 최근에도 전통적인 상업용 게임은 특별한 심리적 요소의 표현을 촉진시키거나 갈등을 해소하는 데 꾸준히 활용되고 있다. 두 가지 유형 모두 전형적으로 아동심리치료 장면에 자주 등장한다. 쓰론(Throne, 1982)은 상업적 전통게임인 '클루게임'을 통해 9세 소년이 삶에서 중요한 사람인 할아버지의 죽음으로 인한 슬픔을 극복하도록 도움을 주었다고 한다. 이 소년은 게임을 하는 동안 폭력과 죽음의 어휘를 사용함으로써 죽음의 장면에 대해 상징적으로 말하게 되었고, 게임의 은유적 표현과 실생활에서 할아버지에 대한 책임감과 감정의 표현 사이를 오가곤 했다.

또한 전통적 경쟁게임은 능력이나 자기의심, 행동조절, 충동조절, 현실검증, 지적 기술과 자아상의 감정들이 소근육 경쟁게임 놀이(예: 오프레이션, 픽업스틱, 퍼펙션, 원반 튕기기, 젠가 등)를 하는 동안 드러나도록 함으로써 자아기능을 강화시키도록 도울 수 있다고 밝히는 연구(Rutter, 1990)와 보다 전문화된 게임을 통해 아동들의 자기통제(Bow & Goldberg, 1986; Swanson, 1986), 공격성 감소(Bay-Hinitz, Peterson, & Quilitch, 1994), 학습과 관련된 인지기술의 향상(Reid, 1986)을 증진시키도록 도울 수 있다는 연구들이 있다.

최근 10여 년간 국내 게임놀이의 치료효과에 대한 연구 역시 활발하게 진행되었다. 게임놀이치료 연구를 통해 일반 아동 · 청소년을 대상으로 하는 예방적 · 발달적 · 교육적 접근 이외에도 지적장애, ADHD, 경계선 지능장애, 학습부진, 시설아동, 발달장애, 게임중독 등의 치료적 접근에 대한 임상연구들이 특히 사회 · 정서발달 측면에서 효과적이며, 상담 및 치료 활동에 활발히 적용되고 있음을 보고하고 있다.

먼저 게임을 통한 놀이치료를 통해 효과적인 것으로 보고하고 있는 폭넓은 연구결과들 중 다음 몇 가지 큰 범주로 나누어 국내외 연구결과들을 살펴보고자 한다.

1) 의사소통

의사소통과 관련한 연구는 일반인보다 특수교육의 대상이 주로 많았다.

박경란(2010)은 지적장애 아동을 대상으로 집단게임놀이를 실시한 결과, 의사소통 의도가 향상되고 표현의 산출빈도가 높아진 결과를 얻었고, 서문혜자(2011)는 언어발달지체 아동을 대상으로 보드게임프로그램을 실시한 결과, 아동의 수용 · 표현 어휘능력, 즉요구하기, 설명하기, 주장하기, 반응하기, 발화 등의 의사소통능력이 향상되었음을 보고하고 있다. 임지연(2004) 역시 만 2세의 발달장애 아동을 대상으로 대상자 간 중다 기초선 설계로 그 효과를 검증한 연구에서 보드게임을 이용한 통합놀이활동을 통해 언어적 의사소통기술 빈도가 유의미하게 증가한 것으로 보고하고 있다.

이 외에 일반아동을 대상으로 이영자, 이종숙, 신은수(2004)는 그림책 이야기를 활용한 집단게임놀이 프로그램을 통해 유아의 말하기 능력이 증가된 결과를 보고하였다.

국외의 연구로는 벅스(Burks, 1978) 연구에서는 투사적 기법으로서 상상게임을 활용할 수 있는 보드게임을 개발, 즉 옛날이야기와 신화에 나오는 40여 개의 형상이 있는 보드게임판을 통해 대화를 창의적인 표현과 정서와 연관된 다양한 표현을 촉진시키는 결과를 얻었다. 크론(Cron, 1998)은 110장의 감정단어 게임활동으로 자신의 긍정적 · 부정적 경험들을 거부감 없이 상호 즐거운 맥락 속에서 쏟아 내도록 접근함으로써 다양한 내면의 상처를 치유하는 결과를 얻었다고 보고하고 있다. 가드너(1998)의 말하기, 느끼기, 행동하기 게임을 통해서도 경험 속의 이야기를 표출해 내도록 하거나, 저항감 없이 스스로 지어낸 이야기를 자유롭게 말하도록 촉진함으로써 심리치료적 효과를 이끌어 낸 임상결과를 보고하고 있다.

2) 사회정서

게임놀이치료 적용에서 사회정서발달 연구는 일반부터 특수교육대상까지 매우 다양한 대상과 폭넓은 연령대로 가장 활발하게 이루어진 연구분야로 나타났다.

지적장애아동을 대상으로 게임놀이치료 프로그램을 실시한 연구에서 김창원(2000)은 초등지체학생의 사회성숙도 및 대인관계 향상, 정승영(2005)은 중학교 지적장애 학생의 사회적 능력 향상, 김수미(2006)는 사회적 기술, 협력기술 향상 등을 보고하였다.

시설아동을 대상으로 한 연구에서는 석주영, 안옥희, 박인진(2006)의 연구에서는 사회적 수용도, 전반적인 자기긍정 인식에 효과적으로 보고하였다.

자폐아동을 대상으로 하는 박계신(1995)의 연구는 신체를 이용한 게임놀이활동을 단계적이고 반복적으로 실시한 결과, 놀이상황에서 상호작용 기술 증가, 놀이에 대한 반응과 참여 증가, 고집행동, 신체 학대행동, 괴성을 지르는 행동, 이탈행동 등 부적절한 사회적 행동의 뚜렷한 감소, 사회적 상호작용 기술 향상 등에 긍정적인 효과가 있음을 밝히고 있다. 또한 김부임(2013)의 상황이야기 중심의 게임놀이활동을 통해 사회적 행동발생률 증가와 문제행동 발생률 감소를 보고하였다. 이종숙과 조희정(2008)은 고기능 자폐아를 대상으로 또래 리더 경험의 게임놀이를 통해 고기능 자폐스펙트럼장애 아동이 타인에 대한 마음 읽기가 매우 증가되었다고 밝히고 있다.

우울아동을 대상으로 윤자영(2009)은 게임놀이 프로그램을 통해 실험집단 대상아동의 우울정서와 행동문제가 유의하게 감소하였음을 제시하였다. 학교부적응아동을 대상으로 정지현(2003)은 사회성이 긍정적으로 변화되었으며, 방임아동 대상으로 원지원(2004)은 게임놀이과정에서 감정·의사 표현의 기회를 제공하고 대인관계 상황에 대한 토론에 참여함으로써 문제인식, 문제해결 전략을 사용할 수 있게 되어 궁극적으로 사회성 증진에 효과적임을 밝히고 있다. 청각장애아동을 대상으로 연구한 이점언(2006)은 자존감 향상, 정서적응, 사회적응에 긍정적 효과를 제시하며, 초등 4학년 만성틱장애아동을 대상으로 한 강삼순(2004)의 연구에서도 틱증상이 31~81%까지 감소한 효과뿐 아니라 집중도 증가, 아동들과의 친밀도 향상 등의 효과를 밝히고 있다. 저소득층 아동 대상으로 한 김세희(2011)의 연구는 사회규범, 호감도, 사회적 미숙의 하위영역에서 고른 사회성 발달이 촉진되고, 문제행동이 전체적으로 감소되었음을 밝히고 있다.

국외의 연구로 배리시, 선더스 그리고 울프(Barrish, Saunders, & Wolf, 1969)의 연구에서는 사회적 기술향상을 위해 개발된 '좋은 행동게임'이 교실에서 학생들의 충동적이고 파괴적인 행동을 감소시키는 데 효과적이라고 밝히고 있으며, 르크로이(LeCroy, 1987)의 연구는 '사회기술게임'이 친사회적 행동을 촉진시키는 데 효과가 있다고 밝히고 있다. 샐렌드, 레이놀즈 그리고 코일(Salend, Reynolds, & Coyle, 1989)의 연구에서는 '좋은 행동 게임'이 특별교실에서 감정적으로 곤란을 겪는 아동의 부적절한 행동을 감소시키는 데 효과적이라고 밝히고 있다.

또한 반사회적 청소년을 위한 게임놀이치료로 32개의 빙고판으로 구성된 '감정빙고'를 고안하여 청소년들이 감정을 노출시키고 자신의 삶의 경험을 이야기하도록 하는 과정에서 서로 신뢰하고 경청하고 공감을 이끌어 내, 진정한 관계기술의 효과를 얻었다고 밝히고 있다(Cheung, 2006). 베이−히니츠, 피터슨 그리고 퀼리츠(Bay-Hinitz, Peterson, & Quilitch, 1994)는 공격성 감소를 위해 경쟁게임이 아닌 일련의 네 가지 협동게임, 즉 '맥스게임' '수확철 게임' '그래니의 집 게임' '잠자는 심술보게임'을 통해 함께 작업하고, 문제를 풀고, 협동하고, 나누고 서로 돕는 활동으로 사회관계 기술을 향상시킨 결과를 보고하고 있다.

3) 학습/ADHD

학습과 관련된 게임놀이치료 적용연구에서는 직접학습효과보다는 학교적응, 학업태도, 실행기능 등 학습의 중요한 요인에 대해 주로 규명하는 연구가 많았다.

김윤희(2010)는 학습부진아동을 대상으로 학습에 중요한 요소인 네 가지 실행기능, 즉 주의통제 영역에서 억제력, 정보처리 영역에서 유창성, 인지적 융통성 영역에서 주의전환능력, 목표설정 영역의 계획력 및 조직화 능력 등이 향상되었음을 밝히고 있다.

권미영(2013)의 연구에서는 학습장애아동의 자기조절력 향상 및 부적응행동 중 주의력결핍과 과잉행동 및 방해행동의 유의미한 감소를 제시하고 있다.

학습에 대한 국외의 연구에서 라이드(Reid, 1986)는 학습장애아동을 위해 카드놀이를 함께 함으로써 학습 관련 정서, 동기 관련 문제를 돕고, 카드놀이 속에 숨어 있는 인내력, 충동조절, 과제집중력을 이끌어 내어 학습장애아동으로 하여금 치료관계에서 신뢰와 안정을 형성하여, 아동으로 하여금 실패를 무릅쓰고 새로운 것을 배우려고 시도하도록 동기유발시키는 결과를 이끌어 내고 있다.

송문화(2005)는 초등학교 3~4학년 ADHD 아동을 대상으로 집단게임놀이를 실시하여 아동의 실행기능, 충동성, 자기통제력, 사회정서행동에 효과적이었다고 보고하고 있으며, 조붕환과 임경희(2002)의 연구에서도 초등 1~3학년 아동을 대상으로 게임활동을 실시하여 과잉행동을 감소시키고, 주의집중과 사회성 기능 향상에 효과적이었다고 보고하고 있다. 김학래(2003)도 초등 2학년 ADHD 아동의 경우 신체 및 언어를 중심으로 집단게임활동 후 주의집중력, 사회성, 자아존중감은 향상되고, 문제행동은 감소한 결과를 밝히고 있다. 임영진(2013)은 ADHD 성향 아동의 분노, 공격성, 사회적 기술, 자기통제력, 행동조절에 대한 긍정적 변화와 적응행동의 증가, 부적응행동 감소 등을 보고하고 있다.

ADHD에 대한 국외의 연구에서는 오히려 국내보다 이 분야에 더 심도 있는 임상 결과를 쏟아 내고 있다. 웬더(Wender, 1971)는 주의력결핍 과잉행동장애가 신경전달물질의 소모로 인한 것이라는 가설을 통해 생리적인 자기조절능력을 배우도록 고안된 바이오피드백에 착안하였고, 클라크와 쇼이치(Clarke & Schoech, 1994)는 청소년들에게 충동조절을 배우도록 돕기 위한 컴퓨터 게임발달을 기술하였다. 즉, 마이크로칩 기술에 의해 제공되는 즉각적인 피드백과 함께 컴퓨터 프로그래밍의 신속한 분기(branching)와 발사(looping) 능력은 자기통제 결핍아동에게 특히 효과적일 것으로 여겼다. 반복적이고 즉각적인 피드백 지지와 지도의 과정은 아동으로 하여금 최소한 하나의 과정을 수정하면서 앉아 있는 동안 그들의 충동성을 조절할 수 있다는 것이다. 이와 관련하여 루버와 루바(Luber & Lubar, 1984)의 연구를 통해, 파괴적이고 충동적인 행동 감소, 자기조절력 향상 등 주의력결핍 과잉행동장애에게 바이오피드백 훈련의 중요성을 규명하고 있다. 이 외에 『게임놀이와 아동심리치료』(Schaefer & Reid, 2010)에서 레베카(Rebecca)는 주의력결핍 과잉행동장애 아동을 위한 '멈추기, 이완하기, 생각하기 게임'을 개발하여 아동뿐 아니라 부모까지 대상을 확장하여 매우 의미 있는 결과를 얻어 낸 것으로 보고하고 있으며, 스완슨(Swanson)과 카사지나(Casarjina)의 연구에서는 주의력결핍 과잉행동장애 아동을 위한 자기조절력 향상게임놀이 활동인 '시계를 이겨라'로 지속적인 과제를 수행하도록 하며, '자기교시훈련', 즉 '문제가 무엇인가?' '그 문제에 대해 내가 할 수 있는 것은 무엇인가?' '가장 최선의 방법은 무엇인가?' '나는 어떻게 행동했는가?'라는 네 가지 질문에 대한 훈련으로 충동적인 반응을 개선하는 결과를 이끌어 낸 것으로 보고되고 있다.

4) 위기문제

국내의 연구에서는 직접적으로 이혼, 위탁, 사별, 성학대 등의 위기문제에 노출된 아동을 위한 게임놀이치료적 접근에 대한 연구는 찾아볼 수 없었다.

『게임놀이와 아동심리치료』(Schaefer & Reid, 2010)에서 스트렝(Streng)은 외상사건에 직면했을 때 경험하게 되는 복잡한 심정을 이해하고 드러낼 수 있도록 촉진하기 위해 네 가지 '인생게임', 즉 '슬픔게임' '이혼과 별거게임' '사회성 기술게임' '왕따시키지 않기 게임'을 개발하여, 적용 후 아동 · 청소년에게 매우 유용한 것으로 밝히고 있다. 또한 네텔-길먼, 시그너 그리고 길먼(Netel-Gilman, Siegner, & Gilman)은 연구에서는 사별한 아동을 위한 굿바이 게임을 통해 아동이 슬픔과 상실에 대한 이슈들을 명확하게 인식하도록 하면서 고통스러운 감정과 정서를 말로 표현하게 하는 강력한 역할을 통해 치유의 효과를 보고하고 있다. 또한 케이건(Kagan)은 위탁아동을 위한 희망을 세우기 위해 '표류게임'을 개발하여, 계획카드와 감정카드와 신념카드를 통해 안전하게 격양된 감정을 표출하고 새로운 행동을 배울 시간, 장소, 관계를 제공할 수 있도록 하면서 매우 효과적인 결과를 제시하고 있다. 이후 게임 속 빈칸 내용을 채워 나가도록 설계된 '나만의 게임'을 통해 아동과 부모의 끊어진 연결과 신뢰를 회복할 수 있는 행동을 탐색하게 하였다. 이를 통해 아동이 새로운 수양부모와 안정적인 애착관계를 형성하도록 돕는 결과를 이끌어 냈다.

이혼가정을 위한 치료게임으로 버그(Berg, 1989)는 '가족변화게임'을 통해 아동에게 이혼 관련 문제에 대해 문제해결기술을 향상시키는 것으로 밝히고 있다. 이 보드게임은 아동이 부모의 이혼을 극복하도록 돕는 인지행동적 원리에 기초하고 있으며, 게임놀이 치료회기 과정에서 친구의 조롱, 죄책감, 유기공포, 재결합 희망, 대화, 방문과 관련된 갈등 등의 내용이 적힌 카드 질문에 대답하면서 점차 이혼에 대한 아동의 문제해결력이 향상되도록 고안되어 있다.

성학대를 받은 아동을 위한 집단치료에서 게임을 활용한 연구로, 코더(Corder, 1999)는 '기분이 좋지 않아—그러나 사실은…' 게임을 통해서나 인생게임 등 다양한 게임놀이치료 프로그램으로 감정을 탐색하게 하고, 카타르시스를 경험하도록 하며, 인지적 재정의(학대의 원인, 책임감, 효과 등)를 발달시키며, 자아존중감을 형성하는 것(학대에 대한 사실, 새로운 기술의 촉진), 미래에 일어날 수 있는 학대로부터 자신을 보호하는 특별한 대처기술의 발달과 외상경험에 대한 숙달감의 조장, 죄의식 회피, 지지체계 알아보기 등을 통해 외상과 만성 스트레스에 매우 적절하게 대처할 수 있는 역량을 키우는 성과를 보고하고 있다.

4. 학습부진아동을 위한 집단 게임놀이치료 프로그램

1) 집단 게임놀이치료 프로그램의 설계

학습부진아동은 적절한 교육기회와 지적 능력이 있음에도 불구하고 정상적인 인지과정을 방해하는 신경학적 이상인 실행기능의 문제가 있으며 특히 언어개념, 시공간적 조직화, 계열적 · 분석적 영역, 운동능력 및 계획능력, 실행 및 조절력이 학업성취와 관련되어 있다(Rourke, 1985). 이러한 인지적인 측면과 학업성취와 관련된 문제점으로 인해 학습부진아동의 정서적 · 행동적 문제뿐 아니라, 논리적 사고, 계획 및 조직화, 기억력, 주의집중력 등을 높이는 데 집단 게임놀이치료 프로그램이 효과적이다(Schaefer & Reid, 2010).

학습부진아동의 실행기능 향상을 위한 집단 게임놀이치료 프로그램의 예시는 김윤희(2010)의 박사학위논문 「학습부진아동의 실행기능향상을 위한 집단 게임놀이치료 프로그램의 효과」에서 발췌한 내용이다(〈표 9-2〉와 〈표 9-3〉 참조). 프로그램의 개발은 학습부진 및 게임놀이 관련 선행연구들의 연구에서 저항 없이 자연스러운 자기표현, 규칙을 통한 자기조절, 인지적인 측면에서의 논리적 사고 및 문제해결력, 계획 및 예측능

력, 집단원 간의 상호작용을 통한 사회화, 정보처리상의 작업기억력 향상, 주의집중 및
행동억제력의 증진 등의 치료적 요소를 고려하였다(강재정, 2008; 석주영, 2004; 송문화,
2005; 신숙재, 이영미, 한정원, 2001; 윤미희, 2009; 윤지현, 2008).『게임놀이와 아동심리치료』
(Schaefer & Reid, 2010)에서 학습부진아동의 치료적 특성을 촉진할 수 있는 학습장애아동
을 위한 게임치료에서 제시한 것들을 기초로 하여 보드게임을 선택하고 평가하여 집단
게임놀이치료 프로그램을 구성하고 있다.

　학습부진아동의 실행기능 향상을 위한 집단 게임놀이치료 프로그램의 목표를 다음
과 같이 설정하고 있다. 첫째, 학습부진아동의 친밀감 형성 및 신뢰, 응집력을 갖도록
한다. 둘째, 학습부진아동의 주의통제 영역 중 선택주의력 및 억제력, 주의초점능력,
행동조절력 및 감동할 수 있는 능력을 향상시킨다. 셋째, 학습부진아동의 정보처리 영
역에서 정보산출의 속도, 양, 정보를 범주화할 수 있는 유창성을 향상시킨다. 넷째, 학
습부진아동의 인지적 융통성 영역에서 주의전환 능력, 실수에서 배우는 능력, 주의분
할 능력, 인지적 전략, 복합적인 정보를 동시에 처리하는 작업기억력을 향상시킨다.
마지막으로 학습부진아동의 주도성 및 개념발달 능력, 계획능력, 조직화 능력을 향상
시킨다.

2) 집단 게임놀이치료 프로그램의 구성 및 내용

　〈표 9-2〉에서 제시한 집단 게임놀이치료 프로그램은 총 12회기로 구성된 단계적 프
로그램으로 얄롬(Yalom, 1995)의 집단발달과정을 고려하여 초기단계, 전환단계, 실행단
계, 종결단계 등 4단계로 구분하였다. 1~4회기는 집단 게임놀이치료 프로그램에 대한
목표와 내용을 이해하고 집단원의 친밀감을 높이고 응집력을 형성하는 시기로 실행기
능 중 주의통제 영역에 초점을 두고 있다. 5~6회기는 전환단계로 집단구성원 간의 신
뢰와 응집력이 키워지고, 그것이 기초가 되어 이후 실행단계에서 문제행동의 탐색과 변
화를 유도하는 단계로 실행기능 중 정보처리과정의 유창성을 증진시키고 주의통제 영
역 중 선택적 주의 및 억제력에 초점을 두고 있다. 7~9회기는 실행단계로 이 단계에서
는 실행기능의 인지적 융통성 영역인 주의전환 및 작업기억 능력을 향상시켜 줄 수 있

표 9-2 학습부진아동을 위한 집단 게임놀이치료 프로그램의 목표 및 내용

집단 단계	회기	집단 게임놀이치료 프로그램의 목표 및 내용	실행기능 영역
초기 단계	1회기	• 프로그램 이해 및 집단 간의 역동성을 파악, 친밀감 및 참여동기를 향상시킨다. 　－도입 및 이완활동: 별칭 짓기 　－구조화된 게임놀이: 난이도별 별칭게임 　－규칙과 집단명 정하고 서약서 쓰기 　－마무리활동: 오늘의 자기평가 및 집단평가	신뢰감 형성시기
	2회기	• 주의통제 영역 중 충동조절 및 행동조절 능력, 억제력을 키운다. 지시수행 및 상호능력을 향상시킨다. 　－도입 및 이완활동: ㄱ, ㄴ, ㄷ 시간 안에 물건 찾기 　　　　　　　　　　몸으로 자음 표현하기 　－구조화된 게임놀이: 콘체르토 그로소 　－마무리활동: 오늘의 자기평가 및 집단평가	주의통제 영역
	3회기	• 주의통제 영역 중 충동조절 및 행동조절 능력을 키운다. 　－도입 및 이완활동: 청기백기게임 　－구조화된 게임놀이: 할리갈리 　－마무리 활동: 오늘의 자기평가 및 집단평가	
	4회기	• 주의통제 영역 중 충동조절 및 행동조절 능력을 키운다. 　－도입 및 이완활동: 틀린 그림 찾기 활동 1 　－구조화된 게임놀이: 할리갈리 　－마무리 활동: 오늘의 자기평가 및 집단평가	
전환 단계	5회기	• 정보처리 영역 중 유창성을 향상시킨다. 　－도입 및 이완활동: 초성의 달인-보드판 제시 　－구조화된 게임놀이: 단어 할리갈리 　－마무리활동: 오늘의 자기평가 및 집단평가	정보처리 영역
	6회기	• 정보처리 영역 중 유창성을 향상시키며 정보처리의 효율성을 높인다. 　－도입 및 이완활동: 공통점 찾기 　－구조화된 게임놀이: guess who? 　－마무리활동: 오늘의 자기평가 및 집단평가	
실행 단계	7회기	• 인지적 융통성 영역 중 작업기억력, 주의전환능력을 높인다. 　－도입 및 이완활동: 반대로 게임, 물건 보여 주고 기억해서 쓰기 　－구조화된 게임놀이: 치킨 차차 　－마무리활동: 오늘의 자기평가 및 집단평가	인지적 융통성 영역

실행 단계	8회기	• 인지적 융통성 영역 중 작업기억력, 주의전환능력을 높인다. －도입 및 이완활동: 계산 게임(덧셈을 하자) －구조화된 게임놀이: 로보 77게임 －마무리활동: 오늘의 자기평가 및 집단평가	인지적 융통성 영역
	9회기	• 인지적 융통성 영역 중 작업기억력, 주의전환능력을 높인다. －도입 및 이완활동: 계산게임(색깔 다르게) －구조화된 게임놀이: Set 게임 －마무리활동: 오늘의 자기평가 및 집단평가	
종결 단계	10회기	• 목표설정 영역 중 계획력, 문제해결력을 향상시킨다. －도입 및 이완활동: 알맞은 숫자 찾기 －구조화된 게임놀이: 루미큐브 －마무리활동: 오늘의 자기평가 및 집단평가	목표설정 영역
	11회기	• 목표설정 영역 중 계획능력, 조직화능력을 향상시킨다. －도입 및 이완활동: 얼굴의 조각을 맞춰라 －구조화된 게임놀이: 우봉고 게임 －마무리활동: 오늘의 자기평가 및 집단평가	
	12회기	• 목표설정 영역 중 계획능력, 논리적 사고력을 향상시킨다. －도입 및 이완활동: 1인용 게임－hide and seek －구조화된 게임놀이: 다빈치 코드 －마무리활동: 오늘의 자기평가 및 집단평가	

출처: 김윤희(2010).

는 집단게임놀이 활동으로 구성하고 있으며, 마지막 종결단계 10~12회기는 목표설정 영역 중 계획 및 전략적 사고, 문제해결에 초점을 두고 있다.

〈표 9-3〉에서 제시한 집단 게임놀이치료 프로그램의 매 회기 구성은 오코너(2001)가 학령기 아동을 위해 제안한 집단형식을 참고로 하였고, 학습부진아동의 실행기능 향상을 위한 집단 게임놀이치료 프로그램 내용의 진행은 도입 및 이완 단계(10분), 구조화된 게임활동단계(50분), 자기평가 및 마무리 단계(10분)로 나누어져 있다.

집단 게임놀이치료 프로그램의 시작단계인 도입활동에서는 집단원들의 흥미를 촉진하고 주제에 맞는 워밍업활동을 통해 이완할 수 있도록 동기를 부여하며, 구조화된 게임놀이에서는 집단원들에게 충분히 게임의 규칙을 숙지하도록 설명한 후 실시한다. 이 단계에서 주 진행자는 집단원의 게임활동에서 보이는 특성을 살피면서 그들에게 맞는 개별적인 도움과 격려를 보조진행자와 함께함으로써 게임에서 나타나는 반복적인 오류를 줄이도록 한다. 이때 집단원들이 게임의 결과에 의해 크게 좌우되지 않도록 규칙준수, 게임에 임하는 과정, 전략 사용, 주의집중하는 면들을 강조하며, 게임의 승패나 집단원 간의 차이가 커지는 것을 줄이기 위해 잘하는 아동에게는 두 번 이상 연속적인 승리를 할 경우 업그레이드 시간을 갖도록 하고 게임단계와 난이도를 융통성 있게 조절하며 실시한다. 게임활동과정에 초점을 두며 규칙준수나 적절한 자기표현을 할 경우 강화물을 주며 적극적인 참여를 유도한다. 구조화된 집단 게임놀이치료가 끝나면, 평가 및 마무리단계에서 게임놀이활동에 어떻게 참여하였는지, 어떤 전략을 사용하였는지, 또한 활동에 참여하는 마음가짐이나 느낌, 소감 등을 이야기 나누는 시간을 갖도록 한다.

표 9-3 학습부진아동을 위한 집단 게임놀이치료 프로그램의 2회기 세부 활동내용

프로그램 (2회기)		몸으로 표현해요		
실행기능 영역		주의통제		
목표		1. 충동조절 및 행동조절 능력을 향상시킨다. 2. 억제력을 증진시킨다. 3. 지시수행 및 상호능력을 향상시킨다.		
순서	활동 단계	활동내용	준비물	소요 시간
1	도 입	• ㄱ, ㄴ, ㄷ 시간 안에 물건 찾기 　-집단원 2명과 보조진행자 1명을 팀으로 나눈다. 　-시간은 2분을 제시한 후 ㄱ에서 ㅎ까지 초성으로 시작하는 물건을 찾아서 　　자음 순서대로 물건을 배치하도록 한다. • 몸으로 자음 표현하기 　-ㄱ에서 ㅎ까지에 해당되는 몸동작으로 보조진행자와 짝을 지어 자음 표현 　　을 시범으로 보여 준다. 　-2명씩 함께 집단원이 나와 몸으로 자음 표현하기를 하도록 한다.	초시계	10분

2	본 활 동	• 콘체르토 그로소 게임 –콘체르토 그로소 게임을 꺼내서 각 카드를 보여 준다. –토끼들이 악기를 연주하며 음악회를 하는 카드를 보여 준다. 이들 중 네 가지 행동을 취하는 토끼들의 모습에 대해 설명한다. 노래를 부르는 토끼가 나올 때는 모두 귀를 막고, 지휘자의 토끼는 자리에서 일어났다 앉고, 북을 치는 토끼는 두 손을 들고, 심벌즈를 든 토끼가 나오면 박수를 치도록 한다. –나머지 토끼들은 어떤 행동도 취해서는 안 되며, 자신의 카드를 모두 버리는 사람이 이기며, 만약 행동을 취해야 할 때 취하지 않는 경우, 다른 행동을 취한 경우는 테이블에 나온 모든 카드를 가져간다. –카드를 모두 버리는 사람이 승리한다. –이 활동을 여러 번 번갈아 가며 한다.	관련 게임	50분
3	마 무 리	• 게임평가 및 자기평가 –게임에 참여하며 스스로의 감정을 평가한다. –자기평가지를 주고 집단진행자와 아동 스스로가 평가한 것과의 일치 정도를 알아본다. –평가를 통해 아동이 프로그램 참여에 있어서 얼마나 적극적이고 스스로 참여하면서 느꼈던 감정, 태도를 객관적으로 표현하도록 한다. • 몸으로 자음 표현하기를 가정에서 하도록 숙제부여(5분 이상하기)	평가지, 학생 지폐	10분
	진행 시 유의사항	• 집단원끼리 서로가 협동하여 게임할 수 있도록 보조진행자들은 격려와 지지를 한다. • 몸으로 자음 표현하기에서 보다 적극적일 때 토큰경제를 통한 강화를 제공한다. • 모든 활동을 할 때, 자기교시훈련인 '큰 소리로 나에게 말해요'를 하고 게임을 실시한다. • 자기평가와 진행자의 평가가 일치하면 지폐를 1장 준다.		

출처: 김윤희(2010).

5. 맺음말

게임놀이는 아동기의 심리적 · 사회적 세계에서 중요한 위치를 차지한다. 게임을 치료장면에 접목한 임상결과를 통해 이것이 아동 · 청소년의 인지 · 사회 · 정서 발달 촉진에 매우 중요한 가치가 있음을 확인할 수 있었다.

특히 게임의 다목적성은 심리적 갈등을 해결하는 데 도움을 줄 뿐 아니라, 그들의 정서적 성장에 보다 도움을 주는 치료적 자원으로 자리매김하고 있다.

게임놀이 치료과정에서 아동의 현재 문제와 치료목적에 따라 게임 사용 목적을 명백히 하고, 게임에 내포되어 있는 잠재적인 치료 요소와 역동을 고려하여, 게임이 갖는 액면 가치를 검토 · 평가하는 노력이 요구된다.

참고문헌

강삼순(2004). 집단게임놀이를 통한 초등학교 틱장애 아동의 상담효과. 광주교육대학교 대학원 석사학위논문.

강재정(2008). 인지기능증진 집단프로그램-작업기억력 중심으로- 서울여자대학교 특수치료대학원 석사학위논문.

권미영(2013). 게임놀이가 학습장애 아동의 자기조절과 부적응행동에 미치는 효과. 대구대학교 대학원 석사학위논문.

권혁선(2011). 균형적 읽기게임놀이 프로그램이 입학 전 아동의 읽기능력과 음운인식 읽기태도에 미치는 영향. 덕성여자대학교 대학원 석사학위논문.

김도연(2003). 주의력결핍 과잉행동장애(ADHD) 아동에 대한 인지행동놀이치료, 부모훈련 병합 치료의 효과. 이화여자대학교 대학원 박사학위논문.

김미정(2006). 집단게임놀이 활동을 통한 한부모 가정 아동의 자존감 향상에 관한 사례연구. 대구대학교 대학원 석사학위논문.

김미희(2007). 행동조절 게임놀이 활동이 ADHD특성 유아의 문제행동 감소에 미치는 효과. 대구대학교 대학원 석사학위논문.

김부임(2013). 상황이야기 중심의 게임놀이 활동이 자폐성 장애 유아의 사회적 행동 및 문제행동에 미치는 영향. 창원대학교 대학원 석사학위논문.

김세희(2011). 보드게임을 통한 놀이활동이 저소득아동의 사회성 향상에 미치는 영향. 상지대학교 대학원 석사학위논문.

김수경(2004). 게임놀이가 주의력 결핍 과잉행동 아동의 문제행동 감소에 미치는 효과. 대구대학교 대학원 석사학위논문.

김수미(2006). 보드게임을 이용한 협동놀이 활동이 정신지체아동의 사회적 기술에 미치는 영향. 공주대학교 대학원 석사학위논문.

김수현(2011). 집단게임놀이 프로그램이 아동의 정서지능과 자기효능감에 미치는 효과. 대전대
　　학교 대학원 석사학위논문.

김양오(2001). 게임놀이치료가 경계선지능 아동의 주의집중행동 향상에 미치는 효과. 대구대학교
　　대학원 석사학위논문.

김윤희(2010). 학습부진아동의 실행기능향상을 위한 집단 게임놀이치료 프로그램의 효과. 대전
　　대학교 대학원 박사학위논문.

김재환, 부정민(2006). 게임 놀이치료를 활용한 부모-자녀 놀이치료 프로그램이 자녀에 대한 부
　　모의 수용능력과 스트레스에 미치는 영향. 아동학회지, 27(6), 107-121.

김창원(2000). 게임놀이 프로그램이 정신지체아의 사회성숙도와 대인관계 형성에 미치는 효과.
　　대구대학교 대학원 석사학위논문.

김춘경, 고경남(2002). 게임을 이용한 REBT 집단상담이 여중생의 자존감 향상에 미치는 효과. 한
　　국아동심리 재활학회지, 6(2), 27-42.

김학래(2003). 집단게임놀이치료가 ADHD 아동의 주의집중력과 적응도에 미치는 효과. 인천교
　　육대학교 대학원 석사학위논문.

김현주(2006). 놀이중심 인지행동 치료를 통한 아동의 게임중독행동 및 자기 효능감 개선 효과
　　에 관한 사례연구. 대구대학교 대학원 석사학위논문.

남수미(2010). 게임 놀이프로그램이 주의력 결핍 아동의 주의력에 미치는 영향. 대구대학교 대
　　학원 석사학위논문.

남승인(2001). 수학학습에서의 게임의 활용. 대구대학교 과학·수학교육연구, 24, 21-50.

박경란(2010). 보드게임을 이용한 그룹 놀이활동이 지적장애아동의 의사소통 표현능력 향상에
　　미치는 영향. 충남대학교 대학원 석사학위논문.

박계신(1995). 게임훈련이 자폐성 아동의 사회성 발달에 미치는 효과. 대구대학교 대학원 석사
　　학위논문.

박고은(2013). 게임놀이를 활용한 주의집중 프로그램이 ADHD 성향 아동의 주의집중과 충동성
　　에 미치는 효과. 덕성여자대학교 대학원 석사학위논문.

박성옥(2011). 게임과 몰입 아동, 청소년을 위해 'TED-Cat(Talking, Emotin, Doing-Cat) 게임' 개
　　발보고서. 서울 아이윌센터 수탁연구과제.

박성옥(2012). 다문화 학생들의 학교적응을 위한 '대한아 학교가자' 게임 개발보고서. 과학 창의
　　재단 연구과제.

박성옥, 김윤희(2009). 게임놀이치료 워크샵. 대전충남상담학회 동계학술대회 자료집.

박성옥, 김윤희(2012). 2012년 찾아가는 게임문화교실 사업보고서. 한국컨텐츠진흥원수탁연구
　　과제.

박성현(2007). 보드게임을 이용한 놀이활동이 정신지체 학생의 적응행동에 미치는 효과. 대구대
　　학교 대학원 석사학위논문.

박은미(2012). 상위인지전략중심의 가정연계 게임놀이프로그램이 주의력결핍과잉행동장애 아
　　동의 문제행동, 실행기능 및 어머니의 양육반응에 미치는 영향. 창원대학교 대학원 석사학
　　위논문.

박은희(2004). ADHD 아동의 주의집중행동 및 자아존중감에 미치는 변화 사례연구. 대구대학교
　　대학원 석사학위논문.

박지혜(2006). 집단게임놀이가 학령전기 유아의 정서지능과 친사회적 행동 향상에 미치는 효과.
　　한양대학교 대학원 석사학위논문.

박진희(2000). 게임놀이치료가 시설아동의 적응행동에 미치는 효과. 대구대학교 대학원 석사학
　　위논문.

박채진(2000). 게임놀이가 전반적 발달장애 아동의 상동행동과 사회적 행동에 미치는 영향. 대
　　구대학교 대학원 석사학위논문.

박향금(2008). 집단게임놀이프로그램이 청소년의 자기통제력에 미치는 효과: 인터넷 중독 잠재
　　적 사용자군을 대상으로. 대전대학교 대학원 석사학위논문.

박현경(2006). 갈등해결 교재교구를 활용한 게임놀이 경험이 유아의 정서지능에 미치는 효과. 미
　　래유아교육학회지, 13(4), 1-21.

박혜진(2012). 게임놀이가 ADHD성향 아동의 학교생활적응에 미치는 영향. 대구대학교 대학원
　　석사학위논문.

백윤진(2012). 인지행동적 게임놀이-부모교육 프로그램이 ADHD성향 아동의 실행기능, 자기
　　조절, 문제행동과 부모의 양육스트레스에 미치는 효과. 덕성여자대학교 대학원 석사학위
　　논문.

백현희(2007). 집단게임놀이프로그램이 학동기 여아의 공격성 감소에 미치는 효과. 대전대학교
　　대학원 석사학위논문.

서문혜자(2011). 보드게임을 이용한 놀이 활동 프로그램이 언어발달지체 아동의 어휘 및 의사소
　　통 능력에 미치는 효과. 대구대학교 대학원 석사학위논문.

서성숙(2007). 정신지체아동의 문제행동 감소를 위한 집단게임놀이치료. 명지대학교 대학원 석사학위논문.

석주영(2004). 시설아동의 자아존중감 향상을 위한 집단게임놀이치료의 효과. 영남대학교 대학원 박사학위논문.

석주영, 안옥희, 박인진(2006). 집단게임놀이치료가 시설보호 아동의 정서지능과 자아존중감 향상에 미치는 효과. 영남대학교 대학원 석사학위논문.

송문화(2005). 집단게임놀이가 주의력결핍과잉행동장애 아동의 실행기능, 충동성, 자기통제력에 미치는 효과. 덕성여자대학교 대학원 석사학위논문.

신숙재, 이영미, 한정원(2001). 아동중심놀이치료-아동상담-. 서울: 동서문화원.

안상훈(2006). 놀이 중심 집단지도 프로그램이 인터넷 게임몰입 초등학생의 또래 관계 및 학교생활 적응력에 미치는 효과. 한국교원대학교 대학원 석사학위논문.

원지원(2004). 게임놀이치료가 방임된 아동의 사회성 증진에 미치는 효과. 대구대학교 대학원 석사학위논문.

유가효, 위영희, 문현주, 이희정, 김태은(2010). 놀이치료의 이해. 경기: 양서원.

유미숙, 이영애, 진미경(2010). 보드게임을 활용한 아동심리치료. 서울: 시그마프레스.

유숙희(2011). 집단게임놀이 프로그램이 청소년의 스트레스 감소에 미치는 영향. 대전대학교 대학원 석사학위논문.

윤미희(2009). 집단게임놀이치료프로그램이 ADHD 성향 아동의 실행기능 향상에 미치는 효과. 대전대학교 대학원 석사학위논문.

윤자영(2009). 집단게임놀이치료가 우울 아동의 우울 및 생활만족도에 미치는 영향. 명지대학교 대학원 석사학위논문.

윤지현(2008). 집단게임놀이치료프로그램이 주의력결핍과잉행동장애 아동의 실행기능과 자기통제력에 미치는 효과. 덕성여자대학교 대학원 석사학위논문.

음윤성(2012). 대안학교학생들의 학교적응 및 자기 효능감, 또래관계 질 향상을 위한 집단 게임놀이 프로그램. 대전대학교 대학원 석사학위논문.

이경옥(2006). 보드게임의 현황 및 교육적 기능에 관한 연구. 한국게임산업개발원 연구보고서.

이승희(1998). 자존감 낮은 아동의 구조화된 집단 게임놀이치료 효과. 한국아동심리재활학회 놀이치료연구, 2(2), 87-109.

이영미(2001). 게임놀이치료의 이론적 고찰과 적용사례. 놀이치료연구, 4(1), 71-82.

이영자, 이종숙, 신은수(2004). 그림책 이야기를 활용한 집단게임놀이 프로그램이 유아의 의사소통능력과 행동조절능력에 미치는 영향. 사회과학연구, 제11권, 147-172.

이영자, 이종숙, 신은수(2005). 유아의 정서지능, 마음이론, 실행기능 향상을 위한 그림책 이야기를 활용한 집단게임놀이 효과. 유아교육연구, 25(3), 119-147.

이점언(2006). 게임놀이 프로그램이 청각장애 학생의 사회성 향상에 미치는 영향. 대구대학교 대학원 석사학위논문.

이종숙, 조희정(2008). 고기능 자폐아동을 위한 또래 리더 경험 게임놀이 프로그램의 개발 및 효과. 한국심리학회지: 발달, 21(1), 113-135.

이향춘(2011). 집단게임놀이프로그램이 노인의 회상기능 및 자아통합감에 미치는 효과. 대전대학교 대학원 박사학위논문.

인경숙(2004). 동화책 활용의 게임놀이가 정신지체아의 수학 기초개념에 미치는 영향. 공주대학교 대학원 석사학위논문.

임영진(2013). 게임놀이를 활용한 분노조절 프로그램이 ADHD 성향 아동의 분노, 공격성, 사회적 기술, 자기 통제력에 미치는 효과. 덕성여자대학교 대학원 석사학위논문.

임지연(2004). 보드게임을 이용한 통합놀이활동이 발달장애 아동의 의사소통기술 습득에 미치는 효과. 단국대학교 대학원 석사학위논문.

정안순(2004). 보드게임요법이 만성정신분열병 환자의 실행능력에 미치는 효과. 가톨릭대학교 대학원 박사학위논문.

정승영(2005). 게임을 이용한 집단놀이치료가 정신지체 청소년들의 사회적 능력에 미치는 영향. 단국대학교 대학원 석사학위논문.

정윤하(2007). 구조화된 보드게임이 초등학교 1학년 ADHD 아동이 주의력에 미치는 영향. 단국대학교 대학원 석사학위논문.

정지현(2003). 집단게임놀이요법이 학교부적응 아동의 사회성 향상에 미치는 효과. 성균관대학교 대학원 석사학위논문.

조봉환, 임경희(2002). 게임을 이용한 행동적 집단상담이 ADHD 아동의 행동변화에 미치는 효과. 아동학회지, 23(5), 167-182.

조혜란(2006). 게임집단놀이프로그램이 충동성 감소에 미치는 효과. 대전대학교 대학원 석사학위논문.

최다정(2005). 집단게임놀이치료가 ADHD 아동의 부적응 행동 감소에 미치는 영향. 대구대학교

대학원 석사학위논문.

한선희(2012). 구조화된 보드게임을 활용한 놀이 치료가 내재화 장애 위험 아동의 자기표현과 주의집중에 미치는 효과. 단국대학교 대학원 석사학위논문.

홍성지(2006). 게임놀이활동이 ADHD 아동의 주의력 결핍, 과잉행동 및 충동성에 미치는 효과. 대진대학교 대학원 석사학위논문.

Alexander, F., & French, T. (1946). The principle of corrective emotional experience. *Psychoanalytic principles and application* (pp. 66-70). New York: Ronald.

Barrish, H. H., Saunders, M., & Wolf, M. M. (1969). Good behavior game: Effects of individial contingencies for group consequences on disruptive behavior in a classroom. *Journal of Applied Behavior Analysis, 2,* 119-124.

Baumeister, R. F., & Senders, P. S. (1988). Identity development and the role structure of children's games. *Journal of Genetic Psychology, 52,* 163-176.

Bay-Hinitz, A. K., Peterson R. F., & Quilitch, H. R. (1994). Cooperative games: A way to modify aggressive and cooperative behaviors in young children. *Journal of Applied Behavior Analysis, 27,* 435-466.

Beach, F. (1945). Current concepts of play in animals. *American Naturalist, 79,* 523-541.

Beiser, H. R. (1979). Formal games in diagnosis and therapy. *Journal of Child Psychiatry, 18,* 480-490.

Bellinson, J. (2000). Shut up and move: The uses of board games in child psychotherapy. *Journal of infant, Child, and Adolescent Psychotherapy, 1*(2), 23-41.

Bellinson, J. (2002). *Children's use of board games in psychotherapy.* Northvale, NJ: Jason Aronson.

Berg, B. (1989). Cognitive play therapy for children of divorce. In P. A. Keller & S. R. Heyman, *Innovations in clinical practice* (vol. 8, pp.143-173). Sarasota, FL: Professional Resource Exchange.

Berlin, I. N. (1986). The use of competitive games in play therapy. In C. Schaefer & S. Reid (Eds.), *Game play: Therapeutic use of childhood games* (pp. 197-214). New York: Wiley.

Bettelheim, B. (1972). Play and education. *School Review, 81,* 1-13.

Bow, J. N., & Goldberg, T. E. (1986). Therapeutic used of games with a fine motor component. In

C. E. Schaefer & S. E. Reid (Eds.), *Game play: Therapeutic use of childhood games* (pp. 243-255). New York: Wiley.

Bridges, B. A., Powell, D. K., Hampton, M. A., & Chapman, J. E. (1989). *Starbound: A life skills program for children.* Arlington, TX: Fourth Street.

Burks, H. F. (1978). *Psychological meanings of the Imagine! game.* Huntington Beach, CA: Arden.

Caruth, E., & Ekstein, R. (1966). Interpretation within the metaphor: Further considerations. In R. Ekstein (Ed.), *Children of time and space, of action and impulse* (pp. 158-166). New York: Appleton-Century-Crofts.

Cheung, M. (2010). 치료적 게임과 심상유도: 아동, 청소년, 가족의 정신건강을 위한 게임놀이 치료활동(박성옥, 김윤희, 백지은 역). 서울: 창지사.

Clarke, B., & Schoech, D. (1994). A computer-assisted therapeutic model for children and adolescents: Initial development and comments. *Computers in Human Services, 11*(1-2), 121-140.

Cooper, S., & Wanerman, L. (1977). *Children in treatment: A primer for beginnig psychotherapists.* New York: Brunner/Mazel.

Corder, B. F. (1999). *Structured therapy groups with sexually abused children and adolescents.* Sarasota, FL: Professional Resource Press.

Cron, E. A. (1998). *The Feeling word game* {Game}. Available from the Feeling Word Game, 316 East Street, Rochester, MI 18307).

Ellis, A. (1962). *Reason and emotion in psychotherapy.* New York: Lyle Stuart.

Erikson, E. (1950). *Childhood and society.* New York: Wiley.

Frey, D. (1986). Communication boardgames with children. In C. Schaefer & S. Reid (Eds.), *Game play: Therapeutic use of childhood games* (pp. 21-40). New York: Wiley.

Gardner, R. A. (1973). *The talking, feeling and doing game.* Cresskill, NJ: Creative Therapeuticw.

Gardner, R. A. (1986). The game of checkers in child therapy. In C. Schaefer & S. Reid (Eds.), *Game play: Therapeutic use of childhood games* (pp. 215-232). New York: Wiley.

Gardner, R. A. (1998). *The Talking, Feeling, and Doing Game* (2nd ed.). Cresskill, NJ: Creative Therapeutics.

Garvey, C. (1977). *Play.* Cambridge, MA: Harvard University Press.

Groos, K. (1998). *The play of animals* (E. Balkwin, Trans.). New York: Appleton.

LeCroy, C. W. (1987). Teaching children social skills: A game format. *Social Work, 32*, 440-442.

Levinson, B. M. (1976). The use of checkers in therapy. In C. Schaefer (Ed.), *The therapeutic use of child's play* (pp. 383-390). New York: Aronson.

Loomis, E. A. (1957). The use of checkers in handling certain resistances in child therapy and child analysis. *Journal of the American Psychoanalytic Association, 5*, 130-135.

Luber, J. O., & Lubar, J. F. (1984). Electroencephalo-graphic biofeedback of SMR and beta for treatment of attention deficit disorders in a clinical setting. *Biofeedback and Self-Regalation, 9*(1), 1-23.

Matorin, A. I., & McNamara, J. R. (1996). Using board game in therapy with children. *International Journal of Play Therapy, 5*(2), 3-16.

Monit Cheung (2006). *Therapeutic Games and Guided Imagery.* LyceumBooks, Inc.

Meeks, J. (1970). Children who cheat at games. *Journal of Child Psychiatry, 9*, 157-174.

Nickerson, E. T., & O'Laughlin, K .B. (1980). It's fun-but will it work? The use of games as a therapeutic medium for children and adolescents. *Journal of Clinical Child Psychology, 9*, 78-81.

O'Connor, K. J. (1991). *The play therapy primer: An integration of theories and techniques.* New York: Wilkey.

Olsen-Rando, R. A. (1994). Proposal for development of a competerized version of the Talking, Feeling, and Doing Game. *Computers in Human Services, 11*, 69-80.

Peller, L. E. (1954). Libidinal development as reflected in play. *Psychoanalysis, 3*, 3-11.

Piaget, J. (1962). *Play, dreams and imitation in childhood.* New York: Norton.

Plant, E. (1979). Play and adaptation. *Psychoanalytic Study of the Child, 4*, 217-232.

Provost, P. (1981). *Immediate effects of film-medicated cooperative games on children's prosocial behavior.* Master's thesis, Ottawa, Canada.

Reid, S. E. (1993). It's all in the game: Game play therapy. In T. Kottman & C. Schaefer (Eds.), *Play therapy in action: A casebook for practitioners* (pp. 527-560). New York: Aronson.

Reid, S. E. (2001). The psycology of play and games. In C. E. Schaefer & S. E. Reid (Eds.), *Games play: Therapeutic use of childhood games* (2nd ed., pp. 1-36). New York: Wiley, 1-36.

Resnick, H. (1986). Electronic technology and rehabilitation: A computerized simulation game for youthful offenders. *Simulation and Games, 17,* 460-466.

Rogers, M., Miller, N., & Hennigan, K. (1981). Cooperative games as an intervention to promote cross-racial acceptance. *American Educational Research Journal,* 18, 513-516.

Rourke, B. P. (1985). Overview of learning disabilities subtypes. In B. P. Rourke (Ed.), *Dyslexia: An appraisal of current knowledge.* New York: Oxford University Press.

Rutter, M. (1990). The Isle of Wight revisited: Twenty-five years of child psychiatry epidemiology. In S. Chess & M. E. Hertzig (Eds.), *Annual progress in child psychiatry and child development* (pp. 131-179). New York: Brunner/Mazel.

Salend, S. J., Reynolds, C. J., & Coyle, E. M. (1989). Individualzing the Good Behavior Game across type and frequency of behavior with emotionally disturbed children. *Behavior Modification, 13,* 108-126.

Schaefer, C. E., & Cangelosi, D. M. (2002). *Play therapy techniques.* NJ: Janson Aronson.

Schaefer, C. E., & Reid, S. E. (Eds.). (1978). *Game play: Therapeutic use of childhood games.* New York: Wiley.

Schaefer, C. E., & Reid, S. E. (Eds.). (1986). *Game play: Therapeutic use of childhood games.* New York: Wiley.

Searle, R., & Streng, I. C. (1996). *Lifegames: The divorce and separated game.* London: Jessica Kingsley.

Serok, S. & Blum, A. (1983). Therapeutic use of games. *Residental Group Care and Treatment, 1,* 3-14.

Shapiro, L. E. (1993). *The book of psychotherapeutic games.* King of Prussia, PA: Center for Applied Psychology.

Sutton-Smith, B. (1961). Cross-cultural study of children's game. *American Philosophical Society Yearbook,* 426-429.

Sutton-Smith, B., & Roberts, J. M. (1971). The cross-cultural and psychological study of games. *International Review of Sport Sociology, 6,* 79-87.

Swanson, A. J. (1986). Using games to improve self-control deficits in children. In C. Schaefer & S. Reid (Eds.), *Game play: Therapeutic use of childhood games* (pp. 233-242). New York: Wiley.

Thorne, E. M. (1982). The child's use of a game to do grief work. In E. T. Nickerson & K. O'Laughlin (Eds.), *Helping through action: Action-oriented therapies* (pp. 202-205). Amherst, MA: Human Resoure Development Press.

Vlosky, M. (1986). *Our game.* Broomfield, CO: Transitional Dynamics.

Wender, P. H. (1971). *Minimal grain dysfunction in children.* New York: Wiley.

Yalom, I. D. (1995). *The theory and practice of group psychotherapy* (4th ed.). New York: Basic Books.

Zakich, R. (1975). *The Ungame.* Anaheim, CA: Ungame Company.

제 *10* 장

모래놀이치료

장미경

모래놀이치료는 자신의 어린 두 아들과 놀이를 하는 도중 자녀들이 거실 바닥에 오늘날의 모래놀이 장면 같은 장면을 만들고 이야기를 창조해 가는 것을 흥미롭게 여긴 『The Time Machine』(1985)과 『War of the Worlds』(1898)의 저자 H. G. 웰스(Wells)가 자신의 경험을 『Floor Games』라는 책으로 출판하게 된 것이 계기가 되었다. 바로 그의 이 경험이 모래놀이치료의 탄생에 영감을 주게 된 것이다(Mitchell & Friedmann, 1994). 즉, 웰스가 자신의 자녀들과 놀이하는 과정에서 자녀들이 거실 바닥에 놀잇감들을 어떤 기준에 따라 배열하며 이야기를 만든다는 것을 발견한 데서 영감을 얻어 이것을 아동심리치료에 응용한 것이 초기 형태의 모래를 사용한 접근이라고 할 수 있다. 모래놀이치료는 이미지 만들기 작업이 하나의 치료방법이 될 수 있다는 융(Jung)의 신념(1916)을 받아들였다. 융은 창조적 행위에 대한 프로이트(Freud)의 해석을 확장하여 창조행위자와 창조행위자가 창조한 이미지 사이의 관계성을 심화시켰다. '적극적 상상(active imagination)'이라는 융의 기법은 인간의 내면은 미처 인식하지 못한 감정과 생각으로 충만해 있으며, 판타지가 자유롭게 흐르는 것을 관찰하고 나면 미처 인식하지 못했던 감추어진 무의식적 내용들이 의식될 수 있다고 보는 관점에서 만들어진 것이다. 모래놀이치료의 관점은 이러한 융의 개념들을 전제로 한 것이라고 할 수 있다. 융의 관점을 받아들인 도라 칼프(Dora Kalff)가 발전시킨 모래놀이치료는 아동심리치료에서 아동 정신의 원형적 요소, 정신 내적 요소 그리고 아동의 일상생활 환경을 치료에 접목시킬 수 있게 되었다. 이후 동양 사상들이 모래놀이치료 접근에 접목되었다. 오늘날에는 많은 성인 내담자들이 모래놀이치료를 받고 있다.

제10장
모래놀이치료

1. 모래놀이치료

모래와 물 그리고 수많은 피규어 상징을 사용하여 무의식을 포함한 정신 세계를 표현하는 접근방법인 모래놀이치료는 본래 마거릿 로웬펠드(Margaret Lowenfeld)에 의해 창시되었고 도라 칼프(Dora Kalff)에 의해 본격화되었다. 마켈(Markell, 2002)에 의하면 칼프(Kalff, 1980)는 모래놀이치료에 기독교는 물론 불교 및 융의 개념을 포함시켰는데, 마켈은 특히 칼프가 불교적인 영향과 칼 융(C. G. Jung)의 개념을 통합하였다고 하면서 그녀의 치료철학을 다음과 같이 요약하였다. 이 요약은 모래놀이치료의 핵심을 요약적으로 잘 설명해 주고 있다.

- 몸을 통한 정신과 물질의 통합
  - 정신의 육화
  - 신체의 정신화
- 명상적 · 숙고적 측면에서 침묵의 중요성
- 정신의 외부와 정신 내면세계 사이의 지속적 관계
- 외부 세계에서의 변화를 예고하는 내적 이미지의 출현
- 개인적 · 초개인적으로 깊이 느껴지는 의미 있는 경험들
- 신성한 수준에서 일어나는 에너지의 변화

도라 칼프는 많은 부분의 이러한 이해를 동양철학을 통해 얻었다. 이러한 에너지가 막힐 때 정신신체화 증상이 나타날 수 있다. 또한 도라 칼프는 모래놀이치료에서 '자기-치유'를 일깨우고 그것을 지지해 줄 수 있는 공간의 제공 그리고 선불교(Zen)에서 하는 보편적인 해석의 지연(Turner, 2005)의 두 가지 개념을 중시했다. 그런 의미에서 모래놀이치료는 치료자가 내담자에게 무엇인가를 '해 줌'으로써 치유를 도모하는 것이 아니라 내담자 정신과 몸 안에 있는 '자기-치유적' 에너지가 자연스럽게 배열될 수 있도록 내담자의 자기표현에 대한 해석보다는 담아 주는(containing) 안전한 정신적 · 물리적 공간을 제공하고자 한다.

앞에서 언급한 바와 같이 모래놀이치료는 영국의 아동심리치료자인 마거릿 로웬펠드가 놀이치료의 한 형태로 시작한 심리치료 방법이다. 처음에 로웬펠드는 놀이의 투사적 기능에 모래놀이의 촉감을 추가해 모래놀이치료를 시작했고, 모래에 물을 붓고 피규어를 놓게 하여 시작한 것이 바로 그녀의 '세계기법(World Technique)'이다. 교육심리학자였던 루스 보이어(Ruth Bowyer)는 『로웬펠드의 세계기법(Lowenfeld World Technique)』이라는 책에서 세계기법을 아동에게 적용한 효과를 기술한 바 있다(Steinhardt, 2000).

본격적으로 모래놀이치료를 발전시킨 사람은 도라 칼프다. 스위스에서 융의 분석심리학을 공부한 도라 칼프는 융의 권유로 런던에 가서 로웬펠드에게 사사한 후 융이론에 기초한 모래놀이치료를 발전시켰다. 그녀는 이미지 창조하기 작업이 하나의 치료방법이 될 수 있다는 융의 신념을 받아들이고 로웬펠드의 세계기법을 접목하여 새로운 장르의 아동심리치료기법을 발전시킨 것이다. 융은 창조적 행위에 대한 프로이트(Freud)의 해석을 확장하여 창조행위자와 창조행위자가 창조한 이미지 사이의 관계성을 심화시켰다. '적극적 상상(active imagination)'이라 불리는 융의 기법은 인간의 내면은 미처 인식하지 못한 감정과 생각으로 충만해 있으며, 판타지가 자유롭게 흐르는 것을 관찰하고 나면 미처 인식하지 못했던 감추어진 무의식적 내용들이 의식될 수 있다고 보는 관점에서 만들어진 것이다. 모래놀이치료에 대한 칼프의 관점은 이러한 융의 개념을 전제로 한 것이라고 할 수 있다. 칼프(Kalff, 1980)는 내담자들이 놀이하는 모래놀이 공간에 '자유롭고 보호받는 공간(free and protected space)'이라는 개념을 사용해 수용적이고 안아주는 환경의 개념을 제시했다.

그녀의 이러한 접근에는 인간정신 안에는 인격의 전체성(wholeness)과 치유를 향한 기본적 추동이 있다는 융의 가정이 들어 있다(Weinrib, 1983). 또한 내담자가 모래장면을 만들 때 '자기(Self)가 출생의 순간부터 정신의 발달과정을 안내하고 있는 모습을 보는 것'이라고 했다(Kalff, 1980). 그녀는 융의 개념에 따라, 어떻게 원이 '온전함과 온전한 존재의 상징'으로 나타나는지, 사각형이 어떻게 '전체성이 발달할 때 나타나는 형태'인지에 주목했다. 칼프는 모래놀이 과정에서 일련의 발달단계들을 발견했으며, 융 분석가인 에리히 노이만(Neumann, 1973)의 아동심리 발달에 대한 개념에서 그 이론적 근거를 발견했다. 그녀는 모래놀이가 아동뿐 아니라 성인에게도 적용 가능하며 성인의 모래세계에도 아동과 동일한 발달단계가 존재한다는 것을 발견했다. 이러한 칼프의 가르침을 통해 분석심리학적 토대 위에서 모래놀이치료가 발전되었으며, 이는 융의 '적극적 상상'의 한 구체적 형태라고도 할 수 있다(Bradway & McCoard, 1997; Weinrib, 1983).

융의 이론에 근거한 모래놀이치료는 모래상자 바닥을 파란색으로 칠하고 마른 모래상자와 젖은 모래상자를 사용한다. 칼프는 '49.5cm × 72.5cm × 7cm' 사이즈인 모래상자를 사용했으며, 테이블 위에 상자를 올려놓고 사용했다. 자연과 인간 세상에 존재하는 모든 것, 즉 세상에 존재하는 상징적 · 종족적 · 종교적 대상물 등을 포함한 모든 상징 모형을 선반에 준비하여 내담자가 선택하여 창조할 수 있게 했으며, 그 외에 자연물이나 천, 줄, 종이 등의 물건도 사용했다. 이러한 모형들은 익숙한 현상에 집단무의식을 연결하려는 정신을 표현케 하기 위한 것이었다. 칼프를 중심으로 한 모래놀이를 칼피안(Kalffian) 모래놀이치료라고 한다.

오늘날 모래놀이치료는 융 분석을 공부한 사람들뿐 아니라 정신과의사, 심리학자, 사회사업가 등 다양한 분야의 사람들이 단독으로 또는 다른 치료법과 연계하여 사용하는 기법이 되었다. 칼프는 언어로 이루어지는 분석을 돕기 위한 이미지 만들기 작업의 일환으로 모래놀이치료를 사용했으나 현재는 모래놀이치료만으로 상담을 하기도 하고 모래놀이치료의 보조적 방법으로 언어적 치료를 병행하기도 하며 그 반대의 방법으로 사용하기도 한다.

2. 이론적 구성

1) 치유과정

모래놀이치료의 치유과정은 모래놀이치료의 어떤 장면이 치유를 상징하는 것인가와 연관된 내용이라고 할 수 있다. 이 점에 대해 칼프는 치유과정에 자기배열(Self constellation)이 필수적이라고 보았다. 모래상자에 자기(Self) 에너지가 출현해야 그 결과로 건강한 자아(ego)가 발달할 수 있다는 것이다(Kalff, 1980; Michell & Friedman, 1994). 자기배열의 결과로 출현한 건강한 자아(ego)는 건강한 인격의 통합을 의미한다고 할 수 있다. 보통 자기(Self)는 그림자(shadow)를 통합하면서 원의 형태로 나타나는 경향이 있다(Kalff, 1980; Michell & Friedman, 1994). 치유과정을 상징할 때 등장하는 모래장면의 또 다른 중요한 요소는 종교적 주제, 만다라, 상자의 중심에 피규어배치와 대극의 합일 등이다.

그러나 칼프에 따르면 자기(Self)가 모래상자에 배열되는 시점은 내담자가 매우 취약해져 있는 상태일 수도 있기 때문에 자기(Self)가 배치되었다고 안심하고 치료를 종료해서는 안 되며, 자기(Self)의 배치와 새로운 자아(ego)의 출현 이후에 변화가 일어난다고 보았다. 즉, 내담자의 언어표현이 많아지고, 모래상자에서의 표현이 보다 적극적으로 변화하며, 외부세계에서도 독립적이고 유능한 모습을 나타낸다. 그러고 나면 내담자는 언어적으로 그리고 보다 직접적으로 개성화과정을 표현하게 된다(Michell & Friedman, 1994).

브래드웨이와 맥쿼드(Bradway & McCoard, 1997)는 모래놀이치료에서 일어나는 변화의 과정을 두 가지로 구분했다. 첫 번째는 생애 초기에 아동 자신의 신경학적·기질적·감각적 문제나 양육자의 우울, 정신병리, 부재 등의 문제로 신뢰롭고 안정적인 초기관계를 맺지 못해 외부세계와 건강한 관계를 만들어 가지 못하는 보다 심각한 문제를 가진 사람들이 모래놀이치료를 통해 새롭고 건강한 인격을 형성하는 과정이다. 브래드웨이는 이것을 치유과정(healing process)이라고 하였다.

두 번째는 변화과정(transformation process)으로, 비교적 건강한 자아의 발달을 성취했으나 그 관점이 다소 협소하거나 한쪽으로 치우쳐진 사람들이 보다 넓고 건강한 조망을 얻기 위해 모래놀이치료에서 거치게 되는 변화다. 이런 사람들은 다소 불안하거나 우울한 문제를 갖고 있으며, 한쪽으로 치우친 그림자, 남성성과 여성성을 회복하고 자기 (Self)와의 접촉을 통해 건강한 개성화 과정을 향해 간다.

2) 노이만의 의식성 발달단계

도라 칼프는 노이만의 정신발달 단계이론이 자신이 수행한 내담자들과 모래놀이치료 작업에서 나타나는 발달단계와 유사하다는 것을 발견하고 노이만의 이론을 응용하여 자신의 발달단계에 관한 이론을 제시하였다. 따라서 칼프의 발달단계를 이해하기 위해 먼저 노이만의 의식성(consciousness) 발달에 관해 살펴볼 필요가 있다.

분석심리학은 인간 정신이 다양한 원형적 내용을 합일하는 구조(structuring) 또는 질서(ordering principle)를 갖고 있다고 보는데, 이는 융이 자기(Self)라고 명명한 전체성의 원형(archetype) 또는 중심원형이다. 자기(Self)는 자아(ego)가 의식적 인격의 중심인 것처럼 전체 정신(의식과 무의식)의 질서 또는 합일(unifying)의 중심이며 신성이미지(imago dei)다(Edinger, 1972/1992; Jung, 1959/1969). 자기(Self)는 그 외 여러 가지로 상징화될 수 있으며, 대표적인 것이 만다라 상징 이미지이다. 융은 본래 자기(Self) 현상이 인생의 후반기 이후의 개성화 과정에서 일어난다고 기술하였지만 노이만은 생애 초기발달에도 자기(Self)가 중요한 역할을 한다고 보았다. 특히 노이만(Neumann, 1973)은 자아의식성(ego consciousness)이 탄생하기 이전의 정신 상태를 꼬리를 입으로 물고 있는 원 모양의 우로보러스(uroborous)로 묘사하였는데, 이는 자아의식성 발달 이전의 원시적 자기상태(primordial Self)를 나타내는 것이며 이 원초적 자기(Self)로부터 개별적 자아(ego)가 태어난다. 노이만은 이 상태를 최초의 모-자 단일체(mother-child unity)라는 용어로 명명하였다. 삶의 전반부는 자아(ego)와 자기(Self) 간에 분리(progressive separation)가 일어나는 자아발달 과업이 있으며 인생의 후반부에는 자아(ego)가 자기에 항복 또는 자아(ego)가 자기(Self)를 경험하고 관계 맺는 자아의 상대화(relativization)가 일어난다. 즉, 전반부에는 자아-자기의 분리, 후반부에는 자아-자기의 재합일(reunion)이 일어난다.

노이만(Neumann, 1973)은 자아발달단계를 네 개의 단계로 구분하였다. 첫 번째 단계는 남근적 대지(Phallic-chthonian) 단계인데 이 단계는 다시 식물단계와 동물단계로 나뉜다. 두 번째는 마술적 남근(Magic-phallic) 단계, 세 번째는 마술적 전쟁 자아(magic-warlike ego) 단계 그리고 마지막은 태양 자아(solar ego) 단계다.

(1) 남근적 대지 단계

남근적 대지(Phallic-chthonian) 단계에서 자아(ego)와 자기(Self)의 관계는 대모(Great Mother)와 반려동물(companion animal)의 관계와 유사(동물단계)하며, 이때의 자아(ego)는 남근적 특성을 갖고 있다. 이러한 이미지는 신화에서 잘 볼 수 있다. 그리스나 이집트 신화에서 여신과 동행하는 동물의 관계가 자주 등장한다. 식물단계도 남근적 특성을 갖고 있다. 대지(chthonian) 자체가 남근적 특성(phallic character)을 갖고 있어 대지를 뚫고 식물이 자라게 하기 때문이다. 동물단계는 식물단계와 비교하면 유아가 걷고 스스로 움직인다는 점에서 덜 수동적이다. 하지만 이때의 자아(ego)는 대지, 대모로 상징되는 자기(Self)와 단일체적 실재(unitary reality)에 있기 때문에, 즉 무의식이라는 모체(matrix) 속에 씨앗의 상태를 크게 벗어나 있지 않기 때문에 타인과 자신을 인식하고 구분할 수 있는 자아(ego)가 없다.

(2) 마술적 남근 단계

이 단계는 아직도 자기(Self), 즉 원형적인 모-자 단일체(mother-child unity)의 영향을 절대적으로 받고 있는 단계다. 그러나 이때는 사람과 세상을 어느 정도 구별하기 시작한다. 자기(Self)와 자아(ego)의 관계는 비록 계속 지속되지는 않지만 자아(ego)의 명령에 따라 사지가 움직인다고 느끼는 마술적 상태에 있다. 3세경의 유아들이 그림을 그릴 때 처음으로 원을 그리려 시도하는 것이 최초로 자기(Self)가 배열되고 거기에서 자아(ego)가 독립하기 시작하려는 증거라고 할 수 있다. 원을 그린다는 것은 자기(Self)를 그린다는 것이며, 하나의 원에서 두 개의 원을 그린다는 것은 하나는 자기(the Self), 또 다른 하나는 자아(ego)를 의미한다. 두 원의 연결은 자아(ego)와 자기(the Self)의 연결, 즉 축(axis)을 의미하며, 이는 성격으로 스며들어 성격화한다. 신체에 대한 마술적인 전지전능감을 갖고 있어서 자아(ego)가 몸을 움직인다고 생각하지만 이는 신체-자기 자아(body-Self ego)의 자기중심성(self-centeredness), 즉 자아집중(ego concentration), 자아콤플렉스의 발달일 뿐이다. 그럼에도 불구하고 이 단계의 자아는 아직 자아(ego)가 지속적인 응집성을 띠지 못하고 파편화 상태에 있어 자아(ego)가 순간적으로 존재할 뿐이며, 그 순간이 지나고 나면 자아는 신체, 즉 모-자 단일체(mother-child unity)에 다시 흡수되어 자아집중, 즉 자아(ego)는 존재하지 않게 된다. 즉, 다시 무의식 상태에 빠지게 된다.

　이 단계의 발달단계에 비유된다고 알려져 있는 원시성을 갖고 있는 원주민 부족들의 춤과 음악이 정서적인 이유는 자아가 아직 신체-자기(body-Self)와 연결되어 있다는 느낌의 마술적인 자아능력(magical ego-capacity)을 주기 때문이다(Neumann, 1973). 따라서 원시부족의 의례(ritual)에서 동물을 죽이는 이미지와 실제 죽이는 것이 동일한 이유가 거기에 있다. 이 단계에서도 아직 신체자기를 동일시함으로써 전지전능감을 느끼는 것이다. 이 단계의 자아(ego)는 생겼다가 무의식, 즉 모-자 단일체 속으로 사라지기를 반복하기 때문에 그것은 마치 숙달(mastery)과 관련된 측면이 있다. 대모(Great Mother)에게서 태어났으나 그녀에게 죽임을 당하고 다시 살아나기를 반복하는 것으로 종종 상징화된다. 그렇기 때문에 이 자아(ego)는 대모 안에 있는 풍요, 생산의 원리(fecundating principle)라고 할 수 있다. 마술적 남근 자아(magic-phallic ego)는 대모의 어린 연인에 비유되곤 하는데 키벨레와 아티스의 신화가 그 예다. 그것은 원형적 에너지의 영향으로서 성장, 독립하고자 하는 원형적 에너지와 자기(Self)와의 미분화 상태, 즉 모-자 단일체적 상태에 있고자 하는 퇴행적인 원형적 에너지 사이의 갈등의 상징이라고 할 수 있다. 성장, 독립하고자 하는 에너지는 종종 대모의 젊은 연인 또는 영웅으로 상징화되고, 자아가 미분화 상태에 있게 하려는 원형에너지는 종종 마녀, 나쁜 어머니(Devouring Mother, Terrible Mother) 등으로 상징화된다. 사실 이 과정은 거의 일평생 지속된다고 할 수 있다.

(3) 마술적 전쟁 자아 단계와 태양 자아 단계

　마술적 전쟁 자아 단계(magic-warlike ego stage)에 이르면 처음으로 모권(matriarch)에 대한 의존이 극복되기 시작하면서 부권(patriarch)으로의 이동이 이루어진다. 모권에서 부권으로의 이동은 남성적 의식성의 발달을 의미한다. 다른 말로 하면 여성성과 연결된 마술적 세계로부터의 해방을 의미하며 아버지의 세계로 가는 것이다. 본래 모권적 세계는 상징적으로 달 지배적 의식성(moon-dominated consciousness)이며 여성성과 무의식에 의해 남성 자아(ego)가 결정되는 세계다. 이 단계에서 이 세계에 대해 무의식적으로 느끼게 되는 것은 사악한 세계에 대한 두려움이다. 또한 이 시기는 여성에 대한 적대감과 억압적 태도가 특징적으로 나타나는데, 그 이유는 한 원형적 발달 단계에서 다음의 원형적 단계로 넘어갈 때 전 단계에 붙잡아 두려는 성향, 즉 타성(inertia), 퇴행에 대한 두려움(예: 마녀, 마녀에게 잡아먹히는 왕) 때문에 생기며 이 붙잡아 두려는 태도는 붙잡아 두고 잡아먹으려는 부정적 용으로 상징화되기도 한다. 그다음 원형단계에서는 부성 원형(father archetype)이 왕일 수도 있다.

　모든 발달단계의 이동에게는 붙잡아 두고 잡아먹으려는 부정적 용이 존재한다. 예를 들면, 거세불안(castration anxiety) 같은 것이다. 실제 현실과 상관없이 아동은 위협적 원형을 연상시키는 부모에게 거세 위협을 전가하는 경향이 있으며 심리적 외상과는 상관이 없다고 본다. 그런 의미에서 모권적 거세(matriarchal castration) 위협은 대모가 어린 아들이자 연인의 독립을 막고 그를 지배하려는 위협이라고 할 수 있으며, 부권적 거세(patriarchal castration) 위협은 부성(Great father) 원형의 지배 위협이라고 할 수 있다. 이런 위협이 자아(ego)의 생존을 위해 자아(ego)의 발달을 반드시 필요하게 만든다. 즉, 자아(ego)를 공고화할 필요를 강화하는 것이다. 때문에 자아발달에 더 많은 리비도가 몰리게 되고 그러면서 마술적 단계의 모권과 부권 사이의 과도기가 존재하게 된다. 그런 이유로 사냥할 때 태양을 화살로 쏘는 사냥꾼이 많은 문화에서 등장한다(예: 아폴로). 즉, 노이만(Neumann, 1973)에 따르면 전쟁기능(warlike function)은 어떤 문화에서는 사자, 7월의 열기와 관련되어 있다. 전날 발생한 죽음을 다음 날 아침 의식(ritual)을 통해 죽음을 취소한다. 즉, 마술적이다. 죽음을 취소하는 태양은 인간자아를 더 높은 원리의 추종자, 수행자로 만든다. 예를 들어, 화살에 찔린 동물그림에서 화살을 제거함으로써 죄책감을 극복하고 태양의 힘(solar power)의 추종자가 된다. 파괴와 죽임을 정당화하기 위해 자아(ego)는 초개인적 힘(transpersonal power), 즉 신적 존재를 동일시할 필요가 있는 것이다. 더 이상 모권, 즉 무의식ㆍ마술적 행위(magic activity)를 따르지 않으며 개인과 집단의 생존을 위해 살해가 아닌 사냥을 한다. 이것이 태양(부권적) 자아[solar(patriarchal) ego의 발달로 넘어가는 경계라고 할 수 있다. 이 단계로 넘어가면 개인은 더 큰 사회집단에서 개인과 집단구성원으로 기능하는 자아를 갖게 되었다고 할 수 있다.

3) 칼프의 모래놀이치료 단계

칼프(Kalff, 1980)는 노이만(Neumann, 1973)의 아동발달이론을 근거로 모래놀이치료에서 나타나는 치유와 변화과정을 단계화하였다. 노이만의 이론은 아동발달뿐 아니라 성인의 치유와 성장과정의 내적 변화의 원리를 이해할 수 있는 수단이라고 할 수 있다.

표 10-1 도라 칼프가 제시한 정신의 발달단계
초기 정신발달 단계
모-자녀 단일체: 모권적 세계 자기(Self)의 배열
자아(ego) 발달 단계
식물-동물 단계 전투 단계(대극합일을 위한 투쟁) 집단에의 적응 단계(부권적 세계, 사회적 자아발달)

(1) 모-자 단일체

이 단계의 아동은 자아가 씨앗 상태로 어머니의 자기(Self) 안에 담겨 있기 때문에 자신과 타인에 대한 구분을 갖고 있지 못하다. 아동은 어머니의 무의식을 공유하고 있으며 생후 1년 정도 지속되는 단계라고 할 수 있다. 이 초기 모-자녀 관계는 이후의 모든 관계에 기초가 되어 다른 사람과의 정서적 관계의 기본 토대가 된다. 또한 자아인식이 생기기 이전에 존재하는 단계로 자아발달 이전의 모성원형적(mother archetypal) 특성 때문에 아동은 어머니를 자신의 개인적 어머니로 지각하지 않고 대모(Great Mother), 모신, 신체적 자기로 지각한다(Turner, 2005; Neumann, 1973). 아직 아동의 자기가 배열되지 않고 어머니의 자기(Self)로부터 보호를 받고 있는 아동에게 이러한 원형적 대모는 아동발달에 필수 불가결한 것으로 안전과 확신을 준다고 할 수 있다. 노이만에 따르면 아동은 피부경계를 통해 외부세계를 경험하며 음식물을 통해 내면세계를 경험한다. 어머니와 의 잦은 피부접촉을 통해 신체를 분리된 자기(Self)로 경험하게 된다. 즉, 신체자기(body Self)가 먼저 발달한다. 아동은 외부세계와 내면세계의 분리가 명확하지 않고 하나의 단 일체로 경험하기 때문에 정신적인 것도 신체적인 것, 눈에 보이는 것으로 경험한다. 따라서 아동은 세상을 신화적인 것, 판타지적인 것으로 경험한다.

이러한 것들은 생애 초기 양육자와의 단일체 경험을 주며 건강한 양육자와의 경험을 통해 자아가 서서히 분리되어 나오게 하는 양육자의 존재가 무엇보다 중요하다. 따라서 여러 가지 이유로 단일체 경험 기간 동안의 손상은 심각한 문제를 일으킬 수 있다. 모래 상자에 나타나는 모-자 단일체는 어머니와 아기의 쌍이 등장하는 목가적인 장면으로 꾸며진다. 어머니와 아기는 인간일 수도 있고 동물의 쌍으로 나타나기도 한다. 또한 이 단계는 아동이 신체를 통해 외부세계를 경험하고 먹는 것이 중요한 시기이기 때문에 모-자 단일체 피규어가 나타나면 모래놀이에도 먹는 것과 관련된 주제들이 함께 나타 나는 경향이 있으며, 그것이 얼마나 풍부한가 하는 것도 중요한 의미를 갖는다.

(2) 개인적 어머니와의 관계

두 번째 단계는 집단무의식적 모권, 즉 대모로부터 분리되기 시작하면서 현실에 존재 하는 어머니와의 관계를 맺어 가는 단계다. 그 의미는 아동이 어머니의 정신세계에서 자신의 정신세계로 분리되어 가는 것이며, 관계형성에 반드시 필요한 독립된 개체로서 현실에 존재하는 어머니와의 관계를 맺어 가는 것이라고 할 수 있다. 서서히 독립해 가 는 아동의 정신은 이제 외부세계의 존재를 인식하고 탐색의 즐거움에 빠지게 된다. 이 때 아동의 정신은 세상을 양극화하며 처음에는 매우 단순하게 좋은 것과 나쁜 것으로 나누다가 점점 복잡하게 보기 시작한다.

이 단계에서 아동은 걷기 시작하면서 자율성을 한껏 즐기며 세상을 탐색해 나가는 동 시에 새로운 세계에 대한 불확실성 때문에 불안을 느끼게 된다. 그리고 아동은 이 불안 을 나쁜 엄마에게 전가한다. 아동은 점차 성장하면서 세상을 두 개의 대극적인 쌍으로 조직화한다. 좋은 것과 나쁜 것, 위와 아래, 앞과 뒤 등이다.

모래놀이치료 장면에서 이 단계는 모형들의 쌍으로 나타나는 경향이 있다. 서로 색이 다른 두 대의 자동차가 나란히 놓여 있다든가 하는 식이다. 이 단계에서 경험된 상처나 박탈은 사악하고 자식을 버리는 어머니와 마녀로 나타나는 경향이 있다(Turner, 2005). 또한 대극이 나타난다. 즉, 명암, 성장과 죽음/상실, 이면의 어두운 측면이 모래상자에 나타난다는 것은 정신이 그것의 존재를 인식했다는 것을 의미하므로 중요하다.

(3) 자기의 배열

3세 무렵이 되면 이전 단계에서 잘 양육된 아동은 이 시기에 정신의 중심에 자기가 배치된다. 이를 칼프는 '자기의 배열(Self constellation)', 노이만은 '중심화(centroversion 또는 centering)'라고 했다. 어머니에 대한 전체성을 경험함으로써 아동의 정신에 전체성의 불꽃이 점화되는 것이다. 이때 아동은 내면에 자기를 통한 온전성(completedness)을 경험한다. 그러나 아직 자아발달은 이루어지지 않은 시기다. 이때의 아동은 마치 자신이 세계의 중심인 양 행동한다. 자기에 대한 무의식적 경험은 그 자신을 신으로 경험하는 것이다. 이런 경험은 모든 인간발달의 기초가 된다(Neumann, 1973). 이 시기가 손상된 내담자는 모래놀이치료를 통해 중심에 자기배열에 이르게 된다. 자기배열은 한 번으로 끝나지 않고 여러 번에 걸쳐 여러 가지 방식으로 일어난다.

(4) 동식물 단계

칼프(Kalff)는 초기 의식단계를 동식물 단계라고 명명하였다. 이 단계가 상징적으로 동물과 식물에 비유될 수 있는 이유는 이제 막 싹트기 시작한 의식이 처음으로 원시적 세계에 들어가기 때문이다. 무의식의 분리되지 않은 상태를 상징하는 바다에서 기원한 심리적 재료들이 물리적인 형태를 갖추기 시작한다고 할 수 있다. 무의식에서 올라온 재료들은 의식화되는 과정 중에 있는 것들로 매우 초보적이고 원시적인 형태의 것이라고 할 수 있다. 본래 이 과정은 태어난 아기가 겪었던 단계라고 할 수 있다. 이 단계는 모래상자에서 숲, 정글, 동물, 식물, 땅 등의 장면 등으로 묘사된다.

(5) 전투단계

주로 9~10세 정도 아동의 첫 모래상자에서 주로 나타나며, 이 단계의 싸움은 몇 가지 종류로 다시 나뉜다.

첫 번째는 선사시대 동물, 야생동물, 전사 등이 불특정 다수를 대상으로 혼돈스럽게 싸우는 장면이고, 두 번째는 분화된 대극적 세력, 즉 두 팀이 나타나 서로 싸운다. 전보다 더 질서 있고, 한 편이 다른 편에 대항하는 형태를 취한다(예: 한국군과 북한군). 마지막으로, 대항하는 팀들이 있고 각 팀에 대장이 등장한다. 예를 들어, 악한 자에 대항하는 영웅 또는 담장같이 실질적 조절의 형태로 조절하는 특징이 나타난다. 궁극적으로 두 대장은 하나로 통합된다.

이 단계는 모래놀이에 나타나는 상징적 이미지가 전투의 특성을 갖고 있다고 해서 전투단계라고 한다. 모래상자 안에 서로 반대편에 싸우는 세력을 배치하는 것이 특징적이다. 아동의 정신발달은 모성적인 무의식 에너지에서 분리되어 의식적이고 남성적인 에너지와 동일시하게 된다. 어둡고 분화가 없었던 무의식 영역으로부터 밝고 의식적인 영역으로 나오면서 의식과 무의식이라는 두 극 간의 대립적 양상이 나타나게 되는 것이다. 아동은 이런 세력의 등장에 대해 서로 다르다는 것을 인식하게 되는데, 이는 자신 안에 이질적으로 느껴지는 심리적 힘이 존재한다는 것을 의식화하는 단계라고 할 수 있다.

(6) 집단으로의 사회화 또는 적응단계

전형적으로 12~13세 아동의 첫 모래상자에서 나타난다. 이 단계에서는 담장 같은 실질적 통제물의 사용이 줄고, 경찰관, 군인, 소방관, 리더 같은 상징적인 통제물이 더 많이 사용된다. 통제를 나타내는 복잡한 패턴이나 주제를 사용하는데, 예를 들어 산이나 강이 장면을 나누거나 통제하거나 통합한다. 이 단계에서는 마을이나 도시 등의 공동체가 만들어지거나 기사, 영웅, 왕자/공주, 지하감옥이 있는 신화적 판타지가 나타나기도, 영웅의 여정같이 어디론가 떠나는 여정이 시작되기도 한다. 연인이나 부부 등 사람들 사이의 관계가 나타난다.

집단에의 적응단계는 자아발달의 마지막 단계로 이 단계에서 새롭게 발달한 정신의 의식적 특성이 바깥, 현실세계에 적응하는 단계라고 할 수 있다. 이 단계에서 대극들의 통합이 이루어지며 자아는 이 단계에 이르렀음을 스스로 알게 되어 일시적인 휴지기에 들어가 평온을 유지하게 된다. 심리적 동요나 불편함이 없는 휴지기가 지나고 나면 다시 앞의 단계들을 거치게 된다. 아직 무의식에서 알려지지 않은 재료들이 의식화되면서 이미 알려진 것에 추가되며 통합되고 인격은 점차 확장되어 간다.

4) 상징과 모래놀이치료

모래놀이치료에서 사용되는 모든 재료와 소품들은 상징이라고 할 수 있다. 인간이 경험한 자아와 자기 간의 불균형은 그것을 보상하려는 힘을 일으키고, 그 힘은 상징을 통해 의식의 수준에 이르게 된다. 인간의 무의식 속에 있는 힘들은 의식으로는 알 수 없지만 상징에 투사된 내용을 통해 무의식 속에 존재하는 재료에 대해 알게 되는 것이다. 그런 의미에서 상징은 의식화되지 못하고 무의식 속에 억압된 내용을 보상하는 기능을 갖고 있다고 할 수 있다. 그런 의미에서 상징은 의식적이기도 하고 무의식적이기도 하다. 눈으로 명확하게 보고 의식할 수 있다는 측면에서 의식적이나 무의식이 그것에 투사한 내용이라는 측면에서 보면 무의식적이라고 할 수 있기 때문이다. 상징은 항상 그것 너머의 어떤 것을 의미한다.

3. 모래놀이치료의 실제와 치료적 요소

1) 모래놀이치료실

모래놀이치료실은 치료의 테메노스(Temenos), 즉 선명하고 보호적인 공간으로서 정신적 변화의 상징이며 분석심리학에서 언급되는 연금술의 밀봉된 증류관 또는 용광로에 비유할 수 있다. 일반적으로 흔히 떠올리는 모래놀이치료실에는 모래가 들어 있는 모래상자, 모래상자용 테이블, 갖가지 종류의 피규어들과 그 피규어들을 전시하는 진열장이 있다. 또한 물을 사용할 수 있는 시설이 있고 물을 담는 용기가 있다. 그 외에 치

[그림 10-1] 모래놀이치료실 1

[그림 10-2] 모래놀이치료실 2

료자의 기록을 위해 카메라를 둔다. 치료자의 이론적 배경에 따라 다른 것이 첨가되기도 한다.

2) 모래상자

모래상자는 치료와 더불어 내담자를 담아 주는 용기로서 크기는 대략 72cm×57cm×7cm(28½인치×18½인치×3인치)로 약간의 직사각형 형태를 이루고 있다. 이 크기의 모래상자를 사용하는 이유는 상자 전체를 보기 위해 옆으로 머리를 움직일 필요 없이 한눈에 모래상자 전체를 볼 수 있는 크기이기 때문이다. 제한된 크기 경계가 존재하기 때문에 약간의 긴장감을 일으키며 긴장감 있는 집중은 내담자가 감정적으로 압도되거나, 너무 산만해지거나, 치료실의 요소들에 대해 지나치게 파괴적이지 않게 하는, 조절적이고 보호적인 요소로서의 역할을 하게 한다.

모래상자 내부는 상자의 벽을 포함하여 파란색으로 칠하는데, 몇 가지의 파란색이 있다. 모래상자는 또한 방수가 되어야 한다. 내담자들이 상자에 물을 사용하기 때문이다. 모래가 전혀 들어 있지 않은 빈 상자를 준비해 두어도 유용하게 사용할 수 있다.

기능적인 면에서 모래상자는 모래와 물 같은 자연요소들이 녹아들 수 있는 담아 주는 용기(container)의 역할을 한다. 즉, 심리적으로는 자유롭고 보호받는 공간(free and protected space)이라고 할 수 있다. 모래상자에 피규어를 사용하는 것에 대한 일정한 규칙이 없으며 상상에 대한 개방적 태도를 가지고 상상 속에 떠오른 이미지나 의식적 내용을 모래상자에 표현하게 된다.

모래상자는 정신 외적 세계와 정신 내적 세계가 함께 등장하는 공간이라고 할 수 있다. 무의식으로부터 나온 이미지를 모래상자에 투사하기 때문에 무의식에 나오는 이미지를 볼 수 있고, 따라서 무의식적 내용을 의식화할 수 있다. 무의식에 있는 내용들은 때로 어둡고 무서운 이미지들로 나타날 수 있는데 이러한 이미지들과 내담자가 갖고 있는 갈등적 에너지 또는 갈등적 감정들이 담길 수 있는 공간으로서 기능한다. 즉, 내담자는 정신에너지를 모래상자에 투사하고, 내담자로 하여금 모래놀이를 문자 그대로 또 은유적으로 내담자의 전체성에 더 가깝게 만들며, 내담자로 하여금 내면에서 통합의 감정을 느끼게 하는 것이다.

3) 모래와 물: 자연 요소들

사실 모래놀이치료에서 가장 중요한 재료는 모래 그 자체라고 할 수 있다. 그런데 왜 모래인가 하는 의문을 제기하지 않을 수 없다. 모래 외에 모래와 유사한 고운 입자의 인위적이거나 자연적인 물질들이 있기 때문이다. 모래 대신 곡식을 사용할 수도 있고, 인공적으로 제조한 가루를 생각해 볼 수도 있다. 하지만 모래는 그런 것들과 달리 지구를 형성하는 물질이며 어머니 대자연의 땅이기 때문에 의미가 있다. 특히 모래는 바위가 변화된 것으로서 수만 년의 시간이 흘러 바위로부터 모래가 되었기 때문에 모래 한 알 한 알이 지구의 역사를 간직하고 있다. 즉, 모래는 지구라는 행성의 본질적 요소로 원질료, 즉 모든 물질의 근원적 원질료인 프리마 마테리아(prima materia)라고 할 수 있다. 원질료는 아직 어떤 구체적 형태를 띤 것으로 분화, 발달하기 이전의 본래의 모습이며 모든 가능성을 갖고 있는 것이라고 할 수 있다. 인간 정신의 변화과정의 대표적 상징인 연금술에서의 의식으로의 분화 이전의 원질료(prima materia)라고 할 수 있다. 이 원질료는 종종 꼬리를 물고 있는 원 모양의 뱀의 형상으로 상징화된다.

또한 실질적 이유에서 모래는 피규어들이 서 있을 수 있도록 지지하는 역할을 하며 때로는 원하지 않거나 아직은 숨기거나 보호해야 하는 정신적 내용을 상징하는 피규어를 쉽게 묻을 수 있기 때문에 다른 물질보다 유리한 점을 갖고 있다.

지구의 본질적 요소 가운데 또 하나는 물이다. 물에는 여러 가지 종류가 있다. 어두운 물, 음울한 물, 거친 물, 소용돌이치는 물, 출렁이는 물, 평화로이 흐르는 물, 유유히 흐르는 물, 맑은 물, 초대하는 물 등 여러 가지 성격의 물이 존재하는 것이다. 그중 바다나 강은 더 깊은 무의식으로서 물을 의미할 수 있다. 깊은 땅속과 깊은 바닷속에는 상징적으로 보물이 있다. 인간의 정신은 이 깊은 곳의 보물, 즉 삶의 궁극적 의미를 찾아 나선다.

이러한 땅과 물이 물, 땅과 하늘이 만나는 경계(liminal) 공간이 바로 모래놀이 공간이다.

이러한 모래놀이 공간에 피규어를 선택하여 놓은 것은 모래와 물, 피규어에 정신적 의미를 투사한 것이며, 이 무의식의 보이지 않는, 알려지지 않은 내용들을 눈으로 보고 이해할 수 있게 된다. 이 과정을 통해 정신의 낡고 오래되고 타성에 젖은 부분이 죽고 새로운 부분이 탄생하여 성장하는 과정을 반복하는 것을 볼 수 있다.

4) 피규어

피규어는 무의식이 이미지의 형태로 자신을 표현할 때 그 이미지를 투사할 수 있는 상징도구이며 더 나아가 치료자의 확장이라고 할 수 있다. 피규어를 고르는 기준이 분명하게 정해져 있는 것이 아니기 때문에 치료자마다 조금씩 다른 피규어를 수집하게 되므로 개별 치료자의 무의식이 반영된다. 따라서 치료자의 담아 줌이 피규어를 통해 내담자에게 전달되며, 그런 의미에서 치료자와 내담자를 연결해 주는 기능을 하는 것은 당연하다고 할 수 있다. 또한 피규어는 내담자의 무의식과 의사소통하는 수단이기 때문에 매우 조심스럽게 다루어야 한다.

치료자마다 다르기는 하지만 보편적이고 기본적으로 갖추어져야 할 피규어의 목록을 제시하면 다음과 같다(Turner, 2005).

- 사람: 아기, 어린이, 어른, 다양한 인종의 사람들, 가족, 이방인, 젊은 사람/나이 든 사람, 여러 가지 일을 하고 있는 사람들, 경찰, 소방관, 구조원
- 집안도구: 가구(방, 거실, 서재 등에 필요한 가구), 주방도구, 음식, 화장실/욕실 도구 등
- 건축물: 집, 타워, 교회, 사원, 가게, 낡은 것과 새것, 토속적인 건축물과 외국 건축물
- 탈것/군인: 육해공 탈것, 구조대, 군용차, 무기, 현대 군인, 과거 군인, 무장 군인 등
- 동물: 육지동물, 바다동물, 조류, 야생동물, 가축, 용 같은 상상의 동물, 공룡 같은 고대의 멸종 동물
- 마술적 존재: 유니콘, 페가수스, 용, 원형적 말(순수한 흰말, 파란 말)
- 마술사: 마술사, 요정, 마녀, 동화나 만화 등장인물, 영웅, 악인
- 원형적 모형과 신화적 모형
  - 사람: 왕, 여왕, 왕자, 공주
  - 모양: 정육면체, 구, 원, 정사각형, 삼각형, 피라미드, 태양, 달, 별
  - 보석: 유리마블, 비즈, 황금체인, 보물상자, 선물
- 그림자와 죽음 모형: 해골, 묘비, 관, 뼈, 괴물, 어둡고 무서운 모형
- 종교 및 영적 모형: 여러 가지 종교 전통을 상징하는 물건, 동서양의 종교적 사람과 물건
- 기타: 불, 얼음, 풍차, 물레방아, 우물, 풍선, 깃발, 삽
- 자연물: 산, 바위, 조개, 나무, 목재, 수풀, 꽃, 잡초, 과일, 식물, 샘물, 우물, 폭포, 연못, 강 등
- 연결하는 모형과 나누는 모형: 담, 다리, 길, 교통표지, 전화기
- 건축재료: 타일, 스틱, 점토, 종이, 끈, 풀
- 기타

이 외에도 피규어모음은 모으고 구입하는 치료자의 영적 · 정신적 내용의 투사가 반영되는 것이기 때문에 치료자가 강조하는 것에 따라 피규어의 종류의 약간 달라질 수 있으며, 치료자가 모래놀이치료실에 두기를 꺼리는 피규어의 종류가 있다면 그러한 경우에는 더욱 그러한 부분의 피규어가 보강될 필요가 있다. 또한 피규어 크기가 전반적으로 지나치게 큰 경우 몇 개의 피규어만으로도 모래상자가 가득 차 보여 내담자의 갈등 영역을 파악하기 어려울 수도 있으므로 적당한 크기의 피규어가 필요하다.

5) 정신의 타고난 치유력

모래놀이치료의 치유에 대한 기본 가정은 인간 정신(psyche)에 타고난 치유력이 있다고 보는 것이다. 융에 의하면 정신은 내적 균형, 질서, 치료적 본성을 타고 난다. 정신의 타고난 치유력은 자신의 깊은 중심, 즉 자기(Self)와의 연결 및 자아-자기(ego-Self) 관계의 강화를 통해 발휘된다. 자기(Self)는 분석심리학에서 의식과 무의식을 포함한 정신, 즉 전체 인격의 중심이며, 자아가 발달하게 하고 자아가 외부 세상에서 살아가는 데 필요한 에너지를 공급하는 정신의 구조라고 할 수 있다. 자아(ego)는 자신이 개인의 중심이고 개인의 전체라고 지각하지만 실제로 자아(ego)가 움직일 수 있는 힘은 자기(Self)에 있다. 이러한 타고난 정신의 치유력은 판타지, 꿈, 모래놀이, 그리고 기타 표현 예술 등에서 창조적 상상을 통해 이미지로 표현 되어 상징에 투사된다. 우리는 이 투사된 상징을 통해 어떤 에너지가 배열되었는지 알 수 있게 되는데 이런 상징적 표현이 정신적 혼돈에 패턴과 의미를 준다.

6) 내담자와 치료자 사이의 상호작용 장(field)

모래놀이치료에서 치료자와 내담자의 관계는 단순히 2인 관계의 차원을 넘어서 모래상자를 사이에 두고 이루어지는 관계를 통해 두 사람이 모두 관여하는 또는 두 사람이 공동으로 속한 제3의 공간이 만들어진다(Weinrib, 1983). 모래놀이치료는 언어적 언급과 사고를 중요시하는 치료적 접근과 달리 이 제3의 공간에서 모래놀이자(내담자)와 치료자 사이에 에너지가 흐르게 된다. 에너지는 치료자의 의식과 내담자의 의식적 수준에서 흐를 뿐만 아니라 치료자의 무의식과 내담자의 무의식 사이에서도 에너지가 흐르게 된다. 에너지가 흐른다는 것은 태도, 신념, 판단, 긍정적, 부정적 감정 등의 흐름이 있다는 것이다. 이러한 태도, 신념, 판단 및 부정적 감정은 때로는 의식적으로 그리고 때로는 무의식적으로 두 사람 사이에 흐르게 되고, 이 흐름의 궁극적 목표는 이 치료적 장(field)을 통해 치료자가 내담자의 무의식을 의식화해서 내담자가 치료자를 통해 자신의 무의식을 의식하게 하는 것이다.

이러한 에너지 흐름은 때로 치료자와 내담자가 서로의 꿈을 꾸는 것을 통해서도 알 수 있다. 무의식으로 이해하는 내용이 꿈에 나타나고 꿈을 통해 무의식적 상호작용을 이해하게 되는 것이다. 치료자가 꾸는 내담자에 관한 꿈은 치료자가 내담자와 관계에서 무슨 일이 벌어지는지에 대한 단서를 주거나 치료자의 내담자에 대한 역전이 감정 또는 치료자의 정서적 이슈를 드러낸다.

또한 이 상호작용의 장에는 무의식에서 생겨나는 주제나 갈등이 있다. 이것은 내담자와 치료자 모두에게서 생겨날 수 있으며, 이것의 상호작용에 의해 상호작용의 장이 내담자의 치유에 긍정적 방향으로 작용하기도 하고 부정적 방향으로 작용할 수도 있다.

모래놀이치료의 중요한 특징이라고 할 수 있는 것이 치료자의 상상의 힘이라고 할 수 있다. 내담자가 의식하지 못한 것 또는 내담자가 언어로 표현하지 않은 것에 대해 치료자가 상상한 것들은 내담자의 무의식에 대해 그리고 치료자가 의식하지 못한 내담자와 치료자의 관계에 대한 많은 단서를 줄 수 있다. 쇼어(Schore, 2012)는 이를 상담관계의 상호주관성(intersubjectivity)이라는 용어로 표현하였고, 분석심리학에서는 직관(intuition)이라는 용어를 사용하였다. 아마도 대상관계심리치료의 투사적 동일시(projective identification)와도 부분적으로 유사한 개념이라고 할 수 있을 것이다. 쇼어(Schore, 2012)는 상호주관성이 신경학적으로 내담자의 우뇌와 치료자의 우뇌 사이의 상호작용에 의해 신체적·암묵적·무의식적으로 알게 되는 서로의 상태라고 정의하였다. 생후 2년 동안 인간의 뇌는 우뇌가 먼저 발달하며 좌뇌는 그 이후에 발달한다. 이 2년 동안 유아는 어머니 또는 주양육자와 언어 이외의 방법을 사용하여 의사소통하며, 이는 이미지적인 정서의 형태로 신체와 뇌의 신경회로에 저장된다. 우뇌가 사용하는 의사소통 수단은 눈맞춤, 몸짓, 동작, 신체접촉, 소리, 말소리의 억양과 톤 같은 매우 감각적이고 신체적인 것으로 좌뇌가 발달하고 언어가 발달하기 시작하면서 우뇌에 담당하는 신체적 · 정서적 · 비언어적 · 암묵적 · 무의식적 정서는 언어로 표현되고 의식화되는 것이다. 그러나 생애 초기의 여러 가지 이유의 정서적 · 물리적 모성박탈로 인한 애착결핍이나 불안정한 애착은 우뇌와 좌뇌의 의사소통을 단절시키고 우뇌의 정서가 파편화되어 의식화하여 언어화할 수 없게 되며, 가장 심한 경우 해리(dissociation)라는 가장 원시적 방어기제를 통해 처리된다. 이렇게 처리된 파편화된 정서는 신체적 · 행동적 분출(acting-out) 또는 재현(enactment)을 통해 표현되며, 이는 그 개인의 삶에 부정적 결과를 초래할 수 있다.

4. 모래놀이치료의 주제

모래놀이치료에서 나타나는 주제들은 매우 다양해서 모두 제시할 수 없으므로 여기서는 몇 가지의 예를 제시하였다.

1) 이니시에이션

이니시에이션은 전통적으로 어린이가 성인의 세계에 입문할 때 부족의 원로들이 입문자들을 위해 특정한 의식(ritual)을 거행하는 것을 말한다. 그래서 입문식이라고 할 수 있는데 그 경우에 일종의 성인식이라고도 할 수 있다. 이 의례에서 입문자들이 경험하는 것은 성인에게 요구되는 고통 견디기, 홀로 있음 등을 통해 성인으로서의 능력을 시험하며 모권으로부터 벗어나 성인의 권리를 갖게 한다. 그 구체적인 방법은 시대와 문화, 집단에 따라 다르다. 입문식은 한 발달단계에서 다음 발달단계로 넘어갈 때에도 이루어진다. 청소년은 성인이 되기 위해 입문의례를 거쳐야 하지만 오늘날의 현대문명에서는 입문식의 전통이 사라지고 있어 오늘날의 청소년들은 스스로 입문의식을 하고 있다고 할 수 있다. 그들은 부모로부터 스스로를 차단하고 자기의 방으로 들어가 혼자만의 우울상태에 들어가거나 또래들과의 집단을 만들어 그들만의 의식을 한다. 이니시에 이션을 위한 장소는 잉태의 장소이며 죽음과 재탄생의 장소다. 이니시에이션을 통해 새 로운 의식이 탄생하며 과거의 것은 상징적으로 죽음상태에 이르게 된다.

2) 여정 · 탐구

다양한 장면의 여정, 탐구 과정이 등장한다. 이 여정은 모래놀이치료를 통한 영웅의 여정일 수도 있고 자신의 내면세계로의 여정일 수도 있다. 이러한 여정은 주로 배를 타 고 항해하며 어려움에 맞닥뜨리는 장면으로 상징화되는 경우가 종종 있다. 이런 여정은 치료 초기에 나타나는 경우도 있지만 어느 정도 회기가 진행된 이후에야 나타나는 경우 도 종종 있다. 이 여정은 내담자에게 감정적으로 설렘과 기대를 주기도 하지만 두려움 을 일으킬 수도 있기 때문에 내담자에 따라 오랫동안 망설이거나 여정에 필요한 것들을 준비하는 데 많은 에너지를 소요케 하기도 한다.

3) 영웅

영웅은 원형적 모성을 극복하고 자아(ego)를 발달시키는 과정에 대한 상징이라고 할 수 있다. 이 과정은 종종 영웅의 여정에 비유된다. 이 과정에서 잠재적인 영웅은 여러 가지 시련을 극복하고 귀환한다. 영웅의 여정으로 상징화되는 여정에서 여정에의 소명 을 받은 내담자가 소명을 거부할 경우 이는 영웅이라고 칭할 수 없다(Campbell, 1949/ 2008). 영웅이 이 여정에서 가져와야 할 것은 보물과 공주, 즉 자기에너지와 여성성인 아 니마다.

4) 에너지의 집중

모래장면에는 에너지가 모이고 있는 듯한 상상을 일으키는 장면이 등장할 수 있다. 자 기(Self) 배열을 위해 에너지가 중심으로 몰리고 있는 듯한 느낌을 주는 중심화(centering

또는 centroversion)도 일종의 에너지의 모임이라고 할 수 있다. 중심이 있고 그 중심을 원으로 둘러싸고 있는 장면도 에너지의 모임이라고 할 수 있다. 또한 무의식을 의식화하기 위해 또는 무의식에 있는 내용에 직면할 때의 불안을 이기기 위해 자원, 에너지를 집중시키는 듯한 장면, 무의식 상태에 있는 자료들을 한데 모음으로써 삶을 회고적으로 돌아보는 듯한 장면들도 있다.

5) 에너지의 막힘

모래장면에는 종종 에너지의 흐름으로 보이는 장면이 나타난다. 그것은 물의 흐름, 자동차의 흐름, 피규어의 배치 흐름 등이 그 예다. 예를 들어, 자동차를 연이어 놓은 것이 어떤 흐름을 연상시킨다면 그 흐름이 일방향적인지 아니면 양방향적인지를 구분함으로써 에너지가 소통되고 있는지 아니면 한쪽 방향으로 흘러서 원활한 정신에너지의 흐름이 일어나고 있지 않은지를 구분해야 한다. 가장 이상적인 것은 의식과 무의식 사이, 자아와 자기 사이, 기타 여러 대극 사이에 에너지의 흐름이 일어나는 것이며, 그래야 통합의 방향으로 갈 수 있기 때문이다.

6) 통제 상태/권위에 대항

통제 당하고 있는 상태에 대한 상징은 많은 모래장면에서 관찰할 수 있다. 자유롭고 진정하게 발달해야 하는 자아 또는 여성적 · 남성적 자아가 끔찍한 감옥에 갇혀 있는 장면, 본능적 요소가 에너지를 발산할 수 없게 갇혀 있는 장면이 그 예다. 그러나 긍정적인 통제 장면도 있다. 긍정적 통제는 일종의 긍정적 조절이라고도 할 수 있다. 예를 들어, 위험으로부터 긍정적 측면들을 보호하기 위해 울타리, 경찰, 담장, 무기, 군인 등으로 보호하는 경우다. 권위에의 대항은 예를 들면 어린 시절부터 두려움의 대상이었던 아버지 피규어에 대한 대항 또는 분리 등으로 표현될 수 있다.

7) 분노

다른 심리치료적 접근에서와 마찬가지로 모래놀이치료에서도 분노와 관련된 주제가 자주 등장한다. 모래놀이치료에서 언어로 표현하기 이전의 분노는 화산폭발, 포효하는 맹수, 분노하거나 공격적인 피규어 등으로 표현되는 경향이 있다. 이러한 분노는 내담자가 의식하고 있는 경우도 있고, 표현을 통해 억압되었던 분노를 의식하게 되는 경우도 있다. 또한 피규어가 아닌 모래를 두 손으로 짓이기거나 던지는 등의 행동으로 분노를 표현할 수 있다.

8) 본능적 측면과 이성적 · 합리적 측면의 통합

본능과 이성적 측면의 통합은 인격의 전체성을 성취하기 위해 달성되어야 하는 것이다. 본능적 측면에 압도당해 조절이 되지 않거나 본능적 측면과의 연결이 단절되어 비현실적인 세계에서 살게 되는 경우가 종종 일어나기 때문이다. 본능적 측면과 이성적 · 합리적 측면의 통합 또는 통합의 필요성은 두 영역으로 나누어진 모습으로 등장하거나 각 측면을 나타내는 피규어들 간의 관계로 나타나기도 한다. 또는 감옥에 갇혀 있거나 굳어 있는 모습으로 나타나기도 한다.

9) 휴식과 치유

휴식과 치유도 모래놀이치료에서 자주 등장하는 주제 중 하나다. 이때의 쉼이나 휴식은 힘든 일이나 노동 후의 일시적인 휴식보다는 삶에 대한 태도의 측면에서 자아중심적으로 성취나 결과 또는 시각적인 것에 치중하여 살아오던 것에서 느끼는 삶의 진정한 의미에 대한 추구라고 할 수 있다. 휴식 또는 쉼은 원형적인 주제로서 성경에 신이 6일 일하고 7일째에 쉬었다는 내용에서도 쉼이 원형적 주제임을 보여 주고 있다. 특히 한국 사회에서 사람들은 성취하기 위해 경쟁하느라 지쳐 있는 경우가 많다. 또한 정서적 · 심리적 문제와 씨름하느라 지쳐 있는 사람들에게 휴식을 갈망하는 원형 에너지가 배열된다.

이때의 휴식은 치유를 촉진한다. 이런 주제는 고요하고 평화로운 해변, 산 등에서 쉬는 장면 등으로 표현되는 경우가 많다.

10) 여성성과 남성성의 발달

융에 의하면 인간에게는 여성성과 남성성 모두 존재한다. 여성에게는 원형적 남성성인 아니무스가 존재하고, 남성에게는 원형적 여성성인 아니마가 존재한다. 아니마와 아니무스는 한쪽으로 치우진 전체 인격의 통합을 촉진하기 위해 의식과 무의식을 연결하는 기능을 한다. 원형적 여성성이나 남성성의 통합 여부는 그것들이 의미하는 삶에 대한 태도에 영향을 미친다. 삶에 대해 남성적 태도가 지나치거나 부족한 것 또는 여성적 태도가 지나치거나 부족한 것은 정신 내부와 정신 외부의 삶에 대한 태도에 영향을 미친다. 모래놀이치료에서 남성성은 왕, 전사, 신, 마법사, 소년, 노인, 성직자, 여러 유형의 평범한 사람들로 나타날 수 있다. 여성성은 여왕, 공주, 요정, 소녀, 노파, 어머니, 여신, 각종 유형의 평범한 사람들로 나타나며, 이들과 다른 요소들 간의 관계는 내담자가 현재 또는 앞으로 처하게 될 정신발달의 단계를 나타낸다. 영웅의 여정에서 마녀에게 잡힌 공주를 구하는 것은 분화되지 못한 아니마를 발달시키는 것을 상징하는 대표적인 이야기다.

11) 대극의 합일

대극은 본래 하나의 상태였으나 한 극은 의식되고 다른 한 극은 무의식화하기 때문에 마치 하나만이 존재하는 것으로 자아는 지각한다. 여러 가지 종류의 대극이 존재한다. 의식과 무의식은 대극을 이루기 때문이다. 신념, 태도 등에서 대극적인 것을 인식한다면 의식이 확장될 수 있다. 대극의 합일은 여러 가지 형태로 모래장면에 상징화될 수 있으며, 그중 대표적인 것이 결혼식이다. 결혼이라는 것은 상징적으로 정신 내면에 결핍된 부분과의 결혼, 즉 통합이 필요하다는 것을 상징하기 때문이다. 대극의 합일은 또한 피규어 간의 연결, 화합 등으로도 표현될 수 있으며, 모든 대극을 담고 있는 자기(Self)에너지가 배열되면 정신의 전체성을 상징하는 만다라나 그보다 초기 형태의 만다라와 유사한 형태가 등장하기도 하고, 자기(Self)를 상징하는 구 모양이나 귀중한 피규어 등이 나타난다. 이런 대극의 합일은 제3의 눈으로 상징화되기도 한다.

12) 축하 · 신성한 의식

모래장면에는 신성한 의식(ritual)이나 축하의 장면이 나타난다. 신성한 의식은 원형적으로 이니시에이션, 신성결혼이 될 수 있고, 개인적으로는 개인에게 의미 있는 의식이나 축하일 수 있다.

13) 아기 또는 새로운 생명의 탄생

무의식 상태에 있던 정신적 내용이 새롭게 의식되어 자아(ego)의 내용이 풍부해지는 것은 종종 새로운 생명의 탄생, 아기 등으로 상징화된다. 이러한 상태에 이르기 위해 먼저 의식되지 않았던 한쪽 대극이 의식되고 기존에 의식되었던 극과 긴장, 갈등 상태에 있다가 대극이 통합되는데, 이 제3의 것이 아기의 탄생이다. 새로운 의식성의 탄생인 것이다. 또한 아기는 신성한 아기(divine child)로서 자기(Self)의 상징으로 나타나기도 한다.

14) 보물 획득

보물 획득은 영웅의 여정 또는 영웅의 모험에서 성공적으로 목적을 달성하는 것을 상징적으로 의미한다. 영웅은 불사의 선약과 아리따운 공주, 즉 아니마를 획득하여 인간 세상으로 무사히 귀환한 경우에 영웅이라고 할 수 있다. 모래놀이치료에서의 보물 획득은 따라서 연령에 적합한 발달의 성취, 자아발달, 문제의 완화 또는 해결, 대극의 합일, 관계의 회복, 자아-자기축의 연결과 그로 인한 문제의 해결 등등을 의미할 수 있다.

5. 모래놀이치료에서의 전이/역전이

고전적 정신분석가였으며 모래놀이치료를 시작한 초기 인물이었던 마거릿 로웬펠드는 정신분석 이론에 따라 전이와 역전이를 피하고자 했고, 그러기 위해 아동과의 모래놀이치료에서 매 회기마다 치료자를 바꾸었다. 전이관계를 치료의 모체로 활용하는 오늘날과는 사뭇 다른 접근이었다고 할 수 있다. 도라 칼프에게 전이는 주로 긍정적인 것이었으며 치료자가 내담자에게 자유롭고 보호적인 공간(free and protected space)을 제공하는 것이라고 생각했다. 인간의 정신 내면에는 치유를 향한 타고난 잠재력이 있기 때문에 그러한 긍정적인 전이적 관계를 제공한다면 타고난 치유잠재력에 따라 내담자에게 치유가 일어날 것이라고 생각했다. 이 치유잠재력이라는 것을 분석심리학적 용어로 바꾼다면 원형적 전이(archetypal transference)라고 할 수 있는데, 이는 내담자와 치료자 간에 만들어진 깊은 무의식적 유대가 변화, 변환 또는 의식화의 증가를 통해 나타난다. 즉, 직접적인 치료관계 그리고 모래상자 안의 피규어 그리고 피규어들의 위치 같은 상징적 요소들이 이런 부분을 드러낸다.

브래드웨이와 맥쿼드(Bradway & McCoard, 1997, p. 34)에 의하면 치료자와 내담자의 관계는 치료실에서 치료자의 물리적 위치가 중요하다. 모래상자 장면에서 중요한 피규어의 위치나 장면의 방향이 치료자가 앉아 있는 방향을 향하기도 하기 때문이다.

또한 모래놀이치료 시간에 내담자들은 그들의 치료과정의 전이와 관련된 꿈을 보고하기도 하고 꿈 내용을 모래상자에 재현하기도 한다. 물론 이때 꿈 내용이 일부 달라지거나 꿈 내용이 더 의식되는 발달이 일어난다. 또한 강한 감정을 보고하기도 하는데 이 모든 것은 전이와 관련된 내용일 수 있다. 물론 이런 꿈이나 감정이 내담자에 의해 표현되지 않는 경우도 있다.

내담자뿐 아니라 치료자의 치료과정에 대한 전이감정, 즉 역전이도 꿈이나 강력한 감정을 통해 나타날 수 있고 그것이 치료과정에 도움이 될 수 있는가 없는가 여부에 따라 표현되거나 표현되지 않을 수도 있다. 치료자의 치료과정에 대한 감정은 치료실 세팅을 위해 피규어를 선택하는 것 그리고 슈퍼비전을 받거나 제공하는 과정에도 반영될 수 있다.

내담자의 전이가 내담자만에 의한 전적인 과거나 현재에서 기인한 감정의 투사만이 아니라 치료자의 과거 그리고 현재 경험이 함께 작용한다는 관점에서 브래드웨이(Bradway, 1991)는 공동전이(co-transference)의 개념을 제안했다. 그의 공동전이는 감정이 과거와 현재에 벌어지고 있는 것에 의해 필연적으로 결정된다. 내담자와 치료자 모두 서로에게 투사하고 있는 것일 수 있으며, 그 내용은 각자의 정신에서 사용되지 않은 또는 억압된(repressed) 부분이거나 과거에서 온 개인의 기억이거나 원형이미지다. 그리고 두 사람 모두 삶에서 중요했던 인물을 투사하고 있는 것이라고 보았고, 이 모든 것은 무의식적 수준에서 이루어진다. 그에 의하면 치료관계는 두 사람의 투사와 반응의 혼합, 완전한 혼합, 즉 가치로운 혼합이며 이 혼합이 공동전이다. 내담자와 치료자는 자신들의 과거와 현재의 관계경험을 바탕으로 모래상자와 관계에 대한 공동전이 감정을 형성한다. 또한 브래드웨이와 맥쿼드(Bradway & McCoard, 1997)에 의하면 전이-역전이는 순차적으로 두 현상이 발생한다는 것을 강조하는 개념이라면, 공동전이는 순간적으로 동시에 일어나는 것을 강조하는 개념이라고 할 수 있다. 심지어 공동전이는 첫 번째 회기가 이루어지기 전에도 일어날 수 있다. 이는 멜라니 클라인(Melanie Klein)의 종합 전이(total transference) 개념과 유사하다(Klein, 1975/1984). 또한 공동전이는 정신 내적(intra psychic)인 것이면서 동시 대인관계적인 것이기도 하다.

모래놀이치료에 적용할 수 있는 치료자-내담자 관계 모델의 종류를 요약하여 제시하면 다음과 같다(Weinberg, 2014).

- 모-자녀 모델: 내담자에 대한 치료자의 모성적이고 양육적인 측면을 강조하는 모델
- 권력모델: 내담자와 치료과정에 대한 통제를 갖고 통제를 유지하려는 치료자의 충동을 강조하는 모델
- 샤머니즘적 모델: 내담자와의 깊은 공명을 통해 치료자가 내담자의 '불편, 질병'을 취하여 스스로 치유를 하며 내담자에게 치유가 일어나도록 하는 모형이다. 치유는 모래놀이, 꿈, 적극적 상상 등을 통해 무의식에서 오는 치유원형의 상징을 찾음으로써 결정될 수 있다.
- 산파모델: 치료자를 내담자의 자기(Self)의 심리적 탄생과정의 산파로 보는 모델이

다. 내담자는 이전에 갖고 있던 의식적 태도보다 '더 깊고, 더 옳고, 더 포괄적인 것'을 경험한다(Stein, 1984/1992).

- 융의 상처 입은 치유자 모델: '상처 입은 치유자'는 분석관계에서 배열될 수 있는 원형적 역동성이다. 이 용어는 그 자신의 상처를 인식하고 다른 사람들의 상처를 치유할 수 있는 피난처(sanctuary)를 그리스의 고대 항구도시 에피다우로스에 설립한 고대 그리스의 의사 아스클레피오스의 전설에서 유래했다(Jung, 1946/1970). 치유받기를 원하는 사람들은 양육(incubation)이라 불리는 과정을 통과했다. 처음에 그들은 신체뿐 아니라 영혼을 정화하는 효과가 있다고 생각하면서 정화의 목욕을 했다. 신체에 의해 오염되지 않은 영혼은 자유로워져서 신들과 소통한다. 희생 예물을 드린 후 양육 받는 자는 의자 위에 누워 잠을 잔다. 운이 좋으면 치유의 꿈을 꾼다. 운이 더 좋으면 밤에 뱀이 와서 그들을 문다.

6. 맺음말

아동들이 놀이하는 모습에서, 그리고 성인의 깊은 정신 속에 들어 있는 창조적 놀이에서 시작된 모래놀이치료는 오늘날 아동뿐 아니라 성인들을 위한 심리치료방법으로 널리 사용되고 있다. 힌두교에서 신은 창조적 놀이(Lila)를 통해 세상을 창조했다고 한다. 인간 정신 안에 있는 신성성은 놀이를 통해 인간 내면세계를 끊임없이 새롭게 창조하고자 한다. 인간 정신의 신성성의 창조적 놀이는 상상의 형태로 떠오르고, 그것은 구체적 세계에 투사되어 실현되고자 한다. 모래놀이치료는 그러한 원리를 활용하여 인간 내면의 어려움을 치유하고자 한다. 내담자가 신성한 상상을 통해 새로운 세계를 창조하면서 그 과정에서 내면의 신성성과 연결된 구체적 현실을 만나게 되고, 모래놀이치료자는 그 여정의 안내자가 되기를 소원한다.

참고문헌

Ammann, R. (1991). *Healing and transformation in sandplay : Creative processes become visible.* Chicago: Open Court.

Bradway, K., & McCoard, B. (1997). *Sandplay-silent workshop of the psyche.* New York: Routledge.

Campbell, J. (1949/2008). *The hero with a thousand faces.* Novato, CA: New World Library.

Edinger, F. E. (1972/1992). *Ego and archetype.* Boston: Shambhala.

Jung, C. G. (1946/1970). *The psychology of the transference.* CW 16. Princeton: Princeton University Press.

Jung, C. G. (1959/1969). *Mandala symbolism.* Princeton: Bollingen Press.

Jung, C. G., & Kerenyi, C. (1969). *Essays on a science of mythology: The myth of the Divine Child and the mysteries of Eleusis.* Princeton, NJ: Princeton University Press/Bollingen.

Kalff, D. (1980). *Sandplay: A psychotherapeutic approach to the psyche.* Boston: Sigo Press.

Klein, M. (1975/1984). *Envy and gratitude and other works 1946-1963: The writings of Melanie Klein Volume III.* New York: Free Press.

Markell, M. J. (2002). *Sand, water, silence : the embodiment of spirit: explorations in matter and psyche.* London: Jessica Kingsley Pubs.

Mitchell R. R., & Friedman, H. S. (1994). *Sandplay: past and future.* New York: Routledge.

Neumann, E. (1973). *The child.* Boston: Shambhala.

Schore, A. (2012). *The science of the art of psychotherapy.* New York: W. W. W. Norton & Company, Inc.

Sharp, D. (1991). *Jung lexicon: a primer of terms & concepts.* University of Toronto Press Incorporated: Inner City Books.

Stein, M. (1984/1992). Power, shamanism, and maieutics in the countertransference. In Schwartz-Salant, N., & Stein, M. (Eds.), *Transference/counter-transference* (pp. 67-87). Wilmette, IL: Chiron Publications.

Steinhardt, L. (2000). *Foundation and form in Jungian sandplay.* London/Philadelphia: Jessica Kingsley.

Turner, B. A. (2005). *The handbook of sandplay therapy.* California: Temenos Press.

Weinberg, B. (2014). 한국임상모래놀이치료학회 워크샵 자료집.

Weinrib, E. (1983). *Images of the Self: the sandplay therapy process.* Boston MA: Sigo Press.

제 *11* 장

소시오드라마

이정숙

소시오드라마는 인간관계 문제의 해결을 위한 실천방식을 제공하는 데 초점을 둔 집단학습과정이다. 집단원들이 사회적 가치와 감정을 명료화하도록 돕고 새로운 행동을 연습할 수 있는 기회를 제공한다. 소시오드라마는 집단에 참여한 모든 사람이 주인공이다. 주제는 집단이 공통으로 관심을 가지는 것을 선택한다. 소시오드라마는 집단에 참여한 모두가 한 번쯤 겪었을 법한 경험을 공유하는 것이다. 소시오드라마 안에서 집단원들은 자신이 가지고 있는 가치와 집단원의 가치의 보편성을 이해하고, 집단의 지지적인 힘을 경험하면서 자신의 역할을 확장시키는 경험을 얻을 수 있다.

이 장에서는 교육현장이나 집단상담현장에서 널리 활용될 수 있는 소시오드라마의 구성과 진행방식 기법, 그리고 사회측정법을 이용한 소시오드라마를 다루었으며, 사이코드라마와의 차이점에 대해서도 알아보았다.

제11장
소시오드라마

1. 소시오드라마의 이해

소시오드라마는 제이콥 모레노(Jacob Levy Moreno)에 의해 처음 고안되었으며, 참가자들이 공통적으로 공감하는 사회문제들을 즉흥적으로 행위화(acting)하는 집단행동방법이다(Sternberg & Garcia, 1994). 소시오드라마는 사람들에게 무대 위에서 극을 통해 사고와 감정들을 표현하고, 문제들을 해결하고, 그들의 가치들을 명료화하도록 돕는 것에 목표를 두고 있다. 그리고 그 방법에 있어서 문제나 주제들을 단순히 토론하기보다는 사람들에게 문제해결에 대한 의지를 갖게 하고, 그들이 관심을 갖고 있는 행동상의 문제들을 탐색하게 한다.

소시오드라마는 인간이 가지고 있는 유사성에 기초하는데, 사람들은 자신만 가지고 있다고 생각한 문제들을 소시오드라마를 통해 서로 공유함으로써 문제해결에 도움을 받을 수도 있으며, 자신과 상대방을 이해하게 되면서 서로 다르기보다는 유사하다는 진리를 획득하게 된다. 참가자들은 서로 공유하는 경험에서 소시오드라마를 통해 해결하고자 하는 이슈를 정하게 된다. 참가자들이 학생들이라면 학교 안에서의 교우문제, 학업문제, 왕따나 체벌 문제 등을 다룰 수 있으며, 주부들이라면 부부문제, 부모-자녀문제, 시댁과의 갈등 문제들을 다룰 수 있다. 소시오드라마는 서로 공유하고 있는 관심사나 문제들을 다루기 때문에 다양한 집단에 적용될 수 있다.

소시오드라마의 진정한 주체는 어떤 특정한 개인들의 모임에 한정되는 것이 아닌 집단 자체다(Sternberg & Garcia, 1994). 즉, 모든 곳에 사는 인간들의 모임으로 적어도 같은 문제를 가지고 있는 집단이다. 사람들은 그의 행동을 지배하는 어느 정도의 역할들로 특징지어지며, 문화는 그 구성원의 역할수행에 따라 특징지어진다. 따라서 소시오드라마는 극적 방법으로 사회질서를 어떻게 조명하는가에 초점을 두는 것이다. 소시오드라마는 문화적 · 사회적 연관관계를 연구하는 데 이상적이며 특히 두 문화가 양적으로 융합되어 있고 그 집단원들이 서로 연관되어 계속 상호작용할 때 아주 이상적이다. 소시오드라마는 어떤 특별한 형태로서 이러한 집합적 요소에 눈을 돌려야 하는 필요성에 의해 생겨났다(Moreno, 1960). 그러므로 소시오드라마는 다른 사람들과 관심 및 역할을 공유하는 경험을 제공하기 때문에 소시오드라마는 거의 모든 집단을 대상으로 실시할 수 있다.

모레노가 소시오드라마에서 가장 중요하게 생각한 것 중 하나는 역할연습(role playing)인데, 모레노(1960)는 각각의 개인들을 그들이 갖는 역할들의 복합체로 보았고 한 개인의 역할을 신체적 역할, 사회적 역할, 사이코드라마적 역할이라는 세 가지 범주로 나누었다. 신체적 역할이란 식사, 수면, 옷차림, 개인적 습관 등의 활동을 포함하고, 사회적 역할은 개인의 삶에서 실제로 사람들과의 관계를 말한다. 유아-어머니 관계는 인간이 최초로 갖게 되는 사회적 역할이다. 사이코드라마적 역할은 인간이 내적으로 가지는 공상적 역할이다. 현실적인 갈등을 경험하거나 만족을 추구하기 어려울 때 사이코드라마 기법을 통해 그러한 역할을 경험해 보고 소망을 이루게 된다.

모레노(Moreno & Moreno, 1975)는 역할을 "문화적으로 승인되고 동의된 행동군"으로 정의하고, 이들 각각의 역할들은 다시 공통된(공유된) 것과 사적인(개인적인) 구성요소들 모두를 포함하고 있다고 본다. 그리고 이러한 역할의 탐색을 위해서 두 가지 방법이 고안되었는데, 그 하나가 사적인 구성요소를 위한 사이코드라마이고, 다른 하나는 공통적 구성요소를 위한 소시오드라마다. 이렇게 '역할' 개념을 도입하는 것은 몇 가지 이점을 갖고 있다. 역할이라는 용어를 써서 상호작용들과 태도들 및 기대들로 이루어진 복합체에 이름을 붙여 줌으로써 존재 자체와 역할들을 구분하고 역할들이 객관화될 수 있기 때문이다. 따라서 우리는 소시오드라마를 통해 역할들을 검토해 볼 수 있고 재조정할 수 있고 다른 역할수행방식들을 시도해 볼 수 있다. 즉, '역할' 개념은 안전하고 자유롭고 자신을 탐색하고 의식적이며 창조적으로 자신의 역할수행방식을 선택할 수 있는 기회를 마련해 주는 데 용이하다고 할 수 있다.

1) 소시오드라마의 의의

역할은 여러 사람이 공통적으로 소유하고 있는 집단적인 요소와 각 개인이 개별적으로 독특하게 가지고 있는 개인적인 요소로 나눌 수 있다. 이러한 두 가지 요소를 행위화하는 방법으로 사이코드라마와 소시오드라마가 탄생하게 되었다. 사이코드라마에서는 한 사람의 주인공이 자신의 이야기를 가지고 나와서 자신의 삶을 표현하지만, 소시오드라마는 집단 전체가 주인공이 되어 그들의 이야기가 역할을 맡은 사람들에 의해 표현된다. 소시오드라마는 무대 위에서 즉흥극을 통해 진행된다는 점에서 여러 가지 의의가 있다.

인간이 살고 있는 현실세계에서는 자신의 자발성과 창조성을 마음껏 발휘하는 것이 어렵다. 남의 시선을 의식하고 배려하면서 살아야 하고 자신의 가치관, 도덕, 법규 등을 지키며 살아야 하기 때문에 자신이 하고 싶은 대로 마음껏 하며 산다는 것은 불가능하다. 자신의 감정과 본능을 어느 정도 적절하게 조절하며 사는 것이 사회에 이롭기는 하지만 어떤 경우에는 그 개인이 너무나 억압해서 여러 가지 질병을 얻거나 제대로 기능하지 못하는 경우도 있다. 그러므로 감정이나 생각들을 적절히 표현함으로써 문제를 예방하거나 안고 있는 문제들을 해결하는 것이 필요하다. 소시오드라마는 이러한 우리들 내면에 표현되지 않은 생각과 감정들을 마음껏 발산할 수 있도록 도와준다. 무대라는 공간은 현실처럼 제약을 받지 않고 자신이 하고 싶은 대로 마음껏 표현할 수 있는 안전한 공간이다. 무대에서는 역할을 통해서 표현하는 것이기 때문에 누군가를 해치지 않고 자신의 마음속에 있는 감정과 생각을 마음껏 표현할 수 있는 것이다.

인간은 누구나 역할을 맡는데, 어떤 역할이든 서로의 욕구가 다르기 때문에 갈등이 있기 마련이다. 시어머니가 며느리와 갈등을 겪는 것은 아주 오래전부터 누구나가 공감하는 사실이다. 선생님과 제자, 남편과 아내, 상사와 부하 등 서로 대립되는 역할들이 있고, 이러한 역할들 사이의 갈등은 누구나가 알고 있는 갈등이며, 그 역할에 처해 있는 사람들이 서로 같은 주제를 가지고 이야기를 하면 참가자들 모두가 공감할 수 있게 되는 것이다. 이러한 대립되는 역할들이 서로 갈등 없이 살기 위해서 각자 문제를 풀어 나가는 것도 필요하지만, 모두가 참여하여 소시오드라마를 통해 문제를 객관적으로 바라보고 시너지 효과를 통해 문제를 해결해 나간다면 보다 효율적인 역할을 수행해 나갈 수 있을 것이다.

　소시오드라마는 모두가 공통적으로 느끼는 역할들 간의 갈등과 문제들을 즉흥극이라는 수단을 통해서 해결하는 기법이다. 즉흥극은 참가자들에게 생동감과 현실감을 전해 주기 때문에 문제의 피상적인 해결이 아니라 체험을 통한 구체적인 해결을 할 수 있도록 도와준다. 우리에게 체험이란 삶을 변화시키는 유용한 도구다. 아무리 이해하고 안다고 해도 체험을 통해 깨닫지 못하는 경우 행동을 변화시키는 것이 어렵다. 학교에서 배운 대로 우리들의 행동이 되지 않는다는 것은 그 예가 될 것이다. 인간은 자신이 스스로 깨달을 때 행동을 변화시키기가 쉬운 것이다. 무대에서의 체험은 꿈처럼 현실은 아니지만 역할을 통해 현실과 같은 체험을 가져다줌으로써 변화를 촉진시켜 주며 집단원들 모두 강한 정서적 몰입을 할 수 있도록 도와준다. 또한 놀이적인 요소가 가미됨으로써 모두가 즐겁고 신나게 몰입하면서 감동을 느끼며 문제를 해결해 나갈 수 있는 것이다.

　고여 있는 조직문화에 생기를 불어넣어 주고 새로운 변화를 모색할 수 있도록 도와주고 실제적인 문제해결방안까지 찾아 주어 행동변화를 이끌어 낼 수 있는 유용한 도구가 소시오드라마인 것이다.

2) 사이코드라마와의 차이점

　사이코드라마가 치료장면에서 보다 많은 연구가 된 반면, 소시오드라마는 학교장면과 수업장면 그리고 직업훈련장면에서 많이 활용되고 있다. 소시오드라마는 주로 역할극으로 이루어진다. 역할극은 각각 조금씩 다른 방식으로 형태주의, 교류분석, 합리적 정서치료, 행동주의 집단에서 종종 사용되어 왔다. 펄스(Perls, 1950)는 역할극에 대해 개인이 자신이 처한 상황에서 자신과 타인의 입장으로 역할을 바꾸어서 대화로 진행되는데, 이를 통해 2개의 양면을 서로 이해하는 상호 간의 학습이 일어난다고 보았다. 그리고 행동주의 집단에서는 특정 상황에서 구체적인 대인관계 기술을 재연하는 것을 강조한다. 모레노(Moreno & Moreno, 1975)에 의하면 역할극은 변화하는 어떤 역할의 훈련이나 발달, 실험, 탐구의 목적으로 어떤 선택된 장면에서 스스로 택하여 어떤 역할을 연기하는 것이다. 사이코드라마와 소시오드라마에서 역할극은 문제를 탐색하고 해결의 실마리를 찾고, 학습하는 방법으로 전체적인 진행의 기본수단이다. 단지, 사이코드라마에서는 연기되는 문제나 상황이 주인공의 의식에 근거한 것이라면, 소시오드라마에서는 집단 전체의 합의에 의해 주제나 상황도 선택되고 수정되어 연기하게 된다. 따라서 소시오드라마에서는 역할극이 이루어지기 위해서 문제를 선택하고 합의하는 과정 자체가 학습된다.

　사이코드라마는 사적인 역할과 개인적인 문제들에 초점을 두고 진행되며, 소시오드라마는 사회적 역할과 그 역할들 사이의 문제를 다루는 데 초점을 둔다는 점에서 가장 큰 차이가 있다. 소시오드라마는 사회적 상황을 개선하고 사회문제를 해결한다는 점에서 근본적으로 교육적인 면에 중점을 두는 반면, 사이코드라마는 한 개인의 문제를 중점적으로 다루고 해결해 주려고 하기 때문에 치료적인 면에 중점을 둔다. 사이코드라마는 치료적인 면에 중점을 두기 때문에 보다 많은 훈련이 필요하지만 소시오드라마는 역할극에 사이코드라마의 기법을 활용한 것이기 때문에 누구나 사이코드라마 기법의 원리를 활용한다면 아주 유용하게 활용할 수 있다. 또한 소시오드라마는 동질집단을 대상으로 할 때 가장 효과적이라는 점이 사이코드라마와의 차이점이다. 집단 전체의 공통적인 관심사를 다루기 때문에 동질집단일수록 집단원들의 참여도가 높아지고 공통된 주제 선정이 쉽기 때문이다. 사이코드라마에서는 오히려 동질집단인 경우 더욱 어려울 수도 있다. 사이코드라마나 소시오드라마의 워밍업은 비슷하지만 소시오드라마에서는 주인공 선정을 위한 워밍업 대신 주제 선정을 위한 워밍업이 가미된다는 점이 다르다.

2. 소시오드라마의 목표

　사람들은 살아가면서 일상적으로 일어나는 크고 작은 결정을 하게 된다. 어떤 결정은 아주 쉽게, 그리고 자연스럽게 결정되지만, 어떤 결정은 커다란 혼선과 어려운 과정을 거치기도 한다. 매사를 자신의 의지에 따라 쉽게 문제를 결정하는 사람도 있지만, 아주 간단한 문제조차 스스로 결정하지 못하고 우유부단해지거나 타인에게 의지하는 사람도 있다. 소시오드라마에서는 이러한 문제를 객관적으로 다루어 봄으로써 문제를 객관적으로 바라볼 수 있고 갈등상황을 명확하게 인식하게 해 준다.

소시오드라마에서는 사이코드라마와 마찬가지로 인간의 정서, 인지, 신체 모두를 다룬다. 정서적인 측면에서는 카타르시스를 일으키고, 인지적인 측면에서는 통찰을 일으키고, 신체적인 측면에서는 역할훈련을 할 수 있도록 도와주는 것이다. 이러한 카타르시스, 통찰, 역할훈련은 한 가지만으로 집단원 모두에게 커다란 도움을 줄 수 있다. 하지만 행동변화를 위해서는 한 가지만으로 충분하지 않은 경우가 있으며, 세 가지 목표 모두를 소시오드라마 과정에서 얻는 것이 필요할 수도 있다. 디렉터는 워밍업을 하면서 이러한 목표들에 대한 욕구를 평가하고, 과정 중에 집단이 그 목표를 달성하도록 도와주어야 한다.

1) 카타르시스

억눌린 감정을 표현하고 이를 통해 그 감정을 씻어 내는 것을 말한다. 억눌린 감정이 표현되지 않고 남아 있는 경우 세상에 대한 시각을 올바르게 갖기가 어려우며, 삶을 살아가는 데 많은 장애가 되고 우리의 자발성을 막게 된다. 그러므로 억눌린 감정을 충분히 표현하여 정화시킴으로써 이러한 장애들을 없애고 객관적인 시각을 가질 수 있는 계기를 마련할 수 있다. 집단원들 전체가 억압된 감정이 있는 경우 사이코드라마에서 보다 큰 집단카타르시스를 경험하기도 한다. 이는 집단원들이 타인이나 자신에게조차 숨기고 있었던 감정들을 인식하고 표현할 수 있다는 점에서 도움이 된다. 이러한 억눌린 감정은 문제의 이해를 방해하고 그러한 문제나 감정에 관련된 사람들에게 반응하는 데 있어 자발성을 떨어뜨리고 왜곡시킬 수 있다. 그러므로 자신의 감정을 인식하고 충분히 표현함으로써 비로소 다른 시각으로 문제를 보는 출발점을 제공한다.

감정의 정화는 소시오드라마 회기 동안 관객과 실연자 모두에게 일어나는 정서의 깊은 표현이다. 소시오드라마의 디렉터는 참가자들이 자신의 정서적 자발성을 보여 주도록 격려해야 한다. 수용적인 분위기를 유지하면서 감정의 정화를 촉진하는 기법은 많이 있는데, 그중 하나가 이중자아기법이다. 많은 소시오드라마 진행자들은 정화행위가 정서를 깨끗하게 할 뿐만 아니라 이러한 행위 자체를 창조적인 순간으로 본다. 따라서 감정의 정화를 통해 감정이 해방된 사람들은 그 상황을 신선한 방식으로 보고 반응할 수 있다.

2) 통찰

어떤 문제나 사실에 대해서 새롭게 깨닫게 되는 것을 말한다. '아하!' 경험이라고도 한다. 소시오드라마에서의 통찰은 행위를 통해서 일어난다. 이러한 것을 행위통찰이라고 한다. 행위통찰은 다음과 같은 과정을 거치면서 이루어진다. 먼저 문제가 나타났던 상황이 극화되어 사실들이 모이고, 다음 단계에서는 문제상황이 깊이 탐색되고 감정들이 표현된다. 그 후 새로운 통찰이 일어나고 문제에 대한 해결책들이 발견되며, 마지막으로 통찰이 현실 속에서 검증되고, 행동으로 연결되는 것이다. 소시오드라마에서는 행위를 통해 이해의 도약이 일어난다. 행위통찰은 운동감각적인 근거를 갖고 있으므로 역할행위를 통해 통찰을 얻는 것은 변화의 강력한 추진력이 된다.

통찰은 종종 행위 도중에 자발적으로 일어나기도 한다. 실연자는 행위 도중에 벼락을 맞은 것 같은 느낌을 갖기도 하고, 깨달음을 느끼기도 한다. 디렉터는 실연자가 통찰을 얻을 수 있는 데 도움을 주고자 이중자아나 역할교대의 기법을 이용하여 다양한 역할을 경험해 보도록 한다. 새로운 차원에서 다른 사람의 입장을 이해하게 될 때 자신과 타인에 대한 통찰을 경험하게 되는 것이다.

3) 역할훈련

안전한 환경에서 새로운 역할과 상황을 시도해 보고 점검해 볼 수 있는 기회를 제공하는 방법을 말한다. 역할훈련을 통해 우리는 새로운 역할을 경험해 볼 수 있고, 우리가 생활 속에서 이미 하고 있는 역할을 더 나은 방식으로 실험해 볼 수 있다. 카타르시스가 통찰을 촉진시켜 주지만 반드시 정화를 통해 통찰이 일어나는 것은 아니다. 또한 통찰이 문제해결을 촉진시켜 주지만 반드시 문제가 해결되도록 이끌지는 않는다. 카타르시스와 통찰이 실질적인 변화를 일으키도록 하기 위해서 특별한 역할훈련(예: 주장훈련, 이완훈련, 사회기술훈련 등)으로 보강하는 것이 필요할 때가 있다. 역할훈련은 행동연습인데, 블래트너와 블레트너(Blatner & Blatner, 1997)는 행동연습을 안전한 맥락에서, 어느 정도의 만족이 성취될 때까지 반복적인 시도의 기회를 가지고 다양한 종류의 새로운 행동들을 실험하는 것이라고 한다. 소시오드라마는 우리의 정서, 마음 그리고 신체에 관여하는 감각운동적인 방법으로, 카타르시스는 근본적으로 정서를, 통찰은 마음을, 역할훈련은 신체에 변화를 가져오는 힘이 된다(Sternberg & Garcia, 1994).

역할훈련은 모의상황을 통해 말과 행동으로 반응하는 상대를 맞았을 때를 대비하여 연습한다. 일상에서와 마찬가지로 소시오드라마 상황에서도 상대방의 말과 행동을 예측하기는 어렵다. 따라서 우리는 역할훈련을 통해 새로운 상황에 참여할 수 있는 기회를 제공받으며, 학습한 기술이 실제 삶에서 이용되기 전에 충분히 안전하다고 느낄 때까지 새로운 행동을 연습해야 한다.

3. 소시오드라마의 구성

1) 기본요소

소시오드라마는 다음과 같은 기본요소들로 구성되어 있다.

(1) 실연자
집단원들이 다룰 주제에 나오는 역할을 맡아 실연하는 사람을 말한다. 집단원들을 대표하는 주인공과 주인공의 상대인물과 주변인물의 역할을 맡는 보조자아로 나눌 수 있다. 소시오드라마는 집단원 중에서 주인공과 그 주변인물 그리고 보조자아의 역할을 나누어 맡게 된다.

(2) 디렉터

소시오드라마의 총 진행을 맡은 지도자를 말한다. 디렉터에게는 다양한 개인적 자질과 기술이 요구되기 때문에 심리학, 사회학, 집단지도, 사이코드라마, 연출 등과 같은 다양한 영역에 대한 지식과 기술이 필요하며, 이에 덧붙여 인격적인 면을 갈고닦는 것이 필요하다. 소시오드라마에서 디렉터는 크게 상담자, 연출자, 집단지도자의 역할을 수행한다.

디렉터는 무엇보다도 집단원의 심리적 차원을 이해하고 신뢰감을 주어 집단원들이 자신을 드러낼 수 있도록 극의 분위기를 조성하고 객관적 자세를 유지해야 한다. 디렉터의 역할은 집단원의 심리적 차원과 극중에 일어나는 변화를 예민하게 관찰하는 것뿐 아니라 관중의 반응과 변화를 살펴 가면서 극을 진행시키는 것이다. 이러한 기능을 수행하기 위하여 디렉터는 전문적 능력을 갖추어야 한다. 다만, 소시오드라마의 디렉터는 사이코드라마의 디렉터에 비해 그 역할이 축소되어 있으며, 집단의 가이드 역할을 중점으로 한다는 점이 큰 차이점이 될 수 있다.

(3) 무대

소시오드라마가 진행되는 장소를 말한다. 소시오드라마의 무대는 무엇이든지 수용되고 가능한 공간이며, 이 무대 위에서 집단원들은 자신들이 표현해 보지 못했던 것들을 마음껏 표현해 보고 새로운 체험을 하게 된다. 무대 위의 체험은 현실에서와 같은 느낌으로 실연자들에게 전달된다. 무대는 마음껏 자신의 얘기를 드라마로 펼칠 수 있는 넓은 공간이어야 하며, 조명, 음향 등으로 극적인 효과를 높일 수 있다.

무대 위에는 몇 가지 소도구가 있으면 편리하다. 가벼운 의자들과 단순한 디자인의 탁자, 베개, 침대 그리고 다른 다양한 소도구들이 사용될 수 있다. 의자는 그저 앉기 위한 것이 아니며, 비어 있는 의자의 경우 주인공의 마음이 투사된 인물로 가정할 수도 있다. 또한 장애물로도 사용될 수 있고, 높이를 조절하여 지위를 상징적으로 나타낼 수도 있다. 탁자는 건물 꼭대기, 책상, 판사석, 식탁, 또는 무서울 때 움츠리거나 숨을 수 있는 동굴이 될 수도 있다. 베개나 스펀지 고무방망이는 싸우거나, 세게 치거나, 때리기 위해서, 또는 방어를 위해서 사용되거나 아기 대신으로 사용될 수도 있다.

조명이나 음향기기 같은 보조기구들은 필수적인 것은 아니지만 상당한 효과를 줄 수 있다. 예를 들면, 특수조명은 여러 분위기를 연출하는 데 도움이 된다. 붉은색 조명은 지옥, 작은 술집, 또는 강렬한 감정적 장면을 표현할 수 있고, 푸른색은 죽음의 장면, 천국 또는 바다를, 완전한 암흑은 고립과 외로움을 연기하는 장면에서 효과적이며, 흐린 조명은 꿈속의 장면들을 표현할 때 독특한 분위기를 살려 준다. 잔잔히 흐르는 배경음악이라든지 의미 있는 감정을 유발시키는 녹음된 노래 같은 음악도 역시 소시오드라마에 강력한 부속물이 될 수 있다.

(4) 관객

소시오드라마 실연을 관람하는 사람들을 말한다. 소시오드라마의 주인공으로 참여할 수도 있고 보조자아로 참여할 수도 있다. 관객들은 소시오드라마가 진행되는 동안 계속 참여하면서 극의 방향을 결정하고 스스로 자신들의 문제를 찾아 해결하게 된다. 관객들의 적극적인 참여를 통해 자발적인 소시오드라마가 이루어져야 한다. 소시오드라마 실연이 모두 끝나면 관객들은 자신들이 보고 느낀 것을 나누기 시간에 이야기하게 된다.

2) 진행과정

소시오드라마의 진행과정은 워밍업, 주제 선정 및 상황 설정, 등장인물 모집, 실연, 나누기의 5단계로 이루어진다.

(1) 워밍업

워밍업은 집단원들이 소시오드라마를 시작할 수 있도록 신체적 · 정서적으로 준비시키는 것을 말한다. 워밍업이 잘 되느냐 안 되느냐에 소시오드라마의 성패가 달려 있기 때문에 디렉터는 항상 집단원들에게 충분한 워밍업을 시키는 것이 필요하다. 디렉터는 어떤 집단을 만나든지 미리 여러 가지 워밍업을 준비해야 한다.

이때 고려해야 할 사항은 집단의 크기, 연령, 경험수준, 신체적 상태, 정서적 성숙, 각

회기의 상황이다. 그리고 가장 중요한 것은 집단의 욕구다. 집단의 욕구나 상황을 제대로 파악하기 위해서 초반에 사회측정학을 이용해 집단을 파악하는 것이 도움이 된다. 그리고 사회측정학은 훌륭한 워밍업 기법으로 활용되기도 한다. 이러한 준비를 아무리 잘했어도 워밍업을 실시하면서 매 상황마다 집단의 욕구에 주의를 기울이고 워밍업을 진행하는 것이 필요하다. 예기치 못한 상황이 발생하는 경우 준비된 워밍업을 하기보다 그 상황에 맞는 워밍업을 즉흥적으로 만드는 것도 필요하다.

워밍업은 ① 주변에서 중심으로, ② 집단의 특성에 맞게, ③ 시간을 계산해서, ④ 상호신뢰감을 높이고, 집단의 응집력을 촉진하는 방법으로, ⑤ 자발성을 높여 가는 방향으로 실시해야 한다. 디렉터는 언어와 행동을 통해 집단원들에게 소시오드라마에서는 무엇이든지 수용되고 위험 없이 마음껏 표현할 수 있고, 비밀보장이 유지된다는 것을 알려 주어 집단원들에게 소시오드라마에 대한 워밍업을 시키는 것도 필요하다. 각 워밍업이 끝난 후 집단원들에게 느낌을 물어보아야 한다. 집단원들이 비슷한 느낌과 생각을 갖는 경우 워밍업이 충분히 되었다고 볼 수 있다.

워밍업은 신체활동을 통한 워밍업, 언어표현을 통한 워밍업, 집단놀이를 통한 워밍업 등 다양한 방식이 있다. 그중에서 신체활동을 통한 워밍업은 집단원들이 모두 참여하는 데 효과적이며 집단원들이 신체활동을 함으로써 무대에서 연기를 하는 데 자연스럽게 적응하도록 도움을 줄 수 있고 참여동기를 향상시킬 수 있다. 워밍업 기법의 종류는 수를 헤아릴 수 없이 많다고 할 수 있다. 기존의 레크리에이션에서 활용되고 있는 기법들도 모두 워밍업 기법으로 활용될 수 있으며, 누구나 자신에게 맞는 워밍업 기법들을 개발할 수 있다. 디렉터는 항상 자신의 워밍업 기법을 개발하고 적용시키는 노력들을 계속해 나가야 하며, 각 상황마다 각 기법들을 적절하게 응용하는 능력을 길러야 한다.

■ 몸을 활용한 워밍업

신체활동을 통해 집단원들의 긴장된 마음을 이완시키고 자발성과 친밀감을 향상시켜 준다. 혼자서 하는 활동보다 짝을 지어 하는 활동이 친밀감 형성에 도움이 된다.

- 돌아다니기(milling): 모든 집단원이 마음을 비우고 천천히 걷는다. 매번 만나는 사람과 눈으로 인사한다. 말은 전혀 필요 없고 오직 눈으로만 인사한다. 시간은 상황에 따라 달리한다. 언어가 아닌 몸의 만남이기에 느낌이 새로운 것이다. 감각으로 만나기도 가능하다.

- 몸 풀기: 긴장된 몸을 신체활동을 통해 풀어 준다. 숨 쉬기, 두드리기, 얼굴근육 늘이기, 등 뒤로 손 잡기, 기지개 켜기, 엉덩이 돌리기, 정리하기 등의 활동을 한다.

- 단계별 감정표현훈련: 각 단계별로 감정을 정하여 한 단계를 올라가기 위해서는 주어진 단계의 감정을 충분히 표현해야만 가능하다. 그렇게 하여 맨 마지막 단계까지 가면 된다. 일종의 감정온도계를 이용하는 것인데, 가장 가벼운 미소에서부터 폭소에 이르기까지 표현해 보도록 하거나, 가장 가벼운 고민에서부터 심각한 우울이나 절망을 표현해 보도록 한다.

- 눈 감고 걷기: 두 사람씩 짝을 지어 한 사람은 눈을 감고 한 사람은 인도자가 되어 걸어가게 하는 것으로 일종의 신뢰게임이다. 가는 길에는 장애물을 설치하여 그 길을 피해 걷도록 한다.

- 안마해 주기: 두드리기, 등을 맞대고 안마해 주기

- 상대방 등에 이름 쓰기

- 감정표현하기: 슬픔(으앙), 즐거운(야호), 화남(에이)

- 게임: '이웃을 사랑하십니까?' '사슬풀기' '손바닥으로 상대방 넘어뜨리기' '달라진 점 찾기' '활주로게임' 등이 포함된다.

■ **언어활동을 통한 워밍업**

자기노출을 통해 집단원들 간의 신뢰감과 친밀감을 형성시키는 것이 목적이며, 신체활동을 함께함으로써 집단원들이 편안하게 자기표현을 할 수 있도록 한다. 디렉터는 집단원들이 점진적으로 지금-여기에 몰입할 수 있도록 진행해야 한다.

- 자기소개하기: 역할 바꾸어 자기소개하기
- 스펙트로그램(spectrogram): 0~100의 점수를 통한 표현(오늘의 기분, 삶의 만족도, 직장에 대한 만족도 등)
- 자기소개하기: 자신의 이름 첫 자를 따서 문장을 시작한다. 예를 들어, "저는 이영희입니다. 이상하게도 여러분과 처음 만난 것 같지 않고 친숙하네요." 등과 같이 돌아가면서 자신의 이름을 소개한다. 집단의 응집력을 높이고 어색함을 없애는 데 도움이 된다.
- 짝과 함께 이야기 나누기: 눈을 감고 걸어 다니다가 가장 가까이 있는 짝과 만나서 이야기 나누기(예: 좋아하는 음식, 일주일 동안 어떻게 지냈는가?, 싫어하는 사람, 즐거웠던 경험 등)
- 지난주 돌아보기: 3~4명이 한 팀이 되어 지난주에 일어났던 사회적 이슈를 한 가지씩 떠올리도록 한 후, 그 일에 대해 어떤 느낌이었는지 발표해 보도록 한다.
- 자신의 장점을 집단원들에게 선물로 주기

- 열린 긴장체계

참가자들이 워밍업을 하는 동안 상호교류하면서 자신의 인생경험담을 나눈다. 이러한 경험의 내용은 매우 다양하다. 때로는 다양한 이야기를 많이 듣는 것이 어떤 소시오드라마를 해야 할지 결정하는 데 혼란을 가져올 수도 있다.

참가자들의 이야기가 서로 다르더라도 진행자는 이를 경험하고 개인적인 줄거리에 내재된 여러 가지 주제들을 이끌어 낼 수 있다. 이러한 주제들은 해결되지 않은 감정과 문제를 나타내기 때문에 '열려 있다.'고 일컫는다. '열린 긴장체계'는 긴장이 내적·외적으로 상호교류하기 때문에 이러한 용어가 사용되었으며, 체계가 내적인 경우는 참가자들의 특정 문제에 대해서 다루게 된다. 예를 들어, 요즘 들어 부쩍 외로움을 타고 있다든가, 다이어트를 아무리 해도 살이 빠지지 않아 고민이라든가 하는 내적인 갈등을 다루는 것을 말한다. 반면, 체계가 외적인 경우는 참가자가 누군가와 논쟁하는 경우를 다루게 된다. 예를 들어, 자주 늦는 남자친구 때문에 화가 나 있는 여자친구, 직장 내에서 불합리한 상사 때문에 화가 나 있는 부하직원들 등과 같이 타인과의 관계에서 오는 긴장을 다루는 경우를 말한다.

• 행위갈증

열린 긴장체계가 집단의 역동과 주제를 다루는 동안 참가자들은 그러한 주제와 관련된 행위를 하고 싶은 욕구와 충동을 느낀다. 이를 '행위갈증'이라고 한다. 참가자들은 이야기를 나누면서 무엇인가를 행동하고 듣고 혹은 받아들이고 싶어 한다. 워밍업 과정에서 참가자들은 어떤 행위갈증을 공유하고 있는지 분명히 알 수 있다. 소시오드라마에서의 행위갈증은 참가자들의 개인적인 상황이 아닌 가상적인 상황을 통해서 해결될 수 있음을 알아야 한다.

(2) 주제 선정 및 상황 설정

디렉터는 집단원들이 탐색하고자 하는 공통주제를 찾아야 하며, 이러한 주제 속에는 해결되지 않은 감정과 문제들이 들어 있다. 처음에는 주제가 추상적으로 막연히 주어진다. 사랑, 우정, 직장 등의 주제가 집단원들에게서 나오게 되면, 디렉터는 이 주제들을 구체화시키는 것이 필요하다. 사랑이라는 주제는 이성 간의 사랑으로 그 영역이 좁혀지고 나중엔 유부남과 사랑에 빠진 처녀의 고통으로까지 구체화될 수 있다. 이때 디렉터는 집단원들에게 어떤 행위갈증이 있는지를 파악해야 한다. 행위갈증이란 충족되지 못한 욕구라고 할 수 있다.

소시오드라마는 안전한 환경에서 행위갈증을 해소시켜 주고 생활 속에서 더 편안하게 그것을 만족시키는 법을 훈련할 수 있는 기회를 갖게 해 주는 것을 기본적인 목표로 한다. 그러므로 디렉터가 주제를 선정하면서 그 집단의 행위갈증이 무엇인지를 정확히 파악하고 그 행위갈증을 소시오드라마에서 해소시켜 주는 것이 필요하다. 여러 가지 주제가 나오는 경우 다수결에 의해 다룰 주제를 결정할 수 있다. 하지만 다수결에 의해 주제가 결정되었더라도 디렉터는 진정 그 집단이 그 주제에 대해서 다루기를 원하는지를 계속해서 관찰하고 확인해야 한다. 그리고 선정된 주제가 집단원들에게 도움이 되는 주제가 아니거나 집단원들이 다른 주제를 원하는 느낌을 가진 경우 주제를 다른 방향으로 바꾸어야 한다.

주제가 선정되면 상황을 구체적으로 설정해야 한다. 어떤 상황에서 시작할 것인지는 집단이 정하며, 집단원들은 브레인스토밍을 통해 자신들의 의견을 발표하고 그것을 정리해서 특정한 상황을 설정하게 된다.

(3) 등장인물 모집

상황이 설정되면 필요한 등장인물들이 정해진다. 디렉터는 집단원들에게 그 상황에서 어떤 사람들이 필요한지를 물어봄으로써 등장인물들을 정할 수 있고 집단원들의 역할에 참여하고자 하는 동기를 만들어 줄 수 있다. 예를 들어, '이 장면에 누가 있습니까?' '누가 이 장면에서 역할을 맡고 싶습니까?'와 같은 질문들을 하여 자원자를 받도록 한다. 집단원들이 자발적으로 참여하는 것이 집단의 자발성 향상에 도움이 된다.

등장인물 역할을 해 줄 사람을 부탁하고 기다리는데 한참 동안 침묵이 흐르고 자원자가 나오지 않을 수 있다. 이때 디렉터가 많은 걱정을 할 수 있는데, 언제나 자원자는 나오기 마련이다. 그러므로 조급한 마음을 버리고 기다리는 것이 필요하다. 자원자를 모집할 때 고려해야 할 사항은 장면을 통제할 수 없거나 혼란스러워지는 것을 피하려면 너무 많은 인원이 나오지 않게 해야 한다는 것이다. 소시오드라마 경험이 부족한 디렉터는 적은 수의 자원자가 참여하도록 유도하는 것이 좋다. 자원자들이 다 나왔으면 디렉터는 그들이 어떤 역할을 맡을 것인지를 정하고, 그들에게 그 역할에 대한 워밍업을 시키고 관객들의 관심을 높이기 위해 면접하는 것이 필요하다. 디렉터는 모든 참가자들에게 그들 간의 관계를 자세하게 파악할 수 있도록 돕기 위한 질문을 할 수 있다. 면접하는 동안 디렉터는 계속해서 상황의 역동을 파악해 나가야 한다.

(4) 실연

디렉터는 집단이 다루고 있는 문제와 집단원들의 욕구를 정확히 파악한 다음, 실연단계에서 소시오드라마의 목표인 카타르시스, 통찰, 역할훈련을 달성해 나간다. 디렉터는 실연자들과 집단원들의 자발성을 올려 행위갈증이 충분히 해소되도록 도와주는 것이 필요하다. 또한 참가자들이 실제 생활에서 전문적인 기술과 유연성을 얻도록 다양한 역할을 시도해 볼 수 있는 기회도 제공해 주어야 한다. 소시오드라마를 통해 오래된 역할들을 탐색하고 새로운 역할들을 시도하는 방식을 훈련할 수 있다. 이러한 훈련들은 미래에 닥칠 수 있는 상황들에 대한 연습이다. 디렉터는 환상적인 역할을 가지고 집단을 재미있게 이끌어 나갈 수 있다.

디렉터는 집단원들이 저항을 극복하도록 도와주어야 한다. 저항에 직접 부딪쳐서 해결하는 것이 아니라 저항과 함께 받아들이면서 그 저항을 이용해 집단을 진행해 나가는 것이 필요하다. 실연단계에서는 다양한 기법들이 활용된다. 디렉터가 초기에 역할교대와 정지화면 등과 같은 자주 쓰는 기법에 대해 설명해 줌으로써 집단원들이 그 기법을 사용할 때 당황하지 않도록 준비시켜 주는 것도 필요하다. 흔히 쓰이는 기본적인 기법들은 상대방의 입장을 이해하거나 상대방에게서 정보를 얻기 위해 활용하는 역할교대, 표현되지 못하는 생각이나 감정을 표현하거나 실연자를 지지해 주는 이중자아, 실연자가 장면을 멈추고 행위에서 빠져나와 그의 생각을 큰 소리로 자세하게 말하는 독백, 행위로부터 빠져나와 간단하게 진술하는 방백, 행위를 진행하면서 자신의 실연자들이나 관객들이 장면을 검토하기 위해 쓰는 정지화면, 자신의 행동을 다른 실연자가 똑같이 함으로써 자신의 행동을 보게 되는 미러링 등이 있다. 이러한 기법들은 실연자들의 자발성을 증가시키고 소시오드라마 진행을 도와준다. 이러한 기본적인 몇 가지 기법 말고도 다양한 기법들이 활용된다. 디렉터는 기법들의 기본원리를 이해하고 독창적으로 기법들을 상황에 맞춰 적절하게 활용할 수 있어야 한다.

(5) 나누기

실연단계에서 충분히 목표가 달성되면 나누기 단계로 이어진다. 나누기를 하면서 실연자들은 집단으로 되돌아와 자신의 경험을 나누고 행위를 보았던 사람들이 어떻게 느꼈는지 이야기할 기회를 갖게 된다. 실연자들은 이러한 과정을 통해서 자신이 실연단계에서 했던 역할에서 벗어나 자신으로 돌아올 수 있게 된다. 디렉터는 집단원들에게 나누기의 의미를 알려 줄 필요가 있다. 나누기는 실연에서 이루어졌던 경험들을 자신의 문제와 관련해 탐색해 보는 시간이며 실연자의 행동을 분석하거나 비판하는 시간이 아니다.

나누기는 먼저 느낌이 충분히 표현된 다음 나중에 인지적인 것으로 되돌아오는 과정을 거치게 된다. 느낌을 표현함으로써 종결에 이르게 되고, 그 후 집단원들이 질문을 하고 대안적인 해결방법들을 제안하고, 일상생활에서 어떤 행동을 할 것인지 계획함으로써 종결에 이르게 된다. 시간이 남아 있다면, 디렉터는 집단원에게 미니실연을 통해 몇 가지 해결방법을 시도해 볼 기회를 제공할 수도 있다.

나누기 단계에서 참가자들은 실연하면서 느꼈던 감정이 얼마나 다른 참가자들과 유사하거나 다른지를 이야기함으로서 자신들의 경험을 공유하도록 한다. 참가자들의 나누기가 자발적이 아닐 경우, 장면에서 느꼈던 것과 개인의 삶에서 느끼는 것이 어떻게 관련되어 있는지를 이야기해 보는 것도 좋다. 간혹 어떤 참가자는 타인의 행동을 분석하고 싶어 하는 경우가 있는데, 이는 자신의 느낌을 스스로 인정하려 하지 않을 때 이런 일이 발생한다. 따라서 디렉터는 분석하기보다는 자신의 경험을 나누도록 격려하는 것이 필요하다. 또한 간혹 '충고'를 하려는 참가자들도 있는데, 충고하기는 분석하기와 마찬가지로 인간관계를 수직적으로 만들 수 있으므로 좋지 않다. 디렉터는 충고하기 대신에 참가자들이 이와 유사한 상황에서 어떻게 해서 성공적으로 문제를 해결했는지 경험을 나누도록 유도하는 것이 좋다.

4. 소시오드라마 기법

1) 이중자아

이중자아(double)는 자기의 감정을 확실하게 표현하지 못하는 주인공에게 사용하는 기법으로, 가장 깊숙한 심정을 밖으로 유도해 내는 기법이라는 점에서 사이코드라마에서 핵심적이다. 보조자가 주인공의 내면세계를 묘사하는데, 이때 감정을 극대화하고, 비언어적인 요소들을 언어화하고, 주인공의 태도에 진실성을 묻고, 주인공의 감정에 반대하고, 독백을 하는 등의 방법을 사용하여 주인공으로 하여금 자신이 미처 알아차리지 못하는 모순된 자아를 명확히 알 수 있게 하는 방법이다. 즉, 타인의 심리적 쌍둥이가 되어 그의 내부 소리로 작용해서 숨겨진 생각, 관심, 감정 등을 드러내 그가 이를 다시 충분히 표현하도록 하는 방법이다.

2) 역할교대

역할교대(role reversal)는 진행 중인 극의 상황에서 상대(보조자)와 서로 역을 맞바꾸어 그 장면을 다시 시도해 봄으로써 상대의 입장을 이해하게 되고, 따라서 자신이 어떤 행위를 고취할 것인가를 생각하게 해 준다. 이는 정보 제공, 지각상의 변화 유발, 사고와 행동의 교정과 확장, 주인공이 자신을 어떻게 보고 있는가를 확인, 내면의 또 다른 자아와의 불균형 해소, 의문에 대한 해답과 행동결정의 책임 고취, 행동에 대한 즉각적인 피드백 등을 준다.

3) 미러링

미러링(mirroring)은 비디오 효과와 같은 피드백을 제공해 주는 기법으로 심리세계의 거울로서 자아를 직면시켜 준다. 위축되어 있거나 워밍업이 불충분할 때, 자신의 행동에 대한 이해 혹은 그 영향을 모를 때, 타인과 적절히 상호작용하지 못할 때 이 기법이 적절하다.

4) 빈 의자 기법

빈 의자 기법(empty chair)은 고통스러운 상황을 직면하기 어려울 때 완화작용을 해 주고, 상황을 스스로 충분히 조절할 수 있게 해 준다. 주인공을 선정할 때에는 "이 빈 의자에 지금 누군가가 앉아 있어요. 여러분에게 아주 중요한 사람입니다. 그 사람을 눈으로 그려 보세요. 그 사람이 선명히 떠오르면, 지금 그가 무엇을 하고 있고 어떤 옷을 입고 있는지, 또 무엇을 생각하고 있는지를 상상해 보세요. 이런 것들을 완전히 떠올렸으면 손을 들어 보세요." 라고 한다. 빈 의자에 자신, 타인, 물건을 투사시켜 이야기할 수 있다. 빈 의자로서 갖는 의미는 주인공의 감각이 행동으로 옮겨지게 하는 데 중요한 역할을 한다. 또한 의자로서뿐만 아니라 중요한 다른 사람을 묘사할 수 있다. 살아서 숨을 쉬고 있는 사람에게는 표현할 수 없는 증오와 분노, 적개심이나 공격적인 행위를 할 수 있다는 장점을 가지고 있다. 의자는 벽 또는 정서적 혹은 물리적 장애물로도 사용될 수 있다.

5) 독백

독백(soliloquy)을 통해 평소에 숨겨 있거나 억압되었던 느낌과 사고를 관객과 함께 나눈다. 주인공은 혼자 행동할 수도 있다. 예로, 집을 혼자 걸어가거나 바쁜 하루 후에 숨을 돌리거나 곧 있을 일을 준비하는 등 충고를 주는 내용일 수도 있고 꾸짖는 비난의 말일 수도 있다. 변형으로는 주인공으로 하여금 이중자아와 함께 걸어 다니며 독백하도록 할 수도 있고, 주인공이 애완동물에게 말할 수도 있고, 내면의 대화를 바꿔서 빈 의자와 만나게 할 수 있으며, 미래의 자아 또는 성격의 다른 한 면과도 만날 수 있다.

6) 방백

방백(aside)을 통해 상호작용하는 과정에서 주인공이 관객을 향해 자기 의견을 말할 수 있으며, 얼굴의 방향을 바꾸거나 손을 들어서 상대방이 이러한 의견을 말하는 것을 모르는 것으로 표시할 수가 있다. 따라서 감추어진 생각이나 느낌이 밖으로 표현된 생각들과 병행해서 표현되기도 한다.

7) 미래투사기법

미래투사기법(future projection)은 불확실한 요소, 애매한 것들을 구체화시켜 주고 살아 있게 한다. 예기불안을 감소시키고 자신감을 심어 주며 필요한 자질과 기술을 배우게 한다. 미래의 자기 모습, 자기를 생각하게 하는 그것을 모두가 연기한다. 그 사람의 생각이 미치고 있는 미래의 범위를 찾아내고 그가 바라는 것을 알아 사이코드라마의 연기 장면에 의해 그 미래의 이미지를 현실과 대결시킨다. 리허설과 행동연습의 기회가 된다.

8) 마술가게

　　마술가게(magic shop)는 특별히 유용하게 사용되는 기법으로서 연출자는 참석자들로 하여금 무대 위에 있는 진열대 위에 훌륭한 모든 것들이 있다고 상상을 시킨 후 누구든지 원한다면 가게에 들어와서 물건을 살 수 있다고 설명한다.

　　점원은 잘 훈련된 보조자아이거나 디렉터 자신일 수도 있다. 고객, 즉 주인공인 아동이 무대 위로 올라온다면 정말로 그가 바라는 물건을 들어 보고 토의를 해 가며 그가 원하는 것을 구체적으로 명료화시킨다. 그 후 가격의 협정이 이루어지는데, 이때의 물건이나 상품은 주인공이 기꺼이 희생할 수 있는, 즉 그의 생애나 성격에서의 특성이나 일면(이것은 후에 다른 사람이 사길 바라는 것)을 물물교환으로 살 수 있다는 것을 점원이 설명한다. 이런 흥정은 주인공인 아동으로 하여금 어떤 생각을 불러일으키게 된다. 즉, 주인공이 느끼기에는 불필요한 것, 포기하려던 것이 매우 소중하다는 것을 발견하거나, 반대로 그가 원한다는 것이 기대와는 다르게 아무런 가치도 없다는 것을 발견하게 된다. 한마디로 이런 마술가게 기법은 집단의 워밍업뿐만이 아니라 목표를 명료화하고 선택의 결과를 시험할 수 있는 훌륭한 기법인 것이다.

　　이 장면들은 치료실에서 아동에게 다양한 모습들로 나타나는 것을 볼 수 있다. 따라서 치료사들은 역량 있는 자발성을 통해 아동들이 충분히 내면의 모습을 이해하고 도와줄 수 있도록 하여야 할 것이다.

9) 시간퇴행기법

　　시간퇴행기법(time regression)은 실제로 지금-여기에서 일어나고 있는 일로 믿는 자세가 중요하다. 예컨대, 외상, 불쾌한 경험, 기타 과거의 경험으로 문제가 있을 때, 현재의 어려움이 과거의 경험과 관계가 있을 때, 우리는 과거로 돌아가 지금-여기에서 일어나는 일로 다시 다룬다.

10) 유도된 환상기법

유도된 환상기법(guided fantasy)은 디렉터가 집단에게 어떠한 주제를 상상케 하여 연기를 하도록 지시하는 것이다. 즉, 어떤 미지의 세계로 여행을 떠나도록 한다든가, 산이나 바닷속, 숲 속을 걷는다고 상상하도록 지시한다. 이 기법은 'Directed Daydream'이라 불린다. 흔히 워밍업 기법으로 사용된다.

11) 상황기법

상황기법(situation test)에는 장애물 기법(억압된 분노, 욕구불만의 표현 촉진), 편지기법(타인에 대한 감정 탐구), 전화기법(직접 대면을 회피하려 할 때), 모태기법(인생을 다시 시작하고 싶을 때, 이 세상에 대해 불확실하다고 느낄 때), 거꾸리와 장다리 기법(지배자, 자기비하자), 집단선거기법(집단의 저항, 긴장, 불안 시 대표자 선정), 법정기법, 오케스트라(개방성과 감수성 촉진) 등 다양한 기법이 있다.

12) 재판기법

재판기법(judgement scene)에서 주인공은 법정 장면 방식으로 갈등을 전개한다. 마음의 법정일 수도 있고 하늘에서의 마지막 심판일 수도 있다. 주인공이 죄책감을 느끼면서 자신을 비판할 때 도움이 되며, 타인에 의해 정죄받고 있다고 불평할 때도 도움이 된다. 이 경우 행동과 신념을 변증법적 과정으로 하여 주인공과 보조자에게 검사, 피고인, 변호인, 판사, 배심원 등의 역할을 하게 하여 극화시킨다.

13) 등 뒤기법

등 뒤기법(behind the back)에서는 주인공이 방구석으로 가고 집단에게서 돌아서 있는 다. 집단은 주인공이 없는 것처럼 하고 의견을 나눈다. 다른 방법은 주인공이 장면이나 상황을 보여 준다. 그러면 집단은 인물에 대해서보다 문제에 대해서 토론한다. 또 다른 방법은 집단이 주인공에게서 뒤돌아 앉도록 하고 어떤 자극이 있어도 아무 반응도 보이지 않도록 한다. 한편, 주인공은 집단 개개인에 대해 자신의 느낌을 말하도록 한다.

집단의 참가자는 그가 느끼고 지각하는 대로, 완전하게 주관적인 방식으로 '그의 진실'을 행위화해야 한다. 또한 집단의 참가자는 모든 표현, 행위 그리고 언어적 의사소통을 감소시키기보다 극대화하도록 격려해야 한다.

워밍업 과정은 주변으로부터 중심으로 진행된다. 소시오드라마는 더 피상적인 수준에서 시작되고 나중에 깊어진다. 실연자들은 시간, 장소, 장면, 소시오드라마의 실연에서 그가 원하는 보조자아를 선택할 수 있다. 실연자들은 집단에서 이런 유형의 문제를 갖고 있는 유일한 사람이라는 인상이 들어서는 절대로 안 된다. 디렉터는 소시오드라마의 방법을 시연하는 과정에서 최종적 안내자이며 결정자라고 믿어야 한다. 소시오드라마의 효과적인 적용을 위해 전문적인 원리 안에서 한계와 윤리적인 문제에 대한 주의가 요구된다.

- 말이나 설명, 서술보다는 신체적 행위를 하도록 한다. 연기를 통해 상황을 보이도록 한다.
- 역할로서 직접화법을 사용한다.
- 장면을 명확하게 구체적으로 설정하며 추상적인 상황 역시 소품이나 역할로 구체화한다.
- 가능하면 역할들 상호 간의 진실한 만남을 촉진시키는 방향으로 나아간다.
- '나는'이라는 말로 시작하여, 욕구, 두려움, 의도에 대해 단정적으로 말하도록 한다.
- 과거나 미래 상황을 마치 '지금-여기'에서 일어나고 있는 일처럼 현재 상황으로

다룬다.

- 현재에서 재결정하고, 재타협하고, 교정된 행동경험을 할 수 있는 가능성에 가치를 둔다.
- 비언어적 단서들에 유의한다.
- 역할교대를 통해서 참가자로 하여금 공감하는 기술을 직접 연습하도록 한다.
- 자기노출과 솔직함을 증진시키고, 자기의 느낌(감정적 요소)을 표현하도록 한다.
- 상황 내에 놀이적인 면, 놀이정신을 깃들게 한다.
- 상징과 은유를 활용하여, 의인화함으로써 생동감을 높인다.
- 행위를 과장하거나 극대화하여 보다 넓은 범위의 반응을 탐구한다.

5. 사회측정학

사회측정학(sociometry)은 사회적 선택의 측정이다. 모레노는 대인관계적 선택과 집단 내 선택을 연구하기 위해서 사회측정학 이론을 개발하였다. 소시오그램(sociogram)은 모레노가 창안한 주요 측정기법 중 하나다.

1) 사회측정학이란

사람들은 끊임없이 선택을 한다. 함께하거나 멀어지거나 하는 선택은 단순히 서로 눈을 맞추는 것 이상으로 매우 복잡하다. 사람들은 집단 내에서 누군가에게 관심을 가지고, 서로 간에 이끄는 느낌을 가지기도 하며, 밀어내는 느낌과 중립적인 느낌에 따라 함께하기도 하고 멀어지기도 한다. 예를 들어, 수업시간에 교실에 들어와서 자리를 잡고 앉는 모습을 보더라도 A는 항상 B 옆에 앉으려 한다거나, A는 C와는 되도록 멀리 떨어진 자리를 잡으려고 하는 것 등이 이러한 관계에 대한 그 사람의 태도를 반영하는 것일 수 있다.

또한 모레노는 사람이 특별한 기준에 따라서 능동적으로 선택하고, 배척하고, 중립적인 태도를 보인다고 보았다. 집단 안에서 우리는 이러한 사람과 사람 사이의 관계망 안에 존재하게 되는 것이다. 사회측정학은 이러한 사람과 사람 사이의 사회망을 측정하고자 하는 것이며, 집단의 진화적 발달과 조직화, 그리고 집단 내 개인의 위치를 조사하는 방법으로 측정되는 것이다.

소시오드라마 디렉터는 집단의 사회측정학에 관심을 두게 된다. 디렉터는 집단 내에서 서로 끌어당기는 현상, 밀어내는 현상, 중립적인 현상을 관찰한다. 집단에서 나온 주제를 보면서 누가 리더가 되는지, 누가 무시당하거나 배척당하는지를 잘 살펴보아야 한다. 디렉터가 이러한 사회측정학을 잘 활용하면서 자신이 관찰한 집단과정에 근거하여 개입을 선택하도록 한다.

2) 소시오그램 그리기

모레노는 소시오그램을 개발하여 사람들 사이의 사회적 선택과 대인관계 패턴을 도표로 만들었다. 소시오그램은 종이에 그릴 수도 있고, 행위로 완성될 수도 있다. 소시오드라마 진행자는 행위 소시오그램을 빈번하게 사용할 수 있다.

행위 소시오그램은 집단응집력을 증진시키기 위해, 그리고 집단의 주제가 드러나도록 촉진시키기 위해 워밍업으로 사용할 수 있다. 진행자는 참가자들에게 가설질문을 할 것이고, 참가자들 간에 서로 선택하면 된다고 알려 준다. 질문을 듣고 각자 선택할 사람을 결정하면, 그 사람에게 가서 어깨 위에 손을 얹으라고 한다.

다음은 몇 가지 질문의 예다. 질문은 재미있는 것에서부터 보다 탐색적인 것까지 다양하다.

- 당신은 코미디/공포 영화를 집단원 중에 누구와 함께 보러 가고 싶습니까?
- 지갑을 잃어버렸다면 누구에게 돈을 빌려 달라고 하겠습니까?
- 낯선 도시에서 지도를 가지고 어느 곳을 찾아가야 한다면 누구와 같이 가고 싶습니까?
- 여행하다가 자동차 타이어에 펑크가 났다면 타이어를 교체하는 데 누구에게 도움을 요청하고 싶습니까?

- 이번 계절에 유행하는 새로운 옷을 사고 싶다면 누구에게 조언을 구하고 싶습니까?
- 누군가와 갑자기 여행을 떠나야 한다면 누구와 가고 싶습니까?
- 연구를 할 때 누구의 도움을 받고 싶습니까?

사람들이 각각의 질문에 따라 참가자 한 명을 선택한 후, 그들이 그렇게 선택한 이유를 설명하도록 잠시 시간을 준다. 이것은 참가자들 간에 상호교류를 하게 할 뿐만 아니라 서로 잘못 지각한 것을 분명하게 하는 데도 도움을 준다. 질문에 따라 선입견과 편견이 행위 소시오그램에 드러나기도 한다. 나중에 이러한 느낌은 소시오드라마를 통해서 탐색될 수 있다. 예를 들어, 많은 사람에게서 타이어 교체를 도와 달라는 부탁을 받은 사람이 자신은 자동차에 대해서는 아무것도 모른다고 말할 수도 있는 것이다. 이러한 선입견이 다루어질 수 있으며, 이것이 소시오드라마의 주제가 될 수 있다.

모레노는 사람은 서로 연결된 네트워크를 가지고 있으며, 네트워크가 없으면 균형을 잃게 된다고 하였다. 모레노는 그 네트워크를 '사회원자(social atom)'라고 불렀다. 흥미로운 것은 우리가 각각 사회원자의 핵심이 되는 동시에 다른 사람들의 사회원자의 일부가 된다는 것이다. 하나의 사회원자가 다른 사회원자와 연결되어 있기 때문에 마침내 우리는 모두 서로서로 연결되는 우주를 이룬다.

사회원자는 우리의 삶 속에서 중요한 사람들로 구성되는데, 현재 그들에게 긍정적인 느낌을 가질 수도 있고, 부정적인 느낌을 가질 수도 있다. 모레노는 도해를 만들어서 그 실체를 쉽게 탐색하였다. 그 결과, 일종의 소시오그램이 만들어질 수 있는데, 이는 한 사람의 대인관계의 시각적 표상을 제공한다.

사회원자기법을 실시할 때, A4 용지 한 장과 필기도구를 준비하도록 한다. 그리고 다음과 같이 지시사항을 말한다. "여러분 앞에 놓인 흰 종이는 현재 여러분의 삶의 공간입니다. 세모는 남자, 동그라미는 여자로 표시하는데, 우선 종이에 여러분 자신을 그리십시오. 그리고 나서 그 안에 자기 이름이나 '나'라고 적으십시오. 이제 여러분의 삶 속에서 중요한 사람들을 모두 떠올리고 세모나 동그라미를 사용하여 그리십시오. 그 존재를 크게 느끼면 도형을 크게 그리고, 작게 느끼면 작게 그리면 됩니다. 정서적으로 가까우면 가깝게, 멀면 멀리 그리면 됩니다. 어릴 때부터 친구라서 가깝게 느끼면 가깝게, 이제

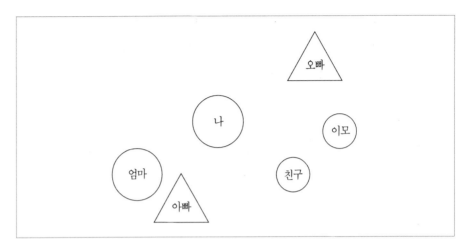

[그림 11-1] 사회원자 도해의 예시

매일 만나는 친구가 아니라서 특별히 중요하지 않으면 작게 그리면 됩니다. 모든 도형에는 그 도형이 누구를 가리키는지 자신이 알 수 있도록 그 안에 표시하십시오. 돌아가신 분을 그리려면 도형의 테두리를 점선으로 그리십시오. 애완동물이 중요한 대상이라면 그림에 넣으셔도 됩니다."

　참가자들이 사회원자를 완성한 다음에 진행자는 몇 가지 질문을 한다. 사회원자에서 가족이 친구보다 많은지, 직장동료가 많은지, 남자가 많은지 등이다. 참가자들이 말하는 것을 토대로 현재 그들의 워밍업 수준을 가정할 수 있다. 예를 들어, 가족이 무엇보다도 먼저이기 때문에 숫자가 더 많을 경우 가족 간의 친밀감에 대해 탐색하는 소시오드라마가 만들어질 수 있다. 기억할 것은 일반적인 질문을 함으로써 참가자들이 개인적인 이야기에 초점을 두지 않게 하고, 집단의 이슈를 들여다보도록 한다.

6. 소시오드라마의 적용

　소시오드라마가 치료적 형식보다 교육적 형식에 가깝더라도 치료과정을 촉진하는데 매우 유용하다고 할 수 있다. 심리치료사들이 잘 알고 있듯이, 많은 내담자들이 치료를 요청하는 이유는 해결책을 못 찾는 문제로 인해 스스로가 절망감을 느끼고 있기 때문이다. 소시오드라마는 방어적이거나 언어적으로 소극적인 집단에 사용될 때 좋으며, 참가자들에게 재미와 흥미를 유발할 수 있다는 데서 몰입하기 좋다. 또한 자신의 문제를 덜 드러내기 때문에 익명으로 치료적 문제를 다룰 수도 있으며, 집단의 문제에 초점을 두기 때문에 덜 위협적이다.

또한 교육현장에서는 경제, 문화, 사회 문제를 조사하고, 삶 속의 여러 상황에서의 정서반응들을 점검하고, 문화 간의 차이점과 유사점을 이해하도록 돕는 데 활용될 수 있다. 직장에서는 관리자훈련, 업무훈련, 서비스훈련 등과 같은 직원교육과 직원 상호 간의 교류를 촉진하는 데 활용되기도 한다. 지역사회에서는 참가자들로 하여금 사회문제를 조사해 보고, 지역사회문제를 해결할 만한 행동을 직접 하도록 자극해 보는 데 활용되기도 한다. 또한 사람들로 하여금 자기들의 편견이나 다른 사람들의 편견을 탐색하도록 돕는 데에도 유용하다. 소시오드라마는 심리치료에서도 다양하게 활용된다. 매우 저항이 심한 내담자에게 부담 없이 치료에 참여하게 할 수 있으며, 집단원 간의 소외감을 줄이고 자존감을 높여 줄 수 있으며, 더 나아가 보다 나은 의사소통에 필요한 사회기술을 발달시키고 훈련할 수도 있다.

1) 학교장면에서의 소시오드라마의 적용 사례

(1) 사례 1: '학교폭력예방을 위한 소시오드라마'

■ 워밍업 및 문제를 탐색한다.
현재 학생들이 교실에서 함께 느끼고 있는 고민이 무엇인지 알아보도록 한다. 예컨대, 집단폭력, 따돌림 등에 대해 자유롭게 발표해 보도록 한다.

■ 주제를 결정하고 상황을 설정한다.
집단폭력이 교실에서 주요 문제로 등장했다면, 학생들에게 그 상황을 자세히 묻고 그 상황을 설정한다. 예를 들어, 쉬는 시간에 교실에서 힘이 센 아이들이 집단으로 힘이 약한 아이를 괴롭히는 장면을 해 보도록 한다.

■ 인물을 배정한다.

힘이 센 아이들이 약한 아이를 괴롭히는 장면을 만들 때 인물이 누가 좋은지 배역을 정한다. 이때 피해를 당하는 아이의 역할을 할 때 실제 인물이 아닌 다른 아이가 그 역할을 하게 한다. 그리고 가해자의 경우에는 무방하다.

■ 장면을 실연한다.

장면을 실연할 때는 집단폭력이 이루어지는 장면을 똑같이 재연하는 것이다. 재연한 다음, 피해자와 가해자의 역할을 하고 있는 인물들에게 가해자로서의 기분, 피해자로서의 기분을 확인한다. 그리고 집단에도 가해자와 피해자의 기분이 어떤 것인가에 대해 묻는다.

그다음, 역할을 바꾸어 가해자가 피해자가 되고 피해자가 가해자가 되도록 한다. 이때 그동안 아이들을 괴롭힌 주동자를 가해자가 되도록 역할을 바꾸는 것이 좋다. 역할을 바꾼 다음, 다시 한 번 같은 방식으로 폭력을 가하는 드라마를 실시한다. 그런 다음 피해자에게 가해자에서 피해자로 되었을 때 어떤 느낌이 드는지 묻는다.

■ 연출상황에 대한 토론과 분석을 한다. 즉, 실연을 다 한 후, 집단 전체에게 묻는다.

학교폭력에 대해 학생들이 어떤 생각을 갖고 있는지 묻는다. 이때 피해자의 입장에 있는 아이들이 있고, 가해자의 입장에 있는 아이들이 있을 수 있다. 이런 경우에는 피해자의 입장을 가장 잘 대표할 만한 학생과 가해자의 입장을 가장 잘 대변할 만한 학생을 선정해 논리적으로 소신껏 의견을 주장하도록 기회를 준다.

■ 새로운 행동을 실습하거나 계획을 세운다.

피해자가 다소 바보스럽게 행동했을 때 아이들이 폭력을 가한다는 이야기가 나왔다면, 이때 가해자들이 폭력을 가하지 않고 다소 바보스러운 아이에게 관심을 기울이는 방법들에 대해 학생들 전체가 의견을 나눈 다음, 이를 새로운 방식으로 실습하도록 한다.

■ 소감 나누기

다 끝나고 나면 역할을 했던 아이들(배역)에게 역할을 하면서 어떤 느낌이 들었는지 소감을 묻고, 관객으로 있던 학생들에게도 소감을 이야기하도록 기회를 준다. 그리고 결론적으로 이 드라마를 통해 무엇을 배웠는지, 교훈이 무엇인지를 아이들이 찾도록 하고 끝낸다.

(2) 사례 2: '흡연예방을 위한 소시오드라마'

■ 워밍업 및 문제를 탐색한다.

학생들의 긴장된 분위기를 자연스럽게 하기 위한 신체적 워밍업을 실시한 후, 마음의 부담을 풀기 위한 간단한 활동을 제안한다. 학생들이 학교생활에서 느끼는 고민이나 관심에 대해 자연스럽게 얘기할 수 있는 분위기를 조성하다가 흡연에 관한 의견들을 나눈다.

■ 주제를 결정하고 상황을 설정한다.

흡연에 관한 주제에 대해, 학생들에게 그 상황을 자세히 묻고 그 상황을 몇 가지 장면으로 나누어 설정한다.

- 첫 번째 장면-쉬는 시간 화장실에서 흡연하기
- 두 번째 장면-점심시간 학교 쓰레기장에서 흡연하다 적발됨
- 세 번째 장면-선생님께 적발되어 교무실에 불려 감
- 네 번째 장면-(역할교대) 흡연에 대한 선생님과 학생의 대립
- 다섯 번째 장면-담배와의 만남
- 여섯 번째 장면-학생들의 결정

■ 인물을 배정한다.

학생부장 선생님 1명, 힘이 약한 학생 1명, 담배를 주로 피우는 학생 3~4명 정도로 하고 각 인물의 특성을 정하고 학생들이 각 역할을 맡도록 한다. 그리고 장면 중에 담배 1, 유익한 담배 1, 해로운 담배 1을 결정한다. 역할을 배정할 때 학생의 실제 이름을 사용하지 않도록 다른 이름을 지어 준다.

■ 장면을 실연한다.

#1. 쉬는 시간 화장실에서 흡연하기

쉬는 시간 화장실에 가서 몰래 담배를 피우는 장면을 연기한다. 힘이 약한 학생에게 망을 보게 하고 나머지 학생들이 흡연을 한다. 쉬는 시간에 무사히 흡연을 마치고 교실로 들어온다. 각자 리얼하게 흡연을 한다(진짜 흡연하는 것처럼 행동하기). 교실로 들어오는 동안 각자 냄새가 나지 않도록 이런저런 행위를 하고 교실에 들어와 수업을 받는다.

#2. 점심시간 학교 쓰레기장에서 흡연하다 적발됨

수업을 마치고 다시 점심시간에 되자 다시 삼삼오오 모여 학교 건물 뒤편으로 몰려가 몰래 담배를 피운다. 침을 뱉어 가면서 진하게 담배를 피우는 동안 학생부장 선생님의 순찰로 흡연장면을 들키게 된다.

#3. 선생님께 적발되어 교무실에 불려 감

흡연하다 들킨 학생들 모두 교무실로 잡혀 들어가 교칙에 의해 반성문을 작성하도록 한다. 학생부장 선생님의 단호한 처벌에 대해 학생들은 강하게 반발을 한다. 차라리 학교를 다니지 않겠다는 학생, 반성문도 안 쓰고 선생님께 대드는 학생, 반성문은 쓰되 계속 담배를 피우겠다는 학생……. 이때 디렉터가 개입해서 학생부장 선생님, 학생들의 주장을 모두 들어 본다. 각자의 역할에서 왜 담배를 피워서는 안 되는지, 왜 담배를 피워야 하는지 등등.

#4. (역할교대) 흡연에 대한 선생님과 학생의 대립

이때 아주 강하게 담배를 피우겠다는 주장을 하는 학생이 있을 때 학생부장 선생님과 역할을 바꾸도록 한다. 강하게 피우겠다는 역을 한 학생이 학생부장 선생님이 되고, 학생부장 선생님은 아까 강하게 반발하면서 '반성문을 쓰고 담배를 끊느니 차라리 학교를 그만두겠다.'고 소리치는 학생의 역할을 한다. 이때 디렉터가 새롭게 바뀐 학생부장 선생님에게 왜 담배를 피워서는 안 되는지 그 이유를 학생들에게 이야기하도록 한다.

#5. 담배와의 만남

장면을 전환해서 학생들이 좋아하는 담배(학생 중에서 한 명 선발)를 만나는 장면을 하는데, 담배의 양옆에는 담배의 유익한 점을 이야기하는 이중자아 1과 담배의 해로운 점을 이야기하는 이중자아 2를 배치한다. 유익한 점을 이야기하는 담배의 이중자아 1이 학생들에게 왜 담배를 피워야 하는지를 설명하면서 유혹하는 동안, 이중자아 2가 등장해서 왜 피워서는 안 되는지 그 증거를 대면서 충분히 설득하도록 한다. 이 장면에서 옥신각신하자 학생은 고민에 빠진다.

#6. 학생들의 결정

이제 디렉터는 흡연결정의 선택을 학생들에게 돌린다. "자, 여러분. 이 학생이 담배를 피워야 하는지, 아니면 과감하게 끊어야 하는지, 여러분이 선택해야 할 시간입니다. 자, 우리의 주인공 철수가 담배를 피워야 한다고 생각하는 학생이 있으면 손을 들고 자신의 의견을 말해 보세요. (잠시 학생에게 말할 기회를 주고) 이제는 담배를 피워서는 안 된다는 생각을 갖고 있는 학생이 있다면 손을 들고 자신의 의견을 말해 보세요. (마찬가지로 학생에게 말할 기회를 주고) 양쪽 의견을 모두 잘 들었습니다. 그러면 이제 여러분들이 선택한 대로 마지막 장면을 만들도록 하지요." 이때 학생들이 금연을 선택했다면, 금연 이후 교실생활에 대해 장면으로 만들어 보고, 흡연을 선택했다면 여전히 변함없는 교실현장을 보면서 이후 흡연을 자주 하는 학생의 인생이 앞으로 어떻게 진행될 것인가를 각자 생각하도록 하고 극을 마친다.

*이때 디렉터는 적극적으로 개입하면서 장면을 진행할 수도 있지만 사전에 어느 정도 장면이 만들어진 경우에는 학생들이 주도적으로 이끌어 가도록 두는 것도 무방하다.

■ 연출상황에 대한 토론과 분석을 한다.

먼저 극에 참여했던 학생들에게 각자의 역할 속에서 무엇을 느꼈는지 이야기하도록 한다. 그리고 관객들에게 무엇을 느꼈는지 이야기하면서 새로운 상황이 전개될 수 있다면 이때 또 다른 장면을 진행할 수 있다.

■ 새로운 행동을 실습하거나 계획을 세운다(역할훈련).

만일 담배를 거절하지 못하는 문제가 장면에서 나왔다면 담배를 거절하는 훈련을 모두가 할 수 있다. 즉, 집단 전체가 담배의 유혹을 거절하는 역할훈련을 한다.

■ 소감 나누기

극이 완전히 다 끝나고 나면 관객들에게 무엇을 느끼고 배웠는지를 이야기하도록 한다. 그리고 결론적으로 이 소시오드라마의 교훈이 무엇인지를 학생들과 의견을 나누도록 한다.

7. 맺음말

소시오드라마는 행위(drama)를 통해 집단이 가지는 공통의 문제를 해결하고자 하는 심리치료 방법으로서, 집단원들이 사회적 가치와 감정을 명료화하도록 도와 새로운 역할행동을 연습할 수 있는 기회를 제공한다. 소시오드라마는 참가자들에게 새로운 역할과 문제해결 방법을 연습시킴으로써 새로운 역할에 잘 적응할 수 있도록 훈련하는 집단 학습과정이라고 할 수 있다. 즉, 소시오드라마를 통해 문제해결을 바라보는 방식을 변화시킴으로써 삶에 대한 새로운 시각을 제공하는 실험의 장이 되는 것이다.

아동심리상담사로서 임상현장에서 아동 · 청소년에게 소시오드라마를 통해 비위협적이고 비판단적인 방법으로 스스로의 문제를 해결할 수 있도록 새로운 시각을 제공할 수 있기를 바란다.

참고문헌

Blatner, A., & Blatner, A. (1997). *The art of play: Helping adults reclaim imagination and spontaneity.* Philadelphia: Bruner/ Mazel-Taylor and Francis.

Moreno, J. L. (1960). *The sociometry reader.* Glencoe: The Free Press of Glencoe.

Moreno, J. L., & Moreno, Z. T. (1959). *Psychodrama: Foundation of psychotherapy.* New York: Beacon House.

Moreno, J. L., & Moreno, Z. T. (1975). *Psychodrama, Third Volume.* Beacon, NY: Beacon House.

Perls, F. G. (1950). *Gestalt therapy: Excitement the growth in the human personality.* New York: Brunner/Mazel.

Sternberg, P., & Garcia, A. (1994). *Sociodrama: Who is in your shoes?* Greenwood Publishing.

제 *12* 장
집단상담

안윤영

　　인간은 다른 사람에 대해 알고 싶어 하고, 정신적으로 성장하고 싶어 하는 욕구가 있다. 또한 자신과 다른 사람들에게 이해받고 싶어 하며, 집단에 속하고 싶어 한다(Glasser, 1965). 집단상담을 위해 구성된 소집단은 사회의 축소판이기 때문에, 우리는 집단 안에서 개인의 욕구를 충족시켜 주고, 그 안에서 관계에 대한 학습을 하기에 집단은 편리한 도구가 될 수 있다. 집단상담자는 도움을 필요로 하는 구성원들이 원하는 목표를 달성할 수 있도록 돕는 조력자의 역할을 수행해야만 한다. 개인상담과는 달리 집단에 참여한 사람들은 자신의 문제가 보편적이라는 것을 알게 되면서 문제해결을 위해 노력하게 된다.

　　이 장에서는 집단상담의 목표와 치료적 힘, 집단의 과정, 집단의 역동에 관하여 알아보고, 집단상담자의 역할과 집단상담의 기법과 집단상담자가 가져야 하는 윤리적 문제에 대해서도 되짚어 보도록 한다.

제12장
집단상담

1. 집단상담이란 무엇인가

1) 집단이란

흔히들 인간을 사회적 동물이라 지칭하는 이유를 집단 지향적 존재이기 때문이라고 한다. 인간은 출생과 동시에 집단에 귀속되며, 집단에서 성장하고 생활한다. 매슬로 (Maslow)는 인간은 집단에 귀속되고 싶어 하며, 집단에 귀속되어 타인으로부터 인정받고 싶어 하고, 타인과 관계를 맺고 싶어 하는 욕구가 있다고 하였다. 따라서 인간에게 집단이란 생애 전반에 걸쳐 필수적인 요소인 것이다.

그렇다면 모이기만 하면 집단이라고 정의할 수 있는가?

일반적으로 집단이란 두 사람 이상의 모임을 뜻한다. 하지만 단순한 모임과 집단은 서로 다르다. 어떤 모임이 하나의 집단이 되려면 '공동목표, 집단원들의 의욕과 참여, 역동적 상호작용, 집단의 규준, 자기지도를 위한 능력'의 다섯 가지 속성을 갖추어야 한다. 즉, 공동목표를 가지고 일정 기간 지속적으로 모여야 하고, 성원들은 의욕을 가지고 자발적으로 참여하여 밀접한 상호작용을 경험해야 하며, 집단원들이 따르게 될 규준이 발달되어야 한다(노안영, 2011).

즉, 집단상담에서의 '집단'은 개인들의 집합체로서의 일반적인 의미와는 달리, 상호작용을 통해 변화를 추구하는 역동적인 집단을 말하는 것이다.

2) 집단상담이란

집단상담이란 적은 수의 비교적 정상인들을 대상으로 집단의 기술, 기법 그리고 전략을 사용하여 구성원들 사이에 발생하는 역동적인 상호교류과정을 통하여 문제해결 의사결정 또는 인간적 성장을 추구하는 과정을 말한다. 집단상담은 한두 사람의 전문가의 지도 아래 집단 혹은 상호관계성 역동을 토대로 하여 신뢰 있고 수용적인 분위기 속에서 개인의 태도와 행동의 변화 혹은 한층 높은 수준의 개인의 성장발달 및 인간관계 발달의 능력을 촉진시키려는 의도에서 이루어지는 하나의 역동적인 대인관계 과정이다.

집단의 유형과 관계없이 한 집단을 이끄는 역할을 담당하는 사람을 일컬어 집단 리더(leader) 혹은 집단상담자(counselor), 혹은 집단치료사(therapist)라고 한다. 이는 상담집단을 맡기 위해서는 일련의 전문 교육과 훈련을 받은 전문능력이 요구되기 때문이다.

한 집단은 보통 한 명의 집단상담자와 2인 이상의 집단원들로 구성된다. 그러나 경우에 따라서는 2인 또는 그 이상의 상담자들이 한 집단을 이루기도 한다. 이처럼 집단상담은 집단상담자와 2인 이상의 집단원들 사이의 상호작용에서 발생하는 힘과 에너지를 활용하는 역동적인 대인관계 과정이다. 집단 내에서 구성원들은 지속적인 상호관계를 통해 통찰을 경험하고 새로운 행동을 습득하게 된다. 이를 위해 집단원들은 집단상담자의 도움을 받아 자신의 관심사와 느낌을 탐색하는 한편, 기존의 태도와 가치관을 보다 생산적인 방향으로 수정함으로써 성장과 발달을 꾀하게 된다. 또한 집단상담에서는 구성원들이 개인적인 관심사를 나눔으로써 치료기능이 창출되고 활성화된다.

이러한 정의에 맞추어 몇 가지 내용을 살펴보면 다음과 같다.

첫째, 집단상담은 생활상의 문제해결과 특히 대인관계적 차원의 인간 성장을 도와주는 데에 초점이 맞추어져 있다. 즉, 집단상담에 참여하고 있는 각 개인의 관심사인 여러 가지 생활경험을 다룸으로써, 바람직하고 효과적인 방향으로 자기의 삶을 이끌어 가도록 도와주는 것이다. 따라서 집단상담은 비정상적인 성격이나 병든 마음을 고치거나 수정하기보다는 생활상의 적응과 인격적 성장에 역점을 둔다.

둘째, '전문적으로 훈련된 상담자'라는 말은 상담자가 집단상담을 책임 있게 이끌어

가기 위한 전문적인 능력을 갖추어야 함을 뜻한다.

셋째, '역동적인 상호교류'라는 말은 집단 속에서, 그리고 집단 내 개인들 사이에서 끊임없이 진행되고 있는 상호작용의 관계를 의미한다. 이 상호교류를 통해서 집단상담의 기본이라고 할 수 있는 수용적이고 문제해결적인 집단분위기가 형성되는 것이다.

집단상담은 학교 및 여러 상담기관에서 개인상담과 더불어 가장 많이 사용하고 있는 상담형태다. 집단상담을 많이 하는 것은 인적·물적 측면의 경제적인 요인 때문이기도 하지만, 무엇보다도 우리들 자신이 사회적인 존재이기에, 집단형태로 상담을 할 때 개인상담에서 얻기 어려운 여럿이 하나 되는 체험, 나도 남을 돕고 사랑할 수 있다는 체험, 다른 집단원을 보고 배울 수 있는 간접학습, 그리고 가족 재경험의 체험 등과 같은 많은 효과들을 볼 수 있기 때문이다.

3) 집단상담의 장단점

개인상담과 집단상담 중에 어떤 것이 더 효과적인가?

이 질문에 대한 대답은 간단하지 않다. 대상과 상황에 따라 다르기 때문이다. 그러나 다른 사람의 피드백을 필요로 하고, 말하기보다는 들어 봄으로써 보다 많은 것을 배울 수 있는 사람들에게는 집단상담이 보다 더 나은 치료환경이 될 수 있다.

(1) 집단상담의 장점

첫째, 내담자 중에는 일대일의 개인상담보다 집단형태를 더 편안하게 여기는 경우가 있다. 개인상담에서는 상담자를 권위자로 보나 집단상담에서는 최소한 집단원들끼리 동등함을 느낄 수 있다.

둘째, 개인을 향한 어떤 외적인 비난이나 징벌에 대해 덜 두려워하며 새로운 행동에 대하여 현실검증을 해 볼 수 있는 기회를 제공해 준다.

셋째, 집단원들 간에 서로의 관심사나 감정들을 터놓고 이야기할 수 있기 때문에 쉽게 소속감과 동료의식을 발전시킬 수 있다. 나만의 문제나 고통이 아님을 알고 자신의 문제에서 벗어나기도 한다.

넷째, 다양한 구성원들을 접할 수 있다. 개인상담이 줄 수 없는 여러 가지 풍부한 학습경험을 할 수 있다. 집단원은 참여와 동시에 관찰, 관망할 수 있다(참여적 관찰자). 간접학습 효과가 크다고 할 수 있다(이형득, 1979).

다섯째, 어떤 점에서 모든 집단원이 다 상담자의 역할을 할 수 있으므로 그만큼 통찰의 기회도 다양해진다. 상담자의 지시나 조언이 없이도 집단원들의 피드백, 지지, 직면, 경청, 수용 등을 통해 참여자들 상호 간의 깊은 사회적 교류경험을 가질 수 있다.

여섯째, 개인상담과는 달리 한 명 또는 소수의 상담자가 여러 내담자들을 대상으로 동시에 상담서비스를 제공할 수 있어 상담자의 시간과 노력을 절약할 수 있으며, 한정된 시간에 많은 내담자를 상담할 수 있다는 점에서 효율적이고 경제적이다. 또한 학교나 기업, 임상 장면에서 널리 활용할 수 있다는 점에서 실용적이라고 할 수 있다.

(2) 집단상담의 단점

집단상담은 여러 가지 다양한 장점이 있지만 누구에게나 가장 좋은 상담방법으로 선택되는 것은 아니다. 집단의 전체 과정에 대한 상담자의 통제가 부족한 경우 개인상담에 비해 예기치 않은 일이 발생할 가능성이 높기 때문이다. 집단상담은 다음과 같은 한계점이 있다.

첫째, 집단원의 비밀유지에 한계가 있다. 개인상담에서 비밀유지의 원칙을 위반할 수 있는 유일한 사람은 상담자다. 그러나 집단상담의 경우 비밀유지 원칙 파기의 가능성은 집단원 전체에게 확대되어 집단 밖에서 일어나는 일에 대해 통제할 수 없다는 한계가 있다.

둘째, 집단상담에서는 특정 내담자의 개인적인 문제가 충분히 다루어지지 않을 가능성이 많다. 동시에 여러 명을 상담하는 과정에서 개개인에게 기울이는 관심과 주의가 개인상담에 비해 다소 미흡할 수 있다.

셋째, 역효과의 가능성이 있다. 집단상담은 구성원에 따라 예기치 않게 부정적인 결과를 초래하기도 하는데, 참여자들이 준비가 되기 전에 '자기의 마음속을 털어놓아야 한다.'는 집단압력을 받기 쉽다는 점이 있다. 즉, 참여자들의 대부분이 자기노출을 했는데 '나만 못 했구나.' 하는 심적 갈등이 일어나는 것이다. 따라서 집단압력을 받기 쉽다.

넷째, 연령과 생활배경이 비슷한 참여자들로 구성되면 참여자들의 공통적인 문제가 주로 논의되기 쉬우며, 다른 다양한 성격과 수준의 참여자들에게서 자극받거나 배울 기회가 없게 된다.

2. 집단상담의 목적과 목표

각 집단상담이론에 따라 조금씩 다르나, 전체적으로 '개인의 성장(행동과 태도의 변화 및 적응과 성장)'에 목적을 두고 있다고 할 수 있다. 개인의 성장에 대한 내용도 각 이론에 따라 조금씩 다르나, 종합해 볼 때 있는 그대로의 자신을 이해하고, 수용하며, 개방할 수 있는 사람이라고 할 수 있다. 따라서 개인 성장이라는 목적을 달성하기 위한 목표로 자기이해, 자기수용, 자기개방을 들 수 있다.

첫째, 자기이해란 자신의 몸과 마음에 관한 모든 것(긍정적인 면, 부정적인 면)을 집단 원들의 도움을 받아 사실 그대로 알고 이해하는 것을 뜻한다. 자신을 정확히 볼 수 있는 능력이 생길 때 다른 사람도 정확히 볼 수 있는 능력이 생긴다.

둘째, 자기수용은 자신에 대해 알고 이해한 그대로를 인정하고 받아들이는 것을 뜻한다. 자신을 있는 그대로 인정하고 받아들일 수 있는 사람이, 다른 사람도 있는 그대로 인정하고 받아들일 수 있게 된다.

셋째, 자기개방이란 자신에 대해 이해하고 수용한 것을 그대로 나타내 보이는 것으로, 이는 집단원 상호 간에 이해의 폭을 넓히고 깊이를 더하게 하며 상호 간에 신뢰감을 높여서 인간관계를 촉진시키고, 정신적 에너지를 자신을 숨기고 위장하는 데 사용하지 않고 진정으로 자신을 위해 사용할 수 있게 만들기 때문에 자기성장을 촉진시킨다.

한마디로, 집단상담 목표는 동료들로부터의 수용과 소속감 속에서 자기의 문제, 감정 및 태도에 대한 통찰력을 개발하고, 보다 바람직한 자기관리와 대인관계적 태도를 터득하는 데 있다.

3. 집단상담의 치료적 힘

집단상담의 치료적 힘은 무엇인가? 집단상담은 개인상담의 여러 사례들을 한 사람의 상담자가 한꺼번에 진행하는 상담이 아니다. 집단상담은 상담자와 내담자의 일대일 관계를 중심으로 이루어지는 개인상담에 비해 훨씬 복잡한 양상으로 전개된다.

집단상담자는 집단과정, 집단역동, 집단의 치료적 요인 또는 변화촉진요인들에 대한 이해와 적용 능력을 가지고 있어야 한다.

집단작업은 크게 내용적 측면과 과정적 측면의 두 가지로 나뉜다.

헐스-킬라키, 크라우스 그리고 슈마허(Hulse-Killacky, Kraus, & Schumacher, 1999)는 집단의 과정과 내용은 서로 상호작용관계에 있고, 마치 두 가닥의 실로 엮인 줄과 같이 작동한다고 하였다. 집단상담자는 지속적으로 집단의 과정과 내용적 측면을 살펴야 한다. 그렇다면 집단의 과정과 내용은 무엇인가?

집단의 내용이란 집단원들이 현재 무엇에 관해 논의하고 있는가, 현재의 논의내용은 집단의 목적이나 과업에 일치하는가 등이다. 그러나 상담자가 이런 내용에 치우치다 보면 집단원의 참여 여부와 내용을 확인하느라 의미 있는 성과를 산출하는 데 한계를 가지기도 한다. 노련한 상담자는 집단회기가 진행되는 동안 항상 집단에서 다루어지는 내용과 과정을 면밀히 지켜본다는 사실을 유념해야 할 것이다.

1) 집단과정

집단과정이란 집단의 상담자와 집단원 사이 혹은 집단원들 간의 상호작용 및 에너지 교환을 통해 집단 내에서 발생하는 변화의 추이를 말한다. 과정은 서로 상호작용하고 있는 집단원들 사이, 그리고 집단원 개개인과 집단상담자 사이에 형성되는 관계의 본질이기도 하다(Yalom & Leszcz, 2005). 그리고 집단과정을 이해하기 위해서는 집단원들의 내적 심리세계, 대인관계상의 상호작용, 집단 전체의 힘, 집단의 임상적 환경 등을 고려해야 한다(Brown, 2003).

집단상담은 참여단계, 전환단계, 작업단계, 종결단계의 4단계로 나눈다.

(1) 참여단계

집단의 초기단계는 연극의 서막과 같아서 그 내용이 앞으로의 성패를 좌우할 수 있다.

상담자는 모임이 시작되기 전에 사전면담을 통하여 개별적인 구성원의 특성을 미리 파악하고 있어야 한다. 또한 집단상담 첫 시간에는 집단의 목표를 분명히 규정하고 서로 친숙해지는 동시에 상담자는 구성원들이 그 시간을 통해 느끼는 정서적 내용을 민감하게 알아야 한다. 이 단계의 상담자는 상담집단의 분위기를 형성하고 유지시킬 책임이 있다. 상담자는 각 구성원들의 말을 깊이 듣고, 다른 사람이 말할 수 있도록 돕고, 자기 문제를 공개하며, 바람직한 행동을 탐색하고 실천하는 데 시간을 보내도록 권유할 필요가 있다. 또한 상담자는 이 참여과정을 촉진시키기 위해 다양한 경험과 접근방법을 활용할 수 있다.

첫 모임의 마지막 15분 정도는 종결을 위한 시간으로 남겨 두어 상담자는 구성원들에게 첫 시간에 느낀 것을 돌아가면서 말할 수 있게 하며, 마지막 몇 분 동안 모임에서 있었던 내용을 요약하고 구성원을 격려하는 것으로 마무리 짓는다. 상담자는 집단으로부터 신뢰를 받도록 행동해야 하며 상담자 자신의 희망과 목표를 집단에게 알리는 것이 좋다.

(2) 전환단계

전환단계에서의 주요 과제는 집단원들로 하여금 집단에 참여하는 과정에서 일어나는 망설임이나 저항, 방어 등을 자각하고 정리하도록 도와주는 것이다. 그러므로 이 단계의 성공 여부는 주로 상담자가 집단원들에게 얼마나 수용적이고 신뢰 있는 태도를 보이며 상담기술을 어떻게 발휘하느냐에 달려 있다고 말할 수 있다.

과정상 특성으로는 두 가지가 있는데, 첫 번째 특성으로는 집단상담자에 대한 적대감이나 저항이 표면화되는 것이다. 집단원은 집단에 참여하기 전에 은연중에 집단상담자가 주로 자기만을 위해 존재할 것이라는 비현실적인 기대를 하고 있었다가 상담이 진행됨에 따라 자기의 기대와 다르다는 것을 알게 되면 상담자에게뿐만 아니라 다른 구성원들에게 적대감을 느끼게 된다. 따라서 상담자는 집단상담에서 집단의 지도자가 집단의 문제에 대하여 어떤 해답이나 문제의 해결책을 제공하는 것이 아니고 집단원 스스로의 힘으로 해결을 탐색하는 과정이라는 것을 집단원에게 알려 주어야 할 뿐 아니라 상담자 자신도 이 점을 명심해야 한다.

두 번째 특성으로는 상담자 자신이 집단에 반드시 필요한 인물이 되어야겠다는 생각 때문에 집단원들이나 발생된 상황에 대하여 방어적 태도를 보이기도 하는 것이다. 이러한 의존과 저항 사이의 갈등을 직접적으로 다루어 가면서 전환단계에서 집단원들은 여러 가지 경험을 통하여 몇 가지 사실을 학습할 수 있다. 우선 직접적이고 정당하게 분노를 표시하는 방법을 배울 수 있다. 이제까지 자신의 감정을 제대로 표현하지 못했던 사람들은 적절한 감정표현을 시도함으로써 적절한 감정표현이 위험한 것이 아니라는 것을 배울 수 있다. 반면에, 맹목적으로 자기주장을 해 온 사람들은 다른 집단원으로부터 피드백을 받음으로 그들의 주장이 대인관계에 미치는 결과를 학습할 수 있다. 그리고 서로의 의견을 달리하고 의견교환을 반복하는 과정에서 자신이 택한 입장을 명백히 할 수 있고, 타인의 공격과 압력을 참는 것을 배우거나 타인과의 상호작용에서 좀 더 절충적으로 대응하는 방식을 체득할 수 있다.

(3) 작업단계

집단이 작업단계에 들어서면, 구성원들은 집단을 신뢰하고 자기를 솔직하게 공개한다. 또한 대부분의 집단원들이 자신의 구체적인 문제를 가져와 활발히 논의하며 바람직한 관점과 행동방안을 모색하게 된다. 상담자는 집단원들이 대인관계를 분석하고 문제를 다루어 가는 데 자신감을 얻도록 도와주는 존재라고도 말할 수 있다. 작업단계에서는 집단원들이 높은 사기와 분명한 소속감을 갖는 것이 특징이다. 이 단계에서 집단원들은 '우리 집단'이라는 느낌을 갖는다. 집단원들이 모임에 빠지지 않으려 하고, 일상생활의 과정에서 일련의 문제가 발생되었을 때는 집단에 와서 문제해결을 매듭짓기 위해 스스로의 결정을 보류하기도 한다.

(4) 종결단계

집단상담의 종결단계는 어떤 면에서는 하나의 '출발'을 의미한다고 볼 수 있다. 즉, 상담자와 집단원들은 집단과정에서 배운 것을 미래의 생활장면에 어떻게 적용할 것인가를 생각해야 한다. 집단원 각자의 첫 면접기록과 현재의 상태를 비교한 후, 일정한 정도의 진전이 있다면 상담자는 종결을 준비한다. 종결이 가까워지면 집단원과 언제 집단을 끝낼 것인가 토의를 하며 결정한다.

때에 따라서 점진적인 종결이 제안되기도 한다. 즉, 매주 만나던 집단이 2주일에 한 번이나 한 달에 한 번씩 만나는 것으로 횟수를 늦추어 가다가 마치는 과정이다.

상담자는 집단상담의 전 과정에서 집단원들이 각자의 행동에 대한 자기통찰을 향상하도록 훈련시켜야 하지만, 특히 종결부분에서는 앞으로의 행동방향에 대해서 주의를 기울이도록 상기시켜야 한다. 이 단계에서 적용되는 원리는 집단에서 배우고 경험한 것을 일상생활에서 적용할 수 있으며 또 적용해야 한다는 것과 자신을 보다 깊이 이해하고 타인을 수용하면서 살아갈 수 있다는 것이다.

요컨대, 집단상담의 경험은 집단원들이 집단상담을 종결한 이후라도 주위 삶들에 대해서 지배나 경쟁보다는 조화를 추구하고, 감정의 발산보다는 절제를 통하여 자신의 수양과 성숙을 위해 더욱 노력하는 계기가 되어야 할 것이다.

2) 집단역동

집단에는 매 순간 집단의 활동을 좌우하며, 집단의 성격과 방향에 영향을 미치는 복합적이고 상호작용적인 힘이 있다. 집단은 이 힘에 의해 변화하고 발달하게 되는데, 이를 '집단역동'이라고 한다.

집단은 집단상담자의 유무에 상관없이 각기 독특한 방식으로 조직된다. 집단에서 발생하는 집단역동은 직간접적으로 집단과정에 영향을 미치게 되는데, 집단역동에 영향을 끼치는 것으로는 ① 집단의 배경, ② 집단의 참여형태, ③ 의사소통의 형태, ④ 집단의 응집성, ⑤ 집단의 분위기, ⑥ 집단행동의 규준, ⑦ 집단원들의 사회적 관계유형, ⑧ 하위집단의 형성, ⑨ 주제의 회피, ⑩ 지도성의 경쟁, ⑪ 숨겨진 안건, ⑫ 제안의 묵살, ⑬ 신

표 12-1 집단역동 파악을 위한 관찰 체크리스트

1. 말이 없는 집단원은 누구인가?
2. 논쟁을 일삼는 집단원은 누구인가?
3. 집단의 응집력은 높아지고 있는가?
4. 집단의 전반적인 분위기는 어떠한가?
5. 집단을 지배하려고 하는 집단원은 누구인가?
6. 방어적 태도로 일관하는 집단원은 누구인가?
7. 집단원들의 전반적인 느낌과 행동은 어떠한가?
8. 적극적으로 발언하는 집단원은 누구인가?
9. 눈에 띄게 다른 집단원들에게 영향을 주고 있는 집단원은 누구인가?
10. 기꺼이 사적인 정보를 나누고 있는 집단원은 누구인가? 그렇지 않은 집단원은 누구인가?
11. 집단 참여를 좋아하는 것처럼 보이는 집단원은 누구인가? 그렇지 않은 집단원은 누구인가?

출처: 강진령(2011).

뢰수준 등을 들 수 있다.

집단의 성격과 방향을 좌우하는 복합적인 힘은 집단상담자의 개입과 중재로 구성원 개개인을 변화시키고 치유하는 원동력이다. 그러나 이러한 힘을 잘못 사용하는 경우 집단원들에게 부정적인 영향을 미칠 수 있다. 그러므로 집단상담자는 집단원들의 다음과 같은 사항들을 관심 있게 지켜보아야 한다.

학교장면에서 실시되는 집단상담의 상담자는 흔히 논의의 흐름을 주도적으로 이끄는 경향이 있는데, 학교 집단상담을 담당하는 상담자는 특히 집단역동에 관한 지식이 절실히 요구된다. 상담자는 어떤 집단원을 독려해야 하는가, 집단에서 벗어나 있는 집단원은 누구인가, 집단을 어느 정도로 통제할 것인가에 대한 판단력을 갖추고 있어야 한다.

이를 위해서는 집단상담자는 일정 기간 충분한 임상경험을 갖춘 슈퍼바이저로부터 슈퍼비전을 받는 것은 필수적이라 하겠다.

집단이 상담목적을 달성하기 위해서는 집단원들이 자유롭게 상호작용하는 것이 필요하며, 상담자는 그 과정에서 집단원들 사이에 주고받는 언어적 · 비언어적 단서 등에 주의를 기울여야 할 것이다. 집단상담자가 집단을 관찰할 때 다음과 같은 질문을 스스

표 12-2 집단 관찰을 위한 체크리스트

1. 서로 어떻게 말하고 반응하는가?
2. 주로 누가 말하고 주로 누가 듣는가?
3. 주로 누가 누구와 붙어 앉고, 누가 누구와 떨어져 앉는가?
4. 집단원들은 집단에 대한 소속감을 가지고 있는가?
5. 집단원들은 집단 참여에 대해 어떻게 느끼고 있는가?
6. 집단원들은 집단의 목적을 잘 인식하고 있는가?
7. 집단상담자는 집단원 개개인에게 어떤 반응을 보이는가?
8. 누가 누구에게, 얼마나 자주, 그리고 얼마나 길게 말하는가?
9. 집단원들은 집단상담자에게 어떠한 태도를 보이는가?
10. 집단원들은 자신에 대해 어떤 느낌을 갖고 있는가?
11. 집단원 개개인은 다른 집단원들에게 어떻게 느끼고 있는가?

출처: 강진령(2011).

로에게 던져 봄으로써 집단의 흐름을 역동적으로 촉진시킬 수 있을 것이다.

3) 집단의 치료적 요인

알롬(Yalom, 1995)은 집단에 존재하는 11가지 치료적 요인을 제안하였는데, 그 요인들은 다음과 같다.

- 희망고취: 집단 안에서 자신의 삶에 대해 희망을 느낄 수 있다. 집단과정 중 집단 내 다른 내담자들의 긍정적 변화와 상태 호전의 목격은 긍정적 치료결과와 유의미한 관련이 있다고 하였다.
- 보편성: '나 혼자가 아니구나!' 하는 느낌을 갖는다.
- 정보공유: 다른 사람들에게서 변화와 성장에 필요한 정보를 습득할 수 있다.
- 이타주의: 다른 사람들을 위해 기꺼이 나누고 도와주는 경험을 할 수 있다.
- 일차가족 집단의 교정적 체험: 집단 안에서 마치 한 가족과 같은 느낌을 갖게 되고 경험을 통해 학습이 일어날 수 있다.

- 사회화 기술의 개발: 성숙한 사람들의 특성으로 나타나는 사회기술을 습득할 수 있다.
- 모방행동: 집단 안에서 다른 집단원들이나 집단상담자의 행동을 관찰하여 필요한 것을 자신의 것으로 취할 수 있다.
- 대인학습: 집단 안에서 다른 집단원들과의 관계를 통해 대인관계를 학습할 수 있다.
- 집단응집력: 다른 집단원들과 서로 연결되어 있다는 느낌을 가짐으로써 집단응집력이 높아지게 된다.
- 감정정화: 과거에 경험해 보지 못했던 감정과 정서를 방출시키는 기회를 갖게 된다.
- 실존적 요인: 삶의 과정에는 기쁜 일이 있으면 그렇지 않은 일도 있는 법이라는 식으로 현실을 이해하게 됨으로써 삶에 대한 책임을 수용할 수 있게 된다.

즉, 집단 안에서 자신들이 타인으로부터 받을 수 있는 지도와 도움에는 한계가 있다는 점을, 자신들의 삶을 영위하는 데 대한 궁극적인 책임은 자신들만의 것이라는 점을 깨닫게 될 것이라고 하였다.

얄롬이 제안한 치료적 힘 이외에도 다수의 학자들은 집단상담이 가지는 치료효과를 제안하고 있는데, 글래딩(Gladding, 2003)은 집단상담이 치료효과를 갖기 위해서는 집단이 변화와 성장을 촉진하는 생산적인 방향으로 상호작용해야 하며, 이렇게 발생되는 원동력은 집단원들 사이에 관계와 응집력을 형성시켜야 한다고 하였다. 집단마다 양상과 분위기는 조금씩 차이가 있겠지만, 집단원들을 변화시키는 요인들은 몇 가지 유사한 특징이 있다.

집단의 치료적 요인, 즉 변화촉진요인은 학자나 임상가들의 이론적 접근이나 치료적 관점에 따라 조금씩 달라질 수 있지만, 많은 학자들이 공통적으로 꼽는 집단의 변화촉진요인, 즉 긍정적이고 생산적인 방향으로 집단원 개개인의 변화를 유발시키는 주요 요인을 살펴보자.

(1) 수용

수용이란 집단원 개개인을 있는 그대로 받아들이고 인정하는 것을 말한다. 집단 초기에 대부분의 집단원들은 거부되는 것에 대한 두려움으로 집단에 소극적으로 참여하는 경향이 있는데, 이런 상황에서 아무런 조건 없이 수용되는 것이 처음에는 부담스러울 수도 있다. 그러나 다른 사람을 아무런 조건 없이 받아들이는 것은 집단 내에서 안전한 분위기를 조성하게 되고, 다른 사람에 대한 깊은 수준의 공감적 이해를 가능하게 하고, 과거 경험을 통해 형성된 방어벽을 허물게 한다. 이로써 자신이 약점으로 여기거나 노출을 꺼렸던 사실과 감정을 토로할 수 있게 하여 변화의 계기를 마련하는 과정을 겪게 되고, 이를 통해 집단원은 자신을 더 명확하게 탐색하게 되고, 심리적인 고통이나 어려움의 원인을 발견하고 치유하게 되며, 나아가 변화와 성장을 이루게 된다.

(2) 응집력

응집력이란 집단원들이 우리라는 의식을 가지고 집단 내에서 적극적으로 함께하려는 정도를 말한다. 얄롬(Yalom & Leszcz, 2005)은 응집력을 집단의 성과에 강력한 영향을 주는 결정요인으로 보았다.

응집력이 높은 집단은 중도이탈자가 적고, 더 많은 자기개방, 모험, 집단갈등을 기꺼이 표출하여 건설적인 방법으로 해결하고자 하는 특성이 있다.

그렇다면 응집력이 높은 집단과 그렇지 않은 집단은 차이가 있을까?

■ 응집력이 높은 집단의 특성

응집력은 시간이 지남에 따라 발전하는 깊은 수준의 친교다. 응집력이 높은 집단은 자기 자신을 개방하고 자기탐색에 집중한다. 서로의 고통을 함께 나누며 해결해 나가며, 자유로운 분위기에서 집단활동에 적극적으로 동참한다. 순간순간 즉각적으로 자신의 느낌과 생각을 표현하며, 서로 보살피며 있는 그대로 수용해 준다. 정직한 피드백을 교환한다. 건강한 유머를 통해 친밀해지고 기쁨을 함께하며, 깊은 인간관계를 맺는다.

■ 응집력이 낮은 집단의 특성

상호 신뢰감의 부족으로 피상적인 상호작용만을 교환하거나, 부정적인 감정의 표현을 억제하게 되면서 집단의 일체성이나 응집력이 생기기보다는 오히려 분열의 원인이 된다.

(3) 보편성

문제를 겪고 있는 사람이 자기 혼자가 아니라는 점과 다른 사람들도 자신과 비슷한 생각과 감정을 갖고 있다는 사실, 즉 공통점을 깨닫게 되는 것이 중요하다.

이는 집단상담의 중요한 치료적 힘으로, 대부분의 사람들에게 유익하고 치료적인 효과를 지니는 것으로 개인상담에서는 찾아보기 어려운 요인이다. 내담자들은 자기만 비참하다거나 끔찍하고 용납할 수 없는 문제, 생각, 충동 혹은 공상을 갖고 있다고 생각하며, 대인관계에서 사회적 고립감으로 인해 이런 생각과 감정이 고조되어 있고, 집단이 진행되면서 상호교류를 통해 서로에 대해 알고 이해하게 되며 인생문제의 보편성을 깨닫게 되는데 이것은 큰 위안과 안도감을 준다. 응집력이 높아짐에 따라 집단원들은 서로 차이점보다 공통점에 대해 더 관심을 갖게 되고, 결국 '우리'라는 의식이 싹트게 된다. 고통, 실망과 같은 부정적인 감정을 일으키는 사건이나 주변 환경은 개인에 따라 매우 다를 수 있으나, 결과적으로 생성되는 감정은 보편적인 성질을 가지기 때문이다.

응집력이 높은 집단의 구성원들은 일상생활의 세세한 경험보다 보편적인 인간의 주제들에 초점을 맞추고, 집단상담자는 집단원들이 관심을 갖는 주제에 초점을 맞춤으로써 보편성을 깨닫게 함은 물론 집단응집력을 높이는 효과를 얻을 수 있다.

(4) 피드백

피드백이란 다른 집단원의 행동, 사고, 감정에 대한 반응으로 자신의 생각과 감정을 되돌려 주는 것을 말한다. 이는 집단에서 학습을 유발하는 중요한 수단으로 작용하며, 솔직하고 구체적인 피드백은 집단원의 행동이 다른 구성원들에게 어떤 영향을 주었는가를 알게 하고, 대인관계에서 어떤 변화가 필요한가를 깨닫게 하는 데 중요한 작용을 한다. 집단의 초기에는 집단원들이 더 생산적인 선택을 할 수 있도록 집단상담자가 직접 시의적절한 피드백을 제공함으로써 집단원들이 이를 모방하고 실천하는 데 도움을 주게 된다.

집단상담에서 피드백은 개인상담에 비해 더 강력한 힘을 발휘하게 되는데, 이는 한 사람이 제공하는 피드백에 비해 여러 사람들의 공통된 견해는 무시하기 어렵기 때문이다. 자기 자신을 비현실적으로 인식하는 집단원은 다른 집단원들의 피드백을 통해 자기

이해의 폭을 넓히면서 동시에 자신을 다른 각도에서 조망하게 되는 기회를 부여하게 된다. 솔직한 피드백을 통해 집단원들은 자신과 타인을 진정으로 수용하는 방법을 배울 수 있게 된다. 그러나 솔직해야 한다는 말이 다른 집단원들에게 속에 있는 아무 말이나 거침없이 모두 하라는 의미는 아니며, 상대방에 대한 존중과 배려가 없는 피드백은 단지 불손한 처사로 간주됨을 집단원에게 미리 주지시키는 것이 중요하다.

(5) 희망

희망이란 집단원 스스로가 자신의 변화가능성에 대한 믿음을 갖는 것이다. 정신적으로 어려움을 겪는 사람은 자신을 통제할 수 없는 외부환경의 희생자로 여기는 경향이 있는데, 인생을 효율적으로 통제하기 위해 노력하고 방법을 찾는 사람들을 집단에서 만나고 상호교류함으로써 지금까지 불가능하게만 여겨졌던 인생이 새롭게 변화될 수 있다는 희망을 얻는 것이 중요하다. 이를 위해서는 예비작업단계에서 집단원들의 긍정적인 기대를 강화하고 부정적인 선입견을 없애며, 집단의 치료효과를 상세히 설명해 주는 것이 필요하다.

(6) 책임감

책임감이란 집단원 자신의 선택에 대한 결과를 스스로 맡는 것이다. 정신적으로 건강한 사람은 자신을 외적 요인의 희생자로 보지 않고 자신의 행동에 대한 책임을 수용한다. 따라서 집단원에게 자신의 선택에 대해 책임지도록 하는 것은 치료효과가 있는데, 외부요인, 즉 주위 사람들이나 상황이 변하기를 기다리는 것과 같은 실현 불가능한 일을 기대하기보다는 집단원 자신이 먼저 변화함으로써 외부요인들이 변할 수 있다는 원리를 터득하게 하는 것이 바로 집단상담자의 임무다. 자신의 문제 원인을 외부요인에 돌리고 부정적인 감정을 표출하는 것은 감정정화의 효과를 줄 수는 있어도 근본적인 문제해결에는 큰 도움이 되지 않는다는 것을 알려야 한다. 문제해결의 열쇠는 집단원 자신이 쥐고 있고, 문제해결을 위해서는 합리적이고 올바른 선택을 해야 한다는 것을 깨닫도록 도와야 한다.

집단원은 실생활에 적용하기 위한 구체적인 활동계획과 실천전략을 세우게 되는데,

행동으로 옮기는 실천은 계획하는 것 이상으로 중요하다. 실천은 책임감을 경험해 볼 수 있는 첫걸음이다.

(7) 모험심

모험심이란 자신의 약점을 기꺼이 공개하고 인정하며 변화를 시도하는 것을 말한다. 이러한 모험은 다른 사람들을 얼마나 신뢰하느냐에 달려 있는데, 신뢰감은 그 자체가 치료적이어서 자신을 기꺼이 개방하고 새로운 행동을 시도할 수 있는 용기를 북돋아 주는 역할을 한다.

모험심은 과거에 말로만 다짐하고 실천하지 못하던 행동들을 기꺼이 실행에 옮길 수 있는 용기와 자신감으로 이어지게 된다는 점에서 집단의 주요한 변화촉진요인이라고 할 수 있다.

(8) 감정정화

감정정화란 내면에 누적되어 있는 감정을 표현함으로써 감정이 해소되는 상태를 말한다. 감정표현은 개인상담뿐만 아니라 집단상담에서도 기본적인 치료적 요인이고 집단원 간의 신뢰감과 응집력을 높이는 중요한 요소다.

내재된 감정을 외부로 표출하는 것은 치료적으로 중요한 의미가 있다. 감정적으로 자유로움을 경험하게 하는 것은 사고의 명료함으로 이어지며, 자신의 감정을 인식하고 표현하는 것은 정신건강의 필수요소다.

직접적인 표현을 통해 감정을 정화하는 작업 자체는 상담의 궁극적 목표가 아니며, 집단경험에서 이익을 얻기 위해서는 집단원들이 그들의 지금-여기의 경험을 조망하도록 하는 인지적 구조가 필요하다.

(9) 새로운 행동과 기술의 실험

집단은 새로운 기술과 행동을 연습할 수 있는 안전한 공간을 제공하는 역할을 한다. 집단원은 안전하고 수용적이며 지지적인 분위기에서 새로운 행동과 기술을 실천해 볼 수 있으며, 여기서 습득한 것을 실생활에 적용해 봄으로써 자신감을 얻게 되고 다른 상황에도 일반화하여 삶의 효율성을 높일 수 있게 된다.

(10) 유머

유머는 자신의 사고와 행동에 대해 박장대소함으로써 자신을 새로운 각도에서 조망해 본다는 사실만으로도 치료효과가 있다. 집단의 초기에 경직되고 어색한 분위기를 부드럽고 안전하게 바꾸어 놓을 수 있는 힘이며, 집단회기가 진행되면서 유머는 뛰어난 치료효과를 갖게 된다. 그러나 유머는 상대방에 대한 애정과 보살핌을 전제로 이루어져야 하며, 인격모독, 비하, 약점 공격의 수단으로 사용되지 말아야 한다.

(11) 자기개방

자기개방은 자기노출, 자기공개를 말한다. 자기개방이란 개인적인 문제와 관심, 욕구와 목표, 기대와 두려움, 희망과 좌절, 즐거움과 고통, 강함과 약함, 개인적 경험 등에 대해 털어놓는 것을 말한다. 또한 개인적인 관심을 털어놓는 것에 한정되지 않고 다른 집단원과 집단상담자에 대해 지속적으로 반응하는 것을 포함한다.

자기개방을 토대로 이루어지는 인간관계와 상호작용은 개인의 관심사나 문제에 대한 통찰을 얻게 하고 자아의 성장과 발달을 촉진하게 된다. 그러나 자기개방을 과거의 일들을 반복적이고 기계적인 방법으로 이야기하는 것으로 여기는 것은 잘못된 것이다. 이를 피하기 위해 공개하려는 정보가 현재의 관심사나 문제 또는 갈등과 어떻게 관계가 있는지에 대해 스스로에게 질문을 던져 보게 하는 것이 좋다. 또한 다른 집단원들의 자기개방을 염두에 두고 솔선수범하는 수단으로 여기는 것은 자기개방을 잘못 인식하고 있는 것이다. 시의적절하고 올바른 자기개방은 집단역동을 촉진하나, 자기개방이 다른 사람들에게 큰 부담을 주거나 압박하는 수단으로 활용되어서는 안 된다. 압박이 있으면 집단원들은 자신들을 이해시키거나 방어하기 위하여 필요 이상의 말을 하거나 집단참여를 주저할 수 있기 때문이다.

또한 자기개방을 마치 사적인 정보를 남김 없이 드러내는 것으로 여길 수 있는데, 이것은 다른 사람들에게 부담감을 줄 수도 있으며, 이는 집단상담의 역효과로 작용하게 된다. 자기개방을 타인에 대해 느끼는 모든 감정을 여과 없이 토로하는 것으로 여기는 것도 역시 자기개방을 잘못 인지한 것이다.

자기개방을 촉진시키기 위해서는 집단원들이 부담을 느낄 정도로 집단상담자의 자기개방이 지나치게 길거나 장황해서 서로의 역할이 뒤바뀌지 않아야 한다.

(12) 모방학습

모방학습이란 집단원들이 서로에 대한 관찰과 상호작용을 통해 학습하게 됨을 의미한다. 다른 사람들의 문제해결과정을 지켜봄으로써 대리학습효과를 얻게 되는데, 다른 집단원들의 문제나 관심사가 자신의 것과 흡사하거나 자기개방을 통해 간접적인 학습이 일어나는 것을 말한다. 집단상담자는 집단 내에서 발생할 수 있는 모방학습의 가능성을 염두에 두어야 한다.

4. 집단상담자란 누구인가

1) 집단상담자의 역할

한 집단이 상담의 효과를 올릴 수 있을 정도로 성공하느냐 못 하느냐는 그 집단의 상담자가 어느 정도로 그의 역할을 효과적으로 수행하느냐에 달려 있다고 볼 수 있겠다. 집단의 목적과 설계, 기간의 장단과 조직형태, 그리고 상담자의 철학과 이론적 배경 등여러 가지 변인의 차이에 따라 상담자의 역할도 여러모로 달라질 수 있겠으나(Kanfer & Schefft, 1988; Sharf, 1996), 여기서는 가장 기본적이고 여러 모형에 공통적이라고 생각되는 몇 가지만 간단히 살펴보기로 한다.

(1) 집단활동의 시작 돕기

상담집단을 처음 시작할 때, 집단원들은 서먹함을 느끼고 어떻게 할 바를 모른다. 이때 상담자는 그들로 하여금 상호작용을 시작하도록 이끌어 주어야 한다. 그렇게 하기위하여 상담자는 보통 다음과 같은 말로 시작할 수 있다. "이제 시작합시다. 지금 이 시간 우리 각자는 어떤 느낌이나 생각을 가지고 있습니까?" "이제 시작하도록 합시다. 우리 각자는 어떤 기대를 가지고 이 집단에 참여하고 있습니까?"

혼히 처음으로 집단에 참여하게 되면 불안이나 어색한 느낌을 갖게 된다. 상담자는 이와 같은 느낌을 이용하여 집단을 시작할 수 있다. 상담자는 솔선하여 자신의 느낌을 먼저 털어놓음으로써 모범을 보여야 한다. 즉, 상담자 자신이 가지고 있는 불안이나 집단에 대한 기대 등을 말하면서 비교적 낯선 사람들이 처음 만나 느끼게 되는 불안, 긴장, 수줍음, 갈등 등에 대하여 이야기할 수 있는 길을 터놓게 된다.

어떤 경우에 상담자는 처음부터 침묵을 지킴으로써 집단원 중에서 먼저 이야기를 시작하게 하는 방법도 있다. 그러나 이런 경우에는 침묵이 상당히 오래 지속되므로 집단원들이 자칫 긴장감에 억압될 우려가 있다. 적당한 때에 상담자는 그 순간의 자신의 느낌을 이야기해서 그 침묵을 깨뜨려야 한다. 그렇게 하면, 보통의 경우 집단원들도 각자의 느낌을 이야기하게 될 것이다.

경험이 적은 상담자에게는 이 방법들이 힘들지도 모른다. 이런 경우 어떤 조직적인 활동을 도입해서 집단을 시작할 수 있다. 예를 들면, 첫 모임에서는 두 사람씩 짝을 짓고 각 쌍이 5분쯤 만나서 서로 간에 알게 한 후에 전체 집단에 모여 각기 상대방을 소개하게 하는 활동을 이용할 수도 있다. 모든 집단원의 소개가 끝난 후 상담자는 소개된 내용과 소개의 방법에 대하여 집단토의를 하게 한다. 대부분의 경우 형식적인 소개가 되기 쉽다. 왜 그런가, 그것이 무엇을 뜻하는가에 대하여 의견을 교환케 한다.

그러나 이런 활동을 계속적으로 너무 많이 하게 되면 집단상담자가 집단을 너무 주도하게 되므로 집단원들이 집단상담자에게 의존하게 만드는 폐단이 있다. 따라서 조직적인 활동을 너무 많이 활용하거나 조직활동만으로 그치는 식의 집단상담은 생산적이 되지 못할 것이다. 조직적 활동의 중요성은 그것을 매개로 하여 이와 관련된 느낌이나 생각에 대하여 토의하게 하려는 데 있다.

(2) 집단분위기의 조성

집단이 구성되면 상담자는 집단을 '상담집단'으로 만들어야 하며, 집단의 상호작용을 이끌어 줄 일련의 행동규칙과 규범을 설정해야 한다. 상담자는 집단구성원들의 바람직한 행동변화를 위해 스스로 적극적인 활동을 할 수 있도록 유도해야 한다. 즉, 집단상담에서는 상담자가 집단상호작용에 알맞은 형태로 최대한의 집단분위기를 만들어 내지만 주로 집단구성원들의 상호작용에 의해 집단이 변화되도록 해야 한다.

상담집단의 바람직한 분위기란 타인에 대한 긍정적인 수용, 적극적인 자기개방, 보다 사실적인 자기이해의 노력, 현재의 행동양식을 개선시키려는 열망 등이 활발히 나타나도록 도와야 한다.

(3) 집단규범의 설정

집단의 규범은 구성원들의 집단에 대한 기대, 상담자와 비교적 영향력 있는 구성원들의 직간접적인 지시나 제안 등에 의해서 설정되도록 해야 한다. 집단에 대한 구성원들의 기대가 확실치 않고 집단경험이 있는 참여자가 한 사람도 없을 때에는 상담자가 지도자의 입장에서 최선의 상담분위기가 형성되도록 이끄는 것이 필요하다. 상담자의 반응은 집단규범 형성에 상당한 영향을 미치기 마련이므로, 집단원들의 언행에 관한 적합한 규범을 수립하지 않으면 집단응집력이 피상적인 수준에 그칠 가능성이 많다.

일단 설정된 집단규범은 영속성이 있기 때문에 상담자는 집단과정에 관한 자신의 경험과 지식을 토대로 규범설정의 촉진자 역할을 수행해야 한다.

2) 집단상담자의 자질

집단에서 집단상담자가 차지하는 역할은 얄롬(1995)이 제시하고 있는데, 집단원들에게 정서적 자극, 보살핌, 칭찬, 보호, 수용, 해석, 설명 등의 제공을 꼽았다. 또한 상담자는 자기개방을 통해 모델 역할을 하고 한 개인으로서 한계를 설정하고 규칙을 강화하며, 시간을 관리하는 역할을 하기도 한다. 집단을 성공적으로 이끌기 위해서는 집단을 이끌어 본 경험의 많고 적음이 영향을 미칠 수도 있지만, 그보다는 집단경험을 총체적으로 이해하는 것이 더 중요하다. 집단원 개개인의 심리적인 역동성뿐만 아니라 집단과정에 영향을 주는 복잡한 역동성의 전이, 집단원의 상호작용, 집단의 역동원리를 파악할 줄 아는 더 깊고 넓은 지식이 필요하다.

집단상담자의 자질은 전문적 자질과 인간적 자질로 나누어 살펴볼 수 있다.

(1) 전문적 자질

전문적 자질이란 상담자가 상담 분야의 이론을 체계적으로 학습하고 훈련하여 자기 자신의 이론적 위치를 다지는 것을 말한다. 상담자에게 있어서 전문적 자질을 향상시키는 길은 먼저 상담에 관한 자신의 이론적 틀을 개발하는 것이다. 만약 상담에 관한 아무런 기반도 없이 상담에 임하는 상담자가 있다면 그는 전문가일 수 없으며, 오히려 내담자에게 상처를 입히는 결과를 초래할 수 있기 때문이다.

개인적 상담이론의 개발을 위한 방법이나 절차에 관해서는 학자에 따라 약간씩 견해를 달리하고 있으나, 이들의 생각을 종합해 보면 다음과 같다.

- 인간의 본성과 그 속에 내재된 여러 가지 경향성
- 성격의 구조와 발달 또는 발달과정
- 상담의 궁극적 목적과 이에 따른 여러 가지 구체적 목표들
- 상담의 진행과정과 효과적인 여러 전략 및 기술들
- 상담자가 상담 중에 감당해야 할 바람직한 역할들에 관한 자신의 관점 확립

이와 같은 과정을 거쳐 체계화된 이론적 틀을 다양한 상담의 실제에 적용해 봄으로써 피드백을 받아야 한다. 이뿐만 아니라 전문가의 지도 아래 끊임없는 실습, 실험 및 연구를 통하여 그 이론을 수정하고 보완함으로써 실제적 능력을 터득해야 할 것이다. 이러한 의미에서 훈련을 통한 실제 상담능력의 터득이 상담자의 전문적 자질에 필수적인 요건이 된다.

(2) 인간적 자질

상담에 관한 이론적 지식과 실제적 기술만 지녔다고 하여 상담자의 자질을 모두 갖춘 것은 아니다. 효과적인 상담관계의 발전에는 상담자의 사람됨이 크게 작용하기 때문에 상담자들은 바람직한 인간적 자질을 갖추어야 한다.

벨킨(Belkin, 1988)은 상담자의 인간적 자질을 자기이해, 타인이해 및 타인과의 관계발전의 세 가지 범주로 나누었다. 각각은 ① 자기이해: 안전감, 신뢰성, 용기, ② 타인이해: 너그러움, 비판단적 태도, 민감성, 공감력, 객관성, ③ 타인과의 관계발전: 진실성, 비지배성, 경청력, 무조건적인 긍정적 관심 등처럼 하위내용을 포함하고 있다.

이형득(1979)은 집단상담과 관련된 상담자의 인간적 자질을 ① 인간에 대한 선의와 관심, ② 자신에 대한 각성, ③ 용기, ④ 창조적 태도, ⑤ 끈기, ⑥ 유머감으로 요약하고 있다.

■ 인간에 대한 선의와 관심

상담자는 사람을 존경하고 신뢰하며, 그 나름으로의 가치를 인정해 줄 수 있어야 한다. 내담자들 중에는 존경하거나 신뢰하기 힘들 것 같아 보이는 사람도 적지 않다. 그러나 최소한 그들에게 적절한 관심을 기울여 줌으로써 그들과 정서적 관계를 발전시켜 나가야 한다. 그러므로 크게 상심하거나 절망에 빠진 내담자일수록 상담자의 선의와 관심은 더욱더 필요한 것이다.

■ 자신에 대한 각성

상담자는 자기 자신의 목표, 정체성, 동기, 요구, 가치관, 느낌, 장점과 단점 등에 대하여 객관적으로 지각하고 있어야 한다. 자신이 누구이며 무엇을 어떻게 하고 있는가에 대하여 인식하지 못하는 상담자는 내담자를 도울 수 없다. 그러므로 상담자는 항상 새로운 삶의 경험과 여러 가지 삶의 방식에 대하여 개방적인 태도를 가짐으로써 자신에 대한 각성을 촉진시켜야 한다.

■ 용기

상담자는 실수나 실패의 가능성에도 불구하고 새로운 행동을 모험적으로 시도해 보는 용기 있는 사람이어야 한다. 때로는 옳은지 그른지 확실치 않은 일이라도 신념과 육감대로 감행해 볼 수 있어야 한다. 이와 같은 모험적 태도는 부당한 취급을 당하는 사람들을 옹호하는 역할도 감당해야 하기 때문이다. 또한 상담자는 실수했거나 실패했을 때, 그리고 자신의 지각이나 육감이 부정확하다고 판명되었을 때 그것을 솔직히 인정하고 수정할 수 있는 용기도 가져야 한다.

■ **창조적 태도**

창조적 태도란 모든 일에 주도적인 입장을 취하는 태도를 의미한다. 상담자는 항상 참신한 정신과 태도로 내담자를 상대해야 한다. 끊임없이 새롭고 효과적인 방법을 고안하기 위하여 기존의 방법에 의문을 제기하고, 가능한 한 새로운 경험에 개방적이 되도록 힘써야 할 것이다. 내담자의 부정적인 반응에 지나치게 민감할 필요가 없으며, 어떤 한 반응에도 한 차원 높은 입장에서 이를 수용한 후 생산적으로 이끌 수 있는 능력을 길러야 한다.

■ **끈기**

상담활동은 보람되고 즐거울 수도 있으나, 때로는 힘이 들고 고달프기도 하다. 상담이 잘 진행될 때는 힘이 나지만, 내담자가 반항적이 되거나 도중에 상담을 중단해 버릴 때 사기가 저하되기 쉽다. 그러므로 상담자는 이와 같은 어려움을 능히 극복할 수 있는 심신의 힘을 길러야 한다.

■ **유머감**

상담은 엄숙하고 힘이 드는 경험이기도 하지만, 다른 한편 유머감을 필요로 한다. 상담자는 상담관계에서 단순히 고조된 긴장을 해소하기 위해서 가끔 웃음과 유머를 활용해야 한다. 장시간 심각한 문제를 다룬 후에 유머를 통하여 심신의 이완을 도모하는 것은 진정한 의미의 치료에 도움을 준다.

이상과 같이 상담자의 자질에 대하여 살펴보았다. 상담에 있어서 상담자의 자질은 매우 중요한 위치를 차지하며 상담의 성공과 실패에 큰 영향을 줄 수 있다. 그러므로 바람직한 상담자가 되기를 바라는 사람은 이를 위하여 전문적 자질과 인간적 자질을 준비하여야 할 것이다. 현대는 상담이 매우 필요한 시기이며 그 영역은 더욱 확장되어 가고 있다. 이러한 시대에 발맞추어 상담자가 되고자 하는 학습자들은 상담자의 자질을 연구 및 계발하여 보다 나은 우리 사회를 만들어 나가야 할 것이다.

또한 집단과정의 단계에 익숙해야 하고 상담하고 있는 집단의 단계를 정확하게 파악하고 있어야 한다. 집단과정의 단계를 정확하게 이해함으로써 상담자는 집단과정을 관찰하고 집단이 목표를 향해서 움직이는 데 필요한 기술과 행동을 특정한 시점에서 지시할 수 있다. 첫째, 참여단계에서는 몇 가지 과업이 성취되어야 한다. 상담자는 우선 내담자가 집단에 참여하는 목적을 명료화해야 한다. 또 내담자는 각기 개인의 목적을 규명하고 집단경험을 통해서 기대되는 것을 탐색할 수 있어야 한다. 다음에는 집단원과 상담자가 친숙해지는 과정을 시작한다. 참여단계에서의 중요한 과정은 참여자 간에 신뢰하고 수용하는 관계를 발전시키는 것이다. 둘째, 전환단계는 참여자들의 긴장과 저항으로 특징지어진다. 집단성원들은 상담자와 다른 집단원의 기대가 명백해짐에 따라 감정의 양립성을 경험하게 된다. 전환단계에서는 상담자의 기술이 특히 중요하다. 즉, 논의에 개입할 때를 아는 것, 행동유형을 들추어낼 수 있는 능력, 집단의 정서적 분위기를 평가할 수 있는 기술 등이 필요하다.

5. 집단의 구성

집단과정이 시작되기 전에 집단의 구성에 관련된 몇 가지 사항들은 기본적으로 갖추어져 있어야 한다. 무엇보다도 상담자 자신이 집단목표를 구체적으로 제시할 수 있어야 한다. 이것은 집단원들과의 모임에서 목표를 재조정하거나 집단원들의 기대가 무엇인지를 확인하는 데 도움이 된다. 상담자는 이 목표에 맞추어 집단의 크기, 집단원의 선정과정, 집단의 개방성과 관련된 문제, 만나는 빈도, 각 상담시간의 길이, 물리적 장치 및 집단의 지속기간 등을 '어느 정도' 정해 놓아야 한다. 여기서 '어느 정도'라고 말하는 이유는 집단원들과의 사전모임이나 집단 초기에 치료적으로 융통성 있게 결정할 수 있기 때문이다. 그러나 훈련과정이 아닌 치료과정으로서의 성격이 짙은 집단상담인 경우는 상담자의 뚜렷한 목표의식과 준비성이 더욱 요구된다. 집단의 구성과 관련된 또 하나의 준비는 집단원들의 준비다. 즉, 상담자는 사전면담을 통해 집단원들이 갖고 있는 집단상담에 대한 잘못된 기대나 개념을 바로잡고, 집단참여의 동기를 고취시켜 집단의 효과를 높임으로써 집단 초기의 시간적 손실을 줄일 수 있도록 집단원들을 준비시켜야 한다.

1) 집단구성원의 선정

(1) 동질집단

응집력이 빨리 생기며, 갈등도 적고, 서로에게 지지적이며, 자기와 비슷한 사람이 있음을 보고 안심하는 보편성의 경험을 갖게 되며, 긴장감에서 헤어나게 된다. 그러나 이러한 지지와 이완은 자칫 피상적이기 쉬우며, 보다 성숙한 변화에 방해가 되기도 한다. 동질집단의 경우라 하더라도 언어능력과 지적 능력이 높은 몇몇의 사람이 집단과정을 장악하여 활발한 상호작용을 방해할 수 있다. 따라서 특히 정신연령이나 지적 능력을 고려한 동질화가 이루어져야 한다. 비슷한 문제를 가진 사람들의 모임에서는 소속감이 쉽게 발생하며 서로 간의 유사점과 차이점을 발견하여 서로를 도와주는 데 더욱 촉진적일 수 있다.

(2) 이질집단

다양한 상호작용을 경험할 수 있다. 이질집단에서는 두드러진 이질적 특성에 의해 서로 자극되어 그 차이점을 점검하고 이해하게 된다. 또 이질적인 집단상황은 현실생활과 비슷하기 때문에 현실검증을 할 수 있는 기회가 보다 많아진다. 그러므로 집단에서 얻은 학습의 전이가 쉽다. 이질집단은 상호작용이 증폭되고 갈등이 심화될 수 있기 때문에 집단상담자는 상호작용의 역동을 충분히 다룰 수 있어야 한다. 그러므로 이질집단을 구성할 때에는 집단원 선정뿐만 아니라 집단상담자의 입장을 신중히 고려해야 한다.

아직까지 이질집단과 동질집단의 구성에 관한 지침을 뚜렷하게 밝힌 이론이나 연구는 없으나 대체로 집단의 유지 자체가 집단상담의 주요 목표가 되는 환자집단은 동질집단이 유리하고, 이질성이 주는 불편과 갈등을 어느 정도 감내할 수 있는 보다 정상적인 집단은 이질집단이 유리하다고 말할 수 있다.

2) 집단의 크기

상담집단의 크기를 결정하기 위해서는 집단의 목표와 내담자들에게 기대하는 몰입 정도를 고려해야 한다. 적절한 상담집단의 크기에 대해서는 학자에 따라 주장이 다르나, 일반적으로 4~5명에서 10명 이내의 수준이 보통이다. 대체로 5~8명의 구성원이 바람직한 것으로 여겨지고 있다.

집단의 크기가 너무 작으면 내담자들의 상호관계 및 행동의 범위가 좁아진다. 이것은 집단 안에서의 역동이 충분히 활용될 수 없음을 의미한다. 그리고 침묵을 한다든지, 활발한 집단참여에서 빠져나와 집단을 객관적으로 보며 쉰다든지 하는 자유로움이 박탈되는 등 각자가 받는 압력이 너무 커지므로 오히려 비효율적이다.

이와 반대로 집단의 크기가 너무 커지면 집단원의 일부는 전적으로 참여할 수 없게 되고, 상담자가 각 개인에게 적절한 주의를 기울이지 못하게 된다. 또 몇몇의 편을 이루어 집단활동에 장애가 되는 하위집단을 구성하는 경우도 생기며 집단원들 간의 상호작용이 줄어들게 마련이다.

3) 물리적 장치

상담자는 집단과정이 이루어질 장소뿐만 아니라 사전에 준비를 할 수 있는 방을 먼저 선정해야 한다. 대개의 경우, 어떤 집단에 참여하기 위해서는 집단참여를 신청한다든지, 사전검사를 받는다든지 혹은 사전면담을 하는 등 사전에 이루어져야 할 과정이 있으므로 이를 수행할 수 있는 연락사무실과 같은 방이 요구된다. 실제 집단상담이 이루어지는 방은 너무 크지 않고 외부로부터 방해를 받지 않는 것이 중요하며, 효과적인 참여를 위해서는 모든 집단원이 서로 잘 볼 수 있고 잘 들을 수 있는 공간이어야 한다.

4) 집단참여에 관한 집단원의 준비

집단상담을 시작할 때 내담자들을 적극적으로 참여시키는 노력이 필요하다. 가능하다면 개별면담을 통해 비현실적인 기대와 불안을 줄이고, 적극적인 자세로서 참여하도록 준비시키는 것이 좋다. 사전면담에서는 집단과정이 이루어질 장소와 시간, 간격, 전체 시간 등 집단의 운영과 관련된 정보와 집단과정에 대한 간략한 설명이 전달되어야 한다. 또한 집단원들의 역할을 고취시키며 집단목표와 진행과정을 사전에 설명해 두는 것이 효과적이다.

5) 폐쇄집단과 개방집단

(1) 폐쇄집단

상담이 시작될 때 참여했던 사람들로만 끝까지 밀고 나가는 형태다. 도중에 탈락자가 생겨도 새로운 집단원을 채워 넣지 않는다. 폐쇄집단은 정해진 인원과 시간을 정해 놓고 출발하기 때문에 무엇보다도 집단의 안정성이 개방집단에 비해 높다. 안정된 분위기에서는 집단원 상호 간의 교호성과 집단응집력이 강하다. 이러한 집단은 여러 가지 장점을 갖고 있으나, 일부 집단원이 도중에 탈락할 경우 집단의 크기가 너무 작아질 염려가 있다.

(2) 개방집단

허용하는 한도 내에서 새로운 사람을 받아들이는 집단형태다. 처음부터 다소 작은 크기로 출발한 집단이나 중간에 탈락된 집단원의 자리를 메꾸기 위해 새로운 집단원이 들어오게 되는 경우가 대부분이다. 이때에는 집단원들 간에 의사소통이나 수용, 지지 등이 부족해지거나 갈등이 일어날 수 있다. 기존의 집단원들은 이미 어느 정도 자신의 내면적인 이야기를 하면서 그들 간의 공감대가 형성되어 있으나 새로운 집단원은 자기개방의 교환이 없이 일방적으로 자기를 공개하도록 종용받기도 한다.

6) 구조화 집단과 비구조화 집단

(1) 구조화 집단

상담자가 집단의 목표와 과정 등을 정해 놓고 집단을 주도적으로 이끌어 가는 형태이기 때문에, 비구조화 집단에 비해 더 깊은 수준의 경험을 하기 어렵다. 그러나 합의된 공동목표를 달성하는 데는 시간을 절약할 수 있으며, 적극적으로 참여하기 어려운 사람은 비구조화 집단보다는 구조화 집단에서 성격변화의 기회를 얻기 쉽다.

(2) 비구조화 집단

보다 내담자의 욕구에 맞추는 것이 특성이다. 집단의 목표, 과제, 활동방법 등에 대해 미리 정해 놓지 않고 집단 스스로 정해 나가는 과정에서부터 시작하기 때문에 내담자의 자발성이 더욱 요구되며, 집단의 심리적 관계가 중요한 작업 대상이 된다. 다시 말해서, 집단원들 간의 관계를 분석하여 개인 내 또는 개인 간 갈등을 이해하고 해결하고자 하는 것이 비구조화 집단의 주요 방법과 목표다.

6. 집단상담의 기법

상담자가 집단에서의 행동지침에 대한 기초개념을 파악하고 있으면, 언제라도 집단상담의 기법들을 행동에 옮길 수 있을 것이다. 상담자는 집단원들에 의해 포착되지 않거나 다루어지지 않는 정서적·인지적·행동적 자료들을 구체적으로 확인하고, 명료화하고, 반영함으로써 상담의 목표를 달성하는 데 기여하게 된다.

■ 감정의 확인, 명료화 및 반영

감정은 사고에 대한 반응으로서 신체 내에서 체험된다. 얼굴표정, 몸의 자세와 움직임, 말의 억양과 어조, 시선의 움직임 등 모두가 사고과정에 수반되는 감정상태의 변화와 밀접히 관련되어 있다. 상담자는 집단상담의 과정에서 이러한 감정상태를 확인하고 그것에 초점을 둔 발언을 해야 한다. 상담자의 개입은 집단상담 전체에서 나타나고 있는 감정적 흐름을 명료화하고 반영하는 동시에 내담자의 생각 및 상급자에 대한 행동방식의 개선노력을 자극하여야 한다.

■ 행동의 확인, 명료화 및 반영

사람들은 어떤 형태로든 계속 움직이고 있다. 상담집단의 내담자들도 어떤 순간이고 소극적이든 적극적이든 어떤 행동을 하고 있을 것이다. 민감한 상담자는 이 사실을 명심해야 하며, 한 개인이 어느 순간에 보인 특정 행동의 의미를 탐색하여 반응해야 한다. 집단원들의 모든 행위와 반응에 원인과 의미가 있다면, 그 원인과 의미를 이해하고 그에 적절한 반응을 하는 것이 바로 집단상담자의 역할일 것이다. 집단원들의 행동반응을 적절하게 확인하고, 명료화하고, 반영하는 것은 상담의 과정, 집단원들 간의 상호작용 또는 집단원들의 행동목표에 관한 개입이라고 볼 수 있다.

■ 인지적 자료의 확인, 명료화 및 반영

여기서 말하는 인지적 자료란 논리적이고 분석적인 언급과 동기, 의미, 이해, 의견 등에 관한 설명들이다. 이런 언급과 설명에 대한 상담자의 반응은 결국 생산적인 사고방식이나 의사소통과 밀접히 관련되는 것이다. 다시 말해서, 생각과 언어소통을 분명히 그리고 합리적으로 하도록 격려를 하고 시범을 보이는 것이야말로 집단상담자의 책임영역에 속할 것이다. 집단상담의 초기단계에서는 집단원들이 흔히 구체적인 사실에 직면하고 해결하기보다는 그저 설명을 하거나 분류하는 식의 발언으로만 넘어가고 마는 경향이 있다. 상담자는 이러한 인지적 경향을 명료화하고 초점을 맞춰 줌으로써 집단상담의 본래 과제로 이끌어 갈 수 있다.

■ 적절한 상담자료 초점에 대한 질문과 한계

집단원들의 행동자료에서 적절한 상담자료 초점을 추출해 내는 것은 집단상담자의 중요한 기술이다. 여기서 말하는 적절한 상담자료 및 초점자료에는 집단원들의 현실적 생활과제에 대한 개인적 생각과 구체적 행동양식들이 포함된다. 초점자료를 추출해 내고 구체화하기 위해서는 상담자가 알아내고자 하는 자료에 대한 논리적 목적의식을 가지고 있어야 하며, 추출된 자료에 대한 후속처리에 있어서도 올바른 판단을 구사해야 한다.

■ 직면시키기−사고, 감정, 행동양식의 모순 및 원인에 대한 지적

직면 또는 지적은 그 지적을 받은 사람의 개인적 성장을 위한 것이고, 개인적 성장의 노력은 바로 상담의 기본동기라는 전제를 바탕으로 한다. 집단원 개인의 변화(성장)를 효과적으로 돕기 위해서는 집단상담자가 관심사(문제)에 대한 집단원의 사고, 감정, 행동반응의 모순 및 비일관성들을 확인하여 지적해 주어야 한다. 한 가지 덧붙일 것은 상담자가 '수용적으로' 직면시킬 때에는 말의 내용뿐만 아니라 그의 자세, 안면표정 등에 있어서도 수용적인 태도가 전달되어야 한다는 사실이다.

■ 중요한 자료의 개관 및 요약

개관과 요약은 상담의 기본자료에 대해 분명히 방향을 잡으며 초점을 맞추도록 하는 데 기여한다. 적절한 개관과 요약은 중요한 내용을 추려 내고 상담목적에 부합된 의미 있는 자료를 집약함으로써 상담과정의 궤도를 바로잡는 것이라고 말할 수 있다.

■ 내담자의 발언 및 경험의 의미에 대한 해석

내담자들이 발언내용과 내담자가 경험한 것들이 어떤 의미가 있는지 설명해 줌으로써 보다 분명한 자기이해와 현실적인 세계관을 갖도록 해야 하는 것이다.

■ 초점내용의 반복적 표현

집단원들의 발언내용 중에서 애매한 부분을 추리고 요점이 되는 부분을 다른 말로 되풀이하여 표현해 주는 것은 상담의 생산적 흐름에 많은 도움을 준다.

■ 문제 관련 자료의 연결

내담자들이 서로 연결되는지 모르고 있거나 잘못 연결시키고 있는 상담문제에 관련된 자료들을 상담자가 연결해 주어야 한다. 이런 연결 발언을 제대로 하려면 집단상담자가 내담자들의 단편적 표현에 주목하고 그 의미상의 관련성을 생각해 내야 할 것이다. 상호관련성이 있는 자료들을 한데 묶어 연결시켜 말하는 것은 내담자들로 하여금 미처 몰랐던 생활 단면 및 경험들의 전체적 의미를 깨닫게 하고, 나아가서는 현재보다 발전된 형태의 행동양식을 모색하도록 촉진하는 데 기여한다.

■ 내담자에게 필요한 정보의 제공

집단상담의 절차에 관련된 사항, 내담자로서의 유의사항, 집단상담의 결과로서 얻어지는 소득 등 여러 가지 정보가 집단원에게 전달되었는지를 확인하여야 한다. 그리고 모임에서 객관적으로 관찰된 집단원들의 행동 특성 및 변화는 무엇인지에 관해서도 정보를 제공해 주어야 한다.

■ 참여적 행동의 주도

상담자가 솔선해서 주도하는 것은 집단과정의 어느 순간에 집단원들의 참여적 행동을 유도하고 집단에 초점자료를 새로 도입할 수 있어야 한다.

■ 집단원들에 대한 격려와 지지

집단원들이 불안하여 표현을 억제하거나 두려워할 때, 그리고 자신의 바람직한 생각과 행동에 자신감을 느끼지 못할 때 상담자는 격려와 지지로써 내담자의 발전적 노력을 북돋아 주어야 한다.

■ 비생산적인 집단분위기에 대한 조정과 개입

집단구성원들의 행동과정이 비생산적으로 진행되면 상담자가 중단시켜 생산적으로 진행되도록 해 주어야 한다.

■ 침묵에 대한 처리

집단상담자가 침묵을 처리하는 요령은 다음과 같다. 첫째, 침묵에 대해 압박감을 느끼지 않도록 해야 한다. 둘째, 집단원들 쪽에서 침묵을 깨고 발언하도록 해야 한다. 셋째, 침묵이 진행되는 동안을 집단원들에 대한 자료수집의 시간으로 활용한다.

■ 비언어적 행동에 대한 인식과 설명

상담자는 집단원들의 자세, 얼굴표정, 몸짓 등 말 이외의 행동들이 상담과정에서 극히 중요한 자료임을 알고 예민하게 관찰할 수 있어야 한다.

■ 분명하고 간결한 의사소통의 시범

상담자의 말은 집단원들이 정확히 이해하고 정확히 반응할 수 있게끔 표현되어야 한다. 불필요한 표현들이 반복되지 않도록 노력해야 한다.

■ 상담의 초점 맞추기

집단상담의 과정에서 어느 한 내담자의 관심사에 관해 모든 집단원들이 같이 생각하도록 하며, 주제에 관련된 자료를 중심으로 이야기하도록 해야 한다.

■ 비생산적인 행동 및 태도의 억제

상담자는 집단상담 시 야기되는 혼란과 분쟁 등에 개입하여 분위기를 진정시키거나 이야기의 초점을 조정해야 한다.

■ 행동목표의 설정 도와주기

집단상담에서 내담자들은 생산적인 행동목표를 세우도록 도와야 한다. 모든 집단원들이 상담에 대한 목표의식을 가지고 참여할 수 있도록 별도의 노력을 기울여야 한다.

■ 생산적 종결의 촉진

집단상담의 전 과정을 종결할 때 집단원들이 서로 전체 진행과정에 대한 종합적 평가를 하도록 하고, 상담집단이 해체된 다음 각자가 어떤 개선노력과 생활진로를 가지고 있는지 등에 관해 이야기를 나누도록 해야 한다. 이때에 상담자는 집단원들 간의 상호

연락 등 유대감의 유지노력을 격려할 필요가 있다.

7. 집단상담의 윤리문제

집단상담자는 자기가 이끄는 상담집단의 훈련집단의 구성원들에게 윤리적인 책임을 가르쳐야 한다. 상담자가 상담집단의 목적에 충실하고, 개인정보 보호 등을 포함한 집단구성원들의 권리와 복지를 존중하는 태도와 행동을 가져야 함을 의미한다.

1) 집단구성원들의 기본권리

집단에 참여하는 내담자들은 참여 여부를 결정하기 전에 자기가 어떤 집단에 관여하게 되는지를 알 권리가 있다. 따라서 상담자는 집단참여를 고려하는 내담자들에게 그들의 권리와 책임이 무엇인지를 분명히 알게 할 책임이 있다(집단에 관한 충분한 사전안내와 양해).

2) 집단과정 중의 참여자들의 권리

집단상담자는 참여자들에게 그들의 권리뿐만 아니라 시간엄수, 솔직한 의사소통, 개인적 정보를 누설하지 않는 것 등의 책임도 강조해 두어야 한다. 또한 개인정보 보호는 집단상담에 참여하는 내담자들이 가장 관심을 갖는 것이며, 그렇기 때문에 집단상담의 윤리문제 중 가장 유의해야 할 사항이기도 하다(개인정보를 보호받을 권리).

3) 내담자의 이익을 위한 그 밖의 윤리문제

첫째, 집단상담자는 가능한 한 신체적 위협, 협박, 강제 그리고 부당한 집단압력으로부터 집단참여자들의 권리를 보호해야 한다.

둘째, 집단참여자들은 각자가 집단과정의 시간을 공정하게 나누어 가질 권리가 있다.

셋째, 집단참여자들이 포함되는 어떤 연구보고서나 실험적 활동이 있을 경우에는 그에 관련된 정보를 알려 주되 참여 내담자들의 사전동의를 받아야 한다.

넷째, 집단에 참여함으로써 경험하게 될지 모르는 심리적 부담에 관해서는 사전에 또는 그런 부담요소의 발생단계에서 해당 참여자들에게 경고해 주어야 한다.

마지막으로, 집단참여자들끼리 집단의 모임 밖에서 개별적인 만남이나 관계가 이루어질 경우, 이를 집단모임에서 가능한 한 '보고'하도록 권유할 필요가 있다.

4) 집단상담자의 행동윤리

첫째, 집단상담자의 가치관을 집단에 전혀 투영하지 않을 수 없기 때문에, 특히 집단참여자들의 가치관과 갈등이 발생할 경우에는 상담자 자신의 가치관을 공개하는 것이 필요하다.

둘째, 집단상담자는 사용되는 집단기법이 분명 집단과정을 촉진하고 참여자들의 이익에 부합하는가를 자각 또는 확인해야 하고, 또 그 사용결과에 대한 책임의식을 지녀야 한다.

마지막으로, 집단상담자는 집단참여자들과 개인적 관계를 부적절하게 갖지 않는다는 것이다. 집단상담자 개인의 권위나 전문적 역할을 이용하여 내담자들과 개인적으로 사회적 접촉을 하는 것은 집단참여자들의 복지를 증진하려는 근본취지에 어긋난다는 것이다.

8. 맺음말

집단상담은 개인상담보다 더 많은 수의 내담자를 대상으로 작업할 수 있을 뿐 아니라 다양한 학습을 촉진하는 데 독특한 장점을 가지고 있다. 집단상담은 많은 사람에게 최상의 선택이 될 수 있을 것이다. 그러나 집단작업을 효과적으로 수행하기 위해서는 아동심리상담사로서 이론적 기초뿐 아니라 자신이 가지고 있는 지식들을 실제 상황에서 창의적으로 활용할 수 있는 기술을 갖추어야 할 것이다.

집단의 효율성, 경제성, 실용성을 고려할 때, 집단상담과 치료의 발전 가능성 및 잠재력은 무한하다. 집단상담은 단순히 집단상담자뿐만 아니라 구성원들에게서 오는 피드백과 통찰로부터 도움을 받을 수 있으며, 다른 구성원들을 관찰하고 서로에 대한 모방과 시범을 통해 문제를 해결할 수 있다는 장점이 있다.

따라서 아동심리상담사는 집단에 대한 이해와 통찰, 그리고 전문적인 지식을 갖추어야 하며, 집단상담에 대한 적절한 훈련과 슈퍼비전을 통해 실제 현장에서 가질 수 있는 불안을 해소하고, 집단상담자로서의 역량을 길러 내기를 바란다.

참고문헌

강진령(2011). 집단상담의 실제. 서울: 학지사.

노안영(2011). 집단상담 이론과 실제. 서울: 학지사.

이형득(1979). 집단상담의 실제. 서울: 중앙적성출판사.

Belkin, G. S. (1988). *Introduction to counseling* (3rd ed.). Dubuque, IA: Wm.C. Brown.

Brown, N. (2003). Conceptualizing process. *Internatioanal Journal of Group Psychotherapy, 53,* 225-247.

Gladding, S. T. (2003). *Group work: A counseling specialty* (4th ed.). New York, NY: Merrill.

Glasser, W. (1965). *Reality therapy: A new approach to psychiatry.* New York: Harper & Row.

Hulse-Killacky, D., Kraus, K., & Schumacher, B. (1999). Visual conceptualization of meetings: A group work design. *Journal for Specialists in Gruop Work, 24,* 113-124.

Kanfer, F. H., & Schefft, B. K. (1988). *Guiding the process of therapeutic change.* Champaign, IL: Research Press.

Sharf, R. S. (1996). *Theory of psychotherapy and counseling: Concepts and cases.* Pacific Grove: Books/Cole Publishing Company.

Yalom, I. (1995). *The theory and practice group psychotherapy* (4th ed.). New York: Basic Books.

Yalom, I., & Leszcz, M. (2005). *The theory and practice of group psychotherapy* (5th ed.). New York: Basic Books.

제 *13* 장
아동 · 청소년 문제
유형에 따른 인지행동치료

김현수

아동·청소년의 문제는 불안, 우울, 사회적 위축, 의존, 자기조절력 부족, 주의력 부족, 공격성, 반항, 비행 등을 포함하여 다양하다. 학계와 임상계에서는 이 같은 다양한 아동·청소년 문제를 흔히 외현화 문제(externalizing problems)와 내재화 문제(internalizing problems)로 범주화하여 연구하고 개입하고 있다(Achenbach, 1991; Achenbach, 1995; Achenbach & Edelbrock, 1983; Hinshaw, 1992; Kendall, 2012; Mash & Barkley, 2003; McCulloch, Wiggins, Joshi, & Sachdev, 2000; Weisz, 2004). 외현화 문제는 정서와 행동의 적절한 통제가 부족하여 야기된 문제들로(Achenbach & Edelbrock, 1983; Mash & Barkley, 2003), 충동성, 반항, 공격성, 반사회성 등의 문제를 포함한다. 반면, 내재화 문제는 정서와 행동의 통제가 지나쳐 야기된 문제들로(Achenbach & Edelbrock, 1983; Mash & Barkley, 2003), 우울, 불안, 사회적 위축 등의 문제를 포함한다. 보다 최근에는 외현화 문제는 인지 결핍이 개입된 문제로, 내재화 문제는 인지 왜곡이 개입된 문제로 이해되고 있고(Kendall, 2012), 따라서 결핍되거나 왜곡된 인지를 보강하거나 수정하려는 인지적 개입이 시도되고 있다.

이 장은 외현화와 내재화 아동·청소년 문제들을 위한 인지행동치료를 소개하는 데 그 목적이 있다. 인지행동치료(cognitive behavioral therapy: CBT)는 본문에서도 소개하겠지만 심리적 문제의 발발과 유지에 있어 인지가 중요한 매개 역할을 담당한다는 가정에 기반을 두고 있다. 따라서 치료는 인지과정의 변화(예: 인지 왜곡이나 역기능적 인지를 수정하거나 결핍된 인지능력을 보강하는 것)를 야기하려는 일련의 전략과 활동들을 포함하고 있다. 또한 인지행동치료는 행동의 변화를 꾀하여 결과적으로 인지의 변화를 낳는 우회적인 방법을 쓰기도 한다. 이를 위해 다양한 행동 수정 기법이나 기술훈련이 치료과정에 포함되기도 한다. 인지행동치료는 문헌에서 다양한 아동·청소년 문제를 다루는 데 있어 효과적인 접근이라 평가받고 있다.

이 장에서는 아동·청소년의 문제에 있어 그 효과성을 상당히 인정받고 있는 인지행동치료에 대해 소개하고 있다. 인지행동치료에 대해 잘 모르는 독자들을 위해 먼저 인지행동치료에 대해 개략적으로 설명한다. 다음으로 아동·청소년을 위한 인지행동치료 접근의 특징을 살펴보고, 마지막으로 아동·청소년의 외현화, 내재화 문제 유형에 따른 인지행동치료에 대해 구체적으로 소개한다.

제13장
아동 · 청소년 문제 유형에 따른 인지행동치료

1. 인지행동치료란 무엇인가

인지행동치료란 그 명칭이 시사하듯 개인의 인지적 · 행동적 변화를 꾀하기 위해 인지적 · 행동적 변화전략들을 사용하는 치료 접근을 말한다. 인지행동치료는 행동치료와 인지치료의 하이브리드(hybrid)로, 두 치료 접근 간 기법의 통합을 넘어 이론적 가정까지도 통합한 진정한 의미에서의 통합적 치료(integrative therapy)로 평가받고 있다 (Norcross & Prochaska, 1988; Prochaska & Norcross, 1999).

인지행동치료는 인지치료에서와 마찬가지로 인지적 사건들이 행동변화를 매개한다고 가정한다. 즉, 개인이 보이는 생리적 · 행동적 · 정서적 · 사회적 차원의 문제들은 그 근원을 추적하면 역기능적이고 왜곡된 인지 혹은 부족한 인지능력으로 거슬러 올라갈 수 있다고 가정한다. 따라서 인지행동치료나 인지치료는 왜곡되고 역기능적인 인지 처리 과정을 수정하거나 결핍된 인지 처리 과정을 보강하는 데 치료의 주된 목표를 둔다. 하지만 인지행동치료는 인지치료와는 달리 개입의 대상을 엄격히 인지에만 두지 않고 행동도 포함시킨다는 점에서 차이가 있다.

한편, 행동치료는 문제를 행동으로 기술하고, 문제 개입을 위해 행동의 선행사건과 후행 결과물을 검토하여 문제의 원인과 유지 조건을 확인한다. 말하자면, A(antecedent, 선행사건)-B(behavior, 행동)-C(consequences, 결과물) 분석을 통해 문제를 개념화하고 이들에 기초해 구체적인 행동 수정 전략을 계획한다. 행동치료는 그 발달 초반에 문제를 관찰가능한(observable) 외현적(manifest) 행동으로 좁혀 정의함으로써 임상 적용에서 한계를 드러냈었다. 하지만 최근에는 외현적 행동뿐 아니라 인지와 생리 같은 내재적 행동까지도 행동범주에 포함시킴으로써 그리고 인지치료와의 통합을 꾀함으로써 임상 적용에서의 한계를 극복하고 있다. 즉, 치료의 개입 대상을 관찰가능한 외현적 행동뿐 아니라 인지와 생리에도 두게 되었으며, 학습원리에만 입각하여 행동을 수정하는 입장을 넘어 다양한 인지·행동 전략들을 채택하여 인지, 생리, 정서, 행동의 변화를 꾀하고 있다.

앞에서도 지적하였듯 개입 대상이 엄격하게 행동 혹은 인지인 경우에는 인지행동치료라 간주할 수 없다. 또한 감정표현에 주된 이론적 근거를 둔 치료 접근—즉, 변화에 있어 인지적 매개를 크게 강조하지 않고 감정에 초점을 둔 치료 접근—도 인지행동치료라 간주할 수 없다. 문제의 개념화에서 인지적 매개를 가정하고 인지가 치료의 주 대상이 되는 치료, 그러나 치료의 대상이 인지에만 국한되지 않고 행동에까지 확대되면서 전략의 사용에서 보다 융통적인 입장을 취하고 있는 치료가 바로 인지행동치료라 하겠다. 다행히 최근의 여러 인지치료라 불리는 입장들은 순수하게 인지치료적 입장을 취하고 있지 않다. 오히려 이들은 인지행동치료라 불릴 만한 것들이 대부분이다. 또한 행동치료 분야에서도 인지행동치료를 제2세대 행동치료(2nd generation behavior therapy)라 지칭하며 행동치료의 진화된 형태로 인식하고 있는 입장이다. 최근에는 제3세대 행동치료(3rd generation behavior therapy)라 불리는 인지행동치료의 한층 더 진화된 형태가 연구자, 임상가들의 관심을 끌고 있다. 이러한 제3세대 행동치료는 수용(acceptance)과 마음챙김(mindfulness)이라는 요소를 치료의 핵심으로 가지고 있다. 대표적인 제3세대 행동치료에는 수용-전념치료(acceptance and commitment therapy: ACT), 변증법적 행동치료(dialectical behavior therapy: DBT), 마음챙김에 기반한 인지치료(mindfulness-based cognitive therapy)가 있다. 이 장에서는 이러한 새로운 형태의 인지행동치료는 다루지 않을 예정이다. 대신 인지 재구조화, 인지행동적 대처기술 훈련과 문제해결 훈련을 골자로 하는 정통적인 인지행동치료를 소개할 예정이다.

2. 아동 · 청소년을 위한 인지행동치료

아동 · 청소년을 위한 인지행동치료는 크게 인지 재구조화(cognitive restructuring), 대처기술치료(coping skills therapies), 문제해결치료(problem-solving therapies)로 요약된다(Mahoney & Arnkoff, 1978). 인지행동치료인 관계로 아동 · 청소년의 사고, 감정, 행동에서의 변화를 창출하는 인지 개입이 치료에서 하나의 큰 축을 형성하고 있다. 하지만 아동 · 청소년을 위한 인지행동치료는 이보다 더 나아가 아동 · 청소년이라는 개입 대상의 인지 · 행동 · 발달 특성을 고려한다. 아동 · 청소년은 성인과 비교해 볼 때 보통 적응과 관련한 인지 · 정서 · 사회적 대처기술이 부족한 특성을 나타내고 있는데, 이러한 특성을 고려하여 아동 · 청소년을 위한 인지행동치료는 행동기반 혹은 수행기반 과정들을 사용하여 아동 · 청소년의 부족한 기술 습득을 촉진하며 습득한 기술의 활용 가능성을 높이고 있다(Kendall, 2012). 특히 역할극 혹은 실제 행동실험은 인지행동치료에서의 대처기술 훈련의 효과를 높이는 데 기여하고 있다. 마지막으로, 아동 · 청소년을 위한 인지행동치료는 아동 · 청소년 그리고 이들이 속한 가족의 적응력과 문제해결력을 높이기 위한 문제해결적 요소를 포함하고 있다.

앞서 서술한 대로 아동 · 청소년을 위한 인지행동치료는 크게 인지 재구조화, 대처기술 훈련, 문제해결기술 훈련의 형태로 진행되고 있다. 이들 치료 형태는 소개한 명칭 이외에도 여러 다른 이름이나 기법, 전략으로 표현되고 있다. 자기지시훈련, 감정교육, 긴장이완훈련, 모델링, 역할극, 행동 유관(behavioral contingency) 등도 대처기술이나 문제해결전략 훈련의 일환으로 인지행동치료에서 진행되고 있다.

3. 아동 · 청소년의 외현화 문제 개입을 위한 인지행동치료

외현화 문제는 정서, 인지, 행동의 적절한 통제가 부족하여 야기된 문제들로(Achenbach & Edelbrock, 1983; Mash & Barkley, 2003), 충동성, 반항, 공격성, 반사회성 등의 문제를 포함한다. 여기서는 외현화 문제를 주의 및 충동 통제의 문제와 분노 및 공격성의 문제로 구분하여 이들 문제에 대한 인지행동치료 접근과 전략을 소개하도록 하겠다.

1) 주의 및 충동 통제의 문제

주의 통제의 문제나 충동 통제의 문제는 주의력결핍 과잉행동장애(Attention-Deficit/ Hyperactivity Disorder: ADHD)로 진단되는 아동·청소년들에게 보이는 특징적인 증상이다. DSM-5(APA, 2013)은 ADHD를 신경발달장애(neurodevelopmental disorders) 범주에 포함시켜 이 장애가 발달 초기에 발발하고 신경학적 기반을 가지고 있음을 강조하고 있다. ADHD의 주증상인 주의 및 충동 통제의 문제는 학령기 이전부터 관찰가능하며, 여러 환경(가정, 교육 혹은 보육시설, 교회 등)에서 일관되게 관찰되는 특징을 보인다(APA, 2013).

ADHD의 주의 통제 문제는 여러 양상으로 나타난다. 세부적인 것에 주의를 기울이지 못하거나, 학업이나 다른 활동을 할 때 실수를 반복하거나, 지루하고 반복적인 내용을 학습할 때나 지속적인 주의를 요하는 과제를 수행할 때 산만한 양상을 보이거나, 아는 내용임에도 철자를 빠뜨리거나 계산의 오류를 범한다. 한편, ADHD의 충동 통제 문제는 질문이 끝나기도 전에 대답하거나, 순서를 기다리는 데 어려움을 보이거나, 남들의 대화나 활동 사이로 허락 없이 끼어드는 행동으로 나타난다. 이러한 주의, 감정, 욕구, 행동의 통제에서의 어려움은 아동이나 청소년으로 하여금 부모나 교사에게 지속적인 꾸중과 부정적 피드백을 받도록 만든다(홍강의, 김종흔, 신민섭, 안동현, 1996).

ADHD의 인지행동치료는 앞서 기술한 ADHD의 핵심 증상(부주의, 충동성, 과활동성) 및 이들 증상으로 파생된 사회적·교육적 어려움을 효과적으로 대처하도록 돕는 전략과 기술의 제공에 그 목표가 있다. 특히 여러 행동적 접근들과 조직화를 위한 몇몇 인지 개입들은 ADHD 아동·청소년들의 치료에서 많은 경험적 지지를 얻고 있다. 대표적으로, 자기지시 훈련, 멈추고 생각하기(stop and think), 인지 재구조화, 자기감찰, 모델링, 강화 및 처벌을 이용한 행동 유관 훈련, 자기평가 훈련, 정서교육 및 조절훈련 등이 있다. 이들 전략들은 아동·청소년 문제행동 감소에 직접적인 기여를 할 뿐만 아니라, 문제 및 문제 증후의 명확한 파악 및 문제 증후에 대한 보다 적응적이고 해결적인 대처를 가능하게 한다. 또한 아동·청소년들은 이들 전략의 사용으로 종종 사회기술의 향상이라는 부수적 효과를 얻기도 한다(Abikoff, 1991).

자기지시 훈련이나 멈추고 생각하기는 아동·청소년으로 하여금 일련의 사고 혹은 행동 단계를 거치게 만듦으로써 아동·청소년의 주의집중 향상, 충동성 감소, 합리적 행동 증가를 도모하려는 인지행동치료 접근이다. 여러분 중 많은 이는 스트레스가 많거나 할 일이 많을 때 자신의 행동이나 일정을 조직화하려는 의도로 어떻게 행동하고 어떻게 느끼고 어떻게 생각해야 할지를 스스로에게 코치하거나 상기시킨 적이 있을 것이다. '집에 가면 먼저 이것을 하고, 다음으로 저것을 하며, 두 번째 일을 할 때는 이 점을 고려하여 이런 방식으로 해라.'의 식으로 우리는 우리 자신에게 내적인 지시를 내리곤 한다. 마찬가지로 자기지시 훈련이나 멈추고 생각하기는 주의나 행동을 조직화하거나 계획하는 데 어려움을 보이는 이들에게 앞서 소개한 방식으로 자기지시 혹은 자기조직화를 하도록 훈련시킨다.

주의집중이나 일의 조직화에 문제를 보이는 아동·청소년들을 위한 자기지시 훈련은 다음의 과정들을 포함한다. 할 일이 무엇이고, 어떤 순서로 일을 진행하며, 주의가 분산될 때는 어떻게 대처해야 하고, 성공적으로 주의집중하였을 때는 어떤 자기칭찬이나 자기강화를 할 것인지에 대해 논의하는 과정, 이들 논의된 과정들을 스스로에게 지시하는 방법을 배우는 과정, 그리고 자기지시를 실제 생활에 적용하는 과정을 포함한다. 활동과정을 자기말(self-talk)이나 자기지시(self-instruction)를 통해 상기시키는 것은 힘들고 도전적인 인지 혹은 행동 과업을 최대한의 집중력을 가지고 완수할 수 있도록 돕는다. 특히 자기지시는 내담자가 ① 자기지시를 사용하게끔 준비시키고, ② 주의를 집중하게 하며, ③ 자신의 행동을 이끌고, ④ 자신의 시도나 노력에 대해 격려하며, ⑤ 자신의 수행을 평가하고, ⑥ 불안을 감소시키려는 용도로 사용되고 있다(Spiegler & Guevremont, 2010).

유사한 방식의 접근이 충동 통제 문제를 가진 아동·청소년의 자기지시 훈련 혹은 멈추고 생각하기 훈련에서 이루어지고 있다. 아동·청소년의 충동적 행동 특성은 일상에서 문제해결보다는 갈등을 유발하며, 이는 당면 문제를 심화시키는 기능을 한다. 또한 아동 · 청소년의 충동적 행동 특성은 적응적 행동 레퍼토리의 채택을 방해하고, 이는 부적응적 결과를 유발하여 다시 이들이 가진 기존의 자신의 능력이나 현상에 대한 역기능적 신념과 사고를 강화한다. 따라서 개입은 충동적인 문제해결이 아닌 논리적이고 합리적인 문제해결을 가능하게 하는 절차를 따르도록 훈련한다. 특히 인지행동치료는 문제나 갈등의 합리적 해결을 위한 단계를 강조하고 있는데, 이러한 단계를 반복적으로 거침으로써 아동 · 청소년은 자신의 충동적 행동이 가져올 부정적 결과를 미리 예측해 보는 기회를 가짐과 동시에 대안 생성 및 대안 중 최선의 안을 선택하는 기회를 갖게 된다.

충동 통제를 위한 자기지시 훈련 및 멈추고 생각하기 훈련의 대표적 형태는 다음과 같다. 먼저, 첫 번째 단계로 문제를 정의한다. 문제가 무엇인지 알고 있어야 해결책도 생각해 낼 수 있는 것이기 때문에 문제해결은 문제의 정의에서 시작된다. 두 번째 단계는 문제에 대해 대안적 해결책들을 다양하게 생각해 보는 단계다. 이 단계의 핵심은 가능한 한 많은 방법을 생각해 내는 데 있다. 현실 가능성이 부족하거나 바보 같은 해결책이라도 일단 적어 보도록 하는 것이 중요하다. 특히 충동적인 아동 · 청소년은 단지 몇 개의 부정적인 행동 레퍼토리(대안)만을 가지고 있을 가능성이 높다. 이런 경우, 다양한 가능성에 대한 논의를 통해 이것 말고도 다른 방안이 있음을 인지시켜야 한다. 다음 세 번째 단계는 대안적 해결책들을 평가하는 단계다. 각 대안의 득과 실이 무엇인지 평가하여 '+'(득) 몇 개 혹은 '−'(실) 몇 개인지의 형식으로 단순화시켜 평가 결과를 요약해 보도록 한다. 네 번째 단계는 이전 단계의 평가 결과에 기초해 하나의 대안을 선택하는 단계다. 한 팔은 +, 다른 한 팔은 −를 가진 양팔 저울 위에 각 대안에 대한 내담자 평가를 올려놓는다 생각하고, 어느 대안이 +쪽으로 가장 많이 기울었는지 찾아 그 대안을 선택하도록 한다. 다섯 번째 단계는 선택한 안을 실행해 보도록 격려하는 단계다. 아동 · 청소년의 경우, 특정 문제해결 과정을 이행할 만한 동기가 부족할 수 있다. 따라서 이들의 낮은 동기를 상승시킬 수 있는 방법을 고안해 낸 후 이들 방법들을 사용하도록 격려해 볼 수 있다. "난 할 수 있어."와 같이 자기를 고무시키는 자기말을 사용하도록 하거나 긍정적 결과를 미리 상상해 보도록 하는 전략은 아동 · 청소년의 낮은 동기 수준을 끌어올리는 데 효과적일 수 있다. 또한 압도하는 감정에 대한 대처법으로 안정 혹은 위로의

• 〈단계 1〉 문제 정의하기	"문제가 무엇인가?"
• 〈단계 2〉 대안적 해결책을 탐구하기	"어떤 대안들이 있는가?"
• 〈단계 3〉 대안적 해법들을 평가하기	"이득은 무엇이고 손실은 무엇인가?"
• 〈단계 4〉 선호하는 대안을 선택하기	"시도해 볼 만한 가장 좋은 안은 무엇인가?"
• 〈단계 5〉 선택된 안을 실행하기	동기 수준을 유지시키는 전략 사용
• 〈단계 6〉 결과를 평가하고 자기보상하기	노력에 대한 자기칭찬

[그림 13-1] 문제해결 전략의 사고 흐름도

자기말을 사용하도록 하거나 긴장완화 기술(예: 복식호흡하기, 명상하기, 근육이완하기)을 적용해 보도록 하는 것은 아동 · 청소년의 충동을 낮추고 침착성을 유지시켜 결과적으로 이들의 문제해결을 도울 수 있다(Kimball, Nelson, & Politano, 1993). 마지막 단계는 안의 실천 결과를 평가하고 노력에 대한 자기칭찬 혹은 보상을 실시하는 단계다. 이 단계 훈련의 핵심은 결과보다는 '과정'을 살피고 '부분적' 성공을 성공으로 인정하도록 돕는 데 있다. 따라서 단계는 충동적 아동 · 청소년들로 하여금 자신의 문제해결 노력을 돌아보도록 이끌고 부분적 성공을 성공으로 인식하도록 이끄는 다양한 논의와 활동을 포함하고 있다. 또한 마지막 단계는 내담자에게 유의미한 강화물을 찾고 이를 자기강화물로 활용하게 하는 과정도 포함하고 있다. 소개한 문제해결 전략의 사고 흐름을 도식화하면 [그림 13-1]과 같다.

마이첸바움과 굿먼(Meichenbaum & Goodman, 1971)은 충동적 아동의 개입을 위해 자기지시 훈련을 처음 개발 · 사용하였는데, 이들의 자기지시 훈련의 목적은 아동들을 행동하기 전에 생각하고 계획하도록 만드는 것이었다. 마이첸바움과 굿먼의 충동적 아동을 위한 자기지시 훈련은 다음의 다섯 단계로 수행된다.

〈단계 1〉 인지적 모델링(cognitive modeling): 성인 모델이 과제에 대한 전략을 크게 발성하면서 과제수행

〈단계 2〉 인지적 참가자 모델링(cognitive participant modeling): 성인 모델이 전략을 말로 지시하면 아동이 지시에 맞춰 과제수행

〈단계 3〉 외현적 자기지시(overt self-instructions): 아동 스스로 전략을 크게 발성하면서 그에 따라 과제수행

〈단계 4〉 외현적 자기지시의 감퇴(fading of overt self-instructions): 아동 스스로 지시를 속삭이면서 과제수행

〈단계 5〉 내재적 자기지시(covert self-instructions): 마지막 단계로 아동이 지시를 내적으로 말하면서 과제수행

앞의 단계에서 볼 수 있듯, 자기지시 훈련은 성인 모델이 자기지시하는 것을 모델링하는 단계에서 출발하여 아동이 스스로 자기지시할 수 있는 단계에까지 이를 수 있도록 고안하였다. 또한 외현화된 소리에 의한 자기지시에서 속삭임에 의한 자기지시, 그리고 궁극에는 내적인 말(머릿속 생각)에 의한 자기지시로 전환될 수 있도록 계속적인 연습의 기회를 제공하고 있다. 훈련은 단순하고 쉬운 과제(예: 도형을 따라 그리기)에 자기지시를 적용하는 것에서 시작하고, 쉬운 과제에 대한 기술 적용이 숙달되면 점차 더 길고 더 어렵고 더 복잡한 과제로 이동한다.

앞에서는 문제해결에 초점을 둔 자기지시 훈련을 소개하였지만, 자기지시 훈련은 이 외에도 다양한 형태로 진행될 수 있다. 일주일 동안의 식물 성장 관찰 일지를 작성하는 과제가 주어진 아동에게는 문제해결에 초점을 둔 과정들보다 ① 무엇을 해야 하는지, ② 계획은 무엇인지, ③ 계획은 잘 진행되고 있는지, ④ 결과는 어떠한지와 같이 행동을 조직화하고 동기화하는 과정들이 더 도움이 될 수 있다. 이처럼 거쳐야 할 자기지시 과정과 내용은 아동·청소년의 과제 특성 혹은 문제 특성에 따라 조정될 수 있다. 이 밖에도 훈련을 소개하는 방식이나 운영 형식, 그리고 훈련을 위한 소품이나 재료들도 내담자 특성에 맞게 치료자가 조정할 수 있다. 예를 들어, 아동을 대상으로 자기지시 훈련이

나 멈추고 생각하기 훈련을 시행할 경우 훈련을 하나의 게임 활동으로 소개하는 것은 아동의 주의, 흥미, 참여를 높이는 데 도움이 될 수 있다. 또한 아동의 자기지시 사용을 고무하는 방법으로 그림 촉진자(pictorial prompts)를 사용하는 것은 글을 모르는 아동에의 활용성을 높일 뿐 아니라 아동의 주의와 흥미를 끄는 데도 도움이 될 수 있다. 자기지시 훈련은 아동·청소년의 주의 및 충동 통제의 문제뿐 아니라 학업기술 문제의 개입에도 사용되고 있으며, 더 나아가 조현병의 괴이한 사고와 말(bizarre thoughts and speech)의 개입에도 사용되고 있다.

자기지시 혹은 멈추고 생각하기를 수행하는 과정에서 아동·청소년은 자신의 부적응적 인지·사고 패턴을 드러내 보일 수 있다. 예를 들어, 어떤 적응적 행동계획을 실천하는 과정에서 혹은 자신의 수행 결과를 평가하는 과정에서 아동이나 청소년은 자신의 능력을 과소평가하거나 수행을 왜곡하여 해석하기도 한다. 이와 같은 경우, 인지 재구조화 전략을 사용할 수 있다. 인지 재구조화 전략은 개인에 내재한 부적응적 인지·사고 패턴을 찾고 이것의 타당성을 검증함으로써 보다 적응적이고 합리적인 사고를 가능하게 하는 개입이다. 주의 및 충동 통제의 문제를 가진 아동·청소년은 주변의 부정적 피드백으로 인해 자기와 관련한 부정적 사고를 가질 확률이 높다. 이러한 사고의 일부는 사실일 수 있으나 사고 전체가 사실일 가능성은 매우 희박하다. "난 항상 이래." "난 부족한 아이야."는 과장되고 일반화된 자기평가일 가능성이 높다. "항상 실패한 것은 아니야. 이전 그때에는 잘했잖아." "집중하면 잘하잖아." "전에는 이렇게 해 본 적이 없잖아. 따라서 이번에도 실패하리라는 보장은 없어." 등의 자기진술은 보다 현실적이고 합리적인 자기말이며 사고일 수 있다. 부정적 자기말이나 사고가 어떤 행동의 수행 혹은 배운 기술의 적용을 방해하거나 부정적 자기평가를 종용할 때, 이러한 부정적 자기말이나 사고에 대한 보다 현실적이고 합리적인 자기말이나 사고를 생성해 보도록 하고 생성된 합리적 자기말이나 사고의 타당성을 행동실험을 통해 검증해 보는 전략은 따라서 유용할 수 있다.

주의 및 충동 통제의 문제를 가진 아동·청소년들을 위한 또 다른 인지행동 개입으로 자기감찰(self-monitoring) 전략이 사용되고 있다. 특히 주의 및 충동 통제의 문제를 가진 아동·청소년은 그렇지 않은 아동·청소년보다 자신의 행동, 행동의 선행사건이나 결

과에 대한 주의가 낮다는 보고가 있다. 이에 인지행동치료는 내담자로 하여금 자신의
문제와 문제 관련 요인들을 감찰하게 함으로써 문제의 본질을 파악할 수 있는 기회를
제공한다. 자기감찰은 흔히 대처기술 혹은 문제해결기술 훈련과 연합하여 사용되고 있
는데, 이들 개입에서 내담자는 자기감찰을 통해 문제 촉발 단서나 상황을 파악할 수 있
다. 문제와 관련된 촉발 단서나 상황이 감지되면 내담자는 이 상황에서 자기지시나 멈
추고 생각하기, 문제해결 전략 등의 대처기술 혹은 문제해결기술을 사용하도록 훈련받
는다. 자기감찰은 단독으로 시행되기보다는 이처럼 다른 기술훈련과 연합하여 사용되
곤 한다.

　행동 유관(behavior contingency)이나 모델링과 같은 행동 전략들도 주의 및 충동 통제
문제를 보이는 아동 · 청소년의 인지행동치료에 사용되고 있다. 행동 유관은 특정 행동
에 조건적으로 강화 혹은 처벌을 제공함으로써 유관된 행동의 발생 빈도를 증가시키거
나 감소시키는 전략이다. 강화를 받은 행동은 이후 발생할 확률이 증가하고 처벌을 받
은 행동은 이후 발생할 확률이 감소한다는 효과의 법칙에 기초하여, 나타나기를 원하는
행동은 의도적으로 강화하고 나타나지 않거나 적게 나타나기를 원하는 행동은 처벌한
다. 주의를 나타내는 행동이나 신중하게 생각하고 취한 행동에 긍정적 결과를 제공하고
부주의한 행동이나 충동적 행동에 타임아웃(time-out)이나 반응대가(response costs)와 같
은 부정적 결과를 제공한 개입이 주의 및 충동 통제 문제를 보이는 아동 · 청소년을 위
한 행동 유관 개입의 대표적 예라 하겠다. 행동 유관을 통한 개입은 개입이 이루어지는
환경 내에서 보다 조직적으로 운영될 수 있는데, 이를 '토큰 경제(token economy)'라 한
다. 단, 행동 유관 훈련이나 토큰 경제 모두 절차상 정적 강화를 먼저 소개하고 부정적
결과를 가하는 행동 전략을 나중에 소개하는 진행 순서가 요구된다. 그리고 모든 개입
에서 치료자가 명심해야 할 사항은 강화가 처벌보다 더 강력한 치료 기제라는 점이다.
따라서 처벌은 이것 아니면 달리 방법이 없을 경우에 한해, 그리고 개입의 대상이 되는
행동이 개인이나 타인에게 심각한 해를 끼치는 경우에 한해 제한적으로 사용할 필요가
있다. 보다 최근에는 처벌을 사용하여 부적응적 행동을 감소시키려 하기보다는 부적응
적 행동과 양립불가능한 행동을 강화하거나 부적응적 행동에 대안이 되는 행동들을 강
화함으로써 부적응적 행동을 우회적으로 감소시키려는 방법을 채택하고 있다. 이와 같

은 접근은 처벌의 비윤리성과 처벌의 제한적 효과를 인식한 결과로 나타난 절충안이라 하겠다. 강화, 처벌을 이용한 행동 유관 훈련은 주의나 충동 통제의 문제뿐 아니라 앞으로 소개될 분노 및 공격성의 통제에서도 중요한 치료 전략으로 사용되고 있다. 또한 강화는 거의 모든 인지행동 전략에서 전략의 효과성을 높이기 위해 사용되고 있다. 즉, 인지 재구조화 훈련 혹은 기타 대처 훈련에서 아동·청소년의 적극적인 참여에 대해 강화가 제공되고 있고, 이는 이들 훈련의 효과성을 증진시키고 있다.

모델링은 타인 행동의 관찰만으로도 학습이 가능하다는 사회학습이론에 기반한 치료 전략이다. 적절한 주의집중 행동에 대한 모델 제공 혹은 적절한 충동 통제 행동에 대한 모델 제공은 주의 및 충동 통제에 어려움을 보이는 아동·청소년들에게 새로운 행동 유형을 학습할 수 있는 기회를 제공한다. 또한 모델링은 자기지시 훈련, 멈추고 생각하기 훈련, 문제해결기술 훈련을 포함한 여러 인지행동기술 훈련에도 제공되어 기술 습득과 기술의 적절한 사용에 도움을 주기도 한다.

주의 및 충동 통제 문제를 보이는 아동·청소년을 위한 또 다른 대표적인 인지행동치료 전략은 자기평가/자기강화 훈련이다. 주의 및 충동 통제 문제를 보이는 아동·청소년은 흔히 자기 행동의 결과를 평가하는 데 그리고 남들이 평가하는 방식대로 자기 행동을 평가하는 데 어려움을 보이고 있다. 또한 이들은 자기강화를 통해 자신을 고무시키거나 동기화하는 데 유능하지 못하며, 수행 후 긍정적 자기강화를 하는 경향이 낮다. 따라서 인지행동치료는 자기평가 및 자기강화 훈련을 통해 이들의 부족한 측면을 보완하고자 시도한다. 자기평가 및 자기강화 훈련(Ervin, Bankert, & DuPaul, 1996)은 보통 네 단계를 거쳐 진행된다. 1단계에서는 먼저 개입하고자 하는 목표 행동을 선정하고 이들 행동에 대한 기저선(baseline) 자료를 수집한다. 2단계에서는 목표 행동의 발생 빈도를 외부 관찰자(교사 혹은 부모)로 하여금 모니터링하게 하고 아동이나 청소년의 행동이 일정 수준의 바람직성을 보이면 보상을 제공하는 토큰 경제를 실시한다. 여기까지는 행동 유관 훈련과 다를 바가 없다. 이를 통해 내담자는 바람직한 행동이 보상받게 됨을 학습하게 된다. 자기평가 훈련의 핵심은 3단계를 통해 본격적으로 성취된다. 3단계에서는 외부 관찰자의 내담자 행동 모니터링에 더해 내담자가 자신의 행동을 모니터링하는 과정이 첨가되며, 보상 제공에서 목표 행동이 적정 수준에 도달했을 때 보상을 제공하는 것이 아닌 외부 관찰자(교사 혹은 부모)의 평가와 내담자 자신의 평가가 일치하였을 때 보상을 제공하는 방식이 취해진다. 자기평가와 교사평가 혹은 자기평가와 부모평가가 완전히 일치하면 일치된 행동평가 점수에 더하여 보너스 점수가 부여된다. 허용할 만한 차이에 대해서는 부분 보너스 점수가 제공되고, 차이가 일정 수준 이상으로 나타나면 외부 관찰자의 평가 점수만을 점수로 인정한다. 3단계가 완수되면, 아동은 바람직한 행동을 학습하게 됨과 동시에 타인의 행동평가 준거까지 내재화시킬 수 있게 된다. 즉, 교사의 행동평가 방식대로 혹은 부모의 행동평가 방식대로 나의 행동을 평가할 수 있게되는 것이다. 3단계에서 사용되는 자기평가 카드의 예가 [그림 13-2]에 제시되어 있다. 마지막 단계인 4단계는 자기평가 및 자기강화 프로그램의 일반화를 위한 단계다. 개입

자기평가 카드

이름: _____   날짜: _____

1차 평정

| | 잘 못함 | | | | 아주 잘함 |
행동 1. 규칙 따르기   0   1   2   3   4   5

점수 _____
보너스 _____
총점 _____

2차 평정

| | 잘 못함 | | | | 아주 잘함 |
행동 2. 자리에 앉아 있기   0   1   2   3   4   5

점수 _____
보너스 _____
총점 _____

3차 평정

| | 잘 못함 | | | | 아주 잘함 |
행동 3. 조용히 과제수행하기   0   1   2   3   4   5

점수 _____
보너스 _____
총점 _____

[그림 13-2] 자기평가 카드의 예

출처: Ervin, Bankert, & DuPaul (1996).

은 영구히 지속될 수 없는 것이기 때문에 개입이 종료된 이후의 상황을 고려해야 하며, 특히 개입 종료 후 효과 지속을 위한 안배가 필요하다. 이를 위해 4단계는 행동 보상 빈도를 점차적으로 줄이거나 행동 보상을 물질적 보상에서 사회적 보상으로, 그리고 더 나아가 자기가 자기를 칭찬하고 보상하는 자기강화로 전환시킨다. 특히 보상을 외부 보상에서 자기보상으로 전환할 경우, 개입이 종결된 후에도 내담자의 자기평가 전략 사용을 동기화시켜 적절한 행동수행이라는 긍정적 효과를 유지시킬 수 있다.

그것이 분노든 불안이든 우울이든 특정 정서가 문제가 되고 정서가 개인의 문제를 심화시킬 경우, 정서교육과 정서조절 훈련은 유용한 인지행동 개입으로 치료에 포함될 수 있다. 정서교육 및 정서조절 훈련은 주의 및 충동 조절 문제뿐 아니라 다음에 설명될 분노 및 공격성 문제 그리고 그 이후에 설명될 불안이나 우울 문제와 같은 내재화 문제의 인지행동 개입에서도 공통적으로 사용되고 있다. 이는 여러 아동 · 청소년 문제에 있어 정서, 특히 부정적 정서가 문제의 중요한 부분을 차지하고 있고(정서가 문제의 핵심이기도 하고, 당면 문제의 결과로 나타나기도 하며, 당면 문제를 악화시키기는 원인으로 작용하기도 함), 부정적 정서에 대한 부적절한 대처가 당면 문제의 악화에 크게 기여하고 있기 때문이다. 게다가 아동 · 청소년은 성인에 비해 정서상태를 나타내는 신체적 · 행동적 · 정서적 · 인지적 단서의 파악에 미숙함을 드러내고 있어 이에 대한 교육이 요구된다.

정서교육 및 정서조절 훈련의 핵심은 문제시되는 정서상태에 대한 개인의 탐지 능력을 높이고 문제가 되는 정서가 탐지되었을 때 적절한 조절 및 대처 기술을 사용하도록 훈련하는 데 있다. 신체적 · 생리적 · 행동적 · 인지적 정서 관련 단서를 파악하도록 돕기 위해 정서교육은 다양하고 흥미로운 활동들을 활용하고 있다. 정서경험 시 변화하는 인체 부위를 인체도 위에 표시하기, 정서상태를 몸으로 표현해 보기, 특정 정서상태에 해당하는 얼굴을 잡지에서 오려 붙이기, 정서상태를 알아맞히는 게임을 하기 등은 정서교육에서 자주 활용되고 있는 활동들이다. 정서교육을 통해 내담자가 자기정서를 보다 잘 인식하게 되면, 그다음은 문제시되는 정서가 탐지되었을 때 어떻게 대처할 것인가의 문제를 다룬다. 즉, 정서조절 훈련이 이루어지는데, 여기서는 정서의 적절한 조절과 대처를 위한 다양한 전략들이 논의되고 연습된다. 주로 정서조절 훈련의 초반기에는 정서로 인해 각성된 신체를 이완시키는 방법이 소개되는데, 점진적 근육이완 훈련

(progressive muscle relaxation training), 복식호흡법, 명상법 등이 주로 소개되고 있다. 특히 아동의 긴장이완 훈련에서는 언어적 지시보다 심상과 연결된 활동(예: 고양이처럼 스트레칭하기, 로봇이 됐다가 헝겊인형처럼 흐물흐물해지기)의 사용이 제안되고 있는데(Drewes, 2009), 이러한 활동은 아동의 근육이완에 대한 개념 이해를 촉진시킬 수 있다. 이 외에도 앞서 소개한 인지 재구조화나 문제해결, 자기지시, 멈추고 생각하기 등의 인지행동 대처 전략들이 부정적 정서의 대처나 스트레스의 최소화를 위해 소개된다.

최근에는 컴퓨터 혹은 인터넷을 활용한(computer-or internet-based) 인지행동치료가 증가하고 있다. 컴퓨터/인터넷을 활용한 인지행동치료의 장점은 자신의 용이한 시간에 자신에 맞는 속도로 치료회기를 진행해 나갈 수 있다는 점과 즉시적 피드백의 제공으로 동기부여가 쉽다는 점에 있다. 이 외에도 훈련이 더 요구되는 부분으로 언제든 다시 돌아갈 수 있으며, 내담자 변화 추이를 모니터링하기 용이하다는 것도 장점으로 들 수 있다. 신민섭과 조성준(2008)은 주의력 향상을 위한 온라인 인지행동치료 게임을 개발하였는데, 이 게임은 아동·청소년의 주의집중력, 기억력, 행동조절력, 문제해결력, 실행기능의 향상을 목적으로 하고 있다. 프로그램은 이들 다섯 능력의 향상을 위한 모듈(module)을 포함하고 있으며, 회기당 30분씩 총 10회기로 구성되어 있다. 연구는 이 프로그램이 아동·청소년의 주의집중력과 문제해결력에 효과가 있음을 보고하고 있다(박미영, 박순말, 조성준, 신민섭, 2010).

2) 분노 및 공격성의 문제

공격적 아동은 여러 인지행동 측면에서 결함을 나타내고 있는데, ① 사회적 상황 파악에 필요한 단서들을 충분히 사용하지 못하고, ② 타인의 의도를 적대적으로 귀인하고, ③ 갈등상황에서 자신의 책임 정도를 낮게 지각하고, ④ 타인과 자신의 감정을 정확히 지각하지 못하고 특히 흥분상태를 분노라 이름 붙이는 경향이 높으며, ⑤ 문제상황에서 적절한 문제해결 방법을 생각해 내지 못하고 주로 비언어적이고 공격적인 방법으로 문제를 해결하려 한다(Dodge & Crick, 1990; Nelson, Finch, & Ghee, 2012).

아동·청소년의 분노 및 공격성 문제를 다루는 인지행동치료는 앞서 기술한 공격적인 아동과 청소년이 보이는 역기능적 인지 특성과 행동 특성에 주목한다. 말하자면, 분노 및 공격성 문제를 위한 인지행동치료는 상황을 자신에게 불리하고 부당한 것으로 왜곡 지각하는 경향, 타인의 의도를 적대적으로 귀인하는 경향, 자신의 공격성을 문제로 인식하지 못하는 경향, 신체적 각성을 분노라 오인지하는 경향, 문제해결을 위해 지나치게 공격적 행동에 의존하는 경향, 언어적 자기주장성과 언어적 협상 능력의 부족에 주목하여 이러한 인지행동 특성의 수정 및 보완을 목적으로 한다. 목표 성취를 위해 인지행동치료는 심리교육, 자기지시, 조망수용, 정서 이름 붙이기, 이완훈련, 사회적 문제해결 훈련 등 다양한 치료적 요소들을 포함시키고 있다(Lochman et al., 1981, 1999; Nelson & Finch, 1996). [그림 13-3]은 분노 및 공격성에 대한 인지행동 모델을 그림으로 나타낸 것이다.

공격적인 아동·청소년들을 위한 인지행동치료는 분노 및 공격성 문제를 설명하는 인지행동모델에 대한 심리교육(psychoeducation), 분노 각성과 관련된 신체적·정서적·행동적 단서 파악을 위한 정서교육, 분노 촉발 요인의 파악을 위한 자기감찰, 합리적 지각·귀인·해석을 위한 인지적 훈련, 그리고 대처기술 및 문제해결기술 훈련으로

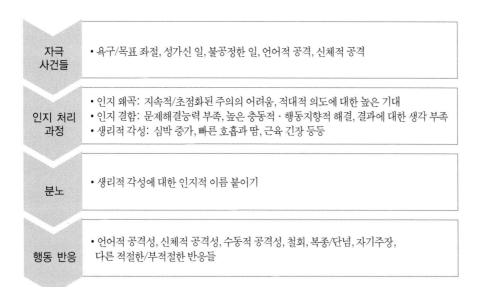

[그림 13-3] 분노 및 공격성에 대한 인지행동모델

출처: Lochman et al. (1981, 1999); Nelson & Finch (1996)에 기초함.

구성된다. 먼저 인지행동 모델에 대한 심리교육이 이루어지는데, 여기서는 분노 경험으로 이끄는 인지과정과 분노가 공격행동으로 이어지는 기제가 소개된다. 심리교육 진행 시 치료자는 아동·청소년의 발달수준을 고려할 필요가 있다. 특히 아동·청소년은 모델 이해에 어려움을 경험할 가능성이 크므로 은유/비유(metaphor)를 사용한 쉬운 설명이 요구된다. 예를 들어, 분노 촉발 상황에서 공격행동으로 이어지게 되는 과정을 폭탄 점화 및 폭발 과정으로 비유해 설명하려는 시도는 아동이나 청소년의 모델 이해를 도울 수 있다. 심리교육의 핵심은 외부 촉발 요인이 존재하더라도 이를 적대적으로 지각하거나 적대적으로 해석하지 않으면 분노로 이어지지 않는다는 점과 분노감에 대한 공격적 대처는 다른 적절한 대처 레퍼토리가 부재하거나 공격적 대처가 원하는 바를 가져다준다는 잘못된 믿음에서 기인한다는 점을 내담자에게 인지시키는 데 있다. 또한 심리교육을 통해 치료자는 내담자의 치료과정에 대한 이해를 높여야 한다. 즉, 치료자는 치료가 적대적인 지각, 귀인, 해석 패턴과 공격행동과 관련된 잘못된 신념을 수정하고 부족한 문제해결기술 및 대처기술을 보강하는 과정이라는 점을 내담자가 이해할 수 있도록 도와야 한다.

분노 및 공격성의 인지행동 모델이 소개되고 치료목표가 설정되면, 정서교육(affective training)과 자기감찰 기법을 활용한 개입이 이루어진다. 정서교육은 내담자가 자신의 정서를 보다 잘 파악하도록 돕는 과정이다. 정서교육을 통해 내담자는 다양한 정서상태들과 관련된 자신만의 독특한 신체적·정서적·행동적·사회적 반응이 무엇인지 인식하게 되고 이들 반응에 적절한 정서명을 붙일 수 있게 된다. 특히 분노 및 공격성 문제를 위한 정서교육은 분노 감정에 초점이 맞추어지며, 교육을 통해 내담자는 고조된 신체 각성이 '분노' 감정만을 대변하는 것이 아님을 깨닫게 된다. 한편, 자기감찰은 내담자로 하여금 분노 사건의 경험 정도를 파악하고 분노 및 공격성을 유발하는 내·외적 상황이나 단서를 확인하는 기회를 제공한다. 이를 위해 치료자는 먼저 자기감찰의 취지와 방법을 내담자에게 소개하며, 자기감찰 기록용지를 완성하는 연습을 내담자와 함께 한다. 자기감찰 기록용지는 어떤 상황에서 어떤 생각이 들고, 이런 생각이 얼마나 강하게 들며, 이 상황에서 느끼는 감정은 무엇이며, 감정의 강도는 어떠한지, 그리고 생각과 감정의 결과로 나타난 행동은 무엇이었는지를 기록하고 평정하도록 구성되어 있다. 내담자가 기록용지 작성에 익숙해지게 되면 자기감찰이 내담자의 주별 과제로 부가된다. 특히 감찰 과제는 분노가 경험되거나 공격적 사고 및 행동이 나타났을 때를 포착하여 기록하도록 요구되며, 다음 치료회기는 내담자의 자기감찰 과제수행 결과에 대한 논의로부터 시작된다.

정서교육과 자기감찰 훈련이 끝나면, 신체 각성 상태의 완화를 위한 이완훈련, 조망수용이나 자기말을 통한 인지과정의 수정, 문제해결을 포함한 여러 기술 훈련을 통한 문제상황의 발생 빈도 감소 및 문제상황에 대한 대처기술 증진 등이 이루어진다. 다시 말해 본격적인 개입이 이루어지기 시작하는데, 대체로 공격적인 아동·청소년들의 신체 각성을 완화시키는 개입에서 시작된다. 공격적인 아동·청소년은 비공격적인 또래들에 비해 화가 나거나 좌절되는 상황에서 더 높은 수준의 신체 각성을 경험하는 특성이 있다. 또한 이들의 신체 각성은 인지 왜곡을 촉발하고, 분노감을 증폭시키며, 문제해결력을 감소시키는 역할을 한다. 따라서 각성의 완화가 개입에서 요구되며, 인지행동치료는 신체 각성 수준을 완화시키기 위해 명상, 호흡, 점진적 근육이완과 같은 방법을 사용한다. 이완훈련의 진행에서 치료자는 내담자에게 적합하고 효과가 있는 방법을 선택할 필요가 있으며, 내담자가 어린 아동일 경우에는 긴장이완의 개념을 이해할 수 있는 절차나 지시를 사용할 필요가 있다.

조망수용 훈련도 분노 및 공격성 문제를 가진 아동·청소년의 인지행동치료에서 흔히 사용되는 전략이다. 상황을 합리적이고 이성적으로 지각·해석할 수 있도록 돕는 개입으로, 크게 두 가지 목표를 성취하고자 한다. 하나는 같은 상황에 대해 나와 다른 사람이 서로 다른 시각으로 볼 수 있고 서로 다르게 해석할 수 있음을 깨닫게 하는 것이다. 또 다른 하나는 이러한 상황에 대한 보다 현실적이고 합리적인 시각과 해석은 무엇일까에 대해 생각해 보도록 하는 것이다. 조망수용 훈련에서는 흔히 모호한 사회적 상황들이 자극물로 사용되고 있다(예: 길을 가다 같은 반 아이에게 인사를 했는데 그 친구가 무시하고 가 버리는 상황). 이는 모호한 상황이 다양한 지각이나 해석을 가능하게 하기 때문이고, 이러한 상황에서 일반 아동·청소년과 비교되는 공격적 아동·청소년들만의 특징적인 지각, 해석 성향(공격적인 지각, 해석 성향)이 나타나기 때문이다. 조망수용 훈련을 통해 공격적인 아동·청소년들은 자신의 공격적 지각이나 해석 이외에도 중립적이거나 긍정적인 지각과 해석이 가능할 수 있음을 깨닫게 된다.

　분노감 조절을 위한 또 다른 인지적 전략으로 자기말이 사용되고 있다. 어떤 자기말은 분노를 증가시키는 기능을 하는 반면, 어떤 자기말은 분노를 감소시키는 기능을 한다. 자기말을 통한 분노 조절 훈련에서는 예제를 통한, 특히 개인적 경험을 통한, 자기말의 감정에 미치는 효과를 검토하는 과정과 분노 촉발 단서가 존재하는 상황 혹은 분노가 경험되는 상황에서 분노를 감소시키는 자기말을 사용해 보는 훈련 과정이 포함된다.

　마지막으로, 분노 및 공격성 관련 문제를 위한 인지행동치료는 대처능력 및 문제해결능력을 높이기 위한 기술 훈련적 요소를 포함하고 있다. 특히 분노 및 공격성 관련 문제를 악화시킬 수 있는 요인을 제거하고 사회적 기능 수준을 높일 수 있는 기술들이 훈련되고 있다. 대표적으로 문제해결 훈련, 자기주장 훈련, 사회기술 훈련 등이 시행되고 있다. 문제해결 훈련은 앞서 주의 및 충동 통제 문제를 위한 인지행동치료에서 소개된 바 있다. 특히 분노 및 공격성을 유발할 만한 사회적 문제상황을 설정하여 이를 해결하는 체계적 단계들을 거치도록 반복 훈련시킨다. 사회적 문제해결 훈련은 문제의 파악, 중다 반응 대안들의 생성, 자신의 행동 결과에 대한 평가와 예측 능력 증대에 도움을 주는 것으로 평가되고 있으며, 최근에는 각본이나 비디오테이프를 활용하여 훈련을 진행하고 있다. 한편, 자기주장 훈련은 '수동성'과 '공격성'이라는 양극단의 행동에서 중간 지점을 찾는 훈련으로 정의되고 있다. 즉, 수동적이지 않으면서 동시에 공격적이지도 않는 대처를 가능하게 하는 전략으로, 타인의 입장을 이해하고 있다는 것을 전달하는 동시에 나 자신의 입장과 요구도 전달하는 것을 목표로 한다. 일부 사람들은 자기주장을 함에 있어 상당한 죄책감을 느끼기도 한다. 이럴 경우를 위해 자기주장 시 개인이 가진 권리가 무엇인지를 인지할 수 있도록 주장자 권리를 교육시키기도 한다.

　이 밖에도 다양한 훈련이 이루어질 수 있는데, 대표적으로 사회기술 훈련이 그것이다. 사회기술 훈련은 타인과 기능적으로 교류하고 상호작용할 수 있는 능력을 높임으로써 사회적 지지 기반을 확장하는 동시에 갈등의 요소를 미연에 제거하는 효과를 가져올 수 있다. 사회기술 훈련은 점진적인 순서로 진행된다. 초기 회기들은 사회적 상호작용의 질을 높일 수 있는 기초 요소들(예: 눈 맞춤, 목소리 톤, 비언어적 반응과 같은 요소들)의

자기주장 훈련에서 개인이 가진 권리

- 당신은 자신의 감정을 경험하고 느낄 권리가 있다.
- 당신은 어떤 일에 대해 자신의 의견을 말할 권리가 있다.
- 당신은 존경받을 권리가 있다.
- 당신은 다른 사람들에게 No라고 말하면서 죄책감을 느끼지 않을 권리가 있다.
- 당신은 시간을 가지고 천천히 생각할 권리가 있다.
- 당신은 자신의 생각을 바꿀 권리가 있다.
- 당신은 남들과 다르거나 '당신 자신'이 될 권리가 있다.
- 당신은 당신이 원하는 것을 요구할 권리가 있다.
- 당신은 실수할 권리가 있다.
- 당신은 자기 자신에 대해 좋게 느낄 권리가 있다.
- 다른 것들을 더 생각해 낼 수 있는가? _____

출처: Nelson & Finch (1996)에서 발췌.

습득에 집중한다. 이들 기술이 숙달되면, 보다 고도의 사회기술 혹은 사회기술의 병합적 사용을 훈련한다. 각 회기는 보통 오늘의 기술 요소에 대한 정의, 해당 기술의 사회적 관계에서의 필요성에 대한 논의, 기술 사용의 좋은 예와 나쁜 예의 제시, 역할극을 통한 기술의 사용 연습, 그리고 실제 활용을 위한 계획 세우기 등을 포함한다.

앞서 분노 및 공격성 문제를 가진 아동 · 청소년들을 위한 인지행동 개입에 대해 소개하였다. 분노 및 공격성 문제를 가진 내담자를 대상으로 한 이들 인지행동 개입은 흔히 부모-자녀 관계 개선과 효과적인 양육행동의 촉진을 목적으로 하는 부모훈련 프로그램들과 함께 운영되고 있다. 이들 부모 프로그램들은 부모-자녀 간 강압적 상호교환 패턴이 아동의 행동문제에 기여한다는 패터슨(Patterson)의 강압모델(coercion model; Dishion & Patterson, 1997; Patterson, 1996, 1997; Patterson & Yoerger, 1993)에 입각하여 부모-자녀 사이의 강압적 상호작용 고리를 끊는 훈육 방법과 행동 수정 전략을 교육시키고 있다. 또한 부모훈련의 구체적 개입 요소들은 공격적 아동 · 청소년의 가족을 대상으로 한 연구들로부터 나왔는데, 연구들은 공격적 아동·청소년들의 가족에서 ① 모호하고 불명확한 지시나 명령(베타 명령)의 사용, ② 아동 행동에 대한 부정확한 탐지, ③ 낮은 가족 응집성, ④ 경직되거나 혼란스러운 통제 노력, ⑤ 높은 부부 갈등, ⑥ 자녀의 잘못된 행동의 원인을 자녀의 부정적 성격으로 귀인하는 경향이 빈번하게 관찰되고 있음을 보여 주었다. 따라서 부모 프로그램들은 이러한 가족 내 역기능적 요소들의 감소와 기능적 요소들의 증가를 위한 전략들을 포함시키고 있다. 특히 가족 내 올바른 지시 내리기, 행동 관리 체계 운영, 긍정적 협상과 의사소통을 정착시킴으로써 아동·청소년의 부정적 행동의 감소와 긍정적 행동의 증가를 꾀하고 있다.

4. 아동·청소년의 내재화 문제 개입을 위한 인지행동치료

내재화 문제는 정서 및 행동의 통제가 지나쳐 야기된 문제들로(Achenbach & Edelbrock, 1983; Mash & Barkley, 2003), 우울, 불안, 사회적 위축 등의 문제를 포함한다. 특히 내재화 문제는 인지적 측면에서 결함보다는 왜곡을 특징으로 하는 문제로 이해되고 있다 (Kendall, 2012). 여기서는 대표적인 아동·청소년의 내재화 문제인 우울과 불안에 집중하여 이들 문제들에 대한 인지행동치료 접근과 전략을 소개하겠다.

1) 우울문제

내재화 문제는 문제가 겉으로 드러나기보다는 속으로 숨는 양상을 나타내며 과잉통제를 특징으로 한다. 우울은 대표적인 내재화 문제로, 우울 관련 정서·동기·행동·인지·생리적 증상들을 경험하며 이러한 증상들이 일상생활에 어려움을 초래하는 문제로 정의된다. 크고 작은 스트레스, 상실 경험, 주의력·학습·품행·불안 장애를 가지고 있는 아동·청소년에게서 우울장애의 발생 위험이 높다.

우울장애가 있는 아동·청소년은 슬프고 무기력한 기분과 즐거움의 상실을 경험하며, 수면과 체중의 문제, 과민한 기분, 주의집중의 문제, 사회적 위축, 지나친 걱정이나 불안, 신체적 고통의 호소, 낮은 자아존중감, 자살 사고 등의 문제를 보일 수 있다. 주목할 만한 사항은 발달단계에 따라 우울 증상의 표현이 조금씩 다를 수 있다는 것이다. 우울한 아동 및 어린 청소년들은 두통이나 복통과 같은 신체적 증상, 초조함, 신경질적임, 그리고 장난감이나 게임에 대한 흥미 상실을 보고하며, 분리불안장애를 나타낼 가능성도 크다(Hankin et al., 2008; Weiss & Garber, 2003). 반면, 청소년기에는 미래에 대한 절망감과 함께 반사회적 행동, 물질사용장애, 섭식장애가 더 흔하게 보고된다. 심각한 정도의 우울 증상이 2주 이상 지속되는 경우를 주요우울장애라고 하며, 주요우울장애보다는 덜 심각한 우울 증상이 1년 이상 지속되는 경우를 지속된 우울장애(persistent depressive disorder) 혹은 기분부전장애(dysthymia)라고 한다(APA, 2013). 우울장애를 가진 아동 · 청소년은 학습부진, 등교 거부, 잦은 지각 · 조퇴 · 결석, 사회관계에서의 철회 등을 보고하기도 한다.

　우울장애의 원인에 대한 몇 가지 설명이 있다. 사회환경으로부터 정적 강화를 많이 받지 못하여 나타난 현상이라는 행동주의적 설명, 우울 유발적 인지 처리 특성으로 기인한 현상이라는 인지주의적 설명, 특정 신경전달물질의 문제, 뇌의 시상하부의 장애, 내분비계 활동의 문제, 혹은 생체 리듬의 문제로 인한 현상이라는 생물학적 설명 등이 대표적이다. 행동주의적 입장은 사회환경으로부터 정적 강화가 약화되어 우울이 발생하게 되었다고 설명하고 있다. 대표적으로 레빈손, 영렌 그리고 그로스컵(Lewinsohn, Youngren, & Grosscup, 1979)은 우울장애가 정적 강화의 결핍과 혐오적 경험의 증가로 기인한다고 제안하고 있으며, 열악한 환경, 사회기술 혹은 대처능력의 부족, 긍정적 경험을 즐기는 능력의 부족, 부정적 경험에 대한 민감성 등이 긍정적 경험의 결핍과 혐오적 경험의 증가를 가져올 수 있다고 설명한다. 셀리그먼(Seligman, 1975)은 상황을 통제하지 못할 것이란 부정적 기대를 학습하기 때문에 우울이 나타난다고 주장한다. 즉, '학습된 무기력'이 우울의 원인으로 작용한다고 본 것이다. 한편, 에이브럼슨 등(Abramson et al., 2002)은 '우울유발적 귀인'이란 용어를 사용하여 우울과 관련된 인지 처리 특성을 설명하고 있다. 에이브럼슨 등에 따르면 우울한 사람들은 실패 경험에 대해 '이건 내 능력 부족 때문이야.'라는 식의 내적이고(internal), 안정적이고(stable), 전반적인(global) 귀인을 하는 반면, 성공 경험에 대해 '이 경우에만 특히 운이 좋았어.'라는 식의 외적이고

(external), 불안정적이고(unstable), 특정적인(specific) 귀인을 한다고 한다. 유사하게 벡 (Beck, 1967, 2002)과 같은 인지주의 학자는 우울장애가 부정적 사건은 확대해석하고 긍 정적 사건은 무시하며, 성공 아니면 실패라는 이분법적 사고를 가진 사람에게서 많이 발생한다고 주장하고 있다. 이런 형태의 인지적 오류는 나와 내 주변 그리고 내 미래에 대한 부정적인 신념과 사고를 가지게 만든다고 벡은 설명하고 있다.

우울문제에 대한 인지행동모델은 우울에 대한 인지모델과 행동모델 모두에 근거하 고 있다. 인지행동모델은 우울한 아동·청소년이 인지적 측면에서 부정적 기대, 귀인, 사고의 특징을 보이고, 행동적 측면에서 긍정적 생활 경험이 부족하고 부정적 생활 경 험이 많으며, 긍정적 생활 경험으로 이끌 만한 기술이 부족한 특징을 보인다고 설명한 다. 스타크 등(Stark & Kendall, 1996; Stark, Schnoebelen et al., 2005; Stark, Simpson et al., 2005) 은 이러한 입장에 입각하여 아동 우울문제를 다루는 인지행동치료를 개발하였는데, 치 료는 우울한 아동의 인지적 측면과 행동적 측면에서의 호전을 이끄는 요소들을 포함하 고 있다. 대표적으로 정서교육, 인지행동치료에 대한 심리교육, 자기감찰, 즐거운 활동 계획하기(activity scheduling), 인지 재구조화, 행동실험을 통한 자기평가 및 자기보상, 문 제해결 훈련이 포함되어 있다. 스타크와 켄달(Stark & Kendall, 1996)의 인지행동치료 프 로그램은 개인치료와 집단치료 형태 모두로 진행될 수 있다. 스타크와 켄달의 우울 아 동을 위한 인지행동치료 프로그램을 기초로 우울한 아동·청소년을 위한 인지행동치 료의 특성을 소개하면 다음과 같다.

우선 치료는 다양한 정서들에 대해 배우고 이러한 정서들을 나는 어떻게 경험하고 있 는가를 확인하는 교육에서 시작된다. 정서교육은 앞의 분노 및 공격성의 인지행동치료 에서와 유사한 방식으로 진행되나, 우울문제에 있어서는 교육의 초점이 우울 정서에 맞 춰진다. '나는 우울을 어떻게 경험하고 있는가?'라는 주제를 논하고 관련 활동을 수행 하면서 내담자는 자신의 신체적·정서적·행동적·인지적 우울 단서를 확인할 수 있 게 된다. 스타크는 자신이 개발한 우울 아동을 위한 인지행동치료 프로그램에서 우울 아동이 '감정 탐정(mood detective)'이 되기를 촉구하고 있다. 마치 감정 탐정이 된 것처 럼 자신의 신체, 생각, 행동, 감정으로부터 우울을 시사하는 단서를 탐지할 것을 촉구하 고 있다. 정서교육은 치료 초반에 중점적으로 이루어지나 치료 전반에 걸쳐 끊임없이 계속된다. 우울 정서를 탐지하는 내담자의 능력이 증가하게 되면, 치료는 정서가 어떻게 생각 및 행동과 연결되는지, 즉 서로 간의 관련성을 이해시키는 교육으로 이동한다. 이 단계에서 인지행동치료의 기본적 치료 원칙이 소개되며, 치료자는 다양한 예와 회기 내 활동을 통해 긍정적 사고는 긍정적 정서와 행동으로, 부정적 사고는 부정적 정서와 행동으로 연결될 수 있고 사고의 전환이 우울 정서 및 우울 관련 행동에 긍정적 영향을 줄 수 있다는 메시지를 전달한다. 이처럼 치료 전반기에 이루어지는 정서 및 심리교육을 통해 내담자는 우울 정서로 이끄는 상황적·인지적 단서들을 보다 잘 인식하게 되고, 이러한 인지적·상황적 단서들이 이후 훈련될 여러 인지적·행동적 대처 전략/기술들의 사용을 촉구하는 경종이 됨을 이해하게 된다. 또한 자신들의 우울문제를 다루는 인지행동 접근의 기본 목표와 원리를 이해할 수도 있게 된다.

우울문제를 가진 아동·청소년의 인지행동치료에서 핵심이 되는 개입은 우울과 관련된 부적응적인 자동적 사고, 가정, 신념들을 찾고 이를 재구성하는 개입과 스트레스 대처에 도움이 되는 여러 기술들을 훈련시키는 개입이다. 우울문제를 위한 이러한 여러 개입 전략들 중 가장 먼저 시도되는 것 중 하나가 즐거운 활동 계획하기다. 이는 내담자의 긍정적 감정 경험의 기회를 증대시키는 전략으로, 치료 초반 우울한 내담자들의 치료 동기를 높이기 위해 흔히 사용되고 있다. 즐거운 활동 계획하기 개입은 즐거움을 주는 활동을 확인하고 일상에서 이들 활동의 수행 정도를 감찰하는 활동으로부터 시작된다. 즐거운 활동이 일상에서 부족한 상태임을 내담자가 깨닫게 되면, 다음으로는 즐거운 활동을 계획하여 이를 수행하는 과제가 부여된다. 활동의 수행과 더불어 활동 수행 후 경험한 감정의 종류 및 강도, 그리고 활동의 숙달(mastery) 정도를 기록지(예: 즐거운 활동 수행 기록지)에 기입하는 것이 과제로 부여되며, 완성된 기록지는 다음 회기에 치료자와 함께 검토된다. 만약 과제수행이 순조로웠다면 치료자는 계속적으로 즐거운 활동을 계획하여 실천할 것을 내담자에게 요구하고, 만약 과제수행이 순조롭지 못했다면 치료자는 문제 진단 후 새로운 계획에 입각하여 즐거운 활동을 수행할 것을 요구하게 된다. 즐거운 활동의 계획 및 실천은 내담자의 정적 강화 경험의 증대를 가져와 결과적으로 우울문제 개선에 기여하는 것으로 알려져 있다(Cuijpers, van Straten, & Warmerdam, 2007).

또 다른 대처 전략으로 인지 재구조화 전략이 사용된다. 우울한 아동·청소년을 위한 인지행동치료의 일차 목적은 부정적으로 왜곡된 사고를 긍정적이고 현실적인 사고로 전환시키는 것이다. 이를 위해서는 먼저 우울한 아동·청소년 각각에 내재한 부정적 사고의 확인이 필요한데, 확인을 위해 부정적 감정 경험 당시 머릿속을 스친 생각이 무엇이었는지 직접적으로 질문하는 방법이 쓰이고 있다. '~을 할 때 너는 무엇을 생각하고 있었니?' 혹은 '~을 할 때 너의 머릿속을 스친 생각은 무엇이었니?' 등의 질문이 대표적이다. 우울한 아동·청소년의 부정적 사고는 '아무도 날 좋아하지 않아!' 혹은 '난 어떤 것도 제대로 할 수 없어.'와 같이 '무가치함' '사랑받을 수 없음' '부적절함'이 주된 주제를 이루고 있다(Beck, 1995). 특히 인지 재구조화 개입에서는 이러한 생각들을 '생각풍선(thought bubble)'이나 '역기능적 사고 기록지(dysfunctional thoughts record)'에 기입하도록 함으로써 부정적 인지의 존재를 확인하도록 돕고 있다. 부정적 사고가 보고되면 다음으로 부정적 사고로 인해 경험되는 정서, 생리, 행동들을 확인하는 작업이 진행되며, 이들 활동을 통해 내담자는 사고와 정서, 행동 간의 관련성을 확인할 수 있게 된다. 〈표 13-1〉은 이러한 작업을 돕는 기록지의 한 예를 보여 준다.

표 13-1 역기능적 사고 기록지의 예

날짜/시간	상황	자동적 사고	감정	적응적 반응	결과
	1. 유쾌하지 않은 감정으로 이끈 실제 사건이나 생각들은 무엇이었나? 2. 만약 있다면, 당시 당신이 경험한 유쾌하지 않은 신체적 감각은 어떤 것이었나?	1. 당신 머릿속을 스친 생각은 무엇이었나? 2. 얼마나 강하게 그 생각을 믿었는가? (0~100%)	1. 어떤 감정을 그 당시 느꼈는가? 2. 그 감정을 얼마나 강하게 느꼈는가? (0~100%)	1. 어떤 인지 왜곡을 범했는가? 2. 자동적 사고에 대해 새롭게 반응해 보시오. 3. 새롭게 생각해 낸 반응을 각각 얼마나 강하게 믿고 있는가? (0~100%)	1. 앞의 자동적 사고를 지금은 어느 정도 강하게 믿고 있는가? (0~100%) 2. 현재는 어떤 감정을 느끼고 있는가? 3. 무엇을 할 것인가?

출처: Beck (1995).

사고, 정서, 행동 간 관련성이 확인되면 본격적인 부정적 사고에 대한 인지 재구조화 개입이 시작된다. 즉, 사고에서 나타나는 인지 오류/왜곡을 찾고, 기존의 부정적이고 비합리적인 사고를 합리적인 관점에서 이해하고 사고화하는 작업이 이루어진다. 우울한 아동·청소년은 상황을 부정적으로 보는 경향이 크다. 특히 자신의 성공 경험을 축소해서 보는 반면, 실패 경험을 과장해서 보는 경향이 있으며, 하나의 실패 경험을 통해 자신을 부정적이고 무가치한 사람으로 과일반화하여 평가하기도 한다.

몇몇 인지학자들(Beck, 1995; Burns, 1980)은 우울한 사람들에게서 빈번히 관찰되는 인지 오류/왜곡을 정리하고 있는데, 이것이 〈표 13-2〉에 제시되어 있다. 〈표 13-2〉에 제시된 바와 같이 우울한 사람들은 자기 관련 사건을 부정적으로 인식하게끔 만드는 왜곡되고 비논리적인 인지적 추론 체계를 가지고 있는 것으로 보인다. 그리고 이러한 왜곡되고 오류가 있는 인지적 추론 체계는 부정적 자기 관련 사고를 생성 혹은 강화시켜, 결과적으로 우울 관련 정서, 생리, 행동을 낳거나 유지시키는 것으로 보인다. 따라서 개입은 이러한 사고 체계의 오류에 대한 개인의 인식을 높이고, 잘못된 추론으로부터 생성된 사고를 현상을 보다 정확히 대변하는 합리적 사고로 전환시키는 데 집중한다. 〈표 13-1〉에 제시된 역기능적 사고 기록지 내 '적응적 반응' 칸은 내담자가 자신의 자동적 사고 이면에 존재하는 인지 오류/왜곡을 찾는 능력과 오류적 사고를 합리적 사고로 대체시키는 능력을 향상시키기 위해 포함되었다. 또한 상황에서 긍정적인 면을 볼 수 있도록 내담자를 돕는 기능을 한다. '반밖에 남지 않았네.'라고 생각하는 사람과 '반이나 남았네.'라고 생각하는 사람은 그 느끼는 감정과 뒤따르는 행동에서 확연한 차이를 보일 수 있다. 한 광고 라인처럼 '난 잘하는 것이 하나도 없어.'라고 생각하는 대신 '난 남들보다 향상될 것들이 더 많아!'라고 생각하는 긍정적 사고가 우울 증상에 큰 호전을 가져올 수 있다.

인지 재구조화 개입은 내담자의 연령 및 발달수준에 맞추어 그 내용이나 수단을 결정할 수 있다. 앞의 역기능적 사고 기록지를 통한 인지 재구조화 작업은 청소년 혹은 성인들에게 시도되고 있는 반면, 아동들에게는 보다 쉽고 흥미 있는 활동을 통한 인지 재구조화 개입이 시도되고 있다. 대표적으로 스타크 등(Stark, Schnoebelen et al., 2005; Stark, Simpson et al., 2005)은 아동 우울증을 위한 인지행동치료 프로그램에서 '진실을 위한 추적' 활동을 포함시켜 아동의 우울 관련 사고의 재구조화를 시도하였다. 진실을 위한 추

표 13-2 인지 오류 및 왜곡의 예

인지 오류/왜곡 유형	사고 특징	사고의 예
전무율 (All-or-nothing thinking)	'전부 아니면 아무것도 아니다' 혹은 '모 아니면 도' 식의 흑백 논리로 현상을 바라봄	'100점을 못 받았으니 난 실패자야.'
과일반화 (Overgeneralization)	한 사례가 전체를 대변하는 것으로 과잉 일반화함	'봐. 쟤가 날 싫어하잖아. 난 영원히 누구에게도 사랑받을 수 없는 인간이야!'
정신적 여과(Mental filter) 터널시각(Tunnel vision)	잘못된 점에만 몰두하고 잘한 점은 무시/전체를 보는 대신 잘못한 점만 봄	'왜 난 이렇게 멍청한 짓만 하는 걸까! 정말 멍청해.'
긍정적 증거/측면 깎아내리기 (Discounting the positives)	나의 잘한 행동이나 나의 긍정적 측면이 별것 아니라는 주장	'성적은 좋았어. 어쩌다 운이 좋았던 거지. 그렇다고 이게 내가 똑똑하다는 것을 말해 주진 않아.'
마음 읽기 (Mind reading)	구체적 증거 없이, 타인이 나에 대해 부정적으로 생각하고 있을 것이라 타인의 마음을 예측	'저 아이는 내가 이상하다고 생각하고 있어.'
재앙화 (Catastrophizing)	일이 제대로 진행되지 않을 거라 임의로 예측. 특히 상황이 나에게 아주 불리하게 돌아갈 것이라 예측	'발표 때 난 완전히 죽을 쑬 거야.'
과장(Magnification)/ 축소(Minimization)	소소한 부정적 사건의 중요성을 과장/긍정적 사건의 중요성을 축소	'봐. 이 실수 때문에 F를 받았어.' '내 도움은 정말 별거 아니었어.'
정서에 기반한 추론 (Emotional reasoning)	실제적인 증거가 아닌 느끼는 기분에서 현실을 추론	"많은 일을 했는데도 불구하고 여전히 기분이 나쁜 걸 보니 아마 내가 뭔가 잘못한 거야." '바보라고 느껴지는 것을 보니 난 바보임에 틀림없어.'
'해야만 돼' 진술 ('Should' / 'Must' statement)	자신이나 타인을 '해야만 해' '하지 말아야만 해'로 비판하는 것	'난 항상 완벽해야 해!' '난 내가 아는 모두 사람에게 인정을 받아야 해!'
낙인찍기 (Labeling)	자신을 자신의 단점으로 개념화하여 낙인찍는 것	'난 바보야!' '난 실패자야!'
개인화 (Personalization)	자신이 전적으로 책임이 있지 않은 사안에도 문제의 원인이 자기 때문이라 자기를 탓하는 것	'선생님이 우리 반을 싫어하는 이유는 나 때문이야!'

출처: Beck (1995); Burns (1980).

적 활동에서 치료자는 아동 사례를 내담아동들에게 소개하는데, 예를 들어 8세 'A'양의 성격, 가족, 친구, 학교, 취미에 대한 정보를 제시하고 A양이 가진 생각들도 함께 소개한다. 인지 재구조화는 내담아동에게 A양이 가진 사고의 진실성 여부를 판단하게 함으로써 이루어지는데, 내담아동은 A양의 사고가 진실인지 거짓인지의 여부와 함께 자신의 판결에 대한 증거도 제시해야 한다. '증거가 뭐지?'라는 질문을 서로에게 주고받으며 내담아동들은 사고에 대한 합당한 근거를 탐색하는 습관을 습득하게 되며, 근거가 부족한 사고는 진실로 보기 어렵다는 사실도 함께 깨우치게 된다.

부정적·비합리적 인지 재구조화는 행동실험을 통해서도 가능하다. '난 이것도 못하는 바보야.'라는 사고는 사실일 가능성이 적다. 못하는 것이 아니라 결과에 대한 부정적 기대로 시도도 안 해 보았을 가능성이 더 크다. 따라서 치료자는 내담자로 하여금 내담자가 시도하기를 두려워하는 행동을 실제 시도해 보도록 고무한다. 이러한 행동실험의 결과는 대부분 내담자가 기대한 것만큼 부정적이지 않은 경향이 있는데, 따라서 이러한 증거를 통해 내담자가 가진 기존의 비합리적 사고를 합리적 사고로 교정할 수 있다.

아동·청소년 우울문제를 다루기 위한 또 다른 흔한 개입으로 부정적 사건 발생 비율을 낮추기 위한 기술 훈련들이 있다. 대표적으로 문제해결, 의사소통, 협상 기술이 여기에 속하는데, 이들 기술들은 내담 아동·청소년들의 추후 대인관계 갈등 및 부정적 사건 경험 비율을 낮추어 우울 감소에 기여할 수 있다. 문제해결 기술의 구성요소는 앞서 소개한 바 있어 여기서는 생략하겠다. 한편, 의사소통 기술의 기본은 경청과 긍정적인 상호작용이라 할 수 있다. 따라서 의사소통 기술 훈련은 경청과 긍정적 상호작용을 강조하는 활동들을 포함하고 있다. 특히 상호작용하고 있는 대상에게 경청을 하고 있음을 알려 주는 단서를 제공하고(예: 눈 맞춤, 고개 끄떡임, 다른 말로 표현하기, 요약하기 등), 화자의 긍정적 감정을 전달하며, 화자가 부정적 감정을 가지고 있을 시 이를 건설적인 방식으로 소통하는 법을 훈련시킨다. 획득된 의사소통 기술은 이후 협상 및 갈등 해결 기술 훈련에서도 적용된다. 협상과 갈등 해결은 문제해결 전략과 맥을 같이한다. 즉, 문제의 정의로부터 시작하여, 해결책의 브레인스토밍, 해결책의 평가, 그리고 평가에 기초한 해결방법의 선택이라는 공통의 과정을 거친다. 특히 해결방법은 서로가 합의할 수 있는 협상안을 의미하며 이를 계약서로 작성하여 실행할 것이 협상과 갈등해결 기술 훈런에서 추천되고 있다.

2) 불안문제

내재화 문제로 파악되는 또 다른 아동 · 청소년기 문제는 불안이다. 불안은 아동 · 청소년에게 상당히 흔하게 나타나는 문제로, 국내 · 외 통계 자료에 따르면 전체 아동과 청소년들의 10~21%가 불안장애를 보인다고 보고되고 있다(서울특별시, 2005; Baldwin & Dadds, 2008). 진단을 위해서는 대상이나 상황에 대한 개인의 불안반응이 비합리적이라 판단될 정도로 크거나, 불안 대상이 사라진 후에도 불안이 지속되는 특성을 보이거나, 불안으로 인해 개인의 삶이 크게 지장 받는 등의 조건이 요구된다. 현재 아동 · 청소년에게 진단 가능한 불안장애로는 분리불안장애, 범불안장애, 특정공포증, 사회불안장애, 광장공포증, 공황장애 등이 있다(APA, 2013).

아동 · 청소년기 불안장애의 높은 유병률에도 불구하고, 많은 불안장애 아동 · 청소년들은 치료를 받지 못한 채 성장한다(Baldwin & Dadds, 2008). 지속적인 불안의 경험은 아동의 학업수행이나 사회적 기능에 부정적 영향을 미친다. 또한 발달적 · 학업적으로 당연히 해야 할 일들이 이들에게는 삶의 위기로 다가와 적응의 어려움을 가중시키기도 한다. 이에 개입, 특히 조기 개입은 불안장애에 있어 무엇보다도 중요하다.

불안장애의 치료는 다양한 방식으로 진행되고 있다. 정신역동 · 행동 · 인지 · 인지행동 · 가족 치료 등 다양한 방법들이 시도되고 있다. 최근 발표된 아동 · 청소년 불안장애 치료 효과성 검토에 따르면 불안 관련 생리적 각성의 완화, 불안 유발 사고의 재구조화, 불안 관련 단서에 대한 행동 노출로 구성된 인지행동 접근이 다른 치료 접근들보다 아동 · 청소년 불안장애를 다룸에 있어 더 효과적인 것으로 나타났다(Silverman, Pina, & Viswesvaran, 2008). 따라서 여기서는 아동 · 청소년 불안장애를 다룸에 있어 효과적이라 평가받고 있는 인지행동 접근을 소개하려 한다. 특히 분리불안장애, 사회공포증, 범불안장애를 가진 아동에게 효과적이라 알려진 'Coping Cat(대처하는 고양이)' 인지행동치료 프로그램(Kendall, 1994)을 모태로 하여 아동 · 청소년 불안문제를 다루는 인지행동치료의 치료 원칙과 요소를 설명하고자 한다.

　　인지행동치료는 불안의 획득과 유지를 설명하기 위해 학습원리와 인지의 매개를 강조한다. 불안을 유발한 직접적 자극(무조건자극)은 시간적 혹은 공간적으로 근접하여 제시된 중립자극들에 불안 유발의 힘을 주게 된다. 이것이 파블로프(Pavlov)의 개 실험에서 발견된 고전적 조건형성이라는 학습원리다. 불안 유발 자극과의 연합을 통해 우리는 이전에 불안을 느끼지 않던 상황, 자극에까지 불안 반응을 보이게 된다. 불안 반응은 개인에게 혐오적인 것으로 경험되기 때문에 사람들은 불안 반응의 경험을 회피하고자 한다. 불안 유발 상황 및 자극으로부터의 회피는 불안이라는 혐오적 경험을 제거시키는 효과를 가져와 이후 개인의 회피행동을 증가시킨다. 이것이 부적 강화 (negative reinforcement)라는 조작적 조건형성의 학습원리다. 따라서 개인은 불안을 야기할 것으로 기대되는 상황이나 자극을 직면하지 않고 회피하는 경향성을 보이게 된다. 또한 불안 관련 상황이나 자극은 불안한 사고를 유발하는데, 이러한 사고는 혐오적 신체 각성을 유발하여 회피행동을 자극한다. 앞서 언급하였듯 회피행동은 불안의 감소를 가져오고, 이는 개인에게 강화로 경험되어 이후 회피행동의 빈도를 증가시키게 된다. 이상이 불안문제의 발생과 유지를 설명하는 인지행동모델이며, 이를 도식화한 것이 [그림 13-4]에 제시되어 있다.

　　불안장애를 위한 인지행동치료는 앞에서 설명한 불안문제의 인지행동적 작동원리에 입각하여 문제를 개념화하고, 또 이를 기반으로 개입을 구상하고 있다. 즉, 대상과 상황에 대한 불안한 생각을 합리적 생각으로 전환시켜 불안문제의 발전 고리를 끊으려 하거나, 혐오적 각성을 줄이는 방식으로 혐오적 각성이 회피행동으로 이어지는 고리를 약화

[그림 13-4] 불안문제의 발생과 유지에 관한 인지행동모델

시키려 한다거나, 불안 관련 상황에 개인을 노출시키고 회피를 제지시켜 상황이 개인이 생각한 만큼 큰 불안을 유발하지 않음을 확인시킴으로써 불안 생각이 비합리적임을 검증하고 회피가 아닌 직면이 불안의 실질적 감소와 연결됨을 확인시킴으로써 회피행동의 강화를 막으려 한다. 이러한 방식의 접근은 성인은 물론 아동·청소년의 불안장애 인지행동치료 개입에서 공통적으로 이루어지고 있으나, 아동·청소년의 개입에서는 아동·청소년의 제한된 인지능력, 생활환경, 삶에 대한 통제력을 고려하여 교육 방식, 노출 계획 등을 이들에 맞게 조율하고 있다.

아동의 불안장애 인지행동치료로 대표적인 것이 켄달과 헤드케(Kendall & Hedtke, 2006a, 2006b)의 'Coping Cat' 프로그램이다. 이는 분리불안장애, 사회공포증, 범불안장애를 가진 아동을 위해 개발된 인지행동치료 프로그램으로, 불안과 관련된 인지 정보처리 요소와 행동 요소(노출 과제, 긴장완화 훈련, 역할극, 연습과 보상)를 포함하고 있다. 프로그램의 목표는 ① 불안 각성의 징후들을 인지하기와 ② 이러한 징후들을 불안 관리 책략의 사용 신호로 이용하기다. 프로그램은 다음의 특징을 가지고 있다.

- 단계적 훈련 과제와 숙제들을 사용
- 역할극 포함
- 대처를 위한 모델링
- 숙제 부여 ('Show-That-I-Can' -STIC tasks)
- 정서교육
- 불안 시 나타나는 신체적 반응에 대한 지각 높이기
- 긴장이완 훈련
- 불안한 자기말의 확인과 수정
- 불안 상황을 다루는 대처능력 및 문제해결능력의 훈련
- 행동 결과에 대한 평가와 보상
- 불안 유발 상황에서 새로이 획득한 기술을 연습해 보기(상상 혹은 실제 상황에서)
- 지금까지의 활동을 담은 홍보물(commercial)을 아동이 직접 제작하기

앞에서 볼 수 있듯, 회기는 단계적 훈련 과제를 포함하고 있다. 각각의 내용은 유기적으로 연결되어 있고 하나의 기술은 다음 훈련할 기술의 초석이 되기에 숙달이 요망된다. 훈련의 효과를 높이기 위해 치료자는 배운 기술의 복습을 숙제로 부과하고 있다. 숙제라는 이름이 아동들에게 줄 부담을 고려하여, '숙제'라는 명칭 대신 'Show That I Can(STIC: 할 수 있음을 보여 줘)'이라는 명칭을 사용하고 있다. 프로그램은 크게 감정 교육, 불안 관련 신체적 단서의 파악, 긴장이완 훈련, 불안한 자기말의 확인과 수정, 대처 및 문제해결 기술 훈련, 행동 결과에 대한 평가와 보상, 실제 노출 및 기술 활용으로 구성되어 있다. 이들 과정은 머리글자를 따서 'FEAR'로 요약될 수 있는데, 각 철자의 의미는 다음과 같다.

FEAR

Feeling Frightened? (두려운 느낌이 드는가?)

Expecting bad things to happen? (나쁜 일이 일어날 것으로 기대하는가?)

Attitudes and Actions that can help? (도움이 될 수 있는 태도와 행동은?)

Results and Reward (결과와 보상)

'F' 단계는 불안 관련 신체적 단서의 파악을 위한 단계다. 이 단계 훈련을 통해 불안 관련 신체적 단서가 파악되면, 불안으로 인해 각성된 신체를 이완시키는 훈련이 뒤따른다. 신체 이완 훈련은 불안을 보다 효율적으로 다룰 수 있도록 내담아동을 진정시키는 효과가 있다. 더불어 이완 훈련을 통해 내담아동은 불안에 대처하는 방법들 중 하나를 배우게 된다. 다음으로 'E' 단계에 대한 훈련이 진행된다. 불안한 자기말(anxious self-talk)을 확인하는 훈련과 불안한 자기말에 대해 대처하는 자기말(coping self-talk)을 찾는 인지 재구조화 훈련이 이 단계에서 동시에 이루어진다. 다음으로 FEAR 훈련의 세 번째 단계인 'A' 단계의 훈련이 진행된다. 'A' 단계에서는 불안에 대처하는 대처기술과 갈등상황의 발생을 미연에 막는 문제해결 기술이 소개되고 훈련된다. FEAR 훈련의 마지막

단계인 'R' 단계에서는 제3단계에서 훈련한 기술의 적용 결과를 평가하고 자신의 노력에 대해 보상하는 방법이 소개된다. 내담아동은 이전에 시도하지 않았던 행동을 시도하고 이전에 보이지 않았던 태도를 보인 데 대해 자신을 칭찬하고 보상하도록 독려된다. 또한 'R' 단계의 훈련을 통해 내담아동은 부분적 성공도 '성공'임을 깨닫게 된다.

Coping Cat 치료의 전반기에서 FEAR 기술들이 훈련되면, Coping Cat 치료의 후반기에서는 불안 유발 상황에서 새로이 획득한 기술을 적용해 보는 훈련이 진행된다. 대체로 실제 상황에서 배운 기술을 적용하도록 요구되나 경우에 따라서는 상상 상황에서 기술 적용의 연습이 이루어지기도 한다. 먼저 불안 위계에서 하위에 위치한 상황들에서 배운 기술을 적용하는 연습이 이루어지며, 이러한 시도가 성공하면 불안 위계의 중위에 위치한 상황들 그리고 상위에 위치한 상황들로 확대 적용된다. 실제 현장으로 나가기 전, 상황이 구체적으로 정의되며 이 상황에서 거쳐야 할 단계들이 복습되고 상기된다. 실제 상황으로 나가기 전 역할극을 통해 다시 한 번 FEAR 단계와 관련한 기술들이 점검되고 연습된다. 특히 Coping Cat 프로그램은 'tag-along' 절차 사용을 특징으로 보이고 있는데, Coping Cat 프로그램에서는 레슬링에서 같은 편 선수에게 손을 터치하며 교대를 하는 것처럼 치료자가 먼저 적절한 기술 적용을 보여 주고(modeling), 그다음 내담아동에게 같은 기술을 시도해 보도록 교대를 한다. 치료 후반기를 거쳐 실제 상황에서의 기술 적용을 연습한 후, 치료는 종결을 맞는다. 종결 회기 동안 치료를 통해 이루어진 훈련들이 요약되고, 치료자와 내담아동들 간 경험이 공유되며, 내담아동들의 성취가 칭찬되고 보상된다. 특히 내담아동들은 치료과정과 자신들의 변화를 홍보하는 광고물을 만들어 보도록 요구되기도 하는데, 이러한 활동을 통해 아동들은 치료의 핵심 요소를 다시 복습하고 자신들의 노력을 되돌아보는 기회를 갖게 된다.

한편, 특정 대상이나 상황에 대한 비현실적·비합리적 공포를 특징으로 하는 공포증(phobia)의 인지행동치료에서는 모델링 치료, 체계적 둔감화 치료, 강화된 노출 치료, 습관화 기제를 이용한 지연된 노출(prolonged exposure) 등이 진행되고 있다. 모델링 치료의 효과는 두려워하는 행위를 수행하면서도 두려워하는 결과를 맞이하지 않은 모델을 관찰함으로써 이루어진다. 모델링 치료는 실제 공포 상황에서의 모델링, 상징적 공포 상황에서의 모델링, 모델의 도움으로 내담자가 노출에 부분 참여하는 유도된 참여 모델링 등의 방식으로 진행되고 있다. 한편, 체계적 둔감화 치료는 내담자가 이완된 상태에서 두려워하는 물체, 상황, 행동에 점진적으로 노출되도록 만든다. 이완 상태와 공포 상태가 양립 불가능하기 때문에, 내담자는 이전 두려워하던 대상, 상황, 행동을 공포가 아닌 이완이라는 새로운 상태와 연합하게 된다. 강화된 노출 치료는 조작적 조건형성 학습원칙을 이용한다. 내담자에게 두려워하는 활동을 하도록 유도하고 이러한 노출 행동을 강화함으로써 두려워하는 대상이나 상황에 대한 직면 행동의 발생 빈도를 높이려 한다. 한편, 지연된 노출은 장시간의 노출을 통해 교감신경계의 피로를 유발하여 결국 불안 감소의 효과(습관화)를 나타내도록 한다. 노출 행동(두려워하는 대상, 상황에 대한 직면) 뒤 불안 감소(습관화)라는 부적 강화가 나타났기 때문에, 이후 회피 행동은 감소하고 노출 행동(두려워하는 대상, 상황에 대한 직면)은 증가하게 된다.

5. 아동 · 청소년과 일하는 인지행동치료자의 역할과 고려할 점

아동 · 청소년과 일하는 인지행동치료자는 다양한 역할수행을 요구받고 있다. 먼저 인지행동치료자와 내담자 간의 관계는 흔히 치료목표 성취를 위해 공동으로 작업하는 협력자(collaborator) 혹은 치료적 동맹자(therapeutic ally)로 간주되고 있다. 특히 인지행동치료에서는 치료목표 설정으로부터 안건 수립, 회기 중 활동 결정 그리고 숙제 결정에 이르기까지 치료자와 내담자가 공동으로 작업하고 계획하는 것을 특징으로 하고 있다. 또한 인지행동치료의 수행 기반(performance-based) 특성은 내담자의 적극적인 참여 없이는 불가능하다.

이와 더불어 아동 · 청소년 인지행동치료의 대가들 중 하나인 켄달(2012)은 아동 · 청소년과 작업하는 인지행동치료자를 '코치(coach)'라 명하며, 치료자가 유능한 코치로서 활약하기를 요구하고 있다. 유능한 코치로서 기능하기 위해서 치료자는 유능한 '자문가' '진단자' '교육자'가 될 필요가 있는데, 먼저 유능한 자문가로서 치료자는 내담자에게 처방을 제시하기보다는 내담자가 스스로 자신의 문제를 이해하고 해결책을 찾을 수 있도록 자문하고 인도해야 한다. 또한 치료자는 유능한 진단자로서 내담자와 관련

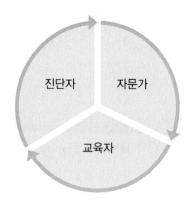

[그림 13-5] 아동과 일하는 인지행동치료자의 역할 및 자세

출처: Kendall (2012).

한 다양한 원천의 자료를 모으고 이를 종합하여 내담자 문제를 정확히 파악할 필요가 있다. 더불어 유능한 진단자는 이러한 정보를 토대로 내담자의 약점을 줄이고 강점을 최대화할 수 있는 치료 개입을 구상할 수 있다. 마지막으로 치료자는 유능한 교육자로서 기능할 필요가 있다. 유능한 교육자는 내담자의 세부적인 측면에도 깊이 관여하고, 개별 내담자의 특성에 맞게 교육을 수정하며, 경험을 통해 가르치는 특성을 보인다.

이러한 역할 이외에도 아동 · 청소년을 대상으로 작업하는 인지행동치료자는 치료를 진행함에 있어 특히 몇 가지 측면을 고려할 필요가 있다. 첫째, 치료의 다양한 측면에서 아동 및 청소년의 인지 · 정서 · 행동 발달수준을 고려할 필요가 있다. 앞서 본문에서도 강조하였듯, 치료에서 소개되는 개념이나 활동은 아동 · 청소년의 발달수준에 적합한 것이어야 하며, 개념을 소개하고 활동을 전개하는 데 사용되는 방식과 재료도 이들의 발달수준에 적합한 것이어야 한다. 둘째, 아동 · 청소년이 치료 상황에 오게 되는 경위를 이해할 필요가 있다. 아동 · 청소년은 자기결정에 의해 치료 상황에 오기보다는 외부(예: 부모, 학교 및 교사, 사법체계)의 문제 인식으로 인해 치료 상황으로 의뢰되는 경우가 대부분이다. 이러한 이유로, 내담 아동 · 청소년은 자기 문제의 심각성 인식(병식)이나 치료에 대한 동기가 상당히 낮을 수 있다. 이에 아동 · 청소년과 협력하여 작업하는 인지행동치료자들은 내담 아동 · 청소년의 낮은 동기 수준과 문제 인식 수준을 고려하여 이들의 문제에 대한 인식이나 참여 동기를 높이는 방안을 심각하게 고민해 봐야 할 것이다. 특히 내담자와의 협력과 동맹을 필수적으로 요구하는 인지행동치료에서는 내담자의 치료 참여 동기를 높이는 것이 치료 탈퇴와 치료 실패를 예방하는 길이 될 수 있으므로 이 문제에 대한 치료자의 심각한 고민과 노력이 요청된다. 셋째, 아동·청소년을 대상으로 작업하는 인지행동치료자는 아동·청소년이 속한 사회적 맥락을 고려할 필요가 있다. 자율성과 독립성이 큰 성인과는 달리, 아동·청소년은 자신이 속한 맥락(예: 가정, 학교)을 떠나 정의되기 어려운, 즉 맥락의 영향에 매우 민감한 발달적 위치에 있다. 따라서 성인과는 다르게, 맥락의 변화를 배제한 개인적 변화만을 도모한 치료는 의도한 만큼의 치료효과를 내지 못할 수 있다. 이러한 사정을 고려하여, 아동·청소년을 대상으로 하는 인지행동치료는 맥락의 변화를 유도하는 과정을 치료과정에 포함시킬 필요가 있다. 이것이 부모/교사 교육의 형태를 띠든, 부모/교사 훈련의 형태를 띠든, 아니면 부모/교사를 치료 협력자로 이용하는 형태를 띠든 간에 아동·청소년을 대상으로 하는 인지행동치료는 맥락의 변화를 도모하는 장치나 과정을 포함시켜야 할 것이다.

6. 맺음말

이 장을 통해 인지행동치료와 아동·청소년을 위한 인지행동치료의 전반적 특징을 개관하였다. 그리고 주의 및 충동 통제의 문제, 분노 및 공격성의 문제와 같은 대표적인 아동·청소년의 외현화 문제와, 우울과 불안과 같은 대표적인 아동·청소년의 내재화 문제에 대한 잘 알려진 인지행동치료 접근을 소개하고, 아동·청소년과 작업하는 인지행동치료자들의 역할과 고려점을 논의하였다. 인지행동치료는 넓은 범위의 문제를 보다 효과적으로 다루기 위해 꽤 오랜 기간을 통해 진화한 하이브리드적 성격을 지닌 치료 접근으로, 현재는 다양한 아동·청소년 문제를 다루는 데 가장 우선적으로 고려되는 치료 유형(treatment of choice)으로 자리매김하고 있다. 특히 미국심리학회(American Psychological Association: APA) 제53분과인 임상아동청소년심리분과(Society of Clinical Child and Adolescent Psychology)에서는 앞서 본문에서 소개한 학습원리에 입각한 행동치료와 부모 관리 훈련을 각각 아동·청소년의 주의 및 충동 통제 문제와 반항 및 품행 문제에 효과성이 잘 정립된(well-established) 증거기반치료(evidence-based treatment)로서 소개하고 있다. 또한 아동 · 청소년의 우울문제에 있어서는 성인의 경우와 마찬가지로 인지행동치료가 잘 정립된 증거기반치료로 추천되고 있고, 이에 해당하는 치료적 요소는 이미 본문에서 소개한 바 있다. 한편, 아동 · 청소년 불안문제에 있어서는, 현재까지 APA 기준에서의 '잘 정립된' 치료로 볼 만한 형태가 없는 것으로 확인되었다. 하지만 그 다음 구분 단계에 해당하는 '효과가 있거나(probably efficacious)' 혹은 '효과가 있는 것으로 보이는(possibly efficacious)' 범주에는 다양한 형태의 인지행동치료들이 대거 포함되어 있어, 아동 · 청소년의 불안문제를 다룸에 있어서도 인지행동치료가 타 치료 접근보다 우월한 위치에 있음을 확인할 수 있었다. 물론 이들 목록이 외국 연구들을 바탕으로 작성된 것이기는 하나, 인지행동치료는 여타의 치료 접근들보다 아동 · 청소년의 주요 문제들을 다룸에 있어 치료자들에 의해 우선적으로 고려되어야 할 치료 선택사항으로 보인다.

효과적인 인지행동치료는 유능성을 갖춘 치료자와 높게 동기화된 내담자 간에 협력적 관계가 구축된 이후에야 가능하다. 따라서 아동 · 청소년과 작업하는 인지행동치료자들은 치료장면에 의뢰된 아동 · 청소년들의 낮은 병식과 동기를 고려하여 끊임없이 이들의 병식과 동기를 높이는 방안을 탐색해야 할 것이고, 좋은 협력적 동맹관계하에서 최선의 효과를 거두도록 노력해야 할 것이다.

참고문헌

박미영, 박순말, 조성준, 신민섭(2010). ADHD 아동을 위한 컴퓨터훈련프로그램 기반 CBT 효과 검증. 한국심리학회지: 임상, 29, 639-657.

서울특별시(2005). 서울시 아동 · 청소년 정신장애 유병률 조사.

신민섭, 조성준(2008). 온라인 게임을 통한 집중력 검사와 진단, 훈련, 치료 프로그램 NEO-ATTENTION DOCTOR 개발. 중소기업청 연구과제 보고서 미발표. (주)교육지대.

홍강의, 김종흔, 신민섭, 안동현(1996). 주의산만, 과잉운동을 주호소로 소아정신과를 방문한 아동의 진단적 분류와 평가. 소아청소년 정신의학, 7(2), 190-222.

Abikoff, H. (1991). Cognitive training in ADHD children: Less to it than meets the eye. *Journal of Learning Disabilities, 24*, 205-209.

Abramson, L. Y., Alloy, L. B., Hankin, B. L., Haeffel. G. J., MacCoon, D. G., & Gibb, B. E. (2002). Cognitive vulnerability-Stress models of depression in a self-regulatory and psychobiological context. In I. H. Gotlib & C. L. Hammen (Eds.), *Handbook of depression* (pp. 268-294). New York: Guilford Press.

Achenbach, T. M. (1991). *Manual for the Child Behavior Checklist/4-18 and 1991 profile.* Burlington: University of Vermont, Department of Psychiatry.

Achenbach, T. M. (1995). "Behavior problems in 5-to 11-year-old children from low-income families": Of norms and cutoffs[Comment]. *Journal of the American Academy of Child & Adolescent Psychiatry, 34*, 536-537.

Achenbach, T. M., & Edelbrock, C. S. (1978). The classification of child psychopathology: A review and analysis of empirical efforts. *Psychological Bulletin, 85*, 1275-1301.

Achenbach, T. M., & Edelbrock, C. S. (1983). *Manual for the Child Behavior Checklist and Revised Child Behavior Profile.* Burlington: University of Vermont, Department of Psychiatry.

American Psychiatric Association (2013). *Diagnostic and statistical manual of mental disorders* (5th ed.). Washington, DC: Author.

Baldwin, J. S., & Dadds, M. R. (2008). Anxiety disorders. In D. Reitman (Ed.), *Handbook of psychological assessment, case conceptualization, and treatment, Vol, 2: Children and adolescents.* Hokoken, NJ: John Wiley & Sons.

Beck, A. T. (1967). *Depression: Clinical, experimental and theoretical aspects.* New York: Harper & Row.

Beck, A. T. (2002). Cognitive models of depression. In R. L. Leahy & E. T. Dowd (Eds.), *Clinical advances in cognitive psychotherapy: Theory and application* (pp. 29-61). New York: Springer.

Beck, J. S. (1995). *Cognitive therapy: Basics and beyond.* New York: Guilford Press.

Burns, D. D. (1980). *Feeling good: The new mood therapy.* New York: William Morrow and Company.

Cuijpers, P., van Straten, A., & Warmerdam, L. (2007). Behavioral activation treatments of depression: A meta-analysis. *Clinical Psychology Review, 27,* 318-326.

Dishion, T. J., & Patterson, G. R. (1997). The timing and severity of antisocial behavior: Three hypotheses within an ecological framework. In D. M. Stoff, J. Breiling, & J. D. Maser (Eds.), *Handbook of antisocial behavior* (pp. 205-217). Hoboken, NJ: John Wiley and Sons, Inc.

Dodge, K. A., & Crick, N. R. (1990). Social information-processing bases of aggressive behavior in children. *Personality and Social Psychology Bulletin, 16,* 8-22.

Drewes, A. A. (2009). *Blending play therapy with cognitive behavioral therapy: Evidence-based and other effective treatments and techniques.* New York: Wiley.

Ervin, R. A., Bankert, C. L., & DuPaul, G. J. (1996). Treatment of attention-deficit/hyperactivity disorder. In M. A. Reinecke, F. M. Dattilio, & A. Freeman (Eds.), *Cognitive therapy with children and adolescents* (pp. 38-61). New York: Guilford Press.

Hankin, B. L., Grant, K. E., Cheeley, C., Wetter, E., Farahmand, F. K., & Westerholm, R. I. (2008). Depressive disorders. In D. Reitman (Ed.), *Handbook of psychological assessment, case conceptualization, and treatment, Vol. 2: Children and adolescents.* Hoboken, NJ: John Wiley & Sons.

Hinshaw, S. P. (1992). Externalizing behavior problems and academic underachievement in childhood and adolescence: Causal relationships and underlying mechanisms. *Psychological Bulletin, 111,* 127-155.

Kendall, P. C. (1994). Treating anxiety disorders in children: Results of a randomized clinical trial. *Journal of Consulting and Clinical Psychology, 62,* 100-110.

Kendall, P. C. (2012). Guiding theory for therapy with children and adolescents. In P. C. Kendall (Ed.), *Child and adolescent therapy: Cognitive-behavioral procedures* (pp. 3-26). New York: Guilford Press.

Kendall, P. C., & Hedtke, K. (2006a). *Cognitive-behavioral therapy for anxious children: Therapist manual* (3th ed.). Ardmore, PA: Workbook Publishing.

Kendall, P. C., & Hedtke, K. (2006b). *Coping Cat workbook* (2nd ed.). Ardmore, PA: Workbook Publishing.

Kimball, W., Nelson, W. M., & Politano, P. M. (1993). The role of developmental variables in cognitive-behavioral interventions with children. In A. J. Finch, W. M. Nelson, & E. S. Ott

(Eds.), *Cognitive-behavioral procedures with children and adolescents: A practical guide.* Boston: Allyn and Bacon.

Lewinsohn, P. M., Youngren, M. A., & Grosscup, S. J. (1979). Reinforcement and depression. In R. A. Depue (Ed.), *The psychobiology of the depressive disorders.* New York: Academic Press.

Lochman, J. E., Fitzgerald, D. P., & Whidby, J. M. (1999). Anger management with aggressive children. In C. Schaefer (Ed.), *Short-term psychotherapy groups for children* (pp. 301-349). Northvale, NJ: Jason Aronson.

Lochman, J. E., Nelson, W. M., III, & Sims, J. P. (1981). A cognitive-behavioral program for use with aggressive children. *Journal of Clinical Child Psychology, 10,* 146-148.

Mahoney, M. J., & Arnkoff, D. B. (1978). Cognitive and self-control therapies. In S. L. Garfield & A. E. Bergin (Eds.), *Handbook of psychotherapy and behavior change* (pp. 689-722). New York: Wiley.

Mash, E. J., & Barkley, R. A. (2003). *Childhood psychopathology* (2nd ed.). New York: Guilford Press.

McCulloch, A., Wiggins, R. D., Joshi, H. E., & Sachdev, D. (2000). Internalizing and externalizing children's behaviour problems in Britain and the U.S.: Relationships to family resources. *Children & Society, 14,* 368-383.

Meichenbaum, D., & Goodman, J. (1971). Training impulsive children to talk to themselves: A means of developing self-control. *Journal of Abnormal Psychology, 77,* 115-126.

Nelson, W. M., III, & Finch, A. J., Jr. (1996). *"Keeping your cool": The anger management workbook* (Parts 1 and 2). Ardmore, PA: Workbook Publishing.

Nelson, W. M., III, Finch, A. J., Jr., & Ghee, C. (2012). Anger management with children and adolescents. In P. C. Kendall (Ed.), *Child and adolescent therapy: Cognitive-behavioral procedures* (pp. 92-142). New York: Guilford Press.

Norcross, J. C., & Prochaska, J. O. (1988). A study of eclectic (and integrative) views revisited. *Professional Psychology: Research and Practice, 19,* 170-174.

Patterson, G. R. (1996). Some characteristics of a developmental theory for early-onset delinquency. In M. F. Lenzenweger & J. J. Haugaard (Eds.), *Frontiers of developmental psychpathology* (pp. 81-124). New York: Oxford University Press.

Patterson, G. R. (1997). Performance models for parenting: A social interactional perspective. In J. E. Grusec & L. Kuczynski (Eds.), *Parenting and children's internalization of values: A handbook of contemporary theory* (pp. 193-226). Hoboken, NJ: John Wiley and Sons, Inc.

Patterson, G. R., & Yoerger, K. (1993). Developmental models for delinquent behavior. In S. Hodgins (Ed.), *Mental disorder and crime* (pp. 140-172). Thousand Oaks, CA: Sage Publication.

Prochaska, J. O., & Norcross, J. C. (1999). *Systems of psychotherapy.* Pacific Grove, CA: Brooks/Cole Publishing Company.

Seligman, M. E. P. (1975). *Helplessness.* San Francisco: Freeman.

Silverman, W. K., Pina, A. A., & Viswesvaran, C. (2008). Evidence-based psychosocial treatments for phobic and anxiety disorders in children and adolescents: A review and meta-analyses. *Journal of Clinical Child & Adolescent Psychology, 37,* 105-130.

Spiegler, M. D., & Guevremont, D. C. (2010). *Contemporary behavior therapy* (5th ed.). Belmont, CA: Wadsworth.

Stark, K. D., & Kendall, P. C. (1996). *Treating depressed children: Therapist manual for "ACTION."* Ardmore, PA: Workbooks Publishing.

Stark, K. D., Schnoebelen, S., Simpson, J., Hargrave, J., Molnar, J., & Glenn, R. (2005). *Treating depressed children: Therapist manual for ACTION.* Ardmore, PA: Workbooks Publishing.

Stark, K. D., Simpson, J., Schnoebelen, S., Glenn, R., Hargrave, J., & Molnar, J. (2005). *ACTION workbook.* Ardmore, PA: Workbooks Publishing.

Weiss, B., & Garber, J. (2003). Developmental differences in the phenomenology of depression. *Development and Psychopathology, 15,* 403-430.

Weisz, J. R. (2004). *Psychotherapy for children and adolescents: Evidence-based treatments and case examples.* New York: Cambridge University Press.

제 *14* 장
정신의학적 치료

권용실

| 들어가는 글 |

아동기 정신병리에 대한 치료는 생물학적·심리학적·사회적 원인을 기반으로 다양한 영역의 개입을 필요로 한다. 이 장에서는 생물학적 치료로서 가장 중요한 아동기 정신약물치료를 일반 원칙, 발달 특성을 고려한 약물 기전과 처방기준 및 주요 정신약물의 특성과 적응증을 중심으로 기술하였다. 그리고 집중 의학치료에 해당하는 입원치료와 기숙치료 각각의 개념과 치료목표, 치료내용 및 우리나라 치료기관 현황 등에 대하여 아동기 특성을 기반으로 살펴보았다.

제14장
정신의학적 치료

1. 약물치료

최근 신경생물학의 발달은 정신질환의 생물학적 병태생리 규명과 정신약물의 기전을 입증하는 데 많은 기여를 해 오고 있다. 1937년에 공격적이고 산만한 정서행동 문제가 있는 아동에게 암페타민(amphetamine)이 치료효과가 있었다는 초창기 연구발표가 있었으나, 약물치료 연구는 대부분 성인을 중심으로 이루어져 왔다. 1980년부터 정신질환의 약물치료가 성인뿐만 아니라 아동의 치료에서도 중요성이 강조되면서 약물의 사용 빈도가 급격히 늘어나게 되었고, 이에 따라 정신약물을 처방할 때 치료효과와 안전성의 근거를 입증하는 사용 승인 절차를 통과하도록 국가별 법적 근거가 마련되었다. 아동을 대상으로 하는 약물 연구는 진행하는 데 현실적인 제한이 많아, 성인에 비하여 약물치료 연구가 충분하지 않은 실정이다. 미국 등 서구 국가들은 치료 약물 적응증의 질환 범위를 규정하는 기준과 승인 절차를 현실적으로 조정하기 위하여, 정책적으로 국가주도 연구를 주도함으로써(Sadock & Sadock, 2007) 아동기 주요 정신질환에 대한 약물치료 기준지침들을 제시해 오고 있다(AACAP, 2009; Vitiello, 2007). 아동기 정신병리는 심리사회적 원인이 차지하는 비중이 크고, 초기에 증상을 명확한 진단으로 구분하기 어려운 경우에는 경과를 관찰하면서 평가하는 경우가 많다. 그러므로 심리사회적 원인에 따른 치료를 먼저 시행하거나 약물치료와 심리치료를 병행하는 것을 권장하고 있다. 이 장에서는 아동기 특성을 고려한 약물학적 특성과 대표적인 정신약물의 임상 적용을 중점으로 기술하였다.

1) 아동기 정신약물학

정신약물학은 약물의 흡수, 분포, 대사, 배설 과정 및 이에 관여하는 체내 기관들과 대사 특성에 관한 이론을 말한다. 아동은 성인의 단순한 축소판이 아니므로 아동에게 적절한 약물용량, 제형, 복용방법 및 치료효과 예측 등을 결정하여 치료하려면 약물작용과 관련된 신체기관들이 아동의 발달시기에 따라 어떠한 특성이 있는지 파악해야 한다. 아동기 정신약물학은 성인에 비하여 연구가 충분하지 않으며, 약물역동학과 정신약물이 장차 아동의 뇌발달에 영향을 미치는지 여부 등 향후 밝혀져야 할 부분이 많다.

(1) 약력학

약력학(pharmacokinetics)은 약물이 체내에서 흡수, 분포, 대사와 배설되는 생물학적 과정을 설명하는 이론이다. 약력학은 개인에 적합한 용량과 복용방법, 작용부위에서 약물이 치료농도에 충분히 도달하는지 여부, 약물효과가 나타나고 지속되는 시간 등을 결정하는 데 중요한 정보를 제공해 준다. 아동은 성장시기에 따라 복용약물의 흡수, 분포 및 대사과정이 다르므로 이를 고려하여 치료약물을 결정한다.

■ 흡수

약물 흡수과정은 투여경로에 따라 차이가 있다. 주사제의 경우 약물이 처방용량이 신속하고 정확하게 흡수되므로 경구투여보다 약물용량에 따른 약리작용을 잘 추정할 수 있다. 경구제는 소화기관을 통하여 흡수되므로 위액의 산도(pH)와 위장의 운동속도 등 체내 경로에 영향을 받는다. 아동기의 약물 흡수과정은 성인과 큰 차이가 없다고 알려져 있다(Osterheld, Shader, & Martin, 2007).

■ 분포

흡수된 약물이 혈액이나 여러 조직(tissue)에 분포되는 과정은 조직의 혈류 및 혈압, 약물의 혈관투과성, 약물의 혈액과 조직결합력, 능동적 결합과정, 조직과 혈액의 농도 차이 등 다양한 체내 과정에 영향을 받는다. 그중에서 체내 지방조직과 수분, 혈장 내 단백질이 약물의 분포에 중요하다고 알려져 있다. 정신약물은 지방친화성(lipophilic)이 대부분이므로 체내 지방조직 차이에 따라 약물분포가 달라진다. 체내 지방비율은 생후 1년이 가장 높고 청소년기와 초기 성인기에 이르기까지 감소하다가 이후 점차 증가하는 특징이 있으므로, 아동은 성인보다 지방조직의 약물 저장비율이 낮다. 체내 수분량은 생애 초기에 세포외 수분(extracellular water) 비율이 높고 연령이 증가하면서 점차 줄어든다. 따라서 리튬과 같은 수용성 약물은 성인에 비해 혈장 내 약물농도가 낮게 나타날 수 있다. 혈장 내 단백질은 신생아와 영아에서 감소되어 있으나 아동은 성인과 큰 차이가 없어 약물분포에 미치는 정도가 크지 않다(Benedetti & Baltes, 2003; Kerns et al., 2003).

■ 대사

약물이 대사효소에 의해 체내에서 작용가능한 형태나 배설되기 쉬운 형태로 변화하는 과정이다. 간에서 대사과정을 거치는 정신약물은 간의 크기와 대사효소 활성화 정도에 많은 영향을 받는다. 간 대사효소 중 시토크롬(cytochrome P450: CYP)이 주로 관여한다. 아동은 체중을 기준으로 하여 간의 크기가 성인보다 크고 대사효소 활성도가 높으므로, 체중 기준으로 같은 용량에 대하여 성인보다 혈중 약물농도가 낮아질 것이다. 그러므로 아동의 치료용량을 정할 때, 소량부터 천천히 권장용량까지 충분히 증량하면서 치료효과를 평가하는 것이 좋다.

■ 배설

약물은 대부분 신장을 통하여 배설된다. 신장기능은 2~3세에 성인과 비슷한 기능에 도달하므로 연령에 따른 영향은 별로 없다. 한편, 아동기에 사구체 여과율(glomerular filtration rate)과 요세관 분비(tubular secretion)가 활발하여 약물 청소율(clearance)이 높고 반감기 단축에 관여한다는 보고가 있다(Anker, 2010).

(2) 약동학

약동학(pharmacodynamics)은 약물이 목표 신체부위와 조직에서 치료효과를 나타내는 과정을 말한다. 정신약물은 혈액뇌관문(blood-brain-barrier)을 통과하여 중추신경계에서 작용한다. 정신약물이 작용하는 주요 중추신경전달물질로는 도파민(dopamine), 노르에피네프린(norepinephrine), 세로토닌(serotonin), 가바(gamma amino butyric acid: GABA), 글루타민산염(glutamate), 오피오이드(opioid), 아세틸콜린(acetylcholine) 등이 있고, 치료약물은 신경세포가 서로 접하는 시냅스(synapse)에서 활성도와 기능변화를 유도함으로써 효과를 나타낸다(Tosyali & Greenhill, 1998). 중추신경계의 신경생화학적 기전과 정보전달과정은 매우 복잡하여 이에 작용하는 약물의 치료기전이 밝혀지고 있으나 충분히 입증된 단계는 아니다. 아동의 발달에 따른 약동학적 특징은 잘 알려져 있지 않다.

(3) 약물 간 상호작용

여러 종류의 약물을 복용하는 경우 약물 간 상호작용이 일어나 혈중농도가 증가하거나 감소할 수 있으며, 이 과정에 CYP가 주로 작용한다고 알려져 있다. 치료약물을 여러 가지 병용하고 있거나 일반의약품, 건강보조식품, 한약 등을 사용하는 경우 약물 간 상호작용을 고려해야 한다.

2) 약물치료의 심리적 반응

약물치료의 심리적 반응은 아동의 정서 및 인지 발달 상태, 심리사회적 환경 등 다양한 요인들의 영향을 받을 것이다. 약물 처방경로와 복용방법을 선택할 때 심리역동을 살펴보는 것은 아동을 이해하고 약물치료 순응도를 높이는 데 중요하다. 질병과 자신을 분리하여 생각하는 인지발달이 아직 획득되지 않은 아동은 치료제가 증상을 조절하는 것이 아니라 자신을 다른 사람으로 변화시키는 것이라고 받아들여, 치료 자체를 싫어하거나 반대로 치료에 비현실적이고 과도한 기대를 할 것이다. 제형, 모양, 색깔, 크기 등 약제의 물리적 특성이 어린 아동에서는 특별한 상징적 의미를 줄 수 있다. 예를 들어, 액상형은 자신보다 더 어린 아동으로서 돌봄을 받는다는 느낌을 주어 약을 복용하는 동안 어리광이 늘어나고, 통증을 유발하는 주사제는 자신의 나쁜 행동에 대한 처벌로 받아들이거나, 약이 크고 복용하는 숫자가 늘어날수록 병이 더 심각하다고 불안해할 수 있는 경우다(Pruett, Shashank, & Martin, 2011).

3) 약물치료의 일반적 지침

일반적으로 아동의 정신의학 치료는 약물치료에 앞서 심리사회적 치료 접근을 발달에 맞게 시행하도록 권고하고 있다. 아동기는 심리행동 문제에 대한 일차적 진단이 확정되더라도 우울, 불안 등의 정서 증상이 흔하게 동반되며, 환경으로 인한 스트레스가 증상 유발에 결정적 요인으로 나타나는 경우가 빈번하므로, 이러한 심리사회적 요인들을 평가하고 해결하는 치료가 중요하기 때문이다. 또한 치료방법을 결정할 때 질환의 원인과 유발요인을 종합적으로 평가하고 여러 치료방법의 선택가능성 등을 신중하게 고려한다(송동호, 2005). 미국 소아청소년 정신의학회(American Academy of Child and Adolescent Psychiatry: AACAP)는 아동기 약물치료 원칙에서 포괄적인 평가와 치료계획 수립 과정을 중요하게 다루고 있다(〈표 14-1〉 참조).

표 14-1 아동 · 청소년 약물치료의 일반 원칙

1. 약물치료를 시작하기 전에 정신의학적 평가를 완료하여야 한다.
2. 약물치료를 시작하기 전에 의학병력을 조사하고 필요한 평가를 시행한다.
3. 담당의사는 다른 전문가들로부터 아동에 관한 부가적인 정보를 교환하고 약물의 효과와 부작용을 지속적으로 관찰할 수 있는 기반을 조성한다.
4. 가장 타당성 있는 근거에 따라 심리사회적 치료와 약물치료 계획을 세운다.
5. 아동을 장 · 단기적으로 추적관찰할 수 있는 치료계획을 세운다.
6. 적절한 추적관찰이 어려운 아동의 치료계획은 더 신중하게 주의를 기울여야 한다.
7. 담당의사는 아동과 보호자에게 진단 결과, 치료 및 추적관찰 계획을 알려 주어야 한다.
8. 약물치료를 시작할 때와 치료기간 중에 중요한 결정을 해야 하는 시점에 아동과 보호자에게 서면동의를 받아야 한다.
9. 약물치료 계획과 그 외 선택할 수 있는 치료방법의 장단점을 설명하고, 결정된 치료방법에 동의를 얻어야 한다.
10. 약물은 적절한 용량을 충분한 기간 사용한다.
11. 약물치료에 기대하는 치료반응이 나타나지 않으면 아동의 증상을 재평가한다.
12. 두 가지 이상 약물을 사용하는 병합치료를 할 경우에는 명확한 근거가 있어야 한다.
13. 약물치료를 중단해야 할 경우에도 구체적인 계획이 필요하다.

출처: AACAP(2009)에서 발췌하여 국내 실정에 맞게 수정하였음.

4) 약물치료의 과정

(1) 진단평가와 라포형성

아동의 초기평가는 진단을 내리는 것 외에도 발병 관련 요인, 심리사회적 기능변화, 아동의 강점 및 환경자원 등을 종합하여 치료목표를 수립하는 과정을 포함한다(Carandang, Kratochvil, Scahill, & Martin, 2011). 이를 위하여 아동의 병력, 가족력, 정신상태 검사 및 심리검사 등 체계적인 의학적 및 정신의학적 평가를 한다. 이때 아동과 직접 면담을 통한 평가가 중요하지만 부모, 가족 및 교사에게 얻는 아동에 관한 정보도 중요한 자료를 제공한다. 그 외 임상척도, 구조화된 평가척도, 전산프로그램을 이용한 검사 등을 활용한다. 평가면담에서 아동이 겪은 심리적 어려움을 공감해 주고 해결방법을 같이 찾아보는 치료자의 지지적인 태도는 긍정적인 라포(rapport)를 형성하고 향후 치료를 안정적으로 유지하는 데 도움이 된다.

(2) 일반의학적 평가

약물치료를 시작하기에 앞서 기본적인 신체 이학적 검사와 검사실 검사를 시행하여 질환과 관련 있는 기질적인 요인을 확인하고 약물치료 과정에서 발생할 수 있는 부작용을 파악하기 위한 기초자료를 얻는다. 키, 몸무게, 혈압, 맥박, 호흡수, 체온, 혈액화학검사, 소변검사, 갑상선기능검사, 심전도, 뇌파검사 등이 포함되나, 모든 검사를 반드시 시행할 필요는 없으며 아동의 건강상태와 처방약물의 종류에 따라 필요한 검사를 선택한다.

(3) 심리교육

심리교육(psycho-education)은 아동과 보호자에게 진단평가 결과, 질환의 특징, 치료 및 예후 등에 대한 객관적인 정보를 설명하고 교육하는 것을 말한다. 아동에게도 연령에 맞게 이해할 수 있도록 설명해 준다. 약물치료가 필요한 경우에는 약물 부작용과 장기간 약물치료가 자녀의 발달에 부정적인 영향을 줄 것을 염려하는 보호자 마음을 공감해 주고 아동과 보호자가 적극적으로 치료에 참여하도록 격려한다. 정신질환에 대한 부정적인 사회인식과 정신약물에 관한 잘못된 정보 등으로 치료를 결정하지 못하고, 적절한 치료시기를 놓치는 경우가 종종 있다. 특히 아동의 치료에서 이러한 예는 더 빈번하게 나타나므로, 정신질환에 대한 부정적인 인식을 개선시키는 교육이 충분하게 병행되어야 한다.

(4) 치료목표 설정

치료목표를 정할 때 치료결과에 대한 기대가 아동, 보호자 및 치료자와 각각 어느 정도 일치하는지 확인한다. 치료목표에 대한 충분한 논의를 거친 후 약물치료 효과 및 한계를 설명하고 치료동의를 얻어야, 아동과 보호자가 치료과정에 적극적으로 참여하고 증상변화에 관한 정기적인 평가를 순조롭게 시행할 수 있다(Stroeh & Trivedi, 2012). 치료목표는 주의력결핍 과잉행동장애(Attention Deficit/Hyperactivity disorder: ADHD)와 우울증같이 핵심 증상을 완화하는 데 중점을 두는 경우가 있고, 인지발달 지연과 자폐스펙트럼장애에 동반하는 공격성, 자해행동과 정서 증상을 감소시키고 적응기능 개선을 목표로 정하는 경우가 있어 아동의 질환에 따라 다양하다.

(5) 약물의 선택

치료약물은 아동의 연령, 질환, 증상 특성에 따라 선택하게 되며, 그 외 약물의 부작용, 이전 약물치료 반응, 약물효과에 대한 가족력, 처방의사의 치료경험 등을 포괄적으로 검토하여 결정한다(송동호, 2005). 현재까지 아동의 치료에 적응증을 얻은 정신약물

표 14-2 아동 · 청소년에 사용 승인된 정신약물(2013년 기준)

약물		적응질환	FDA 승인연령	KFDA 승인연령
ADHD 치료제	메틸페니데이트 (methylphenidate)	ADHD	6세 이상	6세 이상
	덱스트로암페타민 (dextroamphetamine)	ADHD	3세 이상	국내에 없음
	아토목세틴 (atomoxetine)	ADHD	6세 이상	6세 이상

항우울제	에스시탈로프람 (excitalopram)	우울증	12세 이상	18세 이상
	플루옥세틴 (fluoxetine)	우울증 강박증	8세 이상 7세 이상	18세 이상
	플루복사민 (fluvoxamine)	강박증	8세 이상	아동 · 청소년 강박증 (연령 언급 없음)
	서트랄린 (sertraline)	강박증	6세 이상	6세 이상
	이미프라민 (imipramine)	유뇨증	6세 이상	6세 이상
	클로미프라민 (clomipramine)	강박증	10세 이상	18세 이상
항정신병약물	할로페리돌 (haloperidol)	조현병, 양극성장애, 뚜렛장애		14세 이상
	피모자이드 (pimozide)	뚜렛장애	12세 이상	아동 · 청소년 언급 없음
	리스페리돈 (risperidone)	자폐증의 이자극성, 공격성, 자해행동 등	5~16세	5세 이상 행동장애
		조현병	13세 이상	
		양극성장애 1형 조증삽화, 혼재성삽화	10세 이상	
	올란자핀 (olanzapine)	조현병	13세 이상	18세 이상
		양극성장애 1형 조증 삽화, 혼재성 삽화	13세 이상	
	아리피프라졸 (aripiprazole)	조현병	13세 이상	13~17세 조현병 10~17세 양극성장애 6~17세 자폐장애의 자극과민증 6~18세 뚜렛장애
		양극성장애 1형 조증 삽화, 혼재성 삽화	10세 이상	
		자폐증의 자극과민증	6세 이상	
	쿼티아핀 (quetiapine)	조현병	13세 이상	18세 이상
		양극성장애 1형, 조증 삽화	10세 이상	
기분조절제	리튬 (lithium)	양극성장애	12세 이상	아동에서 안전성 확보 되지 않음(치료적 이 득이 위험성을 상회할 경우 사용)

출처: 미국 식품의약품안전청 홈페이지(http://www.accessdata.fda.gov); 한국 식품의학품안전처 홈페이지 (http://www.mfds.go.kr)

은 종류가 많지 않으므로 약물을 결정할 때 성인에게 효과가 입증된 약물을 근거로 하거나, 표준화된 치료권고와 의학적 소견을 바탕으로 가장 적절한 약물을 선택한다(조수철, 김봉년, 양영희, 2012; Laughren, 2003).

(6) 치료약물의 유지

약물에 따라 제시된 치료용량을 기준으로, 저용량부터 천천히 증량하면서 치료효과가 나타나고 부작용을 최소화할 수 있는 용량을 아동치료에 적합한 용량으로 결정한다. 위약(placebo)을 포함한 모든 약물은 부작용이 나타날 가능성이 있다. 부작용은 약물의 약리학적 특성에 따른 것이므로 부작용이라고 하기보다 원치 않는 효과라고 하는 것이 더 적절한 표현이다. 예를 들면, 약물에 의한 졸림은 수면장애 환자에서는 부작용보다 부가적인 효과를 얻을 수 있다. 부작용은 보통 약물용량과 상관관계가 있지만, 소량에 부작용이 생기거나, 약물을 증량하는 치료 초기에 나타나지 않고 일정 기간 치료를 유지하는 동안에 나타나는 경우 등이 있으므로 여러 가지 상황을 항상 염두에 두고 평가한다.

약물을 적정용량으로 충분한 기간 사용하였음에도 불구하고 증상호전이 없고 치료효과보다 부작용이 더 문제가 되는 경우에는 약물 변경을 고려한다. 이때에는 현재 복용하는 약물과 다른 작용 특성의 계통으로 선택하는 것이 좋으며, 같은 성분이지만 제형이 다른 약물로 변경하거나 현재의 약물을 유지하면서 다른 약물을 병합하는 방법을 고려할 수 있다.

(7) 약물치료 종결

치료는 가능한 한 최소한의 기간에 약물을 처방하는 것이 원칙이다. ADHD와 같이 청소년기와 성인기에도 증상이 지속되는 질환들은 증상변화와 기능상태를 관찰하면서 치료기간을 정해야 하므로 약물복용 기간을 일원화하여 예측하기는 어렵다. 치료 종결 시기는 증상이 안정적으로 완화되는 기간이 1년 정도 유지되는 시점을 기준으로 증상을 관찰하면서 약물 감량을 시작한다. 양극성장애처럼 재발가능성이 높은 질환은 증상이 잘 조절되더라도 장기간 유지치료를 고려한다. 약물치료를 종결할 때 반감기가 길고 장기간 복용하는 정신약물은 수 주에 걸쳐서 서서히 감량하고 중단하여야 금단증상을 예방하고 약물 감량으로 인한 증상 악화를 관찰할 수 있다.

5) 정신약물 각론

(1) 정신자극제

■ 약물의 특성

정신자극제(psychostimulants)는 메틸페니데이트(methylphenidate)가 대표적이다. 덱스트로암페타민(dextroamphetamine)과 페몰린(pemoline) 등이 있으나 국내에서는 사용되지 않는다. 메틸페니데이트는 도파민 운반체(dopamine transporter)에 작용하여 도파민의 재흡수를 차단하고 신경접합부위에서 도파민 농도를 증가시키는 약리학적 기전을 가지고 있다. 그 외에도 노르에피네프린의 재흡수를 일부 차단하여 세포외 농도를 증가시킨다고 알려져 있다.

■ 용법과 부작용

정신자극제는 수십 년 전부터 ADHD 일차 선택 치료제로 가장 많이 처방되어 왔고, 그동안 많은 효과와 약물 특성 연구들을 통하여 ADHD 3대 핵심 증상인 주의산만, 과잉행동, 충동성에 뚜렷한 개선을 나타내는 것이 입증되었다(Greenhill, 2002). ADHD 외에도 기면증(Mitler & Hajdukovic, 1990)과 신체질환이 있는 노년기 우울증(Wallace, Kofoed, & West, 1995) 등에 사용된다.

메틸페니데이트는 반감기가 짧은 특성으로 인하여 속효성(immediate release)인 페니드(penid)의 약물효과가 4시간 정도밖에 지속되지 않아 하루에 2~3회 복용해야 하는 불편함이 있었다. 최근에는 작용시간이 8~12시간으로 늘어난 서방형(slow release)인 메타데이트(metadate CD), 콘서타(concerta), 메디키넷(medikinet) 등이 개발되어 아동의 활동시간에 따라 하루에 1~2회 복용으로도 치료효과를 유지하게 되었다.

정신자극제 부작용은 주로 약물치료 초반기에 나타나고 시간이 지날수록 점차 줄어들어 보통은 특별한 치료 없이 해결되지만 간혹 부작용이 지속될 때에는 약물을 감량하거나 다른 계열의 약물로 변경한다. 부작용으로는 식욕저하가 빈번하고, 불면, 두통, 복통, 졸림, 불안, 어지럼증 등이 발생할 수 있다. 식욕저하는 약물 작용시간에 영향을 받으므로 혈중농도가 높은 정오 전후에 가장 두드러지고, 약물효과가 감소하거나 거의 없는 아침과 늦은 저녁 시간에는 식욕이 회복되기 때문에 아동의 식사시간을 조정하거나 간식으로 보충해 준다. 수면장애는 약물효과에 의하여 평소보다 한두 시간 잠이 늦게 드는 입면장애로 나타나는데, 평소 아동의 수면패턴을 확인한 후 약물에 의한 것이면 가능한 한 아침 일찍 약을 복용하여 취침시간에 영향을 덜 받도록 한다. 치료용량을 줄이거나 작용시간이 짧은 제형으로 변경하거나 필요에 따라 수면 개선약물을 추가할 수 있다. 정신자극제가 틱증상을 악화시킬 수 있고, 일부 아동에게는 틱증상이 새로 나타나는 경우가 있다. 그렇지만 장기적으로 정신자극제가 틱장애의 발생빈도를 높이지 않으므로(유희정 외, 2007) 틱장애가 공존할 경우라도 필요하다면 정신자극제를 처방한다. 뇌전증, 심장질환이 있는 아동은 신체상태를 관찰하면서 처방한다.

치료약물 복용기간은 아동의 증상 경과에 따라 결정되므로 정해진 기준은 없으나, 보통 2~3년 이상 유지하는 경우가 많다. 이에 따라 수년간 약물복용이 아동의 성장 발달에 부정적인 영향을 줄 것이라는 우려가 있어 왔다. 정신자극제의 영향에 관한 연구들은 아직 일치된 결론은 없으나, 복용 초기 2~3년간 성장속도의 지연이 약간 있을 수 있고, 성인기에 이르렀을 때 키와 체중에 미치는 영향은 유의하지 않다는 것이 지배적인 의견이다(Faraone et al., 2008; Gittelman-Klein et al., 1988; Manuzza et al., 1991). 그렇지만 매년 정기적으로 키와 체중을 측정하여 성장곡선이 1년에 10퍼센타일 이상 저하가 있으면 성장에 영향이 있는 것이므로, 약물을 감량하거나 다른 계열 치료제를 고려하는 것이 좋다(유희정 외, 2007). 정신자극제가 중추신경계 발달에 영향을 주는지에 대한 자료는 거의 없다.

정신자극제 복용시기는 학령기가 대부분을 차지하지만, 최근에는 학령전기 아동에서 약물 복용 빈도가 늘어나고 있어, 어린 연령에서 치료효과에 대한 우려가 있어 왔다. 미국국립정신보건원(The National Institute of Mental Health: NIMH)에서 3~5.5세 ADHD 아동을 대상으로 메틸페니데이트 효과와 안전성을 확인하기 위한 PATS(Preschool ADHD Treatment Study) 임상연구 결과, 학령전기 아동에서 치료효과가 있음을 입증하였다

(Greenhill et al., 2006). 한편, 감정폭발, 식욕부진, 수면장애, 자극민감성, 울음 등 부작용이 빈번하게 나타날 수 있으므로 학령전기 아동에서는 가능한 한 소량으로 시작하여 천천히 증량할 것을 권고하였다.

(2) 비정신자극제

■ 약물의 특성

ADHD 치료제인 아토목세틴(atomoxetine)은 노르에피네프린의 재흡수를 억제하여 세포외 농도를 증가시키는 작용기전이 있는 비정신자극제(non-stimulant)다. ADHD 증상에 대한 치료효과는 정신자극제에 비해 약간 낮은 편이지만, 약물남용 위험이 없고, 틱장애를 동반하는 아동에 사용할 때 틱증상을 악화시키지 않으며, 불안장애를 동반한 ADHD 아동에 효과적으로 사용할 수 있는 장점이 있다(Geller et al., 2007).

■ 용법과 부작용

아토목세틴은 복용 후 1주부터 시작하여 6주경이 되어야 충분한 효과가 나타나므로 정신자극제에 비하여 치료효과를 판정하는 기간이 길다(Michelson et al., 2002). 약물 지속시간이 길어 1일 1~2회 오후나 저녁에 투약이 가능하고, 체중 1kg당 0.5~1.4mg 범위에서 처방한다. 부작용은 심하지 않으나 구역감, 구토, 식욕저하, 어지러움 등이 보고되었다.

(3) 항우울제

■ 약물의 특성

항우울제(antidepressants)는 각각 여러 신경전달체계에 작용하는 다양한 기전의 약물들이 포함되어 있다. 1950년대 초기에 개발된 삼환계 항우울제(tricyclic antidepressant: TCA)와 1980년 이후 현재 사용빈도가 가장 많은 선택적 세로토닌 재흡수 억제제(selective serotonin reuptake inhibitor: SSRI)가 대표적이고, 그 외 부프로피온(bupropion), 벤라팍신(venlafaxine), 미르타자핀(mirtazapine), 트라조돈(trazodone) 등이 있다.

SSRI는 주로 세로토닌에 선택적으로 작용하여 효과를 나타내며, 플루옥세틴(fluo-xetine), 서트랄린(sertraline), 플루복사민(fluvoxamine), 파록세틴(paroxetine), 시탈로프람(citalopram) 및 에스시탈로프람(escitalopram)이 있다. TCA는 아미트립틸린(amitriptyline), 노르트리프틸린(nortriptyline), 이미프라민(imipramine), 클로미프라민(clomipramine) 등이 있다. 약리학적으로 세로토닌과 노르에피네프린의 재흡수를 억제함으로써 우울증 개선 효과를 나타내고 항콜린, 항히스타민 작용 등이 나타난다. 벤라팍신, 부프로피온, 미르타자핀의 약물들은 각각 다양한 기전을 통해 카테콜아민계에 작용한다.

■ 용법과 부작용

항우울제는 주요우울장애와 강박증, 공황장애, 범불안장애, 분리불안장애, 사회불안장애, 외상후 스트레스장애, 식이장애 등 다양한 질환의 치료제로 승인되었다. 그 외에도 야뇨증, 지적장애와 자폐장애의 자해행동, ADHD의 치료제로 사용된다.

SSRI는 아동기 우울증과 불안장애 치료에 가장 많이 사용되고 있으며, 심각한 부작용 없이 잘 유지된다. 각 SSRI 항우울제 권고용량은 플루옥세틴 20mg/day, 서트랄린 50~200mg/day, 플루복사민 50~200mg/day, 파록세틴 10~30mg/day, 에스시탈로프람 20~40mg/day(Scahill, Oesterheld, & Martin, 2007)으로, 이를 기준으로 각 아동에 맞게 정한다.

SSRI 부작용은 좌불안석, 수면장애, 충동성, 행동 탈억제의 행동활성(behavioral activation) 증상과 오심, 구토, 설사 등 위장장애가 있다. 성기능 저하는 사춘기 이전 아동에서 뚜렷하지 않다. 파록세틴, 서트랄린, 플루복사민은 반감기가 짧은 특성이 있어 갑자기 복용을 중단하면 감기 증상(flu-like syndrome)과 유사한 어지러움, 오심, 구토, 피로감, 근육통, 기분변화가 나타날 수 있으므로 천천히 감량해야 한다(Black et al., 2000).

TCA 중 클로미프라민은 강박증의 이차 치료제로, 이미프라민은 유뇨증에 사용되어 왔다. 최근 들어, 치료효과와 부작용 면에서 TCA보다 안전한 항우울제들이 개발되고 있으며, 심장전도속도 저하 같은 TCA 부작용에 대한 우려로 인하여 아동기 TCA 사용이 많이 감소하였다. 입마름, 진정, 식욕부진, 변비 같은 TCA의 항콜린성 부작용은 성인보다 적은 편이다. TCA를 복용하기 전에 심혈관계 부작용을 고려하여 심전도 평가를 시행하여야 한다.

■ 아동의 치료에 고려할 사항

SSRI를 처방받는 아동·청소년의 자살위험성이 증가할 수 있다는 우려가 제기되어, 2004년 이후 미국 및 해외 여러 국가는 SSRI 약물설명서에 18세 이하 연령에서 자살사고와 자살행동이 늘어날 수 있다는 경고문(black box warning)을 포함하도록 의무사항을 정하였다. SSRI 복용 초기에는 자극민감성과 자살사고 증가 여부가 나타나는지 잘 관찰하고, 아동과 보호자에게 이러한 사항에 관한 정보를 제공하여야 한다. 그렇지만 SSRI와 자살위험성 증가가 직접 관련이 있는지는 여전히 논란이 있다. 현재까지 연구들은 SSRI 사용이 자살사고 혹은 자살행동 증가와 연관이 있으나(Hammad, Laughren, & Racoosin, 2006; Posner et al., 2007), 이는 자살행동으로 직접 나타나는 것이 아니라 약물치료 초기에 자살사고가 증가하는 경향을 말하는 것이며, 실제로 자살을 시도하는 예는 매우 드물다는 의견이 우세하다. 오히려 항우울제 SSRI 처방이 증가하여, 청소년 우울증 치료율이 개선되었고 우울증에 의한 청소년 자살률이 감소하는 긍정적 결과(Bridge et al., 2007; Olfson et al., 2003)을 고려하여야 하며, SSRI가 실제 자살률을 높이는지는 앞으로 밝혀야 할 과제다.

(4) 항정신병약물

■ 약물의 특성

항정신병약물(antipsychotics)은 개발된 시기와 약리학적 특성에 따라 1세대 또는 정형(typical) 항정신병약물과 2세대 또는 비정형(atypical) 항정신병약물로 분류한다. 정형 항정신병약물로는 할로페리돌(haloperidol), 클로르프로마진(chlorpromazine), 피모자이드(pimozide) 등이 있는데, 주로 도파민 D2 수용체를 차단하여 치료효과를 나타낸다. 비정형 항정신병약물에는 리스페리돈(risperidone), 올란자핀(olanzapine), 클로자핀(clozapine), 쿼티아핀(quetiapine), 아리피프라졸(aripiprazole), 아미설프라이드(amisulpride)가 있으며 도파민과 세로토닌에 대한 길항작용이 약리학적 주 특성이다. 비정형 항정신병약물은 정형 항정신병약물에 비하여 치료효과가 우수하고 추체외로계 및 기타 부작용이 적게 나타나는 장점이 있어서 약물치료 순응도와 치료율을 높이는 데 기여하였다(Vitiello et al., 2009). 이에 따라 최근에는 비정형 항정신병약물 사용이 대부분을 차지한다.

■ 용법과 부작용

항정신병약물은 아동기 조현병, 양극성장애, 자폐증 및 기타 발달장애에서 나타나는 행동장애, 공격성 및 틱장애에 사용되며, 강박증의 보조요법 등 다양한 증상 치료에 쓰인다. 항정신병약물을 선택할 때 졸림, 추체외로 증상, 금단운동이상증(withdrawal dyskinesia), 프로락틴 이상(prolactin abnormality), 체중증가, 대사이상의 부작용 발생가능성을 신중하게 고려하고, 아동과 보호자에게 약물효과와 부작용 정보를 알려 주어야 부작용이 발생할 때 적절한 조처와 약물치료에 대한 부정적인 인식을 예방할 수 있다. 예를 들면, 치료 초기에 간혹 발생하는 급성 근긴장 이상증(acute dystonia)은 약물 감량과 항파킨슨 약물로 쉽게 개선할 수 있으므로 심각한 문제가 아니지만, 이러한 부작용의 가능성을 사전에 모르고 있었다면, 당황하여 불필요한 검사를 하거나 약물치료 전반에 불신을 가질 것이다. 대사이상(abnormal metabolism) 등 장기적인 약물복용으로 나타날 수 있는 부작용을 줄이기 위하여 평소 건강한 생활습관을 유지하도록 교육한다. 또한 성장발달이 정상범위에 있는지 정기적으로 평가하며 약물 치료기간이 불필요하게 늘어나지 않도록 증상평가와 약물치료 종결시기를 항상 염두에 두어야 한다. 권고용량은 리스페리돈 0.25~4mg/day, 올란자핀 2.5~10mg/day, 쿼티아핀 100~600mg/day, 아리피프라졸 5~40mg/day, 지프라시돈 40~160mg/day, 할로페리돌 0.5~10mg/day 및 피모지아드 1~4mg/day이며(Scahill, Oesterheld, & Martin, 2007), 아동의 연령, 체중 및 증상 정도 등을 고려하여 용량을 정한다.

(5) 기분조절제

■ 약물의 특성

기분조절제(mood stabilizers)는 조울증 치료제로 최초로 개발된 리튬을 비롯하여 발프로에이트(valproate), 카바마제핀(carbamazepine) 등이 있다. 그 외 경련치료제이면서 최근에 기분조절 효과가 입증된 라모트리진(lamotrigine), 토피라메이트(topiramate) 및 가바펜틴(gabapentine) 등이 해당된다.

리튬은 중추신경계의 세로토닌, 노르에피네프린, 도파민과 같은 신경전달체계에 작용하며, 신경세포 내의 신호전달체계에 관여하여 신경전달물질에 대한 세포막 반응을 저하시키는 기전을 가지고 있다. 발프로에이트는 GABA A 수용체에서 신경세포막의 흥분도를 감소시켜 경련증상과 기분증상에 치료효과를 나타낸다. 그 외 항경련제 약물들의 기분조절에 대한 치료기전은 아직 충분히 확립되지 않았다.

■ 용법과 부작용

기분조절제는 양극성장애의 조증삽화와 우울증상에 적응증이 있고, 아동의 행동장애 및 기타 조절되지 않는 공격행동에 치료효과가 있다. 기분조절제 각각의 임상 적용을 살펴보면, 양극성장애의 급성 조증상태에서 리튬과 발프로에이트가 효과적이고, 급속 순환성 장애와 혼재성 삽화에는 발프로에이트가 우선적으로 사용된다. 라모트리진은 양극성장애의 우울삽화에 효과가 있다고 알려져 있다. 카바마제핀과 토피라메이트 등은 아동에서 기분조절 효과가 아직 입증되지 않았다.

기분조절제는 치료효과를 나타내는 적정 혈중농도 범위가 제시되어 있다. 리튬은 혈중농도가 0.6~1.1mEq/L, 발프로에이트 50~125ug/mL 및 카바마제핀 8~12ug/mL 등 각각의 권장기준이 있으므로 치료범위를 초과하여 부작용이 나타나지 않도록 정기적으로 혈중농도를 측정한다(Scahill, Oesterheld, & Martin, 2007). 리튬의 혈중농도가 치료용량보다 높으면 구역, 구토, 어눌한 발음이 나타나고, 심하면 경련, 혼수상태 및 사망과 같은 심각한 신경학적 증상이 나타나므로 혈중농도를 증가시킬 수 있는 탈수와 과도한 염분섭취를 조심하고 약물관리 교육을 한다. 리튬의 부작용은 구역, 설사, 복부 불편감, 졸림, 손 떨림, 체중증가, 소변과다 및 여드름 등이고, 6세 이하 아동에서 신경학적 부작용이 잘 발생한다. 리튬을 장기간 복용할 때 신장기능 변화, 갑상선호르몬의 감소 및 심전도 변화가 나타날 수 있으므로 약물복용 초기 및 3~6개월 간격으로 정기적인 신장, 체중, 갑상선자극호르몬, 신장기능 평가를 권고하고 있다. 발프로에이트는 비교적 안전하고 내성이 좋은 편이다. 흔한 부작용은 오심, 구토, 식욕증가, 체중증가, 졸림, 혈소판 감소증, 한시적 탈모 등이 있고, 드물게 췌장염과 간독성이 일어날 수 있어 투여 전에 간과 췌장 질환을 평가해야 한다. 토피라메이트는 체중감소를 일으켜 리튬이나 발프로에이트로 인한 체중증가가 있을 때 같이 사용하기도 하지만, 소아에서 안전성과 효능이 입증된 바는 없다.

(6) 항불안제

■ 약물의 특성

항불안제(anxiolytics)는 벤조디아제핀(benzodiazepine) 계열의 로라제팜(lorazepam), 클로나제팜(clonazepam), 알프라졸람(alprazolam), 디아제팜(diazepam) 등과 비정형 항불안제인 부스피론(buspirone)이 있다. 벤조디아제핀계 약물은 GABA A 수용체에 작용하여 신경세포의 흥분성을 억제시키는 역할을 한다. 부스피론은 세로토닌 수용체에 작용하므로 벤조디아제핀 약물에서 나타날 수 있는 의존 및 금단의 위험이 없는 장점이 있다.

■ 용법과 부작용

아동에서 벤조디아제핀계의 항불안 효과에 대한 임상연구 결과는 적은 편이지만, 불안증상, 심한 초조, 수면장애 등에 효과적으로 사용하는 경우가 많다(Witek et al., 2005). 항불안제들의 불안 개선 효과는 서로 차이가 없으나, 약물 역가(potency)와 약물 작용시간은 약제별로 다르다. 치료용량은 로라제팜 0.5~6mg/day, 클로나제팜 0.25~3mg/day, 알프라졸람 0.25~4mg/day 및 디아제팜 0.1~0.3mg/kg/day이 권장된다(Scahill, Oesterheld, & Martin, 2007). 디아제팜은 생후 6개월 이상에서 사용가능하며, 긴 반감기로 인하여 불안증 치료에는 잘 사용하지 않는다. 부스피론은 불안증 외에도 지적장애와 자폐장애 아동의 자극민감성과 불안에 효과가 있다고 알려졌으나 아직 근거가 충분하지 않다. 보통 15~60mg 범위에서 사용하고, 치료효과는 빠르게 효과가 나타나는 벤조디아제핀계와 다르게 적절용량에 도달한 후 1~2주에 나타난다.

모든 벤조디아제핀계 약물은 졸림, 탈억제 반응으로 인한 급성 흥분, 초조, 혼돈 등이 나타날 수 있다. 또한 장기간 복용할 때 약물남용과 의존의 가능성이 있고, 약물을 갑자기 중단하는 경우 금단증상이 발생할 수 있다.

(7) 기타 약물

■ 베타차단제(β-blocker)
프로프라놀롤(propranolol)이 대표적인 약제로, 원래 고혈압 치료제로 개발되었지만 최근에는 불안증, 리튬에 의한 진전, 공격성, 정좌불능증에 주로 사용한다. 약물로 인하여 저혈압과 서맥이 나타날 수 있어 혈압과 맥박을 정기적으로 측정하도록 하며, 치료용량은 10~120mg 범위다.

■ 알파 2 아드레날린 수용체 호현제(Alpha 2-adrenergic receptor agonists)
클로니딘(clonidine)과 구안파신(guanfacine)이 해당된다. 클로니딘은 ADHD, 틱장애와 발달장애의 자극민감성 및 공격행동 치료에 효과가 있다. 특히 정신자극제와 항우울제에 반응이 없고, 만성 틱장애가 같이 나타나는 ADHD 아동에 사용한다. 구안파신은 ADHD의 치료제에 포함되지만 아직 국내에서 사용되지 않는다.

클로니딘 용량은 0.025~0.4mg/day 범위이고, 치료효과가 나타나기까지 수 주일간 기다려야 하는 단점이 있다. 부작용은 저혈압과 치료 초반에 졸리는 증상이 나타날 수 있다. 졸음이 심하면 처음에는 저녁과 취침 전에 처방하고 서서히 증량하도록 권장된다.

2. 입원치료

정신병동 입원치료를 해야 하는 경우는 집중적인 치료환경(therapeutic milieu) 개입이 필요할 정도로 심각한 심리행동 문제에 대해 평가와 치료를 요할 때, 유해한 환경으로부터 아동을 치료적으로 보호가 필요할 때 등이다. 입원치료 목표는 아동에게 물리적·심리적 안전(safety)을 제공하고, 포괄적인 치료 접근을 통하여 치료와 회복을 돕는 데 있다. 한편, 독립성이 충분히 발달되지 않은 아동으로서는 익숙한 환경과 가족으로부터 분리되어 낯선 병동에서 지내야 하는 상황으로 인하여 다양한 심리반응을 나타낼 수 있고, 이러한 경험이 아동의 발달에 영향을 줄 수 있다. 보호자와의 사이에서 장기간 고압적인(coercive) 관계와 갈등이 있어 왔던 아동은 입원치료를 가족으로부터 버림받는 것으로 받아들일 수 있다(Blader & Foley, 2007).

1) 아동기 입원치료의 배경과 개념

역사적으로 아동기 정신질환에 대한 인식이 확립되지 않았던 19세기경에는 아동을 위한 독립적인 치료기관이 없어서 아동은 성인과 같은 치료시설에서 지냈다. 산업혁명과 도시화로 가정의 보호를 받지 못하고 행동문제를 나타내는 아동·청소년이 많아지면서, 고아원과 보호시설이 이들을 교육 선도하는 부분적인 입원치료 기능을 담당하였고, 1940년대에 이르러서야 유럽과 미국을 중심으로 전문적인 정신의학 개념을 기반으로 하는 입원치료가 발달하기 시작하였다. 당시에는 외현화 장애, 정신병, 경계성 정신장애가 주요 치료대상이었다.

입원병동에서 시행하는 치료 내용과 전략들은 통상적으로 정신의학 치료방법의 발달과 각 국가 정신보건 정책의 방향에 영향을 받아 왔다. 이를 살펴보면, 1940~50년대는 정신역동 심리치료가 강조되었고, 1960년대는 가족치료와 환경요법, 이후에는 약물치료가 입원치료에 차지하는 중요성이 늘어나면서 이러한 기법들이 입원치료에 포함되었다. 그 외에도 부모교육, 사회학습이론 기반의 행동 수정 요법들이 아동의 치료 전략에 포함되어 있다. 1980년 이후부터 정신약물의 발전으로 치료율이 늘어나면서, 그동안 입원치료를 받던 환자들이 지역사회에서 통원치료를 받는 숫자가 증가하였다. 이에 따라 아동의 치료에도 장기간 입원치료보다 심각한 증상이 있는 경우에 위기개입과 단기 입원치료 전략을 적용하는 것이 일반화되었다(Blader & Foley, 2007).

우리나라는 1985년 서울대학교 병원에 소아·청소년 병동이 처음 개설된 이후 현재까지 낮병원 및 병원학교 등 여러 형태의 치료병동이 늘어나고 있다. 그러나 국가적으로 아직 아동을 위한 전문 입원병동은 매우 부족한 실정이다.

2) 입원치료의 적응증과 기대효과

입원치료 아동의 질환은 우울 및 불안 증상, 자살위험, 공격성, 가족문제가 가장 많다 (Petti, 2010). 최근 들어 양극성장애 입원이 급격히 증가하는 반면, 조현병은 감소하는 경 향이 있다(Meagher et al., 2013). 학령전 아동은 발달장애 등으로 포괄적인 치료계획을 수 립해야 하거나, 사고 및 학대 피해 같은 응급상황을 제외하고는 드문 편이다.

아동 · 청소년의 입원치료 기준은 ① 사고, 행동과 정동의 양상이 매우 비합리적이 고 기괴하여 외래치료가 불가능할 때, 또는 자해나 타해의 위험이 있을 때, ② 일반적 인 사회통념에 의한 것이 아닌 정신과적인 장애의 정도를 고려할 때, 사회적으로 용납 될 수 없는 행동이 있을 때, ③ 복잡하고 다양한 정신과적 문제가 있어서 평가와 치료를 통합한 지속적인 관찰이 필요하여 외래치료에서는 이를 시행하기 어려울 때, ④ 가족 간의 상호관계가 가정생활을 왜곡시켜서 지속적이고 점진적으로 아동의 발달과정을 방해할 때, ⑤ 외래에서 시행할 수 없는 특별한 평가나 치료를 위하여 필요할 때, ⑥ 섭식 장애, 조절되지 않는 심한 천식 또는 자살시도를 한 우울증과 같이 생명에 위협을 주는 질환의 치료를 위하여 필요할 때 등이 있다(Hersov & Bentovin, 1985: 강경미, 2005에서 재 인용).

3) 아동의 발달과 입원치료 특성

(1) 학교교육 체계 연계

입원치료 기간 학교교육을 받지 못하는 아동에게 이를 보완할 교육을 제공함으로써 퇴원 후 학교복귀와 또래관계를 유지하도록 돕는 것은 매우 중요하다. 또한 입원기간이 수개월 이상 지속되어 휴학이 불가피한 경우를 제외하고, 증상이 심하지 않고 급성위기 등으로 단기간 입원치료를 받는 경우에는 퇴원 후 빨리 일상생활과 학교로 복귀하도록 도와주는 것이 또래친구와 관계를 유지하고 사회적 위축을 예방하는 데 필요하다.

아동이 질환으로 중장기간 입원치료를 해야 할 때, 학교과정에 준하는 교육을 받을 권리가 법적으로 보장된다(Petti, 2010). 우리나라는 3개월 이상 장기입원이나 통원치료로 학교교육을 받지 못하는 학생을 위한 병원 내 파견학급 형태의 병원학교 제도를 시행하고 있다(「장애인 등에 대한 특수교육법」 시행령 제10조 관련 별표 제9호 건강장애를 지닌 특수교육대상자). 이에 따라 의료기관에 30여 개 병원학교가 설립되어 초등학생 1일 1시간, 중고생 1일 2시간 이상을 적정 수업시수로 정하여 교육을 하고 있다. 그렇지만 병원학교는 대부분 암이나 만성 내과계 질환이 있는 학생이 주로 참석하고 있는데, 정신병동 입원 아동은 폐쇄병동 치료가 필요한 증상의 특성이 있을때 함께 수업을 참여하기 어렵고, 간혹 정신병동 입원 사실을 알리고 싶지 않은 아동과 보호자의 인식으로 인하여 참여가 저조한 실정이다. 지역 교육청 협약을 통하여 정신병동에 독립적인 병원학교가 개설된 의료기관이 있지만 아직은 숫자와 운영체계가 미비한 단계다.

(2) 격리와 신체강박

아동의 치료는 가능한 한 덜 제한적인 병동치료 체계를 유지하는 것이 원칙이지만, 공격적이고 파괴적인 행동이 심한 경우는 증상 조절과 안전을 먼저 확보하기 위하여 격리나 신체강박(mechanical restraint)을 할 수 있다. 이와 같은 침투적 치료방법은 먼저 단계적 행동제한 기법과 정신약물 조정을 충분하게 적용한 다음 시행하는 것이 좋으며, 아동에게 미칠 심리적 영향을 고려하면서 명확한 적용기준 근거에 따라야 한다.

(3) 가족면회와 가족의 역할 강화

아동은 입원치료 기간 중 특별한 경우를 제외하고 보통 가족의 면회 제한은 없는 편이다. 가족 면회시간을 조정하거나 일정 기간 면회가 제한되어야 할 때에는 아동과 보호자에게 충분히 치료적 근거를 설명하고 동의를 얻는다. 아동의 회복을 돕는 데 가족의 역할은 굳이 강조할 필요가 없을 정도로 중요하다. 가족은 입원치료를 받고 있는 아동의 치료에 핵심적인 보호요인 역할을 하지만 간혹 위험요인으로 작용할 가능성이 있으므로, 치료자는 가족의 기능이 어떤지 파악하고 가족의 심리적 강점을 강화하도록 상담과 부모양육 훈련 등을 병행한다(Tse, 2006).

4) 치료환경과 병동치료의 유형

입원치료의 목표는 다학제 치료팀이 포괄적인 심리사회적 치료 전략을 통하여 최적의 환경요법(milieu therapy)을 제공함으로써 아동의 치료와 회복을 돕는 데 있다. 이를 위하여 안전 확립과 구조화된 병동환경을 확보하는 것이 가장 중요한 선행조건에 속한다. 페티(Petti, 2010)는 성공적인 치료환경을 ① 환자 및 치료진 모두에 안전한 환경, ② 치료계획 수립과 치료과정에서 가족과 환자의 협력, ③ 가족의 참여, ④ 환자에 대한 충분한 평가를 기반으로 치료계획 수립, ⑤ 치료를 유지할 수 있는 재정상태, ⑥ 집중치료가 필요하지 않을 정도 증상 개선이 있을 때의 퇴원 치료전략이라고 하였다. 아동 환자가 입원한 병동은 의료진과 치료에 관여하는 모든 전문가들이 아동의 발달과 병리상태를 이해하고, 적합한 치료환경으로 체계화하며, 다양한 치료프로그램 적용과 치료진 간 일관성 있는 치료원칙과 의사소통을 원활하게 유지할 수 있어야 한다. 아동 전용병동이 아동의 치료에는 효과적인 환경이지만, 간혹 행동문제와 외현화 장애가 심한 경우는 구조화된 일반 정신병동 환경이 오히려 적합할 수 있다(김에니, 신윤오, 2012).

입원병동은 환자와 보호자가 자유롭게 드나들 수 있는 환경이면 개방병동으로 분류하고, 출입에 제한이 있다면 폐쇄병동으로 나눈다. 공격행동과 같이 증상 조절이 우선되어야 하는 급성기 아동은 폐쇄병동 치료를 먼저 고려하는 것이 좋다. 자해, 타해 및 공격성 위험이 높은 아동은 물리적 안전확보가 가능한 개별격리치료실이 확보된 병동이 좋다. 개방병동은 아동의 안전을 염려할 만한 증상이 없고 가족과 함께 있는 것이 치료에 부정적인 영향이 없는 경우에 선택한다.

5) 평가

아동 스스로 입원치료를 결정하거나 자신의 증상에 대한 충분한 정보를 제공하기 어려우므로, 입원을 결정할 때에는 아동과 보호자가 제공하는 정보를 모두 신중하게 평가하고, 치료의 필요성과 부정적 영향을 검토하며 정신의학적 평가를 시행하는 것이 좋다.

(1) 입원 전 평가

응급입원을 제외하고, 입원 전 평가는 입원이 적합한지 여부를 평가하고 치료목표와 치료내용을 계획하는 과정을 말한다(강경미, 2005). 평가는 아동과 보호자 및 가족평가, 발달력, 병력, 교육 및 사회적 상황을 파악하고, 임상척도와 심리발달 검사를 확인하여 증상의 정도, 심리적 취약성, 인지발달 상태를 점검하는 것을 포함한다. 그 외에도 아동의 학교와 치료기관으로부터 필요한 정보를 얻는다.

(2) 의학적 평가 및 검사

입원 초기에 일반적인 신체건강 평가와 약물치료 등을 시행하기 위한 기본검사를 한다. 기본검사는 이학적 검사, 혈액검사, 소변검사, 전해질을 포함한 생화학 검사가 있으며, 가임연령이 된 여아는 방사선 촬영이나 약물치료 전에 임신 여부를 점검한다. 아동의 증상에 따라 뇌파검사, 뇌영상 검사와 같은 기질적인 질환 감별을 위한 검사가 필요할 수 있다. 현재 복용하는 약물의 혈중농도 측정이 가능하다면 이를 측정하여 약물순응도와 적정 치료용량을 확인한다. 체중과 신장을 측정하여 아동의 성장변화, 체중증가, 당뇨와 고지혈증 발생 여부를 추적한다.

(3) 양육환경 평가

보호자와 가족구성원의 정신질환 병력, 치료내용, 약물남용, 현재 정신기능 상태를 평가함으로써 아동의 보호와 양육을 하는 데 가족의 역량이 적절한지 알아본다.

(4) 병동에서 아동의 평가와 치료동맹

아동이 병동에서 보호자와 분리될 때에 어떠한 반응을 나타내는지, 보호자와 함께 있을 때 아동의 반응은 어떠한지, 다른 입원환자들과 관계하는 방식 등은 아동의 애착유형과 사회적 기술 및 대처전략을 파악하는 데 중요한 단서가 된다. 간혹 치료가 진행되면서 아동의 내재된 문제가 점차 드러나는 경우에 치료목표는 평가내용에 따라 수정할 수 있다.

병동 입원 초기에는 낯선 사람들과 병동환경에 두려움을 느끼지만, 대부분 아동은 안정적이고 구조화된 치료환경에 적응하면서 보호받는 느낌과 안도감을 경험하여 치료에 잘 참여한다. 아동은 청소년보다 취침시간, 핸드폰 및 컴퓨터 사용 등 자율성과 관련된 규칙 제한을 받아들이는 데 저항이 적은 편이다. 간혹 치료를 자신의 나쁜 행동에 대한 처벌로 생각하거나, 부당한 대우를 받고 있고 운이 나쁜 결과로 받아들여 치료참여를 거부하는 경우도 있으나, 일반적으로 아동환자는 청소년보다 치료자의 격려와 치료계획에 잘 순응하는 편이다. 치료자는 아동이 입원 적응기간에 느끼는 불안과 거부감을 적극적으로 공감해 주고 지지함으로써 아동과 안정적인 치료동맹(therapeutic alliance)을 형성하고 치료순응도를 강화할 수 있다.

(5) 보호자와 협력

보호자가 입원치료의 필요성을 받아들이고 아동의 입원치료에 동의하더라도, 자녀의 입원 사실은 부모와 보호자에게 불안, 자책감 및 심리적 혼란을 유발한다. 치료자는 가족의 마음을 공감하고, 가족이 기대하는 치료목표를 점검하면서 현실적으로 달성가능하도록 조정해 주려고 노력한다. 치료기간 병동규칙으로 인한 격리와 물리적 제한을 취해야 할 때, 보호자에게 설명하고 동의를 얻은 후 시행하며 가능한 한 면담내용은 기록으로 남긴다.

6) 치료기법

입원치료의 치료내용은 각 병동의 특수성과 입원환자 구성에 따라 차이가 있겠으나 공통적으로 약물치료, 개인치료, 집단치료, 가족상담, 직업재활, 예술치료, 교육 등 다양한 영역의 치료들을 증상에 맞게 시행한다.

(1) 약물치료

치료약물의 효과와 부작용을 자세히 관찰하면서 치료용량을 빠르게 조정할 수 있으므로 급성기에 약물치료를 시행할 때 입원치료가 효과적이다. 한편, 단기 입원치료는 한 달 이상 충분한 기간 약물의 치료반응을 기다리며 조정하기에는 어려운 점이 있다.

(2) 치료환경 기반의 치료

입원은 명확한 계획에 따라 일관되고 구조적인 병동환경을 치료에 활용할 수 있는 장점이 있다. 아동과 협력하여 치료목표 행동을 정한 후, 체계적인 긍정강화요법과 병동의 기본생활 및 행동규칙을 적용하면서 행동 수정 치료를 시행한다. 특히 목표행동에 따라 점수나 토큰 경제(token economy) 보상을 하는 행동강화전략은 아동에게 효과적이다. 그 외에도 강박증상의 노출 및 반응억제 요법, 요분증의 배변훈련 등 아동의 문제에 적합한 치료 적용이 가능하다(Blader & Foley, 2007). 행동 수정 치료를 성공적으로 시행하려면 모든 치료자들이 아동에게 수립된 치료 전략과 진행상태를 공유하고 전문분야에 따라 역할이 명확하게 제시되도록 병동운영체계를 유지하는 것이 중요하다.

환경요법으로서 레크리에이션, 예술요법, 운동활동과 같은 프로그램들이 아동에 맞게 선택할 수 있도록 하는 것이 좋으나, 비용과 프로그램 운영에서 현실적으로 어려움이 있다.

7) 퇴원준비

입원치료가 성공적으로 종결되려면 입원 초에 계획한 치료프로그램 시행, 계획에 의한 퇴원, 안정적인 치료동맹 형성(Green et al., 2001), 퇴원 이후에도 계획한 치료프로그램 지속적 참여(Pfeiffer & Strzelecki, 1990) 등이 확보되어야 한다. 그러므로 퇴원 후 치료계획과 퇴원준비는 입원 초의 치료 전략 수립과 동일하게 신중히 결정한다. 가족이 여러 사정에 의해 임의로 퇴원준비 기간 없이 조기퇴원을 결정하는 경우에 퇴원 후 적응과정에 어려움이 발생하기도 한다. 퇴원준비는 퇴원시기와 퇴원 후 유지해야 하는 치료와 이유를 아동 및 가족과 충분히 논의한 후, 증상이 잘 조절되는지 점검하기 위하여 외출과 외박 시행, 퇴원에 대한 불안과 퇴원 후 증상의 일시적인 악화가능성 및 대처방법 등을 다루어 주는 과정을 포함한다.

8) 낮병원

낮병원(day hospital)은 입원과 외래치료의 중간단계 개념의 치료형태를 말한다. 낮병원은 하루 6시간 이상 병원에서 치료를 받고 그 외 시간은 가정에서 생활하는 주간치료(day treatment) 모델이라고 할 수 있다. 낮병원은 퇴원 후 학교나 직장으로 복귀하기 전단계로 시행하고, 증상악화로 인한 재입원을 예방하려는 목적이 있다. 입원치료의 부정적인 영향을 배제하면서 동시에 통상적인 외래치료보다 더 집중적인 치료가 가능하다는 장점이 있다. 외국에서는 정신병동 입원치료 비중이 줄어들면서 낮병원과 부분입원(partial hospitalization) 등 대안적인 치료유형에 대한 관심이 증가하고 있다(김예니, 신윤오, 2012; Blader & Foley, 2007). 우리나라는 성인 조현병 및 정신질환 중심으로 낮병원이 운영되고 있고, 아동·청소년을 위한 낮병원은 주로 발달장애나 행동문제가 심한 경우에 치료프로그램을 제공하는 형태로 이루어지고 있으며, 숫자도 매우 제한적이다.

낮병원 치료내용은 입원치료와 크게 다르지 않으며, 강제성이 적은 개방적인 치료 접근을 한다. 학생들은 학사일정과 겹치게 되는 문제를 해결하기 위하여 교육청의 협력이 필요하고, 지지적 환경을 유지하도록 가족, 지역사회 및 학교의 협조가 필요하다.

3. 기숙치료

1) 기숙치료의 개념과 현황

기숙치료(residential treatment)는 24시간 정신의학적 치료와 생활 및 발달에 필요한 모든 서비스를 포괄하는 치료형태다. 기숙치료의 시작은 사회경제적으로 취약한 아동에게 복지서비스를 제공하면서부터 비롯되었으므로, 기숙치료의 운영은 국가 정신보건 및 사회복지 정책과 관련이 많다. 2000년 미국정신건강서비스 현황을 보면 기숙치료를 받는 아동이 점차 증가하는 추세를 보이며, 이는 1980년 이후 정신약물 치료율의 급격한 증가, 정신병동 입원기간의 단축과 병동침상 숫자 감소로 심각한 정서 및 행동 질환

아동들이 병동 입원치료에서 기숙치료로 이동한 것으로 해석할 수 있다(Manderscheid et al., 2000).

기숙치료에서 제공하는 치료서비스는 치료기관과 치료를 받는 아동의 문제 유형 및 심각도에 따라 다양하다. 약물사용(substance abuse) 장애에 대한 치료는 보통 3개월에서 6개월의 치료기간을 요하지만 더 길어질 수도 있다. 치료효과는 치료기간과 비례하는 것으로 예상할 수 있으나(Noftle et al., 2011), 질환 만성화 정도와 치료 후 지역사회서비스에 지속적으로 연결되는지 등 여러 요인들의 영향들에 의하여 달라진다.

국내에는 아직 전통적인 개념의 기숙치료는 거의 없는 실정이다. 일부 「장애인복지법」 제58조에 따라 운영되는 장애인 생활시설 중에서 지적장애인 시설이 기숙치료의 치료적 기능을 담당하고 있는 경우가 해당된다고 하겠다(김예니, 신윤오, 2012; 보건복지부, 2012). 그 외 국가에서 운영하고 있는 청소년 대상 기숙치료 기관은 「청소년복지 지원법」 제31조에 의하여 설립되어 정서행동 문제가 있는 청소년을 대상으로 상담, 치료, 보호, 자립교육 등을 포괄하는 거주형 치료재활 서비스를 제공하는 '국립중앙청소년디딤센터'와 인터넷 및 스마트폰 중독문제 해결을 위한 '기숙형 치료학교' 등이 있다.

2) 치료효과

기숙치료가 필요한 아동은 입원치료와 기타 치료를 받았으나 호전되지 않았던 치료저항(treatment resistant) 특성을 가지고 있거나, 신경발달장애(neurodevelopmental disorder)가 공존하여 만성적인 정서행동 문제가 있는 경우가 많다. 그러므로 정신과 입원치료 기법과 환경요법 외에 발달을 촉진하는 치료, 재활치료 및 사회적응기술 훈련들을 중점으로 아동상태에 맞게 적용을 하고, 보호자와 가족이 치료팀으로 일부 참여하는 것이 좋다. 행동장애 아동을 위한 기숙학교는 적극적인 치료프로그램 운영과 경험이 풍부한 치료전문가의 참여가 필수적이며, 체계적이지 않고 치료 전략이 불충분하면 오히려 입원한 또래집단 사이에서 부정적인 영향이 더 드러나게 되는 점을 고려한다. 초기에 기숙치료 효과가 뚜렷하게 나타나더라도 장기적으로 치료효과가 유지되는지에 대한 것은 충분히 검증되지 않았다(Bellonci, 2010).

4. 맺음말

이 장에서는 아동기의 정신병리에 대한 치료방법으로 약물치료, 입원치료 및 기숙치료의 개념과 현황을 살펴보았다. 심리행동 문제의 발생 기전들에 대한 관심과 연구가 증가하면서 약물치료 적용 범위가 점차 늘어나고 있는 추세임을 알 수 있다. 그렇지만 성인에 비하여 정신약물치료 연구가 충분하지 않으므로 향후 약물치료 적용에 관한 근거를 제시하는 연구가 진행되어야 한다. 집중 치료가 필요한 아동에게 입원치료를 시행할 때에는 아동이 나타내는 문제영역이 입원에 적합한지에 대한 평가와 치료목표 및 입원 환경에서 포괄적 치료전략들이 사전에 구체적으로 충분히 논의되어야 한다. 또한 치료진과 아동의 가족 및 지지적 환경을 통합하는 관점에서 치료를 유지할 필요가 있다. 입원치료보다 기숙치료 형태가 증가하는 외국과는 달리 국내에는 본래의 치료목표에 적절한 시설을 갖춘 기숙치료가 거의 없는 실정이다. 이는 풍부한 경험의 치료전문가와 여러 치료기법을 제공할 수 있는 환경, 장기 기숙치료에 대한 의료지원 체계 및 사회적 인식이 아직 충분히 갖추어져 있지 않기 때문이라고 생각해 볼 수 있다.

참고문헌

강경미(2005). 입원 및 기숙치료. 소아정신의학, 홍강의 편. 서울: 중앙문화사, pp. 682-697.

김예니, 신윤오(2012). 입원치료, 낮병원, 기숙치료. 청소년 정신의학. 대한소아청소년정신의학회. 서울: 시그마프레스, pp. 607-622.

보건복지부(2012). 2012년 장애인 복지시설 일람표(www.mw.go.kr)

송동호(2005). 약물치료 및 기타 생물학적 치료. 소아정신의학. 홍강의 편. 서울: 중앙문화사, pp. 576-599.

유희정, 양수진, 신동원, 강화연, 김붕년, 김지훈, 안동현, 유한익, 천근아, 홍현주(2007). 주의력결핍 과잉행동장애 한국형 치료권고안(III). 소아청소년 정신의학, 18, 16-25.

조수철, 김붕년, 양영희(2012). 약물치료. 청소년 정신의학. 대한소아청소년정신의학회 저. 서울: 시그마프레스, pp. 547-564.

American Academy of Child and Adolescent Psychiatry (2009). Practice parameter on the use of psychotropic medication in children and adolescent. *Journal of American Academy of child and adolescent Psychiatry, 48*(9), 961-973.

Anker, J. N. (2010). Developmental Pharmacology. *Dev Disabil Res Rev, 16,* 233-238.

Bellonci, C. (2010). Physicial Leardership in residential treatment for children and adolescents. *Child Adolescent Psychiatric Clinics of North America, 19,* 21-30.

Benedetti, M. S., & Baltes, E. L. (2003). Drug metabolism and disposition in children. *Fundamental Clinical Pharmacology, 17,* 281-299.

Black, K., Shea, C., Dursun, S., & Kutcher, S. (2000). Selective serotonin reuptake inhibitor discontinuation syndrome: Proposed diagnostic criteria. *Journal of Psychiatry and Neuroscience, 25,* 255-261.

Blader, J. C. & Foley C. A. (2007). Milieu-based treatment: Inpatient and partial hospitalization, residential treatment. In A. Martin & F. R. Volkmar. (Eds.), *Lewis's Child and Adolescent Psychiatry* (4th ed.), *A Comprehensive Textbook* (pp. 865-878). Wolters Kluwer & Lippincott Williams & Wilkins.

Bridge, J. A., Iyengar, S., Salary, C. B., Barbe, R. P., Birmaher, B., Pincus, H. R., Ren, L., & Brend, D. A. (2007). Clinical response and risk for reported suicidal ideation and suicide attempts in pediatric antidepressant treatment. *JAMA, 297*(15), 1683-1696.

Carandang, C. G., Kratochvil, C. J., Scahill, L., & Martin, A. (2011). Running a pediatric psychopharmacology clinic: Practice aspect. In A. Martin, L. Scahill & C. J. Kratochvil (Eds.), *Pediatric Psychopharmacology: Principle and Practice* (pp. 379-388). Oxford University Press.

Faraone, S. V., Biederman, J., Morley, C. P., & Spencer, T. J. (2008). Effect of stimulants on height and weight: A review of the literature. *Journal of American Academy of Child and Adolescent Psychiatry, 47,* 994-1009.

Geller, D., Donnelly, C., Lopez, F., Newcorn, J., Sutton, V., Bakken, R., Paczkowski, M., Kelsey, D., & Sumner, C. (2007). Atomoxetine treatment for pediatric patients with ADHD and comorbid anxiety disorder. *Journal of American Academy of child and adolescent Psychiatry, 48*(9), 961-973.

Gittelman-Klein, R., Landa, B., Mattes, J. A., & Klein, D. F. (1988). Methylphenidate and growth in hyperactive children. *Archives of General Psychiatry, 45,* 1127-1130.

Green, J., Kroll, L., Imrie, D., Frances, F. M., Begum, K., Harrison, L., & Anson, R. (2001). Health gain and outcome predictors during inpatient and related day treatment in child and adolescent psychiatry. *Journal of American Academy of Child and Adolescent Psychiatry, 40*(3), 325-332.

Greenhill, L. (2002). Stimulant medication treatment of children with attention deficit hyperactivity disorder. In P. S. Jensen, & J. R. Cooper. (Eds.), *Attention Deficit Hyperactivity Disorder: State of Science, Best Practices* (pp. 1-27). Kingston, NJ: Civic Research Institute.

Greenhill, L., Kollins, S., Abikoff, H., McCracken, J., Riddle, M., Swanson, J., McGough, J., Wigal, S., Wigal, T., Vittello, B., Skrobala, A., Posner, K., Ghuman, J., Cunningham, C., Davies, M., Chuan, G. S., & Cooper, T. (2006). Efficacy and safety of immediate-release methylphenidate treatment for preschoolers with ADHD. *Journal of American Academy of Child and Adolescent Psychiatry, 45*(11), 1284-1293.

Hammad, T. A., Laughren, T., & Racoosin, J. (2006). Suicidality in pediatric patients treated with antidepressant drugs. *Archives of General Psychiatry, 63,* 332-339.

Hersov, L., & Bentovin, A. (1985). In patient and day-hospital units. In J. D. Noshpitz (Ed.), *Child Adolescent Psychiatry* (Vol. 6, pp. 485-501). New York: John Wilet & Sons Inc.

Kerns, G. L., Abdel-Rahman, S. M., Alander, S. W., Blowey, D. L., Leeder, J. S., & Kaufman, R. E. (2003). Developmental pharmacology-Drug disposition, action, and therapy in infants and children. *New England Journal of Medicine, 349,* 1157-1167.

Laughren, T. P. (2003). Regulatory issues. *Pediatric Psychopharmacology* (1st ed.), pp. 725-736.

Manderscheid, R. W., Henderson, M. J., Witkin, M. J., & Atay, J. E. (2000). The U.S. mental health system of the 1990s: The challenges of the managed care. *International Journal of Law and Psychiatry, 23,* 245-259.

Manuzza, S., Klein, R., Bonagura, N., Malloy, P., Giampino, T., & Addlii, K. (1991). Hyperactive boys almost grown up. V: Replication of psychiatry status. *Archives of General Psychiatry, 48,* 77-83.

Meagher, S. M., Rajan, A., Wyshak, G., & Goldstein, J. (2013). Changing trends in inpatient care for psychiatrically hospitalized youth: 1991-2008. *Psychiatric Quarterly, 84,* 159-168.

Michelson, D., Allen, A. J., Busner, J., Casat, C., Dunn, D., Kratochvil, C., Newcorn, J., Sallee, F. R., Sangal, R. B., Saylor, K., West, S., Kelsey, D., Wernicke, J., Trapp, N. J., & Harder, D. (2002). Once-daily atomoxetine treatment for children and adolescents with attention deficit hyperactivity disorder: A randomized, placebo-controlled study. *American Journal of Psychiatry, 159,* 1896-1901.

Mitler, M. M., & Hajdukovic, R. (1990). Narcolepsy. *Journal of Clinical Neurophysiology, 7,* 93-118.

Noftle, J. W., Cook, S., Leschied, A., Pierrs, J. S., Stewart, S. L., & Johnson, A. M. (2011). The trajectory of change for children and youth in residential treatment. *Child Psychiatry Human Development, 42,* 65-77.

Olfson, M., Schaffer, D., Marcus, S. C., & Greenberg, T. (2003). Relationship between antidepressant medication treatment and suicide in adolescents. *Archives of General Psychiatry, 60,* 978-982.

Osterheld, J. R., Shader, R. I., & Martin, A. (2007). Clinical and Developmental Aspects of Pharmacokinetics and Drug Interactions. *Lewis's Child and Adolescent Psychiatry: A Comprehensive Textbook* (pp. 742-754). Philadelphia: Lippincott Williams & Wilkins.

Petti, T. A. (2010). Milieu treatment. In M. K. Dulcan. (Ed.), *Dulcan's Textbook of Child and Adolescent Psychiatry* (pp. 939-953). American Psychiatric Publishing, Inc.

Pfeiffer, S., & Strzelecki, S. C. (1990). Inpatient Psychiatric treatment of children and adolescents: A review of outcome studies. *J Am Acad Child Adolesc Psychiatry, 29*(6), 847-853.

Posner, K., Oquendo, M. A., Stanley, B., Davies, M., & Gould, M. (2007). Columbia Classification Algorithm of Suicide Assessment (C-CASA): Classification of suicidal events in the FDA's Pediatric Suicidal Risk Analysis of Antidepressants. *American Journal of Psychiatry, 164,* 1029-1034.

Pruett, K. D., Shashank, V. J., & Martin, A. (2011). Thinking about prescribing: The psychology of psychopharmacology. In A. Martin, L. Scahill, & C. J. Kratochvil. (Eds.), *Pediatric Psychopharmacology: Principles and Practice* (pp. 422-433). Oxford University Press.

Sadock, B. J., & Sadock, V. A. (2007). Biological therapies. *Kaplan & Sadock's Synopsis of Psychiatry* (10th ed., pp. 976-1263). Wolters Kluwer/Lippincott Williams & Wilkins.

Scahill, L., Oesterheld, J. R., & Martin, A. (2007). General principles, specific drug treatments, and clinical practive. *Lewis's Child and Adolescent Psychiatry: A Comprehensive Textbook* (pp.

754-789). Philadelphia: Lippincott Williams & Wilkins.

Stroeh, O., & Trivedi, H. K. (2012). Appropriate and judicious use of psychotropic medications in youth. *Child Adolescent Psychiatric Clinics of North America, 21,* 701-711.

Tosyali, N. C., & Greenhill, L. L. (1998). Child and adolescent psychopharmacology: Important developmental issues. *Pediatric Clinics of North America, 45,* 1021-1035.

Tse, J. (2006). Research on day treatment program for preschoolers with disruptive behavior disorders. *Psychiatric Services, 57,* 477-486.

Vitiello, B. (2007). Research in child and adolescent psychopharmacology: Recent accomplishment and new challenges. *Psychopharmacology, 191,* 5013.

Vitiello, B., Corell, C., Zwieten-Boot, B., Zuddas, A., Parellada, M., & Arango, C. (2009). Antipsychotics in children and adolescents: Increasing use, evidence for efficacy and safety concerns. *European Neuropsychopharmacology, 19,* 629-635.

Wallace, A. E., Kofoed, L. L., & West, A. N. (1995). Double-blinded placebo-controlled trial of methylphenidate in older, depressed medically ill patients. *American Journal of Psychiatry, 152,* 929-931.

Witek, M. W., Rojas, V., Alonso, C., Minami, H., & Silva, R. R. (2005). Review of benzodiazepine use in children and adolescents. *Psychiatric Quarterly, 76,* 283-296.

미국 식품의약품안전청 http://www.accessdata.fda.gov
한국 식품의학품안전처 http://www.mfds.go.kr

제 *15* 장

슈퍼비전

박랑규, 문보경

오늘날 상담 및 치료를 필요로 하는 내담자들이 늘어남에 따라 전문적인 능력을 갖춘 상담자 및 치료자를 양성하는 일이 중요한 과제로 부각되고 있다. 각 대학원에 상담 및 치료와 관련된 전공과정이 증설되고, 실무나 실습을 중심으로 하는 현장교육도 강화되고 있다. 무엇보다도 실제 상담자 및 치료자들에게 여타의 교육보다 슈퍼비전이 가장 영향력이 크고 효과적이라는 점(Pruitt, McColgan, Pugh, & Kiser, 1986)에서 상담자 및 치료자들을 위한 슈퍼비전의 중요성이 강조되고 있다.

슈퍼비전은 상담자 및 치료자와 내담자의 입장과 특성을 고려하여 상담이론과 연구결과들을 실제에 적절하게 적용하는 과정을 모색하기 때문에 성공적인 상담을 위해 필수적이라고 할 수 있다. 이 장에서는 상담자 및 치료자들이 성장하고 발전해 나가는 과정을 통해 궁극적으로 내담자에게 도움이 되고 상담의 질을 향상시키는 데 중요한 역할을 하는 슈퍼비전 과정에 대해 보겠다.

제15장
슈퍼비전

1. 슈퍼비전의 개요

1) 슈퍼비전의 정의

현대적인 형태의 심리치료의 장을 열었던 프로이트(Freud)는 1900년대 초반부터 사례에 대한 토론모임을 개최하면서 상담자 및 치료자의 교육분석과 슈퍼비전(supervision)의 중요성을 강조하였다. 프로이트(1909)가 한스(Hans)의 아버지에게 여러 가지 제안과 교육 지침을 제공하고, 아버지가 한스를 치료하게 했던 것이 기록으로 남아 있는 최초의 슈퍼비전이기도 하다(Jacobs, David, & Meyer, 1995). 이후 많은 상담 및 치료 이론들이 발달하면서 슈퍼비전에 대한 개념과 형식도 다양한 형태로 발전하게 되었다. 이에 많은 학자들이 슈퍼비전의 중요성을 언급하면서 슈퍼비전의 개념과 방법에 대한 관점들을 제시하고 있다.

일반적으로 슈퍼비전은 경험이 풍부하고 숙련된 상담자 및 치료자가 아직 성장과정 중에 있는 상담자 및 치료자에게 보다 전문적인 상담 및 치료를 수행할 수 있도록 하는 기회를 제공하는 것이다(Bartlett, 1983; Gilbert & Evans, 2000; Holloway, 1995). 로건빌, 하디 그리고 델워스(Loganbill, Hardy, & Delworth, 1982)는 슈퍼비전을 한 사람이 다른 사람의 치료적인 역량을 발달시키기 위한 일대일의 대인관계라고 하였다. 버나드와 굿이어(Bernard & Goodyear, 2009)는 슈퍼비전에 대해 슈퍼바이저(supervisor)가 슈퍼바이지(supervisee)와의 평가적이고 장기간에 걸친 관계 속에서, 경험이 적은 상담자 및 치료자의 전문적인 상담능력을 향상시키기 위해 내담자에게 제공하는 서비스를 감독하는 활동이라고 정의하였다. 하트(Hart, 1982)는 슈퍼비전이란 슈퍼바이지가 적절한 전문적인 행동들을 익힐 수 있도록 하는 슈퍼바이저의 지속적인 교육과정이라고 하였으며, 길버트와 에반스(Gilbert & Evans, 2000)는 숙련되고 경험이 풍부한 슈퍼바이저가 지혜와 전문성을 전수하여 슈퍼바이지의 상담효과를 향상시키는 것이라고 보았다. 이와 같은 전문 상담자 및 치료자로서의 슈퍼바이저는 전문적인 상담교육을 받고 충분한 수련을 통해 책임감과 윤리의식을 바탕으로 상담 업무를 성실하게 수행하는 사람을 말한다(최해림, 김영혜, 2006).

2) 슈퍼비전의 목적

슈퍼비전에 참여하는 과정에서 상담자 및 치료자들은 스스로 자신의 상담과정을 점검하는 기회를 갖게 된다. 또한 슈퍼바이저는 슈퍼바이지가 실시하고 있는 상담에 대한 피드백을 제공하고, 슈퍼바이지에게 도움이 필요할 때 적절한 안내를 제공하며, 슈퍼바이지가 상담장면에서 내담자의 역동에 대해 이해하고 치료의 방향을 결정하는 데 있어서 대안적인 견해와 조망을 가질 수 있도록 도울 수 있다(Grenben, 1991). 특히 슈퍼바이지의 특성과 그들의 내담자에 따라 슈퍼바이저가 개입하는 방법이 달라질 수 있다(Bradley & Kottler, 2001)는 것은 슈퍼비전이 일반적인 교육과정과 차별화되는 가장 큰 특징 중 하나다.

따라서 슈퍼비전은 다음과 같은 구체적인 목적을 갖는 전문적인 활동이라고 할 수 있다. 첫째, 상담자 및 치료자의 개인적인 성장과 전문가로서의 발달을 목표로 한다. 슈퍼바이저는 슈퍼바이지의 전문성을 검토하고 평가하며, 슈퍼바이지가 스스로 자신의 능력을 발달시키도록 돕는다(Haynes, Corey, & Moulton, 2003). 또한 슈퍼바이지의 발달수준에 맞는 목표를 설정하여 이론적인 입장과 구체적인 상담기법들을 발전시켜 나갈 수 있도록 돕는다(Bernard & Goodyear, 2009; Bradley & Kottler, 2001). 둘째, 내담자가 전문적인 서비스를 받을 수 있도록 보호하는 것을 목표로 한다. 슈퍼바이저는 경험이 부족한 상담자 및 치료자가 가장 효과적인 상담을 할 수 있도록 하고, 상담자 및 치료자가 일시적으로 자신의 능력을 충분히 발휘하지 못할 때 적절하게 개입함으로써 내담자를 보호해야 한다(천성문, 2013; Haynes, Corey, & Moulton, 2003). 이처럼 내담자가 적절한 도움을 받을 수 있도록 하는 것은 결과적으로 상담자 및 치료자의 실패를 미연에 방지하므로 상담자 및 치료자를 보호하는 효과도 가져오게 된다.

3) 슈퍼바이저의 역할

슈퍼바이지는 상담자 및 치료자로서의 역할 하나에만 충실하면 되지만 슈퍼바이저는 다양한 역할을 수행하게 된다. 버나드(Bernard, 1979)는 슈퍼바이저의 대표적인 역할로 교사, 상담자 및 치료자, 자문가를 제시하였다. 교사는 슈퍼비전에서 슈퍼바이지에게 필요한 기술과 내용들에 대한 습득을 목표로, 함께 논의하고 가르치는 역할에 해당한다. 상담자 및 치료자는 상담과정과 관련된 슈퍼바이지의 개인적인 문제를 탐색하고 치료적으로 다루는 역할에 해당한다. 자문가는 슈퍼바이지가 의문을 가지는 사항들에 대해 정보를 제공해 주는 역할에 해당한다. 효율적인 슈퍼바이저는 이와 같은 역할을 모두 맡을 수 있어야 한다(Bernard, 1979, 1997).

할로웨이(Holloway, 1995)는 슈퍼바이저의 역할로 점검/평가하기, 가르치기/조언하기, 모델링하기, 자문하기, 지지/공유하기라는 다섯 가지 기능을 제시하였다. 점검/평가하기는 슈퍼바이저가 슈퍼바이지의 전문적인 역할수행을 판단하고 평가하는 것을 말한다. 이러한 기능에서는 상대적으로 위계적인 관계가 강조될 수 있다. 가르치기/조언하기는 슈퍼바이저가 전문적 지식과 기술에 관한 정보나 견해를 제공하는 것을 말한다. 이러한 기능은 교사의 역할과 유사한 것으로, 슈퍼바이저는 보다 통제적이며 슈퍼비전 관계는 위계적 관계가 중시된다. 모델링하기는 슈퍼바이저가 전문적 행동과 실제에서 역할모델이 되는 것을 말한다. 이때는 양방향적 의사소통이 가능하며 협력적인 슈퍼비전 관계가 가능해진다. 자문하기는 슈퍼바이지가 임상적이고 전문적인 상황에서 문제를 해결하도록 촉진하는 기능을 말한다. 이때도 의사소통은 양방향적이고, 상호작용적이며 협력적인 관계를 유지할 수 있다. 마지막으로 지지/공유하기는 슈퍼바이저가 공감적 관심과 격려를 통해 슈퍼바이지를 지지하는 것을 말한다. 이때 슈퍼바이저는 깊은 대인관계적 수준에서 슈퍼바이지를 지지하므로 의사소통은 양방향적이고 상호적이며 대인관계적 거리는 매우 가까워진다.

2. 슈퍼비전의 이론적 배경

1) 정신분석이론

정신분석이론은 프로이트의 이론으로부터 출발하여 많은 후기 프로이트 학파로 이어지면서 자아심리학, 대상관계이론, 대인관계심리학, 자기심리학 등 다양한 입장으로 분화·발전하고 있다. 아동을 대상으로 한 정신분석적 접근은 꼬마 한스(Little Hans)에 대한 프로이트(1909)의 분석을 시작으로 하지만 실제적인 아동 상담 및 치료 이론은 안나 프로이트(Anna Freud, 1928)와 멜라니 클라인(Melanie Klein, 1932)에 의해 본격적으로 발전하였다. 오늘날 많은 이론가들은 아동에 대한 정신분석적 입장에서 다양한 접근법들을 제시하고 있다. 이와 같은 이유로 정신분석이론에 따라 통일된 슈퍼비전 방안이 존재하기는 어렵다. 하지만 상담과정은 내담자와 상담자 및 치료자의 치료동맹 형성, 저항과 전이·역전이에 대한 이해, 무의식에 대한 분석과 해석 그리고 훈습 과정 등을 중요시하는 특성이 있다(Corsini & Wedding, 2004). 이를 바탕으로 정신분석이론에 기반한 슈퍼비전의 공통점들을 생각해 볼 수 있다.

정신분석이론에 기반한 슈퍼비전은, 첫째, 아동을 정신분석적 관점에서 이해하고자 한다. 기본적으로 프로이트의 심리성적 발달단계를 비롯하여 아동의 생애 초기 경험의 중요성을 강조하며, 이 단계를 어떻게 경험하느냐에 따라 아동의 자아발달과 이후 심리적 건강이 결정된다고 본다. 특히 아동이 의식할 수 있는 내용이 아닌 무의식적인 갈등과 힘에 의해서 동기화되고 심리적 증상을 경험하게 된다고 본다. 따라서 정신분석적 입장을 따르는 슈퍼비전은 외현적으로 드러나는 아동의 행동과 내용뿐만 아니라 아동과 부모가 의식하지 못하는 내적인 흐름을 파악하기 위해 노력하게 된다. 치료 초기에 내담아동의 심리적 어려움에 대한 역동적인 가설을 세우고, 아동과 부모가 제공하는 다양한 자료들을 바탕으로 그 가설을 검증하는 시간을 갖게 된다. 치료가 진행되는 과정에서도 표현의 이면에 있는 역동을 이해하기 위해 내담아동이 스스로 더 자세하게 이야기하고 묘사할 수 있도록 하며, 놀이나 이야기의 순서, 침묵이나 놀이의 중단, 주제 전환 등에 주의를 기울인 채로 경청하고, 내담아동의 비언어적인 태도, 음조, 몸의 움직임 등을 꾸준히 관찰해야 한다. 이와 같은 자료를 바탕으로 최대한 내담아동을 역동적으로 이해할 수 있도록, 슈퍼바이지가 적절한 질문을 하고 집중력을 유지하고 있는지 점검하고 격려하는 것이 정신분석적 슈퍼비전의 일차적인 목표가 된다(Bradley & Gould, 2001).

둘째, 치료동맹의 형성도 중요하게 다룬다. 프랭클과 헬먼(Frankl & Hellman, 1964)은 전이신경증과 차별화된 개념으로 '치료동맹'의 중요성을 강조하였다. 내담자의 입장에서는 치료 동기, 불안과 좌절을 견딜 수 있는 수용력, 관계를 수립하는 능력을 포함하는 것으로, 정신분석적 입장에서 성공적인 치료를 위해 필수적인 것으로 이해되고 있다. 특히 아동에 대한 상담 및 치료에서는 어린 아동들의 자아발달수준을 고려하여 아동이 상담자 및 치료자의 치료 개입을 받아들이고 소화할 수 있는 능력을 평가해야 한다. 이를 바탕으로 상담자 및 치료자는 아동의 감정을 이해했다는 것을 전달하도록 노력할 필요가 있다. 치료동맹의 확립은 저항과 부정적 전이의 기간 동안 아동을 안심시키고 지지를 제공하는 데 필수적인 것으로 이해되고 있다. 따라서 정신분석적 슈퍼비전에서는 내담아동과의 치료동맹을 형성하기 위해 치료자가 아동의 발달수준과 증상에 적절한 방식으로 개입하고 있는지를 평가하는 것이 중요하다.

셋째, 정신분석적 입장에 적합한 상담자 및 치료자의 태도와 상담분위기를 추구한다. 전통적인 정신분석적 입장에서 상담자 및 치료자는 중립적인 태도를 취하여 전이관계가 형성되기 쉽게 하며, 시간과 상담의 구조 측면에서 규격화된 입장을 유지한다. 아동을 대상으로 하는 경우 안나 프로이트(1928)와 멜라니 클라인(1932)은 다소 다른 견해를 보이고 있다. 안나 프로이트는 아동은 성인과 달리 전이신경증이 발달하지 않는다고 보았다. 따라서 분석가의 '좋은 엄마'의 측면, 즉 신뢰할 수 있는 특성을 바탕으로 하는 관계를 확립하기 위해 노력하였다. 반면, 멜라니 클라인은 아동기에도 전이신경증이 발생한다고 보았다. 나쁜 엄마에 대한 아동의 개념이 가장 먼저 나타나며 가장 중요한 심상이 되기 때문에, 클라인은 아동의 나쁜 부모에 대한 무의식적인 혐오를 해석함으로써 부정적인 전이관계가 형성되는 것을 막고자 하였다(Colm, 1964). 그러므로 정신분석적 슈퍼비전으로 아동과 치료자 사이의 관계가 치료적으로 유용하게 발전해 나갈 수 있도록 하는 것을 중요한 목표로 하게 된다.

넷째, 저항과 전이, 역전이를 중요하게 다룬다(Haynes, Corey, & Moulton, 2003). 전통적인 정신분석적 치료에서는 전이관계가 형성되고, 이것이 성공적으로 해결되며, 내담자의 저항과 치료자의 역전이를 효과적으로 다루는 것이 성공적인 치료의 열쇠가 된다. 하지만 앞서 언급하였던 바와 같이, 아동 내담자에 대해서는 다른 견해가 제시되기도 한다. 안나 프로이트(1928)는 아동기에는 애정의 대상인 부모와 함께 생활하고 있기 때문에 상담자 및 치료자는 전이의 대상이 될 수 없다고 보고 건설적인 관계형성을 중요하게 생각하였다. 반면, 아동의 저항은 본능적 충동의 해방에 대한 자아의 방어를 나타내며 이것이 증상 형성의 기본원리가 된다고 보고, 이를 이해하고 분석하는 것에 상당한 비중을 두었다. 클라인(1932)은 아동기에 나쁜 엄마에 대한 개념이 먼저 발달하고 중요한 상이며, 그로 인해 치료자에게 적대적인 전이관계를 발달시키게 된다고 보았다. 따라서 치료자의 개입에 대한 아동의 저항을 효과적으로 다루는 것이 성공적인 치료를 위한 필수조건이라고 보았다. 따라서 정신분석이론에 기반한 슈퍼비전에서는 관점의 차이는 있지만 아동의 전이와 저항, 그리고 치료자의 역전이를 자각하는 것이 매우 중요하다. 슈퍼바이저는 슈퍼바이지가 이를 민감하게 알아차리고, 내담자의 전이나 저항 또는 치료자의 역전이를 해결하기 위한 노력을 기울이고 있는지를 꾸준히 점검해야 한다.

다섯째, 무의식적으로 억압되어 있는 정서를 해소하고 통찰을 얻기 위해 상담자 및 치료자가 해석을 제공하게 된다. 성인 내담자를 대상으로 하는 상담에서도 해석은 내담자의 자아강도를 평가하고, 내담자가 해석을 받아들일 수 있는 준비가 되었는지를 충분히 평가한 다음에 이루어지는 작업이다. 내담자가 해석을 수용하지 못할 경우 저항이 발생하거나 치료가 어려움에 빠지게 될 수도 있기 때문이다. 아동의 경우 성인의 자유연상 대신 주로 놀이에 대한 해석이 이루어진다. 안나 프로이트(1928)는 아동의 모든 놀이에 상징적인 의미가 있는 것은 아니라고 보고 직접적인 해석을 매우 드물게 사용하였다. 클라인(1932)은 아동의 모든 놀이활동을 상징적 의미가 있는 것으로 다루며, 치료과정 초기부터 깊은 해석을 하는 접근방법을 사용하였다. 따라서 정신분석이론에 기반한 슈퍼비전에서는 내담아동의 무의식적 내용에 대한 이해를 바탕으로 상담자 및 치료자가 적절한 타이밍에 아동에게 도움이 되는 방식으로 해석을 제공할 수 있도록 평가하고, 해석에 따른 내담아동의 반응을 살펴서 치료적인 성과로 연결될 수 있도록 한다.

마지막으로, 정신분석적 슈퍼비전은 내담자에 대한 이해뿐만 아니라 상담자 및 치료자에 대한 이해도 중요하게 생각한다(Frawley-O'Dea & Sarnat, 2001). 정신분석적 슈퍼바이저는 정신분석가로서의 경험을 바탕으로 슈퍼바이지의 역전이를 비롯한 개인적인 문제들을 고려하고 다룰 수 있어야 한다. 정신분석적 슈퍼비전에서는 슈퍼바이지가 상담시간에 내담아동과의 관계에서 경험한 개인적인 느낌과 생각, 바람, 연상 등을 중요하게 다룬다. 이러한 상담자 및 치료자의 경험이 자신의 문제와 연결된 것인지 아니면 내담아동의 특성에 의해 유발되는 것인지를 변별하고 적절하게 대처하는 것은 정신분석적 상담에서 매우 중요한 요소다. 따라서 슈퍼비전에서 슈퍼바이지의 자기개방은 아주 기본적인 측면이 될 수밖에 없다.

2) 분석심리학 이론

분석심리학은 융(Jung)의 이론으로, 융은 프로이트와 함께 무의식 영역에 대한 관심과 이해를 도모하였으나 무의식적 내용에 대한 견해 차이로 프로이트와 결별하고 자신만의 독창적인 이론을 발전시켰다. 프로이트와 마찬가지로 융 또한 자신의 분야를 스스로 개척한 인물이었기에 같은 관심사를 가진 사람들이 편지를 전하거나 학술모임에서 만나 자문을 구하는 대상이 되었다(Weiner, Mizen, & Duckham, 2003). 융은 분석가가 되고자 하는 사람들 자신의 개인분석경험을 매우 강조하였으며, 1948년에는 스위스 취리히의 융연구소에서 교육과정에 슈퍼비전 과정을 정식으로 개설하였다(Friedman & Mitchell, 2011).

융의 분석은 주로 성인을 대상으로 하는 것이었으며, 그의 제자였던 도라 칼프(Dora

Kalff, 1980)가 융의 이론을 바탕으로 아동을 대상으로 하는 상담 및 치료의 틀을 형성하고 발전시켰다. 그녀의 슈퍼비전 형식도 융의 형식을 모델로 하는 것이었다. 융과 칼프의 이론에 따라 분석심리학적 슈퍼비전에서 중점적으로 살펴봐야 할 사항들은 다음과 같다.

첫째, 분석심리학은 내담자의 무의식에 대한 이해에 핵심이 있다. 융은 우리의 무의식이 심리적인 증상에 중대한 영향을 미친다고 보았다는 점에서 프로이트와 같은 입장에 있지만 그 내용에 있어서는 큰 차이가 있다. 융은 프로이트와 달리 무의식이 성적인 환상이나 의식에 의해 억압된 개인적인 내용들로 가득 차 있다고 보지 않았다. 인간의 정신이 의식, 개인무의식, 집단무의식으로 이루어져 있다고 보았으며, 특히 집단무의식을 강조하였다. 따라서 분석심리학적 접근에 따라 내담자를 이해하기 위해서는 인류의 보편적인 집단무의식과 상징을 이해하는 것이 필수적인 과정이다. 특히 내담자를 목적론적인 관점에서 이해하기 때문에 어떤 증상이 출현하게 된 원인을 찾을 뿐만 아니라 현재 내담자가 보이고 있는 심리적인 증상을 통해 얻을 수 있는 효과에 주목한다. 따라서 분석심리학적 슈퍼비전에서는 슈퍼바이지가 내담자를 분석심리학적 관점에서 이해하고, 내담자가 증상의 목적론적 의미를 통해 도달할 수 있는 성장가능성에 주목할 수 있도록 하는 것이 필수적이다.

둘째, 분석심리학적 입장에서 아동기는 자아발달이 매우 중요한 시기다. 칼프(1980)는 많은 아동들과의 작업을 통해 어린 아동들이 생애 초기에는 '모자일체성'으로 표현되는 어머니의 자기(self) 속에서 보호되어 있는 전체성의 상태로 태어나며, 1년이 지나면서 아동의 전체성의 중심이 어머니의 자기에서 벗어나고, 2~3세경이 되어 자기 중심이 아동의 무의식 속에서 굳건해지고 전체성의 상징을 통해 드러나기 시작한다는 것을 확신하게 되었다. 상징적인 표현을 통해서 성공적으로 자기를 드러내는 것이 건강한 자아발달에 매우 중요하며, 이런 과정이 순조롭게 진행되지 못할 때 약하고 신경증적인 자아가 발달하게 된다(Friedman & Mitchell, 2011; Kalff, 1980). 따라서 분석심리학적 슈퍼비전에서는 슈퍼바이지가 아동의 자아발달과정에 대해 충분히 이해하고 자아의 발달과 강화에 관련된 단서들을 민감하게 알아차릴 수 있도록 훈련하는 것이 매우 중요하다.

셋째, 칼프(1980)는 상담자 및 치료자와 아동의 관계 안에서 '자유롭고 보호된 공간'을 만들어 내는 것을 가장 중요한 과제로 삼았다. 치료자가 아동을 완전히 수용하고 아동이 위기를 느낄 때 혼자가 아니라는 것을 인식할 수 있다면 '자유롭고 보호되었다'고 느끼게 되고, 이런 환경이 모자일체감을 다시 만들어 낼 수 있기 때문이다. 그런 분위기가 형성되면 저절로 인격발달을 향해 나아갈 수 있는 내적으로 안정된 심리상태를 만들어 낼 수 있다고 보았다(Friedman & Mitchell, 2011). 따라서 분석심리학적 슈퍼비전에서는 이와 같은 관계가 형성될 수 있도록 촉진하고 도모하는 것을 중요한 목표로 한다.

넷째, 분석심리학적 슈퍼비전은 슈퍼바이지가 개인적인 잠재력을 최대한 발휘할 수 있도록 하는 것을 목적으로 한다. 상담자 및 치료자는 내담자와의 관계에서 일어나는 자신의 모든 감정이나 생각에 집중하여, 자신이 가지고 있는 지식이나 경험, 감정, 직관능력과 관계를 형성할 수 있는 능력을 활용해야 한다. 슈퍼바이저가 슈퍼바이지의 감정과 직관적 반응들을 강조할 때, 슈퍼바이지의 개별적인 능력이 더욱 명확하게 드러날 수 있다(Friedman & Mitchell, 2011).

3) 아동중심이론

액슬린(Axline, 1947)은 로저스(Rogers)의 인간중심이론을 아동 상담 및 치료에 적용하여 비지시적 놀이치료를 시작하였으며, 이는 오늘날 랜드레스(Landreth, 2009)에 의해 아동중심 놀이치료로 더욱 발전하고 있다. 로저스는 내담자의 자기실현 경향성을 강조하였던 것과 마찬가지로 상담자 및 치료자의 전문성과 성장에도 많은 관심을 가졌다. 따라서 슈퍼비전에 특별한 관심을 갖고, 슈퍼바이지의 자기보고에 의존하던 형식의 슈퍼비전과 달리 실제 상담과정이 녹음된 테이프나 축어록을 이용하며 슈퍼비전의 새로운 방향을 제시하였다(Rogers, 1942). 로저스의 인간중심 슈퍼비전 모델에서는 내담자와 마찬가지로 상담자 및 치료자도 성장할 수 있는 능력과 동기를 가지고 있다고 본다. 슈퍼바이저가 슈퍼바이지에게 무조건적 긍정적 존중, 공감 그리고 진실된 태도를 가지고 대하면 슈퍼바이지 스스로 회기를 이끌어 나간다는 것이다(Rogers, 1957). 이와 같은 입장에서 아동중심 슈퍼비전에서 강조하는 바를 살펴보면 다음과 같다.

첫째, 아동중심 슈퍼비전의 목적은 상담자 및 치료자가 자신감을 갖고, 자신에 대한 이해를 높이며, 상담과정에 대한 이해를 통해 상담자 및 치료자가 성장할 수 있도록 돕는 것이다(Hackney & Goodyear, 1984). 따라서 아동중심 슈퍼바이저에게 가장 중요한 것은 슈퍼바이지의 성장동기와 자기실현 방향으로 전진할 수 있는 능력을 믿는 것이다(Bernard & Goodyear, 2009; Patterson, 1983).

둘째, 아동중심 슈퍼비전에서는 슈퍼바이지가 내담자와 상담하면서 느끼는 어려움을 탐색한다. 로저스는 슈퍼비전을 치료 개입의 한 형태라고 보았으며, 이는 슈퍼바이지가 내담자의 문제가 아니라 상담자 및 치료자로서의 자기 자신을 슈퍼비전 시간에 드러내는 것이다(Hackney & Goodyear, 1984; Mearns, 1997). 따라서 아동중심 슈퍼바이저는 슈퍼바이지가 상담자 및 치료자로서의 자신을 돌아보고 성장을 위해 나아가는 데 관심을 유지해야 한다. 결론적으로 아동중심 슈퍼바이저와 슈퍼바이지는 그들 자신을 수용하고 함께하는 내담자와 자기 자신을 소중히 여기는 사람이어야 한다(Bernard & Goodyear, 2009).

셋째, 아동중심 슈퍼비전에서는 상담자 및 치료자의 진실된 태도가 무엇보다도 중요하다. 상담자 및 치료자는 자신의 태도와 기법에서 일관성이 있어야 하며, 이는 성공적인 치료 여부를 결정하는 중요한 요인이 된다(Axline, 1947). 상담자 및 치료자가 내담자를 수용하고 존중하며 공감적으로 이해하는 데 심혈을 기울이고 있다고 생각하지만 실제 상담과정에서는 충고하거나 통제하려고 하는 등 자신의 의도와 다른 태도를 드러낼 수 있다. 이와 같은 이유로 로저스는 실제 녹음 테이프를 활용하는 슈퍼비전을 선호하였다(Rogers, 1942).

넷째, 아동중심 상담에서는 상담자 및 치료자와 내담아동 사이의 신뢰할 수 있는 관계형성이 매우 중요하다. 상담자 및 치료자는 아동을 존중하고 내담아동의 있는 그대로의 모습을 수용하며 아동이 자신의 감정을 완전히 표현하는 데 자유로울 수 있도록 허용적인 태도를 유지하고, 이와 같은 관계를 바탕으로 아동과 따뜻하고 친밀한 관계를 가능한 한 빨리 형성할 수 있어야 한다(Axline, 1947). 따라서 아동중심 슈퍼비전에서는 슈퍼바이지와 내담아동 사이의 관계를 잘 파악하고 이에 방해가 되는 상담자 및 치료자의 요소가 있다면 이를 탐색하는 과정이 필요하다.

다섯째, 아동중심 상담에서 상담자 및 치료자는 아동이 표현하는 감정을 민감하게 인식하고 아동이 통찰을 얻을 수 있는 방식으로 반영해 줄 필요가 있다(Axline, 1947). 아동중심 슈퍼비전에서는 슈퍼바이지가 자신에게 맡겨진 책임을 인식하며 상담시간에 민감하고 공감적인 태도를 유지하고 있는지 점검하는 시간이 필요하다. 또한 내담아동의 자발적인 표현을 격려하며, 내용을 요약하거나 재진술하는 것을 촉진하고, 의미나 내용을 반영하며, 해석이나 질문은 최소화하여 사용할 수 있도록 한다. 따라서 슈퍼비전 시간에도 슈퍼바이저는 슈퍼바이지의 이야기를 경청하고 공감적인 태도를 유지하며 슈퍼바이지의 상담과정을 살펴봐야 한다.

(1) 상담자 및 치료자 발달수준에 따른 아동중심 슈퍼비전 모델

아동중심이론에 따른 슈퍼비전에서 슈퍼바이지의 발달단계를 고려한 모델은 레이(Ray, 2011)가 제시하였다. 이 모델에서는 슈퍼바이지의 수준을 4단계로 구분하여 설명하고 있다. 슈퍼바이지의 발달단계에 따라 슈퍼바이저의 접근방식이 달라지게 된다.

- 1단계의 상담자 및 치료자는 기법중심으로, 사실과 규칙에 근거하여 사례를 이해하고자 하며, 정확한 답을 원하고, 특정 사례를 일반화하려는 경향이 나타난다. 슈퍼비전 과정에서는 평가에 민감하고, 과도하게 자기비판적이거나 지나치게 자신 있는 태도를 보이기도 한다. 놀이치료 과정에서는 정서적으로 풍부하게 반응하거나 내담자의 감정반응과 조율하지 못하고 틀에 박힌 반응을 하거나, 불안과 같은 치료자 자신의 내적 과정에 의해 쉽게 방해를 받는다. 따라서 슈퍼비전에서는 슈퍼바이지의 불안을 낮출 수 있는 방법과 내담자에 대한 공감적 이해를 전달할 수 있는 방법들에 대한 조언을 제공하는 것이 도움이 된다.
- 2단계의 상담자 및 치료자는 시도와 의심을 주로 하므로, 인간중심 철학에 의문을 가지기 시작하며, 그 효과를 직접 확인하고 싶어 하고, 보다 직접적인 방식들을 선호하기 시작한다. 놀이치료 과정에서는 슈퍼바이저가 반영해 준 감정에 대해 방어적인 태도를 보이고, 슈퍼바이저에게 말하지 않고 새로운 방법들을 시도해 보기도 한다. 따라서 부정적인 결과가 나타나기 쉬운 단계다. 슈퍼비전에서는 무조건적인

긍정적 존중과 공감적 이해를 전달하지만 충분하게 느껴지지 않는다. 그럼에도 슈퍼바이저와의 관계가 발전하고 직면에 대한 합의점은 늘어 가는 시기다.

- 3단계의 상담자 및 치료자는 치료철학이 상담실제에 녹아들어 인간중심이론의 신념체계를 받아들이므로, 아동중심 놀이치료의 철학을 거부하거나 받아들이는 것으로 결정을 내릴 수 있다. 아동중심 철학을 받아들인 경우 아동중심 놀이치료의 교육과정이나 유형, 주제들을 적극적으로 탐색하며, 놀이치료와 관련하여 자신의 감정을 탐색하는 데도 개방적이 된다. 아동중심 철학을 거부하는 경우 다른 놀이치료 방법을 선호하게 된다. 놀이치료 과정에서 경험하는 편안함이 가장 높은 시기이며, 순간을 경험하는 능력이 생기고 합의수준도 높아진다. 다른 놀이치료 방법을 지향하는 경우, 슈퍼바이저에게 이를 알린 상태에서 새로운 기법들을 적용해 보기도 한다. 따라서 슈퍼바이저와 슈퍼바이지 사이의 합의, 무조건적인 긍정적 존중, 공감적 이해의 표현이 동등한 수준에 이르고, 슈퍼바이지에게 합의가 가장 중요하게 된다.

- 4단계는 상담자 및 치료자 개인이 전문가로 성장하는 시기로, 슈퍼바이지가 슈퍼비전을 주도하며 슈퍼비전은 컨설팅으로 변화된다. 따라서 상담자 및 치료자 개인이나 특정 놀이치료 관계와 관련된 슈퍼바이지의 어려움이 슈퍼비전의 방향을 이끌어 나가게 된다. 아동중심 놀이치료가 아닌 경우 슈퍼바이지는 새로운 입장에서 훈련을 받으며, 이전의 아동중심 슈퍼바이저에게는 자문을 구하게 된다. 놀이치료 과정에서 공감적 이해와 무조건적인 긍정적 존중을 자연스러운 방식으로 표현할 수 있게 되며, 정확한 공감적 이해를 바탕으로 한 사례개념화가 가능해진다. 또한 진솔성에 근거한 자신감이 나타나는 시기다. 따라서 슈퍼바이저와 슈퍼바이지가 서로에게 합의와 공감적 이해, 무조건적인 긍정적 존중을 표현하는 수준이 높아지며, 치료자가 자신을 무조건적으로 존중하지 못한다면 내담자도 존중할 수 없다는 것을 인식하게 된다.

4) 인지행동이론

상담 및 치료의 인지행동이론은 인지적 관점과 행동주의 이론 그리고 사회인지이론의 통합을 통해 발달하여, 내담아동의 인지적 과정에 초점을 두고 인지적 요소들이 인간의 감정과 행동에 어떻게 영향을 미치는지를 강조하고 있다(Haynes, Corey, & Moulton, 2003). 이와 같은 입장에 따라 인지행동적 슈퍼비전에서 강조되는 측면들을 살펴보면 다음과 같다.

첫째, 인지행동이론에 따른 슈퍼비전은 슈퍼바이지가 인지행동이론을 이해하고 기법들을 학습하여 내담아동과의 상담에 효과적으로 적용할 수 있도록 돕는 것이다(Bradley & Gould, 2001). 상담자 및 치료자의 수행은 학습된 기술이기 때문에 슈퍼비전에서도 이 기술들을 발달시킬 수 있다(Boyd, 1978). 체계적이고 집중적인 슈퍼비전을 통해 슈퍼바이지는 인지행동 기법들을 익히고 슈퍼바이저를 모델링하는 과정을 통해 내담자에게 적용하는 방법을 배우게 된다(Haynes, Corey, & Moulton, 2003; Liese & Beck, 1997).

둘째, 인지행동적 슈퍼비전은 상담을 방해하는 슈퍼바이지의 문제들을 인식하고 그 문제들을 해결하기 위한 방안을 협력적으로 모색하는 과정이다(Bradley & Gould, 2001; Haynes, Corey, & Moulton, 2003). 인지행동적 슈퍼비전의 가장 큰 장점은 효과적인 상담을 방해하는 상담자 및 치료자의 부족한 기술들과 불합리한 사고들을 확인하고 수정하여 훈련시킬 수 있다는 점이다(Bradley & Gould, 2001). 리스와 벡(Liese & Beck, 1997)은 슈퍼비전 시간에 상담자 및 치료자의 잘못된 인식을 논박하는 인지치료 기법을 활용하기도 하였다. 또한 슈퍼비전 과정에서 경험하게 되는 슈퍼바이지의 정서적인 어려움도 인지행동치료를 적용하여 해결할 수 있다(Wessler & Ellis, 1983).

셋째, 인지행동적 슈퍼비전에서는 슈퍼바이지의 내적 동기보다 상담 중에 드러나는 구체적인 행동에 관심을 가진다. 슈퍼바이지가 상담자 및 치료자로서 수정해야 하는 행동을 파악하여 분석하고 이를 변화시키는 데 초점을 둔다(Linehan, 1980). 슈퍼바이지는 상담에 대한 지식을 상담과정에서 효율적으로 사용할 줄 아는 기술을 갖추어야 한다. 따라서 인지행동적 슈퍼바이저는 슈퍼바이지가 내담자의 문제를 파악하고 이를 해결하기 위해 과학적인 사고를 하며, 지식을 상담과정에서 효율적으로 사용할 수 있는 절차적 기술과 능력을 갖추도록 돕는다(Linehan, 1980).

넷째, 인지행동적 슈퍼비전에서는 슈퍼바이지의 행동과 사고뿐 아니라 감정도 포함한다. 슈퍼바이지가 자신의 감정을 잘 인식하는 것은 내담자에 대한 공감능력을 향상시켜, 내담자가 상담 중에 경험하는 것을 회피하지 않도록 도울 수 있다(Batten & Santanello, 2009). 또한 슈퍼바이지는 자신의 정서반응에 대처할 수 있어야 한다. 즉, 슈퍼바이지는 상담시간이나 슈퍼비전 과정에서 자주 경험하는 정서반응을 알아차리고, 이를 조절하는 기술을 습득해야 한다(Linehan, 1980).

다섯째, 인지행동 입장의 슈퍼비전에서는 다른 이론적 입장에 비해 슈퍼비전의 목표와 과정에 대해 구체적이고 체계적이다(Linehan, 1980). 또한 목표는 슈퍼바이지가 처한 상황이나 발달단계, 그리고 슈퍼비전에 대한 슈퍼바이지의 기대와 욕구를 우선적으로 고려하여 설정해야 한다(Bradley & Gould, 2001). 따라서 슈퍼바이지가 분명한 학습목표 아래에서 교육을 받을 수 있으며 슈퍼비전의 효과를 체감하고 자신감이 향상될 수 있다.

5) 슈퍼비전에 대한 발달모델

(1) 통합발달모델

통합발달모델(Integrated Developmental Model: IDM)은 초보상담자 및 치료자가 전문가로 발달해 가는 단계를 분류하고, 각 단계별로 동기, 자율성, 자기-타인 인식이라는 세 가지 측면에서의 특징을 제시하였다. 동기는 슈퍼바이지의 상담에 대한 관심과 노력 정도를 말하며, 자율성은 슈퍼바이지가 슈퍼바이저와의 관계에서 보여 주는 자율성이나 독립성의 정도다. 자기-타인 인식은 슈퍼바이지가 자신에게 몰두한 정도, 내담자의 세계관에 대한 인식의 정도, 자신의 성숙성에 대한 인식의 정도를 말한다. 이를 바탕으로 각 단계마다 슈퍼바이지의 전문성 발달을 평가하기 위해, 개입기술, 평가기술, 상호작용적 평가, 내담자에 대한 개념화, 개인차, 이론적 성향, 치료계획과 목표, 전문가로서의 윤리라는 8가지 영역을 제시하였다(Stoltenberg, McNeill, & Delworth, 1998). 다음은 4단계의 슈퍼바이지 발달단계에 따른 슈퍼바이저의 접근방식에 대한 설명이다.

- 1단계의 상담자 및 치료자는 자신감이 부족하고 평가에 대한 불만이 높으며 상담자 및 치료자로서의 활동에 대한 확신이 부족하여 슈퍼바이지에게 직접적인 조언을 구하고 싶어 한다. 내담자의 강점과 약점을 파악하고 전체적인 관점에서 이해하

는 데 어려움이 있고 치료목표를 설정하고 목표와 전략을 연결시키는 데 한계가 있기 때문에 슈퍼바이저가 상담에 효과적인 방법과 기술을 지시해 주기를 기대한다. 따라서 이 단계에서는 슈퍼바이지가 원하는 구조를 충족시켜 주고 슈퍼바이저가 교수 역할을 통해 슈퍼바이지의 발달을 촉진시키며, 슈퍼바이지의 구체적인 이해를 돕는 것이 필요하다.

- 2단계의 상담자 및 치료자는 어느 정도 자신감을 획득해 가는 과정에서 상담자 및 치료자로서의 능력을 향상시키기 위해 노력한다. 무엇보다도 상담에서의 자율성과 의존성 사이의 갈등이 두드러진다. 내담자를 이해하고 공감하는 능력이 발달하고, 상담자 및 치료자로서의 자신에 대한 통찰을 얻기 시작하는 단계다. 점차 자신의 의견을 발달시키고 독립적이 되지만 구체적인 도움도 필요로 하기 때문에 갈등을 겪는 시기다. 따라서 이 단계에서는 슈퍼바이지에게 보다 자율성을 허용하고 적절한 충고를 제공하면서도 슈퍼바이지가 스스로 자신의 결정에 여유를 가질 수 있도록 격려하는 것이 도움이 된다.

- 3단계의 상담자 및 치료자는 자신감이 향상되고, 상담기술이 발달하며, 내담자에 대한 이해와 객관적 인식이 증가한다. 각 이론들의 강점과 약점을 이해하고 상담자 및 치료자로서의 자신의 장단점을 수용할 수 있게 되어 상담장면에서 자신을 활용할 수 있게 된다. 따라서 이 시기 슈퍼비전에서 슈퍼바이지는 상담자 및 치료자로서의 자신의 모습에 더 직면할 수 있게 되고 슈퍼바이저로부터 지지와 통찰을 얻는다.

- 4단계의 상담자 및 치료자는 스스로 상담을 할 수 있는 발달단계에 이른다. 슈퍼바이지는 자신의 개인적 특성과 능력에 대한 이해가 증가하여 스스로의 한계와 불안정성을 충분히 인식할 수 있다. 언제 자문이 필요한지를 스스로 판단할 수 있게 되므로 이 수준에서 슈퍼비전은 자문의 성격을 띠게 된다(Stoltenberg, McNeill, & Delworth, 1998).

이 모델에서 상담자 및 치료자의 발달과정은 끊임없이 변화하지만 일직선상의 변화를 보이는 것은 아니며, 슈퍼바이지에 따라 각 영역에서 서로 다른 수준을 보일 수도 있다(Stoltenberg, McNeill, & Delworth, 1998).

(2) 전생애 발달모델

로네스타드와 스코브홀트(Rønnestad & Skovholt, 1993)는 기존의 발달모델들이 상담자 및 치료자의 개인 특성을 고려하지 않고, 상담자 및 치료자의 발달을 주로 대학원생과 인턴기간에 초점을 맞추었던 한계를 지적하면서 상담자 및 치료자가 일생 동안 발달하는 과정에 관심을 두었다. 이들은 상담자 및 치료자의 전문성이 향상됨에 따라 전문적인 개별화가 이루어지며, 상담방식과 사례개념화 방식에서 융통성과 창의성이 나타나게 되고, 전문적인 자기성찰이 핵심적인 역할을 하게 되며, 학습된 지식보다는 자기구성적인 지식을 더 많이 사용하고, 자신의 전문성에 대한 확신이 증가하고 불안감이 감소한다는 점을 강조하면서(Skovholt & Rønnestad, 1992), 상담자 및 치료자들에 대한 질적 연구에 기초하여 6단계로 이루어진 상담자 및 치료자에 대한 전생애 발달모델을 제안하였다(Rønnestad & Skovholt, 2003).

- 1단계의 상담자 및 치료자는 조력자 단계로 다른 사람들을 도와준 경험을 바탕으로 정서적인 지지와 자신의 경험에 기초한 조언을 제공하는 것을 특징으로 한다. 아직 전문가로서의 능력과 태도를 충분히 갖추지 못했기 때문에 문제를 빠르게 확인하고 강한 정서적 지지와 자신의 경험에 기초한 충고를 제공한다.
- 2단계의 상담자 및 치료자는 초기 학생단계로 자신감이 부족하고 불안이 높으며 의존적인 상태다. 슈퍼바이저의 격려와 지지를 가치 있게 여기고 비판에는 민감하여 상담에서 전형적으로 제시된 방법들을 추구한다.
- 3단계의 상담자 및 치료자는 진전된 학생단계로 전문가 수준에 도달하기 위해 필요한 능력들을 갖추기 위해 노력하는 시기다. 훈련과 학습이 도움이 된다는 것을 인식하지만 여전히 불안해하기 때문에 슈퍼비전을 통한 지지와 확신이 매우 중요하다.
- 4단계의 상담자 및 치료자는 초보 전문가단계로 졸업 후 이론 교육이나 슈퍼비전의 요구를 벗어나 자유로운 상태이지만 전문가로서의 준비가 부족하다는 것을 실

감한다. 자신의 성격을 치료과정에 통합할 수 있게 되며 자신에게 적합한 역할이나 환경을 추구한다.

- 5단계의 상담자 및 치료자는 경험이 풍부한 전문가 단계로 많은 경험을 바탕으로 자신에게 적합한 상담양식을 개발해 나간다. 내담자와의 치료관계가 중요하다는 것을 충분히 이해하고 다양한 기법들을 융통성 있고 자신에게 맞게 사용할 수 있다. 또한 경험이 부족한 상담자 및 치료자는 내담자와의 관계 속에서도 많은 것들을 학습할 수 있게 된다.
- 6단계의 상담자 및 치료자는 원로 전문가 단계로 20년 이상의 상담경험을 가지고 자신의 성격에도 잘 맞고 진정성이 있는 상담 접근법들을 가지고 있다. 새로운 것들에 대해서는 다소 보수적인 성향을 보이며, 상실감에 대비해야 하는 것이 중요한 과제가 된다.

(3) 발달모델들의 적용

슈퍼비전에 대한 발달모델들의 공통점은 상담자 및 치료자로서 슈퍼바이지의 발달수준을 고려하여 그에 적합한 구조와 내용에 초점을 맞추는 슈퍼비전을 제공하고자 한다는 것이다. 예를 들어, 경험이 적은 슈퍼바이지는 슈퍼바이저가 상담에 대해 구체적인 정보를 제공해 주기를 원하므로(Bradley & Kottler, 2001), 인간중심 접근에 따른 슈퍼비전은 슈퍼바이지의 불안을 초래할 수 있다. 또한 이들은 평가에 민감하고 자신의 평가와 슈퍼바이저의 피드백이 불일치할 때 저항하기도 하므로 슈퍼바이저와 슈퍼바이지의 관계형성이 중요하다(Hart, 1982; Veach, 2001). 반면, 상담자 및 치료자로서 보다 성숙한 단계에 진입한 슈퍼바이지에게는 상담자 및 치료자를 학습 가능한 존재로 가정하는 인지행동 접근의 구조화된 슈퍼비전 방식(Bernard & Goodyear, 2009)보다 상담의 과정에 주목하고 슈퍼바이지 스스로의 상담양식을 개발하도록 돕는 자발적인 분위기의 슈퍼비전이 유용할 수 있다(Prieto, 1998). 따라서 각 이론적 입장뿐 아니라 상담자 및 치료자의 발달수준까지도 고려하는 슈퍼비전이 유용할 수 있다.

3. 슈퍼비전의 실제

1) 슈퍼비전 과정

(1) 슈퍼바이지의 준비

슈퍼비전을 준비하는 과정에서 내담자에 대한 정보를 모으고 상담자료를 정리하는 동안 슈퍼바이지는 스스로 많은 것을 학습할 수 있다. 예를 들어, 내담자에 대해 이해를 위해 부족한 정보 또는 모순되는 정보들을 스스로 점검할 수 있고, 상담에서 자신의 언어적 · 비언어적 반응들을 관찰할 수 있는 기회가 되기도 한다. 따라서 상담자 및 치료자로서의 책임감을 가지고 슈퍼비전을 준비하는 과정은 슈퍼바이지에게 매우 유용한 시간이 된다.

슈퍼바이지는 내담아동에 대해 기본적인 신상자료를 수집하고, 상담의뢰 경위를 파악한다. 주호소 문제는 특히 자세하게 파악할 필요가 있는데, 주호소 문제의 구체적인 내용, 문제의 지속기간, 부모나 주위 사람들의 대처방식 등을 기록한다. 부모와 아동과의 면담자료를 바탕으로 아동의 발달력과 생육사, 가족관계, 대인관계, 학습에 대한 태도와 학교적응 수준, 아동이 선호하는 놀이의 특징과 자발성, 신체적 건강 등을 점검한다. 아동을 관찰하여 외모, 몸의 움직임이나 행동특성, 상담자 및 치료자와 관계를 맺는 방식과 태도, 대화 중의 언어적 특징과 비언어적인 특징, 감정 및 기분, 지각과 사고 과정 등을 파악한다. 부모나 아동을 둘러싸고 있는 환경 특성들을 파악하고, 가족관계와 대인관계를 탐색하여 실제적인 적응수준도 점검해 본다.

이와 같은 과정에서 객관적인 자료를 수집하여 보고하는 것이 중요하다. 부모나 교사 등 다른 사람들의 관점과 입장, 감정 반응 등이 아동에 대한 평가에 영향을 미칠 수 있기 때문에 구체적인 상황을 파악하여 기술해야 한다. 이를 바탕으로 내담아동에 대한 사례 공식화 또는 사례개념화 내용을 서술하고 치료목표를 설정한다.

상담과정에 대한 자료를 준비할 때는 상담내용과 상담과정, 그리고 내담아동과 상담자 및 치료자의 관계를 기술한다. 이 과정에서도 내담자의 반응이나 태도만을 기술하거나 내담아동에 대한 상담자 및 치료자의 평가 위주로 기록하는 것을 주의해야 한다. 내담아동과 상담자 및 치료자 간 상호작용의 구체적인 상황이 직접적으로 드러나도록 하고, 상담자 및 치료자의 판단의 근거가 됐던 실제적인 상황을 제시한 다음, 상담자 및 치료자의 평가와 논의하고 싶은 사항들을 기록한다.

(2) 슈퍼바이저의 개입

버나드(1979)는 슈퍼비전에서 초점을 두어야 하는 세 가지 영역으로 개입 기술, 개념화 기술, 개인화 기술을 제시하였다. 우선, 개입 기술이란 상담회기 내에서 상담자 및 치료자가 무엇을 해야 하는지에 대한 것으로 슈퍼바이저가 관찰가능한 슈퍼바이지의 행동을 말한다. 예를 들어, 상담자 및 치료자의 공감, 침묵의 사용, 직면과 해석 등이 있을 수 있다. 둘째, 개념화 기술은 내담자의 문제에 대한 상담자 및 치료자의 개념화 능력과 문제에 대한 통합적인 이해능력을 말한다. 내담자가 제공하는 정보들 속에서 핵심적인 내용이나 내담자의 패턴 등을 분별하고 이에 적절한 개입방법들을 선택하는 것을 포함한다. 셋째, 개인화 기술은 슈퍼바이지가 자신의 개인적 특성을 상담과정에서 효과적으로 활용하며, 개인적인 문제나 역전이 반응으로 인해 상담이 방해를 받지 않도록 하는 것을 말한다(Bernard, 1997; Bernard & Goodyear, 2009).

이와 유사하게 할로웨이(Holloway, 1995)는 슈퍼비전에서 다뤄야 하는 전문적인 지식으로 상담기술, 사례개념화, 전문적 역할, 정서적 알아차림, 자기평가라는 다섯 가지 과제를 제시하였다. 첫째, 상담기술은 상담자 및 치료자가 상담과정에서 나타내는 행동과 구체적인 상담기법들을 말한다. 둘째, 사례개념화는 내담자의 과거사와 현재의 호소문제에 대한 이해, 그리고 상담자 및 치료자의 이론적인 이해를 바탕으로 내담자에 대해 개념적으로 이해하는 것을 말한다. 셋째, 전문적 역할이란 상담자 및 치료자가 전문가로서의 역할을 하는 데 있어서 전문적이고 윤리적이며 적절한 원칙들을 적용하고 수행하는지에 대한 것이다. 넷째, 정서적 알아차림은 상담자 및 치료자가 내담자와의 관계, 슈퍼비전 관계에서 일어나는 자신의 감정, 사고, 행동에 대해 어느 정도 인식할 수 있는가를 말한다. 이는 개인 내적 과정과 대인관계적 과정 모두를 포함한다. 다섯째, 자기평가는 상담자 및 치료자가 상담이나 슈퍼비전에서 자신의 능력과 한계를 스스로 깨닫고 평가하고자 하는 노력을 말한다.

이와 같은 내용들은 상담자 및 치료자가 필수적으로 습득하고 발전시켜야 하는 항목들이며, 슈퍼바이지의 이론적인 지향이나 발달수준에 따라 초점을 달리할 수 있다.

(3) 슈퍼비전 관계

보딘(Bordin, 1983)은 슈퍼비전 관계를 강조하면서 슈퍼비전 동맹에 대해 논의하였다. 슈퍼비전 작업동맹이란 슈퍼바이저와 슈퍼바이지가 서로의 관계에 대해 어떻게 지각하고 있는가를 나타내는 것으로, 목표, 과제, 유대의 세 가지 요인으로 구성되어 있다. 여기에서 목표요인은 슈퍼비전 목표에 대한 생각과 감정에 대해 서로 이해하고 동의하는가를 말하고, 과제요인은 목표성취를 위해서 서로에게 기대하는 역할과 구체적인 과업에 대한 동의 여부를 의미한다. 유대요인은 서로에게 갖고 있는 호감, 돌봄 등과 같은 긍정적인 감정을 포함한다. 따라서 이와 같은 관계를 발전시키기 위해서는 첫 회기에 슈퍼비전에서 기대하는 바에 대해 대화를 나누며 목표를 명확히 하고 합의하는 것이 필요하다.

모세스와 하딘(Moses & Hardin, 1978)은 긍정적인 슈퍼비전 관계를 위해 두 가지 조건이 필요하다고 하였다. 첫째는 촉진적인 조건들로 공감과 슈퍼바이지에 대한 존중 그리고 구체성이 포함되며, 둘째는 행동중심의 조건들로 슈퍼바이저의 진실성, 직면 그리고 즉각성이 포함된다. 헤이네스, 코리, 그리고 몰턴(Haynes, Corey, & Moulton, 2003)은 슈퍼비전 관계의 핵심적인 요소들로 신뢰, 자기개방을 격려하기, 전이와 역전이를 파악하기, 문화적인 다양성을 이해하기, 적절한 경계를 형성하기 등을 들었다. 무스-버크, 래다니 그리고 덱(Muse-Burke, Ladany, & Deck, 2001)은 슈퍼비전 관계에서 구체성과 직면을 강조하였다. 슈퍼바이지의 전문적인 발달에 관련된 감정, 사고, 행동, 경험들을 슈퍼바이저가 구체적으로 표현하고, 슈퍼바이지가 전문적인 상담자 및 치료자로서의 깊은 인식과 통찰을 얻도록 하기 위하여 슈퍼바이지의 일관되지 않은 감정, 태도, 행동들에 대한 슈퍼바이저의 생각을 나누는 것이 유용할 수 있다.

슈퍼비전 관계는 슈퍼바이지가 성장하는 과정과도 밀접한 관계가 있다. 상담자 및 치료자가 발달 초기단계에서 보다 전문적이고 독립적인 상담자 및 치료자로 발전해 가는 과정에서 슈퍼비전 관계는 중요한 역할을 하며, 슈퍼비전 관계의 질은 상담자 및 치료자의 변화와 슈퍼비전의 효율성에 기여한다(Holloway, 1995). 상담자 및 치료자의 경력이 증가함에 따라 슈퍼비전에 대한 불안은 감소하고 슈퍼바이지가 자기개방을 하는 정도는 커지며, 개방의 정도가 커질수록 슈퍼비전 만족도도 높아지는 것으로 나타나고 있다(손승희, 2005; 손은정 외 2006).

2) 아동과 부모에 대한 고려

아동의 상담 및 치료는 내담아동이 자발적인 동기를 가지고 상담소에 오는 경우가 많지 않다는 점을 우선적으로 고려해야 한다. 아동은 자신의 심리적 어려움을 자각하지 못하거나 상담의 필요성을 느끼지 못함에도 불구하고 부모나 교사 등 다른 사람의 결정에 의해 상담소를 방문하게 되는 경우가 많다. 따라서 슈퍼바이저는 아동이 상담에 대해 거부감을 갖거나 동기가 부족한 상태에 있을 수 있고, 이로 인해 상담 초기에 강한 저항에 직면하게 될 수도 있다는 것을 슈퍼바이지가 충분히 의식하고 아동과 협력관계를 형성하기 위해 노력하고 있는지를 점검하고 촉진할 필요가 있다.

아동의 심리적 어려움에 대한 보고도 주로 부모나 교사와 같은 주변 사람들을 통해 이루어지게 된다. 따라서 아동 자신의 호소문제와 아동의 자기인식에 대한 내용을 파악하기 위해 아동과의 직접적인 면담을 강조하기도 한다. 하지만 아동의 성장에 방해가 될 수 있다는 이유로 아동의 문제에 대한 대화가 바람직하지 않다고 생각하는 입장도 있다. 그러나 상담관계가 형성되고 치료가 진전되면, 아동은 은유적이거나 상징적인 표현을 통해서 또는 직접적인 언어적 보고를 통해서 자신의 어려움을 드러내게 된다. 따라서 슈퍼바이저는 슈퍼바이지가 아동의 부모나 교사 등 다른 사람들이 아동에 대해 평가하고 있는 내용뿐 아니라 아동이 호소하거나 드러내고 있는 내용도 중요하게 고려하여 아동의 문제에 대해 객관적이고 균형 잡힌 시선을 유지할 수 있도록 도울 필요가 있다.

실제 상담 및 치료가 시작되는 과정에서도 상담자 및 치료자는 부모의 영향을 민감하게 파악할 필요가 있다. 액슬린(1947)은 아동의 심리치료에서 구조화는 상담자 및 치료자의 언어적인 지시보다 비언어적인 태도와 행동을 통해 구체적으로 드러난다고 하였다. 또한 이 과정에서 부모가 상담자 및 치료자를 신뢰하지 못할 경우 부적절한 방식으로 개입하게 되는 것에도 주의해야 한다. 부모는 자녀의 심리적인 안녕을 위해 낯선 상담자 및 치료자에게 아동을 맡기는 과정에서 불안을 경험할 수 있고(Allen, 1964), 아동의 입장에서도 부모와 함께 와서 상담자 및 치료자와 치료실로 들어가는 과정은 많은 심리적인 갈등을 야기할 수 있다(Erikson, 1964). 따라서 아동 슈퍼바이저는 슈퍼바이지가 아동과 부모의 미묘한 감정 변화를 충분히 인식하고 대처할 수 있도록 주의를 기울이는 것이 중요하다.

아동 슈퍼비전에서는 상담자 및 치료자가 아동과의 신뢰관계뿐만 아니라 부모와도 협력관계를 형성하고 있는지 살펴볼 필요가 있다. 성공적인 아동상담을 위해서는 상담자 및 치료자가 아동과 부모 각각과 치료동맹을 형성하는 것이 중요하다. 하지만 아동 상담자 및 치료자는 전이와 역전이의 영향을 더 많이 받을 수 있기 때문에 치료동맹을 유지하는 데 어려움을 겪을 수 있다. 빅(Bick, 1962)은 아동의 의존성, 전이 강도 등이 상담자 및 치료자의 무의식적 불안을 각성시키는 경향이 있음을 지적하였다. 또한 아동의 고통을 보며 상담자 및 치료자의 감정적인 동요가 일어날 수 있고 아동과 아동의 부모 모두와 접촉을 하기 때문에 아동 상담자 및 치료자가 역전이를 경험할 가능성이 더 클 수 있다(Ekstein, Wallerstein, & Mandelbaum, 1959). 따라서 아동 슈퍼바이저는 슈퍼바이지의 역전이 반응을 주의 깊게 탐색하며, 슈퍼바이지가 아동 및 아동의 부모 모두와 치료관계를 유지하고 있는지를 살펴봐야 한다.

아동을 대상으로 하는 상담 및 치료는 상담자 및 치료자와 내담자가 대화를 주고받는 성인상담과 달리 놀이나 미술 등의 활동에 치료자가 참여하는 과정이 포함되며, 그 방법은 치료적인 입장에 따라 차이가 있다. 지시적인 입장의 상담자 및 치료자는 아동의 심리치료를 구조화하거나, 비구조화된 형식 내에서도 치료자가 적극적으로 참여하여 구체적인 목표달성을 위해 집중한다. 비지시적인 입장의 상담자 및 치료자는 아동이 심리적인 어려움 속에서도 자신에게 잠재되어 있던 성장동력을 발휘하여 스스로 상담을 이끌어 나갈 수 있도록 하는 것을 목표로 한다. 상담자 및 치료자의 입장뿐 아니라 아동의 특성도 작용할 수 있다. 어떤 아동은 치료자와 대화를 거의 나누지 않고 단독 놀이를 즐겨 하는가 하면, 다른 아동은 치료자에게 종종 도움을 요청하거나 치료자의 적극적인 참여를 원하는 경우도 있다. 이와 같은 경우에 상담자 및 치료자는 치료적인 입장, 내담아동에 대한 이해와 치료목표를 종합적으로 고려하여 아동에게 최적의 방법이라고 판단되는 태도를 따르는 것이 중요하다. 따라서 슈퍼바이저는 이 과정에서 슈퍼바이지가 경험할 수 있는 내적 반응에 유의하며 내담아동에게 일관된 태도를 유지할 수 있도록 도와야 한다.

마지막으로 아동의 경우 제한의 원칙과 과정을 살펴볼 필요가 있다. 제한은 경험이 많지 않은 아동 상담자 및 치료자들이 가장 어렵게 느끼는 문제 중 하나다. 제한이 필요한 경우나 제한을 제시하는 방법, 그리고 아동이 제한을 어겼을 때 상담자 및 치료자가 어떤 방식으로 대처할 것인가 하는 것에 대해서도 역시 치료자의 입장과 내담아동의 특성, 치료자의 특성 모두를 고려해서 판단하게 된다. 슈퍼비전 시간에 제한과 관련된 슈퍼바이지의 심리적 어려움에 대해 충분히 논의하는 과정을 통해 치료자가 일관된 태도를 취할 수 있도록 도울 수 있다.

3) 매체에 따른 고려

아동을 대상으로 하는 상담 및 치료는 주로 놀이치료, 모래놀이치료, 미술치료 등 매체를 활용하는 기법을 사용하는 것이 일반적이다. 놀이치료나 미술치료의 경우, 상담자 및 치료자의 이론적 입장에 따라 기본적인 구성과 상담자 및 치료자의 태도가 정해지며, 또한 내담아동의 특성에 따라 상담실에 제공되는 재료의 종류가 달라질 수 있다. 아동 상담자 및 치료자들은 아동중심(Axline, 1947), 정신분석(Klein, 1964), 인지행동(Knell, 1993) 등 이론적 배경에 따라 중요하다고 생각되는 치료실 환경에 대해 설명하였다. 이를 바탕으로 놀잇감이나 게임, 미술재료가 가지고 있는 치료적 특성이 내담아동의 심리적 상태에 적절하게 적용될 수 있도록 활용할 필요가 있다.

모래놀이치료의 경우 로웬펠드(Lowenfeld, 1979)의 세계기법과 이를 분석심리학적 입장에서 발전시킨 칼프(1980)의 지침에 따라 실시하는 경우가 일반적이다. 모래상자는 57cm×72cm×7cm의 규격화된 크기를 사용해서 안정감과 보호받는 느낌을 느낄 수 있도록 하며, 모래놀이에 필요한 피규어들을 준비한다(Green, 2007; Kalff, 1980). 내담자가 피규어들로 만든 3차원의 모래그림은 심리적인 상황이 가시적으로 표현된 것이며, 이는 다시 인간의 발달에 영향을 미치게 된다. 칼프는 아동이 피규어를 선택하고 사용하는 데 완전한 자유를 허용하며, 그 안에서 해석은 배제한 채로 내담자에 대한 이해와 수용을 바탕으로 치료적인 분위기를 형성하는 것을 강조하였다(Friedman & Mitchell, 2011; Kalff, 1980).

따라서 아동 슈퍼바이저는 슈퍼바이지가 치료실 환경과 매체의 특성을 충분히 이해한 다음 상담을 진행하고 있는지, 내담아동의 특성에 따른 고려가 이루어지고 있는지 등을 살피고 점검할 필요가 있다.

4. 슈퍼비전 사례

모래상자 슈퍼비전 방법

다음은 배걸리와 드루스(Baggerly & Drewes, 2011)의 모래상자 슈퍼비전(sandtray supervision) 방법을 적용한 사례다.

■ 슈퍼바이저의 지시
- "아동이나 다른 가족들에 대한 당신의 생각이나 느낌을 가장 잘 반영하는 피규어를 선택하십시오."
- "모래상자에 표현하십시오."
- "모래상자에 표현된 아동과 가족에 대해 이야기해 주거나 당신이 아는 것에 대해 이야기해 주십시오."

■ 슈퍼바이지
- 모래상자 장면: 낮은 담장과 작은 풀이나 잔디로 둘러싸인 방 안에 빈 소파가 2개 있고 옆에 램프가 있다. 소파 옆으로 흰 양이 있고, 그 옆에 작은 초록 공룡이 있다. 방 가운데 회색 작은 강아지가 있고, 그와 마주 보고 붉은색 큰 공룡이 서 있다.

- 양은 엄마, 그 옆 작은 공룡은 아빠, 작은 강아지는 아동, 큰 공룡은 아동의 동생이다.
- 이 가정에서 아빠는 가장이지만 잦은 출장으로 실질적으로 큰 힘이 없다. 엄마는 실질적으로 두 아들을 양육하고는 있지만 큰 기운은 없으며 양육기술도 부족하여 양육을 버겁게 느끼고 있다. 아동은 이 가정에서 가장 힘이 없는 존재이며, 동생과 어울려 놀기는 하지만 즐겁지는 않다. 겉으로 보기에는 단란한 가정이고 큰 문제는 없어 보이며 가족구성원끼리 서로를 바라보고 있고 생각하지만, 질적인 상호작용이 부족하여 경직되어 있다.

■ 질문

- 슈퍼바이저: "이 장면에서 가장 걱정이 많은 사람은 누구인가요?"
  슈퍼바이지: "아동입니다. 아동은 위축되고 두려움과 불안이 높아요."
- 슈퍼바이저: "걱정되는 일이 있을 때와 없을 때 그 사람은 어떻게 행동하나요?"
  슈퍼바이지: "아동은 긴장하고 불안해합니다. 부모와의 상호작용이 부족하여 공상에 몰두하거나 멍하게 있거나 자위행위를 하곤 해요. 동생과는 상호작용을 하지만 상호협조관계보다는 늘 양보하는 관계로 이와 관련한 불안이나 속상한 마음상태를 강하게 부인해요."
- 슈퍼바이저: "누가 그 사람의 걱정을 제일 먼저 알아차리고 도움을 주려고 할까요?"
  슈퍼바이지: "엄마입니다. 아동에 대해 높은 기대를 갖고 관심을 보이지만 우울감과 감정기복을 보이고, 아동의 감정이나 욕구에 다소 둔감해요."
- 슈퍼바이저: "실제로는 아이에게 가장 높은 기대를 걸면서도 그것을 내보이려 하지 않는 사람은 누구라고 생각되나요?"
  슈퍼바이지: "아빠입니다. 순응적이나 내향적이고 수줍음이 많아 사회적 상황에서 불편감과 불안이 높아요. 아동과 가장 가깝게 지내지만 현재 활력 및 에너지 수준이 낮아 적극적으로 문제해결을 하지 못하고 있어요."

5. 맺음말

이 장에서는 상담 및 심리치료 현장에서 내담자에게 전문적인 도움을 제공하는 데 필수적인 역할을 하는 슈퍼비전에 대해 알아보았다. 슈퍼비전은 다양하게 정의될 수 있으나 상담자 및 치료자와 내담자의 성장을 도모하려는 공통된 목적을 갖는다. 이를 위해 슈퍼바이저는 다양한 역할을 수행하며, 특히 각 이론적 입장에 따라 그리고 상담자의 발달수준에 따라 슈퍼바이저의 역할과 슈퍼비전 과정은 달라질 수 있다. 아동·청소년 내담자를 대상으로 하는 상담에서는 내담자와 부모, 그리고 사용되는 매체에 대한 고려도 필요하다.

슈퍼비전은 슈퍼바이지에게도 매우 중요한 의미를 가진다. 슈퍼비전을 준비하는 과정에서부터 슈퍼바이지는 자신의 내담자를 이해하기 위해 더욱 집중하며 내담자에 대한 다양한 정보를 종합하고 구조화한다. 상담 및 치료 중에 내담자가 보였던 반응의 의미를 한 번 더 생각해 보게 되고, 슈퍼바이지 자신의 반응도 스스로 점검하게 된다. 따라서 슈퍼비전을 준비하는 과정 자체가 스스로 성장할 수 있는 기회이며, 슈퍼비전을 통해 스스로 발견하지 못했던 부분까지 포함하여 더 넓은 관점에서 내담자를 이해하고 바라볼 수 있게 된다. 슈퍼바이저도 슈퍼바이지의 사례를 살펴보고 슈퍼비전을 제공하면서 다양한 사례를 접하고 객관적인 관점에서 사례를 보는 안목을 키울 수 있다. 특히 슈퍼바이지와의 관계, 나아가 상담자 및 치료자로서의 자신을 돌아보고 성장할 수 있는 기회를 얻는다는 점에서 슈퍼비전은 더할 나위 없이 값진 경험이 될 수 있다.

참고문헌

손승희(2005). 수퍼비전에서 상담수련생의 비개방 내용, 이유 및 방식에 대한 연구. 한국심리학회지: 상담 및 심리치료, 17(1), 57-74.

손은정, 유성경, 강지연, 임영선(2006). 수퍼비전 작업동맹과 상담자 경력수준이 역할 어려움과 수퍼비전 만족도에 미치는 영향. 한국심리학회지: 상담 및 심리치료, 18(4), 695-711.

천성문(2013). 상담 수퍼비전 개관. 상담 수퍼비전의 이론과 실제. 유영권, 김계현, 김미경, 문영주, 손은정, 손진희, 심흥섭, 연문희, 천성문, 최의헌, 최한나, 최해림 저. 서울: 학지사, pp. 17-41.

최해림, 김영혜(2006). 한국의 상담자 교육과 훈련에 관한 연구: 상담심리 석 · 박사 교과과정을 중심으로. 한국심리학회지: 상담 및 심리치료, 18(4), 713-729.

Allen, F. H. (1964). The beginning phase of therapy. In M. R. Haworth (Ed.), *Child psychotherapy: Practice and theory* (pp. 101-105). New York: Basic Books.

Axline, V. M. (1947). *Play therapy: The inner dynamics of childhood.* Cambridge: Houghton Milfflin.

Baggerly, J., & Drewes, A. (2011, August). *Multicultural play therapy supervision for moral and ethical dilemmas.* Association for Play Therapy Annual Conference.

Bartlett, W. E. (1983). A multidimensional framework for the analysis of supervision of counseling. *The Counseling Psychologist, 11*(1), 9-17.

Batten, S. V., & Santanello, A. P. (2009). A contextual behavioral approach to the role of emotion in psychotherapy supervision. *Training and Education in Professional Psychology, 3*(3), 148-156.

Bernard, J. M. (1979). Supervisor training: A discrimination model. *Counselor Education and Supervision, 19*, 60-68.

Bernard, J. M. (1997). The discrimination model. In C. E. Watkins (Ed.), *Handbook of psycho-therapy supervison* (pp. 310-327). New York: Wiley.

Bernard, J. M., & Goodyear, R. K. (2009). *Fundamentals of clinical supervision.* Upper Saddle River, N. J.: Merrill/Pearson.

Bick, E. (1962). Symposium on child analysis: Ⅰ. Child analysis today. *International Journal of Psycho-analysis, ⅩLⅢ,* 328-332.

Bordin, E. S. (1983). A working alliance based model of supervision. *The Counseling Psychologist, 11,* 35-41.

Boyd, J. (1978). *Counselor supervision: Approaches, preparation, practices.* Muncie, IN: Accelerated Development.

Bradley, L. J., & Gould, L. J. (2001). Theoretical approaches to counselor supervision. In L. J. Bradley & N. Ladany (Eds.), *Counselor supervision: Principles, process, and practice* (3rd ed., pp. 147-180). Philadelpia, PA: Brunner-Routledge.

Bradley, L. J., & Kottler, J. (2001). Overview of counselor supervision. In L. J. Bradley & N. Ladany (Eds.), *Counselor supervision: Principles, process, and practice* (3rd ed., pp. 3-27). Philadelpia, PA: Brunner-Routledge.

Colm, H. (1964). A field-theory approach to transference and its particular application to children. In M. R. Haworth (Ed.), *Child psychotherapy: Practice and theory* (pp. 242-256). New York: Basic Books.

Corsini, R. J., & Wedding, D. (2004). 현대 심리치료(김정희 역). 서울: 학지사. (원저 2000년 출판)

Ekstein, R., Wallerstein, J., & Mandelbaum, A. (1959). Countertransference in the residential treatment of children. *Psychoanlaytic Study of the Child,* XIV, 186-218.

Erikson, E. H. (1964). The initial situation and its alternatives. In M. R. Haworth(Ed.), *Child psychotherapy: Practice and theory* (pp. 106-110). New York: Basic Books.

Frankl, L., & Hellman, I. (1964). The ego's participation in the therapeutic alliance. In M. R. Haworth (Ed.), *Child psychotherapy: Practice and theory* (pp. 229-235). New York: Basic Books.

Frawley-O'Dea, M. G., & Sarnat, J. E. (2001). *The supervisory relationship: A contemporary psychodynamic approach.* New York: Guilford Press.

Freud, A. (1928). *Introduction to the technique of child analysis.* New York: Nervous and Mental Disease Publishing.

Freud, S. (1909). *Two case histories: 'Little Hans' and the 'Rat man'.* London: Hogarth Press.

Friedman, H. S., & Mitchell, R. R. (2011). 모래놀이치료 수퍼비전(장미경, 이미애, 이상희, 채경선, 홍은주 역). 경기: 한국임상모래놀이치료학회. (원저 2007년 출판)

Gilbert, M. C., & Evans, K. (2000). *Psychotherapy supervision.* Buckingham, England: Open University Press.

Green, E. (2007, October). *Clinical supervision and the utilization of creative play therapy techniques.* Association for play therapy annual conference, Hollywood, California.

Grenben, S. E. (1991). Interpersonal aspects of the supervision of individual psychotherapy. *American Journal of Psychotherapy, 45,* 306-316.

Hackney, H. L., & Goodyear, R. K. (1984). Carl Rogers' client-centered supervision. In R. F. Levant

& J. M. Schlien (Eds.), *Client-centered therapy and the person-centered approach*. New York: Praeger.

Hart, G. M. (1982). *The process of clinical supervision*. Baltimore, MD: University Park Press.

Haynes, R., Corey, G., & Moulton, P. (2003). *Clinical supervision in the helping professions: A practical guide*. Pacific Grove, CA: Brooks/Cole.

Holloway, E. L. (1995). *Clinical supervision: A systems approach*. Newbury Park, CA: Sage Publicaions.

Jacobs, D., David, P., & Meyer, D. J. (1995). *The supervisory encounter: A guide for teachers of psychodynamic psychotherapy and psychoanalysis*. New Haven: Yale University Press.

Kalff, D. M. (1980). Sandplay: *A psychotherapeutic approach to the psyche*. Santa Monica, CA: Sigo Press.

Klein, M. (1932). *The psychoanalysis of children*. London: Hogarth Press.

Klein, M. (1964). The Psychoanalytic Play Technique. In M. R. Haworth (Ed.), *Child psychotherapy: Practice and theory* (pp. 277-286). New York: Basic Books.

Knell, S. M. (1993). *Cognitive-behavioral play therapy*. New Jersey: Janson Aronson.

Landreth, G. L. (2009). 놀이치료: 치료관계의 기술(유미숙 역). 서울: 학지사. (원저 2001년 출판)

Liese, B. S., & Beck, J. S. (1997). Cognitive therapy supervision. In C. E. Watkins, Jr. (Ed.), *Handbook of psychotherapy supervision* (pp. 114-133). New York: John Wiley & Sons.

Linehan, M. M. (1980). Supervision of behavior therapy. In A. K. Hess (Ed.), *Psychotherapy supervision: Theory, research and practice* (pp. 148-180). New York: Wiley.

Loganbill, C., Hardy, E., & Delworth, U. (1982). Supervision: A conceptual model. *The counseling psychologist, 10*, 3-46.

Lowenfeld, M. (1979). *Understanding children's sandplay: Lowenfeld's World Technique*. London: Allen and Unwin.

Mearns, D. (1997). *Pearson-centred counselling training*. London: Sage Publications.

Moses, H. A., & Hardin, J. T. (1978). A relationship approach to counselor supervision in agency settings. In J. Boyd (Ed.), *Counselor supervision* (pp. 437-480). Muncie, IN: Accelerated Development.

Muse-Burke, J. L., Ladany, N., & Deck, M. D. (2001). The supervisory relationship. In L. Bradley

& N. Ladany, *Counselor supervision: Principles, process, and practice* (3rd ed., pp. 28-62). Philadelphia, PA: Brunner-Routledge.

Patterson, C. H. (1983). Supervision in counseling: II. Contemporary models of supervision: A client-centered approach to supervision. *Counseling Psychologist, 11*(1), 21-25.

Prieto, L. R. (1998). Practicum class supervision in CACREP-Accredited counselor training programs: A national survey. *Counselor Education and Supervision, 28*, 113-123.

Pruitt, D., McColgan, E. B., Pugh, R. L., & Kiser, L. J. (1986). Approaches to psychotherapy supervision. *Journal of Psychiatric Education, 10*(2), 129-147.

Ray, D. (2011). *Advanced play therapy: Essential conditions, knowledge, and skills for child practice.* New York: Routledge.

Rogers, C. R. (1942). The use of electrically recorded interviews in improving psychotherapeutic techniques. *American Journal of Orthopsychiatry, 12*, 429-434.

Rogers, C. R. (1957). The necessary and sufficient conditions of therapeutic personality change. *Journal of Consulting Psychology, 21*, 95-103.

Rønnestad, M. H., & Skovholt, T. M. (1993). Supervision of being and advanced graduate students of counseling and psychotherapy. *Journal of Counseling and Development, 71*, 396-405.

Rønnestad, M. H., & Skovholt, T. M. (2003). The journey of the counselor and therapist: Research findings and perspectives on professional development. *Journal of Career Development, 30*, 5-44.

Skovholt, T. M., & Rønnestad, M. H. (1992). *The evolving professional self: Stages and themes in therapist and counselor development.* Chichester, England: Wiley.

Stoltenberg, C. D., McNeill, B., & Delworth, U. (1998). *IDM supervision: An integrated developmental model for supervising counselors and therapists.* San Fransisco: Jossey-Bass.

Veach, P. M. (2001). Conflict and counterproductivity in supervision-when relationships are less than ideal. *Journal of Counseling Psychology, 48*(4), 396-400.

Weiner, J., Mizen, R., & Duckham, J. (2003). *Supervising and being supervised.* New York: Palgrave macmillan.

Wessler, R. L., & Ellis, A. (1983). Supervision in counseling: Rational Emotive Therapy. *The Counseling Psychology, 31*(1), 63-75.

| 찾아보기 |

내용

저자 소개

□ 이정숙(Lee, Jung-Sook)

한양대학교 대학원 가정학 박사(아동 · 가족 전공)

현 한양대학교 대학원 아동심리치료학과 교수

　　한국아동심리치료학회장

□ 안동현(Ahn, Dong-Hyun)

서울대학교 의과대학원 의학 박사(M.D. & Ph.D.)

대한소아청소년정신의학회 및 한국자폐학회 회장 역임

현 한양대학교 의과대학 정신건강의학과 교수

□ 권용실(Kweon, Yong-Sil)

가톨릭대학교 의과대학 의학 박사(정신의학 전공)

현 가톨릭대학교 의과대학 정신건강의학과 교수

□ 김갑숙(Kim, Gab-Sook)

영남대학교 대학원 가정학 박사(가족학 전공)

(사)한국미술치료학회 회장 역임

현 영남대학교 환경보건대학원 미술치료학과 교수

□ 김선영(Kim, Sun-Young)

인제대학교 대학원 교육학 박사

현 인제대학교 상담심리치료학과 외래교수

　　나맘아동가족센터 소장

　　대한음악치료학회 부산경남지부장

　　김해시 지역사회보장협의체 기획/교육복지분과위원

□ 김은경(Kim, Eun-Kyung)

한양대학교 대학원 아동심리치료학 박사

현 한양대학교 양성평등센터 수석연구원

□ 김현수(Kim, Hyun-Soo)

　　연세대학교 심리학 학사 및 임상심리학 석사

　　미국 Northern Illinois University 임상심리학 박사

　　Licensed Clinical Psychologist(미국 임상심리학자 면허, Washington State, U.S.A.)

　　임상심리전문가(한국심리학회)

　　현 한양대학교 대학원 아동심리치료학과 교수

□ 두정일(Doo, Jeong-Il)

　　한양대학교 대학원 아동심리치료학 박사

　　사단법인 국제문예학술진흥회 아동발달 연구소 소장 역임

　　현 한양대학교 대학원 아동심리치료학과 겸임교수

□ 문보경(Mun, Bogyeong)

　　한양대학교 대학원 아동심리치료학 박사

　　현 한양대학교 대학원 아동심리치료학과 겸임교수

　　　분석심리학연구소 전임상담전문가

□ 박랑규(Park, Rang-Gyu)

　　이화여자대학교 대학원 문학 박사(발달심리 전공)

　　현 한양대학교 대학원 아동심리치료학과 겸임교수

　　　아이코리아 아동발달교육연구원

□ 박성옥(Park, Seong-Ok)

　　경희대학교 대학원 이학 박사(아동 및 가족학 전공)

　　현 대전대학교 아동교육상담학과 교수

　　　한국임상게임놀이학회장, 게임놀이상담 수련감독

　　　한국발달심리학회, 발달심리 수련감독

□ 안윤영(Ahn Yoon-Young)

　　한양대학교 대학원 이학 박사

　　현 한양대학교 대학원 아동심리치료학과 겸임교수

　　　아동심리치료 교육 전문가

□ 이명희(Lee, Myong-Hee)

　이화여자대학교 대학원 특수교육학과 특수교육학 박사

　한국유아특수교육학회장 역임

　현 중부대학교 유아특수교육과 교수

□ 장미경(Jang Mi-Kyung)

　숙명여자대학교 대학원 이학 박사(아동복지 전공)

　현 남서울대학교 아동복지학과 교수

　　융분석가, 한국임상모래놀이치료학회장

□ 전순영(Chun, Soon-Young)

　대구대학교 대학원 이학 박사(재활심리 전공)

　현 한국미술치료학회 수련감독미술치료전문가

　　서울미술치료연구소 소장

　　건국대학교 예술디자인대학원 미술치료전공 초빙교수

□ 정윤주(Chyung, Yun-Joo)

　미국 Pennsylvania State University Human Development and Family Studies 전공 박사

　현 인천대학교 소비자 · 아동학과 교수

□ 최진아(Choi, Jin-Ah)

　전남대학교 대학원 가정학 박사(아동학 전공)

　(주)한국아동가족상담센터 부소장 역임

　현 동신대학교 상담심리학과 교수

□ 최희아(Choi, Hee-Ah)

　한양대학교 대학원 아동심리치료학 박사 수료

　현 서울여자대학교 특수치료대학원 겸임교수

　　세이지하트 대표

　　마음공간 심리치료센터 소장

간사

□ 이가현(Lee, Ga-Hyun)

　한양대학교 대학원 아동심리치료학 박사 수료

아동심리치료학개론2

Introduction to Child Psychotherapy2

2016년 9월 20일 1판 1쇄 발행
2023년 3월 20일 1판 2쇄 발행

지은이 • 이정숙 · 안동현 · 권용실 · 김갑숙 · 김선영 · 김은경 · 김현수 · 두정일 · 문보경
　　　　박랑규 · 박성옥 · 안윤영 · 이명희 · 장미경 · 전순영 · 정윤주 · 최진아 · 최희아

펴낸이 • 김 진 환

펴낸곳 • (주) **학지사**

　　　　04031 서울특별시 마포구 양화로 15길 20 마인드월드빌딩 5층

대표전화 • 02) 330-5114　　　팩스 • 02) 324-2345

등록번호 • 제313-2006-000265호

홈페이지 • http://www.hakjisa.co.kr
페이스북 • https://www.facebook.com/hakjisabook

ISBN 978-89-997-1085-8 93180

정가 22,000원

출판미디어기업 학지사

간호보건의학출판 **학지사메디컬** www.hakjisamd.co.kr
심리검사연구소 **인싸이트** www.inpsyt.co.kr
학술논문서비스 **뉴논문** www.newnonmun.com
원격교육연수원 **카운피아** www.counpia.com